旅游业经济效应的时空分析与协调性研究

李秋雨 著

科学出版社

北 京

内 容 简 介

本书以人文地理学、区域经济学和旅游经济学相关的理论为基础，结合经济增长理论、非均衡发展理论、耦合协调理论，综合运用经典计量经济学、空间计量经济学、耦合协调度模型和灰色预测模型等计量研究方法对我国旅游业的经济效应、旅游业经济效应的差异性、旅游业经济效应的时空演变趋势、旅游业与经济、社会、生态环境、区域综合发展水平的耦合协调性进行深层次、多角度分析，选择广东、安徽、宁夏作为典型地区进行案例分析，为旅游业发挥经济增长效应，实现旅游业与经济、社会、生态环境协调发展提供策略建议。

本书适用于旅游管理及其相关专业的师生，以及从事旅游经济研究、旅游产业管理、旅游经济分析等方面工作的科研人员，也可作为旅游经济学学生的参考用书。

图书在版编目(CIP)数据

旅游业经济效应的时空分析与协调性研究/李秋雨著. —北京：科学出版社，2019.11

ISBN 978-7-03-062710-0

Ⅰ. ①旅⋯ Ⅱ. ①李⋯ Ⅲ. ①旅游业－经济效果－研究－中国 Ⅳ. ①F592

中国版本图书馆 CIP 数据核字（2019）第 242202 号

责任编辑：张 震 孟莹莹 韩海童 / 责任校对：张小霞
责任印制：吴兆东 / 封面设计：无极书装

科 学 出 版 社 出版
北京东黄城根北街 16 号
邮政编码：100717
http://www.sciencep.com

北京中石油彩色印刷有限责任公司 印刷
科学出版社发行 各地新华书店经销
*

2019 年 11 月第 一 版 开本：720×1000 1/16
2020 年 1 月第二次印刷 印张：11 1/4
字数：220 000
定价：99.00 元
（如有印装质量问题，我社负责调换）

前　言

第二次世界大战后，随着经济的发展，旅游业得到快速发展，成为当今世界第一大产业，其产出规模和就业容量均位居世界经济产业前列。我国的旅游业在改革开放后才起步，作为一项产业逐渐得到各级部门重视。在政府大力支持和市场经济体制运行的背景下，旅游业在整个国民经济体系中占有重要地位，为促进区域经济发展做出巨大贡献。由于旅游业在促进就业、拉动内需、满足人民群众日益增长的精神文化需求、弘扬传统优秀文化和生态环境保护方面发挥重要作用，其在经济社会发展中的地位不断提高。但旅游业发展带来的生态环境污染、交通拥挤、通货膨胀、土地价格上涨、犯罪率上升和制度性机会主义等问题日益突出。旅游业发展带来的利与弊，让我们不得不重新对旅游业与经济、社会、生态环境之间的关系，旅游业的经济效应是否具有区域差异，这种区域差异与哪些因素息息相关，以及如何避免或减轻旅游业发展带来的负面影响等问题进行深入的思考。

由于社会各界越来越重视旅游业对经济发展、社会发展、生态环境质量产生的影响，旅游业与经济、社会、生态环境之间关系的研究也逐渐增多。其中，探究旅游业与经济发展、旅游业与生态环境之间关系的研究较多，而旅游业社会效应类的研究较少。以往研究旅游业与经济发展的关系时，大部分是探究旅游业的经济影响，得出积极影响或消极影响，或是验证两者间的因果关系，对两者之间的因果关系及因果关系方向进行确认，并未探究不同条件作用下旅游业的经济效应。在研究旅游业与社会、生态环境的关系时，定性分析较多，缺少定量研究。本书在总结以往研究经验的基础上，将旅游业融入经济-社会-生态环境协调发展战略中，定量测度旅游业的经济效应和旅游业、经济、社会、生态环境的综合发展水平，并对旅游业与经济、社会、生态环境之间的协调性进行分析。

基于以上目的，本书以我国 31 个省（区、市）国内旅游和入境旅游[①]为研究对象，以统计年鉴中旅游业指标数据、经济指标数据、社会指标数据、生态环境指标数据和影响经济增长的控制变量为基础数据，以人文地理学和旅游经济学相关的理论为基础理论，结合经济增长理论、非均衡发展理论、耦合协调理论，综合运用经典计量经济学、空间计量经济学、耦合协调度模型和灰色预测模型等计量研究方法对我国 31 个省（区、市）2000～2014 年国内旅游业的经济效应、入境旅游业的经济效应、在经济发展水平和旅游专业化程度差异化的条件下旅游业的经济效应、旅游业经济效应的时空演变趋势、旅游业发展与经济增长相互作用关系机理和旅游业与经济、社会、生态环境、区域综合发展水平的耦合协调性进行深层次、多角度分析。

本书共六章。第一章绪论，主要对研究背景、研究目标、研究意义、研究方法与技术路线进行简要的概述。第二章研究现状与基础理论，对书中的核心概念、旅游业发展对经济增长带来的影响、旅游业发展与经济增长间的相互作用机制进行阐述；从研究内容、研究方法和研究结论三个方面对国内外旅游业的经济效应及旅游业与经济、社会及生态环境的关系进行文献述评，同时对比分析；对人文地理学和旅游经济学等相关学科的理论进行介绍，这部分内容是本书研究与分析的理论基础。第三章中国旅游业的经济效应，运用计量经济学方法估计旅游业的经济效应和空间溢出效应；分析研究期内各省域旅游业和经济发展的空间分布特征，探究两者空间分布的关联性，对旅游业经济效应进行时间和空间上的对比分析，并深入研究旅游业经济效应的时空演变规律。第四章中国旅游业与经济、社会及生态环境的协调性分析，首先对五大系统的综合评价值进行多角度分析，其次运用耦合协调度模型分析旅游业与其他四个系统的协调发展情况，最后运用灰色预测模型，预测旅游业与其他系统协调性的发展趋势。第五章案例分析与对策建议，主要结合实证分析的结论，选择三类地区进行案例分析，为旅游业充分发挥经济增长作用，实现旅游业与经济、社会、生态环境和区域综合发展水平的协

---

① 本书中入境旅游是指"外国游客到国内（不含港澳台）旅游、香港同胞和澳门同胞到内地旅游、台湾同胞来大陆旅游"；出境旅游是指"国内（不含港澳台）游客到国外旅游，内地游客到香港、澳门旅游，大陆客到台湾旅游"；国内旅游指的是"我国游客在国内（不含港澳台）各省（区、市）之间的旅游"。

调发展提供有针对性的对策建议。第六章结论与创新,提炼本书的研究结论与创新点。

作者在本书写作过程中得到了许多专家学者的帮助,首先,感谢东北师范大学刘继生教授的悉心指导,刘继生教授对旅游业经济效应的深刻理解使本书的研究更具深度。其次,感谢长春师范大学历史文化学院领导和同事的倾力支持,他们从学科管理实践角度提出的建议,对旅游业经济效应研究予以新的角度和灵感。最后,感谢每一位旅游业经济效应的研究者和旅游经济工作的实践者,正是因为他们的付出,我国旅游业才能更好地发挥经济增长效应。

时光荏苒,作者对旅游经济学的研究热情始终未减。但由于作者水平有限,加之旅游经济效应研究具有多元性,各方面的研究和探讨仍在不断深入,本书的研究成果还只是一己之见,只希望能够抛砖引玉,供旅游经济学人士一起深入研究,诚挚欢迎读者批评指正。

李秋雨

2019 年 4 月

目　　录

前言

第一章　绪论 ……………………………………………………………… 1

　第一节　研究背景 ……………………………………………………… 1
　　一、现实背景 ………………………………………………………… 1
　　二、核心内容 ………………………………………………………… 3
　第二节　研究目标与研究意义 ………………………………………… 5
　　一、研究目标 ………………………………………………………… 5
　　二、研究意义 ………………………………………………………… 7
　第三节　研究方法与技术路线 ………………………………………… 8
　　一、研究方法 ………………………………………………………… 8
　　二、技术路线 ………………………………………………………… 9

第二章　研究现状与基础理论 …………………………………………… 11

　第一节　研究现状 ……………………………………………………… 11
　　一、国外研究现状 …………………………………………………… 11
　　二、国内研究现状 …………………………………………………… 16
　　三、研究述评 ………………………………………………………… 22
　第二节　基础理论 ……………………………………………………… 23
　　一、经济增长理论 …………………………………………………… 23
　　二、区域经济协调发展理论 ………………………………………… 23
　　三、新经济地理学 …………………………………………………… 24
　　四、旅游溢出理论 …………………………………………………… 25
　　五、可持续发展理论 ………………………………………………… 27

第三节 旅游业经济效应的理论分析···27
  一、基本概念···27
  二、旅游业对经济增长的影响···29
  三、旅游业的经济特性···31
  四、旅游业的经济机理···33

第三章 中国旅游业的经济效应···35

第一节 现状分析···35
  一、旅游业发展现状···35
  二、经济发展现状···43

第二节 旅游业与经济增长关系初步探究···48
  一、全国层面···48
  二、省际层面···51

第三节 计量模型介绍···53
  一、经典计量模型···53
  二、空间相关性···54
  三、空间计量模型···56
  四、模型选择···58
  五、区域经济增长模型···59

第四节 旅游业经济效应的计量分析···60
  一、指标选择与数据来源···60
  二、空间相关性分析···62
  三、经济效应分析···72

第五节 差异化视角下旅游业的经济效应···84
  一、经济发展水平差异与经济增长···84
  二、旅游专业化差异与经济增长···87

第四章　中国旅游业与经济、社会及生态环境的协调性分析 …… 91

第一节　协调性指标体系构建 …… 91
一、指标体系构建原则 …… 91
二、指标体系的构建 …… 93
三、指标权重的测度 …… 94

第二节　各系统综合测评 …… 96
一、旅游业系统的评价与分析 …… 96
二、经济发展系统的评价与分析 …… 102
三、社会发展系统的评价与分析 …… 106
四、生态环境系统的评价与分析 …… 110
五、经济-社会-生态环境复合系统的评价与分析 …… 114

第三节　旅游业与经济、社会、生态环境及区域复合系统协调性分析 …… 118
一、耦合协调性测度方法 …… 118
二、旅游业与经济、社会、生态环境及区域复合系统的耦合协调性分析 …… 119
三、旅游业与经济、社会、生态环境及区域复合系统耦合协调性总结 …… 131

第四节　旅游业与经济、社会、生态环境耦合协调性预测 …… 132
一、预测模型 …… 132
二、预测结果 …… 134

第五章　案例分析与对策建议 …… 136

第一节　案例分析 …… 136
一、典型区域——广东 …… 137
二、典型区域——安徽 …… 140
三、典型区域——宁夏 …… 144

第二节　旅游业促进经济增长与协调发展的思路 …… 147

第三节　对策建议 …………………………………………… 148
第六章　结论与创新 …………………………………………… 158
　　一、研究结论 ………………………………………………… 158
　　二、创新点 …………………………………………………… 161
参考文献 …………………………………………………………… 163

第一章 绪　　论

第一节　研究背景

一、现实背景

第二次世界大战后,随着经济的发展,大部分国家和地区人均可支配收入提高、休闲时间增加、交通技术改善,旅游业进入了快速发展阶段,成为发展速度较快的产业之一,被许多国家视为战略性、支柱性和综合性产业。1992 年,旅游业产值已超过石油和汽车产业,旅游业无论是在发展速度上还是产值上,均可称为世界第一大产业。1995 年之后,旅游业被世界上一半以上的国家和地区视为新时期的支柱产业。根据世界经济论坛发布的《2017 年旅游业竞争力报告》,目前全球旅游业收入已达到全球国内生产总值的 10%,每 10 份工作中就有 1 份来自旅游业,行业发展速度远高于全球经济发展的平均速度,在一些国家,旅游业甚至撑起了整个国家的经济发展。旅游业在世界经济体系中发挥着越来越重要的作用。

我国幅员辽阔,拥有 5000 多年的文明历史,形成了丰富的旅游资源,自然旅游资源类型多样,人文旅游资源品位较高。尽管我国旅游业具有了旅游业发展的资源基础,但起步较晚,1978 年以前旅游业并不是一项产业,而是以外事接待为主,尚未具备产业应有的特征,不完全属于产业范畴。改革开放后,旅游业的经济社会效应开始显现,在增加国家外汇收入、文化交流和生态环境保护等方面发挥重要作用,作为一项产业快速发展起来。我国旅游业发展初期的政策是大力发展入境旅游,再鼓励出境旅游和国内旅游。我国入境旅游接待的人数由 1978 年的 180.9 万人次增加到 2017 年的 1.3 亿人次,旅游外汇收入由 2.63 亿美元增加到 1234 亿美元。在政府大力支持和市场经济体制运行的背景下,我国旅游业的接待规模和国际竞争力大幅度提升,对世界旅游业的影响和贡献日益增强。据国家旅游局公布的《2017 年全年旅游市场及综合贡献数据报告》测算,全年全国旅游业对国内生产总值（gross domestic product，GDP）的综合贡献为 9.13 万亿元，占 GDP 总量的 11.04%。旅游直接就业 2825 万人，旅游业直接和间接就业 7990 万人，占全国就业总人口的 10.28%。这组数据表明我国旅游业在我国国民经济体系中占有重要地位。

旅游业一直保持着持续稳定的发展态势，在我国经济社会领域发展中发挥了重要作用。具体体现在以下几个方面：一方面，旅游业创造了巨大的经济生产总值且带动了相关产业的发展。2016 年国家旅游及相关产业增加值为 32979 亿元，比 2015 年增长 9.9%，旅游业增加值占国民经济增加值的比重超过 4.44%。有 110 多个行业与旅游业息息相关，旅游业凭借产生的直接效应、间接效应和诱导效应促进了这些行业的发展。例如，旅游业对航空铁路部门收入的贡献率在 80% 以上，对文化娱乐业、餐饮业和商业贡献率都在 40% 以上。另一方面，旅游业有助于扩大内需，增加居民消费。我国的国内旅游市场世界最大，随着我国经济的发展，这个市场将继续扩大，全民出游的时代已经到来，2017 年国内旅游市场超过 50.01 亿人次，入境旅游人次保持平稳，旅游业对 GDP 综合贡献值超过了教育、银行、汽车产业。总之，旅游业在创收、优化产业结构、促进消费和创造就业等方面发挥了巨大作用。旅游业带来的经济效益和社会效益，促使我国各级政府都在积极发展旅游业，并给予资金和政策上的支持。由于旅游业是一项利当前、惠长远的战略性产业，"十三五"规划后，旅游业的产业地位得到进一步提高。

虽然旅游业为我国国民经济增长做出巨大贡献，但不是所有的旅游目的地都获得了理想的经济效益。旅游业对经济社会的贡献与旅游目的地的旅游资源、配套设施、区位条件、经济基础和旅游业发展政策密切相关。有些地区由于区位条件和区域经济基础较差，尽管旅游资源丰富、品味价值高，对游客具有很强的吸引力，但由于客源条件不好、交通不便、远离经济发达区，导致这些地区旅游业发展经济基础和外部条件欠佳，对于此类的地区来讲，要发挥旅游业的经济增长效应比较困难。我国幅员辽阔，各地旅游资源条件、区位条件、区域经济背景以及旅游业所处的发展阶段不同，旅游业与经济社会生态环境间的相互作用关系差距较大。我国旅游业经过几十年的发展，旅游业不再是人们意识中的"无危害产业"，带来的社会问题和生态环境问题逐渐显现出来。总之，有些地区可能适合发展旅游业，而有些地区从整个区域经济角度考虑不宜大力发展旅游业，对这类地区而言旅游业的发展可能不仅不利于经济、社会和生态环境间的协调发展，反而影响整个区域产业结构优化。但目前，旅游业被许多地区定位为支柱产业或战略性支柱产业来发展，这必然会产生产业结构雷同，出现大量的"重复建设"项目，造成许多地区旅游项目在国内竞争中失败。失败就意味着地方资源的浪费，进而会引起企业倒闭和大量人员失业。因此，有必要根据我国各省情（区情、市情）及发展所处的阶段深入研究旅游业与经济、旅游业与社会、旅游业与生态环境在不同区域条件作用下的关系，为旅游业与经济、社会、生态环境的协调发展提供合理化建议。

二、核心内容

当前我国旅游业繁荣发展，在整个国民经济体系中占有重要地位，为促进区域经济发展做出巨大贡献。但随着人们认识的深化，旅游不再被认为是一种理想的活动，快速发展带来的生态环境污染、交通拥挤、通货膨胀、土地价格上涨、犯罪率上升和制度性机会主义等问题日益突出。旅游业发展带来的利与弊，让我们不得不重新对旅游业与经济、社会、生态环境间的关系进行思考。本书将对旅游业的经济效应是否具有区域差异、这种区域差异与哪些因素息息相关以及如何避免或减轻旅游业发展带来的负面影响等问题进行深入的思考。上述问题将是本书的核心内容，也是要解决的主要问题，具体包含以下几个主要方面。

1. 哪些地区旅游业的经济效应更大

尽管我国旅游业呈现繁荣发展的态势，各省（区、市）都在积极发展旅游业，但各省（区、市）旅游业发展取得的成绩却存在着显著的差异。例如，从区位角度看，东部省（区、市）的旅游收入占全国旅游收入的70%多，而中西部占的比例不足30%。区域间旅游收入的绝对差异较大，旅游业的经济效应与旅游收入的绝对差异有关系吗？

2. 旅游业的发展能否带来溢出效应

旅游溢出效应是指某地区旅游经济活动的开展，对其他地区旅游经济活动产生的影响，其他地区既可以是与该地较近的空间范围，也可以在较远的空间范围。根据地学第一定律可知，地理位置越接近，联系越密切，这意味着通过积极的溢出效应，邻近地区旅游业的发展可以带动该地旅游业发展。旅游作为一种特殊的经济活动，对地区经济增长产生显著的影响，那么是否会对邻近地区经济增长产生溢出效应？如果产生溢出效应，这种溢出有多大？哪些因素会影响旅游溢出效应？旅游溢出效应的形成机制又是什么？

3. 旅游业是否有助于缩小区域经济差异

许多国家和地区政府，尤其是发展中国家和地区对旅游业发展持较为积极乐观的态度，将旅游业视为促进经济增长和赶超发达地区经济体的重要产业。但现实情况是，往往那些区域经济基础好、交通条件便利和商业价值高的发达地区旅游业更为繁荣，旅游业与经济增长之间更容易形成良性互动。对于那些旅游资源丰富，期望通过发展旅游业改变当地贫穷落后的状况，甚至赶超发达地区，这一目标会是一个遥不可及的理想吗？旅游业产生的经济效应是否在经济相对落后的地区更大？旅游业能有助于缩小区域经济差异吗？

4. 我国旅游业与经济发展的耦合协调情况

从旅游业与经济发展角度看，一方面旅游业以经济发展为基础，往往经济基础好的地区，旅游业更为发达，如我国东部沿海地区的广东、浙江和江苏等，这些地区的经济基础好，旅游业也较为发达。另一方面，旅游业合理适度的发展又会促进区域经济的增长，那些旅游效益越好、竞争力越强的旅游目的地越容易与经济发展间良性互动。总之，旅游业与区域经济互为条件，只有相互协调，才能共同发展。我国现有的旅游业与区域经济是否适应，各省（区、市）旅游业发展相对于区域经济发展是超前的还是滞后的，如何实现旅游业与区域经济的协调发展，是值得深入研究的问题。

5. 旅游业与社会、生态环境间的耦合协调情况

旅游业发展依赖良好的社会环境和生态环境，又会对社会环境和生态环境产生双向影响。以往的研究中过多的关注旅游业的经济效应，对旅游业与社会、生

态环境间关系的探究相对较少。本书将建立旅游业系统、经济发展系统、社会发展系统、生态环境系统，对旅游业与经济、社会、生态环境间的协调发展情况进行定量的分析，科学合理地判断旅游业与经济、社会、生态环境间的耦合协调情况。

第二节 研究目标与研究意义

一、研究目标

本书紧紧围绕我国旅游业成为多数省（区、市）支柱产业或战略性支柱产业的现实背景，以旅游业与经济、社会、生态环境关系研究为理论背景，利用旅游业数据、经济增长数据和影响经济增长控制变量的数据，运用经典计量经济学、空间计量经济学及耦合协调度模型对旅游业的经济效应和旅游业与经济、社会、生态环境、区域综合发展水平的耦合协调性进行深层次、多角度分析，具体研究目标有以下几方面。

1. 旅游业与经济发展现状分析

首先，对我国省（区、市）旅游业与经济发展现状、旅游业经济特性、旅游业与经济发展间相互关系进行分析，并探究其差异变化趋势；其次，分析旅游业与经济发展的空间分布特征，找出相似性与差异性；最后，分析和总结旅游业与经济发展的相互作用机理。

2. 旅游业的经济效应探究

本书从经济、社会、生态环境可持续发展角度，运用地理学、旅游学和经济学等学科的相关理论，研究旅游业的经济效应。并在不同区域经济基础条件作用下，对旅游业的经济效应进行对比分析，判断旅游业是否有助于缩小区域经济差异。

3. 旅游业的空间溢出效应研究

就旅游业是否会对经济发展产生空间溢出效应；如果产生空间溢出效应，这种空间溢出效应会有多大；空间溢出效应的产生会受哪些因素影响；如何最大限度地发挥空间溢出效应展开分析。

4. 旅游业、经济、社会、生态环境系统和区域综合发展水平测度

本书建立旅游业、经济、社会、生态环境和经济-社会-生态环境五大系统的评价指标体系，运用统计学中标准差、变异系数、赫芬达尔-赫希曼指数等方法，从时空角度对各系统的综合评价值进行定量分析，得出旅游业、经济、社会、生态环境以及区域综合发展水平五大系统的时空演变趋势。

5. 旅游业与经济、社会、生态环境以及区域综合发展水平的耦合协调机制分析

引入耦合理论与协调理论，建立旅游业与经济、社会、生态环境和区域综合发展水平四大系统的耦合协调度模型，探究旅游业与其他系统耦合协调情况。通过耦合协调度分析，明确我国旅游业与其他系统的耦合协调水平、目前所处的阶段。再次通过灰色预测模型，预测未来一段时间内旅游业与其他系统的耦合协调水平。

6. 案例分析与对策建议

结合旅游业经济效应，以及旅游业与经济、社会、生态环境、区域综合发展水平耦合协调分析的研究结论，选择典型地区进行案例分析，针对旅游业发展类型不同的地区，分析其发展中存在的问题与可借鉴学习的地方，为旅游业充分发挥经济效应，实现旅游业与经济、社会、生态环境以及经济-社会-生态环境复合系统（以下简称区域复合系统）的协调发展提供对策建议。

本书的根本目标在于将地理学理论、旅游业发展理论与经济增长理论紧密结合，通过地理学的综合分析法，研究旅游业的经济效应以及旅游业与经济、社会、生态环境以及区域复合系统之间耦合协调关系，对影响系统间耦合协调的要素、系统间如何互动响应，以及采取哪些措施促进旅游业与其他系统协调发展等一系列现实问题进行全面的分析，探讨旅游业与其他系统间相互作用模式，理论上为研究旅游业与经济、社会、生态环境间关系提供新的视角，实践上为我国旅游业与区域综合发展水平协调发展提供参考依据。

二、研究意义

1. 理论意义

旅游业发展和经济增长是世界范围内的普遍现象。由于旅游业发展与社会经济、人民生活密切相关,已成为备受关注的研究热点,系统研究旅游业的经济效应,旅游业与经济、社会、生态环境之间的相互作用关系,以及如何实现旅游业与区域经济、社会、生态环境的协调发展具有重要理论价值。

以往虽有大量文献研究旅游业的经济效应及旅游业与经济、社会、生态环境间的相互作用关系,但均存在以下不足:一是忽略旅游业发展与经济增长在地理空间上的相关性与依赖性,虽有部分文献将空间溢出纳入旅游业发展对经济增长影响的实证研究中,但忽视了模型中旅游业等自变量指标的空间溢出效应,往往通过考察旅游业指标的回归系数来确定旅游业对经济增长的影响程度,未能对旅游业带来的空间溢出效应进行定量研究。二是在空间计量分析中,缺少对旅游业经济效应空间差异性的探究。现实中由于我国各地区经济基础、地理区位及入境旅游发展水平的差异,旅游业经济效应存在空间差异性。三是研究旅游业与经济、社会、生态环境关系时,都是单独展开,并未将旅游业融入经济、社会、生态环境协调发展的系统中。本书将弥补以往研究的不足,研究不同条件作用下旅游业的经济效应及旅游业与经济、社会、生态环境的协调关系。根据空间数据探索原理,将空间计量模型引入旅游业对经济增长影响的研究中,同时进行耦合关系及协调机制研究。从旅游业与经济增长关系基本矛盾入手,揭示旅游业与经济增长之间相互作用过程及演化机理,为旅游产业导向下的经济增长提供切合实际的理论指导,同时对旅游业与经济、社会、生态环境关系的系统性、协调性的研究也将拓展旅游研究视野,为旅游理论和方法的发展做出贡献。

2. 现实意义

研究选题来源于现实,研究结果将为现实需要服务。近年来旅游业在整个国民经济体系中地位越来越高,"十三五"规划后,旅游业仍然被我国多个省(区、市）定位为支柱产业或战略性支柱产业。长期以来，旅游业发展有助于增加外汇收入、促进就业、优化产业结构、促进国民增长的观念深入人心，导致我国许多地区政府对旅游业的发展盲目乐观和过度依赖。现实中一些地区凭借旅游业的发展，实现了旅游业与区域经济的协调发展，也有一些地区旅游业发展过程中出现了资源浪费、生态环境污染、物价提高、居民幸福感降低及"荷兰病"效应等问题。因此，需要深入研究旅游业的经济效应及空间差异性，探究旅游业经济效应的空间分异规律，以充分发挥旅游业对经济增长的促进作用，将旅游业融入经济、社会、生态环境协调发展的战略中。

本书将理论与实证相结合，以我国各省（区、市）为实证分析对象，分析旅游业的经济效应及旅游业与经济、社会、生态环境的相互作用程度，探究旅游业与经济、社会、生态环境协调过程中存在的问题，寻找解决途径，为旅游业促进我国经济、社会、生态环境的可持续发展提供建议。

第三节　研究方法与技术路线

一、研究方法

本书运用宏观经济学、计量经济学及空间计量经济学等方法深入分析旅游业的经济效应和旅游业与经济、社会、生态环境、区域复合系统的相互作用机制，探究我国和省际层面旅游业与其他系统的耦合协调关系。具体研究方法有以下几种。

1. 文献资料法

通过阅读国内外旅游界和地理界的核心期刊以及相关书籍，作者对旅游业的经济效应和旅游业与经济、社会、生态环境之间的相互作用关系有了初步的了解，为本书开展实证分析提供了理论基础。

2. 理论与实证相结合的方法

以地理学理论、经济增长理论、新经济地理学理论、旅游经济理论、耦合理论、旅游溢出理论和可持续发展理论为理论基础,以我国各省(区、市)为实证分析对象,选择2000~2014年相关的面板数据,探讨我国旅游业的经济效应与协调机制。

3. 定性分析法

在进行文献综述、概念界定、理论基础概述、旅游资源介绍、典型区域分析及对策建议部分的总结运用定性分析法。

4. 计量经济分析法

运用EViews、MATLAB、GeoDa、ArcGIS和CorelDRAW等计量和绘图软件,对旅游业的经济效应及空间溢出效应进行定量分析。同时运用耦合协调度模型对旅游业与经济、社会、生态环境及区域复合系统的耦合协调性进行综合评价和定量分析。

5. 对比分析法

对不同类型省(区、市)旅游业的经济效应进行对比分析,同时对国内旅游和入境旅游的经济效应进行对比研究。

6. 熵值赋权法

反映旅游业、经济、社会、生态环境和区域复合系统的指标众多,为了合理确定各指标在指标体系中的地位,采用熵值赋权法确定各指标权重。

7. 灰色预测分析法

运用灰色预测模型,预测未来旅游业系统与经济、社会、生态环境、区域复合系统的协调发展水平。

二、技术路线

本书的技术路线如图1-1所示。

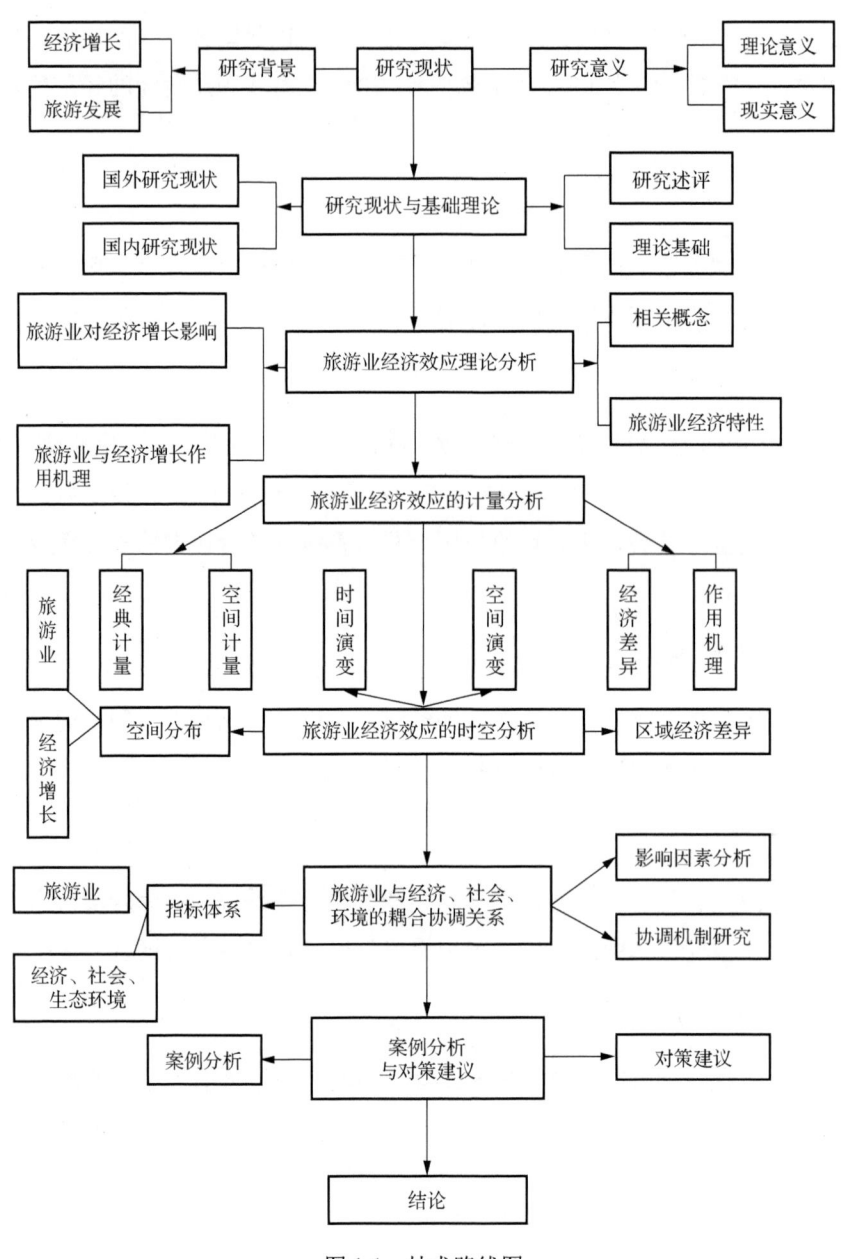

图 1-1 技术路线图

第二章　研究现状与基础理论

第一节　研　究　现　状

1845 年，托马斯·库克建立了世界上第一家旅行社，近代旅游由此诞生。发展初期，旅游业与经济发展关系的研究并未得到重视。直到 1899 年，博迪奥（L. Bodio）发表了《外国人在意大利的移动及其花费》一文，首次探究旅游业对经济增长的影响，开创了旅游业经济效应研究的先河，之后陆续有学者开展相关研究。从 20 世纪 50 年代到 20 世纪 60 年代，旅游业被西方国家普遍认为是一种理想的经济活动，旅游业在平衡国际收支、创造就业、增加税收及促进经济增长方面发挥巨大作用，其产业地位日益提高。20 世纪 70 年代早期，旅游业发展带来的负面影响被不断证实，研究者开始反思如何充分发挥旅游业的经济效应，在促进经济发展的同时，又不能破坏社会秩序和生态环境，实现可持续性的协调发展。20 世纪 70 年代之后，国内外学者将旅游业与经济、社会、生态环境关系研究作为旅游地理学研究的一个重要主题。

一、国外研究现状

国外对旅游业与经济增长关系的研究起步较早，始于 19 世纪末。早期旅游业与经济发展关系研究侧重于旅游业对经济增长的影响研究。20 世纪 70 年代后，旅游活动在欧美发达国家迅猛发展。相较于旅游业经济效应研究，旅游业社会效应和生态环境效应研究起步较晚，但发展较快。如今旅游业经济效应、社会效应、生态环境效应的研究已逐步成熟，主要表现在研究方法和研究内容上的进步，定量研究呈现出精确化、数学化、计量化的趋势；研究内容和视角呈现多元化趋势。一些学者从不同角度，运用不同模型方法，对不同时空尺度下旅游业的经济效应、社会效应、生态环境效应展开分析，得出多样性的研究结论。

（一）旅游业经济效应的研究

1. 研究尺度

本书结合时间尺度，从不同空间尺度对旅游业经济效应研究展开文献述评。通过对国外旅游类核心期刊分析可知，其研究尺度上多为跨区域、全球性、特定国家或地区。

以特定国家或地区为尺度：受限于数据的可获得性等原因，大部分文献以单独的国家或者地区的旅游业与经济增长关系为研究对象。Akinboade 和 Braimoh（2010）以南非为分析对象，运用向量自回归模型对1980～2005年南非入境旅游与经济增长因果关系进行分析，研究结果表明无论是在长期内还是短期内，南非均存在由旅游业发展到经济增长的单项因果关系，误差修正模型分析也支持这一结论。Tang 和 Tan（2015）运用1975～2011年的面板数据对马来西亚旅游业与经济增长关系进行分析，得出旅游业具有经济增长效应，这一命题在长时期和短时期范围内都是成立的。而 Oh（2005）以韩国为例，得出旅游业与经济增长之间没有因果关系。

以跨区域或全球性为尺度：随着旅游研究的深入，在实证分析对象的选择上，学者不仅局限在以国家或地区为研究对象，以全球多个国家为分析对象的实证研究也逐渐增多。例如，Cortés（2008）以西班牙和意大利为研究对象，Saleh 等（2015）以中东地区国家为研究对象，Seetanah（2011）以19个岛国为研究对象进行分析。Muchapondwa 和 Stage（2013）以非洲南部国家博茨瓦纳、纳米比亚和南非等为研究对象，就这些国家旅游业发展的经济影响程度进行对比分析，得出旅游业对 GDP 整体影响是不同的，对纳米比亚影响最大，对南非影响最小。Tugcu（2014）以与地中海接壤的欧洲国家、亚洲国家和非洲国家为研究对象，对旅游业与经济增长之间的关系进行探究，得出旅游业与经济增长之间因果关系及方向取决于国家集团和旅游指标，地中海附近的欧洲国家，其旅游业对经济增长贡献更大。Ivanov 和 Webster（2013）以全球167个国家为研究对象，研究经济全球化影响下的旅游业对经济增长的贡献，分别用经济、人口和地理等控制变量分析旅游业对经济增长的贡献。总之，学者从全球时空角度，加入多种控制变量对旅游业经济效应进行研究，形成了丰富的文献，得出了不同时空尺度背景下旅游业的经济效应。

2. 研究内容

旅游业经济效应的研究内容主要集中在两个方面：一方面是探讨旅游业对经济增长的影响，这类研究内容较多，处于研究主流地位；另一方面是探讨旅游业与经济增长之间相互作用关系，近年来此类研究逐渐增多，主要对两者之间是否存在因果关系及因果关系方向进行确认。

旅游业对经济增长的影响研究：国外旅游业经济效应研究侧重于入境旅游对经济增长的影响、旅游专业化对经济增长的影响、旅游对区域经济均衡的影响三个方面。Ghali（1976）以菲律宾为实证分析对象，探究1953～1970年入境旅游对经济增长的影响，得出若不将旅游业纳入出口部分时，菲律宾的个人收入总量和收入平均增长率都在下降，旅游出口对菲律宾经济增长做出了积极贡献。Brau等（2006）以143个国家为研究对象，发现在1980～2003年旅游专业化程度高的国家对经济增长的贡献更大，并得出一些小国只有在旅游专业化程度高时，经济才能快速增长。Williams和Shaw（1998）基于收敛假说研究欧洲旅游业对经济增长影响，得出旅游业发展能够减小区域经济差异，有利于区域经济均衡。

两者关系研究：随着研究的深入，旅游业与经济增长关系研究不再局限于旅游业对经济增长的影响及经济增长对旅游业的影响。学者开始关注于旅游业与经济增长之间的相互作用关系。Balaguer和Cantavella（2002）首次探讨了两者的相互作用关系。2002年之后许多学者对旅游业与经济增长之间的因果关系及因果关系方向进行探究。Chou（2013）以10个转型国家为研究对象，对旅游业与经济增长是否存在因果关系进行实证分析。Dritsakis（2004）运用向量自回归模型和误差修正模型，对希腊旅游业与经济增长关系进行分析，得出两者之间存在因果关系。

3. 研究方法

随着理论研究的深入，研究方法由简单走向复合，在适用性和全面性上经历了几次飞跃。早期旅游业对经济增长的定量分析运用乘数理论，相对来说乘数理论具有应用简单的优点（Hughes，1994）。20世纪80年代以后，很多学者将投入产出法引入旅游业经济效应研究中，投入产出法能够解决旅游经济部门间错综复杂的相互作用关系问题，这是乘数理论做不到的（Fletcher，1989；Briassoulis，1991）。乘数理论和投入产出法能计算出旅游业对经济增长的积极影响，但忽略了负面影响。这些负面影响可能和旅游业带来的积极影响一样大，甚至超过积极影响。一般均衡模型（general equilibrium model，GEM）的应用弥补了这一缺陷，目前广泛用于旅游业对经济增长的研究，一般均衡模型能够估计在各种变化和政策条件下旅游业对经济增长的影响（Adams and Parmenter，1995；Dwyer et al.，2004）。20世纪90年代后，旅游卫星账户的出现使旅游业与经济增长关系研究在研究方法上又一次出现质的飞跃，目前世界上许多国家结合本国实际情况编制旅游卫星账户，旅游卫星账户的编制为制定旅游业政策提供了合理化建议。但由于旅游卫星账户的编制成本过高，其未得到广泛应用。

近年来，由于人们对旅游业对经济影响研究的精确度与可信度的要求越来越高，多种计量分析方法被应用到旅游业经济效应的研究中。计量分析中选择的数据大致分为三种：一是时间序列数据，适用于中短期预测，时间序列数据分析突出时间因素在分析中的作用，不考虑外界因素变化影响，存在着一定的误差。此外，时间序列分析容易出现数据共线性及数据平稳性问题。二是截面数据，适用于跨国尺度研究，它可以扩大研究对象空间尺度，时间上只能选择一个时间维度。截面数据分析要注意异方差和数据一致性问题。三是面板数据，面板数据是目前计量分析中最为推崇的，优点在于能吸收更多的样本信息，解决了经济变量的共线性等问题，更准确地估计模型参数，但面临着初始模型估计问题，假设条件和数据生成过程的兼容性问题。

4. 研究结论

对于旅游业经济效应类文献的研究结论，国外学者基本持有四种观点：第一种观点是旅游业的经济效应为正，认为旅游业的发展可以促进经济增长，这种观点居于主流地位。第二种观点认为旅游业不会促进经济增长，存在着"荷兰病"效应，持这种观点的学者认为过度的依赖旅游业不利于经济增长。第三种观点是旅游业与经济增长关系间存在门限效应。该观点认为旅游业与经济增长之间存在非线性关系，旅游业在不同的门限值点对经济增长的作用是不同的。Adamou 和 Clerides（2010）得出旅游业与经济增长之间是非线性关系，两者之间关系表现为倒"U"形曲线关系，旅游业与经济增长间存在门限效应。当旅游业收入占国民经济比值低于 20.8%时，旅游业发展促进经济增长，当比值高于 20.8%时，旅游业发展对经济增长促进作用不再明显。第四种观点认为旅游业的经济效应取决于其他因素，如国家规模、区位因素、时间尺度、经济发展水平和宏观经济等。

（二）旅游业社会效应的研究

旅游业的社会效应表现为旅游业发展对旅游地生活方式、家庭关系、价值观等方面的影响。相较于旅游业经济影响研究，旅游业社会影响的研究开展稍晚，开始于20世纪60年代，之后快速发展。1963年努涅斯就墨西哥山村旅游对当地生活方式、价值观念影响开展研究。之后越来越多的学者关注相关的研究问题。早期的研究以定性研究为主，多为旅游是否对当地社会有益或者有害的单一价值判断。到20世纪80年代，学者对旅游业社会影响的认识更加全面，研究的视角不再局限在旅游业社会影响单一的道德价值判断，开始用定量的研究方法展开相关的研究。到20世纪90年代中期，部分学者开始对旅游业社会影响展开系统化、理论化的研究，90年代中期以后，一些学者对旅游业社会影响研究的理论和方法进行反思。

研究理论上，旅游业社会影响方面的理论以 Jafari 的四个平台说、Smith 对主客关系的研究、Nash 的涵化理论研究最具代表性。Jafari 的四个平台分别是鼓吹平台、警示平台、适应平台、以知识为基础的平台。鼓吹平台集中展示的是旅游中好的、积极的一面，单向地强调旅游的经济贡献，对其他问题考虑较少；警示平台集中描述旅游对社会文化等不好的、消极的、负面的影响；适应平台探究如何减小消极影响；以知识为基础的平台从如何积极应对的角度认识和理解旅游。

主客关系研究一直是旅游业社会影响研究的重要关注点之一，许多学者为之做出贡献，最为著名的是 Valene（1977）把主客交往对旅游地的影响归纳为示范效应、社会分层与社会化、自尊、文化复兴和憎畏感。涵化指文化传统不同的社群遇到一起时出现的种种变化，涵化理论认为旅游导致文化趋同（Dennison，1996）。

（三）旅游业生态环境效应的研究

旅游业生态环境效应的研究可以追溯到 20 世纪 20 年代，20 世纪 40 年代开始了严格的定量分析，20 世纪 60 年代到 70 年代是研究快速增长阶段，此阶段出现了大量文献，研究内容得到扩充，研究主题得到确定。20 世纪 80 年代后进入平稳发展阶段，研究地域不断扩展，研究方法得到提炼。

由于生态环境问题越来越受到世人的关注，在旅游业对生态环境产生的影响方面出现了许多学说和理论，如旅游生态环境承载力理论、生态足迹理论和可持续发展理论等。以上这些理论都为旅游业更好地发挥经济效应，最大限度地保护生态环境做出巨大贡献。研究方法上，不再仅局限于旅游业对生态环境影响的定性描述，旅游业对生态环境影响的定量化研究逐渐增多。Daniel（2011）从可持续发展的角度对旅游业的发展与气候变化间关系进行了探讨。也有学者从生态环境学和生态学视角研究旅游业的生态环境效应。Tanja（2000）通过对旅游目的地的生态环境管理研究，发现提高旅游目的地管理效率有助于旅游竞争力的提升。旅游业生态环境影响研究中，大量文献是对旅游业生态环境影响区域和影响表现方面的研究，如 Roy 等（2011）、Sébastien 和 Sebastian（2014）分别从野生动物旅游体验、潜水旅游方面研究了其对旅游生态环境的影响。

二、国内研究现状

我国旅游业经济效应和协调性研究起步较晚，它的产生和发展与我国旅游业发展历史基本是同步的，可分为以下三个阶段（郭鲁芳，2005）。

第一阶段：旅游业的外事接待阶段（1949～1978 年）。在外事接待阶段，我国旅游业并没有被作为一项产业进行发展，旅游业的研究基本处于空白状态。边雯（1978）在《世界经济》发表《迅速发展的世界旅游业》一文，介绍了世界旅游业概况，阐述了西班牙、奥地利、意大利、瑞士、南斯拉夫等国家旅游业对所在国经济发展所起的作用，并介绍了我国发展旅游业所具备的条件。这篇文章开创了我国旅游业对经济增长影响研究的先河。对比可知，我国旅游业相关研究历史要比国外晚将近40年的时间。

第二阶段：旅游业走向产业化奠基阶段（1979~1990年）。从这一阶段开始，我国逐渐出现了旅游业与经济增长关系的研究。将旅游发展政策和国内外旅游经济发展动态联系在一起，是旅游学术界旅游经济研究的显著特征。1979~1990年旅游业与经济关系的研究体现在两个方面：一是介绍发达国家旅游经济的研究成果。齐秀丽（1979）和朱祥忠（1980）分别对日本旅游业和西班牙旅游业进行了介绍。二是对我国旅游业发展及旅游业在国民经济中的地位和作用等做出探索。刘隆（1980）对云南省旅游业进行分析，将旅游业视为商业输出，分析云南省旅游业对经济增长做出的贡献，之后许多学者对我国旅游业发展及旅游业在国民经济中的地位进行研究。戴蒙德和沈蕙蓉（1979）阐述了旅游业在国民经济中的地位，刘世杰和王立纲（1980）对旅游业在国民经济中所处的地位和旅游业对国民经济贡献进行了分析。这一阶段的研究以定性分析为主。

第三阶段：旅游业成为国民经济新的增长点阶段（1991年至今），是我国旅游业快速发展阶段，并成为国民经济新增长点。这一阶段我国旅游业与经济增长关系研究内容上越来越丰富，由于旅游业的发展不仅对当地经济产生影响，而且通过继发效应，对旅游地的社会、生态环境等多个方面也产生较大影响，旅游业社会效应、生态环境效应类文献逐渐增加。邓飞飞（2015）、钟丹萍（2015）、秦远好等（2006）对旅游业的经济、社会、生态环境影响进行分析，研究角度呈现多元化。研究方法上多样化，定性分析逐渐减少，定量分析和实证分析增加，乘数理论、投入产出分析法、一般均衡模型、旅游卫星账户和计量经济学方法等多种计量分析方法应用到旅游业中，同时积极引进国外先进的研究方法并将其他学科先进分析方法运用到旅游业研究中，国家对旅游影响研究投入力度也大大加强，形成了丰富的理论成果（林清清等，2014）。

（一）研究内容与结论

1. 旅游业的经济效应

旅游业经济效应的研究始终是旅游领域的热点研究问题，这也是政府和企业较为关心的问题。大部分相关文献都是以旅游业与经济增长关系研究为开始，探究旅游业对区域经济增长的影响。闫敏（1999）对旅游业产业化与经济发展水平关系进行分析，得出两者之间关系密切，基础产业对旅游业的发展有制约性。李兴绪和牟怡楠（2004）从旅游产业对经济增长的贡献角度出发，得出旅游业能带动相关产业发展，对地区产业结构优化和 GDP 增长具有较大促进作用。卢江勇等（2005）以海南省为实证分析对象，得出国内旅游收入对 GDP 增长的平均贡献率达到 17.03%，认为旅游业对经济增长发挥着重要作用。庞丽等（2006）从不同空间尺度对入境旅游的经济增长效应进行分析，得出入境旅游对经济增长影响具有空间差异性，对东部地区经济增长影响明显，而对中西部地区没有显著影响。

由于我国侧重于旅游业的经济效应研究，相对来说研究经济发展如何影响旅游业的文献则相对较少。研究内容集中在区域经济与旅游业间是否存在长期均衡关系、两者相关系数的计算和经济发展对旅游业影响程度的大小问题。

2. 旅游业的社会效应

我国旅游业社会效应的研究起步较晚，开始于 20 世纪 70~80 年代，以徐崇云和顾铮（1984）开展的旅游对社会文化影响为标志。20 世纪 90 年代之后，旅游业社会效应类的文献呈现日益增多的趋势。保继刚和楚义芳（1999）对旅游带来的社会影响进行了系统的分析。王雪华（1999）对旅游影响社会文化的作用机理、旅游业文化影响的积极和消极影响，以及影响程度等问题进行深入的探究。进入 21 世纪后，旅游业社会效应类的文献迅速增加，根据研究内容可分为四个方面（包富华和杨尚英，2016）：第一方面是旅游对目的地居民感知的影响，主要从感知内容和影响感知因素两个方面展开。卢松（2008）以西递景区与九寨沟景区为研究对象，发现九寨沟居民认为旅游业对传统文化保护、文化交流、提高地区知名度有积极响应，而西递居民认为游客干扰了他们的日常生活，制造了主客冲突。尹寿兵和刘云霞（2013）得出距离因素是影响居民感知的主要因素。第二方面是旅游对文化变迁的影响研究，主要体现在对语言、民族文化、生活方式、价值观念、文化真实性的研究（唐雪琼等，2011；陈丽坤，2011）。第三方面是旅游对身份认同的影响（薛熙明等，2012）。第四方面是旅游对就业、社会角色、社区参与、社会关系等方面社会结构的影响（阚如良等，2014；颜亚玉和黄海玉，2008）。

3. 旅游业的生态环境效应

20世纪70年代末期，我国学者开始就旅游业对生态环境影响展开研究，相较于国外的正式研究晚了将近40年。由于我国学者对旅游生态环境效应研究的重视，加之借鉴国外相关研究成果，我国旅游业生态环境效应的研究发展较为迅速。20世纪90年代后，相关研究不再仅局限在定性分析，定量的研究也逐渐增多。研究方法上，由于旅游生态环境效应研究学者来源于多个学科，促使多学科研究方法应用到相关研究中，如地理学、生态环境学、生态学等研究方法都引入相关研究中，常用的有实地监测法、调查分析法、德尔菲法、计量模型法，目前遥感、GIS等新技术方法也应用到相关的研究中。

近年来，研究内容集中在生态旅游开发与生态环境、旅游生态环境保护对策、旅游开发对生态环境的影响、旅游地生态环境质量及其评价、旅游生态环境容量与承载力、旅游生态环境与可持续发展等方面。万绪才等（2003）以南京与苏州为例，尝试从游客的视角对城市旅游生态环境质量进行综合评价。总体来说，我国旅游生态环境质量开发的研究相对较少，定量化研究相对缺乏。研究内容中，旅游开发对生态环境影响研究较多（刘晓冰和保继刚，1982），得出的研究结论多为旅游业对生态环境产生负面影响。巩劼等（2008）就旅游开发对声生态环境的影响方面展开分析，对黄山风景区的生态环境噪声监测数据进行分析，提出了相应措施与途径。张宁宁等（2011）通过对丽江市1989~2006年的大气降水样品进行测定，发现其年均pH呈上升趋势，认为丽江市在发展旅游业的同时，越来越多的碱性物质被输送到大气中。

4. 耦合研究方面

耦合（coupling）一词来源于物理学，用来测度系统间或系统内部要素间的关系（钟业喜和陆玉麒，2011；关伟，2007）。耦合理论在旅游业中不仅可以用来衡量旅游业与区域经济之间相互作用关系，评价旅游产业在区域经济发展中的地位和作用，而且可以用来测度旅游业与社会发展、生态环境的协调程度。生延超和钟志平（2009）构建耦合协调度模型，最早对旅游业与区域经济发展耦合关系展开研究。2006年之后，我国陆续出现了运用耦合协调理论研究旅游业与经济增长关系的文献，根据中国知网统计，截至2016年旅游业与经济增长耦合关系研究文献已经有20余篇。研究尺度上有以我国整体为研究对象的，也有区域尺度、省际尺度和县级市等小尺度范围为研究对象的。相比较旅游业与区域经济耦合协调性研究，旅游业与社会、生态环境协调性研究相对较少，近年来有增加的趋势。王兆峰和余含（2012）、方叶林等（2013）对旅游业与社会发展水平、生态环境的协调性展开分析。

（二）研究方法

研究方法上，经历了从以定性分析为主，到以乘数理论、投入产出分析、旅游卫星账户、计量经济学等定量分析方法为主。研究方法上取得的进步，为更准确估计旅游业的经济效应奠定了基础。

1. 乘数理论

1931年，英国经济学家卡恩提出乘数概念，后经凯恩斯运用和发展，形成乘数理论。乘数理论具有广泛的应用性，在国民经济许多领域得到应用。乘数理论与旅游业的结合，形成了旅游乘数理论。我国旅游业与经济增长关系定量研究的开始是以旅游乘数理论应用为标志的，张凌云（1988）最早将乘数理论应用到旅游业研究，匡林（1996）介绍了旅游业乘数的类型与计算。李江帆和李美云（1999）最早对我国旅游经济效应的理论进行定量分析。左冰（2002）基于旅游乘数模型计算了我国的旅游乘数。之后，很多学者侧重于应用乘数理论研究旅游对区域经济的影响，李江帆等（2001）、李兴绪和牟怡楠（2004）、鲁明勇等（2005）分别对广东、云南、湘鄂渝黔边区的旅游业乘数进行了实证研究。师守祥（2007）在其研究中指出了旅游乘数研究的不足，认为其模型、计算方法、广泛引用的数据不可信，旅游业乘数是一个伪命题。

2. 投入产出分析

20世纪30年代，美国经济学家里昂惕夫（Loentief）提出了一种新的经济数量分析方法"投入产出理论"，如今已成为经济发展系统分析的必要工具。投入产出分析法应用于旅游业是其应用的一个新发展，旅游业的投入产出分析法将旅游经济各部门间相互联系的复杂性可视化，弥补旅游乘数研究上的缺陷。全惟幸（1987）最早将投入产出分析法引入我国的旅游业与经济增长关系研究中。乔玮（2006）、王燕等（2009）运用投入产出分析法研究上海、新疆等地旅游业对经济增长的影响。

3. 旅游卫星账户

旅游卫星账户属于国民经济系统的一个子系统，可以单独核算由旅游消费而引发的国民经济各行业中的直接和间接的旅游产出，能够在国际范围内对旅游经济效应进行对比分析（康蓉，2006）。任佳燕和刘赵平（1999）、刘赵平（2000）、赵丽霞（2001）对旅游卫星账户的特点、作用及我国建立旅游卫星账户的必要性进行了介绍。2006年我国开始了旅游卫星账户的编制工作，之后许多学者利用旅游卫星账户进行了一系列的实证研究，魏卫和陈雪钧（2006）、李作志和王尔大（2010）、杨炳铎等（2006）分别对湖北、大连和北京进行了实证研究。

4. 计量经济学

旅游业与国民经济中许多产业关系密切，有必要从长期角度更为精确地考察旅游业与经济、社会、生态环境间的相互作用关系。计量经济学分析中的分析方法是考察旅游业与经济、社会、生态环境关系最有效的工具之一，通过文献梳理可以发现，近年来计量分析方法应用逐渐普遍，尤其是格兰杰因果关系检验和协整理论得到广泛应用。程晓丽和王逢春（2014）、刘军胜等（2015）均运用格兰杰因果关系检验、协整理论和耦合协调理论对旅游业与经济增长关系进行分析。张玉萍等（2014）、熊鹰和李彩玲（2014）、高杨等（2016）运用耦合协调理论对旅游业与经济、生态环境间的耦合协调关系进行计量分析。经深入地研究发现旅游业与经济、社会、生态环境间存在空间交互作用，空间计量模型在旅游业与经济、社会、生态环境间关系研究中得到应用。张娜和佟连军（2013）对黑龙江旅游经济效应进行空间分析，向延平（2012）、赵磊等（2014）、翁钢民和李凌雁（2015）运用空间计量分析法对旅游业与经济增长关系进行分析。

三、研究述评

研究者从不同角度，运用不同方法对旅游业与经济、社会、生态环境间的关系展开研究。研究尺度上，国内外旅游研究区域均表现为"沙漏型"演变规律，从全球尺度到对单个区域再到跨区域性/全球性的研究；研究内容上，多为旅游业与经济、旅游业与社会或旅游业与生态环境的两两关系研究，其中旅游业与经济发展系统关系研究最多，旅游业与社会发展系统、旅游业与区域复合系统研究较少，两者关系研究中，因果关系和耦合协调关系研究成为近年来研究的重点。研究方法上，定性研究方法呈下降趋势，乘数理论、投入产出分析法、旅游卫星账户、格兰杰因果关系、向量自回归模型、误差修正模型、经典计量模型和空间计量模型应用到旅游业与经济、社会、生态环境关系研究中，研究方法呈现出精确化、数学化、计量化的趋势。

对比国外，国内的研究相对滞后。研究内容上，以旅游业的经济效应、旅游业与社会、旅游业与生态环境关系类型的实证分析为主，大部分实证分析中缺少有效的理论依据，低水平的实证研究有时会成为无价值的案例堆积，浪费研究资源和研究者的时间与精力（保继刚和张骁鸣，2004），理论探究较少，多数理论局限在概念界定和划分上。研究空间视角上，我国学者绝大多数是以单个景区、县域、市域、省域或区域为尺度，缺少跨国层面研究。此外，开展不同空间尺度研究中，往往忽视了空间上的交互作用。研究时间视角上，由于我国旅游业发展历史相对不长，大部分相关旅游指标统计时间短，很难从长时间视角度研究，这可能会影响研究的准确性。研究方法上,我国的研究方法基本都是国外用过的甚至是过时的方法,有些模型和方法建立假设条件不适合研究我国实际情况,导致了错误研究结论的出现。总之,旅游业与经济、社会、生态环境间的关系研究无论是研究内容还是研究方法均有待提高。

第二节 基础理论

一、经济增长理论

经济增长理论是研究经济增长规律和影响制约经济增长因素的理论。当一个国家潜在的 GDP 或国民产出增加时,这一国家就实现了经济增长。人均产出增长率与经济增长这一指标密切相关,它决定了国家生活水平提高的速度,体现了人均收入水平的高低。所以,人均产出增长率这一指标也备受重视。实现经济增长是任何国家和地区的目标,对于如何实现这一目标,经济学家持不同的态度,传统主流经济学主要关注资本、劳动力和技术进步等生产要素对经济增长的影响,将这些看成是区域经济增长的必要条件,而经济地理学者把影响经济增长的因素分为自然、技术、经济、社会、地理位置。对影响经济增长因素态度的转变代表了经济增长理论的演变过程。

"输出基础理论""新古典区域增长理论"和"新增长理论"是比较有代表性的经济增长理论。"输出基础理论"的思想由道格拉斯·诺斯提出,后经蒂伯特等研究逐渐完善。美国经济学家索洛将新古典经济理论和凯恩斯经济理论结合在一起,形成的"新古典区域增长理论"成为经济增长研究史的一个里程碑,对新古典模型做出杰出贡献的还有英国经济学家拉姆齐和澳大利亚经济学家斯旺。20世纪 80 年代中期以来,经济增长理论出现了新的突破,以罗墨和卢卡斯为代表的学者将增长理论带入新的发展阶段,提出了"新增长理论"。"新增长理论"关注经济增长源泉的分析,是从报酬递增和不完全竞争的角度展开的分析。

二、区域经济协调发展理论

区域经济协调发展理论主要探究如何实现区域间经济利益与国家利益的协

调、区域经济的共同发展与共同繁荣。目前区域经济协调发展理论研究尚未完善，局限于理念的层面，将其作为一种新理念指导区域经济发展和处理经济关系，对有关的基本理论问题缺少深入的探究。

改革开放后，我国经济取得巨大进步，但区域间差距日益加大，解决区域经济发展差距的问题迫在眉睫。20世纪90年代初，我国理论界提出运用区域经济协调发展的理念解决区域经济问题，这一理念已经被理论界和社会大众普遍认可，并形成了丰富的文献。但区域经济协调发展的基本理论问题目前还没有科学严谨的界定。从概念上来说，区域经济协调发展是指区域间在经济交往上日趋密切、相互依赖、日益加深、发展上关联互动的过程（吴殿廷，2007）。区域经济协调发展的基本方式是使区域间在经济发展上形成相互联系、关系互动、正向促进的新型关系。对于区域经济是否协调发展，主要取决于区域间经济利益上是否同向增长，不能顾此失彼；区域间经济差异是否缩小，只有缩小差距才能实现区域经济协调发展的目的。

实现区域经济的协调发展是政府的一项重要职能。不同国家，由于经济体制、社会体制等方面差异，在促进区域协调发展方面采取的政策也不完全相同。我国政府对区域经济协调发展的调控政策大体上可分为两种方式：一是直接投资，二是运用政策手段。由于我国处于经济体制转轨和提高国家经济综合实力的时期，在选择如何实现区域经济协调发展方式时需考虑市场机制、国家经济发展的总体需要以及区域经济的现实格局。

三、新经济地理学

1991年，Krugman（1991）首次提出新经济地理学这一概念。相较于主流经济学，它的"新"主要体现在新经济地理学侧重于用经济模型分析的理论和方法研究经济地理现象，将长期被人们忽视的空间结构纳入主流经济学中，主张运用建模方式研究经济活动中空间分布规律。在一定程度上可以说，新经济地理学是20世纪中期形成的空间分析和区域科学传统的继续（Martin and Sunley，1996），所以新经济地理学也可称为"新"区域科学（Clark and Gertler，2005）。也有地理学家提出用"地理经济学"来替代"新经济地理学"更合适。2008年，Krugman

凭借对新经济地理学中区位分析获得诺贝尔经济学奖，此时新经济地理学走入大众视野。

新经济地理学区别于传统经济理论和经济地理研究，以报酬递增和不完全竞争理论假设为基础。其理论基础是建立在 Dixit 和 Stiglitz 垄断竞争模型（D-S 模型）框架之上的，D-S 模型对复杂经济问题的解决提供了研究框架，从某种意义上讲，新经济地理学即是 D-S 模型的空间版本。然而，报酬递增和不完全竞争假设在一段时间内一直未被经济学家信服。直到 1977 年，垄断竞争概念用数学模型形式化之后，关于报酬递增的研究才真正在经济学界掀起一场实质性的革命（刘安国和杨开忠，2001）。新经济地理学提出了中心-外围格局、城市层级体系的自组织演化和国际专业化等主要理论观点（李小建，2006）。

新经济地理学研究对加强地理学不同观点融合、经济地理学地位的提高、前瞻性成果的增加和新经济地理学学派的出现做出较大贡献。然而，新经济地理学在理论方面仍然存在一些不足：第一，新经济地理学模型的理论框架多局限在两个地区或部门，而实证检验则总是涉及许多地区或部门。第二，新经济地理学模型的微观基础仅仅关注了集聚现象中的经济联系，忽略了知识联系（何枭吟，2006）。第三，新经济地理学模型中所有的空间是一维的，区域和地方多半是点状或线状，与现实相差较远，且模型中并未对地理空间层次性进行区分，影响了模型的可信度。第四，新经济地理学模型忽略了政治、文化、社会等因素对区域发展的影响。因而，新经济地理学未来的研究仍然任重而道远，最重要的任务是构建更符合现实的模型及将更多影响因素引入理论模型，使模型更具有应用意义，针对不同区域提出不同政策启示。

四、旅游溢出理论

溢出效应是一种外部效应，包含了积极和消极的外部性，具体指某项活动的展开不仅产生了预期效果，而且对其他组织或者个人产生了间接的或者无意识的影响。内生增长理论提出后，溢出被认为对区域经济增长有着显著的影响。对旅游活动而言，也存在着显著的溢出效应（Yang and Wong，2012）。旅游溢出效应是指旅游经济活动的展开，对其他地区旅游经济活动产生的影响，其他地区既可以是与本地较近的空间范围内，也可以在较远的空间范围内。根据地学第一定律可知，地理位置越接近，联系越密切。这意味着通过积极的空间溢出效应，邻近地区旅游业的发展对本地旅游业带动作用更强。旅游属于经济活动的一种，因此一些经济活动的溢出形成机制同样适用于旅游，但也有些本身独特的机制。根据新经济地理理论和内生增长理论，可将旅游溢出的形成机制大致归为如下几个方面。

知识溢出。在我国，旅游业的知识溢出主要由人力资源的流动和旅游企业的合作来实现：一方面由于区域旅游企业间的合作或者交流，旅游知识人才在不同空间范围得以流动并与其他区域群体发生互动和交流，促进新知识的创造和传播，加之，旅游业是人才流动比较大的行业，一些知识技术水平较高的从业人员一旦转换到其他地区工作，就会将其先进的知识和技术带到新的旅游企业，新的旅游企业通过引进人才降低知识更新和创新成本。另一方面，区域旅游合作的展开，使落后地区在与发达地区的合作过程中学习到其先进的管理理念和生产技术，进而提高本地区的生产效率。

市场溢出。市场交易使企业或者地区之间进行产品交换，有助于建立企业间生产链的合作网络，产生技术和市场溢出。同样，此类的市场溢出效应也存在邻近区域的旅游业中，旅游业的市场溢出效应主要通过共享客源市场来实现。当某一省（区、市）占有较高的旅游客源市场份额，其邻近省（区、市）可共享客源市场。这主要归因于在一次旅游套餐中，往返目的地的交通成本是一项较大的比例支出，到地理位置邻近的目的地旅行可以减少旅游成本。旅游市场溢出对落后地区旅游业的发展意义重大。往往落后地区受资金和技术因素的限制，不能独自开展积极有效的市场营销，导致其知名度不高，主要依赖邻近发达地区客源市场的进入发展本地区旅游业。

竞争效应。邻近地区由于资源禀赋的相似性，往往形成同类型的旅游产品，这样就存在区域间的竞争。在竞争的压力下，为获取竞争优势，旅游企业必须学习先进的经营管理理念，提高旅游服务质量。对于竞争，旅游企业以积极理性的态度面对，竞争将有助于区域间旅游企业的共同进步。然而，在竞争的初期，往往对强势者更为有利，竞争强度的增加短期内会使相对落后地区的市场占有率下降，伤害其旅游业的发展。如果落后地区旅游业不采取积极有效的措施，旅游业的发展可能面临更多的损失，此时，竞争效应变成了挤出效应。

从理论上讲，上述三种作用机制存在于旅游业发展中。但这三种机制能否发挥作用及发挥作用的大小，主要取决于五个方面：一是地方经济基础和旅游业发展水平；二是旅游企业间的互动能力及与其他产业的关联性；三是旅游生产中人流和物流的流动幅度与广度；四是旅游行政管理体制；五是区域对外开放程度。以上五个方面在作用条件得当时，积极的旅游溢出效应才会出现，否则溢出效应可能为零，甚至产生消极的旅游溢出效应。

五、可持续发展理论

全球人口增长和经济发展引发的全球生态环境问题成为世界各国共同关注的热点，在此背景下，可持续发展概念得以产生。1987年，世界环境与发展委员会发表的研究报告《我们共同的未来》中，提出了可持续发展概念，将可持续发展定义为："既能满足当代人的需要，又不对后代人满足其需要的能力构成危害的发展。"之后陆续有许多机构和学者提出可持续发展概念，目前接受度最高的是世界环境与发展委员会提出的概念。可持续发展强调共同发展、协调发展、公平发展和高效发展，其核心是经济效率、社会公平与生态环境完整的统一。1994年，可持续发展战略被纳入我国经济和社会发展的长远规划中，此后可持续发展成为我国现代化建设的重要战略。

当前可持续发展理论广泛应用于旅游业研究中。旅游业的可持续发展问题逐渐引起社会的普遍关注，旅游业经济地位的提高促使其成为经济发展系统的重要组成部分。旅游业对生态环境产生双重影响，一方面有恢复功能，另一方面又具有破坏性，旅游业在发展中引起的生态环境问题和社会文化问题与可持续发展理念背道而驰。由于上述原因的共同作用，旅游业可持续发展势在必行。

第三节 旅游业经济效应的理论分析

一、基本概念

（一）旅游业

长期以来，人们对旅游业的概念一直未达成共识。有人认为旅游业就是旅游者和交通、住宿以及其他有关单位,通过办理旅游签证、中间联络、代购代销、为游客导游、交涉、代办手续,从而取得报酬的行业。这种观点将旅行社行业等同于旅游业,所以支持者较少。也有人认为旅游业是为国内外游客服务的一系列相关行业。这一定义对于旅游业在何种意义上构成一项产业的问题,没有做出有效回答。还有人认为旅游业根本不是一个产业。一直以来,学者对于什么是旅游业,旅游能否构成一项产业一直争论不休。然而,当今旅游业一词屡见于学术期刊、政府报告、国民经济发展规划中。因此,从产业角度界定旅游业的内涵显得尤为重要。

国内学术界比较认可的是李天元(2013)对旅游业概念的界定,他认为旅游业是以游客为对象,为其旅游活动创造条件并提供所需商品和服务的综合性产业。这里所谓的综合性产业,实际上也就是人们所称的产业集群或产业群落。同传统产业定义相比,旅游业有明显的两点不同之处:第一,从需求取向进行定义,而非供给角度;第二,旅游业的界定标准是共同的服务对象,而非相同的业务或产品。

(二)旅游经济效应

旅游经济效应又称旅游业对经济的影响,是指旅游业在国家或区域经济方面所起的作用及产生的影响。即由旅游活动引发的消费、投入、支出等在接待地区经济中的渐次渗透,引起该地区的经济产出总量、就业机会和家庭收入等产生变化,尤其是经济增长的倍数效应的变化。旅游经济效应的主要内容可概括为收入效应、创汇效应、就业效应、产业关联效应等。

根据不同标准,旅游经济效应可分为多类。根据经济价值,旅游经济效应分为正向经济效应和负向经济效应,正向经济效应为旅游业对地区经济产生的积极影响,负向经济效应为旅游业对区域经济产生的消极作用。根据表现形式,旅游经济效应可分为显性经济效应和隐性经济效应,显性经济效应为旅游业对区域经济的直接影响,隐性效应为旅游业对区域经济的间接影响。根据产生时间,旅游经济效应可分为即时经济效应和滞后经济效应两类,即时经济效应为旅游业发展第一时间产生的经济效应,而滞后经济效应的效果在很短的时间内不会显现,具有时间滞后性,要在一段时间后才可以显示。

（三）耦合度

耦合来源于物理学，是指两个或两个以上的系统或运动形式之间，通过各种方式相互作用，形成彼此影响以至联合起来的现象。耦合度作为度量值，可用来衡量系统内部各要素之间的相互作用程度，当系统间或系统内部要素之间相互促进、配合得当时，系统向有序方向发展；反之，系统向无序方向发展。由此可知，系统能否向有序方向发展，关键在于系统内部要素之间的协同作用，耦合度正是反映这种协同作用的度量指标。因此，本书把旅游业与经济、社会、生态环境系统间各自耦合元素彼此产生影响程度定义为旅游业与经济、旅游业与社会、旅游业与生态环境系统的耦合度。用耦合度模型反映旅游业与经济、社会、生态环境系统间的耦合程度。

（四）协调性

协调是两个或多个系统或系统内部要素间的良性关系，是系统间或系统内部要素间配合得当、和谐一致、良性循环的关系，是系统间或系统内要素间健康发展的保障。协调作为一种管理职能，是在组织发展目标的基础上调节组织整体中各种活动之间的关系，并且将这些活动有机地结合在一起，紧密联系、减少矛盾、快速实现组织目标。由于系统处于动态变化之中，系统内部要素之间的关系也在调整，而协调度作为一个定量指标，可用于度量协调状况好坏。旅游业与经济发展系统、社会发展系统、生态环境系统之间存在着复杂的作用关系，如果这种相互作用产生协调效应，就能推动两者向着协调有序的方向发展。

二、旅游业对经济增长的影响

对许多国家或地区而言，旅游业发展的首要目的是取得经济效益。人们往往更为关注旅游业对经济发展带来的积极影响，在对目的地带来积极影响的同时，旅游业发展对区域经济的消极影响必须被客观认识到。本节主要从旅游业对经济发展产生的积极影响和消极影响两个方面展开。

（一）积极影响

旅游业对经济增长的积极影响主要通过以下方式实现：第一，增加国家外汇收入。由于入境游客的流动，大量货币从客源地流向目的地，入境旅游也被称为"风景出口"，相比传统产业可轻松地创造外汇，并且其价格不受国际市场价格和外贸条件的限制，换汇率大大高于货物贸易，在增加国家外汇收入具有比较优势。从一定程度上说，旅游业是比较有优势的出口产业，有利于目的地国家和地区经济的全面发展。第二，加快货币回笼，促进市场繁荣。旅游业对地方经济贡献卓越，积极发展国内旅游，不仅能够满足广大劳动人民群众日益增长的物质文化需求，而且可以将货币回笼到国家，减轻市场经济运行压力，弥补商品供应的不足，抑制物价的上涨，促进市场的繁荣稳定。第三，带动相关产业发展。第四，优化产业结构。第五，增加就业，缓解就业压力。2014年我国旅游业直接就业人员1500万，间接就业人数8500万，占我国全部就业人数的11%。此外，旅游业在增加地方经济收入、积累建设资金，以及促进贫困地区脱贫方面发挥了巨大作用。

（二）消极影响

旅游业在发挥积极经济效应的同时，也带来了消极影响，主要体现在以下几个方面。

第一，过度依赖旅游业，影响国民经济稳定性。一些地区由于过度依赖旅游业，产生了旅游业的"资源诅咒"，即旅游业的过度发展，不仅没有促进经济增长，反而阻碍了经济增长。这主要归因于两个方面：一是旅游业的发展是以其他产业发展为机会成本的，一旦过度依赖旅游业，就可能忽视某些其他产业发展，造成经济结构单一化，进而影响国民经济的多样性；二是旅游业具有不稳定性的特征，容易受到旅游需求变化的影响，自然灾害、疾病疫情、政治事件和经济危机的发生，均会影响旅游需求。一旦旅游目的地发生这些事件，这一地区的旅游需求会急剧下降，需求的大幅度下降意味着收入的减少，影响着国民经济的稳定性。

第二，产生通货膨胀。旅游业的发展，往往会刺激通货膨胀的产生。游客旅游时的消费水平往往会高于日常生活的消费，会以较高的价格购买产品，零售商为游客服务可以获得较高的利润。在高利润的驱使下，零售商往往并不会对游客和本地居民进行差异化定价，尤其是对旅游城市型旅游目的地，长此以往旅游目的地的物价就会上升。此外，旅游产业的发展会增加土地需求，导致土地价格上升。土地价格的上升会增加建筑公司和土地拥有者的收入，但当地老百姓会为此增加开支，他们不得不增加租房和购房的费用。

第三，旅游招商引资中的制度机会主义。旅游业在招商投资过程中，东道地区与投资者在投资上的权利资源、约束条件和两者的讨价还价能力的不平等，导致东道地区与投资者信息不对称，加之居民绩效考核制度不合理因素的存在，投资者行为往往会演变成一种制度性机会主义（保继刚和楚义芳，2012）。这不利于旅游招商引资目标的实现，还有可能增加社会成本，加剧不发达地区的资源和财富向发达地区回流和集中。

此外，由于地方政府对旅游业过度乐观，出现了旅游业发展过度超前的情况。旅游业产生的正向经济效应显著，但现实情况是并不是所有地区发展旅游业都能获得丰厚的回报，往往在那些资源丰富、配套设施相对完备、可进入性好、商业价值高的地区才能获得丰厚的回报。对一些经济发展相对落后的地区来说，配套设施和可进入性是短期内无法解决的问题。有些不具备发展旅游业条件的地区过度超前发展旅游，但由于旅游业相关配套设施跟不上，其结果往往是造成资源浪费，旅游经济效益不高，对经济没有起到应有的推动作用。

三、旅游业的经济特性

由于旅游业具有积极的经济影响，因此受到众多国家和地区的欢迎。但同时，旅游也引起了部分地区传统生活方式崩溃、通货膨胀、新殖民主义的剥削形象和对一种不太可靠而单一产业的过分依赖等问题。很多学者对这两大阵营观点都用实例进行了强有力的证明。由于旅游设施和服务的性质不同，学术界对旅游业是否应该被视为产业还存在争议，旅游业许多不同寻常的经济特色使其与一些产业相比，具有独特的经济特性，具体有以下几方面。

（一）旅游业是一种无形的出口产业

旅游业通过将有形的物质产品组合，向游客提供旅游服务，实现无形的出口。旅游业并不是将有形产品从一地销售到另一地的产业，而是一种游客到旅游服务生产地进行消费的产业。游客购买的旅游产品，通常以服务的形式体现出来。对游客来说，游客并不是购买有形的产品（除了旅行用品），而是一个完整的经历和旅游体验。通过旅途中的所见所闻，得到身体和精神上的满足。因此，旅游业有"无形出口"和"无形贸易"的称谓。旅游产品的无形性、生产、交换和消费的同一性是其与其他工农业产品的根本差异。

（二）旅游产品是一种分割产品

旅游产品融合并直接影响许多其他经济部门。游客旅行过程中所需要的产品，一部分从旅游企业购买，另一部分来自其他企业，还有一部分没有花费任何直接成本。例如，游客的花销直接注入宾馆、商店、餐馆和游憩设施，这些直接消费的间接效益可能表现为当地税收、目的地基础设施的改善以及社区服务的优化。游客对特定旅游项目的需求，如对旅游纪念品需求的增加，会刺激地方企业进行生产，从而增加地方收入并扩大相关就业。然而游客可能不涉及任何直接支付，就能享受高质量的生态环境。旅游产品构成的复杂性及构成要素之间的相互依赖，使衡量旅游经济的全面影响变得非常困难。

（三）旅游业是一项极不稳定的出口产业

旅游业作为一项极不稳定的出口产业，主要归因于以下几个方面：一是旅游产品极易消失（气候气象类）、无法储存（生产、交换和消费具有同一性）及旅游需求的高度季节性，导致旅游业活动水平具有明显的波动性；二是旅游业容易受到不可预知的外力因素的制约，例如旅游目的地出现地震、火灾或异常气候、流行性疾病暴发、政治动荡、恐怖活动、经济危机、国际汇率变化及战争等，都会导致游客放弃该旅游地而选择新的旅游地；三是游客的旅游动机和期望对旅游行为影响极大，游客动机极其复杂多样，常常彼此之间互不相容，且变化大又快，吸引回头客相当困难；四是旅游的需求价格弹性和收入弹性非常大，旅游产品价格或者游客收入有微小的变化都会影响旅游决策行为。综上可知，旅游业是一项极不稳定的出口产业，任何与旅游活动有关的变化，都会影响旅游这种无形产业的出口。

四、旅游业的经济机理

旅游业与经济发展间关系密切，两者相互依赖、互相促进。旅游业以区域经济发展为基础，同时又能通过扩大消费、增加外汇收入、积累建设资金、加快货币回笼，以及增加就业等方式促进区域经济的发展，而区域经济通过增加居民收入、改变人们思想观念、改善交通运输条件，以及完善基础设施和旅游配套设施对旅游业的发展起到支撑作用，并通过扩大旅游市场等方式促进旅游业发展。两者只有良性互动、协调发展，才能实现共赢。

现实中，由于旅游业与经济发展条件的不同，旅游业经济效应的差异较大。旅游业发展在不同的国家或地区往往产生不同成本和经济效益，有些国家或地区投入较低成本，却获得较高的效益，相反有些国家投入较高的成本，经济效益却较低，甚至产生旅游业的"诅咒效应"。许多研究表明，这些差异主要由开发地区的旅游资源价值、区位条件、区域经济背景、区域经济结构，以及围绕旅游开发的体制框架的差异所致。发达地区和发展中地区存在的这种差异最明显。发展中国家通常存在收入水平低、贫富差距大、失业率高、受到国内市场规模小的牵制而形成工业发展水平低下、严重依赖农业赚取出口外汇而且制造业和服务业的外资比重大这一现况。这些与发展中国家内部经济财富的区域不平等、利润严重漏损外流、高通货膨胀及外汇短缺关系密切。旅游花费和外来资金注入在发展中国家得以迅速渗透，往往比同等数额消费在发达国家产生更为显著的效果。货币流向、利益分配、就业特点和所得效应，都会随游客和投资来源以及目的地经济发展性质和水平而发生较大变化。

相比较而言，旅游业在发展中国家属于相对较新的产业，发展历史短，在一定程度上给当地基础设施和人力资源带来了很大压力。有些地区受基础设施数量和质量的限制，旅游吸引力较小，参观游览的游客较少。也有些地区是由于当地为了大力发展旅游业，兴建许多旅游配套设施，但相对较少的游客无法充分利用这些建成的旅游设施。对于后者，该地区必须提高价格，以此抵消设施没有被充分利用而带来的成本。

扩大出口赚取外汇是保持经济增长的重要因素。许多发展中国家历史上往往依靠初级产品出口赚取外汇，通常这些外汇收入无法满足经济转变的需要。由于旅游业的发展有助于增加国家外汇收入，这使许多国家政府把发展旅游作为获取经济全面增长所需资金的重要来源。此外，从长远看，旅游业能提供一种价格和收入灵活的产业选择，替代未来岌岌可危的传统产业（肖贵蓉，2007）。对于旅游业能够有助于经济全面增长已得到广泛的认可，但在实践中，大多数发展中国家对如何大力发展旅游的合理可行性规划却很少，导致许多发展中国家旅游业的发展结果不尽如人意。有些国家，虽然具有旅游潜力，但资源却没有得到充分利用；有些国家，由于受到所有权外方高度控制和相关漏损、低下的旅游就业、旅游规划上存在的政治和体制障碍、资金供应不足以及营销战略贫乏等因素的严重制约，旅游作为经济发展战略只取得边际成功，在整体经济发展中的潜力没有充分发挥出来；有些国家发展结果不尽如人意是由于旅游业与其较低的资本积累能力、劳动力技能差、传统的企业技能和当地居民的经验不足造成的；还有一部分国家发展结果不尽如人意是由于政局不稳定导致的。

相较于发达国家，发展中国家在未开发资源的可获得性、劳动力数量供应以及国际旅游市场的增长上，均具有一定的旅游开发优势。但也不能过分夸大旅游业的经济潜力，如果相应的配套条件不够，旅游业很难获得预期的经济效益。

第三章　中国旅游业的经济效应

第一节　现　状　分　析

一、旅游业发展现状

(一) 旅游资源现状

"巧妇难为无米之炊",旅游资源即是旅游业发展的"米",对旅游业发展起至关重要的作用。我国幅员辽阔,东临太平洋,西北深入亚洲大陆,是一个海陆兼备的国家。这一现状决定了我国旅游资源具有类型众多、各具特色、分布广泛的特征。本书根据地理空间特征,将我国旅游资源分为8个地区,接下来对各区旅游资源进行简要的介绍。

东北地区,包含黑龙江、吉林、辽宁。东北地区是我国纬度最高的地区,最具特色的旅游资源应属冰雪旅游资源。东北地区冬季漫长而寒冷,一般将近6个月,降雪日数多、积雪期长、积雪厚,冰雪运动竞赛大多在此举行,是我国冬季体育运动中心。与冰雪有关的代表性旅游项目有滑雪、滑冰、打冰橇、乘冰帆、冰上摩托、雪地拉车表演赛、冬泳,以及观赏冰灯、冰雕、雪雕等,哈尔滨国际冰雪节、沈阳冰雪旅游节、长白山冰雪节等以冰雪为主题的节庆活动丰富多彩。而以"寒江雪柳,玉树琼花"称誉的自然奇观"吉林雾凇",成为东北地区冰雪旅游资源之外的又一亮点。

华北地区,是中华民族的发祥地之一,为历代王朝的心腹地区。作为千百年来中华民族的政治活动中心,华夏古文明遗迹遍布,留下了众多的古人类遗址、帝王陵墓、宫殿等人文旅游景观。华夏文明博大精深、底蕴深厚,华北旅游区尤以丰富的历史古迹景观著称,区内拥有关中秦汉唐文化、山西的三晋文化等文化瑰宝。也有代表性的万里长城、北京故宫、颐和园、承德避暑山庄等享誉世界的旅游资源，该区不仅是接待国内游客较多的地区之一，也是入境游客选择的热点旅游目的地。

华东地区，位于长江中下游，为平原和低山丘陵交错区，平均海拔较低，水网纵横，兼有"山""海"之胜。区内河湖交错，水网密布，宜人的气候、清幽的山水、繁茂的植被，构造了一幅幅独特的"小桥、流水、人家"画卷。此外，区内有著名的齐鲁文化，众多的文化古迹和名山，文化古迹以三孔（孔府、孔庙、孔林）和江南古典园林为代表，园林多为私家园林，以精巧取胜，充满自然意趣；名山有著名的黄山、庐山、九华山、三清山、龙虎山、琅琊山和大别山等。这些名山不仅以自然景观吸引游人，同时有一些也是革命圣地和宗教圣地，是进行爱国主义、革命传统教育和宗教朝拜的理想之地。

华中地区，位于我国中部，是中华民族文化摇篮之一，形成的古楚文化、河南宋文化及易经文化源远流长、我国历史上著名的七大古都，该区有三个，分别是洛阳、开封和安阳，这些古都留下了众多的遗址遗迹供人凭吊游赏。该区由于地处我国南北、东西交界地带，地形起伏变化大，地貌类型复杂多样，塑造出形态各异、特色鲜明的名山峡谷风景，具有代表性的景点有洛阳白马寺、龙门石窟、张家界。

华南地区，大部分处于南亚热带地区，气候热、暖期长，尤其是海南岛和南海诸岛，绵长海岸线上多优质沙滩、阳光明媚、椰风海韵，一派旖旎的南国风光，是我国最著名的热带风光旅游地。海南国际旅游岛的建立，每年吸引着大量国内外游客前来休闲度假。该区也是著名的华侨之乡，大批侨胞华裔散居世界各地，其祖籍以广东、福建居多，由于侨胞回国观光、探亲访友，该区成为接待海外来华访问者较多的地区之一，同时由于广泛吸收了舶来文化，该地很多人文景观具有中外文化交融的痕迹。

西北地区，地处我国西北内陆，远离海洋、降水较少、干燥多风，自然景观以荒漠、半荒漠为主，广布沙漠戈壁，区内以沙漠景观为主。自然景观特征鲜明和对比强烈是该区一大特征。高山与盆地、沙漠戈壁与绿洲、雪山冰川和森林草原共生长，区内有塔克拉玛干沙漠、伊犁谷地、神奇莫测的响沙、天山的天池和一望无际的呼伦贝尔草原，众多景观构成了"大漠-落日-驼铃"的塞外美景，对游客有着极强的吸引力，是开展沙漠科考、高山探险、考古和猎奇的理想之地。

西南地区，地跨云贵高原，是我国地势起伏最大、地貌类型较多的地区之一，气势磅礴的高山峡谷与高原、盆地、丘陵、平原相间，发育典型的岩溶地貌，尤以各种美感形态的"峰林、齐石、碧水、幽洞"著称。这一地区不仅自然景观丰富多彩，也有巴文化和蜀汉文化等文化景观。西南地区也是我国少数民族聚居区之一，民族风情别具一格，各少数民族大多能歌善舞，节日庆典长年不断，浓郁的民族风情和独具特色的饮食文化令人陶醉。

青藏高原地区，大部分属青藏高原，平均海拔4000米以上，地势高峻，区内山脉连绵、雪峰重叠，有世界屋脊之称，也是一片雪域高原。因其特殊的地理生态环境，该区交通闭塞，尚有许多地方人迹罕至，充满神秘感，令人向往，较知名的旅游资源有布达拉宫。

通过分区旅游资源介绍，可以发现各地区旅游资源特色明显，自然和人文资源都异常丰富，为我国旅游业的发展奠定了资源基础。

（二）入境、国内和出境旅游发展现状

我国凭借丰富的自然类旅游资源和人文旅游资源，形成了大批具有世界知名度的旅游产品，吸引着海内外游客前来参观游览。我国旅游业发展始于改革开放时期，发展速度快，形成了入境旅游、国内旅游和出境旅游三大市场，逐渐从旅游资源大国向世界旅游大国过渡转变。图3-1展示了1978～2014年我国入境旅游业的发展情况，随着我国旅游业国际地位的迅速提升，旅游外汇收入由改革开放初期1978年的2.63亿美元（位居世界第四十七位），到2014年的569.1亿美元（位居世界第三位）；国际游客入境过夜人次由1978年世界排名第四十一位上升到2014年的第四位。

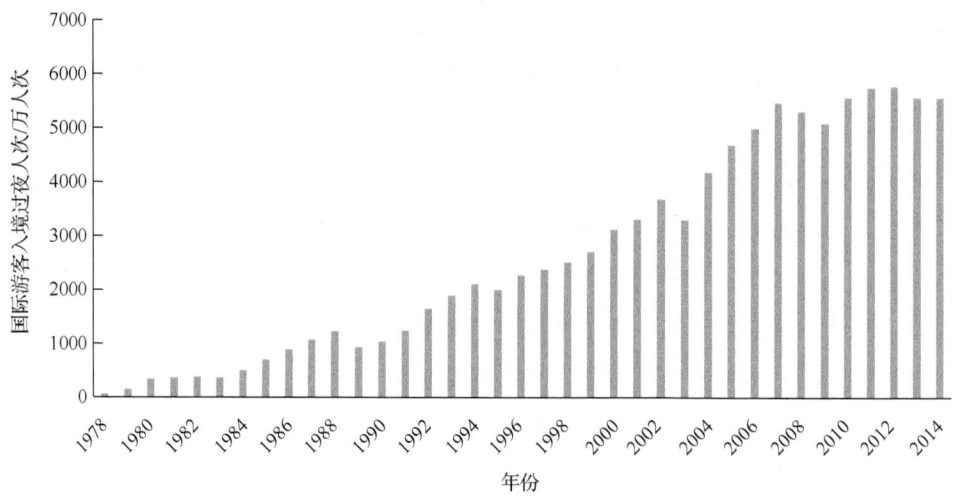

(a) 1978~2014年我国国际游客入境过夜人次

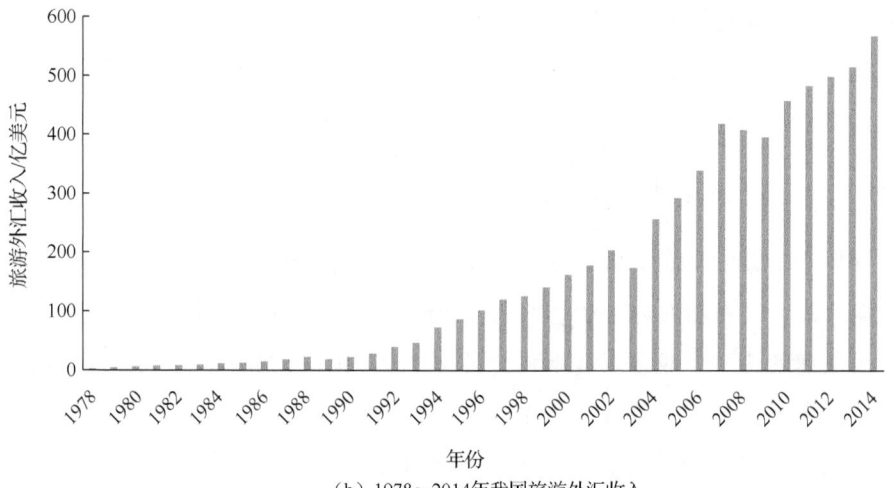

(b) 1978~2014年我国旅游外汇收入

图 3-1　1978~2014 年我国国际游客入境过夜人次和旅游外汇收入

为了更直观地展示改革开放以来我国入境旅游人次和收入增长情况,图 3-2 列出了 1979~2014 年我国入境旅游人次和外汇收入的增长速度。由图 3-2 可知,我国入境旅游人次和旅游外汇收入基本表现为同向增长,2009 年之前除非典发生年份外,均保持持续增长。2008 年世界金融危机爆发,我国入境旅游受到影响,2010 年后逐步恢复。我国入境旅游经过 30 多年的发展,2010 年后进入转型调整期,增长速度上表现为小幅度上升。2014年入境旅游人次为12849.83万人次,其中,外国人2636.08万人次,香港同胞7613.17万人次,澳门同胞2063.99万人次,台湾同胞536.59万人次,2014年我国入境旅游客源构成如图3-3所示。

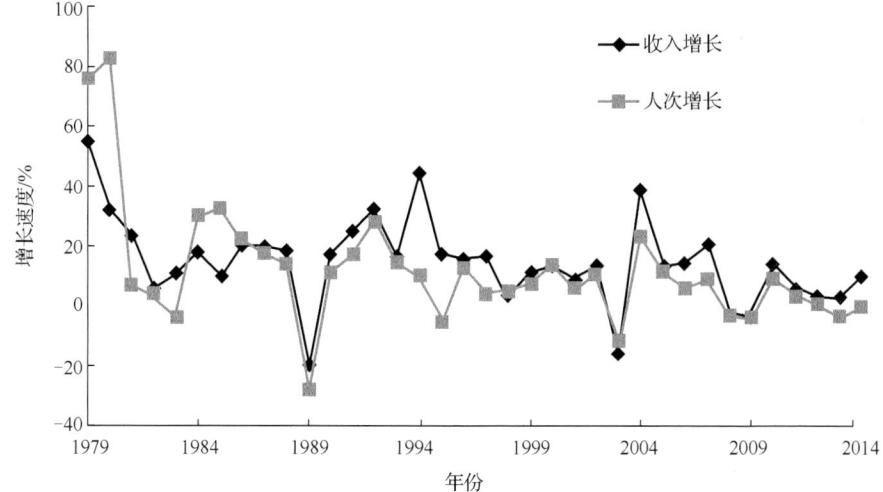

图3-2 1979~2014年我国入境旅游人次和旅游外汇收入增长速度

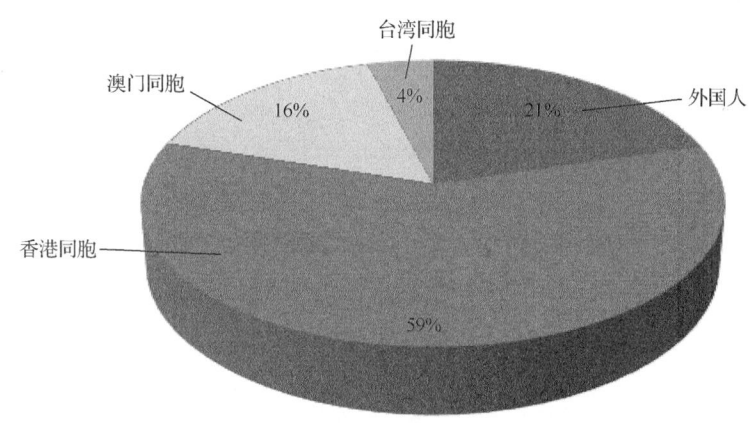

图3-3 2014年我国入境旅游客源构成示意图

我国境外客源市场大体上分为港澳台同胞和外国人两大部分。由图3-3可知,港澳台同胞占入境旅游市场比例较大,外国人比例较小。1988年以后,台湾游客的数量逐渐增加,成为境外客源市场的重要部分。从考察期内我国境外游客的构成比例变化可以发现境外游客中，港澳台同胞所占比例有所下降，由过去的90%多下降到2014年的将近80%。随着我国客源市场的多元化，外国人所占境外市场比例上升这一市场格局将会持续。

我国的海外客源市场呈现出明显的多元化格局，亚洲和东太平洋区域市场为海外客源市场主体，欧洲和北美远程洲际市场为两翼。我国海外客源市场中以与我国较近的、与我国联系较多的、经济发达和较发达的国家或地区所占比重相对大。其中，亚洲客源市场约占我国海外客源市场的一半，欧洲客源市场约占四分之一，北美客源市场约占十分之一。进入21世纪以来，我国的海外客源市场不断向横广方向和纵深层次拓展，入境旅游客流的地域结构也在不断拓宽，客源数量总体表现为持续增加，出现了一些有潜力的新兴客源市场。我国海外客源市场将在"一体两翼"的格局基础上，增加到世界五大洲更多的国家和地区，海外客源市场的总体趋势向全方位、多元化格局发展。

在入境旅游发展取得巨大成就时，我国国内旅游业进入了快速发展时期。受数据可获得性限制，本书只展示了1994~2014年我国国内旅游人次和国内旅游收入情况及其增长情况（图3-4和图3-5）。由图可知，除2003年非典发生外，我国国内旅游人次和国内旅游收入一直持续稳定增长。尽管世界金融危机爆发，但2008年

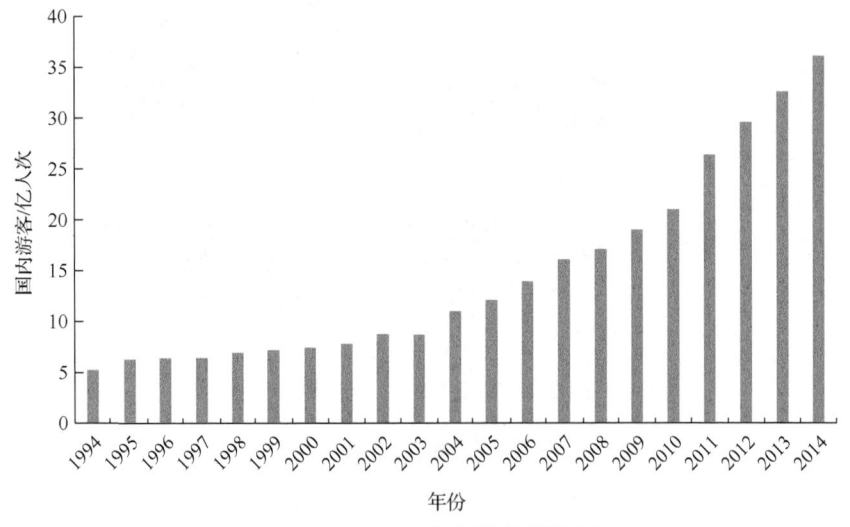

(a) 1994~2014年我国国内旅游人次

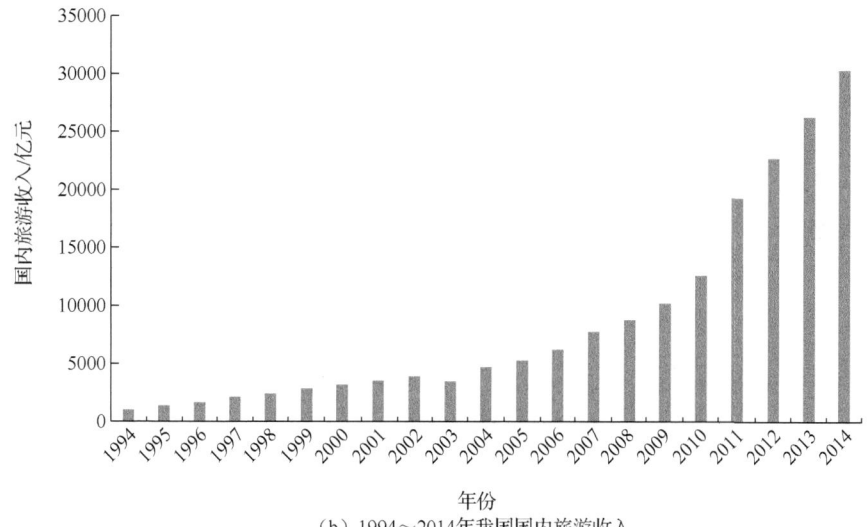

(b）1994~2014年我国国内旅游收入

图3-4　1994~2014年我国国内旅游人次和国内旅游收入

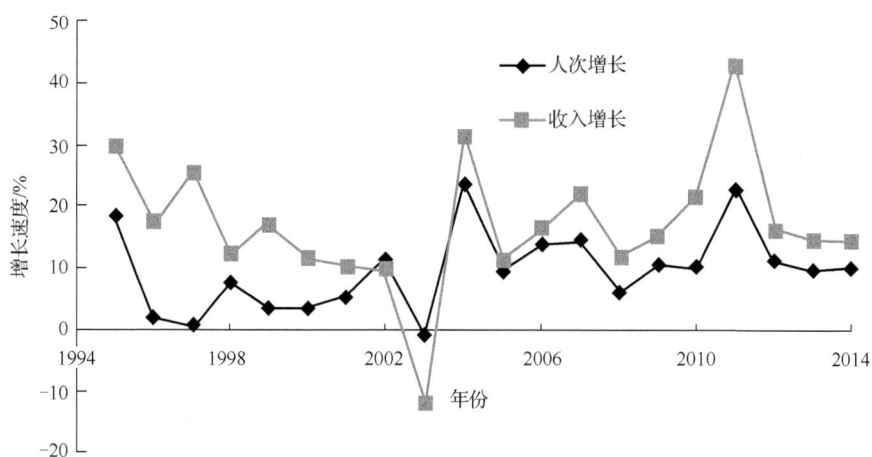

图3-5　1994~2014年我国国内过夜人次和国内旅游收入增长速度

和2009年我国国内旅游人次分别保持着6.14%和10.52%的增长速度，而国内旅游收入仍然以11.86%和15.18%速度增长，呈现井喷式发展状态。现如今，我国国内旅游市场规模世界第一，无论是市场规模还是增长速度，我国国内旅游市场均被视为世界上潜力最大的旅游市场。

1983年，我国出境旅游开始进入起步阶段，但在1993年之后我国出境旅游人数才逐年增加。从类型上看，我国的出境旅游基本可分为港澳台游、边境游和出国游三种类型。港澳台游以1983年11月广东省组织的赴港澳台探亲旅游团为起点，港澳台游可以说是我国出境旅游的开端。边境游以1987年11月辽宁省丹东市对朝鲜的一日游为标志，之后国家相继批准了我国许多省、自治区开展与周边国家的边境旅游。出国游以1988年国务院批准公民可以赴泰国探亲旅游为标志，1997年《中国公民自费出国旅游管理暂行办法》的实施，标志着我国出国旅游开始走向成熟发展的阶段，同样也意味着我国旅游业基本形成了港澳台游、边境游和出国游三足鼎立的出境旅游市场格局。图3-6和图3-7展示了1994~2014年我国出境旅游市场规模和增长速度的变化。

由图3-6可知，我国出境旅游人次表现为持续递增，由1994年的373.36万人次到2014年的10727.55万人次，突破一亿人次，是1994年的28倍多。1998年我国出境旅游增长速度最快，原因在于1997年香港回归，赴香港旅游的人数迅速增加，以至于1998年增速达到45.097%。从总体上看，我国出境旅游市场持续

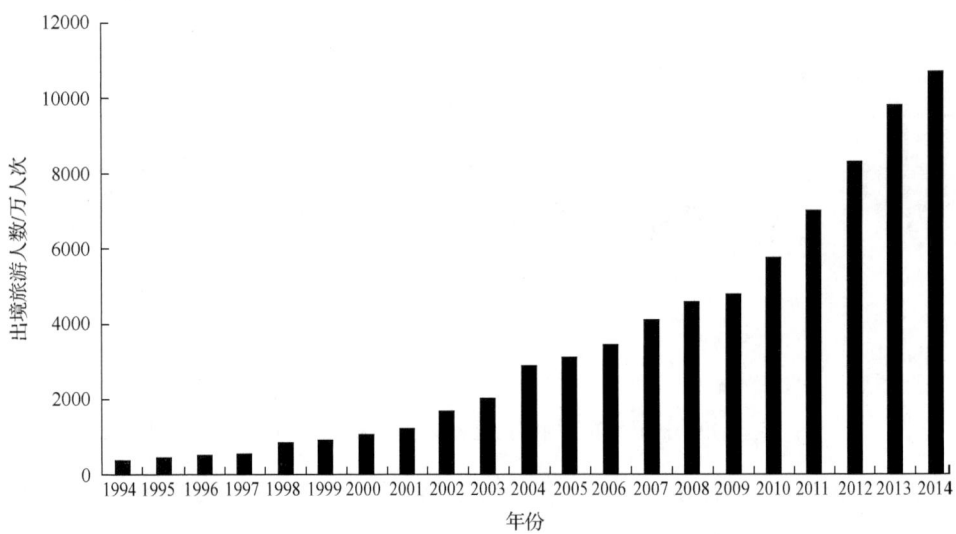

图3-6　1994~2014年我国出境旅游人次

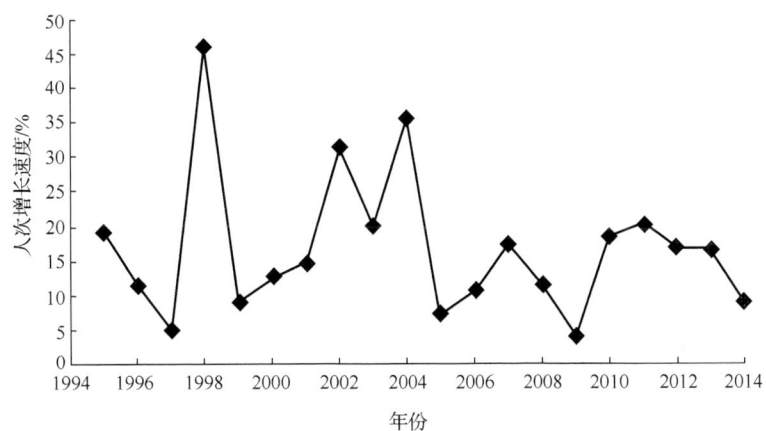

图 3-7　1994～2014 年我国出境旅游人次增长速度

扩大，可归因于以下四个方面：第一，人均国民生产总值的增加，为出境旅游奠定了经济基础。第二，人民币总体处于升值状态。人民币升值意味着同样的货币能够购买更多的旅游产品，促使广大居民出游。第三，目的地旅游政策的吸引。2015 年，我国出境旅游人次和出境旅游消费稳居世界第一，国人凭借强大的购买力和旅游意愿，受到越来越多的国家欢迎，为了吸引我国居民旅游，许多国家推出免签或简化签证等政策。第四，人们旅游愿望的加强。由于我国居民物质文化生活需求日益得到满足，人们对休闲娱乐的需求越来越强烈，出国旅游的愿望也日益增强。多种因素共同作用，促使我国出境旅游市场繁荣发展。

二、经济发展现状

1978 年改革开放以来，我国是同期世界上经济发展最快的国家，连续 30 多年高速增长，创造了"中国经济奇迹"。我国在经济发展方面取得的成绩具体表现为以下几个方面。

第一，综合国力和国际地位显著提高。1978 年我国 GDP 为 3645.22 亿元，2014 年达到 634043.4 亿元（图 3-8），约是 1978 年的 174 倍，GDP 年均增长 9.8%，远高于同期世界 2.3% 的经济增长速度。2010 年我国 GDP 超过日本，成为世界第二大经济体。对外贸易方面，2014 年，我国进出口贸易额达到 43000

亿美元，连续两年位居世界第一，与 1978 年相比增长了 208 倍。在此期间，我国成功举办了北京奥运会和上海世博会等大型国际赛事和会议，国际影响力大大提高。

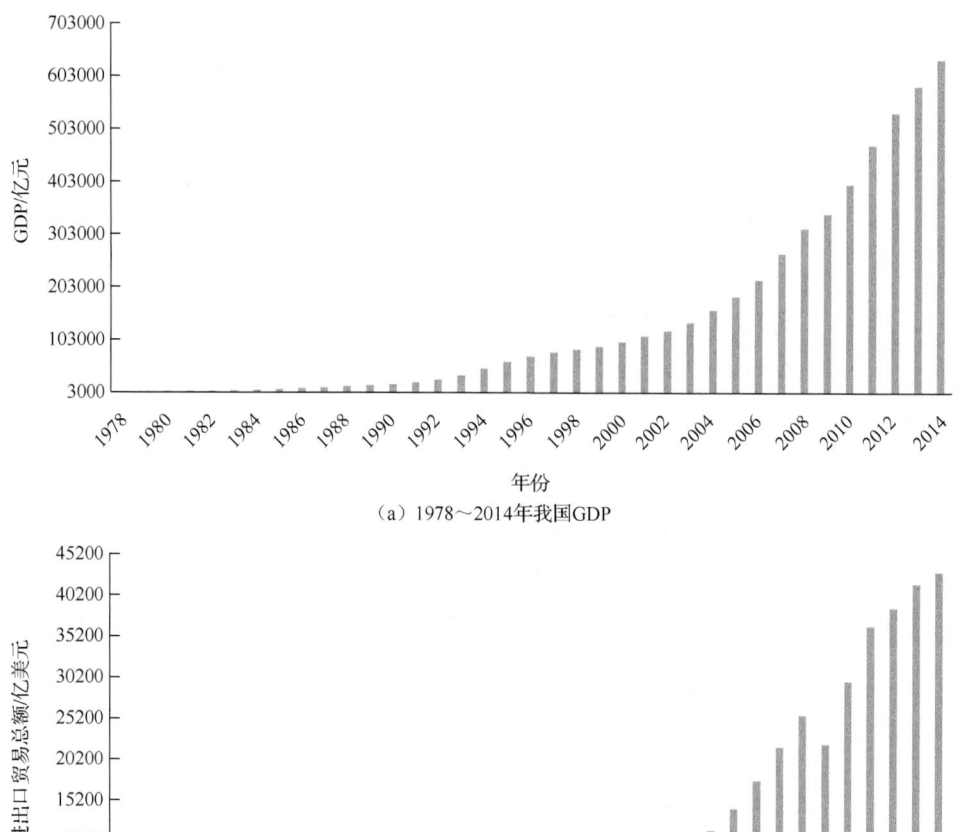

(a) 1978~2014年我国GDP

(b) 1978~2014年我国进出口贸易总额

图 3-8　1978~2014 年我国 GDP 和进出口贸易总额

第二,经济结构逐渐合理化,产业结构更趋优化。改革开放前,我国经济落后,农业经济占较大比重,轻重工业比例失衡。1978年改革开放后,我国加快了基础产业与基础设施建设,"重重工业,轻轻工业"的思想得以转变,第三产业加快发展步伐,经济结构向合理化方向发展,产业结构由第一产业和第二产业占主导地位向第一产业、第二产业和第三产业协调发展方向转变(图3-9)。其中,第一产业比重总体处于下降的趋势,而且降幅非常明显;第二产业在 GDP 中比重比较稳定,没有发生大幅度变化;第三产业比重总体处于不断上升的趋势,逐渐成为我国经济增长的中坚力量。

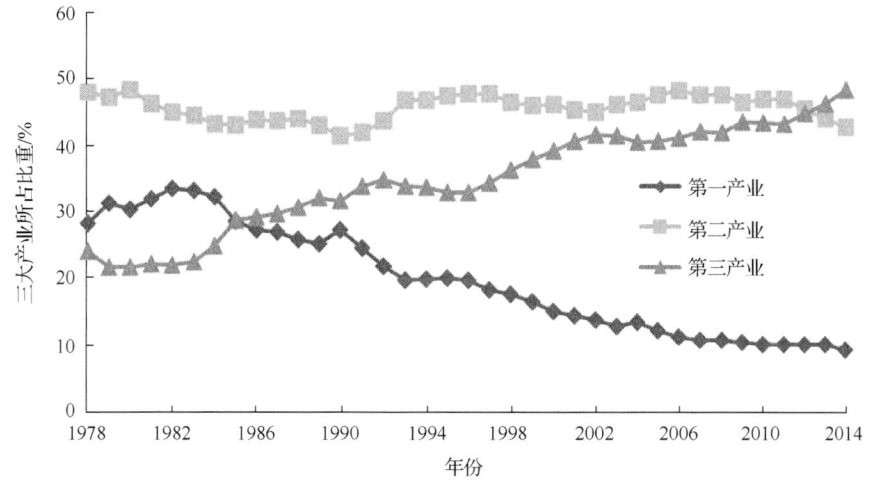

图 3-9　1978~2014 年我国三大产业比重变化图

第三,人们的生活水平不断提高。中华人民共和国成立初期,人民的物质生活极其贫乏,改革开放后,人们的温饱问题逐渐得以解决。图 3-10 和图 3-11 分别是 1978~2014 年我国城乡居民家庭人均收入和恩格尔系数数据图,由图可知,从 1978 年开始,我国的城乡居民家庭人均收入呈现出逐年递增的趋势。1978 年我国城镇居民人均可支配收入为 343.4 元,2014 年达到 28843.85 元;1978 年我国农村居民的人均纯收入只有 133.6 元,2014 年达到 10488.88 元。由图 3-11 可知,我国城乡居民恩格尔系数呈现逐年递减的趋势,与收入增加呈现相反的趋势。这说明经过 30 多年经济的快速发展，城乡居民收入逐渐增加，人们的生活消费不再是以吃、穿等基本生存需求为主，而是逐渐过渡到消费质量提高、高端消费品逐渐进入寻常百姓家的阶段，物质文化生活显著改善。

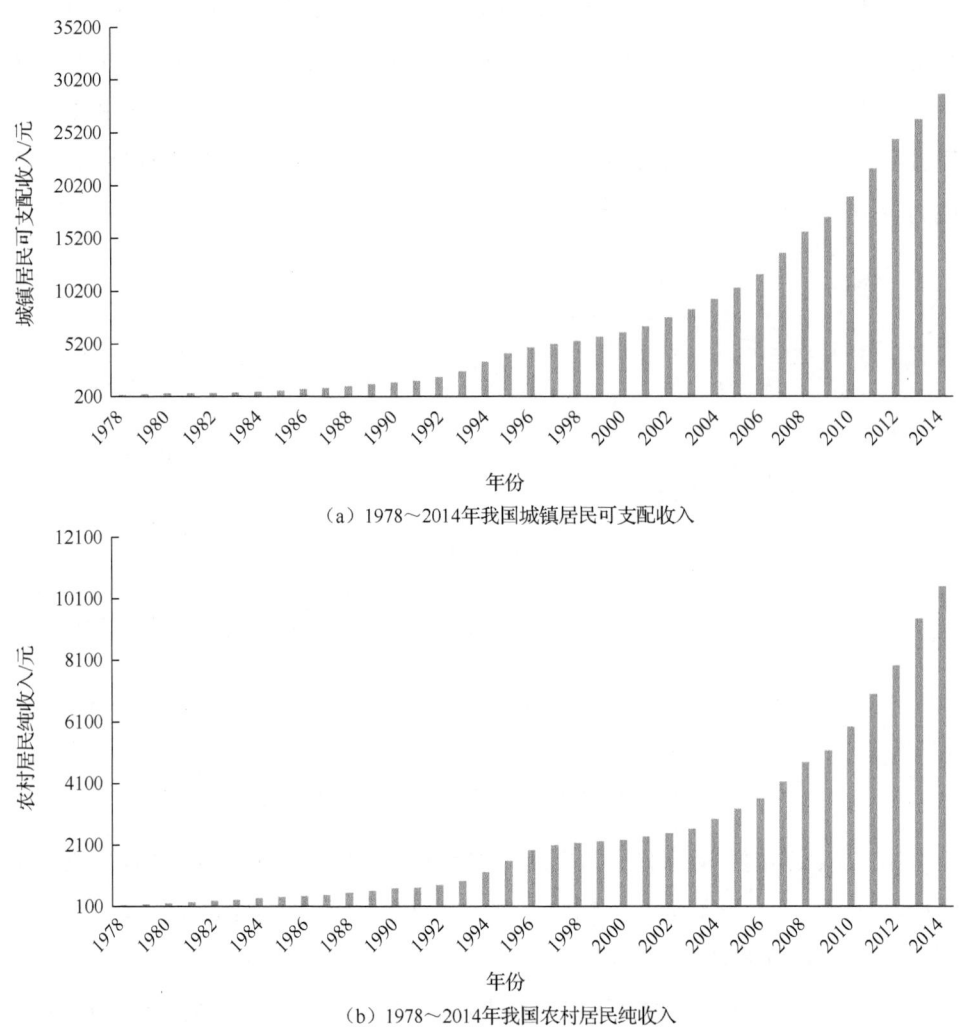

(a) 1978~2014年我国城镇居民可支配收入

(b) 1978~2014年我国农村居民纯收入

图 3-10　1978~2014 年我国城乡居民家庭人均收入图

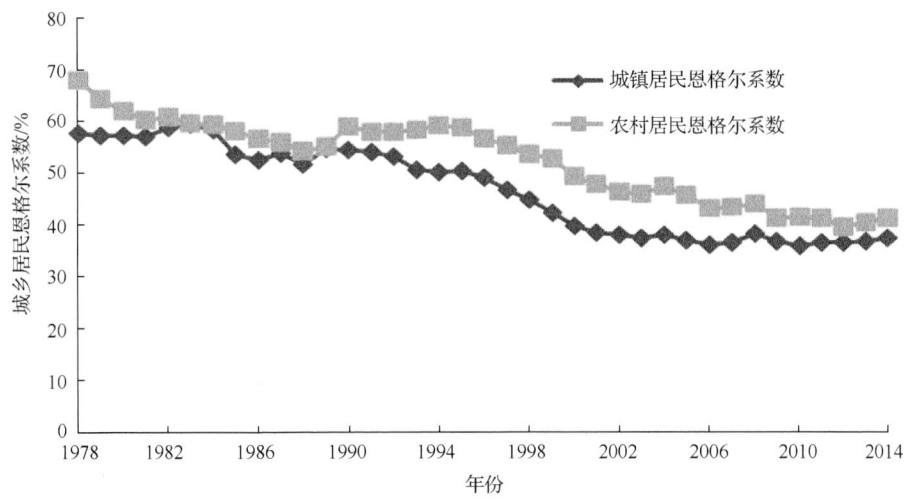

图 3-11　1978～2014 年我国城乡居民恩格尔系数数据图

我国经济在过去的四十几年取得了举世瞩目的成绩，但问题仍然突出，具体如下：一是资源浪费、生态环境污染问题严重，我国过去一直是粗放型经济增长方式，这种发展模式加剧了资源供需矛盾，对资源生态环境造成严重破坏和污染，近年来出现的雾霾天气就是我国经济增长中忽视生态环境问题的典型体现；二是人均 GDP 仍然较低，2014 年我国人均 GDP 达到 7589 美元，位居世界第 80 位，按照世界银行标准，我国仍有 2 亿左右贫困人口；三是城乡差距、区域经济差异较大。改革开放后，我国的基尼系数总体处于上升趋势，基尼系数由 20 世纪 80 年代的 0.3 左右到 2015 年的 0.469，我国收入差距已经超过警戒线。2014 年我国城镇居民收入是农村居民收入的 2.75 倍，区域经济差异表现为东部与中、西部和南方与北方的收入差距，改革开放后东部地区凭借地理位置优势和国家优惠政策拉开了与中、西部经济发展的差距。西部大开发、振兴东北老工业基地和中部崛起等战略对区域经济差异改变暂不明显，2012～2015 年是我国经济的转换期，区域经济的"极化"和"扩散"作用比以往更加明显，尤其是经济处于下行期时，地区分化更加明显，财政收入的马太效应使东部与中部、西部之间差距加大，南北差距也逐渐加大。此外，由于当前我国经济进入调整期，经济下行压力较大，2015 年我国 GDP 数据总量 676708 亿元，按可比价格计算，创下自 1990 年以来增长的新低。

第二节 旅游业与经济增长关系初步探究

第二章对旅游业产生的经济效应进行了理论上的分析，理论和实证分析相结合有助于准确把握旅游业与经济增长之间的相互作用关系。本节根据旅游业和经济增长的相关数据，从全国和省际两个层面对旅游业和经济发展水平间关系进行初步探究。

一、全国层面

旅游业是综合性较强的产业，其产品由众多领域产品组成，由于各部门计量单位不同，很难用一个指标体现一个国家或地区旅游业发展水平。因此，选择什么样的指标体现旅游业的发展水平是本书研究的一个难题。根据对以往研究文献的梳理，可以发现常用做法是选择旅游人次或旅游收入来测度旅游业发展水平。在我国旅游业统计口径下，旅游人次和旅游收入均属于基础统计指标。旅游人次统计的是报告期内接待游客数量，反映的是旅游发展规模，而旅游收入统计食、住、行、游、购、娱各部门所获得的收入，主要体现旅游经济效益。书中要探究的是旅游业的经济效应，因此在考虑指标选择的合理性和数据的可获得性条件下，选择旅游收入体现旅游业发展水平。

根据经济增长含义的表述可知，经济增长在"量"上主要表现为国民总产出的不断增加，这是经济增长的核心体现。对于经济增长指标的选择，有学者运用 GDP 测度，有学者运用人均 GDP 测度。我国幅员辽阔，各省（区、市）之间人口和地域面积差异较大，如北京、天津、上海和重庆等地区人口和地域面积相对较小，若用 GDP 反映其经济发展水平与其他省（区、市）进行对比，会低估这些地区的经济发展水平。相较而言，人均 GDP 更具可比性，能更好地体现地区经济增长，故本节选择人均 GDP 测度经济增长。书中实证研究时间段为 2000~2014 年，为了消除物价因素的影响，书中以 1999 年为基数，根据环比增长指数对所有人均 GDP

进行平减处理,通过运算换成实际人均 GDP,书中所有人均 GDP 均为计算所得。

在设定计量模型进行严格的定量分析前,首先从统计学角度对以往的数据进行初步的观察,以便从整体上把握旅游业和经济增长的关系,为下文研究奠定基础。书中运用 2000~2014 年我国旅游业收入和人均 GDP 数据,绘制了两者考察期内变化趋势图、表和散点图(图 3-12、表 3-1、图 3-13、图 3-14)。旅游业包含国内旅游、入境旅游和出境旅游三类,这三类旅游与经济发展关系的作用机理具有差异性,其经济效应同样具有差异性。因此,应分别探究国内旅游、入境旅游和出境旅游的经济效应。但受限于出境旅游数据,书中仅探究了国内旅游和入境旅游的经济效应。

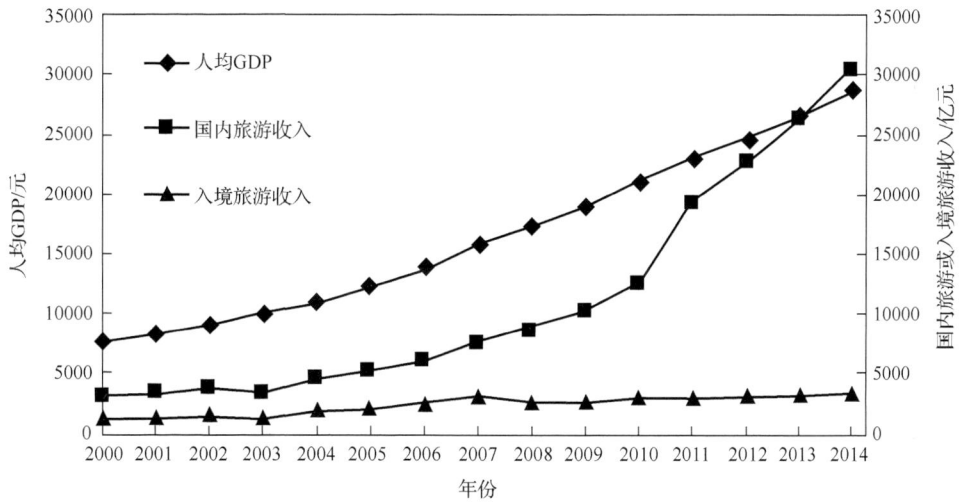

图 3-12 国内旅游收入、入境旅游收入与人均 GDP 变化趋势

表 3-1 国内旅游、入境旅游占 GDP 比重

年份	国内旅游占 GDP 比重/%	入境旅游占 GDP 比重/%	年份	国内旅游占 GDP 比重/%	入境旅游占 GDP 比重/%	年份	国内旅游占 GDP 比重/%	入境旅游占 GDP 比重/%
2000	3.201	1.353	2005	2.858	1.298	2010	3.161	0.779
2001	3.212	1.343	2006	2.880	1.251	2011	4.094	0.664
2002	3.223	1.403	2007	2.923	1.199	2012	4.261	0.593
2003	2.534	1.061	2008	2.786	0.903	2013	4.506	0.549
2004	2.946	1.333	2009	2.987	0.795	2014	4.781	0.558

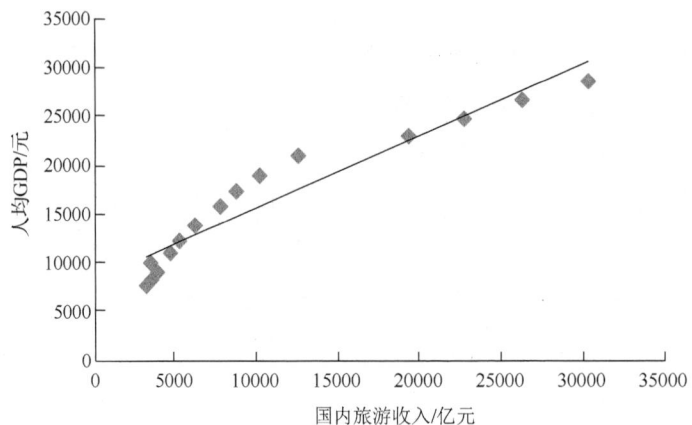

图 3-13 国内旅游收入与人均 GDP 散点图

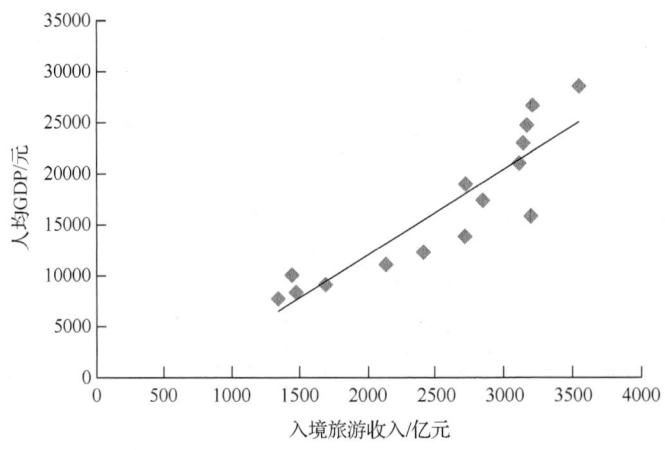

图 3-14 入境旅游收入与人均 GDP 散点图

由图 3-12 可知，考察期内国内旅游收入、入境旅游收入和人均 GDP 均有提高。人均 GDP 平稳增长，国内旅游收入持续稳定增长，仅在 2003 年由于"非典"，出现小幅度回落，2009 年之后国内旅游井喷式发展，增速明显加快，相较而言，入境旅游收入表现得较为平稳，虽有增长，但幅度不大。旅游业作为世界第一大产业，2000～2014 年，旅游业占 GDP 的比重为 3.595%～5.339%，2000～2008 年表现为持续下滑，而 2009 年之后，旅游业的比重持续上升，由 2009 年的 3.782%到 2014 年的 5.339%，相对来说国内旅游占的比重较大，入境旅游比重不仅小而且有下降的趋势。

为了更清晰地展示旅游业与经济增长的关系，书中分别以国内旅游收入、入境旅游收入为横坐标轴，人均 GDP 为纵坐标轴，绘制两者关系散点图（图 3-13 和图 3-14），由图可知，绝大多数散点表现为由左下向右上的上升趋势，运用趋势线进行拟合，得出一条斜率为正的趋势线。这意味着国内旅游、入境旅游与人均 GDP 间在不考虑其他因素作用的情况下，两者间均是正向的作用关系。

二、省际层面

我国地域面积辽阔，各地区旅游资源分布不均，区位条件和经济发展水平差距较大，导致各地区旅游业与经济增长间相互作用关系具有一定的差异性。书中对各地区 2000~2014 年国内旅游、入境旅游和人均 GDP 进行均值处理，得出国内旅游、入境旅游与经济增长的相关系数（系数 1 和系数 2）。由表 3-2 可知，各地区国内旅游和经济增长关系较为密切，两者正相关，相关系数在 0.9 以上，其中河南的相关系数达到 0.991。除甘肃外，入境旅游与经济增长的相关系数也均为正，但区域间入境旅游与经济增长相关系数差别较大，北京入境旅游与经济增长

表 3-2 国内旅游、入境旅游与人均 GDP 相关系数

地区	系数 1	系数 2	地区	系数 1	系数 2	地区	系数 1	系数 2
北京	0.961	0.616	安徽	0.968	0.990	四川	0.977	0.829
天津	0.971	0.982	福建	0.988	0.994	贵州	0.987	0.800
河北	0.937	0.955	江西	0.941	0.992	云南	0.969	0.996
山西	0.950	0.884	山东	0.983	0.957	西藏	4.943	0.687
内蒙古	0.967	0.937	河南	0.991	0.946	陕西	0.975	0.989
辽宁	0.986	0.873	湖北	0.950	0.982	甘肃	0.958	-0.716
吉林	0.973	0.994	湖南	0.983	0.797	青海	0.964	0.819
黑龙江	0.984	0.651	广东	0.941	0.990	宁夏	0.981	0.818
上海	0.958	0.861	广西	0.955	0.981	新疆	0.964	0.918
江苏	0.992	0.622	海南	0.977	0.829	—	—	—
浙江	0.975	0.993	重庆	0.985	0.992	—	—	—

的相关系数是 0.616，云南省的相关系数是 0.996，这表明入境旅游与地区经济增长线性关系具有一定差异性。甘肃省的相关系数为负，意味着甘肃省入境旅游业与经济发展水平呈现反向变动。综合国内旅游和入境旅游的分析结果可知，旅游业与经济增长之间总体表现出同向变动，为正相关。

分别以各地区国内旅游收入、入境旅游收入为横坐标，人均 GDP 为纵坐标，各指标值均取考察期的均值，形成散点图（图 3-15、图 3-16）。由各散点分布来看，同全国层面散点分布相似，表现为由左下向右上倾斜，国内旅游、入境旅游

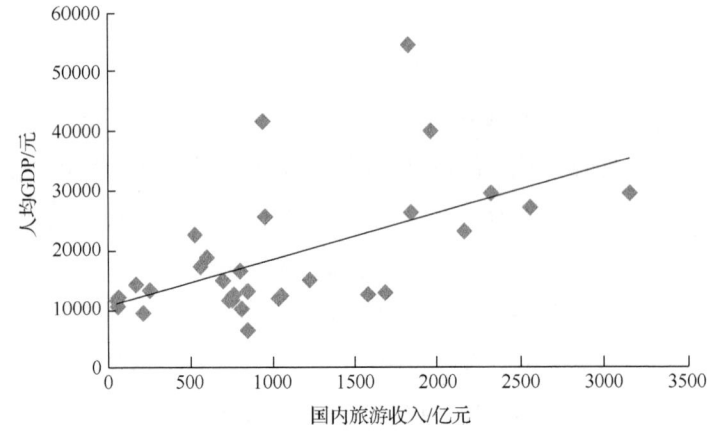

图 3-15　各地区国内旅游与人均 GDP 散点图

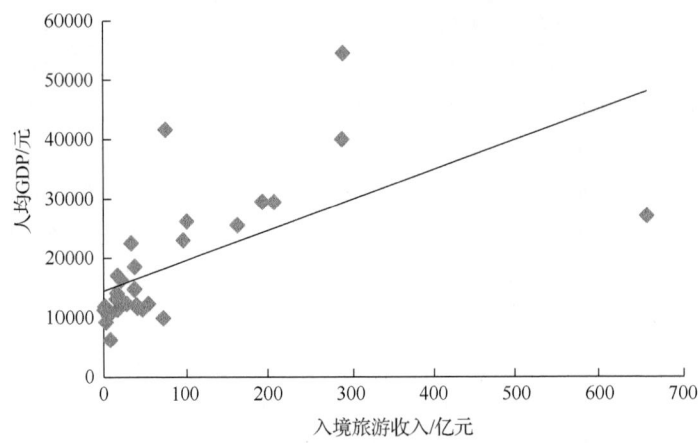

图 3-16　各地区入境旅游与人均 GDP 散点图

与人均 GDP 保持同方向增长的趋势。运用 Excel 进行散点拟合，可以发现国内旅游、入境旅游与经济增长关系的拟合线斜率均为正，这说明从省际角度看，旅游业与经济增长呈正相关关系，旅游业具有经济增长效应这一结论初步证实是成立的。

综合全国层面和省际层面分析可知，国内旅游、入境旅游与经济增长关系密切，数量关系上表现为正相关，旅游业对经济增长具有贡献作用，经济增长促进旅游业的发展。本节的研究只能从全国层面和省际层面上说明旅游业与经济增长之间为正向作用关系，但旅游业的经济效应是多少，需要更进一步的计量分析。

第三节　计量模型介绍

本章第二节已经对旅游业与经济增长关系进行了分析和述评。结合国内外理论研究成果，为准确估计旅游业的经济效应，本节运用定量分析方法，从时空角度对我国旅游业经济效应的程度和效果展开分析，对比分析在区域经济发展水平、国内旅游业发展水平、入境旅游业发展水平差异化条件作用下旅游业的经济效应。运用地理加权回归模型，对各省（区、市）旅游业的经济效应进行估计，判断旅游业是否有助于缩小区域经济差异。

一、经典计量模型

计量经济学以经济理论为导向建立模型，属于因果关系模型，变量间关系为线性或者可以转化为线性解释变量间的地位，估计方法可采用最小二乘方法或最大似然估计法。

经典计量模型是指揭示经济活动中各种因素之间的定量关系，用随机性的数学方程加以描述的模型。根据经典计量模型中研究对象的数量，可分为一元线性回归模型和多元线性回归模型。由于本书研究的是旅游业的经济效应，需要研究包含旅游业在内的多个研究对象对经济增长的影响，在一元和多元线性回归模型选择上，书中将应用的是多元线性回归模型。多元线性回归模型的一般表达式为

$$Y = \beta_0 + \beta_1 X_1 + \cdots + \beta_k X_k + \mu \qquad (3\text{-}1)$$

式中，k 为自变量的数量；β_j（$j=1,2,\cdots,k$）称为回归系数；β_0 为常数项；μ 为随机项。为保证参数估计量具有良好的性质，通常对模型设定、解释变量和随机干扰项进行假设，具体基本假设如下（李子奈和潘文卿，2010）。

假设 1：回归模型是正确设定的。

假设 2：自变量 $X_1, X_2, \cdots, X_k$ 是非随机的或固定的，且各 X_j 之间不存在严格线性相关性（无完全多重共线性）。

假设 3：自变量 X_j 在所抽取的样本中具有变异性，而且随着样本容量的无限增加，其样本方差趋于一个非零的有限常数，即 $n \to +\infty$ 时，满足关系式

$$\frac{1}{n}\sum_{i=1}^{n} X_{ij}^2 = \frac{1}{n}\sum_{i=1}^{n}(X_{ij} - \bar{X})^2 \to Q_j \qquad (3\text{-}2)$$

假设 4：随机误差项具有条件零均值、同方差和序列不相关性。

假设 5：自变量与随机项不相关。

假设 6：随机项满足正态分布

$$\mu_i \mid X_1, X_2, \cdots, X_k \sim N(0, \sigma^2) \qquad (3\text{-}3)$$

当这些假设条件均成立，模型中所得的参数估计量才是准确的估计结果。书中计量分析部分将运用经典计量模型和空间计量模型进行实证分析。

二、空间相关性

地学第一定律认为空间中任何事物都存在空间关联，空间越近关联性越强。因此，在对空间对象进行分析时，不能忽略空间依赖性和异质性，否则会影响计量结果的准确性。书中探究的是旅游业的经济效应，如果被解释变量存在空间相关性，运用计量经济学中的经典计量模型将忽略空间相关性的影响，会导致估计结果的失真。因此，需要将空间相关性纳入模型中，进行切合实际的定量分析。

空间自相关是度量空间场中数值聚集程度的指标。如果地理空间中类似的数值有聚集的倾向，则该地理空间的数值有正空间相关性。反之，类似的相似值在空间分布上具有分散分布的倾向，则该地理空间数值具有显著的负空间相关性。

可以说空间自相关描述的是地理空间里某一事物属性值与邻近位置上事物的属性值之间的关系。空间相关性指标测度有全局指标和局部指标，分别为全局空间自相关（global spatial autocorrelation）和局部空间自相关（local spatial autocorrelation）。书中将分别运用全局空间自相关和局部空间自相关分析我国旅游业和经济发展水平的空间分布特征，因此下面简要介绍这两种分析法。

全局空间自相关描述的为某种现象的整体空间分布状况，可用来判断分析对象在空间上是否集聚分布。莫兰 I 数为全局空间自相关最常用的空间统计量，其计算公式如下：

$$I = \sum_{i=1}^{n}\sum_{j=1}^{1} w_{ij}(x_i - \bar{x})(x_j - \bar{x}) / S^2 \sum_{i=1}^{n}\sum_{j=1}^{n} w_{ij} \qquad (3\text{-}4)$$

式中，x_i 和 x_j 分别为第 i 个和第 j 个地区变量的观测值，分别为代表各个省（区、市）经济增长的人均GDP、国内旅游收入和旅游外汇收入；$\bar{x}$ 为观测样本均值，$S^2 = \frac{1}{n}\sum_{i=1}^{n}(x_i - \bar{x})$；$w_{ij}$ 为空间权重矩阵，一般根据地理特征中距离或邻接关系建立空间权重矩阵，本书根据邻接关系建立二进制邻近矩阵，当 i 和 j 两个地区相邻时，w_{ij}=1，当 i 和 j 两个地区不相邻时，w_{ij}=0。特殊说明的是，地图上广东省和海南省并不相邻，但由于两省在现实中联系尤为密切，书中将广东省和海南省空间上定义为相邻关系，其他省（区、市）的空间关系均根据地图中邻近关系确定（李秋雨等，2016）。

莫兰 I 数取值范围为-1～1，越接近1表示空间正相关程度越高，空间上表现为相似值的空间集聚，即高-高或者低-低集聚；越接近-1表现为负相关程度越高，空间上表现为差异值的集聚，即高-低的集聚；取值为0，空间上表现为各地区变量相互独立分布，无空间相关性。空间相关性的显著性水平常运用莫兰 I 数标准化正态统计量 $Z(I)$ 检验，若 $Z(I)$ 大于正态分布函数在5%或1%置信水平上的临界值，则变量通过显著性水平检验，此时若 $Z(I)$ 大于0，表明存在正的空间自相关，呈现空间集聚；此时若 $Z(I)$ 小于0，表明存在负的空间自相关，呈现分散状态。

局部空间自相关能体现局部地区空间事物的关联程度，进一步揭示我国各省（区、市）旅游业和经济增长在"邻近空间"的自相关性。LISA（local indicators of spatial association）图和局部莫兰散点图为最常用的局部空间自相关指标，用来体现研究单元与周边地区间的空间关联程度。LISA 图被用来分析各研究单元与周边研究对象的空间集聚程度，并可得出空间集聚程度的显著性。莫兰散点图共分为四个象限（图 3-17），各象限代表的是各研究单元与周边研究对象的局部空间联系形式。第一象限为高-高（high-high，H-H）区，即高值与高值邻近；第二象限为低-高（low-high，L-H）区，即低值被高值包围；第三象限为低-低（low-low，L-L）区，即低值与低值邻近；第四象限为高-低（high-low，H-L）区，即高值被低值包围。

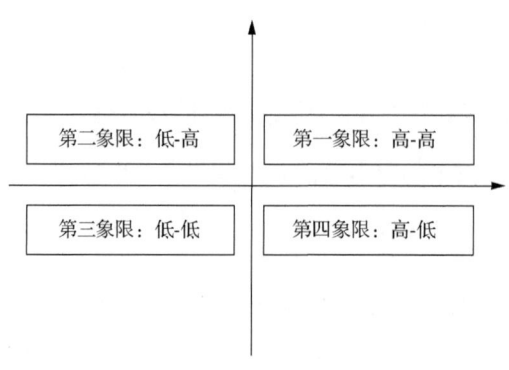

图 3-17　莫兰散点图

三、空间计量模型

空间计量经济学打破传统计量分析和统计中研究对象间相互独立的基本假设，能够解决截面数据和面板数据计量分析中存在的空间自相关和空间不均匀性问题。

空间计量经济方法将地理位置与空间联系纳入计量分析中，研究现实经济行为时考虑个体间在空间上的相互作用及表现的差异性，在一定程度上避免了统计和计量分析结果的偏差。空间计量方法运用到模型中，有三种表达方式：空间滞后模型（spatial lag model，SLM）、空间误差模型（spatial error model，SEM）和空间杜宾模型（spatial Durbin model，SDM）。下面分别介绍这几种空间计量模型（李秋雨等，2017）。

空间滞后模型适用于研究变量空间相关性及邻近空间变量是否存在扩散或者溢出的空间作用。其模型表达式如下：

$$Y = \rho W_y + X\beta + \varepsilon \qquad (3\text{-}5)$$

式中，Y 为被解释变量；ρ 为空间回归系数；W_y 为空间滞后因变量；X 为外生解释变量矩阵；β 为外生变量 X 回归系数参数向量；ε 为随机误差向量。

空间误差模型适用于研究变量是否存在误差扰动项的空间依赖性及相邻区域关于因变量误差对该地区观察值的影响程度，其模型表达式为

$$Y = X\beta + \varepsilon, \quad \varepsilon = \lambda W_\varepsilon + \mu \qquad (3\text{-}6)$$

式中，λ 为空间误差系数；W_ε 是扰动项；μ 为空间误差系数。

空间杜宾模型是空间滞后模型和空间误差模型的一般化形式，模型中包含解释变量的空间滞后项和空间自相关误差项，综合了空间滞后模型和空间误差模型具有的研究功能。空间杜宾模型具有良好的特性，具体表现在三个方面：①能够提供模型系数的无偏估计；②通过引入解释变量的空间滞后项缓解了变量遗漏问题；③能使研究者获知直接效应、间接效应和总效应。直接效应和间接效应可用于衡量不同变量变动冲击对整个系统内各变量的影响，空间计量模型中自变量的间接效应可进一步用于检验空间溢出效应的存在性，总效应为直接效应与间接效应之和。其模型表达式为

$$Y = \rho W_y + X\beta + W_x + \mu_i + V_t + \varepsilon \qquad (3\text{-}7)$$

式中，μ_i 为空间（个体）效应；V_t 为时期效应；W_x 为解释变量的空间滞后项。

上述三种空间计量模型将研究对象视为一个整体，考察解释变量对被解释变量的影响程度，但不能反映个体研究单元的空间差异性。书中为科学准确地获知各省（区、市）旅游业的经济效应，基于类似的地理加权回归分析框架，将空间杜宾模型扩展得到新的形式——地理加权回归（geographically weighted regression，GWR）模型。GWR 在考虑空间相关性的基础上，还考虑了不同省（区、市）旅游业对经济增长影响程度的空间差异性，其模型表达式如下：

$$y_i = \beta_0(\mu_i, v_i) + \sum_{k=1}^{p} \beta_k(\mu_i, v_i) x_{ik} + \varepsilon_i \qquad (3\text{-}8)$$

式中，y_i 为 $n\times 1$ 维因变量列向量；β_0 为空间样本点（μ_i, v_i）的截距项；x_{ik} 为 (u_i, v_i) 为 $n\times k$ 维自变量列向量；(u_i, v_i) 为第 i 个样本点的空间坐标（经纬度）；$\beta_k(u_i, v_i)$ 为第 i 个样本点的第 k 个回归参数估计值；ε_i 为第 i 个样本点的随机误差项。根据地理学第一定律可知，距离 i 点较近的观测值相比距离 i 点较远的观测值空间关联更加密切，可利用加权最小二乘法来估计参数，GWR 的估计值表达式如下：

$$\beta(u_i, v_i) = (X^T W(u_i, v_i) X)^{-1} X^T W(u_i, v_i) Y \qquad (3\text{-}9)$$

式中，Y 为因变量；W 为空间权重矩阵，实证分析中 W 的选择非常重要。空间权重矩阵的赋值方法有三种：高斯距离（Gaussian distance）权值、指数距离（exponential distance）权值、三次方距离（tricube distance）权值。书中地理加权回归分析中将采用常用的高斯距离权值法来确定 W。

四、模型选择

书中旅游业经济效应的计量分析中，涉及经典计量模型和空间计量模型的应用。上文已经对两种模型分别做了介绍，这里不再赘述。本部分主要介绍如何进行模型的选择。本着清晰易懂的原则，计量模型的选择见图 3-18。

由图 3-18 可知，在进行经典计量模型和空间计量模型选择前，最为关键的步骤是进行空间相关性检验。如果被解释变量通过空间相关性检验，则选择空间计量模型，否则选择经典计量模型。若确定选择运用空间计量模型，根据空间相关性和空间异质性的判断，确定选择全局性空间计量模型或地理加权回归模型。在全局空间计量模型 SLM、SEM 和 SDM 的选择上，主要根据 Wald、LR 检验判断，若通过检验选择 SDM，否则需要进行拉格朗日检验。拉格朗日检验中，若 LM-lag 和 LM-error 均未通过显著性检验，仍选经典计量模型；若其中之一通过检验，则选择通过检验值所属的计量模型；若两者均通过，根据 Robust LM-lag 和 Robust LM-error 判断，选择通过检验值所属的空间计量模型。

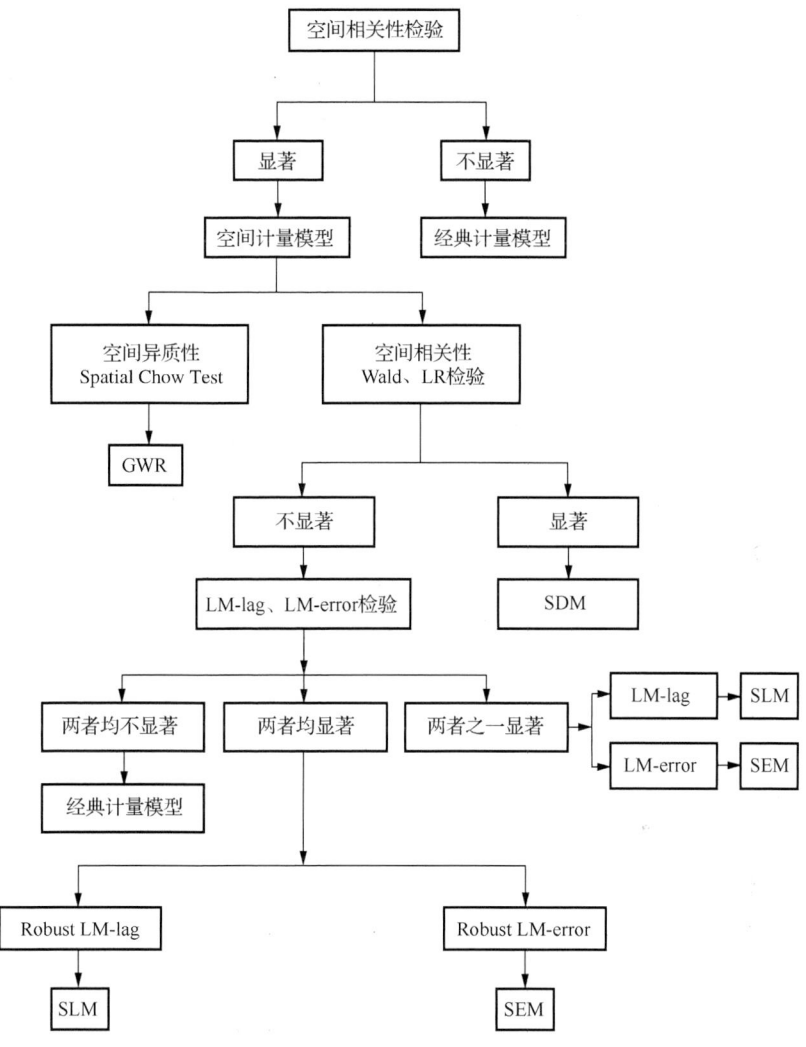

图 3-18　计量模型选择图

注：根据 Anselin（2005）、周梦娴等（2010）、王金田（2013）所绘之图修改绘制

五、区域经济增长模型

新古典增长理论认为，资本、劳动力和技术对经济增长起着决定作用。借鉴前人研究成果（朱承亮，2014；谢兰云，2013；吴玉鸣，2010），本书运用道格拉斯生产函数研究旅游业的经济效应，其假定条件是在技术水平不变的情况下，

研究生产中所投入的各种生产要素与产出之间的关系。因此，在区域经济增长模型中，物质资本投入和劳动力投入至关重要。本书重点考察旅游业对经济增长的影响，在模型中引入旅游业作为新的生产要素，同时增加一些影响经济增长的变量作为控制变量。改进后的道格拉斯生产函数模型见式（3-10），取对数后得到式（3-11）。

$$Y = AK^\alpha L^\beta T^\gamma \quad (3\text{-}10)$$

$$\ln Y = \alpha + \alpha \ln K + \beta \ln L + \gamma \ln T + \delta \ln X + \varepsilon_{it} \quad (3\text{-}11)$$

式中，Y 为经济增长指标；A 为科学技术指标，代表了物质资本、劳动投入和旅游业发展之外的其他影响产出的因素；K 表示物质资本投入；L 表示劳动力资本投入；T 为旅游业发展；X 为其他控制变量；α、β、γ 和 δ 为各解释变量的估计系数；ε_{it} 为随机误差项。

第四节 旅游业经济效应的计量分析

一、指标选择与数据来源

实证分析中，模型中指标的选择直接影响着估计结果的准确性，本书在计量模型中指标的选择上，主要根据经济增长理论，同时借鉴相关的文献，除物质资本投入、人力资本投入作为自变量外，增加科技创新和对外开放程度指标作为控制变量，考察旅游业的经济效应，各指标的定性描述见表3-3。

表3-3 各指标定性说明

变量	变量含义	说明
Y	经济增长	人均GDP对数
Dtd	国内旅游业	国内旅游收入对数
Itd	入境旅游业	入境旅游收入对数
Phy	物质资本投入	固定资产折算对数
Edu	人力资本投入	每万人在校大学生数量对数
Tec	科技创新	专利申请授权数对数
Fdi	对外开放程度	外商直接投资对数

经济增长、国内旅游业和入境旅游业发展水平指标在上部分分析中已经说明,分别用 Y、Dtd 和 Itd 表示。由上文国内旅游、入境旅游与经济增长间相互作用机理和形成的散点图分析,预期 Dtd 和 Itd 在计量模型中回归系数均为正。

物质资本投入是影响经济增长的重要变量,其估算直接关系到计量结果的准确性。为消除物价因素影响和增加可比性,书中对资本存量的测度采用 Keller (2000) 的做法,根据式(3-12)进行估算。最后采用永续盘存法,计算各研究年份的物质资本投入,用 Phy 表示。由于投资是拉动我国经济增长的三驾马车之一,预计 Phy 的估计系数为正。

$$K_0 = \frac{I_0}{g+\delta} \tag{3-12}$$

式中,K_0 为基期的物质资本存量;I_0 为初始年份投资量,本书初始年份选择 1999 年;g 为 1999 年后初始投资年均增长速度;δ 为资本折旧率,书中资本折旧率采用张军等(2004)的研究,取值 9.6%。

人力资本投入包括劳动量投入、受教育水平、健康和知识等多个维度,对于人力资本投入的指标选择并未形成一个公认的度量指标。由于统计数据的限制,各行业劳动者数量及其教育水平无法得到全面数据。鉴于以往研究,本书选择每万人在校大学生数量对数作为人力资本投入指标,用 Edu 表示。人力资本是促进经济增长的重要动力,预计 Edu 的估计系数为正。

对科技创新变量指标,为专利申请授权数对数,用 Tec 表示。科学技术是第一生产力,尤其是当代社会地区科技创新水平的高低直接关系着地区经济增长的持久力,所以预计 Tec 的估计系数为正。

外商直接投资是常被用来表示地区对外开放程度的指标,书中参照以往的研究,用外商直接投资额测度对外开放程度,用 Fdi 表示。现实中对外开放程度越高,往往区域经济越发达,因此预计 Fdi 的估计系数为正。

为了全面准确估计我国旅游业的经济效应,尽量延长研究时间段,但受限于数据的可获得性,书中选择 2000~2014 年为研究时间,共 15 年。其中入境旅游收入和外商实际投资额按照历年人民币汇率价格折算成人民币。书中所用数据来源于以下公开资料:①国家统计局;②中经网统计数据库;③CEIC 数据库;

④2001~2015年的中国旅游统计年鉴（正本）；⑤2001~2015年的中国区域经济统计年鉴；⑥各省（区、市）统计公报。

表 3-4 对各指标数据进行了描述性统计量分析。对于被解释变量 Y，均值是 9.605，与最大值和最小值差值分别是-1.714、1.696，数据的离散程度是 0.687。核心解释变量 Dtd 和 Itd 的均值分别是 6.176、3.321，相比较被解释变量 Y，其最大值和最小值与均值的差额均较大，数据较为离散，表明我国国内旅游和入境旅游业发展水平差距均较大，非均衡性显著，尤其是入境旅游这一差距更大，旅游发达省份的旅游发展水平远高于全国平均水平。一般情况下，方差膨胀因子大于 10，意味着变量之间可能具有多重共线性，影响着模型估计结果的准确性。书中各指标的方差膨胀因子均小于 10，说明在后文的最小二乘法的计量分析中，不用考虑变量间多重共线性的问题。

表 3-4 各指标描述性统计

变量	最大值	最小值	均值	标准差	方差膨胀因子		样本数
					国内旅游模型	入境旅游模型	
Y	11.319	7.909	9.605	0.687	—	—	465
Dtd	8.970	0.924	6.176	1.469	6.763	—	465
Itd	6.969	-2.666	3.321	1.726	—	3.638	465
Phy	10.270	6.219	8.741	0.923	3.877	3.797	465
Edu	6.536	1.792	4.987	0.719	2.343	2.079	465
Tec	12.506	1.946	8.303	1.758	1.873	1.679	465
Fdi	7.722	-6.404	4.477	1.958	4.972	4.326	465

二、空间相关性分析

由模型理论分析可知，进行计量分析前首先要对计量模型进行选择。接下来，将运用空间相关性分析进行模型的选择，同时探究我国国内旅游收入、入境旅游收入与人均 GDP 的空间集聚分布情况。

（一）全局空间相关性分析

运用人均 GDP、国内旅游收入和入境旅游收入的数值计算莫兰 I 数。如表 3-5 和图 3-19 所示，我国 31 个省（区、市）2000~2014 年人均 GDP、国内旅游收入和入境旅游收入莫兰 I 数的演变过程，表中 Z 值为莫兰 I 数显著性检验值。由我国人均 GDP 的莫兰 I 数及其显著性检验可知，我国人均 GDP 存在着显著的、正的空间自相关，这表明我国人均 GDP 的空间分布并不是随机的状态，表现出显著的空间集聚现象，即高-高集聚，低-低集聚，相似值的地区在空间上形成集聚。从我国人均 GDP 的莫兰 I 数变化来看，总体上处于上升的趋势。由 2000 年的 0.384 到 2014 年的 0.420，其中 2000~2010 年人均 GDP 的莫兰 I 数逐年增大，2010 年后有所下降，但仍在 0.4 以上。这表明考察期内人均 GDP 始终表现出显著的相似值的空间集聚特征，总体来讲，这种集聚性越来越明显。

表 3-5　2000~2014 年我国人均 GDP、国内旅游收入和入境旅游收入莫兰 I 数

年份	经济发展		国内旅游		入境旅游	
	I	Z	I	Z	I	Z
2000	0.384***	3.978	0.316***	3.192	0.042	0.858
2001	0.383***	3.979	0.310***	3.059	0.045	0.834
2002	0.387***	4.327	0.337***	3.490	0.060	0.912
2003	0.407***	4.085	0.386***	3.895	0.095*	1.487
2004	0.413***	4.226	0.371***	3.616	0.102*	1.392
2005	0.421***	4.189	0.372***	3.585	0.117*	1.624
2006	0.428***	4.291	0.358***	3.604	0.120**	1.411
2007	0.428***	4.441	0.339***	3.355	0.155**	1.915
2008	0.436***	4.440	0.328***	3.267	0.182**	2.069
2009	0.441***	4.231	0.309***	3.135	0.172**	2.128
2010	0.443***	4.361	0.315***	3.211	0.171**	2.146
2011	0.435***	4.372	0.318***	2.912	0.168**	2.175
2012	0.431***	4.139	0.325***	3.195	0.162**	2.242
2013	0.426***	4.061	0.272***	2.795	0.117**	1.878
2014	0.420***	4.186	0.249***	2.528	0.147**	2.201

***、**和*分别表示在 1%、5%和 10%水平上显著

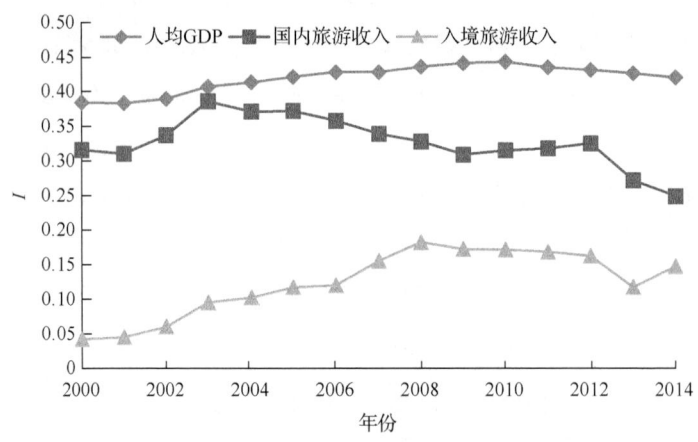

图 3-19 我国人均 GDP、国内旅游收入和入境旅游收入莫兰 I 数变化

由国内旅游收入和入境旅游收入的莫兰 I 数及统计量的显著性检验可知，两者在空间分布上具有一定的差异性。考察期内，国内旅游收入的莫兰 I 数始终显著为正，意味着同经济发展水平的空间分布情况类似，各省（区、市）国内旅游业发展的空间分布具有集聚性，国内旅游业发展水平高的地区空间集聚，低水平地区趋于空间集聚。国内旅游收入的莫兰 I 数总体在波动中下降，但始终为正，最小值是 2014 年的 0.249，最大值是 2003 年的 0.386，国内旅游业的集聚现象仍显著存在。对比国内旅游收入的莫兰 I 数及其统计量的显著性检验，入境旅游收入的莫兰 I 数相对较小，显著性不高。入境旅游收入的莫兰 I 数始终为正，总体在波动中上升，2008 年值最大；从入境旅游收入的莫兰 I 数显著性水平变化来看，处于逐年上升的趋势，2000~2002 年未通过显著性水平检验，2003~2005 年通过 10%的显著性水平检验，2006~2014 年通过 5%显著性水平检验。由此可知，考察期初期，入境旅游业的空间分布是随机的，之后向空间集聚方向发展，表现为入境旅游业发达的地区与入境旅游业发达地区邻近，落后地区相互邻近，但入境旅游业的空间集聚程度低于国内旅游业的空间集聚程度。

第三章 中国旅游业的经济效应

（二）局部空间相关性分析

全局性空间分析能从整体上反映各省（区、市）经济增长、国内旅游业和入境旅游业的空间分布状态，但不能揭示局部空间关联效应。为考察各省（区、市）经济增长、国内旅游业及入境旅游业发展的空间分布情况及时空演变趋势，书中以 2000 年、2007 年和 2014 年为观察年份，运用莫兰散点图进行局部空间自相关分析，反映各省（区、市）经济增长、国内旅游业和入境旅游业的空间分布格局，同时对省（区、市）经济增长、国内旅游业和入境旅游业的空间依赖性和差异性做进一步分析。

1. 经济增长的莫兰散点图

由图 3-20 可知，我国各省（区、市）人均 GDP 正的空间自相关性具有一定稳定性，考察期内空间变化不大，各省（区、市）人均 GDP 主要分布在第一象限和第三象限，集中分布在第三象限，第二象限和第四象限分布较少。分布在第一象限和第三象限意味着各省（区、市）经济增长具有空间依赖性，第二象限和第四象限意味着各省（区、市）经济增长具有空间异质性。根据各象限包含省（区、市）的数量，可以得出我国经济增长的空间依赖性特征要明显大于空间异质性。

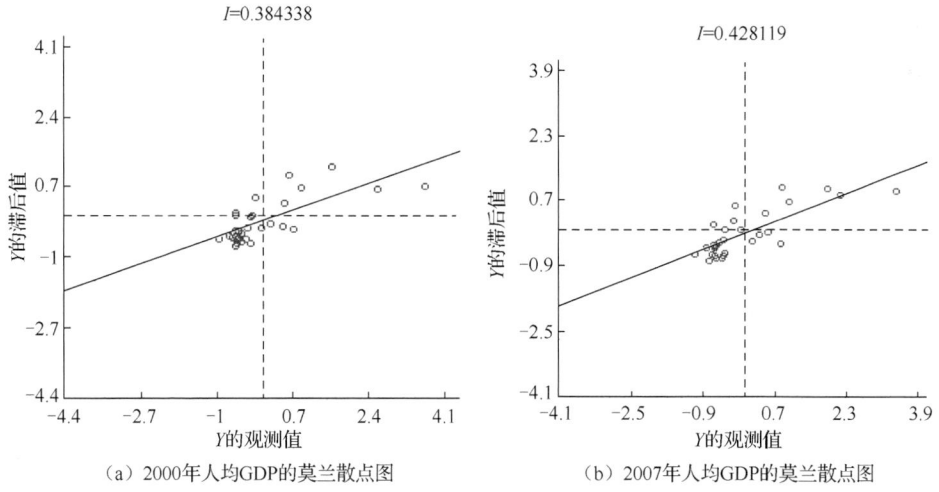

(a) 2000年人均GDP的莫兰散点图　　(b) 2007年人均GDP的莫兰散点图

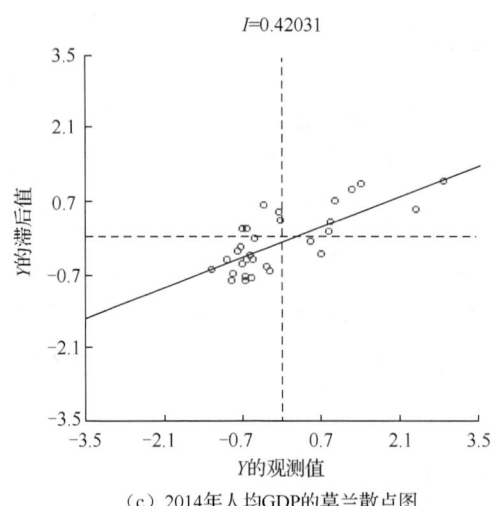

(c) 2014年人均GDP的莫兰散点图

图 3-20　我国 2000 年、2007 年和 2014 年人均 GDP 的莫兰散点图

横坐标值为空间单元本身的观测值（标准化后）；纵坐标值为该空间单元的
滞后值，即相邻单元的观测值（标准化后）的平均值

由我国 31 个省（区、市）经济增长、国内旅游业和入境旅游业的莫兰散点图象限及显著性地区分布（表 3-6）的变化可以发现，各象限包含的省域整体变化不大。第一象限和第三象限包含省域的和始终占总体的 70%多，第二象限和第四象限占到 20%多，但各个象限包含的省（区、市）有一定变化。其中第一象限高-高区包含的省（区、市）集中分布在北京、天津、上海三个直辖市和东部沿海的江苏、浙江、福建，2014 年新增沿海的辽宁省。第二象限低-高区在 2014 年发生变化，黑龙江由第三象限进入第二象限。第三象限低-低区包含的省（区、市）逐渐减少，2007 年减少了内蒙古，2014 年减少了黑龙江。第四象限高-低区包含的省（区、市）最少，山东和广东始终在这一区域。总结各象限所在省（区、市）的空间分布可知，高-高区主要分布在东部沿海地区，这主要归因于东部沿海地区凭借区位优势和政策优势率先发展起来，经济发展水平在全国遥遥领先。低-低区主要集中在广大内陆地区，归因于这些地区本身经济基础薄弱，加之自然生态环境和区位条件制约，虽然国家一直致力于实施西部大开发和中部崛起战略，但同东部地区发展差距仍然较大。低-高区集中分布在与东部沿海地区相邻的省（区、

市），这些地区并未在周围发达省（区、市）示范和带动作用下迅速发展，仍然处于经济相对落后区。高-低区集中分布在东部沿海，这些省（区、市）可能由于与邻近省（区、市）空间联系不强，并未形成经济上的空间依赖性，未来发展重点应是充分发挥自身优势带动周边区域经济的发展。

表3-6 我国31个省（区、市）经济增长、国内旅游和入境旅游的莫兰散点图象限及显著性地区分布

指标	年份	第一象限	第二象限	第三象限	第四象限
经济发展	2000	京、津、苏、浙、沪、闽	吉、冀、皖、赣、琼	黑、内蒙古、晋、豫、鄂、湘、桂、*陕、渝、黔*、宁、甘、*川、*云、*青、**新、藏*	辽、鲁、粤
	2007	京、津、苏、浙、沪、闽	吉、冀、皖、赣、琼	黑、晋、豫、鄂、湘、桂、*陕、渝、*黔、宁、甘、*川、*云、*青、新、藏*	内蒙古、辽、鲁、粤
	2014	京、津、苏、浙、沪、闽、辽	吉、冀、皖、赣、琼、黑	晋、豫、鄂、湘、*桂、陕、渝、黔、*宁、甘、川、云、*青、新、藏*	内蒙古、鲁、粤
国内旅游	2000	京、津、鲁、苏、浙、沪、闽	冀、皖、赣、桂、湘	黑、*内蒙古、*吉、晋、*陕、渝、黔、*宁、*甘、*云、*青、新、藏、*琼	辽、豫、鄂、*川、*粤
	2007	鲁、苏、浙、沪、闽	冀、津、*皖、*赣、桂、琼	黑、*内蒙古、*吉、晋、鄂、湘、渝、黔、宁、*甘、*云、青、新、藏	京、辽、豫、*川、*粤
	2014	鲁、苏、浙、沪、皖、*豫、*鄂、湘、黔	津、冀、琼、闽、赣、桂	黑、内蒙古、吉、晋、陕、渝、宁、甘、云、*青、新、藏*	京、辽、川、粤
入境旅游	2000	苏、浙、沪、*闽*	冀、津、*赣*、皖、湘	黑、内蒙古、吉、辽、晋、豫、鄂、桂、*陕、渝、黔、*甘、川、云、*青、新、藏、*琼、鲁	京、粤
	2007	苏、浙、沪、*闽*	冀、津、赣、皖、湘、琼	黑、*内蒙古、*吉、晋、豫、鄂、桂、*陕、渝、黔、*宁、甘、*川、*云、*青、新、藏*	京、辽、鲁、粤
	2014	苏、浙、沪、*闽、*津	冀、*赣*、皖、湘、琼	黑、*内蒙古、*吉、辽、晋、豫、鄂、桂、*陕、渝、黔、*宁、甘、川、青、*新、藏*	京、鲁、粤、云

注：为节省篇幅，各省（区、市）用简称表示；表中斜体字代表的省（区、市）为通过5%显著性水平检验的地区

由通过显著性检验的地区可知，我国省（区、市）经济增长具有显著的空间集聚特征。2000年和2007年，仅有高-高区和低-低区通过显著性检验，代表空间负相关性的低-高区和高-低区均未通过显著性检验。2000年显著的低-低区分布在新疆、陕西、四川、重庆、湖北、广西和云南，2007年新增青海，形成了低-低空间集聚区，这警示相关部门要注意这种落后集聚区的继续扩散，避免陷入"贫困

陷阱"区，值得庆幸的是，2014年显著的低-低区并未继续扩散，这可能由于中部崛起战略实施初显成效，未来仍需投入更多人力、资本以及政策倾斜来促进这些相对落后地区的经济增长。2000年和2007年显著的高-高区仅有江苏，2014年新增上海，意味着东部沿海经济发达集聚区逐渐形成，通过沿海经济圈之间良性的经济互动，未来会有更多邻近地区从中获益。2014年出现了显著的低-高区，这一区仅包含河北，原因在于河北邻近北京和天津，北京和天津属于经济发展水平较高的地区，相比之下河北地区略显落后。对此，河北应充分运用邻近发达地区优势，充分利用发达地区经济辐射和扩散作用，实现自身发展。

2. 国内旅游收入的莫兰散点图

图3-21依次列出了2000年、2007年、2014年国内旅游收入的莫兰散点图，第一象限和第三象限包含的省（区、市）较多，这两个象限包含的省（区、市）所占的比例之和达到了60%以上，即国内旅游业发展水平高的区域和国内旅游业发展水平高的区域相邻，国内旅游业发展水平低的区域与国内旅游业发展水平相对较低的区域相邻，这说明了我国国内旅游业发展具有较强的正相关性，地区之间国内旅游业发展水平是相互作用的，一个地区国内旅游业发展不仅受该地区相关因素影响，而且受相邻地区国内旅游业发展情况的影响，这部分结果和全局莫兰I数相一致。

从表3-6可以看出，2000年、2007年、2014年中各个象限包含的省（区、市）均发生了一些变化。2000年第一象限高-高区包含的省（区、市）除北京外均分布在东部沿海地区，到了2014年中部的安徽、河南、湖北、湖南、贵州进入高-高区，表明我国国内旅游业发展水平高的区域已由东部沿海向与之邻近的内陆区域扩散，国内旅游业发展不再是东部沿海地区"一枝独秀"。第二象限和第四象限包含省（区、市）总量具有稳定性，但内部包含的省（区、市）发生了较大的变化，如2000年位于第二象限的安徽、湖南和位于第四象限的河南和湖北到2014年都已经进入高-高区，值得注意的是，辽宁、广东和四川三地，它们始终位于第四象限高-低区，这意味着在未来的发展中这些国内旅游业相对发达地区，应增加与邻近省（区、市）旅游业的联系与合作，充分发挥其辐射和扩散作用，带动周边

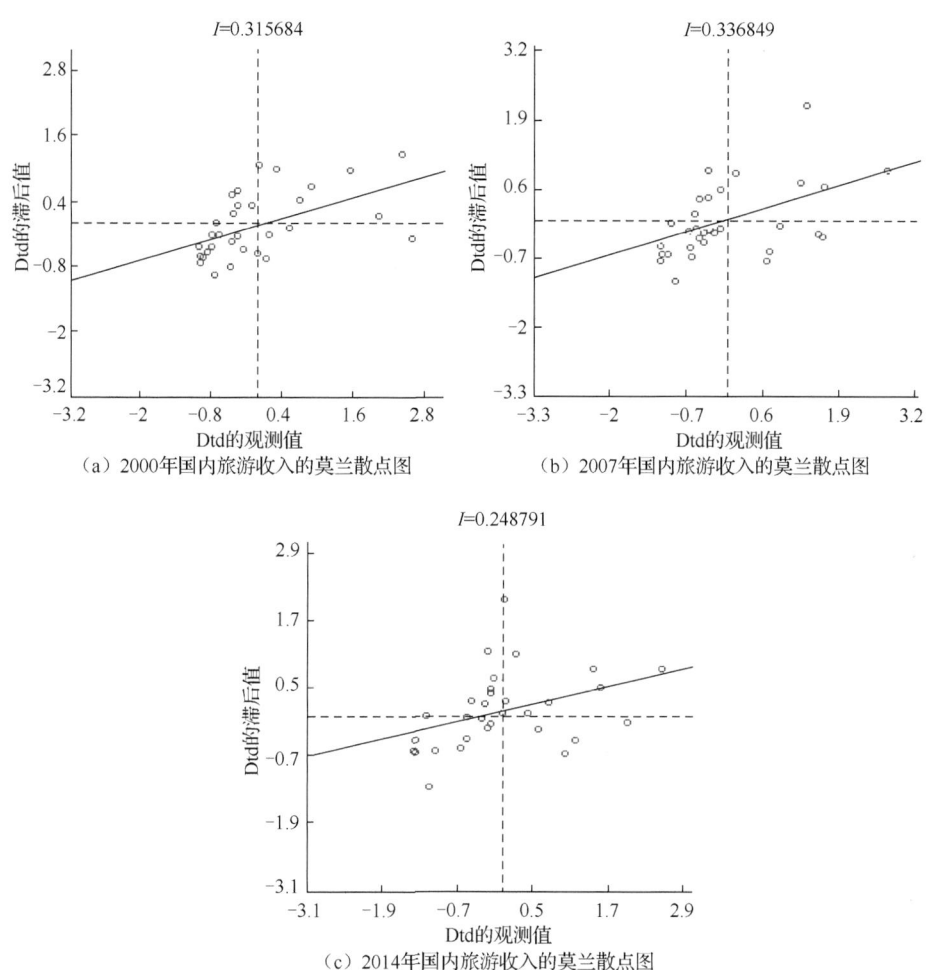

图 3-21 我国 2000 年、2007 年和 2014 年国内旅游收入的莫兰散点图

横坐标值为空间单元本身的观测值（标准化后）；纵坐标值为该空间单元的
"滞后"值，即相邻单元的观测值（标准化后）的平均值

地区国内旅游业的发展。第三象限低-低区包含的省（区、市）较多，多分布在部分东北和中西部地区，这一方面再次证明了各省（区、市）国内旅游业发展存在正相关的同时，也更加凸显了部分东北和中西部地区国内旅游业发展水平较低。在今后的发展中，应继续为相对落后地区的国内旅游业发展创造更多优惠条件，同时这一区域省（区、市）应充分利用好我国国内旅游业井喷式的发展机遇，加

强与邻近旅游业发达省（区、市）的合作，学习先进的经营和管理理念，提高本省（区、市）旅游业发展水平。

由通过显著性检验地区可知，我国国内旅游业发达地区辐射扩散作用不断增强，落后集聚区包含省（区、市）的数量有所减少。2000年和2007年，显著的高-高区包含江苏和上海两地，到2014年高-高显著区扩展到与其邻近的山东和安徽两地。莫兰散点图中第三象限低-低区域包含的省（区、市）较多，2000年显著的低-低区包含新疆、青海、内蒙古、甘肃和宁夏，到2014年显著的低-低区包含宁夏、青海、新疆，意味着国内旅游业相对落后区集聚性有下降的趋势。四川始终位于显著的高-低区，表明四川国内旅游业明显发达于邻近地区的国内旅游业，原因在于四川旅游资源丰富，旅游资源品质位居全国前列，旅游资源数量远远超过全国平均水平，凭借丰富的旅游资源，四川形成了众多家喻户晓且品味高的旅游品牌，吸引着各地游客前往。从区位条件看，四川与七个省（区、市）相邻。从全国范围看，四川邻近全国地理中心和西部边缘，是西-西合作和东-西合作的"枢纽"，这必将为四川带来广阔的客源。多方面因素共同作用，促使四川国内旅游业快速发展。未来的发展中，四川应发挥在西部地区龙头作用，带动邻近区域旅游业的发展。

3. 入境旅游收入的莫兰散点图

由我国2000年、2007年和2014年入境旅游收入的莫兰散点图（图3-22）可知，入境旅游同样存在着局部的空间正相关性，表现为入境旅游发达的省（区、市）与入境旅游发达省（区、市）邻近，入境旅游落后省（区、市）与入境旅游落后省（区、市）邻近。为了更具体和详细地分析我国省（区、市）入境旅游的局部空间相关性，书中把2000年、2007年、2014年莫兰散点图中各象限包含的省（区、市）用表3-6表示出来。由表3-6可知，第一象限和第三象限包含的省（区、市）之和始终大于第二象限和第四象限之和，意味着邻近地区入境旅游之间存在着较强的空间依赖性，第二象限包含的省（区、市）转换到第一象限的较少，说明省（区、市）间入境旅游业的带动和辐射能力弱些，第四象限高-低集聚的省（区、市）数量一直都是2~4个，意味着省（区、市）间入境旅游在邻近的区域空间内"一枝独秀"的现象还较少；第一象限入境旅游高-高集聚的地区同时也是我国国内旅游和经济发展水平较高的地区,主要分布在江浙沪等东部沿海地区,第三象限低-低区多为中西部地区;随着入境旅游业的发展,省(区、市)间入境旅游的集聚格局也在不断发生变化。

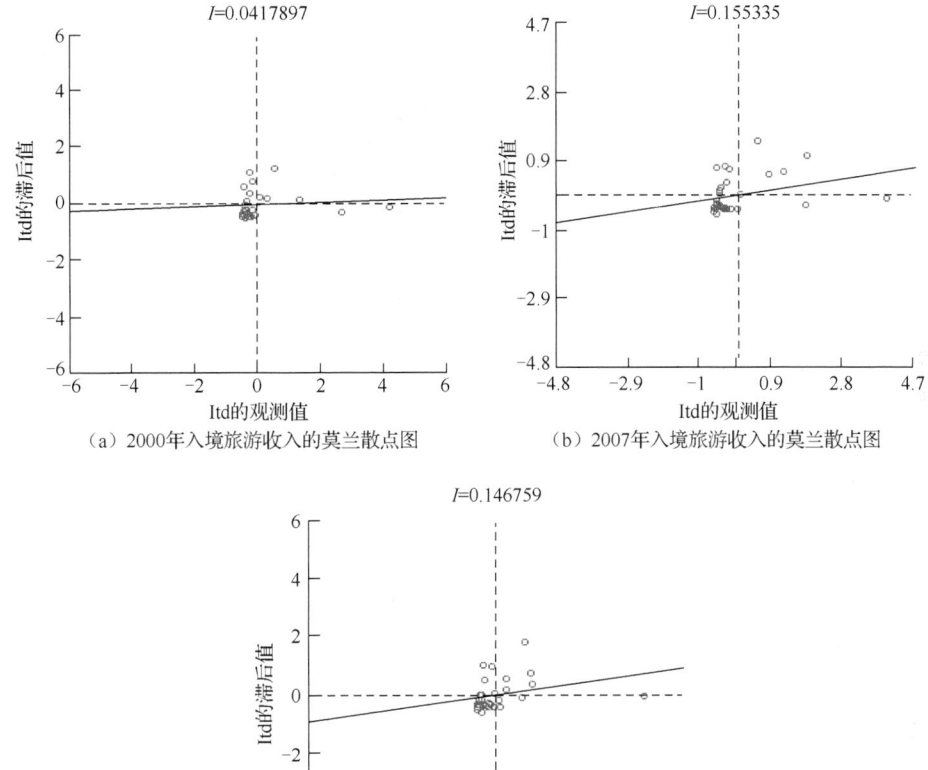

图 3-22 我国入境旅游收入的莫兰散点图

横坐标值为空间单元本身的观测值(标准化后);纵坐标值为该空间单元的
滞后值,即相邻单元的观测值(标准化后)的平均值

由通过显著性检验地区的对比可知,各象限中通过显著性检验的省(区、市)数量变化不大,仅有低-高区和低-低区发生变化。内蒙古由 2000 年的不显著到

2007年变得显著，2000年江西位于低-高区显著，2007年变为低-高区不显著，到2014年恢复到低-高区显著。高-高区显著地仅包含福建一地，并且始终未变，说明福建入境旅游业相对较为发达。这主要归因于福建位于沿海地区，改革开放后，凭借政策优势，旅游业发展取得了长足的进步。由于福建与台湾邻近，中央给予了海峡两岸发展上的各种优惠政策，其中不乏关于旅游业的，如《国务院关于加快发展旅游业的意见》中明确提出："加强海峡两岸旅游交流与合作。"此外还有一些新协议，都极大促进了福建入境旅游的发展。相对于其他沿海省（区、市），福建还拥有大量海外侨胞和港澳台同胞的客源优势，这些都促使福建入境旅游业发展水平在全国处于领先地位。从通过5%显著性检验水平的地区可以看出图可以看出，虽然改革开放后我国入境旅游业发展取得了举世瞩目的成绩，尤其是京津、长三角和珠三角地区，如北京、天津、山东、江苏、浙江、上海和广东等地，但空间上并未形成显著的高-高集聚区，这说明我国入境旅游业仍有较大的提升空间。

综合2000年、2007年、2014年国内旅游、入境旅游和人均GDP散点图及其显著性检验可知，我国国内旅游、入境旅游和经济发展水平的空间分布并不是杂乱无序的，三者在空间分布上具有相似性。第一，在空间分布上均以高-高区和低-低区集聚为主，表现出正的空间相关性；第二，高-高区主要分布在京津地区、珠三角和长三角地区，低-低区集中分布在部分东北、中部和西部地区，经过十几年的发展，目前仅有国内旅游打破了高-高区被东部沿海独占的局面，近年来由于国内旅游在全国井喷式发展，越来越多的中部省（区、市）进入国内旅游高-高区。国内旅游、入境旅游和经济发展空间上分布的相似性，意味着三者之间存在必然联系。接下来，本书将对三者间关系展开详尽的计量分析。

三、经济效应分析

（一）全域计量分析

由空间相关性分析可知，我国人均GDP的空间分布具有显著的相关性，分析中应将空间因素引入模型中，运用空间计量模型分析旅游业的经济效应。为进行对比分析，本书将分别运用经典计量模型和空间计量模型进行计量分析。

1. 经典计量分析

本书首先运用面板数据经典计量模型进行估计，采用普通最小二乘法（ordinary least squares，OLS）进行分析。数据进入模型前，对书中涉及的原始数据进行对数化处理，构建的经典计量模型表达式如下：

$$\ln Y_{it} = \alpha + \beta_1 \ln T_{it} + \beta_2 \ln Phy_{it} + \beta_3 \ln Hum_{it} + \beta_4 \ln Tec_{it} + \beta_5 \ln Fdi_{it} + \mu_i + V_t + \varepsilon_{it}$$

(3-13)

式中，Y_{it} 为 465 维被解释变量列向量，Y_{it} 中 $i=1,2,\cdots,31$，$t=2000,2001,\cdots,2014$，分别代表 2000~2014 年我国 31 个地区样本中第 i 个地区第 t 年的人均 GDP，反映地区经济发展水平，解释变量为 465×5 阶矩阵；T_{it} 在书中分别代表国内旅游收入 Dtd_{it} 和入境旅游收入 Itd_{it}，其他解释变量含义同上文；α 为常数项；β_1、β_2、β_3、β_4、β_5 分别为对应解释变量的估计系数；μ_i 为空间（个体）效应；V_t 为时期效应；ε_{it} 为随机误差项。

书中运用 EViews 7.0 进行 OLS 分析，根据 Hausman 检验结果（表 3-7），对固定效应模型（fixed effects model，FE）和随机效应模型（random effect model，RE）进行选择。

表 3-7　Hausman 检验结果

	Test Summary	Chi-Sq. Statistic	Chi-Sq. d.f.	Prob.
Correlated Random Effects-Hausman Test				
Test cross-section random effects				
国内旅游	Test Summary	Chi-Sq. Statistic	Chi-Sq. d.f.	Prob.
	Cross-section random	282.447	5	0.000
入境旅游	Test Summary	Chi-Sq. Statistic	Chi-Sq. d.f.	Prob.
	Cross-section random	572.622	5	0.000

注：Correlated Random Effects-Hausman Test 表示相关随机效应-豪斯曼检验，Test cross-section random effects 表示截面随机效应检验，Cross-section random 表示随机截面个体，Chi-Sq. Statistic 表示卡方统计量，Chi-Sq. d.f. 表示卡方自由度，Test Summary 表示检验小结

由 Hausman 检验结果可知，国内旅游和入境旅游模型随机效应发生的概率均为 0，因此选择固定效应模型进行分析，表 3-8 列出了个体固定效应（只含 μ_i）、时间固定效应（只含 V_t）和个体时间双固定效应模型（含 μ_i 和 V_t）的估计结果。旅游业对经济增长的影响效果与时间变化关系不大，但与各个截面单元关系较大，本书主要分析旅游业的经济效应，所以选择个体固定效应模型。

由国内旅游模型中估计结果（表 3-8）可知，各解释变量系数估计符号与理论预期基本一致。Dtd、Phy、Edu 和 Tec 的估计系数均显著为正，说明国内旅游业、物质资本投入、人力资本投入和科技创新均能促进经济增长。Fdi 的估计系数为负，但并未通过显著性水平检验，说明在国内旅游模型中外商投资对经济增长的促进作用不显著。从各解释变量估计系数大小比较看，Phy 的估计系数最大，说明考核期内我国经济增长仍主要是靠物质资本投资拉动的，Dtd 的估计系数为 0.223，这一弹性值也较大，意味着当前国内旅游在促进经济增长方面发挥较大作用，国内旅游业每增长 1%，将会促进经济增长 0.223%。

表 3-8 经典计量模型估计结果

指标	国内旅游模型			入境旅游模型		
	只含 μ_i	只含 V_t	含 μ_i 和 V_t	只含 μ_i	只含 V_t	含 μ_i 和 V_t
α	−1.690*** (2.721)	8.204*** (31.065)	3.730*** (4.108)	−7.969*** (−13.197)	8.199 (31.358)	3.356*** (3.590)
Dtd	0.223*** (16.643)	−0.159*** (−5.094)	0.110*** (7.730)	—	—	—
Itd	—	—	—	0.051*** (4.049)	0.085 (5.954)	0.050*** (5.464)
Phy	1.450*** (14.464)	0.131*** (3.768)	0.743*** (5.344)	2.518*** (26.947)	−0.064 (−2.332)	0.815*** (5.704)
Edu	0.089*** (7.155)	0.482*** (14.020)	0.053*** (3.047)	0.124*** (8.035)	0.462 (13.654)	0.096*** (5.664)
Tec	0.036*** (4.738)	0.257*** (10.249)	0.011 (1.342)	0.029*** (2.906)	0.187 (6.993)	−0.012 (−1.378)
Fdi	−0.004 (−0.650)	0.167*** (11.149)	0.006 (1.065)	0.023*** (2.817)	0.098 (6.891)	0.014*** (2.758)
调整的拟合 （$A\text{-}R^2$）	0.988	0.841	0.993	0.981	0.845	0.992
最大似然值	556.513	−46.601	675.458	449.415	−41.955	1156.362
样本数量	465	465	465	465	465	465

注：括号内为 t 统计量；***表示在 1%水平上显著

由入境旅游模型的估计结果（表 3-8 第 5 列）可知，入境旅游模型中所有解释变量的估计系数符号与理论预期一致。Itd 的估计系数显著为正，说明入境旅游具有经济增长效应。从国内旅游和入境旅游经济增长效应的比较看，国内旅游的经济增长弹性更大些。模型中 Phy、Edu、Tec 和 Fdi 的估计系数显著为正，说明物质资本投入、人力资本投入、科技创新和外商直接投资对经济增长具有显著的促进作用，其中物质资本投入仍是促进经济增长的最主要因素。

2. 空间计量分析

由上文空间自相关检验结果可知，被解释变量经济增长和核心解释变量国内旅游、入境旅游均具有显著的空间相关性，证实我国旅游业发展和经济增长具有空间依赖性。因此，应运用空间计量模型进行计量分析。接下来，对空间计量模型进行选择。根据空间模型选择步骤可知，首先运用 Wald 检验和 LR 检验确定 SDM 是否可以简化为 SLM 或 SEM。然后根据 Hausman 检验结果，确定应选择固定效应模型或随机效应模型。统计检验结果见表 3-9。

表 3-9 Wald、LR 和 Hausman 检验

检验名	国内旅游模型	入境旅游模型
Wald_spatial_lag	28.854***	43.382***
LR_spatial_lag	29.101***	45.635***
Wald_spatial_error	25.731***	43.790***
LR_spatial_error	28.473***	45.586***
Hausman	13.143	25.243***

***表示在1%水平上显著

由表 3-9 中 Wald 检验可知，空间杜宾模型不能简化为空间滞后模型或空间误差模型。在进行空间计量分析时，国内旅游和入境旅游均选择空间杜宾模型。所以，书中空间计量分析部分应该用面板数据的 SDM 进行分析，具体的模型表达式如下：

$$\ln Y_{it} = \alpha + \rho W_{ij}\ln Y_{it} + \beta_1\ln T_{it} + \beta_2\ln Phy_{it} + \beta_3\ln Edu_{it} + \beta_4\ln Tec_{it} + \beta_5\ln Fdi_{it} + \xi_1 W_{ij}\ln T_{it}$$
$$+ \xi_2 W_{ij}\ln Phy_{it} + \xi_3 W_{ij}\ln Hum_{it} + \xi_4 W_{ij}\ln Tec_{it} + \xi_5 W_{ij}\ln Fdi_{it} + \mu_i + V_t + \varepsilon_{it} \quad (3-14)$$

式中，ρ 为空间滞后系数；W_{ij} 为空间权重矩阵 W 的元素；$W\ln T_{it}$、$W\ln Phy_{it}$、$W\ln Edu_{it}$、$W\ln Tec_{it}$ 和 $W\ln Fdi_{it}$ 分别是旅游业、物质资本投入、人力资本投入、科技创新和外商直接投资的空间滞后变量，ξ_1、ξ_2、ξ_3、ξ_4 和 ξ_5 分别为对应的估计系数，其他指标含义同式（3-13）。

由于国内旅游模型未通过 Hausman 检验，因此国内旅游模型选择随机效应的空间杜宾模型。而入境旅游模型通过了 Hausman 统计量1%的显著性水平检验，所

以入境旅游分析中应采用固定效应的空间杜宾模型。根据对空间效应和时间效应的不同控制，空间杜宾模型可分为空间固定、时间固定和时空双固定三种。书中运用 MATLAB10.0 对式（3-14）进行回归分析。为对比分析，国内旅游模型和入境旅游模型中将三种 SDM 估计结果均列出（表 3-10）。对比经典计量模型的估计结果，SDM 中的检验值和变量显著性水平均有改善，表明空间计量模型的运用更加合理。同样指标在不同模型中估计系数相差较大，表明选择合理模型的重要性。

表 3-10 面板 SDM 模型参数估计结果

变量	国内旅游模型（RE）	入境旅游模型（FE）		
		只含 μ_i	只含 V_t	含 μ_i 和 V_t
Dtd	0.113*** (7.771)	—	—	—
Itd	—	0.036*** (3.659)	0.078*** (6.445)	0.047*** (5.566)
Phy	0.287*** (3.860)	1.037*** (6.008)	−0.048** (−1.961)	0.934*** (6.379)
Edu	0.066*** (3.634)	0.113*** (6.294)	0.351*** (10.271)	0.091*** (5.660)
Tec	0.009 (1.033)	0.015* (1.709)	0.128*** (5.680)	0.021** (2.479)
Fdi	0.006 (1.136)	0.016*** (2.701)	0.097*** (7.473)	0.014*** (2.877)
WDtd	0.042* (1.646)	—	—	—
WItd	—	0.015 (1.087)	−0.111*** (−4.358)	0.073*** (4.933)
WPhy	0.064 (0.618)	0.035 (0.169)	0.241*** (4.889)	−0.065 (−0.256)
WEdu	−0.047* (−1.842)	−0.073*** (−3.480)	0.051 (0.845)	−0.069*** (−2.802)
WTec	−0.033** (−2.723)	−0.008 (−0.745)	0.209*** (5.072)	−0.072*** (−5.080)
WFdi	−0.029*** (−2.775)	−0.027*** (−2.682)	−0.103*** (−3.843)	−0.004 (−0.410)
W*dep.var	0.032 (0.559)	0.583*** (15.292)	0.461*** (10.741)	−0.017 (−0.295)
teta	0.037*** (5.571)	—	—	—
拟合优度 R^2	0.987	0.991	0.899	0.993
最大似然值	313.585	576.778	31.290	682.202
样本数量	465	465	465	465

注：括号内为 t 统计量；***表示在 1%水平上显著，teta 表示随机干扰项

国内旅游模型中，国内旅游业、物质资本投入、人力资本投入、科技创新和外商直接投资的估计系数均通过了显著性水平检验，除物质资本投入的滞后项外，其他指标的滞后项也通过了不同程度的显著性水平检验，各指标估计系数符号与理论预期基本一致，再次证实了选择空间计量模型 SDM 的合理性。SDM 的特性决定了各指标的估计系数不能与经典计量模型中对应指标的系数直接比较，要通过直接效应、间接效应和总效应来反映。

由表 3-11 可知，国内旅游 SDM 直接效应中 Dtd 的回归系数相比面板数据经典计量模型的估计结果变小了，说明忽略空间效应会高估国内旅游业发展对经济增长的产出弹性，但国内旅游业发展对经济增长正向促进作用的基本结论不变；Phy、Edu、Tec 的回归系数仍然显著为正；Fdi 的回归系数由经典计量模型的不显著变为通过 10%的显著性水平检验，且符号为正，符合理论预期。间接效应中，Dtd 的估计系数在 10%水平上显著为正，与表 3-10 中 Dtd 空间滞后项的估计结果相符，表明国内旅游不仅促进了该地区的经济增长，而且对邻近地区的经济增长产生了正向的空间溢出效应，溢出系数为 0.047，意味着该地区国内旅游提高 1%，会促进邻近地区经济增长 0.047%，这是本书得出的重要结论之一；Edu、Tec、Fdi 滞后项的估计系数显著为负，说明这些变量在邻近地区以竞争为主；Phy 滞后项的估计系数不显著。总效应中，Dtd 的估计系数显著为正，通过 1%显著性水平检验，说明国内旅游对所有地区的经济增长具有促进作用。国内旅游凭借独有的产业优势，通过扩大消费、吸引投资、增加外汇收入和改善经济结构促进经济的增长；从各指标估计系数的比较来看，Phy 的估计系数最大，说明当前我国经济增长仍主要依靠物质资本投入来拉动。

表 3-11 解释变量的空间效应分解

指标	国内旅游模型			入境旅游模型		
	直接效应	间接效应	总效应	直接效应	间接效应	总效应
Dtd	0.113*** (7.984)	0.047* (1.867)	0.160*** (5.780)	—	—	—
Itd	—	—	—	0.046*** (5.425)	0.071*** (5.163)	0.117*** (7.439)
Phy	0.289*** (3.932)	0.074 (0.689)	0.363*** (3.090)	0.938*** (6.388)	−0.080 (−0.316)	0.858*** (3.492)

续表

指标	国内旅游模型			入境旅游模型		
	直接效应	间接效应	总效应	直接效应	间接效应	总效应
Edu	0.066 (3.387)	−0.046* (−1.862)	0.019 (0.714)	0.091*** (5.737)	−0.069*** (−2.915)	0.021 (0.820)
Tec	0.008 (0.965)	−0.033** (−2.123)	−0.025 (−1.356)	0.021** (2.481)	−0.071*** (−5.051)	−0.050*** (−5.517)
Fdi	0.006 (1.118)	−0.029*** (−2.772)	−0.024* (−1.929)	0.014*** (2.889)	−0.003 (−0.381)	0.011 (1.112)

注：括号内为 t 统计量，***、**和*分别表示在1%、5%和10%水平上显著

入境旅游模型中，有三种固定效应的估计结果。从拟合优度检验值来看，时空固定效应的 SDM 优于空间固定效应的 SDM 和时间固定效应的 SDM，但由于空间计量模型中采用的是极大似然估计法，基于残差平方和分解的拟合优度检验意义不大，应根据对数似然值比较进行选择，由三种模型中对数似然值可知，时空固定效应 SDM 中对数似然函数值大于另外两个模型，因此，应选择时空固定效应的 SDM 进行计量分析。接下来，根据时空固定效应 SDM 中直接效应、间接效应和总效应的估计结果进行分析。总体来看，入境旅游模型中各指标估计结果与预期基本一致。

入境旅游模型的直接效应中，Itd 的回归系数显著为正，表明入境旅游业同样具有正向的经济效应；Phy、Edu、Tec 和 Fdi 的估计系数显著为正，且各变量的估计系数均大于对应国内旅游模型中的估计系数，说明在入境旅游的发展生态环境中物质资本投入、人力资本投入、科技创新和外商直接投资的经济增长效应更大。间接效应中，Itd 的估计系数显著为正，通过了1%显著性水平检验，表明入境旅游业不仅对该地区经济增长具有正向的促进作用，而且能带动邻近地区的经济增长，且对周边经济的这种带动作用要强于国内旅游的空间溢出效应；Edu 和 Tec 的估计系数显著为负，说明邻近地区人力资本和技术投入与该地经济增长之间为负相关；Phy 和 Fdi 的估计系数没有通过显著性水平检验，说明邻近地区的物质资本投入和外商直接投资对该地经济增长的作用并不显著；总效应中，Itd 的估计系数仍然显著为正，然而相比国内旅游业经济增长的产出弹性（0.160），入境旅游业对经济增长的贡献较小（0.117），主要归因于入境旅游业的发展对旅游资源、配套设施、服务质量和其他方面的要求较高，但目前我国大多数省（区、市）旅游资源知名度对国外游客来说并不高，以及受交通、服务等条件的限制，导致入境旅游

业发展对经济增长作用没有充分发挥出来。此外，由于现阶段我国入境旅游的发展，很多产品需要进口，进而产生一些外汇漏损，入境旅游对经济增长贡献相对较少。Phy 的估计系数仍然最大，再次证实物质资本投入是对经济增长贡献最突出的因素。

（二）局域计量分析

由于经典计量模型和空间计量的 SDM 分析均为全域估计，模型中各指标的估计系数整体上被假定为一个常数，估计结果是"全局"或者"平均"意义上的参数值，无法反映各个省（区、市）旅游业发展的经济增长效应。为得到每个研究对象估计结果，书中运用 GWR 模型，采用加权最小二乘法进行局部估计。选取 2000 年和 2014 年两个时间点为分析对象，对比分析各个省（区、市）旅游业经济效应的变化。根据旅游业对经济增长影响估计系数的取值大小，书中分为四个区间。为节省篇幅，在局部计量分析中，表 3-12 中仅列出 GWR 模型我国国内旅游和入境旅游变量的估计系数，模型中常数项和其他解释变量的估计系数未列出。

表 3-12 我国 31 个省（区、市）旅游业经济增长的产出弹性

地区	国内旅游模型				入境旅游模型			
	2000 年		2014 年		2000 年		2014 年	
	估计系数	t 值	估计系数	t 值	估计系数	t 值	估计系数	t 值
北京	0.230*	1.893	-0.022	-0.146	0.172***	5.272	0.089	1.314
天津	0.221*	1.825	-0.051	-0.327	0.179***	4.757	0.091	1.338
河北	0.196*	1.599	-0.037	-0.246	0.149***	4.225	0.103*	1.645
山西	0.199*	1.657	-0.012	-0.088	0.109***	2.856	0.112*	1.883
内蒙古	0.301**	2.188	0.112	0.835	0.116***	3.896	0.113*	1.830
辽宁	0.280**	2.714	-0.040	-0.271	0.204***	4.459	0.077	1.059
吉林	0.306***	3.157	-0.011	-0.081	0.201***	4.506	0.071	0.954
黑龙江	0.333***	3.611	0.019	0.1445	0.195***	4.741	0.065	0.863
上海	0.299**	2.160	-0.302**	-1.906	0.386***	4.478	0.146**	2.512
江苏	0.250*	1.835	-0.263*	-1.647	0.316***	3.858	0.133**	2.322
浙江	0.296**	2.095	-0.322**	-2.037	0.375	4.109	0.147**	2.596
安徽	0.237*	1.756	-0.266*	-1.678	0.287	3.355	0.131**	2.344
福建	0.299*	1.994	-0.430***	-2.882	0.210	1.376	0.163***	2.996

续表

地区	国内旅游模型				入境旅游模型			
	2000年		2014年		2000年		2014年	
	估计系数	t值	估计系数	t值	估计系数	t值	估计系数	t值
江西	0.234	1.775	-0.335**	-2.301	0.133	1.250	0.131	2.468
山东	0.190	1.504	-0.127	-0.799	0.185	3.567	0.107*	1.695
河南	0.141	1.201	-0.137	-0.932	0.080	1.284	0.110*	1.952
湖北	0.186*	1.504	-0.264*	-1.829	0.102	1.165	0.117**	2.212
湖南	0.158	1.357	-0.315**	-2.490	0.001	0.005	0.107**	2.119
广东	0.196*	1.561	-0.430***	-3.866	-0.002	-0.019	0.131**	2.533
广西	0.132	1.140	-0.397***	-4.542	0.103	1.100	0.091*	1.902
海南	0.188*	1.485	-0.436***	-4.800	0.108	0.873	0.120**	2.409
重庆	-0.001	-0.008	-0.274***	-3.225	-0.027	-0.710	0.072*	1.615
四川	0.001	0.016	-0.251***	-3.094	-0.021	-0.547	0.079*	1.753
贵州	0.045	0.461	-0.335***	-3.996	0.078	1.468	0.070*	1.588
云南	0.049	0.402	-0.339***	-4.585	0.181	3.063	0.070*	1.685
西藏	0.075	0.872	-0.166**	-2.724	0.056	0.759	0.058*	1.479
陕西	0.061	0.580	-0.099	-0.877	-0.113**	-2.504	0.106*	2.028
甘肃	0.112	1.385	0.004	0.037	-0.161	-5.437	0.118**	2.418
青海	0.129*	1.819	0.005	0.042	-0.156	-5.281	0.110**	2.285
宁夏	0.225*	1.929	0.158	1.302	-0.058	-0.964	0.125**	2.521
新疆	0.150	1.463	-0.009	-0.136	-0.140	-0.001	-0.007	-0.282

***、**和*分别表示在1%、5%和10%水平上显著

由表3-12可知，我国省域旅游业的经济效应存在着一定的空间异质性。2000年，国内旅游产出弹性的估计系数在-0.001~0.333，除重庆市外，其他省（区、市）的产出弹性的估计系数均为正，但省（区、市）间产出弹性差异的估计系数较大，到了2014年绝大多数省（区、市）的产出弹性的估计系数为负，通过显著性检验的产出弹性的估计系数在-0.436~-0.166。2000年入境旅游的产出弹性的估计系数在-0.161~0.386，绝大多数产出弹性的估计系数为负，未通过显著性检验，到2014年各地区产出弹性差异逐渐减小，产出弹性趋于稳定。

从对经济增长的作用强度看，国内旅游的经济效应由正转负，入境旅游对经济增长的促进作用整体有所提高，逐渐趋于稳定。书中根据国内旅游、入境旅游

产出弹性的估计系数大小分为四大梯度空间，2000年国内旅游产出弹性位于第一梯度空间的地区仅包括重庆市，这一梯度空间国内旅游对经济增长产生的是抑制作用，但估计结果未通过显著性检验；第二梯度空间省域产出弹性的估计系数在0.001～0.158，共包含11个省（区、市），空间上主要分布在西南和西北区域，其中仅有青海通过显著性检验，意味着这一区域国内旅游对经济增长的促进作用并不明显；第三梯度和第四梯度空间的产出弹性的估计系数分别为0.159～0.250和0.251～0.333，空间上主要分布在东北、京津冀、长三角以及广东、海南等地区，这两个梯度空间省域产出弹性的估计系数绝大多数均通过显著性水平检验，说明2000年国内旅游对经济增长的促进作用较大，这与全局分析中估计结果相符。到2014年，国内旅游的产出弹性的估计系数发生了较大变化，国内旅游产出弹性的估计系数为正的地区多转变成抑制作用，第一梯度、第二梯度和第三梯度空间省域的产出弹性的估计系数均为负，第四梯度空间仅包含四个省域，且只有青海通过显著性水平检验。这样的估计结果与预期的相差较大，主要原因有两个方面：一是近年来我国各地区国内旅游遍地开花，许多地区将旅游业定位为支柱产业，有些地区甚至孤注一掷地发展旅游，的确带来了国内旅游井喷式增长，但急速增长的背后是高投资、高浪费以及产业结构的失衡，导致旅游业发展的负面效应显现。二是地区对旅游业的过度依赖导致将原本要投入到制造业等产业的物质资源和人力资源投入到旅游业中，进而构成了对制造业等产业的威胁，形成对制造业等工业的负向挤出效应，导致去工业化，影响技术进步，产生旅游业的"荷兰病"。国内旅游发展对经济增长的抑制效应显现，具体原因可归结于以下几个方面：

第一，国内旅游业发展主要关注规模的扩大，对旅游业发展质量关注不够。我国旅游业发展最初的定位是以服务经济功能为主，这一发展思路在各地方得到持续的贯彻实施。在这种旅游业发展观念指引下，我国旅游业的发展模式是不断开发旅游资源，形成新的或是同质的旅游产品，然后将这些产品销售给游客，获得旅游收入，实现旅游业的经济创收功能。这一发展模式主要靠资源和资本要素投入来实现旅游经济增长，更多关注的是通过这些要素投入，最终能增加多少游客数量以及为地方创造多少收入，而对于旅游业是否是集约型发展、旅游业发展的机会成本、旅游业与其他产业的协调发展情况以及旅游业为本地社区和居民创造多少福利关注较少,这些加大了依赖旅游业发展城市经济的风险。长此以往,可能产生旅游业的"贫困性"增长。

第二,国内旅游消费时间过于集中。旅客作为旅游活动的主体,由于受到闲暇时间和旅游资源季节性的影响,旅游消费时间指向性强。在我国,旅游消费时间集中性更强,大部分游客都选择在小长假和黄金周期间出游。旅游消费的集中导致高峰时出现供不应求,价格上涨。一旦旅游价格提升,旅游业就成为投资者青睐的对象,人力和物力资本要素大量涌入,这样的投资建设使其他行业投资建设受到冷落,其他行业难以获得及时有力的扶持和发展机会,而当进入旅游消费淡季时,会出现供过于求的情况,资本和人力等投入都处于闲置状态。旅游消费的集中性,导致旅游业供给与需求长期失衡,产业结构失衡引发旅游业对经济增长的抑制作用。此外,旅游业极易受到各种外部因素影响,经济危机、突发疾病、自然灾害及政治事件等均会影响旅游消费,游客往往会选择不出游或更换旅游目的地,这对旅游目的地的旅游经济会造成打击,旅游业强大的关联性会使与其相关的产业同样面临"紧缩"。所以,各地区如果过度依赖旅游业,很可能会导致其整个经济体系出现旅游业的"脆弱性"特征,加大产业波动的可能性,影响国民经济的稳定,促使旅游业对经济增长产生抑制作用,从而影响到整个地区经济增长。

第三,过高的门票价格,影响旅游业乘数效应发挥。通过资源价格垄断形成超额利润是传统资源产业对经济增长产生"资源诅咒"效应的重要途径。我国旅游业也表现出了资源产业具有的价格垄断性,突出反映就是景区门票价格过高。由于我国景区门票经济观、景区资源垄断化、门票管理多头化、景区收入单一化、旅游产品与供给的失衡、旅游产品结构单一及其开发水平低的现状,我国各地景区门票一路高涨。过高的门票价格不仅会减少游客数量,进而减少景区收入,而且影响旅游产业链其他环节的收入,不利于旅游业乘数效应的发挥。一方面,一次旅游行程所购买的旅游产品是由众多部门共同销售的,通常游客消费总额是一定的,门票价格的上涨,必然导致游客对其他旅游产品消费的减少,降低旅游业对其他相关产业部门带动作用。另一方面,旅游业是关联度极强的产业,前瞻效应、回顾效应和旁侧效应较强，景区门票价格的上涨必然影响上游和下游产品的定价，在景区门票价格不断上涨的条件下，与之关联行业产品价格往往会上涨，给原本的通货膨胀增添新的"泡沫"，加剧宏观经济的动荡，不利于区域经济的健康稳定与可持续发展。

虽然 2014 年局部分析中发现国内旅游的经济增长效应为负，但也不能放大国内旅游对经济增长的抑制作用，片面理解为只要国内旅游业发展到一定阶段就会对经济增长起到负面作用。准确估计旅游业的经济效应，需要较长时间的研究，一般情况下考察期越长，估计结果越准确。因此，不能因为一年或者两年的观察结果就确定国内旅游业发展存在"资源诅咒"效应。书中以 2000~2014 年为研究时间段时，国内旅游对经济增长具有显著的促进作用，以 2014 年为研究时间时，国内旅游业表现出对经济增长具有负面影响，这不能说明国内旅游业发展存在"资源诅咒"效应，但各地区在发展国内旅游业时要因地制宜，根据当地实际情况发展旅游业，即使符合旅游业发展条件，也要避免过度依赖旅游业，一旦出现旅游业"一业独大"的局面，会挤压以规模经济、"干中学"和外溢效应为特征的制造业的增长空间，不利于产业结构的优化和区域经济的可持续发展。同时切勿只关注旅游业规模的增长，应注重旅游业发展质量，充分发挥旅游业有助于产业结构优化的功能，力争实现旅游业与其他产业的协调发展以促进区域经济可持续发展。

由入境旅游的 GWR 分析可知，2000 年入境旅游的经济增长产出弹性的估计系数基本呈现出由东到西梯度递减的空间分布规律。从显著性水平检验来看，仅有东北部和京津冀等地区产出弹性为正且估计系数较大的地区通过显著性水平检验，部分中西部省域的产出弹性的估计系数为负，但未通过显著性检验，说明 2000 年入境旅游的经济效应以正向促进为主。到 2014 年这种促进作用更加显著，根据入境旅游产出弹性的估计系数的大小共分为四个梯度空间，第一梯度空间产出弹性的估计系数为负，仅包含新疆一个地区，但未通过显著性检验，说明在 2014 年我国入境旅游对经济增长并没有抑制作用；第二梯度空间产出弹性的估计系数在 0.001~0.091，空间上主要分布在西南地区，绝大多数均通过显著性检验，说明相对于其他地区入境旅游业的发展，西南地区入境旅游增长弹性略小；第三梯度空间包含的省（区、市）最多，产出弹性的估计系数分布在 0.096～0.125，绝大多数通过显著性水平检验，空间上主要分布在与东部沿海邻近的中部省（区、市）和部分东部省（区、市）；第四梯度产出弹性的估计系数在 0.126～0.153，除江西外均通过显著性水平检验，空间上主要分布在东部沿海地区，与第三梯度空间集中连片，形成入境旅游经济增长的空间集聚区。从与 2000 年入境旅游经济效应产出弹性的估计系数对比看，2014 年的产出弹性的估计系数略小，但这种促进作用程度更加显著，区域间差距相对较小，意味着入境旅游对经济增长的作用强度在不同空间上逐渐趋于稳定。

第五节　差异化视角下旅游业的经济效应

根据以往学者对旅游业与经济增长关系的研究可知，区域经济发展水平和旅游专业化是影响旅游业产出弹性的重要因素。例如，Fayissa 等（2011）在研究旅游业对经济增长的影响时，以拉丁美洲 21 个国家为实证分析对象，发现旅游业对 21 个拉丁美洲国家中的中低收入国家的贡献更大，而对发达国家经济贡献不那么明显；Brau 等（2006）以 143 个国家为研究对象，发现 1980～2003 年旅游专业化程度高的国家对经济增长的贡献更大，并得出一些小国只有在旅游专业化程度高时，经济才能快速增长。为进一步探究旅游业的经济效应，书中对中国 31 个省（区、市）进行分类，一是按照省（区、市）的经济发展水平分类，划分为经济发展水平较高的省（区、市）和相对较低的省（区、市）两类；二是根据旅游业专业化程度分类，分为专业化程度较高的省（区、市）和相对较低的省（区、市）两类。然后，根据分类标准，探究不同类型地区旅游业经济效应的差异性。

一、经济发展水平差异与经济增长

区域经济发展水平是旅游业发展的基础，对旅游业的发展意义重大。旅游业的发展需要地方交通、电力、通信行业等基础设施和相关配套设施的支持，而这些行业的发展需要大量的资金，并需要一个较长的建设期，这对一些经济相对落后的地区来说,短期内是一个无法解决的问题,实现旅游业与区域经济的良性互动需要一定的时间实现。然而现实中经济发展水平较高的地区,相关配套设施更加完备,这样就很容易形成与旅游业的良性互动。理论上讲,经济发展水平越高的地区,旅游业的经济增长弹性可能越大。接下来,书中将对这一理论在我国的适用性进行实证分析。

(一)基于经济发展水平差异的省域划分

书中在省域经济发展水平划分时,依据2000～2014年31个省(区、市)人均GDP的均值大小进行分类。31个省(区、市)人均GDP均值在6247.84～54508.66元,然后根据各区间值所包含省域数量,以人均GDP等于15000元为划分标准,共分两类地区。第一类是人均GDP大于等于15000元的经济相对发达区,包括上海市、天津市、北京市、浙江省和江苏省等13个地区,空间上主要分布在东部沿海和东北地区;第二类是人均GDP小于15000元的经济相对落后区,包括湖北省、重庆市、海南省、新疆维吾尔自治区和山西省等18个地区,空间上主要分布在中西部广大内陆地区。两类地区包含的具体省域见表3-13,表中各省(区、市)均是根据人均GDP大小进行排序的。

表3-13 依据经济发展水平的省域分类表

类型	省(区、市)
人均GDP≥15000	上海市、天津市、北京市、浙江省、江苏省、广东省、辽宁省、福建省、山东省、内蒙古自治区、黑龙江省、吉林省、河北省
人均GDP<15000	湖北省、重庆市、海南省、新疆维吾尔自治区、山西省、河南省、陕西省、四川省、湖南省、青海省、安徽省、广西壮族自治区、江西省、宁夏回族自治区、西藏自治区、云南省、甘肃省、贵州省

(二)不同经济发展水平地区旅游业经济效应的实证分析

本部分计量分析中模型选择方法同第四节中全局计量分析中相一致,为节省篇幅,本部分的模型选择过程并未列出,将最终选择的模型及其估计结果列出。分别将两类地区数据带入模型中,得出不同经济发展水平地区国内旅游和入境旅游经济增长弹性的估计结果,见表3-14。

表 3-14　依据经济发展水平分类的旅游业经济增长弹性估计结果

变量	国内旅游模型				入境旅游模型			
	人均 GDP≥15000		人均 GDP<15000		人均 GDP≥15000		人均 GDP<15000	
	估计系数	t 值	估计系数	t 值	估计系数	t 值	估计系数	t 值
Dtd	0.240***	11.425	0.115***	8.812	—	—	—	—
Itd	—	—	—	—	0.061***	4.177	0.025**	2.048
Phy	0.973***	6.085	1.806***	16.836	1.436***	8.122	1.951***	14.451
Edu	0.113***	7.597	0.116***	6.826	0.107***	5.475	0.127***	7.324
Tec	0.021***	2.919	0.037***	2.750	0.010	1.161	0.030**	2.059
Fdi	0.044***	3.871	−0.001	−0.018	0.074***	5.613	0.001	0.002
λ/ρ	0.127***	3.163	0.558***	10.059	0.306***	6.838	0.201	6.125
模型	SLM		SEM		SLM		SEM	
Corr^2	0.986		0.977		0.972		0.964	
Log-L	286.306		370.142		245.486		292.817	
n	195		270		195		270	

注：***、**和*分别表示在 1%、5%和 10%水平上显著，Corr 表示估计值和真实值的相关系数

由表 3-14 可知，国内旅游和入境旅游弹性系数的估计系数在不同经济发展水平地区表现出显著差异。四个模型中的 Corr^2 均大于 0.96，说明模型中各变量的估计结果具有一定的可靠性。从产出弹性的估计系数来看，国内旅游和入境旅游的产出弹性的估计系数在两类地区中显著为正，说明从全局角度看，无论是在经济发展水平较高的地区还是经济相对落后的地区，国内旅游和入境旅游对经济增长均具有显著的促进作用，本部分分析结果与第四节中全局分析结果相一致。从产出弹性的估计系数大小比较来看，国内旅游和入境旅游均表现出在经济较为发达地区旅游业的经济增长弹性更大，说明在经济发达地区旅游业更容易实现对经济增长的贡献，意味着旅游业对缓解区域经济差距作用不大。仅有物质资本投入和人力资本投入在两类地区的四个模型中均通过显著性水平检验，说明物质资本投入和人力资本投入在我国经济增长中发挥重要作用。对比模型中各指标的估计系数可以发现，物质资本投入的估计系数仍然最大，说明物质资本投入对经济增长发挥重要作用。

二、旅游专业化差异与经济增长

（一）基于旅游专业化差异的省域划分

借鉴以往学者的研究，书中运用旅游业收入与 GDP 比值衡量地区旅游业专业化程度，又称旅游业依赖度。由第二章的理论分析部分可知，旅游业并直接影响许多其他经济部门，在增加国家收入、优化产业结构等促进经济增长方面发挥重大作用，然而国家或地区旅游业过度超前发展或国民经济系统过度依赖旅游业，旅游业对经济增长的"资源诅咒"效应可能出现。为分析这一结论的适用性，本部分对不同旅游业专业化程度地区旅游业的经济效应进行分类分析。

1. 基于国内旅游业专业化差异划分

依据 2000～2014 年各省（区、市）国内旅游收入占 GDP 比重的均值 DTsd 大小，对 31 个省（区、市）进行分类。DTsd 的值为 3.58%～18.68%，再次根据各区间值所包含省（区、市）数量，选择 10% 作为 DTsd 为划分标准，共分为两类地区。第一类是 DTsd≥10% 的地区，包括北京市、贵州省、上海市、天津市和海南省等 10 个地区，各地区在空间分布上较为分散；第二类是 DTsd<10% 的地区，包括重庆市、西藏自治区、山西省、江苏省和广西壮族自治区等 21 个地区。两类地区包含的具体省（区、市）见表 3-15，表中省（区、市）出现顺序均是按照 DTsd 大小排列的。

表3-15 依据国内旅游业专业化程度的省（区、市）分类表

类型	省（区、市）
DTsd≥10%	北京市、贵州省、上海市、天津市、海南省、云南省、内蒙古自治区、辽宁省、四川省、浙江省
DTsd<10%	重庆市、西藏自治区、山西省、江苏省、广西壮族自治区、江西省、湖北省、河南省、陕西省、安徽省、福建省、湖南省、广东省、吉林省、山东省、黑龙江省、新疆维吾尔自治区、青海省、甘肃省、河北省、宁夏回族自治区

2. 基于入境旅游业专业化差异划分

入境旅游业专业化差异划分方法同国内旅游业部分，由于入境旅游在整个国民经济中占有的比重较小，所以书中在进行入境旅游业专业化程度 ITsd 划分时，标准以 0.5% 为分界，共分为两类。第一类是 ITsd≥0.5% 的地区，包括北京市、上

海市、广东省、西藏自治区和福建省等 16 个地区,空间上主要分布在东部沿海地区;第二类是 ITsd < 0.5%的地区,包括湖南省、新疆维吾尔自治区、安徽省、山东省和湖北省等 15 个地区,占据了整个研究区域的 48.4%,空间分布上较为分散。两类地区包含的具体省(区、市)见表 3-16,表中省(区、市)出现顺序均是按照 ITsd 大小排列的。

表 3-16　依据入境旅游业专业化程度的省(区、市)分类表

类型	省(区、市)
ITsd≥0.5%	北京市、上海市、广东省、西藏自治区、福建省、云南省、海南省、天津市、浙江省、陕西省、江苏省、辽宁省、广西壮族自治区、内蒙古自治区、重庆市、黑龙江省
ITsd<0.5%	湖南省、新疆维吾尔自治区、安徽省、山东省、湖北省、贵州省、山西省、吉林省、四川省、江西省、甘肃省、河北省、河南省、青海省、宁夏回族自治区

(二)不同旅游业专业化程度地区旅游业经济效应的实证分析

遵循第四节全局分析中模型的选择过程,对不同国内旅游和入境旅游专业化差异地区旅游业的经济增长弹性进行计量分析,表 3-17 和表 3-18 给出了不同旅游业专业化程度地区国内、入境旅游的经济增长弹性。

表 3-17　依据国内旅游专业化程度分类的旅游业经济增长弹性估计结果

变量	国内旅游模型				入境旅游模型			
	DTsd≥10%		DTsd<10%		DTsd≥10%		DTsd<10%	
	估计系数	t 值	估计系数	t 值	估计系数	t 值	估计系数	t 值
Dtd	0.248***	8.413	0.246***	12.271	—	—	—	—
Itd	—	—	—	—	0.135***	3.848	0.047***	3.002
Phy	1.519***	7.144	2.104***	11.068	2.374***	10.960	3.359***	17.656
Edu	0.048*	7.597	0.115***	6.763	0.035	1.018	0.162***	7.824
Tec	0.056***	4.323	0.031**	2.463	0.042***	2.598	0.020	1.261
Fdi	0.084***	4.260	-0.024	-2.715	0.145***	7.106	-0.002	-0.228
λ	-0.236***	-7.651	-0.236***	-4.776	0.306***	6.838	-0.236	-4.592
模型	SLM		SLM		SLM		SLM	
Corr^2	0.967		0.970		0.958		0.958	
Log-L	208.627		407.051		181.977		159.829	
n	150		315		150		315	

***、**和*分别表示在 1%、5%和 10%水平上显著

第三章 中国旅游业的经济效应

表 3-18　依据入境旅游业专业化程度分类的旅游业经济增长弹性估计结果

变量	国内旅游模型				入境旅游模型			
	ITsd≥0.5%		ITsd<0.5%		ITsd≥0.5%		ITsd<0.5%	
	估计系数	t值	估计系数	t值	估计系数	t值	估计系数	t值
Dtd	0.227***	11.318	0.201***	12.410	—	—	—	—
Itd	—	—	—	—	0.112***	5.730	0.034**	2.205
Phy	1.627***	12.152	1.664***	12.355	2.126***	16.768	3.331***	19.057
Edu	0.090***	5.175	0.045**	2.478	0.138***	6.361	0.115***	4.897
Tec	0.034***	3.687	0.001	0.030	0.026**	2.459	0.016	0.892
Fdi	-0.010	-1.133	0.018**	2.423	0.046***	5.405	0.010	0.740
λ/ρ	0.131**	2.426	0.400***	6.652	0.405***	8.932	-0.236	-5.876
模型	SEM		SEM		SEM		SLM	
Corr^2	0.976		0.980		0.963		0.965	
Log-L	292.198		305.841		268.194		250.155	
n	240		225		240		225	

***、**和*分别表示在1%、5%和10%水平上显著

1. 不同国内旅游业专业化地区旅游业经济效应的实证分析

由表 3-17 可知，国内旅游的经济增长弹性在不同国内旅游专业化程度地区差异不大，两者均通过1%显著性水平检验，这说明国内旅游业专业化程度达到一定程度后（书中的取值为10%），国内旅游对经济增长的贡献不再增加，意味着国内旅游对经济增长的贡献与国内旅游业专业化程度并不是正相关，这与上节地理加权回归分析中的分析结果相一致，旅游业专业化程度（旅游业依赖度）达到一定程度，因旅游业的资源转移效应导致的产业结构失衡，使旅游业对经济增长可能会出现抑制作用。然而，入境旅游的经济增长弹性却表现出显著的差异性，国内旅游业专业化程度高的地区入境旅游的产出弹性显著高于国内旅游业专业化程度略低的地区，主要归因于书中无论是 DTsd≥10% 的地区还是 DTsd<10% 的地区入境旅游业占整个国民经济的比例都很小，当入境旅游在国民经济中占有很小比例时，入境旅游的门槛效应并未显现。四个模型中 Corr^2 均在 0.95 以上，说明模型

估计值的可靠性很高。其他解释变量中，物质资本投入的估计系数显著为正，而且值最大，再次证实物质资本对经济增长的促进作用最大。

2. 不同入境旅游业专业化地区旅游业经济效应的实证分析

表 3-18 与表 3-17 的估计结果基本一致，国内旅游经济增长效应的估计结果在不同入境旅游业专业化程度地区相差不大，相对来说入境旅游经济增长弹性在入境旅游业专业化程度高的地区较大。原因同上，当前我国国内旅游业井喷式发展，各地区国内旅游在整个国民经济中都占有较大比例，单纯地扩大国内旅游业规模很难实现对经济增长的贡献，所以国内旅游的增长弹性与旅游业专业化程度关联不大，而入境旅游在国民经济中仍占有很小的比例，并未达到一定门限值，所以当前我国入境旅游业专业化程度越高的地区，入境旅游的经济增长效应也越大。

第四章　中国旅游业与经济、社会及生态环境的协调性分析

近年来，随着经济的发展和人们对经济社会发展认识的深化，人们逐渐意识到经济增长的本质或最终目的并不是生产规模、经济总量增加，而是这种经济增长能持续、能有助于社会和谐以及能满足广大群众生活福利等方面的需求。因此，在研究旅游业与经济增长的关系时，本书突破以往集中关注旅游业对经济增长影响的研究视角，将可持续发展理念贯彻其中，在经济发展系统中突出民生改善，关注旅游业发展的社会效应、生态环境效应。本章将围绕旅游业系统、经济发展系统、社会发展系统、生态环境系统及经济-社会-生态环境复合系统展开，对五大系统进行综合测度，并对旅游业与其他四个系统的耦合协调性进行定性和定量的分析，总结2000~2014年旅游业与经济、社会、生态环境、区域综合发展水平协调性的动态演化过程，为旅游业更好地促进地区发展与民生改善做出有益的探索。

第一节　协调性指标体系构建

一、指标体系构建原则

指标体系是评价旅游业、经济、社会、生态环境系统的基础，是综合反映旅游业、经济、社会、生态环境协调发展水平的依据。为了全面、客观地评价旅游业与经济、社会、生态环境的协调发展情况，应选择能充分描述各系统协调发展状态，反映各系统发展规模、效益和质量的指标体系。因此，在构建旅游业与经济、社会、生态环境系统协调发展指标体系时，应遵循以下几项原则。

（一）科学性原则

科学性原则是进行旅游业、经济、社会、生态环境系统协调评价的首要原则。

科学合理的指标体系应充分体现协调发展的理念,全面反映旅游业与经济、社会、生态环境之间的内在联系及各系统的功能特征和发展规律。对于指标的选择,不宜过多也不宜过少,以科学态度选取。

(二)系统性原则

旅游业与经济、社会、生态环境系统之间具有一定的逻辑关联且相互作用。在构建旅游业与经济、社会、生态环境系统指标体系时,要注重各系统内部指标的关联性和结构性,能够充分反映旅游业与经济、社会、生态环境系统关联的现实情况和发展水平。

(三)层次性原则

旅游业、经济、社会、生态环境系统均是复合系统,在进行指标构建时,应根据系统特征,遵循层次性原则,构建多个子系统。在子系统内设置二级指标体系,一级指标系统反映的是旅游业、经济、社会、生态环境系统的总体方向,二级指标体系是各系统的具体特征。

(四)动态性原则

实现协调发展是一个动态且不断变化的过程,在进行指标体系设计时需充分考虑其动态性。一方面,指标的选择要能充分体现和测度现在及未来的发展态势;另一方面要尽可能地选择较长的时间段数据,以便更好地把握旅游业、经济、社会、生态环境系统的发展变化规律。

(五)可操作性原则

指标体系的设计要充分考虑现实情况,指标数据的选择要有可行性和可操作性。有些指标能较好地反映系统的发展情况,但由于统计等因素的限制,不能获取长期连贯性数据,也有些指标过于抽象化,难以量化,此类指标只能放弃。因此,构建指标体系时应充分考虑指标数据的可获得性以及量化的难易程度,这是指标选择的基本原则。

二、指标体系的构建

借鉴钟霞和刘毅华（2012）、杨智勇和吕君（2010）、生延超和钟志平（2009）有关旅游业与经济社会发展、生态环境协调发展的研究，本书将旅游业与经济、社会、生态环境协调水平的评价指标体系分为四大部分，分别是旅游业系统、经济发展系统、社会发展系统、生态环境系统和经济-社会-生态环境复合系统（区域复合系统，代表区域综合发展水平），共选择40个指标反映各系统的发展水平，各指标中"+"代表正向指标，其值越大对系统的促进作用越大，"-"为负向指标，其值越大对系统的阻碍作用越大，各系统的指标体系构成如表4-1所示。

表4-1 旅游业与经济、社会、生态环境系统协调发展指标体系

子系统	一级指标	二级指标	单位及性质	符号
旅游业系统	收入效应	国内旅游收入	亿元（+）	T_{11}
		入境旅游收入	百万美元（+）	T_{12}
	产业效应	国内游客数量	百万人次（+）	T_{21}
		入境游客数量	百万人次（+）	T_{22}
		旅行社数量	家（+）	T_{23}
		饭店数量	家（+）	T_{24}
		景区数量	家（+）	T_{25}
		旅游收入占GDP比重	%（+）	T_{26}
		旅游收入占第三产业产值比重	%（+）	T_{27}
	教育效应	旅游院校数量	所（+）	T_{31}
		旅游院校学生数量	人（+）	T_{32}
	就业效应	旅行社从业人员数量	人（+）	T_{41}
		饭店业从业人员数量	人（+）	T_{42}
		景区业从业人员数量	人（+）	T_{43}
经济发展系统	经济发展水平	人均GDP	元（+）	E_{11}
		GDP增长率	%（+）	E_{12}
	经济产业结构	固定资产投资占GDP比重	%（+）	E_{21}
		第二产业占GDP比重	%（+）	E_{22}
		第三产业占GDP比重	%（+）	E_{23}
	经济增长能力	铁路营业里程	km（+）	E_{31}
		公路里程	km（+）	E_{32}
		邮电业务总量	亿元（+）	E_{33}
		货运量	万t（+）	E_{34}
		进出口贸易量占GDP比重	%（+）	E_{35}
		外商投资企业投资总额	百万美元（+）	E_{36}
		国内专利申请授权量	项（+）	E_{37}

续表

子系统	一级指标	二级指标	单位及性质	符号
社会发展系统	生活质量	城镇居民人均可支配收入	元（+）	S_{11}
		农村居民家庭人均纯收入	元（+）	S_{12}
		医疗卫生机构床位数	个（+）	S_{13}
		社会服务机构单位数	个（+）	S_{14}
		社会消费品零售总额占GDP比重	%（+）	S_{15}
	教育水平	教育经费占GDP比重	%（+）	S_{21}
		每万人大学生数量	人（+）	S_{22}
生态环境系统	生态环境污染	工业固体废物产生量	万吨（−）	H_{11}
		工业废气排放总量	亿标立方米（−）	H_{12}
		工业废水排放量	万t（−）	H_{13}
	生态环境治理	工业固体废物综合利用率	万t（+）	H_{21}
		废气治理设施数	套（+）	H_{22}
		工业废水排放达标量①	万t（+）	H_{23}
		城市绿地面积	hm（+）	H_{24}

① 由于2011~2014年工业废水排放达标量统计数据缺失，文中用这段时间废水治理设施数反映废水治理

三、指标权重的测度

指标赋权的方法有两种，一种是主观赋权法，另一种是客观赋权法。为避免主观因素的影响，克服多指标变量间信息的重叠性，书中运用客观赋权法。主成分分析法和熵值赋权法是最为常用的客观赋权法。由于书中指标的赋权并不是最终目的，后文要进行耦合协调度计算，若用主成分分析法计算，会出现某些省（区、市）综合评价值为负的情况，这样就无法进行后面的协调性研究。因此，本书运用熵值赋权法确定各指标权重。熵值赋权法是一种理论数学方法，通过提取众多不确定因素的信息量，计算这些不确定因素在整个系统中贡献率来确定各指标对整体系统的影响程度。各指标权重计算过程如下。

（1）数据标准化。

由于书中所选指标存在不同量纲，不能将数据直接进行对比，需要对数据进行标准化处理。根据指标属性可分为正向指标和负向指标，正向指标对系统发展起正面作用，负向指标起负面作用，正项指标和负项指标计算公式如下：

正向指标：$X'_{ij} = \dfrac{x_{ij} - \min(x_{ij})}{\max(x_{ij}) - \min(x_{ij})}$ （4-1）

负向指标：$X'_{ij} = \dfrac{\max(x_{ij}) - x_{ij}}{\max(x_{ij}) - \min(x_{ij})}$ （4-2）

式中，x_{ij} 为第 i 项系统第 j 个指标（$i=1,2,\cdots,n$，其中，n 为省（区、市）数量；$j=1,2,\cdots,m$，其中，m 为指标数量）；$\min(x_{ij})$ 为指标 x_{ij} 的最小值；$\max(x_{ij})$ 为指标 x_{ij} 的最大值；X'_{ij} 为指标 x_{ij} 标准化后的数值，代表指标 j 对系统的贡献大小。

（2）指标的非负化处理。

原始数据进行标准化后，会出现标准化数据为 0 的地区。为了避免求熵值时取对数无意义，对数据进行非负化处理。处理后的标准化数据为 X''_{ij}，$X''_{ij} = X'_{ij} + 1$。

（3）计算指标比重：

$$P_{ij} = \dfrac{X''_{ij}}{\sum\limits_{i=1}^{n} X''_{ij}}, \quad i=1,2,\cdots,n;\ j=1,2,\cdots,m \quad （4-3）$$

（4）计算第 j 项指标的熵值：

$$E_j = -\dfrac{1}{\ln(n)} \sum\limits_{i=1}^{n} P_{ij} \ln(P_{ij}), \quad 0 < E_j < 1 \quad （4-4）$$

（5）计算第 j 项指标的效用值：

$$D_j = 1 - E_j \quad （4-5）$$

（6）计算第 j 项指标的权重：

$$W_j = \dfrac{D_j}{\sum\limits_{j=1}^{m} D_j} \quad （4-6）$$

（7）计算各省（区、市）系统综合评价值：

$$U_i = \sum\limits_{j=1}^{m} W_j P_{ij} - 1 \quad （4-7）$$

由于数据进行非负化处理时，各指标标准化后的数据均增加 1，因此为了不影响综合评分的准确性，在计算综合评价值时需减 1。

第二节　各系统综合测评

一、旅游业系统的评价与分析

（一）指标权重变化

根据旅游业系统的测评体系，书中共选取 14 项指标评价旅游业综合发展水平。运用式（4-1）～式（4-6）对 2000～2014 年旅游业 14 个指标的数据进行权重确认，各指标权重变化见图 4-1。

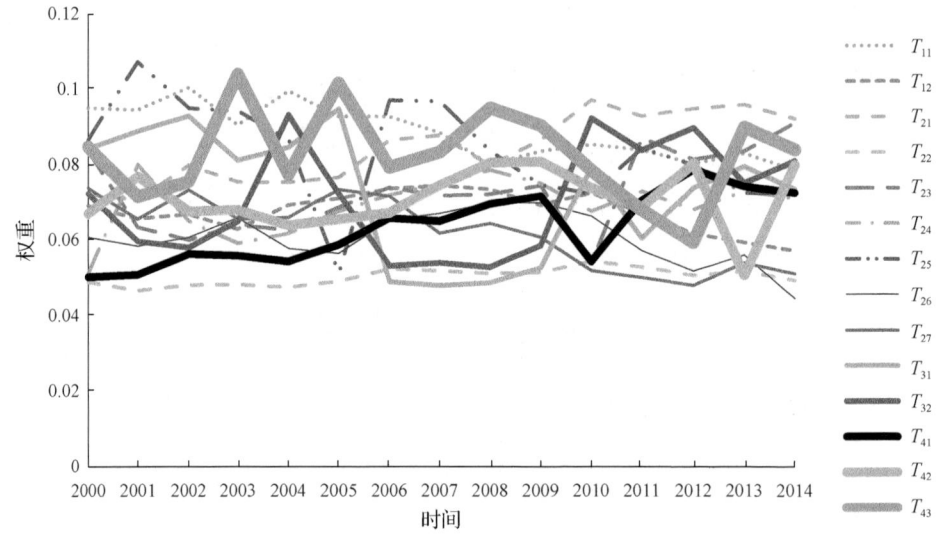

图 4-1　旅游业系统各指标权重变化

由图 4-1 中各指标的权重变化可知，各项指标提取的信息量（各指标的权重）在 0.047～0.107，其中国内旅游收入、国内游客数量、景区数量和景区业从业人员数量提取的信息量较大，指标权重均值在 0.08 以上，即说明国内旅游业、旅游景区业与旅游业总体发展水平密切相关。其余各指标权重均值均在 0.06～0.07，仅有入境游客数量指标权重稍小，一直在 0.05 左右，说明相较而言入境游客数量对旅游业系统影响较小。从各指标权重变化来看，国内旅游收入、入境旅游收入、国内游客数量和入境游客数量 4 项指标权重变化幅度不大，说明这 4 项指标在旅游业系统中较为稳定；而景区数量、旅游院校数量、景区业从业人员数量和旅游院校学生数量 4 项指标权重变化幅度较大，说明这 4 项指标在旅游业系统中提取的信息量波动性较大；其他指标权重变化幅度介于两者之间。

（二）旅游业系统综合评价值分析

将旅游业系统中各指标标准化后的数据代入式（4-7），即可得到各省（市、区）2000~2014 年旅游业系统的综合评价值。为节省篇幅，书中仅列出全国和各省（市、区）2000 年综合评价值、2014 年综合评价值，以及 2000~2014 年旅游业系统均值的综合评价值，具体结果见表 4-2。

表 4-2　2000 年、2014 年及 2000~2014 年全国及 31 个省（区、市）各系统综合评价值

地区	旅游业系统			经济发展系统			社会发展系统			生态环境系统			区域复合系统		
	2000年	2014年	均值	2000年	2014年	均值	2000年	2014年	均值	2000年	2014年	均值	2000年	2014年	均值
全国	0.235	0.325	0.293	0.273	0.326	0.314	0.311	0.430	0.365	0.497	0.512	0.526	0.333	0.446	0.390
北京	0.547	0.578	0.555	0.389	0.352	0.346	0.622	0.789	0.712	0.609	0.763	0.676	0.549	0.631	0.592
天津	0.246	0.333	0.292	0.318	0.340	0.346	0.402	0.513	0.449	0.675	0.660	0.695	0.401	0.415	0.460
河北	0.205	0.363	0.300	0.296	0.304	0.331	0.425	0.529	0.485	0.287	0.242	0.285	0.325	0.436	0.384
山西	0.156	0.236	0.226	0.314	0.247	0.310	0.203	0.312	0.242	0.295	0.461	0.400	0.279	0.365	0.323
内蒙古	0.043	0.218	0.132	0.267	0.351	0.366	0.188	0.427	0.262	0.413	0.410	0.410	0.268	0.384	0.331
辽宁	0.344	0.431	0.415	0.332	0.353	0.387	0.384	0.477	0.427	0.278	0.362	0.360	0.345	0.394	0.370
吉林	0.097	0.145	0.123	0.219	0.224	0.253	0.305	0.426	0.353	0.534	0.514	0.547	0.302	0.398	0.349
黑龙江	0.149	0.216	0.183	0.286	0.227	0.281	0.314	0.400	0.345	0.527	0.528	0.598	0.367	0.434	0.389
上海	0.495	0.520	0.511	0.384	0.455	0.460	0.705	0.769	0.737	0.548	0.621	0.632	0.541	0.679	0.582
江苏	0.538	0.672	0.597	0.387	0.622	0.549	0.507	0.626	0.574	0.426	0.412	0.482	0.433	0.653	0.550
浙江	0.331	0.594	0.557	0.405	0.528	0.483	0.586	0.723	0.655	0.541	0.552	0.565	0.497	0.652	0.579
安徽	0.276	0.387	0.282	0.191	0.358	0.289	0.271	0.384	0.315	0.517	0.494	0.551	0.275	0.401	0.340
福建	0.273	0.286	0.278	0.257	0.363	0.319	0.320	0.397	0.359	0.579	0.512	0.549	0.343	0.461	0.394
江西	0.134	0.256	0.207	0.182	0.284	0.257	0.204	0.292	0.244	0.423	0.490	0.456	0.224	0.351	0.290
山东	0.387	0.608	0.507	0.364	0.445	0.457	0.387	0.675	0.495	0.411	0.430	0.450	0.409	0.535	0.479
河南	0.245	0.340	0.350	0.251	0.338	0.329	0.268	0.384	0.321	0.437	0.385	0.450	0.306	0.393	0.351
湖北	0.316	0.364	0.339	0.235	0.328	0.286	0.405	0.527	0.462	0.467	0.478	0.530	0.319	0.436	0.371
湖南	0.171	0.372	0.294	0.223	0.317	0.287	0.376	0.470	0.414	0.515	0.492	0.549	0.337	0.399	0.373

续表

地区	旅游业系统			经济发展系统			社会发展系统			生态环境系统			区域复合系统		
	2000年	2014年	均值	2000年	2014年	均值	2000年	2014年	均值	2000年	2014年	均值	2000年	2014年	均值
广东	0.698	0.790	0.753	0.632	0.679	0.662	0.470	0.655	0.545	0.624	0.632	0.653	0.577	0.693	0.640
广西	0.274	0.263	0.260	0.174	0.251	0.225	0.225	0.301	0.272	0.494	0.481	0.485	0.248	0.384	0.313
海南	0.171	0.193	0.176	0.122	0.156	0.135	0.142	0.221	0.181	0.623	0.576	0.643	0.237	0.325	0.281
重庆	0.170	0.257	0.221	0.216	0.315	0.270	0.207	0.328	0.254	0.523	0.616	0.603	0.266	0.386	0.348
四川	0.287	0.418	0.454	0.263	0.349	0.324	0.342	0.460	0.394	0.396	0.504	0.476	0.321	0.489	0.375
贵州	0.113	0.239	0.197	0.173	0.248	0.212	0.152	0.271	0.208	0.417	0.510	0.494	0.225	0.332	0.276
云南	0.260	0.355	0.326	0.269	0.254	0.267	0.186	0.341	0.255	0.464	0.528	0.513	0.287	0.399	0.336
西藏	0.031	0.046	0.083	0.159	0.208	0.186	0.157	0.290	0.234	0.693	0.738	0.691	0.260	0.395	0.339
陕西	0.157	0.259	0.207	0.247	0.307	0.292	0.274	0.402	0.339	0.501	0.523	0.509	0.335	0.473	0.423
甘肃	0.049	0.134	0.093	0.207	0.219	0.206	0.178	0.272	0.239	0.477	0.504	0.494	0.254	0.393	0.322
青海	0.020	0.047	0.033	0.236	0.206	0.217	0.112	0.180	0.144	0.665	0.486	0.487	0.244	0.332	0.284
宁夏	0.016	0.018	0.017	0.212	0.201	0.217	0.143	0.189	0.163	0.488	0.528	0.536	0.234	0.376	0.298
新疆	0.083	0.136	0.119	0.246	0.282	0.269	0.173	0.296	0.242	0.547	0.482	0.527	0.313	0.421	0.362

注：表中数据只精确至小数点后三位

1. 旅游业综合发展水平整体分析

由表 4-3 中综合评价值的平均值 Avg 可知，经过 15 年的发展，我国旅游业系统的综合评价值有一定程度的提高，由 2000 年的 0.235 上升到 2014 年的 0.325，增长了 38.30%。2000～2004 年我国旅游业系统的综合评价值持续上升，处在 0.235～0.293，增长了 24.68%，这一期间的增长率最高；2004～2009 年我国旅游业系统的综合评价值较稳定，一直处在 0.29 左右，并无显著的增长和下降；2010 年我国旅游业系统的综合评价值为 0.278，是 2002 年以来历史最低点，主要原因在于 2008 年世界金融危机爆发，我国入境旅游在 2009 年和 2010 年受到较大影响，加之我国旅游业进入结构调整期，多种因素的共同作用使我国旅游业系统综合评价值有所下降；2011～2014 年我国旅游业进入平稳期，综合评价值始终不低于 0.32。从总体上看，我国旅游业系统综合评价值有所提高，但是提高幅度不大，旅游业发展水平还有较大的提升空间。

表4-3　31个省（区、市）旅游业发展水平差异及其变动

年份	Avg	Sd	Cv	Hhi	年份	Avg	Sd	Cv	Hhi
2000	0.235	0.164	0.700	0.048	2008	0.296	0.179	0.606	0.044
2001	0.267	0.183	0.685	0.047	2009	0.299	0.178	0.595	0.044
2002	0.279	0.183	0.656	0.046	2010	0.278	0.160	0.575	0.043
2003	0.283	0.178	0.630	0.045	2011	0.320	0.181	0.566	0.043
2004	0.293	0.191	0.652	0.046	2012	0.328	0.188	0.572	0.043
2005	0.288	0.176	0.609	0.044	2013	0.327	0.180	0.550	0.042
2006	0.286	0.179	0.623	0.045	2014	0.325	0.184	0.567	0.043
2007	0.292	0.177	0.606	0.044	—	—	—	—	—

接下来，书中将运用标准差Sd、变异系数Cv和赫芬达尔-赫希曼指数Hhi度量31个省（市、区）旅游业系统发展水平差异的时空演变，计算公式如下：

$$\text{Sd} = \sqrt{\sum_{i=1}^{n} \frac{(x_i - \bar{x})^2}{n}} \tag{4-8}$$

$$\text{Cv} = \text{Sd} / \bar{x} \tag{4-9}$$

$$\text{Hhi} = \sum_{i=1}^{n} (x_i / X)^2 \tag{4-10}$$

式中，x_i为第i个地区旅游业发展指数；$\bar{x}$为各地区旅游业发展指数的均值；n为研究区域数量，书中取值为31；X为31个省（区、市）旅游业系统评价值之和。Sd主要用于反映各数据偏离平均数距离的程度，可以衡量31个省（区、市）旅游业发展水平绝对差异的变化程度，Sd越大，说明各省（区、市）旅游业发展水平绝对差异越大，反之则绝对差异越小；Cv主要用于反映一组数据中各观测值变异程度，可以衡量31个省（区、市）旅游业发展水平相对差异变化程度，Cv越大，说明各省（区、市）旅游业发展水平相对差异越大，反之则相对差异越小。标准差和变异系数能反映各省（区、市）旅游业综合发展水平差异变化的总体轮廓，但不能反映各省（区、市）旅游业综合发展水平的空间集聚程度，因此书中用Hhi衡量各省（区、市）旅游业综合发展水平的集聚程度。Hhi是用于反映区域规模集聚程度的指标，可用来反映31个省（区、市）旅游业集聚程

度，Hhi 越接近 1，说明旅游业集聚程度越高，Hhi 越接近 0，表明越分散。

由表 4-3 中 Sd 可知，考察期内，31 个省（市、区）旅游业系统评价值的标准差比较稳定，Sd 一直在 0.164~0.191，总体表现为波动中上升的趋势，说明 31 个省（市、区）旅游业综合发展水平绝对差异有扩大的趋势。Cv 在波动中下降，2000 年变异系数为 0.700，2014 年变异系数为 0.567，年均下降 0.89%，这意味着 31 个省（市、区）旅游业综合发展水平相对差异逐渐缩小。综合 Sd 和 Cv 的变化来看，虽然各省（区、市）旅游综合发展水平的绝对差异有所扩大，但是各省（区、市）的相对差异在逐步减小，意味着各省（区、市）旅游业综合发展水平越来越趋向均衡。由表 4-3 中 Hhi 可知，Hhi 一直处于 0.042~0.048，总体上处于波动中下降的趋势，意味着各省（区、市）旅游业发展水平的集聚程度有所下降，再次证实各省（区、市）旅游业综合发展水平总体上朝着均衡方向发展。

2. 旅游业综合发展水平局部分析

选择 2000 年和 2014 年两个时间断面，通过对比 31 个省（区、市）旅游业系统综合评价值与全国旅游业系统综合评价值的均值，分析出 31 个省（区、市）旅游业发展水平的时空演变趋势，各省（区、市）旅游业综合发展水平趋势见图 4-2。通过计算各省（区、市）2000~2014 年旅游业系统综合评价值（表 4-2），并结合图 4-2，可得出以下结论。

（1）考察期内，31 个省（区、市）中大部分地区旅游业综合发展水平逐渐提高，但总体增长幅度较小。从旅游业系统综合评价指数看，河北、内蒙古、吉林、江苏、浙江、江西、山东、广东、四川、甘肃和新疆等地均表现出较大幅度的增长，涨幅最大的为内蒙古，由 2000 年的 0.043 增长到 2014 年的 0.218，增长了 4 倍多。2000 年综合评价值与全国旅游业系统综合评价值均值相比，有 15 个省（区、市）超过全国平均水平，2014 年同样有 15 个省（区、市）超过全国平均水平，从整体上看，全国有将近一半省（区、市）的旅游业水平达到了全国平均水平。由图 4-2 可知，山西、内蒙古、吉林、黑龙江、江西、海南、重庆、贵州、西藏、

第四章 中国旅游业与经济、社会及生态环境的协调性分析

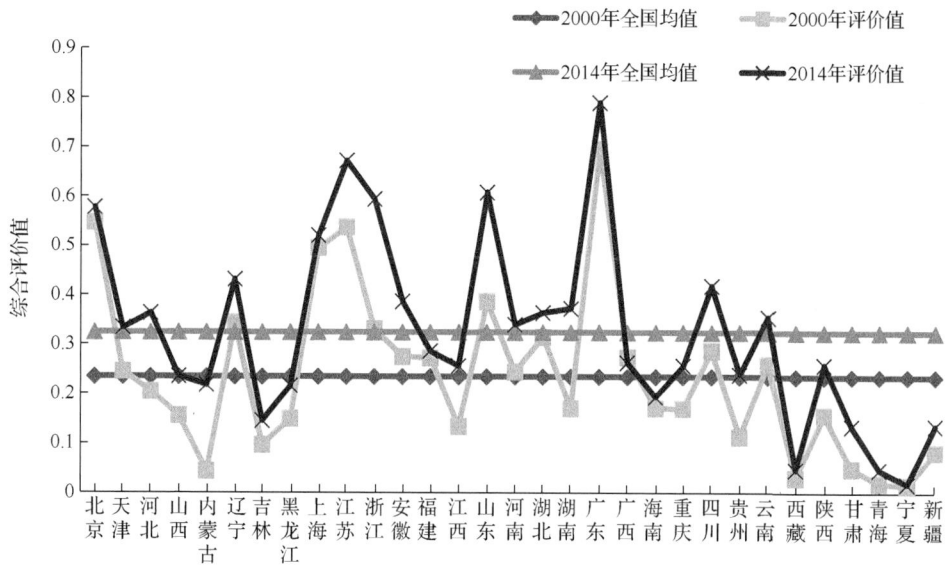

图 4-2 31 个省（区、市）2000 年、2014 年旅游业综合发展水平变化

陕西、甘肃、青海、宁夏和新疆 14 个地区 2000 年和 2014 年旅游业系统综合评价值均低于全国的平均水平，说明低于全国旅游业综合发展平均水平的地区具有稳定性，这些地区旅游业仍需在旅游收入、旅游产业规模、旅游教育和旅游就业等方面全面提升，实现全国旅游业综合发展水平的优化。从各省（区、市）旅游业系统综合评价值空间分布看，东部沿海省（区、市）经济发展系统综合评价值较高，而大部分西部省（区、市）和东北地区的黑龙江和吉林旅游业系统综合评价值相对较低，西部地区仅有四川和云南旅游业综合发展水平较高，主要原因在于两地旅游资源丰富，已成为我国知名的旅游大省。

（2）从各省（区、市）旅游业综合发展水平比较来看，广东、江苏、浙江和山东等地区的旅游业综合水平较高，基本保持持续上升的趋势，而青海和宁夏两个地区的旅游业系统评价值较低，一直在 0.05 以下。从旅游业系统发展指数排名顺序来看，广东一直位于全国第一，西藏、青海和宁夏一直处于全国后三位。对比 2000 年，2014 年 14 个省（市、区）旅游业综合发展水平排名下降，其中广西下降幅度最大，其他省（区、市）下降幅度较小，均在 1~4 位；13 个省（区、市）旅游业综合发展水平排名上升，其中湖南上升幅度最大，上升 8 位，其次是

内蒙古，上升 5 位，其他 8 个地区上升位次均在 5 位以下；广东、云南、重庆和宁夏保持不变，分别处于第 1 位、第 13 位、第 19 位和第 31 位。

二、经济发展系统的评价与分析

（一）指标权重变化

根据经济发展系统的测评体系，书中共选取 12 项指标评价经济发展水平。运用熵值赋权法得到各指标权重，各指标权重变化见图 4-3。

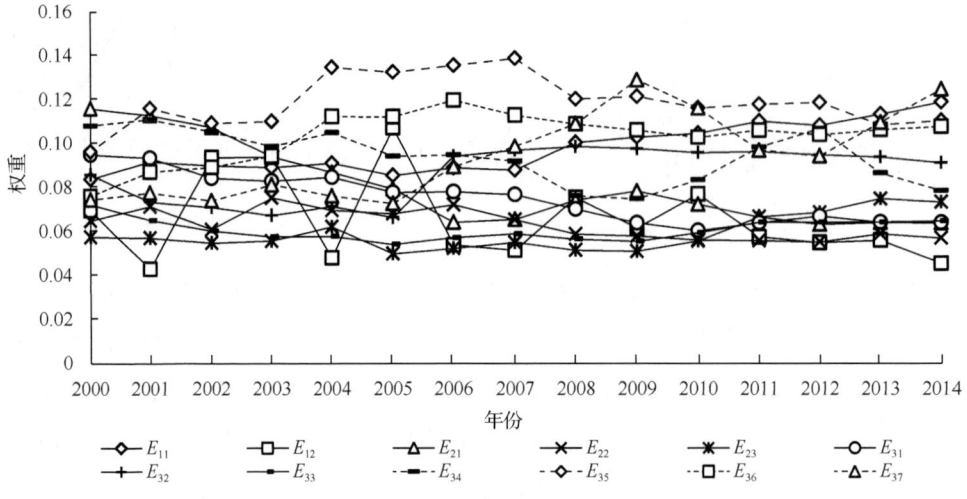

图 4-3　经济发展系统各指标权重变化

由图 4-3 可知，在经济发展系统指标体系构成中，经济发展水平、经济产业结构、经济增长能力对经济发展水平影响程度不同，但各子系统对经济发展系统影响程度差别不大。根据子系统的权重和包含具体指标数量可知，经济产业结构对经济发展系统影响相对最小，经济产业结构由 3 项具体指标构成，其权重约为 0.2；经济发展水平子系统由两项具体指标构成，其权重约为 0.15；经济增长能力系统由 7 项具体指标构成，其权重约为 0.65。从各指标权重来看，人均 GDP、进出口贸易量占 GDP 比重、外商投资企业投资总额和国内专利申请授权量 4 项指标权重值较大，2014 年这 4 项指标权重值均在 0.1 以上，其中人均 GDP 和国内专利申请授权量在波动中上升，说明反映经济发展水平的人均 GDP 和代表经济增长能力的国内专利申请授权量对经济发展系统影响越来越大；GDP 增长率、固定资产投资占 GDP 比重、第二产业占 GDP 比重、铁路营业里程和邮电业务总量 5 项具体指标的权重值相对较小，2014 年这几项指标的权重值和在 0.45～0.65，其中 GDP 增长率、固定资产投资占 GDP 比重和铁路营业里程 3 项指标处于波动中下降，说明经济发展水平、固定资产的投入和铁路里程对经济发展系统的影响程度越来越小。

（二）经济发展系统综合评价值分析

将经济发展系统各指标标准化后的数据代入式（4-7），即可得到各省（区、市）2000～2014 年经济发展系统的综合评价值。结合表 4-2 和表 4-4 可得出如下结论。

1. 经济综合发展水平整体分析

由 2000～2014 年经济发展系统综合评价值可知，经过 15 年的发展，我国经济综合发展水平有一定幅度提高，但幅度不大，2000 年经济发展系统综合评价值为 0.273，2014 年达到 0.326，增长 19.414%。由表 4-4 中 2000～2014 年我国 31 个省（区、市）经济发展系统均值可知，2000～2009 年我国经济发展系统综合评价值稳步上升，2010 年小幅度下降，2011 年达到峰值 0.341，之后持续在 0.32～0.33。经济发展系统综合评价值并未像预期的连续上升，而是保持波动中小幅度上升的趋势。原因可能在于，尽管这 15 年我国经济增长取得了巨大进步，但是主要为规模上的增长，当将经济发展水平作为一个综合系统融入经济发展水平、经济产业结构和经济发展潜力时，经济发展取得的成绩就不再那么显著，这也说明全面提升我国经济实力仍然任重而道远。在以后评价地区经济发展水平时，不能过于乐观，应全面综合地评价。

由表 4-4 中 Sd 可知，考察期内，经济发展系统综合评价值标准差变化不大，由 2000 年的 0.113 到 2014 年的 0.116，2002～2006 年标准差不断上升，2007～2012 年波动下降，但上升和下降幅度均不大，始终在 0.10～0.13，说明 31 个省（区、市）经济综合发展水平绝对差异较稳定；Cv 始终在波动，2000 年 Cv 为 0.358，2014

年 Cv 为 0.357，2002~2005 年 Cv 不断上升，2006~2011 年逐渐下降，之后有所上升，这意味着 31 个省（区、市）经济发展水平相对差异并无显著的扩大或缩小，省（区、市）间经济综合发展差距较稳定。综合 Sd 和 Cv 变化来看，各省（区、市）经济综合发展水平的绝对差异和相对差异均较稳定，经济增长的差距并未显著扩大也未显著缩小。由表 4-4 可知，Hhi 在 2000~2006 年缓慢上升，由 0.036 上升到 0.038，2007 年变为 0.037，之后除 2011 年和 2012 年值为 0.035 外，Hhi 值始终是 0.036，Hhi 总体变化不大，相较于 2003~2007 年，2008 年后 Hhi 有下降趋势，这意味着各省（区、市）经济综合发展水平的集聚程度有所下降，但下降幅度较小，说明各省（区、市）经济综合发展水平有向均衡方向发展的趋势。

表4-4 31个省（区、市）经济发展水平差异及其变动

年份	Avg	Sd	Cv	Hhi	年份	Avg	Sd	Cv	Hhi
2000	0.273	0.113	0.358	0.036	2008	0.327	0.110	0.335	0.036
2001	0.289	0.104	0.362	0.036	2009	0.341	0.119	0.351	0.036
2002	0.293	0.103	0.355	0.036	2010	0.339	0.109	0.320	0.036
2003	0.298	0.118	0.397	0.037	2011	0.341	0.104	0.305	0.035
2004	0.299	0.119	0.400	0.037	2012	0.332	0.104	0.315	0.035
2005	0.300	0.126	0.424	0.038	2013	0.325	0.106	0.326	0.036
2006	0.307	0.127	0.415	0.038	2014	0.326	0.116	0.357	0.036
2007	0.316	0.123	0.392	0.037	—	—	—	—	—

2. 经济综合发展水平局部分析

选择 2000 年和 2014 年两个时间断面，通过对比 31 个省（市、区）经济发展系统综合评价值与全国经济发展系统综合评价值，分析 31 个省（区、市）经济发展水平的时空演变趋势，各省（区、市）经济综合发展水平趋势见图 4-4。综合各省（区、市）2000~2014 年经济发展系统综合评价值，并结合图 4-4，可得出以下结论。

（1）考察期内，各省（区、市）经济综合发展水平总体表现出逐渐提高的趋势，但总体增长幅度较小，表现为经济发展系统综合评价值均值不断增加。从经济发展系统综合评价值看，2000 年 31 个省（区、市）经济发展系统综合评价值

第四章 中国旅游业与经济、社会及生态环境的协调性分析

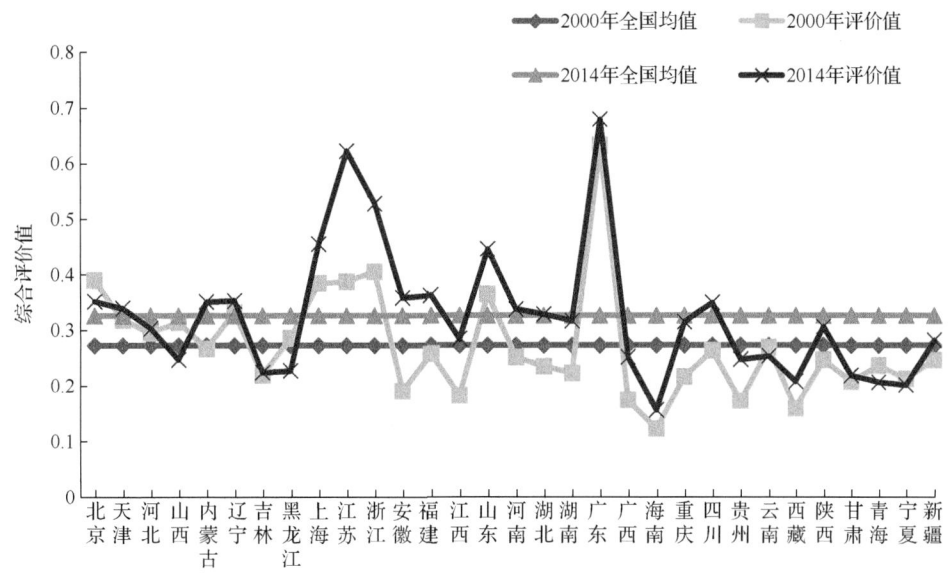

图4-4 31个省（区、市）2000年、2014年经济综合发展水平变化

均值为0.273，经济综合发展水平最高的广东评价值为0.632，最低的海南评价值为0.122，广东的综合评价值是海南的5.18倍，其他省（区、市）评价值在0.15～0.41，大部分省（区、市）评价值在0.2左右，说明省（区、市）经济综合发展差距较大；2014年31个省（区、市）经济发展系统综合评价值均值为0.326，广东的评价值仍然最大为0.679，海南仍最小为0.156，此时广东评价值是海南的4.35倍，意味着省（区、市）间经济发展差距有缩小的趋势。从各省（区、市）经济综合发展水平与全国平均水平比较来看，2000年仅有北京、天津、河北、山西、辽宁、黑龙江、上海、江苏、浙江、山东和广东11个省（区、市）经济发展系统综合评价值高于全国平均水平，其余20个省（区、市）经济综合发展水平均低于全国平均水平；相比2000年，2014年高于全国经济综合平均水平的省（区、市）有所增加，达到14个，但仍有半数以上省（区、市）经济综合发展水平未达到全国平均水平。从各省（区、市）经济发展系统综合评价值空间分布看，东部沿海省（区、市）经济发展系统综合评价值较高，始终占据全国前十位，而西南、西北和东北地区经济发展系统综合评价值相对较低。

（2）从各省（区、市）经济综合发展水平比较来看，广东、江苏、浙江和上海等地的经济发展系统综合评价值较高，基本保持在全国前五位，而西藏和海南

等地的经济发展系统评价值较低,始终处于全国后几位。从经济发展系统发展指数排序来看,广东一直位于全国第一,海南一直处于全国最末,其他省份排名均有一定变化。对比 2000 年,2014 年 13 个省(区、市)经济综合发展水平排名下降,其中山西和黑龙江下降幅度超过 10 个位次,最多是黑龙江,下降 15 个位次,说明黑龙江经济综合发展水平在全国地位下降较为明显,这与近年来东北地区经济低迷关系较大,同属东北地区的吉林省经济排位也下降了 4 位,2014 年吉林省位于全国第 26 位,意味着振兴东北地区任务仍然艰巨;15 个省(区、市)经济综合发展水平排名上升,其中上升幅度最大的是安徽,上升 19 位,其次是福建,上升 9 位,说明经过 15 年的发展,安徽和福建经济取得的进步较为突出;仅有广东、陕西和海南排名保持不变,分别处于第 1 位、第 17 位和第 31 位。

三、社会发展系统的评价与分析

(一)指标权重变化

根据社会发展系统的测评体系,书中社会发展系统由生活质量和教育水平 2 项子系统构成,生活质量子系统由 5 项具体指标构成,教育水平子系统由 2 项具体指标构成,共选取 7 项具体指标评价社会发展水平。运用熵值赋权法得到各指标权重,各指标权重变化如图 4-5 所示。

由图 4-5 可知,在社会发展系统指标体系构成中,生活质量和教育水平子系统对社会发展系统影响程度相差较大,生活质量子系统权重值在考察期间始终在 0.8 左右,教育水平子系统权重值在 0.2 左右,相较来说,生活质量子系统对社会发展系统影响较大。主要原因在于,2000~2014 年我国经济增长取得了较大成绩,社会文明程度和国民福利进一步提高,生活质量等领域的进步对社会发展系统影响较大。从各项具体指标权重值比较来看,城镇居民人均可支配收入指标权重值较大,最大时达到 0.237,均值 0.187;农村居民家庭人均纯收入、社会服务机构单位数和医疗卫生机构床位数 3 项指标影响程度紧随其后,权重均值均在 0.16 以上;相对来说,教育经费占 GDP 比重这项指标影响程度最小,其权重值基本均处于 0.1 以下,但这项指标权重值有上升趋势,随着我国经济综合实力的提升,教育业在社会发展系统中影响会越来越大。

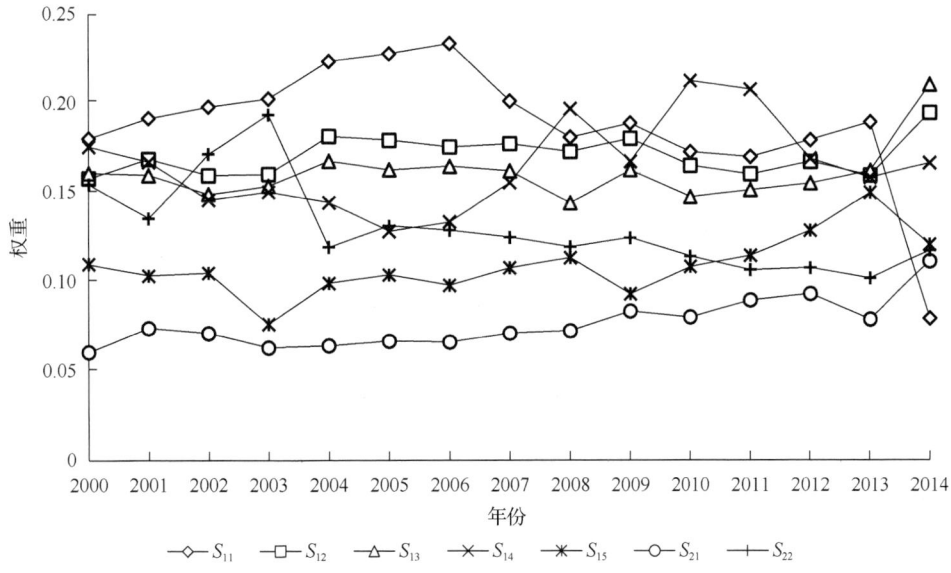

图 4-5 社会发展系统各指标权重变化

（二）社会发展系统综合评价值分析

将社会发展系统各指标标准化后的数据代入式（4-7），即可得到各省（区、市）2000~2014 年社会发展系统的综合评价值。结合表 4-2 和表 4-5 可得出如下结论。

表 4-5 31 个省（区、市）社会发展水平差异及其变动

年份	Avg	Sd	Cv	Hhi	年份	Avg	Sd	Cv	Hhi
2000	0.311	0.150	0.482	0.040	2008	0.369	0.155	0.421	0.038
2001	0.319	0.153	0.480	0.040	2009	0.377	0.156	0.413	0.038
2002	0.330	0.153	0.465	0.039	2010	0.387	0.160	0.414	0.038
2003	0.336	0.153	0.454	0.039	2011	0.394	0.159	0.403	0.038
2004	0.342	0.155	0.454	0.039	2012	0.404	0.159	0.394	0.037
2005	0.349	0.155	0.443	0.039	2013	0.415	0.163	0.394	0.037
2006	0.354	0.155	0.438	0.038	2014	0.430	0.164	0.382	0.037
2007	0.361	0.156	0.434	0.038	—	—	—	—	—

1. 社会发展水平整体分析

由 2000~2014 年社会发展系统综合评价值可知，经过 15 年的发展，我国社会发展水平得到较大幅度提高，持续上升趋势明显，表现为社会发展系统综合评价值均值不断增加。2000 年我国社会发展系统综合评价值均值为 0.311，2014 年社会发展系统综合评价值增长到 0.430，增长了 38.264%，这 15 年社会发展系统综合评价值均值达到 0.365。在社会发展系统综合评价值不断增加的背景下，各年份增长幅度表现出较稳定的变化特征。2000~2005 年，社会发展系统综合评价值在 0.311~0.349，年均增长率 2.44%；2006~2011 年同样的 6 年时间，社会发展系统综合评价值实现了由 0.354 到 0.394 的跨越，这期间年均增长率为 1.9%，是我国社会发展水平稳步增长的阶段；2012~2014 年为我国经济社会发展水平快速发展阶段，社会发展系统综合评价值由 0.404 增长到 0.430，此期间增长率达到 2.1%。由社会发展系统综合评价值的时间演变可预测，未来我国社会发展水平将持续稳定提高，人们的生活水平会不断改善。

由表 4-5 中 Sd 可知，从总体看我国 31 个省（区、市）社会发展系统综合评价值标准差在逐渐增加，由 2000 年的 0.150 增长到 2014 年的 0.164，说明 31 个省（区、市）社会发展水平的绝对差异逐渐加大，尤其是沿海省（区、市）与西部内陆省（区、市）差异更大。Cv 总体上表现出逐步下降的趋势，且下降幅度较大，由 2000 年的 0.482 下降到 2014 年的 0.382，下降幅度达到 20.75%，说明 31 个省（区、市）社会发展水平的相对差异逐步缩小，这主要归因于国家相关民生政策的实施以及各省（区、市）均把改善民生、提高国民生活水平作为经济社会发展的主要目标，使各省（区、市）人们社会生活水平都有较大幅度提高。综合各省（区、市）社会发展系统综合评价值的标准差和变异系数来看，尽管各省（区、市）社会发展水平的绝对差异在增加，但相对差异在逐步缩小，且绝对差异增加幅度小于相对差异下降幅度，意味着各省（区、市）社会发展水平向均衡方向发展。由 Hhi 值可知，我国 31 个省（区、市）社会发展系统综合评价值的赫芬达尔-赫希曼系数逐步减少，意味着各省（区、市）社会综合发展水平的集聚程度在逐步降低，表明社会发展水平均衡程度有所提高。

2. 社会综合发展水平局部分析

选择 2000 年和 2014 年两个时间断面,通过对比 31 个省(区、市)社会发展系统综合评价值与全国社会发展系统综合评价值,分析 31 个省(区、市)社会发展水平的演变趋势,各省(区、市)社会综合发展水平趋势见图 4-6。综合各省(区、市)2000~2014 年社会发展系统综合评价值(表 4-5),并结合图 4-6,可得出如下结论。

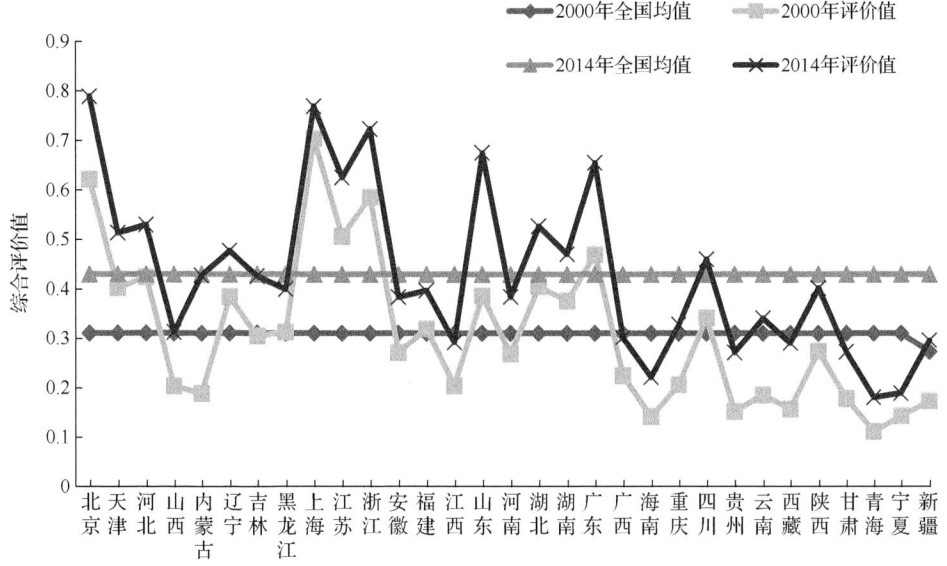

图 4-6 31 个省(区、市)2000 年和 2014 年社会发展水平变化

(1)经过 15 年的发展,各省(区、市)社会综合发展水平总体表现出逐渐提高的趋势,人们的生活水平和受教育程度普遍提高,进入了民生改善的稳步提高期。从社会发展系统综合评价值看,31 个省(区、市)评价值均表现出显著的增长,但各省(区、市)社会综合发展水平差异也较为显著,2000 年上海的社会综合发展水平最高,其综合评价值为 0.705,青海的综合评价值最低为 0.112,到 2014 年北京的社会发展系统的综合评价值最大,达到 0.789,最低的仍为青海,其综合评价值为 0.180,社会综合发展水平最高与最低省(区、市)间的差值从 0.593 增长为 0.609,从绝对数角度看,尽管各省(区、市)社会综合发展水平都有提高,

但省（区、市）间社会生活水平绝对差异仍在加大。从各省（区、市）2000~2014年社会发展系统综合评价值涨幅程度看，内蒙古涨幅最大，年均增长 8.47%，由 2000 年的 0.188 增至 2014 年的 0.427，增长了 1.271 倍，年均增幅居于前五位的其他 4 个省（区、市）分别是西藏、云南、贵州和山东，而年均增幅位于后五位的分别是福建、辽宁、江苏、浙江和上海。从各省（区、市）社会发展系统综合评价值空间分布看，东部沿海地区人们的生活水平和受教育程度较高，而中西部广大内陆区域相对较低，但从增幅角度看，西部相对落后地区社会综合发展水平提高得更快，说明我国各省（区、市）居民生活质量有向均衡方向发展的趋势。

（2）从各省（区、市）社会综合发展水平比较来看，北京、上海、浙江的社会发展水平较高，稳居前三位。从各省（区、市）社会综合发展水平排序来看，各省（区、市）排名变化不大，北京和上海交替第一，2000~2012 年上海排名始终第一，之后北京位列第一，浙江、江苏和广东始终在第三、第四、第五位，而海南、青海和宁夏三地始终在后三位。从与全国均值比较来看，2000 年有 17 个省（区、市）社会发展水平低于全国平均水平，到 2014 年有 19 个省（区、市）低于全国平均水平，这意味着我国有一半省（区、市）人民生活水平低于全国水平，增进福祉民生的任务仍然很艰巨。从各省（区、市）社会发展水平排名来看，对比 2000 年，2014 年 13 个省（区、市）排名下降，9 个省（区、市）排名不变，9 个省（区、市）排名上升，各省（区、市）排名变化幅度均不大，除内蒙古上升 10 位外大部分在 5 位以内。

四、生态环境系统的评价与分析

（一）指标权重变化

根据生态环境系统的测评体系，书中生态环境系统由生态环境污染和生态环境治理 2 项子系统构成，生态环境污染子系统由 3 项具体指标构成，生态环境治理子系统由 4 项具体指标构成，共选取 7 项具体指标评价生态环境质量。运用熵值赋权法得到各指标权重，各指标权重值见图 4-7。

由图 4-7 可以看出，生态环境系统大部分指标的权重在 0.1 以上，工业固体废物综合利用率和城市绿地面积 2 项指标提取信息量较大，只有工业废水排放量这项指标提取信息量相对较少。从生态环境污染子系统提取信息比较来看，2000～2003年工业废水排放达标量指标提取的信息少于工业固体废物产生量和工业废气排放总量，说明此期间工业固体废物的产生和工业废气的排放是造成生态环境压力的主要因素，2004年之后工业废水排放量指标提取的信息有所上升，并且从考察期15年信息提取量均值来看，工业废水排放量权重值最大，这意味着2004年之后，相对于工业固体废物和工业废气，工业废水排放应为生态环境污染负更多责任。从生态环境治理子系统提取信息比较来看，工业固体废物综合利用率这项指标提取的信息量最多，2000～2008年这一指标提取信息量始终在第一位，说明我国在生态环境治理上工业固体废物处理做出较大贡献，相对来说，工业废水排放达标量这项指标提取的信息量最少，但近年来提取信息量有所增加，这意味着废水处理对生态环境治理做出的贡献相对较少，但贡献程度有上升的趋势。

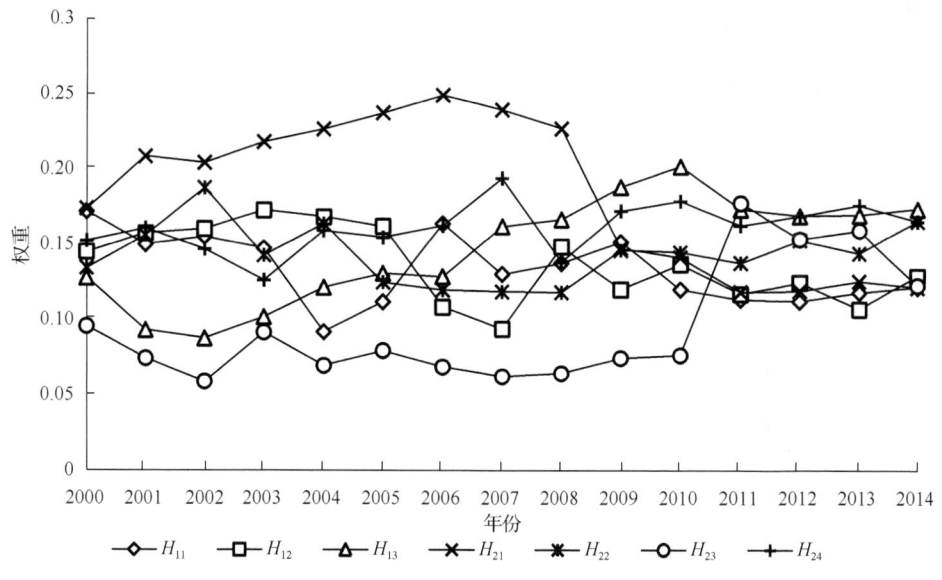

图4-7 生态环境系统各指标权重变化

（二）生态环境系统综合评价值分析

将生态环境系统各指标标准化后的数据代入式（4-7），得到各省（区、市）2000～2014年生态环境系统的综合评价值。结合表4-2和表4-6可得出如下结论。

表 4-6　31 个省（区、市）生态环境质量差异及其变动

年份	Avg	Sd	Cv	Hhi	年份	Avg	Sd	Cv	Hhi
2000	0.497	0.105	0.211	0.034	2008	0.547	0.110	0.202	0.034
2001	0.516	0.100	0.194	0.033	2009	0.552	0.082	0.148	0.033
2002	0.535	0.121	0.227	0.034	2010	0.572	0.079	0.138	0.033
2003	0.467	0.122	0.261	0.034	2011	0.485	0.098	0.201	0.034
2004	0.560	0.106	0.189	0.033	2012	0.488	0.094	0.192	0.033
2005	0.551	0.100	0.182	0.033	2013	0.521	0.094	0.180	0.033
2006	0.547	0.116	0.212	0.034	2014	0.512	0.104	0.203	0.034
2007	0.534	0.107	0.201	0.034	—	—	—	—	—

1. 生态环境质量整体分析

从生态环境系统的综合评价值来看，我国 2000~2014 年生态环境污染物排放有所控制，生态环境的改善能力不断增强。生态环境质量的综合评价值在波动中上升，综合评价值由 2000 年的 0.497 上升到 2014 年的 0.512，综合评价值的峰值出现在 2010 年，达到 0.572。2010 年后生态环境质量并未持续改善，主要原因在于我国仍处于经济发展的初期阶段，经济大规模的增长多是以牺牲生态环境为代价的；其次是发达国家将大量污染严重的企业迁移到我国这样的发展中国家，一些地方政府为了发展经济，大量引进这类企业，加剧了生态环境污染；加之，部分企业环保理念不强，不够重视生态环境保护，一旦发生污染，推卸责任和处理不当也时有发生。多种因素共同作用，使我国生态环境质量没有持续显著改善。但近年来，随着人们环保意识的增强以及生态环境治理能力的提高，生态环境质量有所改善，今后仍需加强生态环境治理方面的能力，进一步加快工业产业结构的调整，生产和生活过程中贯彻落实节能减排政策，强化环保意识。

表 4-6 中 Sd 一直在 0.1 左右浮动，其变动无特定的规律可循，说明 31 个省（区、市）生态环境质量绝对差异并无显著地扩大或缩小。Cv 在 2003~2010 年基本表现为在波动中下降，之后在波动中上升，意味着 31 个省（区、市）生态环境质量相对差异有下降的趋势，但这种下降表现得并不稳定，原因可能在于近年来

由于生态环境质量相对好的省（区、市）加快经济增长，而这种发展大部分是粗放式增长，往往以牺牲生态环境为代价，所以各省（区、市）生态环境质量差异越来越小。Hhi 较稳定，一直在 0.033～0.034，说明各省（区、市）生态环境质量较均衡。

2. 生态环境质量局部分析

选择 2000 年和 2014 年两个时间断面，通过对比 31 个省（区、市）生态环境系统综合评价值与全国生态环境系统综合评价值，分析 31 个省（区、市）生态环境质量的演变趋势，各省（区、市）生态环境质量变化趋势见图 4-8。综合各省（区、市）2000～2014 年生态环境系统综合评价值（表 4-2），并结合图 4-8，可得出如下结论。

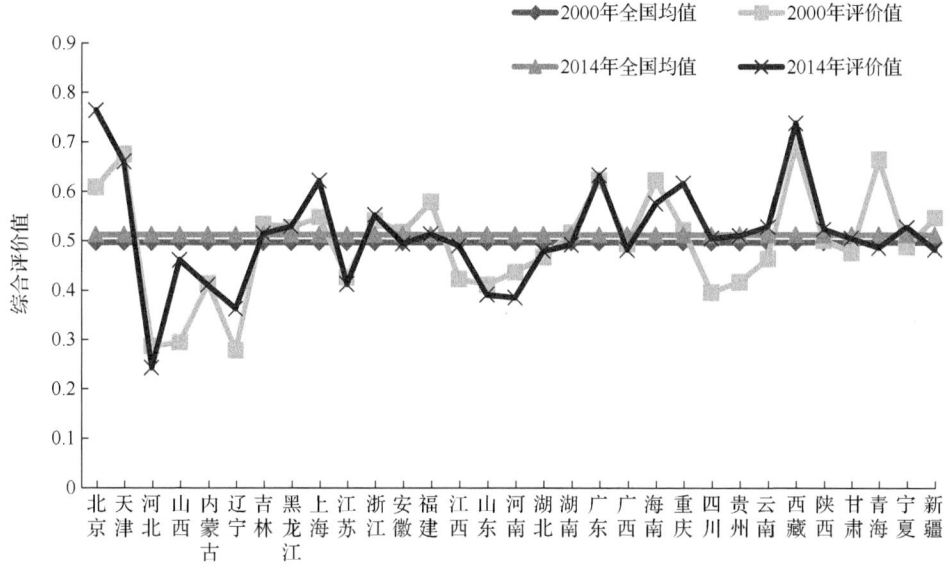

图 4-8　31 个省（区、市）2000 年和 2014 年生态环境质量变化

（1）从整体上看，大部分省（区、市）生态环境系统综合评价值变化不大。对比 2000 年各省（区、市）生态环境系统综合评价值均值，有 15 个省（区、市）生态环境质量低于全国平均水平，16 个省（区、市）超过全国平均水平；

2014年有17个省（区、市）生态环境系统综合评价值低于全国平均水平，这与全国平均水平提升，部分省（区、市）在生态环境质量改进方面进展较慢关系密切。

（2）从各省（区、市）生态环境质量比较来看，西藏、天津等地生态环境质量较好，而山西、河北、辽宁等地生态环境质量相对较差。西藏生态环境系统综合评价值较高，主要原因在于西藏原生态环境保护较好，工业相对落后，工业废水、废气和固体废弃物排放较少，而像辽宁、河北、山西这些资源消耗较多的省份各项工业污染物排放较多，在污染排放量增加的同时，生态环境治理能力并没有及时跟上去，致使生态环境质量较差。生态环境质量差的省份中值得关注的是河北省，因为山西和辽宁这些省份尽管生态环境质量相对较差，但基本表现出逐年好转的趋势，而河北省尽管在2004～2010年有所改善，但2011年之后生态环境系统综合评价值逐渐降低，到2014年已经低于2000年水平，主要原因在于河北能源结构不尽合理，偏重工业，高污染和高消耗行业集中，加之近年来北京将许多污染项目迁到河北，最终导致河北生态环境质量较差，居全国末位。

五、经济-社会-生态环境复合系统的评价与分析

（一）指标权重变化

根据经济-社会-生态环境复合系统的测评体系，书中构建了经济-社会-生态环境复合系统，由经济发展系统、社会发展系统和生态环境系统3项子系统构成，由26项具体指标评价区域综合发展水平。运用熵值赋权法得到各指标权重，由于指标数量过多，若各指标权重均在图中反映，会出现各指标均表现不清楚的状况，因此书中在绘制经济-社会-生态环境复合系统权重的时候，是以子系统为单位的，具体见图4-9。

由图4-9可知，经济-社会-生态环境复合系统中经济发展系统提取的信息量较大，权重值占到0.5左右，且在波动中不断增加，社会发展系统和生态环境系统提取的信息量相差不大，社会发展系统略大于生态环境系统，两者信息提取量均

在 0.2~0.3。三大子系统提取信息量表明区域整体发展与经济发展系统关系最为密切，与社会发展系统、生态环境系统关系次之。

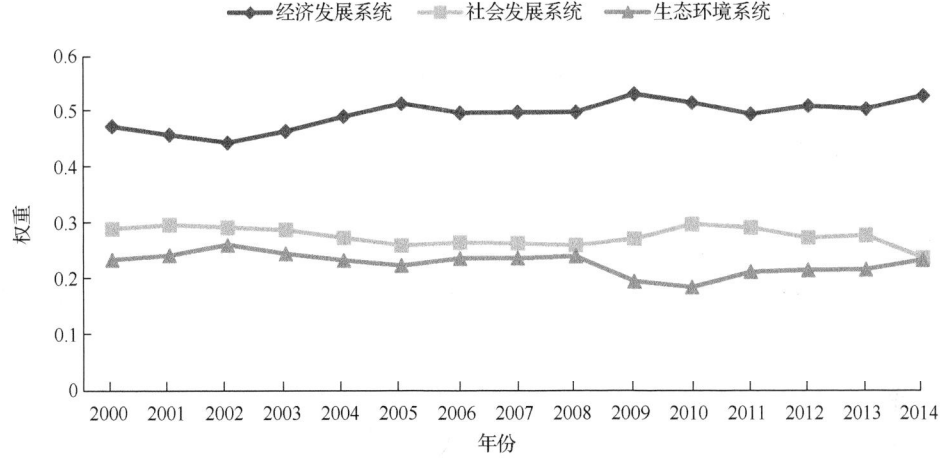

图 4-9 经济-社会-生态环境复合系统权重变化

（二）区域复合系统综合评价值分析

将区域复合系统各指标标准化后的数据代入式（4-7），得到各省（区、市）2000~2014 年经济-社会-生态环境复合系统的综合评价值。结合表 4-2 和表 4-7 可得出如下结论。

1. 区域综合发展水平整体分析

由表 4-7 中 Avg 的变化可知，2000~2014 年我国经济-社会-生态环境复合系统的综合评价值持续增加，由 2000 年的 0.333 到 2014 年的 0.446，增幅达到 33.9%，说明经过 15 年的发展，我国区域综合发展能力显著提高。经济-社会-生态环境复合系统综合评价值的增加，主要原因为考察期内经济的发展、社会的进步、生态环境质量的提高。结合前文的分析可知，考察期间，社会发展系统综合评价值提高幅度最大，经济发展系统第二，生态环境系统最小，说明考察期的 15 年，人们的社会生活质量提升的最为显著，生态环境改善程度相对较慢。

表4-7　31个省（区、市）经济-社会-生态环境发展水平差异及其变动

年份	Avg	Sd	Cv	Hhi	年份	Avg	Sd	Cv	Hhi
2000	0.333	0.096	0.289	0.035	2008	0.397	0.101	0.255	0.034
2001	0.341	0.096	0.281	0.035	2009	0.405	0.099	0.244	0.034
2002	0.355	0.096	0.270	0.035	2010	0.412	0.100	0.242	0.034
2003	0.361	0.096	0.266	0.035	2011	0.419	0.100	0.239	0.034
2004	0.369	0.101	0.274	0.035	2012	0.429	0.101	0.235	0.034
2005	0.377	0.102	0.270	0.035	2013	0.438	0.105	0.240	0.034
2006	0.383	0.102	0.265	0.035	2014	0.446	0.105	0.235	0.034
2007	0.390	0.100	0.256	0.034	—	—	—	—	—

由表4-7中Sd的变化可知，我国经济-社会-生态环境综合发展水平的绝对差异在波动中上升，Sd在2005~2012年表现为在波动中下降，2013~2014年增加幅度较大，表明我国区域整体发展水平绝对差异有扩大的趋势。由Cv的变化可知，我国经济-社会-生态环境综合发展水平的相对差异在波动中下降，说明各省（区、市）间综合发展水平的相对差异逐渐减小，主要原因在于我国进入了全面发展时期，改革开放初期东部得到快速发展，进入21世纪后，随着东部支持西部、西部大开发、中部崛起、振兴东北老工业基地等战略的实施，各地区都得到了一定程度发展，所以省（区、市）间发展水平相对差异逐渐减少。Hhi较为平稳，在2000~2006年始终为0.035，之后8年始终为0.034，总体表现出下降的趋势，说明区域整体发展水平的集聚程度在逐步降低，正朝着均衡方向发展。

2. 区域综合发展水平局部分析

由图4-10可知，对比2000年，2014年各省（区、市）经济-社会-生态环境复合系统综合评价值均有一定幅度的提高，说明各省（区、市）区域综合发展水平不断提高。但省（区、市）间综合发展水平绝对差异仍较大，2000年，仅有广东、北京、上海、浙江、江苏、山东、天津、黑龙江、辽宁、福建、湖南和陕西12个省（区、市）经济-社会-生态环境复合系统综合评价值超过了全国平均值，这说明仍有19个省（区、市）区域综合发展水平低于全国平均水平，省（区、市）间发展不均衡很严重。到2014年，这种状况并没有得到好转，反而加剧，2014年

仅有广东、上海、江苏、浙江、北京、山东、四川、陕西和福建9个省（区、市）经济-社会-生态环境复合系统综合评价值超过了全国平均值，其他地区均低于全国平均水平。从空间分布看，高于全国平均水平的地区，集中分布在东部沿海地区，中西部仅有陕西、四川两地超过全国平均水平，这说明我国区域间发展差距仍然悬殊。通过各省（区、市）综合评价值与全国均值的比较分析可得出，尽管各省（区、市）综合发展水平均得到不同幅度提高，但是省（区、市）间发展差距仍然较大，在未来的政策中应继续加大对中西部、东北部地区支持力度，促进区域经济社会向更加协调方向发展，否则如果这种差距继续扩大，会影响到国家政局稳定和人民团结，不利于我国持续稳定健康的发展。

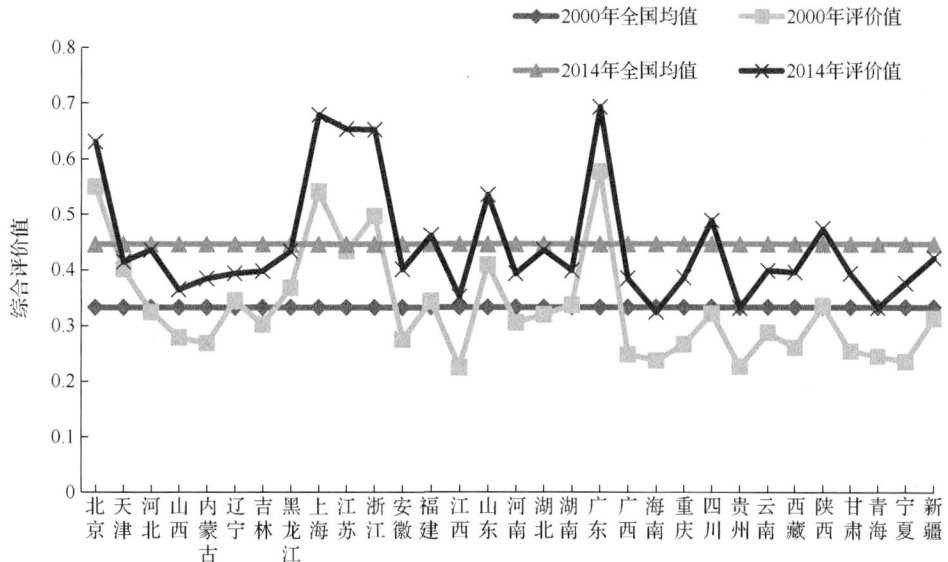

图4-10　31个省（区、市）2000年和2014年经济-社会-生态环境发展水平变化

从各省（区、市）综合发展水平的评价值比较来看，广东、北京、上海、江苏和浙江始终排名前五，青海、宁夏和贵州等地排位始终靠后。从各省（区、市）区域综合发展水平增长速度比较来看，对比2000年，2014年区域综合发展水平增长最快的是宁夏，由2000年的0.234到2014年的0.376，增长60.68%，按增长速度排名，江西、广西、甘肃、西藏、四川和江苏紧随其后，这些省（区、市）增长幅度均达到50%以上，广东、北京和天津等地相对较慢，增长幅度均在20%

以下,这与这些地区本身区域整体发展水平较高密切相关。从空间分布看,区域综合发展水平增长速度快的省(区、市)多集中分布在中西部,东部沿海地区相对慢一些,这意味着从长远看各省(区、市)区域综合发展水平将会向均衡协调方向发展。

第三节 旅游业与经济、社会、生态环境及区域复合系统协调性分析

一、耦合协调性测度方法

（一）耦合度模型

书中运用耦合度模型反映旅游业与经济、社会、生态环境系统间的耦合程度。耦合度模型表达式如下：

$$C = \frac{\sqrt{U_1 \times U_2}}{U_1 + U_2} \tag{4-11}$$

式中,C 为耦合度,$0 \leqslant C \leqslant 1$,耦合度越大表示系统间或系统内部要素间良性共振程度越好,系统越有序,耦合度越小表示系统间或系统内部要素间越不相关,系统越无序;U_1 为系统 1 的综合评价值,书中为旅游业系统综合值;U_2 为系统 2 的综合评价值,书中分别代表经济发展系统综合值、社会发展系统综合值、生态环境系统综合值以及经济-社会-生态环境复合系统综合值。

（二）耦合协调度模型

由于耦合度只能说明两个系统或系统内要素间的相互作用程度,无法反映两系统间协调水平的高低,高耦合度可能是两个低水平系统的协调结果,也可能是两个高水平系统的协调结果。因此,要想真实反映两系统间协调发展情况,需构建耦合协调度模型,这样不仅可以评判两个系统间或系统内部要素间彼此和谐一致的程度,而且还能反映出两个系统发展水平的相对高低。耦合协调度可表示耦合程度的强弱,反映协调水平的高低,即

$$D = \sqrt{C \times T}, \quad T = \alpha U_1 + \beta U_2 \tag{4-12}$$

式中，D 为耦合协调度，$0 \leq D \leq 1$，D 越大，说明系统之间的相互作用状态越佳，耦合协调水平越高，反之系统间耦合协调性越差；C 为耦合度；T 为综合协调指数；α 和 β 为待定系数，由于书中旅游业系统与经济、社会、生态环境系统之间重要性相同，因此在计算旅游业与经济、社会、生态环境系统间耦合协调度时，α 和 β 均取 0.5，但在计算旅游业与经济-社会-生态环境复合系统耦合协调度时，相对于整个区域发展的重要性而言，旅游业的重要程度略低，因此，此时 α 取 0.4，β 取 0.6。

（三）耦合协调度的类型及等级划分

参考相关研究，书中采用均匀分布函数法来确定耦合协调度的类型（廖重斌，1999），具体划分标准见表 4-8。

表 4-8 耦合协调等级划分标准

耦合协调度	协调等级	耦合协调度	协调等级
$0 \leq D < 0.1$	极度失调	$0.5 \leq D < 0.6$	勉强协调
$0.1 \leq D < 0.2$	严重失调	$0.6 \leq D < 0.7$	初级协调
$0.2 \leq D < 0.3$	中度失调	$0.7 \leq D < 0.8$	中级协调
$0.3 \leq D < 0.4$	轻度失调	$0.8 \leq D < 0.9$	良好协调
$0.4 \leq D < 0.5$	濒临失调	$0.9 \leq D < 1$	优质协调

根据旅游业、经济、社会、生态环境系统的综合评价值，将旅游业与经济、社会、生态环境的关系分为三种基本类型。第一类是 $U_1 > U_2$，此时 U_1 优于 U_2，U_2 发展滞后；第二类是 $U_1 = U_2$，此时 U_1、U_2 发展同步；第三类是 $U_1 < U_2$，此时 U_2 优于 U_1，U_1 发展滞后。

二、旅游业与经济、社会、生态环境及区域复合系统的耦合协调性分析

将各省（区、市）旅游业、经济、社会、生态环境与经济-社会-生态环境复合系统的综合评价值分别代入耦合度公式（式（4-11））和耦合协调度公式（式（4-12）），可得到我国 31 个省（区、市）2000~2014 年旅游业与经济、社会、生态环境、经济-社会-生态环境复合系统的耦合度和耦合协调度。由于旅游业与

经济、社会、生态环境及经济-社会-生态环境复合系统的耦合协调关系在相互作用时具有交错性和复杂性，而且在时空分布上具有时空差异性，因此书中在分析旅游业与各系统协调发展关系时，主要从时空角度进行分析。

（一）旅游业与经济发展系统的耦合协调性

图4-11展示了2000~2014年我国31个省（区、市）旅游业与经济发展系统的耦合度均值与耦合协调度均值的时间演变。由图可知，2000~2014年旅游业与经济发展系统的耦合度均值始终在0.4~0.5，总体上处于缓慢上升阶段；耦合协调度均值始终低于耦合度均值，其数值在0.3~0.4，表明省（区、市）旅游业与经济发展系统的协调性处于轻度失调阶段，均值增长变化幅度不大，意味着旅游业与经济发展系统耦合协调格局具有稳定性。从耦合协调类型上看，由于旅游业系统综合评价均值（0.293）小于经济发展系统（0.317），属于旅游业发展滞后于经济增长型。

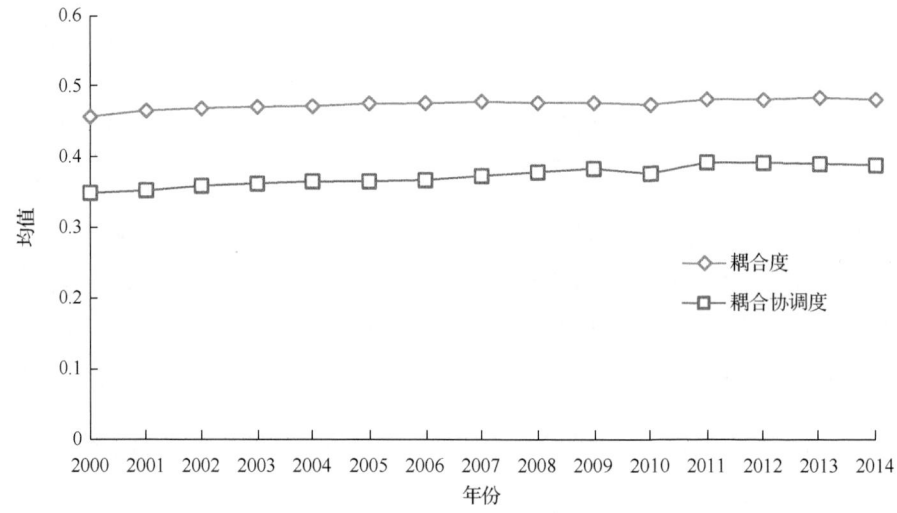

图4-11　2000~2014年我国旅游业与经济发展系统的耦合度均值与耦合协调度均值

本节选取2000年、2014年两个时间节点为代表，对31个省（区、市）旅游业与经济发展系统的耦合度和耦合协调度进行分析，如图4-12所示。从时间演化上看，对比2000年，2014年大部分省（区、市）旅游业与经济发展系统的耦合度和耦合协调度以保持稳定或波动上升为主，总体上朝着更协调方向发展，但个别省（区、市）有下滑趋势。其中，宁夏（0.1~0.2），甘肃、海南、吉林（0.2~0.3），山西、黑龙江、广西、重庆（0.2~0.3），辽宁、上海、云南（0.3~0.4）这11个省（区、市）的耦合协调度一直处于括号内的固定区间，说明这些省（区、市）旅游业与经济发展系统间关系较为稳定；除北京耦合协调度下降一级外，其他19个省（区、市）的耦合协调度均上升一级，意味着总体上大部分省（区、市）旅游业与经济发展系统的耦合协调发展性得到一定程度的提高。具体而言，2000年广东耦合协调度最高（0.592），旅游业与经济发展系统处于勉强协调阶段，宁夏耦合协调度最低（0.179），属于严重失调；2014年，广东省的耦合协调度仍最大（0.605），说明广东省旅游业与经济发展系统已经进入初级协调阶段，宁夏耦合协调度仍最小（0.173），说明宁夏旅游业与经济发展系统的耦合协调性并没有提高，尽管经历15年的发展，宁夏仍处于严重失调阶段。

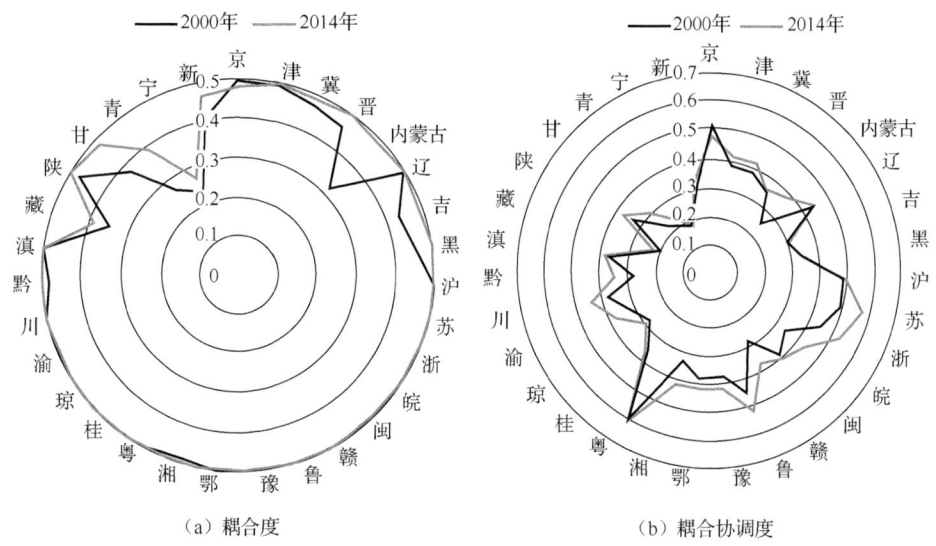

图4-12 2000年和2014年旅游业与经济发展系统的耦合度和耦合协调度

为横向对比31个省（区、市）旅游业与经济发展系统的耦合协调发展情况，本节列出2000~2014年各省（区、市）旅游业与经济发展系统的耦合协调度均值（表4-9），同时结合2000年和2014年各省（区、市）耦合协调度，对各省（区、市）旅游业与经济发展系统协调性的空间演化格局进行分析。从耦合协调类型看，

2000年旅游业与经济发展系统的协调类型分为五类，其中4省（区、市）勉强协调，5省（区、市）濒临失调，13省（区、市）轻度失调，6省（区、市）中度失调，3省（区、市）严重失调。到2014年，6省（区、市）勉强协调，12省（区、市）濒临失调，10省（区、市）轻度失调，2省（区、市）中度失调，1省（区、市）严重失调，大部分省（区、市）耦合协调水平都有提升。从空间上看，各省（区、市）旅游业与经济发展系统的耦合协调度与两大系统的综合评价值分布相似，总体上呈现出由东向西梯度递减的空间格局，由东部广东、江苏、浙江的勉强协调到中部湖南、湖北、江西等地的轻度失调，再到西部甘肃、青海、西藏的中度失调，形成这一格局的主要原因在于东部地区的旅游业和经济发展水平相对于中西部具有显著优势，两大系统在相互作用时，良性的相互关系更容易形成。从制约旅游业与经济协调发展因素看，2000年北京、上海、江苏、安徽、湖北、广西和海南7省（区、市）为经济滞后型，其他24省（区、市）均是旅游业滞后型，2014年，制约两者协调发展因素发生了较大变化，已经有16个省（区、市）属于经济滞后型，15个省（区、市）属于旅游业滞后型，这主要归因于近年来大部分地区旅游业发展快于经济发展。

表4-9　2000~2014年各省（区、市）旅游业与各系统耦合度与耦合协调度均值

	旅游业与经济发展系统		旅游业与社会发展系统		旅游业与生态环境系统		旅游业与区域复合系统	
	C	D	C	D	C	D	C	D
均值	0.475	0.373	0.476	0.386	0.440	0.422	0.476	0.391
北京	0.485	0.467	0.496	0.560	0.497	0.553	0.496	0.567
天津	0.497	0.398	0.488	0.425	0.456	0.474	0.488	0.434
河北	0.497	0.396	0.485	0.436	0.496	0.381	0.485	0.446
山西	0.488	0.361	0.499	0.340	0.479	0.385	0.499	0.342
内蒙古	0.428	0.326	0.463	0.300	0.415	0.335	0.463	0.309
辽宁	0.498	0.447	0.498	0.458	0.496	0.438	0.498	0.458
吉林	0.468	0.297	0.438	0.323	0.387	0.360	0.438	0.338
黑龙江	0.487	0.336	0.476	0.354	0.424	0.406	0.476	0.365
上海	0.499	0.492	0.492	0.554	0.497	0.533	0.492	0.564
江苏	0.498	0.533	0.500	0.540	0.495	0.517	0.500	0.539

续表

	旅游业与经济发展系统		旅游业与社会发展系统		旅游业与生态环境系统		旅游业与区域复合系统	
	C	D	C	D	C	D	C	D
浙江	0.497	0.508	0.497	0.548	0.497	0.528	0.497	0.553
安徽	0.497	0.375	0.498	0.384	0.468	0.441	0.498	0.387
福建	0.497	0.385	0.495	0.397	0.471	0.441	0.495	0.402
江西	0.496	0.338	0.497	0.334	0.462	0.391	0.497	0.337
山东	0.499	0.490	0.499	0.499	0.497	0.487	0.499	0.498
河南	0.498	0.411	0.499	0.409	0.493	0.444	0.499	0.407
湖北	0.496	0.393	0.492	0.444	0.485	0.459	0.492	0.451
湖南	0.498	0.380	0.491	0.416	0.473	0.446	0.491	0.423
广东	0.498	0.594	0.493	0.565	0.498	0.591	0.493	0.556
广西	0.496	0.347	0.499	0.364	0.476	0.421	0.499	0.365
海南	0.490	0.276	0.499	0.298	0.411	0.409	0.499	0.298
重庆	0.497	0.348	0.498	0.343	0.440	0.426	0.498	0.345
四川	0.490	0.436	0.497	0.459	0.498	0.481	0.497	0.455
贵州	0.496	0.317	0.498	0.316	0.446	0.392	0.498	0.317
云南	0.497	0.384	0.494	0.378	0.487	0.452	0.494	0.374
西藏	0.441	0.243	0.422	0.258	0.297	0.337	0.422	0.270
陕西	0.491	0.349	0.484	0.363	0.451	0.402	0.484	0.371
甘肃	0.454	0.260	0.442	0.270	0.358	0.324	0.442	0.282
青海	0.338	0.205	0.388	0.185	0.244	0.250	0.388	0.196
宁夏	0.252	0.171	0.284	0.159	0.169	0.214	0.284	0.172
新疆	0.459	0.298	0.469	0.290	0.386	0.353	0.469	0.300

（二）旅游业与社会发展系统的耦合协调性

图4-13展示了2000~2014年我国31个省（区、市）旅游业与社会发展系统的耦合度均值与耦合协调度均值的时间演变。由图可知，2000~2014年，旅游业与社会发展系统的耦合度均值始终在0.4~0.5，两者耦合关系较稳定；两大系统的耦合协调度均值呈现出不断上升的趋势，由2000年的0.347提高到2014年的0.416，由轻度失调向濒临失调转变，说明旅游业与社会发展系统耦合协调度逐步改善；从两大系统耦合协调关系看，旅游业系统综合评价均值远低于社会发展系

统，两者关系属于旅游业发展滞后于社会发展型的，意味着改善两者耦合协调度重点在于提高各省（区、市）旅游业发展水平。

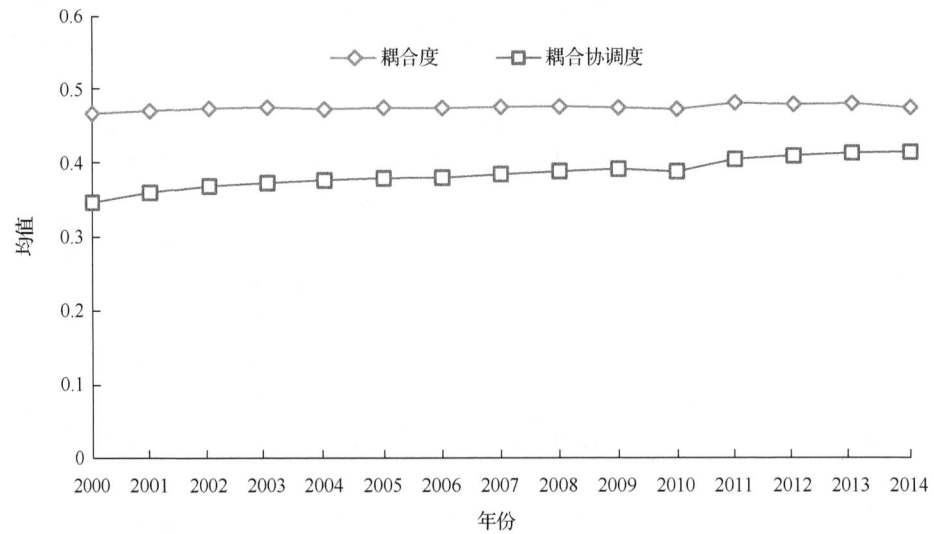

图 4-13 2000~2014 年我国旅游业与社会发展系统的耦合度均值与耦合协调度均值

书中选取 2000 年和 2014 年两个时间点为代表，对 31 个省（区、市）旅游业与社会发展系统的耦合度和耦合协调度进行分析（图 4-14）。从耦合度时间演化上看，对比 2000 年，2014 年仅有河北、内蒙古、浙江、湖南、甘肃和青海 6 个省（区、市）耦合度有显著提高，其他地区的耦合度变化不大，说明两大系统间相互作用程度变化不大。从耦合协调度的时间演化上看，绝大多数省（区、市）旅游业与社会发展系统的耦合协调度显著提高，基本都在原有协调等级基础上提高一级。2000 年，北京旅游业与社会发展系统的耦合协调度最大（0.540），青海和宁夏的最小（均为 0.154），2014 年广东的耦合协调度最佳（0.6），实现了旅游业与社会发展系统的初级协调，宁夏的耦合协调度并未显著改善，仍位于各省（区、市）最末位（0.171），属于严重失调。总体来说，尽管各省（区、市）经过 15 年的发展，旅游业与社会发展系统之间耦合协调度有一定幅度提高，但两大系统的协调水平仍然不高，实现两大系统内部要素的配合得当、相互协调还需要较长的时间。

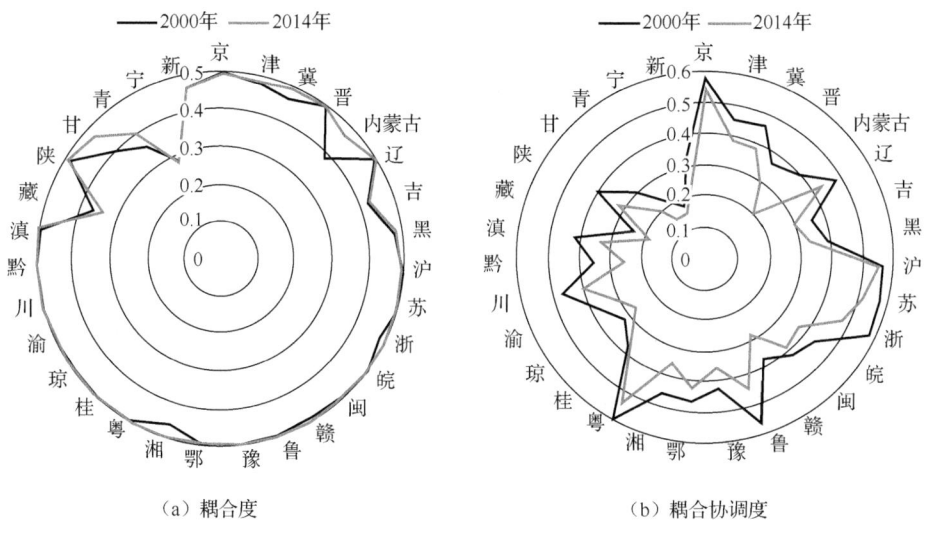

(a) 耦合度　　　　　　　　　　(b) 耦合协调度

图 4-14　2000 年和 2014 年旅游业与社会发展系统的耦合度和耦合协调度

通过计算得出 2000~2014 年各省（区、市）旅游业与社会发展系统的耦合协调度均值（表 4-9），有助于对 31 个省（区、市）旅游业与社会发展系统的耦合协调发展情况进行横向对比，同时结合 2000 年和 2014 年各省（区、市）耦合协调度，对各省（区、市）旅游业与社会发展系统协调性空间演化格局进行分析。从耦合协调度均值大小来看，各省（区、市）旅游业与社会发展系统的耦合协调度在 0.159~0.565，其中 5 个省（区、市）处于勉强协调阶段，8 个省（区、市）处于濒临失调阶段，12 个省（区、市）处于轻度失调阶段，4 个省（区、市）处于中度失调阶段，2 个省（区、市）处于严重失调阶段，两大系统的耦合协调性以轻度失调为主，主要原因在于，考察期内两大系统的综合评价值均不高，增长缓慢，大部分省（区、市）旅游业发展滞后于社会发展系统的改善，制约两者协调性的提高，加之两大系统间相互作用关系具有一定的稳定性，导致两大系统协调水平不高。从耦合协调性空间分布来看，旅游业与社会发展系统的耦合协调度与两大系统的综合评价值空间分布相似，基本呈现东—中—西逐级降低的空间格局，由东部广东、北京、浙江、江苏、山东和上海等地的勉强协调到中部湖北、湖南、安徽、河南和陕西等地的濒临失调，再过渡到西藏、青海两地的中度失调、宁夏的严重失调，这一空间格局形成的主要原因在于东部地区在旅游业、社会生活质量方面相比中西部仍有显著优势，尽管近年来中西部加快发展步伐，但在短期内实现东、中、西部地区旅游以及社会领域方面同步仍然很难。

（三）旅游业与生态环境系统的耦合协调性

图4-15展示了2000～2014年我国31个省（区、市）旅游业与生态环境系统的耦合度均值与耦合协调度均值的时间演变。由图可知，2000～2014年我国旅游业与生态环境系统的耦合度均值和耦合协调度均值总体上处于波动中上升，耦合度均值在0.4～0.5，耦合协调度普遍低于耦合度，但耦合协调度增长幅度明显快于耦合度，耦合协调度均值在0.3～0.5，由2000年的0.388增长到2014年的0.432，除2000年外，其他年份的耦合协调度均在0.4以上，说明省（区、市）旅游业与生态环境系统的耦合协调性处在濒临失调阶段。

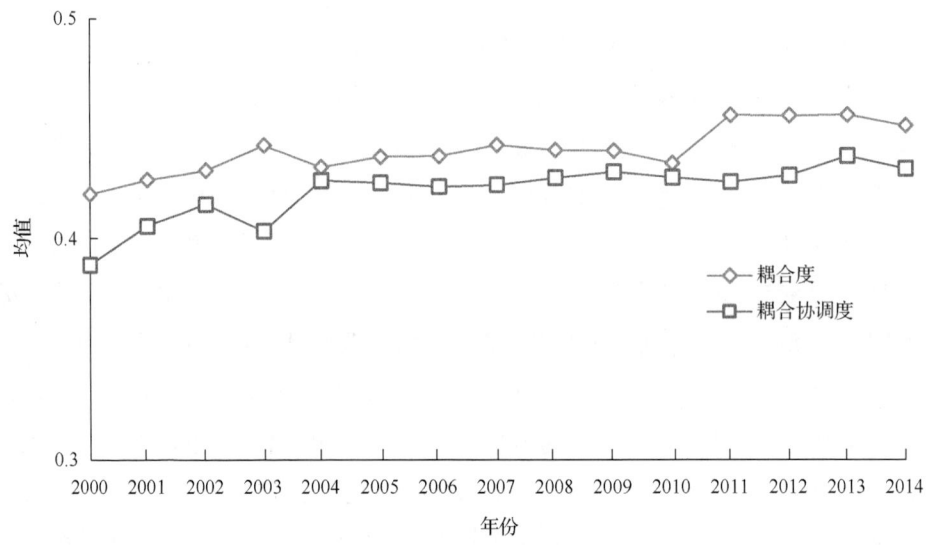

图4-15 2000～2014年我国旅游业与生态环境系统的耦合度均值与耦合协调度均值

书中选取2000年和2014年两个时间点为代表，对31个省（区、市）旅游业与生态环境系统的耦合度和耦合协调度进行分析（图4-16）。从耦合度变化来看，2000年各省（区、市）耦合度相差不大，除西藏、甘肃、青海、宁夏和新疆五地耦合度在0.1~0.3外，其他地区耦合度均在0.4~0.5，最大的是北京和广东两地，数值均为0.499，到2014年，仅有甘肃、青海和新疆三地耦合度在原有基础上提升一到两个等级，其他地区耦合度并没有发生较大变化，旅游业与生态环境系统的耦合水平仍较低。从耦合协调度变化来看，对比2000年，2014年各省（区、市）旅游业与生态环境系统的耦合协调度均有不同程度提高，说明旅游业的发展并不一定是以牺牲生态环境为代价的，合理适度地发展旅游业，处理好旅游业与生态环境的关系，会实现旅游业与生态环境系统向更加协调的方向发展。具体来看，2000年广东耦合协调度最大，数值为0.574，2014年耦合协调度仍最大（0.595），处于勉强协调阶段，2000年、2014年宁夏耦合协调度最小，分别为0.209、0.220，宁夏两大系统的耦合协调性仍处于中度失调阶段。

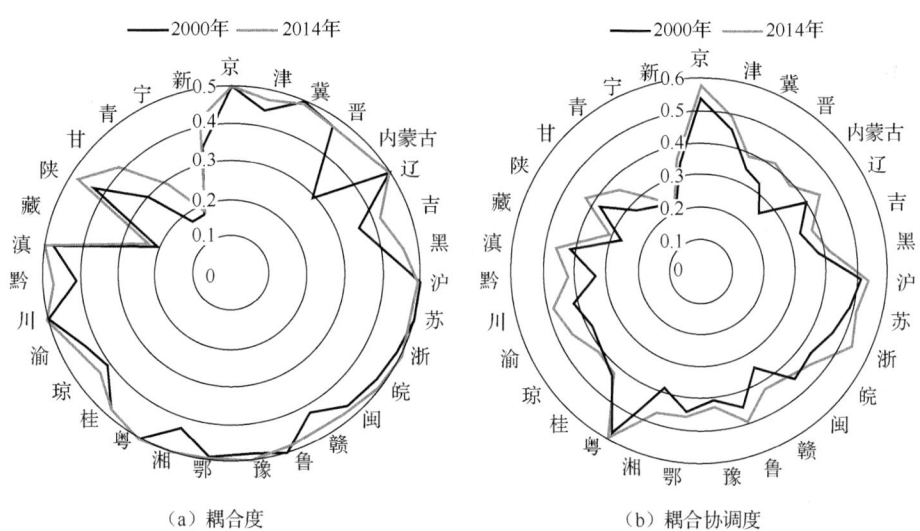

图4-16 2000年和2014年旅游业与生态环境系统的耦合度和耦合协调度

根据2010~2014年旅游业与生态环境系统的耦合协调度均值（表4-9），对31个省（区、市）旅游业与生态环境系统的耦合协调发展情况进行横向对比。同时结合2000年和2014年各省（区、市）耦合协调度，对旅游业与生态环境系统协调性的空间演化格局进行分析。由各省（区、市）旅游业与生态环境系统耦合协调度均值可知，考察期内，我国旅游业与生态环境系统的协调类型共分四类，其中5个省（区、市）协调性水平最高，耦合协调度在0.5~0.6，处于勉强协调阶段，15个省（区、市）处在濒临失调阶段，说明当前我国旅游业与生态环境系统的协调性以濒临失调为主，9个省（区、市）处在轻度失调阶段，宁夏和青海两地处在中度失调阶段。从空间上看，各省（区、市）旅游业与生态环境系统的耦合协调水平基本呈现出东高西低的空间格局，2000年东部的北京、上海和广东耦合协调水平相对较高，而西部的西藏、甘肃、青海和宁夏4个地区的耦合协调水平较低，处在中度失调阶段，到2014年这一空间格局并未发生较大变化，东部地区耦合协调水平仍然最高，浙江和江苏也进入勉强协调阶段，西部的西藏和甘肃由中度失调进入轻度失调阶段，青海和宁夏两地仍处在中度失调阶段。从制约旅游业与生态环境协调发展的主导因素看，我国大部分省（区、市）尤其是西部省（区、市）生态环境系统的综合评价值相对较高，但旅游业的综合评价值相对较低，说明当前西部地区属于旅游业滞后型，由此可知，旅游业与生态环境系统各要素之间具有很强的关联性，任何一方的低水平均会导致两者协调性不高。

（四）旅游业与经济-社会-生态环境复合系统的耦合协调性

图4-17展示了2000～2014年我国31个省（区、市）旅游业与经济-社会-生态环境复合系统的耦合度均值与耦合协调度均值的时间演变。由图可知，2000～2014年

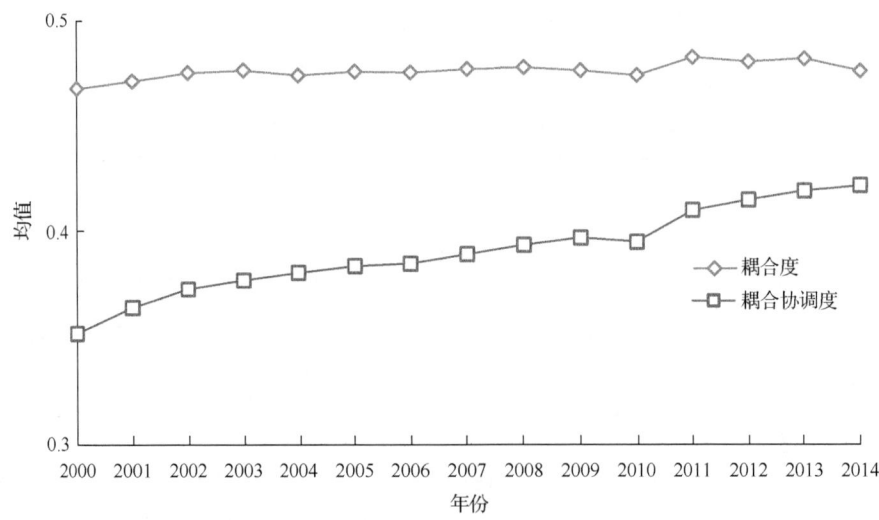

图4-17 2000～2014年我国旅游业与区域复合系统的耦合度均值与耦合协调度均值

旅游业与经济-社会-生态环境复合系统的耦合度始终在 0.46~0.49，一方面说明两系统内部要素之间相互联系、彼此影响程度不够深入，另一方面说明两系统关联水平处于相对稳定的水平。就耦合协调度而言，从整体看，由于旅游业和区域综合系统的发展，我国旅游业与区域综合发展水平的耦合协调度获得了一定的提高，由 2000 年的 0.353 上升到 2014 年的 0.422，耦合协调等级由轻度失调向中度失调过渡。

本节选取 2000 年和 2014 年两个时间节点为代表，对 31 个省（区、市）旅游业与经济-社会-生态环境复合系统的耦合度和耦合协调度进行分析（图 4-18）。由图 4-18 可知，就耦合度而言，2000 年山东省耦合度最大（0.5），代表了我国旅游业与区域综合发展水平的最高耦合水平，说明 2000 年两大系统最佳耦合状态是中水平耦合协调阶段，宁夏耦合度最小，数值为 0.297，两大系统处于低水平耦合阶段，其他地区耦合度介于山东和宁夏之间，表明大部分地区两大系统为中低水平耦合；2014 年大部分地区具有不同幅度提高，如北京、江苏、安徽、河南、云南、贵州等大部分地区耦合度均将近 0.5，此时，我国旅游业与区域综合发展水平耦合水平基本进入中水平阶段。就耦合协调度来说，2000 年上海耦合协调度最大，数值为 0.553，说明上海的旅游业与区域综合发展水平相互作用、关联作用最强，两大系统内部要素进入勉强协调阶段，青海耦合协调度最小，数值为 0.164，说明青海旅游业与区域综合发展水平处于严重失调阶段；2014 年，各省（区、市）旅游业与区域综合发展水平的耦合协调性均有不同幅度的提高，主要原因在于旅游业和区域综合发展水平的提高、经济的增长、人们精神文化需求的增加及生态环境质量的改善促进了旅游业的优化发展，旅游业的合理化发展又对增加省（区、市）经济效益、提高生活质量、保护生态环境发挥了重要作用，促使两大系统内部要素之间良性相互作用程度越来越强。

31 个省（区、市）的旅游业与经济-社会-生态环境复合系统的耦合协调水平不仅表现出一定的时间演变规律，而且还具有一定的空间分异特征。为了对不同省（区、市）旅游业与区域综合发展水平的耦合协调性进行横向比较，分析两大系统耦合协调性的空间分布格局，书中计算了 2000~2014 年两大系统耦合度和耦合协调度的均值（表 4-9）。由表 4-9 可知，我国各省（区、市）旅游业与区域复合系统的耦合协调度在 0.172~0.567，其中 5 个省（区、市）处于勉强协调阶段，9 个省（区、市）处于濒临失调阶段，11 个省（区、市）处于轻度失调阶段，4 个省（区、市）处于中度失调阶段，2 个省（区、市）处于严重失调阶段，由分布在各省（区、市）的数量可知，我国旅游业与区域综合发展水平以轻度失调和濒临失调阶段为主。从空间分布看，旅游业与区域综合发展水平的耦合协调度与两大系统综合评价值分布相似，基本呈现出由东向西梯度递减的空间分布规律，达到勉强协调的地区均分布在东部地区，如北京、上海、广东、江苏和浙江等，而轻度失调的新疆和中度失调的甘肃以及严重失调的青海和宁夏均分布在西部，这一空间格局形成的主要原因是东部地区在旅游业和区域综合发展水平上相比中西部具有比较大的优势，具有优势的两大系统内部要素之间协调关系更容易形成。结合 2000 年和 2014 年旅游业与区域复合系统评价值可知，2000 年除江苏、山东、广东、广西、海南和云南属于区域综合发展滞后型外，其他地区均属于旅游业发展滞后型，到 2014 年仅有广东和云南属于区域综合发展滞后型，其他 29 个地区均是旅游业发展滞后型，这表明当前制约旅游业与区域综合发展水平的主导因素是旅游业，提高旅游业与区域综合发展水平协调性的关键在于提高旅游业系统的综合发展水平。

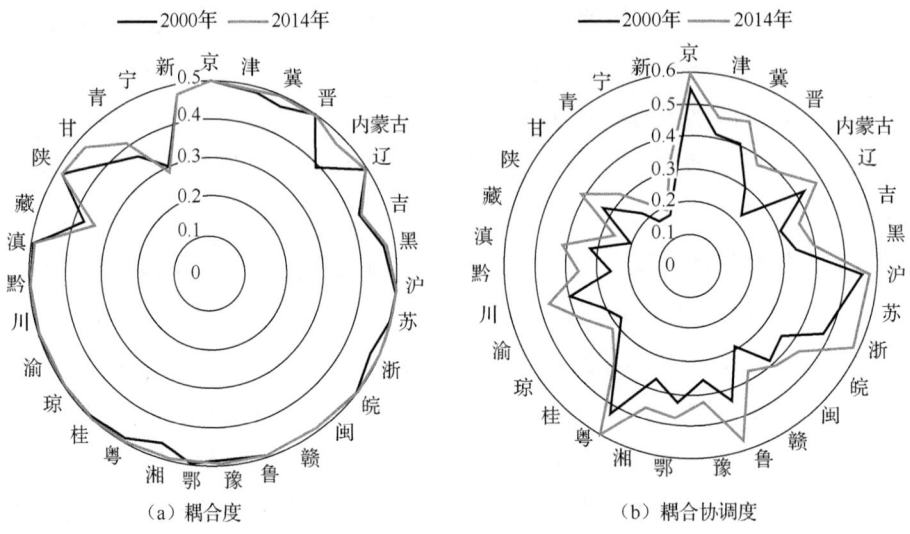

图 4-18 2000 年和 2014 年旅游业与区域复合系统的耦合度和耦合协调度

三、旅游业与经济、社会、生态环境及区域复合系统耦合协调性总结

综合第二节和本节分析可知，我国大部分省（区、市）旅游业系统综合评价指数、经济发展系统综合评价指数、社会发展系统综合评价指数、生态环境系统综合评价指数、经济-社会-生态环境系统评价指数以及旅游业与其他系统的耦合协调水平均表现出稳步上升，但上升幅度较小。从旅游业与其他系统耦合协调度比较来看，旅游业与生态环境系统的耦合协调水平相对最高，主要原因在于现阶段我国旅游业的快速发展对生态环境质量的危害相对较小，生态环境良好的地区凭借自身生态优势，发展生态旅游等多样化的旅游形式促进了旅游业的发展，两大系统之间内部要素作用相对较为有序；旅游业与经济发展系统的耦合协调水平相对最低，且各地区耦合协调性差距也较大，经过15年的发展，两者耦合协调性出现大幅度改善，主要原因在于两个方面，一是两大系统的综合评价值提高幅度不大，二是两大系统没有形成良好的互动机制，除北京、上海、江苏、浙江、山东和广东等地外，大部分省（区、市）都是旅游业发展滞后于经济发展，现实中我国很多省（区、市）旅游资源丰富，但充分将旅游资源优势转化为经济优势的地区非常有限，说明旅游业还未充分发挥其产业带动作用。对比来说，经济的发展则为旅游业的发展提升提供了有利条件，但旅游业与经济发展系统协调演进的进程并不一致，总体来看是旅游业的短腿效应制约了我国旅游业与经济发展系统的协调发展。从旅游业与各系统耦合协调度增长变化来看，旅游业与社会发展系统的耦合协调度提升幅度最大，主要原因在于两大系统内部要素间形成了初步的良性互动，旅游业发展有助于满足人们日益增长的精神文化需求，人们在旅游过程中通过扩展知识视野、体验和了解异地文化、增加生活阅历、提高科学文化素质、丰富精神文化生活等方式改善民生，实现与社会发展系统的协调发展，社会发展系统中城乡居民可支配收入的增加、教育水平的提升以及人们消费观念的转变为旅游业发展提供了物质和精神支持，旅游业系统与社会发展系统相互支持、关系越来越密切，两者的协调性越来越高。从旅游业与各系统耦合协调度的空间分布来看，东部沿海地区旅游业与经济、社会、生态环境以及区域复合系统的耦合协调水平高于中西部内陆地区，主要原因在于当前我国区域间不平

衡发展问题仍然较为突出，东部沿海地区各系统综合评价值相对较高，内陆地区则相对较低，高水平的系统间更容易形成良性的互动关系，使耦合协调水平相对较高。因此，对于内陆地区来说，提高旅游业与各系统耦合协调水平的关键在于提升各系统发展水平，只有系统发展水平高，系统间才有可能向更加协调的方向发展。

总体来看，我国各省（区、市）旅游业系统与经济、社会、生态环境和区域复合系统协调水平不断提升，系统内相互作用的要素逐渐由无序向有序发展，但大部分地区的协调水平较低，仍有较大的提升空间。

第四节 旅游业与经济、社会、生态环境耦合协调性预测

本章第二节和第三节对旅游业系统、经济发展系统、社会发展系统、生态环境系统和区域复合系统进行了综合评价，也对旅游业与各系统的耦合协调性进行了定性和定量的分析。为了提高旅游业与其他各系统的耦合协调水平，寻求其发展规律，预料和推测耦合协调水平的发展趋势和可能性，提供相关决策上的参考，接下来本书将运用灰色预测模型对旅游业与其他系统的耦合协调水平进行预测分析。

一、预测模型

1982 年，我国著名学者邓聚龙提出了灰色系统理论，灰色系统理论是对部分已知信息，通过建模、提取有价值的信息，对系统未来状态和演化规律作出科学的定量预测（邓聚龙，2002）。灰色系统理论经过 30 多年的发展，已经广泛应用在农业科学、土地利用、经济管理、教育科学、生命科学、社会系统、水利工程等众多领域。灰色系统理论在旅游领域主要进行灰色关联度分析和灰色预测，国内许多专家学者运用灰色预测法获得了较为准确的预测结果。因此，本节将运用灰色预测模型对旅游业与各系统的耦合协调性进行分析，以期为旅游业更好地促进经济、社会、生态环境以及区域综合发展水平提供合理化的建议。

灰色预测模型是基于灰色系统理论的结构化预测方法，其基本思想是直接将时间序列转化为微分方程，实现建立抽象系统的动态发展模型。灰色预测方法有很多，分为数列预测、系统预测、区间预测等，其中广泛应用的是数列预测。旅游预测研究中最为常用的模型为单序列一阶线性动态模型 GM(1,1)，其建模步骤如下：

第一步：设原始序列数据为 $X^{(0)}=\{X^{(0)}(1),X^{(0)}(2),\cdots,X^{(0)}(n)\}$，其中 $X^{(0)}(k)>0$，$k=1,2,\cdots,n$。对其做一次累加，得到 $X^{(1)}=\{X^{(1)}(1),X^{(1)}(2),\cdots,X^{(1)}(n)\}$，其中 $X^{(1)}(k)=\sum_{i=1}^{k}X_i^{(0)}$，$k=1,2,\cdots,n$。

第二步：构造矩阵 Y_n 和 B，其中，$Y_n=\{(X^{(0)}(2),X^{(0)}(3),\cdots,X^{(1)}(n)\}^T$

$$B=\begin{bmatrix} -\frac{1}{2}\{X^{(1)}(1)+X^{(2)}(2)\} & 1 \\ -\frac{1}{2}\{X^{(1)}(2)+X^{(2)}(3)\} & 1 \\ \vdots & \vdots \\ -\frac{1}{2}\{X^{(1)}(n-1)+X^{(2)}(n)\} & 1 \end{bmatrix}$$

第三步：用最小二乘法求解灰参数 $\hat{a}=[a,b]^T=(B^TB)^{-1}B^TY_n$。

第四步：建立预测模型 GM(1,1)，其一般形式的微分方程为：$\frac{dX^{(1)}}{dt}+aX^{(1)}=b$，它的离散响应，即 $X(1)$ 的灰色预测模型为：$\hat{X}^{(1)}(k+1)=\{(X^{(0)}(1)-\frac{b}{a})\}e^{ak}+\frac{b}{a}$。

第五步：对 $\hat{X}^{(1)}$ 作一次累减，还原得到：$\hat{X}(0)(k+1)=\hat{X}(1)(k+1)\sim\hat{X}(1)(k)$。

第六步：模型检验。一般使用残差检验、后验差检验和关联度检验三种检验方法对灰色模型进行检验。三种检验方法中，最常用的是相对误差检验。

第七步：运用模型预测。当模型通过检验后，根据 a 的值决定预测长度，当 $-a\leq0.3$ 时，GM(1,1)预测精度较高，适用于中长期预测；当 $0.3<-a\leq0.5$ 时，可用于短期预测。

二、预测结果

根据灰色系统理论和邓聚龙（2002）可知，预测模型中所选择的数据序列并不是越长越准确，预测所运用的原始序列数据与要预测的数据在时间上越接近越好，原因在于时间越接近影响因素越相似。因此，为了提高模型预测的准确性，书中选择我国2005~2014年旅游业系统与经济发展系统、社会发展系统、生态环境系统和区域复合系统的耦合协调系数为原始数据，运用GM(1,1)模型对我国2020~2024年旅游业与其他各系统的耦合协调度进行预测。书中首先对模型可靠性进行检验，根据原始序列数据计算得到数据模拟值、模型的残差和相对误差，表4-10列出了残差和相对误差[①]。

表4-10 模型检验

序号	旅游业与经济发展系统		旅游业与社会发展系统		旅游业与生态环境系统		旅游业与区域复合系统	
	残差	相对误差	残差	相对误差	残差	相对误差	残差	相对误差
$X(2)$	−0.00720	−1.83617%	−0.00302	−0.74542%	−0.00773	−1.69512%	−0.00239	−0.58098%
$X(3)$	−0.00377	−0.96198%	−0.00314	−0.76575%	−0.00503	−1.10445%	−0.00242	0.58318%
$X(4)$	0.00061	0.15704%	−0.00193	−0.46572%	−0.00301	−0.65981%	−0.00167	−0.39670%
$X(5)$	0.00562	1.44722%	0.00149	0.35821%	0.004309	0.95477%	0.00103	0.24404%
a	−0.007487		−0.011807		−0.005369		−0.01201	

由表4-10可知，旅游业与经济、社会、生态环境和区域复合系统预测模型中 $-a$ 均小于0.3，说明GM(1,1)预测精度较高。各预测模型中平均相对误差分别为0.960438%、0.634626%、1.023382%、0.517767%，平均相对误差远小于0.2，再次证明模型预测准确性较高。

表4-11为运用GM(1,1)模型得到2020~2024年旅游业与其他系统耦合协调度的预测值。由旅游业与经济发展系统、社会发展系统、生态环境系统、区域复合系统的耦合协调预测值可知，旅游业与各系统的协调性在原有的基础上都有一定幅度提升，但提升幅度不大，均处于濒临失调阶段。这意味着旅游业

---

① 由于本部分主要目的是进行模型检验，因篇幅有限，并未列出数据模拟值。

与经济、社会、生态环境、复合系统的协调发展任重而道远,需要采取有效的措施。

表 4-11 旅游业与各系统耦合协调度预测值

年份	旅游业与经济发展系统	旅游业与社会发展系统	旅游业与生态环境系统	旅游业与区域复合系统
2020	0.411981	0.447793	0.47054	0.454715
2021	0.415076	0.45311	0.473072	0.460209
2022	0.418196	0.458492	0.475618	0.465769
2023	0.421338	0.463937	0.47818	0.471397
2024	0.424505	0.469447	0.480753	0.477093

第五章 案例分析与对策建议

旅游业经济效应的研究一直备受关注,科学、合理、准确地估计旅游业的经济效应对评价旅游业经济效应具有重要意义。在关注旅游业产生经济增长效应的同时,更应关注旅游业能否与区域经济发展系统、社会发展系统、生态环境系统协调发展,这是评价旅游业发展质量的重要标准。在第四章对旅游业经济效应及旅游业与经济发展系统、社会发展系统、生态环境系统、区域复合系统定量分析的基础上,结合实证分析的结论,本章首先选择典型区域进行案例分析,对不同类型地区旅游业的经济效应及其协调性进行分析总结;其次提出旅游业促进区域经济增长以及如何实现旅游业与经济发展系统、社会发展系统、生态环境系统、区域复合系统协调发展的总体思路;最后结合以上的分析和总结,明确我国旅游业在促进经济增长以及实现与其他系统协调发展过程中存在的问题和具有的优势,提出有针对性的对策建议。

第一节 案 例 分 析

第三章和第四章对我国旅游业经济效应和旅游业与经济、社会、生态环境、区域综合发展水平的协调发展性进行了实证分析。本节主要目的是结合实证分析部分的结论,选择典型地区进行分析。在 31 个省(区、市)中选择典型区域,对其旅游业的经济效应及协调性的优势和劣势进行原因分析和总结,通过典型区域分析得出不同类型地区旅游业与经济、社会、生态环境协调发展的对策建议。

根据第三章旅游业经济增长弹性和第四章旅游业与经济发展系统、社会发展系统、生态环境系统、区域复合系统的耦合协调性分析结果,结合表 4-2 和表 4-9 中数据,对我国 31 个省(区、市)旅游业经济效应及协调性进行分类分析。第一类是旅游业经济增长弹性较大、旅游业与其他系统协调性较高的区域,有北京、上海、江苏、浙江和广东等。这类区域书中选择广东作为实证分析对象,原因在于考察期广东多项指标值全国第一,广东旅游业的经济增长弹性较大,旅游业与经济发展系统、社会发展系统、生态环境系统、区域复合系统的耦合协调水平均处全国前列,地区生产总值自 1989 年到 2017 年连续 29 年居全国第一,也是我国首个"全国旅游综合改革示范区",作为我国发展优势区代表性更强。第二类是旅游业经济增长弹性和旅游业与其他系统协调发展水平增长较快的区域,这类区域所占的比重最多,多集中在中部地区。书中选择安徽作为典型区域,考察期内安徽旅游业与其他系统协调性水平提高幅度较大,表现出显著的阶段性特征,2014 年安徽获得我国最幸福省份的荣誉,被列入我国首个新型城镇化试点省份,2015 年迈入中等偏上收入发展阶段,更具分析的代表性。第三类是旅游业经济增长弹性相对较小、旅游业与其他系统协调性相对较差的区域,这类区域主要集中在西北部地区,如甘肃、青海、宁夏、新疆等。书中选择宁夏作为典型代表区域,原因在于相较于其他低水平区域,宁夏不仅在考察初期各项指标值均低,而且经过 15 年的发展,各项指标值变化不大,考察期内各项指标值基本每年都处于全国最后一位。

一、典型区域——广东

广东作为我国重要的海上交通要冲和对外开放的"南大门",是一个地理位置和区位优势非常明显的沿海省份。广东交通十分便利,形成了以铁路、公路、城市公交、水运、民航、管道等各种运输方式构成的纵横交错的立体交通运输体系。省内有以广州白云机场为代表的 20 个机场;武汉高铁、高深港高铁等 6 条高铁通往省内外;市际交通也非常便利,珠三角成功打造了一小时生活区;广东已经构建了"一横一网三通道"的内河航道网,港口货物年通过能力接近 20 亿吨。区位上的优势和便利的交通运输为广东旅游业、经济增长提供了良好的外部生态环境。

表 5-1 为广东 2000~2014 年各系统综合评价值与耦合协调度。2000~2014 年,广东旅游业、经济、社会、生态环境和区域复合系统的综合评价值均在全国前几位,为旅游业与其他系统的协调发展奠定了基础。其中,旅游业系统、经济发展系统、生态环境系统的综合评价值较稳定,而社会发展系统和区域复合系统的提高幅度较大,尤其是社会发展系统,说明考察期间广东人们的生活质量得到了

较大提高，按照世界银行制定的国家与地区收入划分标准，广东 2014 年已经迈向中上等收入地区的门槛。从旅游业与经济发展系统、社会发展系统、生态环境系统、区域复合系统耦合协调度来看，旅游业与经济发展系统、社会发展系统、生态环境系统的协调水平由勉强协调到初级协调阶段，旅游业与区域复合系统的耦合协调度持续稳定上升，但提高幅度相对较小，目前仍处于勉强协调阶段。从旅游业与其他系统耦合协调度增长速度来看，广东旅游业实现与经济、社会、生态环境及省（区、市）综合发展水平协同发展的趋势良好。

表 5-1　广东 2000~2014 年各系统综合评价值与耦合协调度

年份	Tour	Ec	S	En	C	T-Ec	T-S	T-En	T-C
2000	0.698	0.632	0.470	0.624	0.577	0.592	0.535	0.574	0.525
2001	0.763	0.662	0.473	0.653	0.586	0.596	0.548	0.594	0.535
2002	0.785	0.655	0.490	0.663	0.586	0.599	0.557	0.601	0.544
2003	0.743	0.670	0.500	0.589	0.593	0.594	0.552	0.575	0.541
2004	0.767	0.688	0.513	0.719	0.631	0.603	0.560	0.609	0.549
2005	0.720	0.676	0.519	0.664	0.637	0.591	0.553	0.588	0.544
2006	0.680	0.704	0.521	0.739	0.639	0.588	0.546	0.595	0.538
2007	0.695	0.696	0.534	0.683	0.641	0.590	0.552	0.587	0.545
2008	0.734	0.640	0.544	0.631	0.658	0.585	0.562	0.583	0.554
2009	0.737	0.670	0.559	0.649	0.659	0.593	0.566	0.588	0.559
2010	0.673	0.629	0.572	0.669	0.668	0.570	0.557	0.579	0.553
2011	0.797	0.613	0.599	0.601	0.671	0.591	0.588	0.588	0.579
2012	0.865	0.608	0.603	0.608	0.679	0.602	0.601	0.602	0.590
2013	0.847	0.643	0.616	0.669	0.687	0.607	0.601	0.613	0.591
2014	0.790	0.679	0.655	0.632	0.693	0.605	0.600	0.595	0.594

注：Tour 为旅游业系统的综合评价值；Ec 为经济发展系统的综合评价值；S 为社会发展系统的综合评价值；En 为生态环境系统的综合评价值；C 为区域系统的综合评价值；T-Ec 为旅游业与经济发展系统的耦合协调度；T-S 为旅游业与社会发展系统的耦合协调度；T-En 为旅游业与生态环境系统的耦合协调度；T-C 为旅游业与复合系统的耦合协调度，余同

作为发展水平较高的区域代表，广东旅游业在发挥经济增长效应，实现与经济、社会、生态环境协调发展方面做出显著成绩，具体表现在以下几个方面。

第一，打破传统对旅游资源的理解，发展类型多样的旅游形式，丰富旅游文

化内涵。广东省的旅游资源不仅局限在风景名胜区和历史文化名胜,而将凡是能激发游客动机、产生经济价值和社会效益的现象和事物都开发成旅游产品,满足游客多元化和个性化的需求,如深圳多种题材的主题公园就是其多样化旅游形式的代表,这为一些自然旅游资源匮乏地区提供了发展的新思路。对传统自然景观、文化遗产地和非物质文化遗产地进行保护性开发,着力挖掘广府、客家、潮汕文化特色,提升旅游的文化内涵和质量。

第二,增强旅游发展动力,拓宽旅游发展空间。广东省以传统旅游产品升级为重点,实现了观光、休闲、度假三大旅游市场协调发展的局面。充分发挥旅游产业园区作用,构建旅游产业集群,鼓励和引导优势旅游企业跨地区、跨行业、跨所有制结构进行兼并重组,形成跨地区旅游产业链,促进区域旅游市场一体化和资源的优势互补,形成了资源要素集聚的发展格局。同时支持有条件的旅游企业"走出去",拓宽旅游发展空间。对于省内旅游业的空间发展,着重旅游空间布局的优化,构建了"一核、两带、三廊、五区"的旅游空间布局,形成一批有竞争力的产业集聚区。

第三,转变经济增长方式,着重产业结构调整,打造绿色广东。广东的经济增长方式正由高污染、高消耗、高浪费向低能耗、低污染和高效益转变,实现这一转变过程同样经历了增长阵痛。2005年转型初见成效,单位GDP能耗全国最低,2006年单位GDP节能降耗和污染减排约束性指标均下降,不仅GDP仍然快速增长,而且省内企业在发展高新技术产业和服务业方面成绩斐然。产业结构调整上着重于产业结构的优化升级,一方面降低了高耗能产业在工业中的比重,另一方面敦促高耗能大户开展技术改造。

第四,推动城乡和区域协调发展。广东发达区域集中在珠三角和经济特区,其他地区较为落后,区域间较大的经济差距已成为制约广东经济社会协调发展的"瓶颈"。对此,广东以发展珠三角城市群为契机,加快东西两翼和粤北山区的基础设施建设,推进农业产业化、农村工业化和城镇化。同时组织和引导珠三角部分企业向东西两翼和粤北山区进行产业转移,通过产业转移这些地区引进了各类人才,吸引了大量外来投资,逐步形成了以传统优势产业和先进制造业为主导的产业集聚基地。"十三五"时期,广东进一步加大区域统筹力度,增强珠三角的辐射带动能力,重点打造和扩建东西两翼和粤北山区凸显出的"产业吸纳""重化集聚"和"区位优势",加快这一后发地区发展,实现区域协调发展。

二、典型区域——安徽

安徽地处华东腹地,紧密连接环渤海城市群、珠三角城市群,地理位置较为优越。安徽作为我国南北对流的交通要道,在交通体系中处于有利的地理位置,截至 2015 年年末,全省民用机场 9 个,铁路、高速公路、航运、地铁、有轨电车快速发展,为安徽交通运输业发展完善打下基础,现代综合交通运输体系逐步形成。随着国家中部崛起战略和"一带一路"倡议的实施,安徽连南接北、居中靠东、沿江通海的区位优势以及交通上的优势,将对安徽旅游业和经济增长以及与其他区域合作产生显著的影响,有助于安徽在全国旅游和经济增长格局中再上一个层次。

"十二五"期间,安徽加快了旅游业和经济增长步伐。国内旅游人次由"十二五"初期的 1.53 亿人次增加到"十二五"末期的 4.33 亿人次,入境旅游人次由 198.4 万人次增加到 425.3 万人次,旅游总收入由 1150.6 亿元增加到 4120 亿元。2015 年安徽旅游业增加值占全省 GDP 的 5.98%,成为继家电、住房、汽车和信息消费之后的最大消费热点,安徽正由旅游大省到旅游强省转变。同期经济快速发展,2015 年 GDP 为 22005.6 亿元,经济增速为 10.8%,高出全国约 3 个百分点,人均 GDP 由 2000 年的 3045 美元增加到 2015 年的 5779 美元,属于中等偏上收入水平。在产业结构调整、城镇化进程、区域协调发展方面均做出了较大进步。表 5-2 展示了安徽 2000~2014 年旅游业系统、经济发展系统、社会发展系统、生态环境系统、区域复合系统的综合评价值,以及旅游业与其他系统的耦合协调度。

表 5-2 安徽 2000~2014 年各系统综合评价值与耦合协调度

年份	Tour	Ec	S	En	C	T-Ec	T-S	T-En	T-C
2000	0.276	0.191	0.271	0.517	0.275	0.338	0.370	0.434	0.369
2001	0.255	0.204	0.282	0.561	0.302	0.338	0.366	0.435	0.368
2002	0.293	0.197	0.288	0.551	0.292	0.347	0.381	0.448	0.381
2003	0.256	0.206	0.287	0.507	0.300	0.339	0.368	0.424	0.370

续表

年份	Tour	Ec	S	En	C	T-Ec	T-S	T-En	T-C
2004	0.243	0.237	0.288	0.619	0.313	0.347	0.364	0.441	0.367
2005	0.204	0.209	0.294	0.619	0.329	0.321	0.350	0.421	0.356
2006	0.198	0.259	0.294	0.634	0.329	0.337	0.348	0.421	0.354
2007	0.225	0.288	0.294	0.589	0.332	0.357	0.359	0.427	0.363
2008	0.247	0.336	0.314	0.586	0.358	0.380	0.373	0.436	0.378
2009	0.249	0.366	0.326	0.564	0.362	0.388	0.378	0.433	0.383
2010	0.300	0.365	0.328	0.595	0.366	0.407	0.396	0.460	0.398
2011	0.359	0.374	0.341	0.456	0.374	0.428	0.418	0.450	0.417
2012	0.391	0.373	0.363	0.465	0.383	0.437	0.434	0.462	0.432
2013	0.350	0.369	0.370	0.502	0.389	0.424	0.424	0.458	0.426
2014	0.387	0.358	0.384	0.494	0.401	0.431	0.439	0.467	0.439

由表 5-2 可知，考察期安徽旅游业系统、经济发展系统、社会发展系统、区域复合系统的综合评价值均实现较大幅度增长，年均增长速度分别达到 2.681%、5.829%、2.780%、30.55%，其中经济发展系统增速居于全国第一位。仅有生态环境系统的综合评价值提高不大，且在 2010 年后生态环境系统的综合评价值出现较大幅度下降。从旅游业系统与经济发展系统、社会发展系统、生态环境系统和区域复合系统的耦合协调度来看，安徽旅游业与经济、社会、区域综合发展水平的协调程度均提升了一个层次，由轻度失调阶段过渡到濒临失调阶段，其中旅游业与生态环境系统的协调水平较稳定，始终处于濒临失调阶段。对比 2000 年安徽旅游业系统、经济发展系统、社会发展系统、生态环境系统、区域复合系统综合评价值和旅游业与其他系统的耦合协调度，2014 年大部分指标值都有较大幅度提升，安徽旅游业、经济、社会和经济-社会-环境综合发展水平在全国地位由中下游向中上游转变。因此，从指标值比较和增长速度来看，安徽旅游业、经济、社会的发展趋势良好。

作为增长速度较快的区域代表，安徽旅游业在充分发挥经济增长效应与经济、社会、生态环境协调发展方面成就显著，原因主要可归结于以下几个方面。

第一，各级政府努力推进旅游业的发展。安徽省政府高度重视旅游业发展，

16个地级市中，2个市将旅游业作为主导产业，6个市作为支柱产业，其他8个市将旅游业视为重点产业发展，相继出台了一系列政策性文件促进不同时期旅游业发展。同时，政府注重简政放权，由"事前审批"向"事中事后监管"转变，充分发挥旅游行业协会功能。在旅游宣传促销和旅游企业经营方面，政府也做出了较大贡献，其一完善旅游宣传推广体系和运行机制，对境外旅游市场宣传，主要通过举办经贸交流活动、参加国际重大旅游展和境外专项旅游活动以及建立营销机构进行市场推广，对内营销时，政企齐动、省际联动、捆绑销售，强化安徽整体形象宣传。其二，政府鼓励和推动实力强、品牌好和信誉度高的旅游企业跨地区、跨行业、跨所有制通过合作、合资、兼并等方式，实现旅游企业的集团化、规模化、品牌化，形成跨界融合的旅游产业集团和产业联盟。总之，宽松的旅游发展生态环境和优惠的旅游发展政策，是安徽旅游业发展的助推器。

第二，旅游产业素质的提升。集中从旅游产业结构调整、集约化旅游开发、丰富旅游产品供给三方面提升旅游产业素质。旅游产业结构调整上，加快产业融合，推动旅游业与信息化、城镇化、新型工业化和农业现代化相结合，贯彻实施旅游业与农业、林业、金融、养老、文化、保险业以及科教行业的融合发展，在充分发挥旅游业对其他行业带动作用的同时，扩展旅游业发展空间。集约化旅游开发上，安徽作为旅游资源大省，在进行旅游开发时逐渐转变了粗放式的开发模式，开始向集约型转变，旅游开发中突出差异化和精品化，更为关注文化内涵的传承和产业的创新，同时注重生态环境的保护，在进行旅游开发时遵循可持续发展原则。丰富旅游产品供给上，在巩固传统优势的观光产品的基础上，实施创新驱动，大力发展休闲度假旅游，拓宽广大游客的休闲度假空间；提升乡村旅游产品层次，培育了差异化的乡村旅游产业集聚区、环城乡村游憩带，重点打造休闲农业和乡村旅游示范县，形成乡村旅游品牌；创新发展文化旅游产品，注重历史文化遗存、历史名人、文博场馆等文化资源的挖掘整理和创意开发，开发出一批有文化内涵和影响力的文化旅游产品；红色旅游、生态旅游、低碳旅游、商务会展等形式的旅游产品也逐渐成熟，安徽目前已基本形成了能满足游客不同需求的多样化旅游产品体系。

第三，经济综合实力的增强。考察期内安徽经济发展水平提高速度居全国第一,其发展的路径值得很多地区参考,原因可从以下几个方面进行归纳:一是产业结构的优化,三次产业中第一产业比重持续下降,第二产业和第三产业比重稳定上升,2015年三次产业比重为11.2∶51.5∶37.3,战略性新兴产业以及装备工业、电子信息产业、高新技术产业增加值总量持续增加,同时深入推进服务业改革,加快服务业集聚区建设,充分发挥第三产业中旅游业的产业带动功能,将旅游业视为调结构、转方式、促发展的重要产业。二是自主创新能力增强,新时期创新能力是区域经济增长的力量源泉,安徽顺应发展规律,积极推动自主创新综合配套改革试验区和国家创新工程点建设,加快全省高新技术产业的发展,2015年被列入国家推进的创新改革试验区,区域创新能力居中部第一位,全国第五位,专利综合实力全国十强。三是城镇化步伐加快,深入户籍制度改革,稳步推进农村人口转移到城市,城镇化对经济社会发展的引擎作用日益凸显。经济综合实力的提高,为旅游业、社会事业、生态环境保护提供了物质基础。

第四,加快民生事业的发展。安徽在加快建设经济强省的同时,始终将民生事业发展作为重要落脚点,建立城乡统一的居民养老保险制度,对城乡困难群体实施社会救助制度。着力解决城乡居民的就业问题,大力实施优先的就业战略,鼓励并推进大众创业,为创业提供了良好的政策生态环境。增加教育、科技、文化事业投入,落实科教兴国和人才强国战略,创新公共文化载体和运行模式,开展农民文化乐园的建设试点,公共文化服务体系建设位居中西部地区前列。城乡居民的人均可支配收入大幅度提高,2015年城镇居民人均可支配收入达到26936元,农村居民人均纯收入10821元。此外,区域协调发展稳步推进,为缩小省内区域间经济、民生事业方面的差距,安徽将省内分为皖江、皖北、皖西、皖南四大区域,对不同区域实施差异化发展战略,如将皖北纳入中原经济区进行规划,将皖南地区作为文化旅游地进行规划开发,针对具体的县市,深入推进扶贫开发,如将六安和安庆纳入革命老区振兴范围,减少贫苦地区人口。

总体来说,考察期内安徽旅游业、经济、社会事业都取得较大成绩,通过转变经济增长方式、创新发展、协调发展、共享发展,建设成新型经济强省,进入了全新的发展阶段。

三、典型区域——宁夏

宁夏，深居我国西北内陆地区，南部山区和中部干旱带占宁夏 60%的土地面积，大部分地区自然条件极其恶劣。在地理位置上属于典型的内陆地区，远离经济发达地区，由于区位、地形、地貌、经济等原因，宁夏的交通运输条件也相对落后。中华人民共和国成立初期，宁夏物资运送基本靠人力和畜力。十一届三中全会后，宁夏的交通运输、邮电通信事业进入了发展的新阶段。1999 年西部大开发战略的实施，对宁夏经济、社会、交通业发展再次起到了巨大的推动作用。目前，宁夏已经形成了以铁路、公路为主干，由铁路、公路、航空、高铁、管道等组成的现代化的交通综合运输体系。2015 年年末，宁夏公路通车里程 33240.05 公里，铁路营业里程 1029.3 公里，全年货物运输总量 4.38 亿吨。宁夏交通运输业的发展相较全国平均水平仍显落后，但发展形势可观。

由表 5-3 可知，考察期内，宁夏旅游业系统、经济发展系统、社会发展系统、生态环境系统、区域复合系统的综合评价值均较低，说明宁夏旅游、经济、社会事业发展比较落后，生态环境质量不高。从各系统值比较来看，宁夏旅游业系统的综合评价值最低，生态环境系统的综合评价值最高，旅游业系统的综合评价值始终没有超过 0.1，可见宁夏地区旅游业发展极为落后，生态环境系统评价值相对较高，主要原因在于宁夏地区工业并不发达，污染物排放相对较少。从各系统值的增长来看，旅游业系统和经济发展系统的综合评价值较为稳定，并未出现显著的增长，旅游业系统评价值在 0.015 左右，经济发展系统综合评价值在 0.2 左右，社会发展系统、生态环境系统和区域复合系统的综合评价值均有一定幅度提升，说明经过 15 年的发展，宁夏的社会事业、生态环境质量和区域综合发展水平都得到了提高，尤其是社会事业和区域综合发展水平提升较大。由于旅游业系统、经济发展系统、社会发展系统、生态环境系统和区域复合系统综合发展水平均较低，导致旅游业与其他各系统的耦合协调水平也不高，系统间相互协同、相互带动作用较小。从旅游业与其他系统耦合协调水平来看，旅游业与经济发展系统、社会发展系统和区域复合系统的协调值基本都在 0.1~0.2，处在严重失调阶段，令人遗憾的是尽管经过 15 年的发展，宁夏旅游业与经济、社会和区域综合发展水平的耦合协调水平并没有显著的提升，相对来说，旅游业与生态环境系统的耦合协调度稍高，基本在 0.2～0.3，处于中度失调阶段，经过 15 年的发展，耦合协调水平并没有上升一个层次。由旅游业系统、经济发展系统、社会发展系统、生态环境系统、区域复合系统的综合评价值，以及旅游业与其他系统的耦合协调度可知，宁夏旅游业、经济、社会事业发展都比较落后，位居全国末位，且在考察期内旅游业和经济等综合发展水平提升幅度不大，宁夏仍需做出更多的努力摆脱全国最末位的局面。

表 5-3　宁夏 2000～2014 年各系统综合评价值与耦合协调度

年份	Tour	Ec	S	En	C	T-Ec	T-S	T-En	T-C
2000	0.016	0.212	0.143	0.488	0.234	0.179	0.154	0.209	0.166
2001	0.020	0.224	0.144	0.475	0.249	0.184	0.165	0.222	0.177
2002	0.020	0.227	0.149	0.516	0.272	0.184	0.166	0.227	0.178
2003	0.018	0.257	0.151	0.506	0.269	0.185	0.162	0.219	0.174
2004	0.012	0.216	0.151	0.577	0.261	0.158	0.144	0.202	0.156
2005	0.009	0.188	0.150	0.557	0.278	0.144	0.136	0.189	0.148
2006	0.011	0.181	0.158	0.551	0.284	0.149	0.144	0.197	0.157
2007	0.008	0.191	0.161	0.549	0.288	0.141	0.136	0.184	0.147
2008	0.016	0.236	0.165	0.609	0.290	0.176	0.161	0.223	0.174
2009	0.009	0.220	0.167	0.623	0.315	0.151	0.141	0.196	0.153
2010	0.015	0.236	0.171	0.567	0.325	0.173	0.160	0.216	0.173
2011	0.023	0.225	0.179	0.478	0.332	0.190	0.180	0.230	0.193
2012	0.023	0.196	0.181	0.495	0.346	0.183	0.180	0.231	0.193
2013	0.029	0.201	0.182	0.522	0.356	0.196	0.191	0.249	0.204
2014	0.018	0.201	0.189	0.528	0.376	0.173	0.171	0.220	0.184

作为经济、社会发展水平低、增长速度慢的区域代表，宁夏旅游业、经济、社会发展水平落后，旅游业与其他系统协调水平低，形成这种落后局面的原因有很多，除上文分析的自然条件恶劣、区位劣势、交通不便等原因外，还归结于以下几个方面。

第一，旅游业起步晚，发展慢。我国旅游业的发展开始于改革开放，中央和地方各级政府在 20 世纪 70 年代或 80 年代成立旅游管理机构，而宁夏旅游业起步更晚，1986 年 5 月将自治区旅游局单设，旅游开发以 1989 年沙湖旅游区成立为标志，1994年沙坡头景区开始接待游客，这些景区的开发和对外营业拉开了宁夏旅游业发展的大幕，相较于其他省（区、市），宁夏旅游业起步时间晚了十几年。1992年，宁夏旅游促销经费仅有5万元，受到国家旅游局点名批评，在旅游机构设置、宣传促销经费上均居全国最末位。1995年，宁夏国内旅游统计仍处于空白状态，旅游外汇收入仅有100万美元，共接待境外游客3700人次。近年来宁夏加快了旅游业的发展，国内旅游和入境旅游人次都得到了提升，旅游经济指标实现全方位增长，2015年，宁夏接待国内外游客总人数达1839.48万人次，旅游业总收入161.3亿元。但相较于全国入境旅游人次和旅游收入年均12.6%、16.1%的增长速度（1978~2014年），宁夏旅游业增长显得较慢，与其他省（区、市）尤其是东部沿海地区的差距有不断拉大的趋势。从一定程度上可以说，宁夏旅游业仍处于初级阶段的较低层次，仍然有较大的发展空间。

第二，旅游业发展水平低，产业带动能力差。产品上，宁夏旅游资源种类众多，但在旅游吸引物上，缺少明星级旅游产品。区位上，地处西北内陆地区，远离我国经济发达的主要客源地，这种旅游区位对游客的进入产生了限制作用，吸引力不足加上可进入性差是造成宁夏旅游业发展水平低的客观因素。从旅游业发展本身存在的问题来看，主要问题归结如下：一是旅游收入结构不合理，国内旅游收入比例过高，入境旅游收入占较小比例，旅游业发展主要靠国内市场拉动，旅游创汇作用没有充分发挥；二是旅游消费层次较低，以生存性消费支出为主，游客的发展消费和享受型消费支出较少，旅游消费产业链条低下；三是旅游业规模化、产业化层次较低，旅游业仍然是散、小、乱、差的局面，旅游企业间彼此恶性竞争、各自分散经营，相互合作较少，旅游市场比较混乱，仍处在劳动密集型阶段；四是旅游业产业带动性较差，旅游业与金融、保险、房地产、医疗、卫生、教育、科技等很多产业关联度和融合度不够，对一些本来相关性很高的产业产品消费很少，并未充分发挥旅游业对这些产业的经济带动效应。

第三，经济落后，综合实力弱。具体表现为宁夏经济发展水平依然较低，经济总量小、人均可支配收入低、工业化水平低、第三产业落后、经济社会发展水平居于全国末端。主要归因于以下几个方面：一是经济增长结构性矛盾突出，三次产业发展层次均较低。三次产业中，农业的弱性质没有发生根本转变，产业化水平低且规模偏小,科技创新在农业领域没有得到充分应用。工业结构单一,产业链条短,附加值低,煤气、石油加工、纺织业等传统产业产值占全部工业总产值的80%以上,高新技术产业比重较低。三产比重较低,且教育、信息、计算机和软件等服务业增加值比重有下降的趋势。二是经济增长内在动力不协调,目前宁夏经济增长对投资的依赖性增强,而消费和出口对经济增长的贡献并不突出。三是经济增长以粗放型发展为主,过度依赖资源开采和粗加工,附加值低,宁夏的经济增长模式属于资源加工型,工业结构比较单一,附加值低,资源开发利用上表现出单一依赖煤炭资源的不均衡倾向。四是科技创新能力弱,一方面对科技创新的重视程度不够,另一方面科学技术新成果未能充分运用到生产实践中,自主创新能力差。

第二节 旅游业促进经济增长与协调发展的思路

第三章旅游业经济效应部分的研究结果表明:无论从全局角度还是局部角度看,我国旅游业和经济增长均为正相关,表现出同向的变动趋势,旅游业和区域经济都处于快速发展期,尤其是国内旅游发展速度惊人;对比分析发现,相比入境旅游,国内旅游的经济增长效应更大;旅游业的经济增长效应、经济发展水平同旅游业发展水平密切相关,往往经济发展水平和旅游业发展水平越高的区域,旅游业的经济增长弹性越大。第四章对旅游业与经济发展系统、社会发展系统、生态环境系统、经济-社会-生态环境复合系统的耦合协调性进行实证分析,研究结果表明我国旅游业系统、经济发展系统、社会发展系统、生态环境系统和区域复合系统的发展水平均不高,旅游业与其他系统的发展水平对旅游业与其他系统的耦合协调度有着重要影响,其中旅游业与其他系统发展水平高的区域,两者的耦合协调程度也较高,反之较低;旅游业与其他系统之间既相互支持又相互制约,目前我国旅游业同其他系统之间耦合协调程度不高,仅有少数的省(区、市)能达到勉强协调水平,大部分地区都不能实现初级协调发展。

综合本书的研究结果和旅游业在世界其他国家发展的经验教训,本书总结出一些对于如何充分发挥旅游业的经济增长效应及如何实现协调发展的思路。第一,加快我国从旅游大国向旅游强国的转变，进一步提高我国旅游业的发展质量，同时推动我国 31 个省（区、市）旅游业与区域经济的综合发展水平进一步提高。第二，要因地制宜地发展旅游业，切勿一刀切地将旅游业视为支柱产业来发展。虽然旅游业能带来经济增长效应，但旅游业的经济效应并不是均等的。旅游业发展在不同地区往往产生不同成本和效益，这些差异主要是由目的地的旅游资源价值、区位条件、经济基础、产业结构、旅游业发展水平以及围绕旅游开发的体制框架决定，书中对不同类型经济基础和旅游业发达程度的地区进行实证分析，得出发达地区和发展中地区存在的这种差异最明显。第三，我国 31 个省（区、市）在旅游业中应打破地域界限，加强区域合作联动。我国旅游业的经济效应存在显著的空间溢出性，旅游业的发展不仅对本地区经济增长产生贡献，而且对邻近地区经济增长具有正向的空间溢出作用，因此开展区域合作尤为必要。第四，不能只考虑旅游业的经济效应，更应关注旅游业与经济、社会、生态环境及区域复合系统的协调发展水平。

第三节 对策建议

第三章以我国 31 个省（区、市）为实证分析对象，研究结果表明旅游业的发展对经济增长具有显著的促进作用，正是由于旅游业的经济效应，许多地区将旅游业作为支柱产业或战略性支柱产业来发展。但由于旅游业与经济增长作用条件的不同，不同地区旅游业的经济效应差异较大，有的地区旅游业投入较少成本，经济效应很大，相反有些地区投入众多，经济效应却较少，甚至产生旅游业的"诅咒效应"。因此，旅游业在区域经济发展中的战略地位应根据各地区实际，综合权衡其积极影响与消极影响，不能仅凭借其对经济增长规模的影响而做出片面决定，应从全局层面来看旅游业对区域经济、社会、生态环境产生的综合效应。充分发挥旅游业的经济效应，实现旅游业与其他系统的协调发展，不仅有利于旅游业的可持续发展，而且对我国经济社会发展水平的提高同样具有重要的现实意义，旅游业与经济、社会、生态环境的协调发展有助于旅游业经济价值、社会价值、生态价值相统一。结合书中旅游业经济效应的分析结果、旅游业与其他系统协调发展评价结果以及案例分析结果，提出了如下对策建议。

（一）加快实现我国由旅游大国向旅游强国的转变

通过对我国旅游业的现状和发展态势分析可知，旅游业是我国近年来发展较快的行业之一，且进入了快速增长时期，对经济增长具有显著的带动作用。2015年，旅游业的直接贡献为3.32万亿元，占GDP总量的4.88%，综合贡献为7.34万亿元，占GDP总量的10.8%，我国成为名副其实的旅游大国。但通过对2000~2014年我国省级层面旅游业与经济发展系统、社会发展系统、生态环境系统和区域复合系统的耦合协调性分析可知，我国旅游业与经济发展系统、社会发展系统、生态环境系统和区域复合系统的耦合协调水平较低，绝大多数耦合协调度均低于0.60，旅游业与其他系统的协调水平尚未实现中级协调。耦合协调分析结果表明，虽然我国旅游业发展迅速，产业规模增大，但我国旅游业综合发展水平较低，质量和综合效益不高，对经济、社会、生态环境和区域综合发展水平的带动作用有很大的提升空间。

提高我国旅游业发展质量，发挥好旅游业的综合效益，实现旅游业与经济发展系统、社会发展系统、生态环境系统和区域复合系统的优质协调，必须实现由旅游大国向旅游强国的转变。具体可以从以下几个方面进行。

第一，因地制宜，合理定位旅游业在国民经济中的地位。要从更高层面认识旅游业在国民经济中的综合效应，把握经济增长的演化规律。目前，我国已有28个省（区、市）将旅游业视为经济增长的支柱产业或战略性支柱产业，这主要基于地方政府对旅游业发展前景的认同以及旅游业产生的经济效益。对于我国大部分城市而言，旅游业都难以满足整个城市的人口就业和财政收入的要求，更何况对于整个省份而言，这主要归因于旅游业具有脆弱性、敏感性和不稳定性。一旦不结合各地实际，盲目跟风，夸大旅游业的经济效益，过度提高旅游业在经济体系中的地位，将对经济持续稳定发展带来较大威胁。因此，要结合各地实际，确定是否有大力发展旅游业的资源条件和配套设施，既要考虑旅游业对当地经济的带动作用，又要考虑旅游业存在的资源转移效应以及"荷兰病"效应，降低旅游业对经济带来的风险。

第二，积极推进旅游供给侧改革。当前我国国内旅游需求旺盛，国内旅游井喷式发展，但对经济增长的促进作用程度在下降，入境旅游低迷，出境旅游火爆。这说明当前我国旅游业供求矛盾不是需求不足，问题主要在供给方面，因此，积极推进旅游供给侧改革，对旅游业的持续稳定健康发展意义重大。对于推进供给侧改革，旅游企业和政府应发挥重要作用。对旅游企业来说，重点是提高旅游供给体系的质量和效率，一要加快旅游产品转型升级，生产优质的旅游产品，满足游客多元化、升级化、高端化的消费需求；二要改变旅游收入结构，如对于景区改变主要依靠门票收入的盈利模式；三要提高旅游服务质量，改变服务意识差、服务僵化的现状，转变服务理念。对政府来说，一要搞好旅游基础设施和公共服务能力建设，提高服务能力；二要加强旅游市场监督管理，严格处理欺客宰客、乱收费、捣乱市场竞争等行为，预防供给中产能过剩，建立权责明确、行为规范的监管机制；三要引导旅游企业积极推进供给侧改革，顺应时代发展。

  第三，关注旅游业的社会效应，尤其是对居民福利的改善。旅游业的发展具有社会外部性，旅游业发展初期由于游客的到来，增加了旅游地与外界的文化交流，有助于社会文明程度的提高，推动当地民族文化的复兴、传播和历史古迹的保护，改善当地社会文化生态环境，有利于人们思想意识的进步，此时旅游业往往产生的是积极效应。但当旅游需求出现高增长时，旅游业的负外部性显现，主要归因于游客的文化和生活方式产生的积极影响下降，对旅游地居民产生消极影响，具体表现在大量游客的到来，使当地交通拥堵不堪，公共基础设施和服务被占用，影响本地居民正常生活；在外来游客不健康的生活方式和经济利益的驱使下，易造成旅游地居民的社会道德感和价值观退化；旅游旺季时，旅游地的犯罪活动往往会增加，给旅游地的社会治安带来隐患。为此，当旅游业扩大规模时，避免过度关注旅游业的经济效应，充分考虑旅游业的社会外部性，把旅游业发展从"以物为中心"逐渐过渡到"以人为中心"，将旅游业的经济效应和提高人民的生活质量结合起来，关注旅游业能否满足居民日益增长的福利需要，将旅游业对居民福利改善作为重要考量标准。

  第四，发展低碳旅游，重视生态环境保护。旅游业发展初期，被认为是"无烟产业"，然而旅游业的大规模发展，人们逐渐意识到旅游业的发展也必须依赖生态环境资源的使用和耗费，不恰当的旅游开发以及游客不文明的旅游行为对生态环境产生了极大的破坏，生态环境污染问题突出。在生态环境压力日益加大的背景下，发展低碳环保的绿色旅游，是旅游业实现持续、稳定、健康发展的必然选择。当前我国许多地区旅游业的发展以牺牲生态环境为代价，旅游资源和游客产生的废弃物生态足迹较大。今后必须通过严格落实旅游规划来实现旅游地开发与保护的和谐发展理念，对自然保护区这类旅游地以保护为第一天职，对高污染、高浪费的旅游景区景点进行整改，严重者进行淘汰，提高旅游业的环保进入门槛。鼓励旅游企业结合自身实际，运用多种手段降低能耗和污染物的排放。大力推广低碳技术，尽早将低碳技术运用到每个旅游企业，同时实施主客参与管理的旅游生态环境保护的系统工程，通过法制观念教育和环保意识宣传提高政府部门、管理部门、当地居民和游客的生态环境保护意识。

（二）提高经济发展水平，奠定经济基础

充分发挥旅游业的经济增长效应，在实现我国由旅游大国向旅游强国转变的基础上，仍需进一步提升我国经济的整体实力。1978年以来经济快速发展，GDP由1978年的3645.22亿元增长到2015年的67.67万亿元，近年来由于产业结构调整等原因，我国经济增长速度放缓，增速跌破7%。对外贸易方面，进出口贸易额多年世界第一。在看到成绩的同时，仍需意识到我国经济增长仍存在较多问题，如经济的粗放型增长，区域间、城乡间贫富差距较大，不公平因素增加，社会矛盾加剧；内部体制存在障碍，经济增长主要依靠吸引外资、廉价劳动力和迎合外部需求三大要素，这种发展模式中的制度红利、人口红利、全球化红利发展潜力已基本耗尽；加之，我国进入中等收入国家行列，此阶段易导致长期集聚的矛盾集中爆发，经济增长动力不足，良好的经济增长势头转变轨迹，甚至出现经济停滞。因此，当前我国经济急需转型，以实现我国经济的良性健康发展。具体可以从以下几个方面进行。

第一，深化经济体制改革，处理好政府和市场的关系。一方面要运用好市场经济"无形的手"，根据市场规律进行资源配置，力求效益最大化和效率最优化；另一方面要充分发挥好政府"有形的手"的作用，弥补市场经济本身存在的问题，实践中由于政府管理体制的问题，政府不作为和乱作为时有发生，因此加快政府管理体制改革，建立一个负责任的、廉洁的、服务的和法治的政府，规范政府行为，提高办事效率，形成符合市场机制体系运行的政府管理体系意义重大。同时，深化企业改革，在坚持公有制经济的基础上，鼓励多种所有制经济共同发展，并且为其创造公平、公正的市场生态环境，形成不同所有制经济形式优势互补、共同繁荣的经济模式。总体来讲，凭借先进的制度和不断创新的社会规则实现经济的可持续发展。

第二，加快经济的转型发展。经济的转型包含发展模式、发展要素以及发展路径的转变。发展模式转变上，关键在于转变粗放型的经济增长方式，我国经济的快速发展，很大程度上是以高消耗、高污染、高投入为代价的，导致资源和生态环境问题突出，经济增长方式转变后，经济的发展应该建立在节能减排、资源节约和生态环境保护的条件下，将资源节约型、生态环境友好型社会放在经济发展的突出位置。发展要素转变中，转变以往主要依靠物质资源要素的消耗到依靠科技进步、劳动者素质提高和管理创新实现经济发展。为实现这一转变，一要推进自主创新，二要注重人才培养、提升人员素质、重视管理和人才队伍建设。发展路径转变上，主要通过推动经济结构战略性调整来实现，一方面调整要素投入比例，另一方面调整三次产业在国民经济中的比例。

第三，缩小区域间、城乡间经济差距。由于区域资源禀赋、政策体制的差异以及市场机制的"失灵"，我国区域间、城乡间经济差距较大，经济增长的空间不均衡问题突出，最根本的解决措施就是加快落后地区的经济发展。对此，落后地区应增强自身发展意识，强化"靠自己"的发展理念，建立并逐步完善市场经济制度，将本地的优势利用好，形成有本地特色的经济产业链，同时利用好"一带一路"倡议等国家外部的发展机遇。此外，国家应给予落后地区一定政策上的优惠，如调整区域发展战略，在落后地区建立一批重点支持的经济核心区，作为带动经济增长的增长极，同时建立机会均等和结果均等的宏观调控体系，实现基本公共服务均等化，发达地区应与落后地区"联姻"，给予对口支援，互惠互利，共同富裕。除了区域间经济差距大，我国城乡间经济差距同样较大，对此一方面应该继续大力发展现代农业，通过多渠道增加农民收入，另一方面加快城乡一体化的建设，逐步缩小城乡差距。

（三）充分发挥旅游业经济效应的空间溢出性

由第三章旅游业经济效应部分的分析可知，旅游业的经济效应具有显著的正向空间溢出性。这意味着旅游业的发展不仅可以促进本地区的经济增长，而且可以带动邻近地区的经济增长。因此，在未来的旅游发展规划中应将旅游业产生的空间溢出效应纳入其中，为旅游业充分发挥正向的空间溢出性创造良好的生态环境。对此，可以从以下几个方面展开。

第一，加快旅游经济合作和发展旅游产业集群。由于各地区区位条件、旅游资源和经济基础差异较大，加之旅游业加快了一体化的发展步伐，为旅游经济合作和旅游产业集群提供了必要条件。旅游产业集群涉及旅游产业链里各环节中的每个旅游企业，通过旅游产业集聚和旅游经济合作一体化可以带来集聚经济效应和规模经济效应，同时更有利于旅游业发达地区对周边地区产生空间溢出效应，更好地实现旅游业的经济效应。现实中，旅游产业集群和经济合作由于受到地方政府行政分割、地方保护主义以及利益博弈，物质资源、人力资源和生产要素流通不畅，制约了我国旅游经济合作和旅游产业集群进程的快速展开。对此，应坚持以市场为主体，政府为推动，顺应市场发展趋势，根据各地区旅游业发展实际，为加快旅游经济合作和旅游产业集群发展提供良好的生态环境。创造公平的市场生态环境是开展旅游产业集群和加快旅游经济合作的前提，一方面，对扰乱市场经济的行为和地方保护主义严格处理，为旅游产业集群和旅游经济合作创造良好的市场生态环境；另一方面，为旅游经济合作和旅游产业集群提供优越的政策生态环境，因地制宜提供必要的资金或税收上的支持，鼓励旅游企业展开旅游产业集群创新、合作创新，创造旅游集群品牌，引导其他行业加入旅游产业集聚的创新和品牌创造中，提升旅游产业合作与集群的活力。

第二，充分发挥人力资本和科技创新在空间溢出中的作用。由旅游溢出理论和旅游业经济效应部分的实证分析可知，人力资本和科技创新对旅游业发挥经济增长效应做出重要贡献。当今社会，科学技术是第一生产力，技术的创新成为地区经济竞争力的重要体现，而人力资本正是科技创新的原动力。提高人力资本质量，增强科技创新能力不仅有利于旅游业充分发挥空间溢出作用，而且有益于地区经济增长。人力资本和科技创新空间溢出效应的发挥主要依靠人才和技术知识等生产要素在地区间的传播。因此,一方面应该增加教育和科学技术事业的投入,培养高素质的人才,提高人力资本质量,增强我国的自主创新能力;另一方面营造出有利于人才和技术流动的发展生态环境,放宽人才流动政策,增加地区间人才流动,鼓励高素质人才到相对落后地区工作,为我国留学人员回国发展提供良好政策,同时引进国外人才,为科技创新提供原动力,加快人力资本和科技创新转换为经济优势的进程。

旅游业的发展能带来经济、社会、生态环境等外部性效应。本书主要研究了旅游业带来的经济外部性,书中实证研究表明,从整体看,我国旅游业对经济增长产生正向的外部效应,对可能产生的社会效应和生态环境效应并未展开深入的研究。因此,不能过度乐观,警惕旅游业发展过程中可能存在的空间负效应,如可能导致扩散区生态环境污染物增加,生态环境系统退化,也有可能将旅游业相对发达地区的社会问题传播到扩散区,产生社会负效应。

(四)对国内旅游和入境旅游实施差异化发展战略

书中分析旅游业经济效应时,将旅游业分为国内旅游和入境旅游两部分进行。由第三章的实证分析结果可知,从全域角度看,国内旅游的经济增长效应大于入境旅游的经济增长效应,说明国内旅游对经济增长的贡献更大。当将各地区按照旅游业专业化水平差异程度划分时,得出国内旅游业专业化程度与旅游业的经济效应并不是正相关,而入境旅游业的专业化程度与旅游业的经济效应正相关。运用地理加权回归模型分析时发现,国内旅游的经济增长效应有所下降,部分省(区、市)甚至为负,入境旅游的经济增长效应虽然相对较小,但有上升的趋势。因此,为更好地发挥旅游业的经济效应,在发展国内旅游和入境旅游时应采取差异化的战略。

改革开放后,随着我国国民人均可支配收入的提高,国民出游次数的大幅度增加,尤其是进入 21 世纪后,国内旅游井喷式增长,2015 年国内旅游收入占到旅游业总收入的 85.8%,国内旅游成为我国旅游业的基础和主体。从国内旅游发展规模角度看,国内旅游业发展迅速,但实证分析部分结果显示国内旅游的经济增长效应并未出现显著的提高，有些省（区、市）甚至下降，因此，提高国内旅游业发展水平势在必行。国内旅游发展的重点应在于延长旅游业的产业链，加快与其他产业的融合发展，增加旅游活动中弹性系数大的产品的收入，打造民族品牌。此外，针对当前我国国内旅游业中存在的各种欺客宰客、乱收费现象，政府应加大整治力度，针对游客不文明的出游行为应建立个人出行素质档案，逐步提高游客和旅游服务人员素质。总之，通过各种措施实现国内旅游业可持续发展，创造更多的社会、生态环境效应。

2015年我国入境旅游人次达到1.33亿人次，相较1978年增长了72.5倍，接待的入境游客数量居世界第四位。2008年金融危机后，由于我国主要客源市场经济增长缓慢，各国旅游目的地竞争激烈，地缘政治消极影响加强，加之我国生态环境污染、食品安全等问题，我国入境旅游人次和旅游收入增长率有所下降。由书中实证分析可知，我国入境旅游的经济增长效应总体有所提高，并且这种经济增长效应更加稳固。因此对于入境旅游应该继续大力发展。一方面强化发展入境旅游理念，各地区因地制宜开发各具特色的旅游产品，打造旅游品牌形象，优化旅游公共服务，通过提高自身因素吸引境外游客。另一方面，加大境外营销投入力度，开展多渠道传播，扩大我国客源市场范围，吸引更多国家的游客，同时简化进入我国的签证政策，为吸引更多入境游客创造便利条件。此外，利用好"一带一路"倡议为入境发展提供的新平台、新条件、新渠道和新机遇，将我国入境旅游业尤其是中西部旅游提升到新台阶。

（五）强化综合发展能力，提高协调水平

由第四章我国旅游业与经济发展系统、社会发展系统、生态环境系统、区域复合系统部分的分析可知，各系统的综合评价值和旅游业与其他系统的耦合协调度均基本呈现逐步增长的趋势，但上升幅度不大。绝大多数省（区、市）旅游业、经济、社会和生态环境之间的协调水平仍然较低。若这种不协调长期存在，必将影响我国旅游业发展的可持续性。因此，为了有利于我国旅游业与经济、社会、生态环境的协调发展，提出以下对策建议。

第一，强化旅游业与经济、社会、生态环境协调发展意识。旅游业的经济效应是旅游业发展的重要目标，但对于如何发展旅游业、最大化地发挥旅游业经济效应，是发展旅游业过程中需要思考的战略性命题。当前我国旅游业发展的政策基点存在着对经济关注度远远高于对社会、生态环境关注度的倾向，对彰显旅游民生价值的产品供给不足，忽视对生态环境的保护。因此，各地区在制定旅游业发展战略时，应更新发展观念，不要片面地关注旅游业的经济效应，而应综合考虑社会和生态环境效益，意识到旅游业的三大效益不分伯仲。强化旅游业与经济、社会、生态环境协调发展重要性的认识，合理规划旅游业与经济、社会、生态环境的协调关系，发挥旅游业发展对整个经济、社会、生态环境的促进作用，将旅游业发展为人民群众满意的现代服务业。

第二，将旅游业融入经济、社会、生态环境协调发展的战略中。经济、社会、生态环境的协调发展是科学发展观中统筹经济、社会、人与自然和谐发展的集中体现，是可持续发展战略的要求。我国旅游业虽然快速发展，但存在着发展粗放、产业链条短、社会和生态环境效益差的问题，对经济、社会、生态环境的协调发展促进作用不大。因此，将旅游业提高到更高的战略层面，将其融入经济、社会、生态环境协调发展战略中，有利于实现旅游业与经济、社会、生态环境的协调发展。旅游业具有较强的关联性和外延性，通过带动相关产业发展，扩大就业，将发达地区物质资本、人力资本和技术资源带到相对落后地区，增加居民收入等方式在促进经济增长和国民福利的改善方面发挥积极作用。同时，旅游业也是依赖生态环境的产业，旅游资源和旅游生态环境是旅游业赖以生存和发展的基础，尤其对于生态型旅游地。旅游业发展中，可通过对旅游生态环境的合理开发和规划，将旅游生态环境保护纳入发展战略中，有助于强化企业和居民的环保意识，进而达到通过旅游业保护生态环境的目的。由于旅游业与经济、社会和生态环境间相互依赖、相互依存，将旅游业融入经济、社会、生态环境协调发展战略中，是旅游业健康持续稳定发展的保障。

第三，采取差异化的协调性发展措施。从整体上看，当前我国旅游业与经济、社会、生态环境不协调的主要原因是旅游业综合发展水平较低，尽管改革开放后，我国旅游业快速发展，但这种增长是从旅游收入、旅游人数等规模角度而言，一旦从多角度（产业素质、教育功能）考察旅游业的发展水平时，我们发现旅游业发展水平的提升幅度不大，因此从整体层面看，在实现旅游业与经济发展系统、社会发展系统、生态环境系统协调发展过程中，提高旅游业综合水平尤为关键。从区域角度看，我国东部沿海地区旅游业与经济、社会、生态环境的协调发展水平高于中部和西部地区，对此东部地区应加快旅游产业转型升级，使其与经济发展系统、社会发展系统、生态环境系统协调水平更高，中部和西部地区由于旅游业与经济发展系统、社会发展系统、生态环境系统的协调发展水平较低，其重点应放在提高各系统的综合发展水平和协调水平方面。从省域角度看，仅有广东、上海、江苏等省（区、市）达到基本协调状态，其他大部分省（区、市）以失调为主，对此，各省（区、市）应从实际出发，在旅游业与经济、社会、生态环境协调发展中，侧重发展相对落后的系统，将旅游业不断融入经济发展、社会发展、生态环境保护的进程中，加强旅游业系统与其他系统相互作用关系，以实现旅游业与经济、社会、生态环境的协调发展。

第六章 结论与创新

一、研究结论

改革开放后,我国旅游业实现了快速发展。旅游业不仅对促进国民经济增长发挥重要作用,而且对国民福利的提高、文化交流的增加、生态环境的保护同样起着积极作用。旅游业在我国国民经济体系中占有重要地位,被许多省(区、市)定位为支柱产业或战略性支柱产业。随着旅游业的快速发展,其带来的社会和生态环境问题也突显出来,旅游业与经济、社会、生态环境的协调发展任重而道远。目前我国关于旅游业的经济效应以及如何实现旅游业与经济社会的协调发展的研究很多,但此类研究存在以下不足:一是在研究旅游业的经济效应时,忽略旅游业与经济增长的空间相关性,未将旅游业对经济增长产生的空间溢出性考虑在内,尽管近年来有些研究将空间溢出性纳入计量研究中,但存在着将空间交互作用等同于空间溢出性的计量错误;二是在研究旅游业与经济、社会、生态环境协调发展中,多是旅游业与经济增长关系、旅游业与社会发展关系、旅游业与生态环境关系的个体片面研究,并未把经济、社会、生态环境作为一个整体系统,将旅游业融入经济、社会、生态环境协调发展的体系中。

因此,本书在参考国内外学者对旅游业经济效应及其协调性相关研究(具体文献条目已在书后列出)的基础上,运用经济增长理论、区域协调发展理论、旅游经济学理论、旅游溢出理论及新经济地理学理论,以我国31个省(区、市)为实证分析对象,研究时间选择2000~2014年共15年,对我国旅游业与经济增长现状、两者相互作用关系机理和旅游业对经济增长产生的空间溢出性进行分析。同时运用耦合协调的研究方法,从时间和空间两个尺度对我国31个省(区、市)旅游业与经济、社会、生态环境的协调发展情况进行分析,选择广东、安徽、宁夏三个不同类型的省份进行案例研究,有针对性地提出旅游业与经济、社会、生态环境协调发展的对策建议。现将本书得出的主要结论总结如下:

第六章 结论与创新

（1）旅游业发展与经济发展关系更为密切，两者表现为正相关。书中从全国和省域两个尺度，对国内旅游、入境旅游与经济发展水平关系进行简单的定量分析，绘制了旅游业与经济发展关系的散点图，得出国内旅游和入境旅游与经济发展水平在全国和省域尺度上表现出正相关。这意味着经济基础好的地区，更容易形成与旅游业的良性互动。如对广东而言，在旅游资源上并不存在较大优势，但其旅游业发展水平在全国能够名列前茅，主要原因在于广东的经济发展水平居全国前列，广东的旅游大省是由经济大省地位决定的。旅游业只有依托国民经济才能实现持续、稳定、健康的发展。因此，各地旅游业不能盲目定位，在旅游业定位和发展规划中，必须以区域经济增长为基础，以经济增长速度和居民收入水平提高幅度为支撑，旅游业超前或滞后区域经济增长都是不合理的。

（2）旅游业与经济发展水平均表现出空间集聚性。对我国31个省（区、市）2000～2014年人均GDP、国内旅游收入和入境旅游收入进行莫兰I数计算，得出人均GDP的莫兰I数始终显著为正，说明各省（区、市）人均GDP的空间分布并不是随机的状态，具有空间集聚的特征，即人均GDP表现出高-高集聚，低-低集聚的空间分布特征。从考察期内人均GDP的莫兰I数变化来看，总体上处于上升的趋势；由国内旅游收入和入境旅游收入的莫兰I数及统计量的显著性检验可知，国内旅游收入的莫兰I数始终显著为正，意味着同经济增长水平的空间分布情况类似，各省（区、市）国内旅游业发展的空间分布具有集聚性，但莫兰I数总体处于波动中下降的趋势；对比国内旅游收入的莫兰I数及其统计量的显著性检验，入境旅游收入的莫兰I数相对较小，显著性水平略低。从入境旅游收入的莫兰I数变化来看，入境旅游收入的莫兰I数始终为正，总体上处于上升的趋势。

（3）旅游业具有正向的经济增长效应和空间溢出性。书中计量分析中，在控制了物质资本投入、人力资本投入、科技创新和外商投资等变量后，首先运用经典计量模型估计旅游业的经济效应，得出国内旅游和入境旅游均具有正向的经济增长效应。由于国内旅游、入境旅游和经济发展水平三个指标均具有显著的空间相关性，因此在计算旅游业的经济效应时，空间计量模型的估计结果更准确。通过对比经典计量模型和空间计量模型的估计结果，发现忽略空间效应会高估旅游业的经济效应。由空间计量模型的估计结果可知：从全局角度看，我国国内旅游和入境旅游均对经济增长具有显著的促进作用，且具有显著的正向空间溢出作用，这意味着旅游业的发展不仅会促进本地的经济增长，而且会促进邻近地区的经济增长。因此，应充分发挥旅游业发达地区的集聚辐射带动作用，将其经济增长效应延伸至周边地区，吸引发达地区游客向周边地区流动，带动物质资本、人力资源、技术向周边地区流动，实现共同发展。对比国内旅游和入境旅游的经济增长效应，得出国内旅游的经济增长弹性系数远大于入境旅游的弹性系数，说明国内旅游业的经济效应更大些。

（4）旅游业的经济效应具有空间差异性。旅游业在发展，旅游需求量在增大，旅游业的经济效益在稳步提升，但并不是所有的旅游地平均分享这一增长。只有在那些旅游资源丰富、基础和配套设施完备、可进入性好、商业价值高的地区旅游业的经济增长效应才能发生。书中运用地理加权回归模型对旅游业的经济效应进行局部计量分析，以 2000 年和 2014 年为分析点，得出 2000 年大部分省域的国内旅游和入境旅游对经济增长具有显著的促进作用，2014 年入境旅游的经济增长效应更加显著稳定，国内旅游和入境旅游的经济增长效应在不同区域差异较大，总体来讲东部地区旅游业的经济效应更大，西部地区旅游业的经济效应相对较小，这主要归因于西部地区尽管有丰富的旅游资源，但由于相关配套设施的不足、交通运输条件的不便以及本地居民旅游消费能力相对不高等原因，西部地区旅游业的经济效应并未得到充分发挥，这意味着短期内通过旅游业发展缩小区域经济差距有一定难度。省域差异视角下旅游业与经济增长关系研究启示各省域要根据本地区经济发展基础适度发展旅游业，不能盲目地扩大旅游业规模，过度依赖旅游业不仅不会带来预期的经济效益，而且可能造成人力资源和物质资源的浪费。

（5）旅游业的经济效应与经济发展水平、旅游业专业化程度关系密切。本书在对前人理论总结和验证的基础上，对基于不同经济发展水平和旅游业专业化程度地区的旅游业与经济增长关系进行实证分析。研究发现，旅游业的经济效应与经济发展水平表现为正相关，即经济发展水平越高的地区，国内旅游和入境旅游的经济增长效应越大，这再次说明在不考虑其他产业对经济增长的作用条件下，旅游业发展对缩小区域经济差距贡献不大。旅游业的经济增长弹性与国内旅游业、入境旅游业专业化程度的关系表现不同，旅游业的经济增长弹性与入境旅游业专业化程度表现出显著的正相关，入境旅游业专业化程度高的地区入境旅游的经济增长弹性也较大，而旅游业的经济增长弹性与国内旅游业专业化程度并未表现出显著的正相关，国内旅游业专业化程度高的地区国内旅游业的经济效应与国内旅游业专业化程度低的地区的增长弹性相差不大，这与当前我国大多数省（区、市）国内旅游业专业化程度较高息息相关，国内旅游业的门槛效应可能开始出现。

（6）旅游业、经济、社会、生态环境及区域复合系统的整体发展水平和协调发展水平不高，地区差异显著。本书构建了旅游业、经济、社会、生态环境及区域复合系统的评价指标体系，运用熵值赋权法和耦合协调分析模型得出：我国旅游业系统综合评价指数、经济发展系统综合评价指数、社会发展系统综合评价指数、生态环境系统评价指数、区域综合发展评价指数均不高，旅游业系统综合评价指数均值在 0.293 左右，经济发展系统综合评价指数均值在 0.314 左右、社会发展系统综合评价指数均值在 0.365 左右、生态环境系统评价指数在 0.265 左右，经济-社会-生态环境复合系统评价指数均值在 0.390 左右；旅游业与其他系统的综合发展水平对旅游业与其他经济发展系统的耦合协调性有着重要影响，旅游业与其他系统发展水平高的区域，两者的耦合协调程度也较高，反之较低；旅游业与其他各系统之间既相互支持又相互制约，目前我国旅游业同其他系统之间耦合协调程度不高，仅有以广东为代表的少数省（区、市）能达到勉强协调水平，以湖南和湖北为代表的大部分省（区、市）处于轻度和中度失调，以宁夏为代表的少数省（区、市）严重失调；从区域角度看，东部沿海地区旅游业与经济、社会、生态环境以及区域复合系统的耦合协调水平均高于中西部内陆地区；从旅游业与其他系统耦合协调水平比较来看，旅游业与生态环境系统的耦合协调水平相对最高，旅游业与经济发展系统的耦合协调水平相对最低。

二、创新点

本书的主要贡献和创新之处在于以下三个方面。

第一，对不同约束条件作用下，国内旅游和入境旅游的经济增长效应进行差异化分析。本书计量分析中将旅游业分为国内旅游和入境旅游两部分，对比分析国内旅游和入境旅游对经济增长影响的差异性。同时，根据区域经济发展水平和旅游专业化程度约束条件的不同，将 31 个省（区、市）进行分类，分析经济发展水平和旅游业专业化程度与旅游业经济效应的关系。

第二，综合运用空间杜宾模型和地理加权回归模型研究旅游业经济效应的空间溢出性和空间差异性。以往研究旅游业经济效应的文献多数忽略空间效应，或是忽略空间异质性，本书运用全面性的空间杜宾模型进行全局分析，更为准确地估计空间溢出效应，局部分析中运用地理加权回归模型研究空间异质性，较为合理地将空间杜宾模型和地理加权回归模型结合运用。

第三，对旅游业与经济、社会、生态环境之间协调性进行全方位多角度分析。本书在研究旅游业的经济效应时，对旅游业与社会发展、生态环境、经济-社会-生态环境之间的相互作用关系及协调发展水平进行探究，并选择典型地区作为分析对象，全面评估旅游业的经济、社会、生态环境影响，将旅游业融入经济、社会、生态环境协调发展的战略中。

参 考 文 献

包富华, 杨尚英, 2016. 2000 年以来国内旅游的社会文化影响的研究回顾. 世界地理研究, 25(5): 142-152.

保继刚, 楚义芳, 1999. 旅游地理学. 2 版. 北京: 高等教育出版社.

保继刚, 楚义芳, 2012. 旅游地理学. 3 版. 北京: 高等教育出版社.

保继刚, 张骁鸣, 2004. 1978 年以来我国旅游地理学的检讨与反思. 地理学报, 59(1): 132-138.

边雯, 1978. 迅速发展的世界旅游业. 世界经济(2): 61-64.

陈丽坤, 2011. 离析现代化与旅游对民族社区的文化影响——西双版纳三个傣寨的比较研究. 旅游学刊, 26(11): 58-64.

程晓丽, 王逢春, 2014. 安徽省旅游产业发展与经济增长相关性分析. 经济地理, 34(3): 182-186.

戴伯勋, 沈宏达, 2001. 现代产业经济学. 北京: 经济管理出版社, 331-334.

戴蒙德, 沈蕙蓉, 1979. 旅游业在经济增长中的作用. 国际经济评论(11): 33-38.

邓飞飞, 2015. 拉萨市旅游业对经济增长的影响研究. 拉萨: 西藏大学.

邓聚龙, 2002. 灰理论基础. 武汉: 华中科技大学出版社.

方叶林, 黄震方, 段忠贤, 等, 2013. 我国旅游业发展与生态环境耦合协调研究. 经济地理, 33(12): 195-201.

高杨, 马耀峰, 刘军胜, 2016. 旅游业-城市化-生态环境耦合协调及发展类型研究——以京津冀地区为例. 陕西师范大学学报(自然科学版), 44(5): 109-118.

关伟, 2007. 区域水资源与经济社会耦合系统可持续发展的量化分析. 地理研究, 26(4): 685-692.

巩劼, 晋秀龙, 南伟, 2008. 黄山风景区旅游开发的声生态环境影响分析. 安徽师范大学学报, 31(5): 493-497.

郭鲁芳, 2005. 旅游经济学. 杭州: 浙江大学出版社.

何枭吟, 2006. 新经济地理学理论与实证研究综述. 改革与战略, 26(12): 176-178.

阚如良, 史亚萍, Kung H, 等, 2014. 民族文化遗产旅游地妇女社会角色变迁研究——以三峡步步升文化村为例. 旅游学刊, 29(4): 19-27.

康蓉, 2006. 旅游卫星帐户及旅游业增加值的测算. 商业时代(5): 78-80.

匡林, 1996. 关于旅游乘数理论的几个问题. 华侨大学学报(社会科学版) (3): 39-43.

李江帆, 李冠霖, 江波, 2001. 旅游业的产业关联和产业波及分析——以广东为例. 旅游学刊, 16(3): 19-25.

李江帆, 李美云, 1999. 旅游产业与旅游增加值的测算. 旅游学刊, 14(5): 16-19, 76.

李秋雨, 朱麟奇, 刘继生, 2016. 中国旅游业对经济增长贡献的差异性研究. 中国人口·资源与环境, 26(4): 90-97.

李秋雨, 朱麟奇, 刘继生, 2017. 中国城市入境旅游的经济增长效应及空间溢出性. 统计信息与论坛, 32(1): 73-79.

李天元, 2013. 旅游学概论. 天津: 南开大学出版社.

李小建, 2006. 经济地理学. 北京: 高等教育出版社.

李兴绪, 牟怡楠, 2004. 旅游产业对云南经济增长的贡献分析. 城市问题(3): 43-45, 49.

李子奈, 潘文卿, 2010. 计量经济学. 北京: 高等教育出版社.

李作志, 王尔大, 2010. 旅游卫星账户的模型研究——以大连旅游业为例. 旅游学刊, 25(11): 26-33.

廖重斌, 1999. 生态环境与经济协调发展的定量评判及其分类体系——以珠江三角洲城市群为例. 热带地理, 19(2): 171-177.

林清清, 朱竑, 陶伟, 2014. 1987年来国家自然科学基金资助中的旅游地理学. 地理学报, 66(8): 1159-1176.

刘安国, 杨开忠, 2001. 新经济地理学理论与模型评介. 经济学动态(12): 67-72.

刘军胜, 马耀峰, 吴冰, 2015. 入境旅游流与区域经济耦合协调度时空差异动态分析——基于全国31个省区1993—2011年面板数据. 经济管理, 37(3): 33-43.

刘隆, 1980. 云南旅游业初探. 经济问题探索(1): 55-60.

刘世杰, 王立纲, 1980. 旅游事业在国民经济中的地位和作用. 经济研究(4): 77-80.

刘晓冰, 保继刚, 1982. 旅游开发的生态环境影响研究进展. 地理研究, 15(4): 92-100.

刘赵平, 2000. 关于旅游卫星账户的基础研究. 桂林旅游高等专科学校学报, 11(1): 9-13.

卢江勇, 张玉梅, 过建春, 2005. 海南旅游经济增长的实证分析. 安徽广播电视大学学报(2): 39-42.

卢松, 2008. 旅游地居民对旅游影响感知和态度的比较——以西递景区与九寨沟景区为例. 地理学报, 63(6): 646-656.

鲁明勇, 王玉杰, 王兆峰, 2005. 湘鄂渝黔边区旅游业对经济增长贡献研究. 科技和产业, 5(2): 1-7.

庞丽, 王铮, 刘清春, 2006. 我国入境旅游和经济增长关系分析. 地域研究与开发, 25(3): 51-55, 128.

齐秀丽, 1979. 日本的旅游业. 吉林大学学报(社会科学版)(4): 32-33.

乔玮, 2006. 用投入产出模型分析旅游对上海经济的影响. 经济地理, 26(2): 63-66.

秦远好, 谢德体, 魏朝富, 2006. 旅游业的生态环境影响研究. 经济地理, 26(3): 503-510.

全惟幸, 1987. 旅游业的投入产出分析. 外国经济与管理(8): 36-38.

任佳燕, 刘赵平, 1999. 用旅游卫星帐户测度旅游业对经济的影响. 中国统计(10): 24-25.

生延超, 钟志平, 2009. 旅游产业与区域经济的耦合协调度研究——以湖南省为例. 旅游学刊, 24(8): 23-29.

师守祥, 2007. 旅游业乘数研究辨正. 旅游学刊, 22(10): 30-34.

唐雪琼, 钱俊希, 陈岚雪, 2011. 旅游影响下少数民族节日的文化适应与重构——基于哈尼族长街宴演变的分析. 地理研究, 30(5): 835-844.

田里, 2006. 旅游经济学. 2版. 北京: 高等教育出版社.

万绪才, 张安, 李刚, 等, 2003. 基于旅游者的城市旅游生态环境质量综合评价研究——南京与苏州两市实例分析. 经济地理, 23(1): 113-116.

王金田, 2013. 我国农业经济增长的空间效应分析. 北京: 中国农业大学.

王雪华, 1999. 论旅游的社会文化影响. 桂林旅游高等专科学校学报(增刊1): 60-63.

王燕, 王哲, 董良全, 2009. 新疆旅游产业经济贡献综合影响分析. 干旱区资源与环境, 23(4): 165-169.

王兆峰, 余含, 2012. 张家界旅游产业发展与小城镇建设耦合发展研究. 经济地理, 32(7): 165-171.

魏卫, 陈雪钧, 2006. 旅游产业经济贡献综合评析——以湖北省为例. 经济地理, 26(2): 331-334, 352.

翁钢民, 李凌雁, 2015. 基于空间统计分析的我国旅游业与生态环境协调发展研究. 生态经济, 31(10): 90-94.

吴殿廷, 2007. 区域经济学. 北京: 科学出版社.

吴玉鸣, 2010. 考虑空间效应的我国省域旅游产业弹性估计. 旅游学刊, 25(3): 18-25.

向延平, 2012. 旅游发展与经济增长空间自相关分析——基于武陵山区的经验数据. 经济地理, 32(8): 172-175.

肖贵蓉, 2007. 旅游、变化、影响与机遇. 北京: 高等教育出版社.

谢兰云, 2013. 中国省域R&D投入对经济增长作用途径的空间计量分析. 中国软科学(9): 37-47.

熊鹰, 李彩玲, 2014. 张家界市旅游-经济-生态环境协调发展综合评价. 中国人口·资源与环境, 24(11): 246-250.

徐崇云, 顾铮, 1984. 旅游对社会文化影响初探. 杭州大学学报, 14(3): 53-58.

薛熙明, 覃璇, 唐宝琼, 2012. 旅游对恩施土家族居民民族认同感的影响——基于个人生活史的视角. 旅游学刊, 27(3): 27-35.

闫敏, 1999. 旅游业与经济增长水平之间的关系. 旅游学刊, 14(5): 9-15, 76.

颜亚玉, 黄海玉, 2008. 历史文化保护区旅游开发的社区参与模式研究. 人文地理, 23(6): 94-98.

杨士弘, 廖重斌, 郑宗清, 1996. 城市生态环境学. 北京: 科学出版社.

杨炳铎, 米红, 吴逊, 2006. 北京市旅游卫星账户2002. 统计与信息论坛, 21(2): 71-76.

尹寿兵, 刘云霞, 2013. 风景区毗邻社区居民旅游感知和态度的差异及机制研究——以黄山市汤口镇为例. 地理科学, 33(4): 427-434.

张军, 吴桂英, 张吉鹏, 2004. 我国省际物质资本存量估算: 1952—2004. 经济研究(10): 35-44.

张凌云, 1988. 旅游业乘数效应的几个问题. 南开经济研究(3): 41-44.

张娜, 佟连军, 2013. 基于面板数据的黑龙江省旅游经济效应分异研究. 经济地理, 33(2): 172-178.

张宁宁, 何元庆, 王春凤, 等, 2011. 发展旅游产业对大气降水化学特征的影响: 以云南丽江为例. 生态环境科学, 32(2): 132-145.

张玉萍, 瓦哈甫·哈力克, 党建华, 等, 2014. 吐鲁番地区旅游-经济-生态环境耦合协调发展分析. 人文地理, 29(4): 140-145.

赵磊, 方成, 吴向明, 2014. 旅游发展、空间溢出与经济增长——来自我国的经验证据. 旅游学刊, 29(5): 16-30.

赵丽霞, 2001. 创建我国国家旅游卫星账户初探. 厦门大学学报(哲学社会科学版)(4): 32-37.

钟丹萍, 2015. 旅游业发展对古镇的社会影响研究——以浙江西塘古镇为例. 黑龙江科技信息(35): 293-294.

钟业喜, 陆玉麒, 2011. 鄱阳湖生态经济区人口与经济空间耦合研究. 经济地理, 31(2): 195-200.

周孟娴, 纪玉临, 谢雨生, 2010. 台湾自杀率具空间群聚吗? 模仿效应或结构效应. 人口学刊(41): 1-65.

朱承亮, 2014. 基于随机前沿生产函数的我国区域旅游产业效率研究. 旅游学刊, 24(12): 18-23.

朱祥忠, 1980. 西班牙的旅游业是怎样发展起来的. 世界经济(5): 63-67.

左冰, 2002. 我国旅游产出乘数及就业乘数的初步测算. 云南财贸学院学报, 18(6): 30-34.

Adams P D, Parmenter B R, 1995. An applied general equilibrium analysis of the economic effects of tourism in a quite small, quite open economy. Applied Economics, 27(10): 985-994.

Adamou A, Clerides S, 2010. Prospects and limits of tourism-led growth: the international evidence. Review of Economic Analysis, 3(3): 287-303.

Akinboade O A, Braimoh L A, 2010. International tourism and economic development in South Africa a Granger causality test. International Journal of Tourism Research, 12(2): 149-163.

Anselin L, 2005. Exploring spatial data with GeoDaTM: a workbook. Urbana: Spatial Analysis Laboratory.

Archer B, 1995. Importance of tourism for the economy of Bermuda. Annals of Tourism Research, 22(4): 918-930.

Balaguer J, Cantavella M, 2002. Tourism as a long-run economic growth factor: the Spanish case. Applied Economics, 34(7): 877-884.

Brau R, Lanza A, Pigliaru F, 2006. How fast are small tourist countries growing? The 1980—2003 evidence. Working Papers, 1: 1-15.

Briassoulis H, 1991. Methodological issues: tourism input-output analysis. Annals of Tourism Research, 18(3): 485-495.

Boukas N, Ziakas V, 2013. Impacts of the global economic crisis on cyprus tourism and policy responses. International Journal of Tourism Research, 15(4): 329-345.

Capó J, Font A R, Nadal J R, 2007. Dutch disease in tourism economies: evidence from the balearics and the canary islands. Journal of Sustainable Tourism, 15(6): 615-627.

Chang C L, Khamkaew T, McAleer M, 2012. IV estimation of a panel threshold model of tourism specialization and economic development. Tourism Economics, 18(1): 5-41.

Chou M C, 2013. Does tourism development promote economic growth in transition countries? A panel data analysis. Economic Modelling, 33(4): 226-232.

Clark G L, Feldmann M, Gertler M, 2005. 牛津经济地理学手册. 刘卫东, 王缉慈, 李小建, 等, 译. 北京: 商务印书馆: 115-116.

Cortés J I, 2008. Which type of tourism matters to the regional economic growth? The cases of Spain and Italy. International Journal of Tourism Research, 10(2): 127-139.

Daniel S, 2011. Why sustainable tourism must address climate change. Journal of Sustainable Tourism, 19(1): 17-34.

Deng T, Ma M, Cao J, 2014. Tourism resource development and long-term economic growth: a resource curse hypothesis approach. Tourism Economics, 20(5): 923-938.

Dennison N, 1996. Anthropology of tourism. Oxford: Pergamon Press.

Dritsakis N, 2004. Tourism as a long-run economic growth factor: an empirical investigation for Greece using causality analysis. Tourism Economics, 10(3): 305-316.

Dwyer L, 2000. Economic impacts of inbound tourism under different assumptions regarding the macroeconomy. Current Issues in Tourism, 3(4): 325-363.

Dwyer L, Forsyth P, 1993. Assessing the benefits and costs of inbound tourism. Annals of Tourism Research, 20(4): 751-768.

Dwyer L, Forsyth P, Spurr R, 2003. Inter-industry effects of tourism growth: implications for destination managers. Tourism Economics, 9(2): 117-132.

Dwyer L, Forsyth P, Spurr R, 2004. Evaluating tourism's economic effects: new and old approaches. Tourism Management, 25(3): 307-317.

Fayissa B, Nsiah C, Tadesse B, 2011. Research note: tourism and economic growth in Latin American countries - further empirical evidence. Tourism Economics, 17(6): 1365-1373.

Fletcher J E, 1989. Input-output analysis and tourism impact studies. Annals of Tourism Research, 16(4): 514-529.

Frechtling D C, Horváth E, 1999. Estimating the multiplier effects of tourism expenditures on a local economy through a regional input-output model. Journal of Travel Research, 37(4): 324-332.

Ghali M A, 1976. Tourism and economic growth: an empirical study. Economic Development and Cultural Change, 24(3): 527-538.

Hughes H L, 1994. Tourism multiplier studies: a more judicious approach. Tourism Management, 15(6): 403-406.

Ivanov S H, Webster C, 2013. Tourism's impact on growth: the role of globalisation. Annals of Tourism Research, 4(41): 231-236.

Jimenez C, Paulina M, 2006. A further step into the ELGH and TLGH for Spain and Italy. Fondazione Eni Enrico Mattei Working Paper Series, 9(10): 118-206.

Jucan C N, Jucan M S, 2013. Travel and tourism as a driver of economic recovery. Procedia Economics and Finance, 6: 81-88.

Keller W, 2000. Do trade patterns and technology flows affect productivity growth?. The World Bank Economic Review, 14(1): 17-47.

Krugman P, 1991. Geography and Trade. Leuven: Leuven University Press.

Lanza A, Pigliaru F, 2000. Tourism and economic growth: does country's size matter?. Rivista Internazionale di Scienze Economiche Commerciali, 47: 77-85.

Martin R L, Sunley P, 1996. Paul Krugman's geographical economics and its implications for regional development theory: a critical assessment. Economic Geography, 72(3): 259-292.

Muchapondwa E, Stage J, 2013. The economic impacts of tourism in Botswana, Namibia and South Africa: is poverty subsiding?. Natural Resources Forum, 37(2): 80-89.

Nunez T, 1963. Tourism, tradition, and acculturation: weekendismo in a mexican village. Southwestern Journal of Anthropology, 6(21): 347-352.

Oh C O, 2005. The contribution of tourism development to economic growth in the Korean economy. Tourism Management, 26(1): 39-44.

Po W C, Huang B N, 2008. Tourism development and economic growth—a nonlinear approach. Physica A: Statistical Mechanics and its Applications, 387(12): 5535-5542.

Roy B, Jan P, John F, 2011. Visitors' learning for environmental sustainability: testing short - and long -term impacts of wildlife tourism experiences using structural equation modeling. Tourism Management, 32(6): 1243 -1252.

Saleh A S, Assaf A G, Ihalanayake R, et al., 2015. A panel cointegration analysis of the impact of tourism on economic growth: evidence from the middle east region. International Journal of Tourism Research, 17(3): 209-220.

Seetanah B, 2011. Assessing the dynamic economic impact of tourism for island economies. Annals of Tourism Research, 38(1): 291-308.

Sébastien D, Sebastian W, 2014. Sustainable dive tourism: social and environmental impacts — the case of Roatan, Honduras. Tourism Management Perspectives, 10: 19-26.

Tang C F, Tan E C, 2015. Does tourism effectively stimulate Malaysia's economic growth?. Tourism Management, 46(2): 158-163.

Tanja M, 2000. Environmental management of a tourist destination a factor of tourism competitiveness. Tourism Management, 21: 65-78.

Tugcu C T, 2014. Tourism and economic growth nexus revisited: a panel causality analysis for the case of the mediterranean region. Tourism Management, 42: 207-212.

Valene L S, 1977. Host and guests: the anthropology of tourism. Philadelphia: University of Pennsylvania Press.

Williams M, Shaw G, 1998. Tourism and economic development: Western European experience. New York: Columbia University Press.

Yang Y, Fik T, 2014. Spatial effects in regional tourism growth. Annals of Tourism Research, 46: 144-162.

Yang Y, Wong K K F, 2012. A spatial econometric approach to model spillover effects in tourism flows. Journal of Travel Research, 51(6): 768-778.

陕西省社会科学院/编

陕西文化发展报告
（2016）

ANNUAL REPORT ON CULTURE OF SHAANXI
(2016)

主　编/任宗哲　白宽犁　王长寿

社会科学文献出版社
SOCIAL SCIENCES ACADEMIC PRESS (CHINA)

图书在版编目(CIP)数据

陕西文化发展报告.2016/任宗哲,白宽犁,王长寿主编.
—北京：社会科学文献出版社,2015.12
（陕西蓝皮书）
ISBN 978-7-5097-8661-1

Ⅰ.①陕⋯　Ⅱ.①任⋯②白⋯③王⋯　Ⅲ.①文化发展-研究报告-陕西省-2016　Ⅳ.①G127.41

中国版本图书馆CIP数据核字（2015）第312367号

陕西蓝皮书
陕西文化发展报告（2016）

主　　编／任宗哲　白宽犁　王长寿

出 版 人／谢寿光
项目统筹／高振华
责任编辑／高　启　王凤兰　王　颉

出　　版／社会科学文献出版社·皮书出版分社（010）59367127
　　　　　　地址：北京市北三环中路甲29号院华龙大厦　邮编：100029
　　　　　　网址：www.ssap.com.cn
发　　行／市场营销中心（010）59367081　59367090
　　　　　　读者服务中心（010）59367028
印　　装／北京季蜂印刷有限公司
规　　格／开　本：787mm×1092mm　1/16
　　　　　　印　张：21.75　字　数：332千字
版　　次／2015年12月第1版　2015年12月第1次印刷
书　　号／ISBN 978-7-5097-8661-1
定　　价／69.00元

皮书序列号／B-2009-115

本书如有破损、缺页、装订错误，请与本社读者服务中心联系更换

▲ 版权所有 翻印必究

陕西蓝皮书编委会

主　　　任　任宗哲

副　主　任　刘卫民　白宽犁　杨　辽　毛　斌

委　　　员　（按姓氏笔画排列）

　　　　　　　于宁锴　王长寿　王建康　牛　昉　李继武
　　　　　　　吴敏霞　何炳武　谷孟宾　郭兴全　唐　震
　　　　　　　裴成荣

主　　　编　任宗哲　白宽犁　王长寿

本书执行主编　王长寿

主要编撰者简介

任宗哲 经济学博士,二级教授,博士生导师。现任陕西省社会科学院党组书记、院长,研究领域为公共管理、公共经济学。出版《中国地方政府研究》《公共服务城乡均等化供给》等多部著作。发表学术论文100余篇。曾荣获国家级教学成果二等奖、陕西省人民政府教学成果特等奖;陕西省政府哲学社会科学优秀成果一等奖2项、省部级三等奖4项。兼任陕西省社会科学界联合会第四届委员会副主席等。

白宽犁 陕西省社会科学院副院长,研究员。研究领域为马克思主义中国化、思想政治教育工作、宣传思想文化工作、社会治理等。在《求是》《人民日报》《光明日报》《陕西日报》等报刊上发表文章100余篇,编辑出版著作20余部,承担国家社科基金项目等20余项。兼任陕西省社会科学信息学会会长。

王长寿 管理学博士,陕西省社会科学院文化产业与现代传播研究所所长,研究员,西安工业大学硕士研究生导师,兼任陕西省城市经济文化研究会副会长。研究领域为文化产业、文化体制改革、现代公共文化服务等。在《人文杂志》《经济改革》《经济体制改革》等期刊上发表论文50余篇,编辑出版著作10部,主持和参与课题15项,获得陕西省哲学社会科学优秀成果奖3项。

摘　要

《陕西文化发展报告（2016）》是由陕西省社会科学院编撰的权威性研究报告，也是陕西省社会科学院编撰的第八本文化蓝皮书。

本书共分为六个部分，即总报告、宏观视野篇、公共文化篇、行业报告篇、区域报告篇和大事记。

总报告全面总结了2015年陕西文化发展的整体状况及成就，就陕西主要文化行业及各地市文化发展的现状与趋势进行了梳理和探讨，并针对陕西文化事业与文化产业的发展提出了相应的对策和建议。

宏观视野篇围绕陕西国民休闲体系现状及对策、陕西出版体制改革、陕西国有文化企业改革等问题进行了深度探讨与阐发。

公共文化篇对陕西太白宗教文化资源保护和开发、太白山民间活动历史、历届陕西"冰心奖"作品、陕南地域文化与作家创作以及陕西历代旧志存藏等问题进行了深度调查和研究。

行业报告篇就"一带一路"战略下陕西会展业创新发展、陕西纪录片发展、文化产业教研、政府网上办事服务创新、传统美术文化资源保护开发、"十二五"时期陕西文化与科技融合发展、史前文化资源保护与利用、手工业民俗的"活"态保护、互联网金融+小微文化企业发展、陕西饮食文化资源旅游开发等问题进行了分析、阐释与研究，并提出了相应的对策和建议。

区域报告篇对铜川市2015年公共文化服务体系的构建、关中地区宋元墓葬情况等进行了翔实的考察研究。

Abstract

Annual Report on Culture of Shaanxi (*2016*), which is the authoritative and eighth report of the Shaanxi cultural development, complied by Shaanxi Academy of Social Sciences.

The book is divided into six sections: General Report, Macro-perspective, Public Culture, Industry Report, Regional Report and Chronicle Events.

The General Report comprehensively summarizes the overall condition and achievements of the Shaanxi's cultural development in 2015, and discusses the foremost cultural categories and the trend of cultural development in surrounding cities of Shaanxi Province. Meanwhile, the corresponding countermeasures and suggestions on the development of cultural undertakings and cultural industries in Shaanxi are also proposed.

The Macro-perspective report profoundly investigates and elucidates the Shaanxi national leisure system, publishing system reform and the development of state-owned cultural enterprises in Shaanxi.

The part of Public Culture mainly surveys and discusses the religious culture resources of Taibai Mountain, the Taibai Mountain as the Center of ancient pray for rain, literary works earned "Bing" award in Shaanxi, regional culture and writers' work of southern Shaanxi, and the old records in the past dynasties in Shaanxi. The corresponding countermeasures and suggestions are also proposed.

The part of Industry Report consists of the report on innovation of Shaanxi convention and exhibition industry under the strategy of "Belt and Road Initiative", the documentary development of Shaanxi, the investigation of Shaanxi cultural industry, the online-services innovation, the protection and development of traditional art culture, the integration between culture and technology in Shaanxi during the twelfth five year plan, the protection and utilization of the prehistoric cultural resources, the folk custom of hand industry cultural heritage, the micro cultural enterprises under the internet banking, and the food culture resources of Shaanxi. The corresponding countermeasures and suggestions are also proposed.

The part of Regional Report selects the Tongchuan's Modern Public Cultural System and the Tombs in Guanzhong's as the research objects.

前　言

2015年是陕西省加速推进文化建设、落实"一带一路"战略构想的重要一年。2015年2月，中共中央总书记、国家主席习近平在陕西视察工作并做重要讲话，从历史文化、革命文化、对外交流和自然山水文化等角度，给陕西文化赋予了科学丰富的内涵，并强调：建立"三个自信"还要加上文化自信，对五千年中华文化要有自信。总书记的重要讲话对陕西文化赋予了更高的定位，为陕西宣传文化战线工作指明了方向，对于未来陕西的文化建设具有重要意义。

2015年是陕西扎实推进文化建设的重要一年，陕西省人民政府通过了《关于推进文化创意和设计服务与相关产业融合发展的实施意见》《关于促进旅游业改革发展的实施意见》等文件，发布了《关于命名第七批省级文化先进县和公布第六批省级文化先进县复查结果的通报》《关于批准公布西安城墙等五处全国和省级重点文物保护单位保护规划的通知》，省办公厅发布了《关于分解落实第十一届中国艺术节筹备工作任务的通知》《关于印发"一带一路"建设2015年行动计划的通知》《陕西省群众保护文物奖励办法》等，为推动全省文化发展做了大量行之有效的工作。

在大力推进文化产业转型升级方面，2015年陕西省全面推动文化企业加快建立现代企业制度，30个省级重大文化项目全部启动建设，通过促进文化、物流、会展、金融等产业融合发展，努力实现文化产业增长25%以上的目标。2015年陕西省文化产业投资保持了持续增长态势，上半年文化产业投资较上年同期增长14%，达到了362.96亿元。其中新闻出版发行服务业、广播电视电影服务业、文化艺术服务业、文化信息传输服务业、文化创意和设计服务业、文化休闲娱乐服务业、文化专用设备生产业投资分别较上年同期增长203.8%、16.8%、4%、24.6%、163.8%、14.7%、159.4%，分别达到了3.45亿元、6.23

亿元、65.04亿元、10.43亿元、25.62亿元、200.66亿元、13.1亿元。

在加快构建现代公共文化服务体系方面，随着陕西省级财政投入不断增加，惠民演出项目、场次、区域逐年扩大，有效地提高了陕西公共文化的服务效能。2015年陕西省图书新馆、省群众文化艺术中心等重点项目建设取得重要进展，农村广播电视户户通全面实现，群众日益增长的精神文化需求得到进一步满足。2015年9月举办的第二届丝绸之路国际艺术节，共进行了30场文化惠民讲座，组织200多名国内外艺术家开展了40多场艺术惠民巡演，为陕西省群众提供了更加丰富和更加多样化的公共文化产品。此外，陕西省申报的"全国文化信息资源共享工程文化微播平台"项目，荣获国家文化创新工程立项，解决了文化共享工程最后一公里的难题，填补了公共文化事业的空白，相关成果将在全国推广应用。

2016年，陕西将站在更高的起点上，以更宽阔的视野、更务实的举措，着力将文化产业作为陕西转方式、调结构的重要突破口，围绕重大文化项目形成全省文化旅游发展新格局，通过文化保税园区、国际文化贸易基地建设促进文化进出口贸易，通过组建陕西省丝绸之路国际文化交易中心、建设丝绸之路国际文化城、加强丝路沿线文物保护与考古研究等，进一步加强"一带一路"中的文化建设工作。

《陕西文化发展报告（2016）》是陕西省社会科学院编撰的第八本文化蓝皮书，陕西省社会科学院文化产业与现代传播研究所是该书编撰工作的具体承担者。在编撰过程中，我们本着权威性、针对性、科学性及指导性原则选取文章。为了增强文化蓝皮书的可读性、原创性和资料性，我们以陕西省社会科学院文化产业与现代传播研究所、宗教研究所、文学艺术研究所和古籍研究所的科研人员为核心，并与陕西学界、企业界、政界等各界人士紧密合作，共同打造好这一以陕西文化的理论研究、经验总结与前景展望等为主要内容的高端平台，为促进陕西文化大发展大繁荣和实现文化强省目标而努力。

编　者

2015年10月

目 录

Ⅰ 总报告

B.1 2015年陕西省文化发展现状分析及2016年展望
　　……………………………………… 陕西省社会科学院课题组 / 001
　　一　陕西文化发展的整体状况与成就 ……………………………… / 003
　　二　陕西省主要文化行业发展状况 ………………………………… / 009
　　三　陕西省各地文化发展状况 ……………………………………… / 019
　　四　陕西省文化发展的展望 ………………………………………… / 031

Ⅱ 宏观视野篇

B.2 陕西国民休闲体系现状及对策研究
　　………………………………… 程　圩　许赛燕　王晓华 / 036
B.3 陕西出版体制改革调查报告
　　………………………………………………………… 王立平 / 050
B.4 陕西国有文化企业发展研究报告
　　——以陕西文化产业投资控股（集团）有限公司为例
　　………………………………………… 庞　博　李保林 / 062

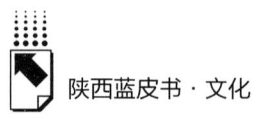
陕西蓝皮书·文化

Ⅲ 公共文化篇

B.5 陕西太白山宗教文化资源研究 ………………………… 李继武 / 075
B.6 陕西《眉县志》所见：以太白山为中心的古代祈雨史料一瞥
　　　　　　　　　　　　　　　　　　　　　　…………… 王宝坤 / 094
B.7 陕西历届"冰心奖"作品研究 ……………………… 韩红艳 / 107
B.8 陕南地域文化与作家创作研究 ……………………… 毋　燕 / 120
B.9 陕西历代旧志存藏研究报告 ………………………… 高叶青 / 134

Ⅳ 行业报告篇

B.10 "一带一路"战略下陕西会展业创新发展研究
　　——2015 欧亚经济论坛丝路会展合作论坛对陕西
　　会展业的启示 ………………… 陕西省社会科学院课题组 / 150
B.11 陕西纪录片发展研究报告 …………………………… 杨艳伶 / 164
B.12 陕西文化产业教研状况调查报告 …………………… 赵　东 / 177
B.13 陕西政府网上办事服务创新研究 …………………… 邓　娟 / 190
B.14 陕西传统美术文化资源保护与开发研究报告
　　　　　　…… 陕西省社会科学院文化产业与现代传播所课题组 / 204
B.15 "十二五"时期陕西推进文化与科技融合创新发展的
　　现状、问题及对策研究 ……………………………… 颜　鹏 / 219
B.16 陕西史前文明文化资源保护与利用研究报告 ……… 樊为之 / 235
B.17 手工业民俗的"活"态保护及问题研究
　　——以凤翔泥塑文化遗产为例 ……………………… 郭艳娜 / 252
B.18 互联网金融视域下的陕西小微文化企业发展 ……… 刘立云 / 264
B.19 陕西饮食文化资源旅游开发研究 …………………… 王　颖 / 276

Ⅴ 区域报告篇

B.20 2015年铜川市构建现代公共文化服务体系研究
    报告 ………………………………………… 许定国 / 292
B.21 关中地区宋元墓葬考察报告 ………………… 党　斌 / 302

Ⅵ 大事记

B.22 2015年陕西文化发展大事记 ………… 邓　娟 整理 / 319

CONTENTS

I General Report

B.1　The Status and Trends of the Cultural Development of
　　　Shaanxi Province in 2015
　　　　　　　　　　　Project Group of Shaanxi Academy of Social Sciences / 001
　　　1. The Overall Situation and Achievements of Cultural Development
　　　　 in Shaanxi　　　　　　　　　　　　　　　　　　　　　　　　/ 003
　　　2. The Development Situation in the Important Cultural Sectors in Shaanxi　/ 009
　　　3. The Situation in Cultural Development in All Cities of Shaanxi　　/ 019
　　　4. The Forecast for the Cultural Development in Shaanxi　　　　　/ 031

II Macro-perspective

B.2　The Research on the Current Situation and Countermeasures of Shaanxi
　　　National Leisure System　　　*Cheng Wei, Xu Saiyan and Wang Xiaohua* / 036
B.3　The Research on Publishing System Reform in Shaanxi
　　　　　　　　　　　　　　　　　　　　　　　　　　　　Wang Liping / 050
B.4　The Research on Development of Cultural SOE in Shaanxi
　　　　—Taking SCG as an Example　　　　　　　*Pang Bo, Li Baolin* / 062

CONTENTS

Ⅲ Public Culture

B.5 The Research on Religious Culture Resources of Taibai
Mountain in Shaanxi　　　　　　　　　　　　　*Li Jiwu* / 075

B.6 The Research on "Shaanxi County Annals": Taibai Mountain as the
Center of the Ancient Pray for Rain　　　　*Wang Baokun* / 094

B.7 The Research on Literary Works Earned "Bing" Award in Shaanxi
　　　　　　　　　　　　　　　　　　　　　　Han Hongyan / 107

B.8 The Research on Regional Culture and Writers' Work of Southern Shaanxi
　　　　　　　　　　　　　　　　　　　　　　　　Wu Yan / 120

B.9 The Research on the Old Records in the Past Dynasties in Shaanxi
　　　　　　　　　　　　　　　　　　　　　　Gao Yeqing / 134

Ⅳ Industry Report

B.10 The Research on Innovation of Shaanxi Convention and
Exhibition Industry Under the Strategy of "Belt and Road Initiative"
　　——*Enlightenment form the 2015 Euro Asia Economic Forum Silk
　　Road Exhibition Cooperation Forum*
　　　　　　Project Group of Shaanxi Academy of Social Sciences / 150

B.11 The Research on Documentary Development in Shaanxi
　　　　　　　　　　　　　　　　　　　　　　Yang Yanling / 164

B.12 The Investigation Report of Shaanxi Cultural Industry
　　　　　　　　　　　　　　　　　　　　　　　Zhao Dong / 177

B.13 The Research on the Online-Services Innovation of Shaanxi
Government　　　　　　　　　　　　　　　　　*Deng Juan* / 190

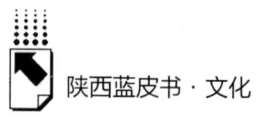

B.14 The Research on the Protection and Development of Traditional Art Culture Resources in Shaanxi
        Project Group of Shaanxi Academy of Social Sciences / 204

B.15 The Research on Promoting the Integration Between Culture and Technology in Shaanxi During the Twelfth Five Year Plan *Yan Peng* / 219

B.16 The Research on the Protection and Utilization of the Prehistoric Cultural Resources in Shaanxi *Fan Weizhi* / 235

B.17 The "living"State Protection and Problem Research on the Folk Custom of Hand Industry Cultural Heritage
 —Taking Fengxiang Clay as an Example *Guo Yanna* / 252

B.18 The Research on Micro Cultural Enterprises in Shaanxi Under the Internet Banking *Liu Liyun* / 264

B.19 The Research on the Tourism Development of Shaanxi Food Culture Resources *Wang Ying* / 276

V Regional Report

B.20 The Report on Construction of Modern Public Cultural System in Tongchuan 2015 *Xu Dingguo* / 292

B.21 The Report on Tombs of Song and Yuan Dynasties in Guanzhong area *Dang Bin* / 302

VI Chronicle Events

B.22 Chronicle of Shaanxi's Cultural Events in 2015
        Arranged by Deng Juan / 319

总 报 告
General Report

B.1
2015年陕西省文化发展现状分析及2016年展望

陕西省社会科学院课题组*

摘　要： 本文研究了2015年陕西全省文化发展现状，预测了2016年文化工作重点走向。以2015年陕西文化发展为中心，对近两年来陕西文化发展整体状况进行了深度解读，肯定其文化发展成就。着重研究了陕西文化重点行业和全省各个地区文化发展状况，分门别类论述了陕西新闻出版、广电部门、演艺事业、文博等领域的发展，分析了全省十个地区文化发展状况和特点。根据陕西省文化工作新动向，阐述了2016年全省

---

* 课题组组长：王长寿，陕西省社会科学院文化产业与现代传播研究所所长、研究员；执笔人：王长寿、樊为之，后者为陕西省社会科学院文化产业与现代传播研究所副研究员。

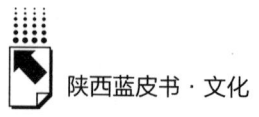

陕西蓝皮书·文化

文化发展的前景。

关键词： 陕西　文化部门　地方文化

2015年，在陕西省委省政府的领导下，三秦大地文化领域各项工作开展得有声有色，取得了一个又一个的成果，公共文化服务体系建设和文化产业发展上了一个新台阶，宣传思想文化战线在推动"三个陕西"建设方面发挥了重要的作用。

中共中央重视陕西包括文化建设在内的各项工作，并进行了相关指示，为陕西宣传思想文化战线工作指明了方向。2015年2月，中共中央总书记、国家主席习近平在陕西视察工作，并做了重要讲话，习近平特别叮嘱，要扎实推进经济持续健康发展，扎实推进农业现代化建设，扎实加强文化建设，扎实做好社会保障和改善民生工作，扎实落实全面从严治党。对于文化建设，他还指出，"建立'三个自信'，还要加上'文化自信'，对五千年中华文化要有自信"。他很重视文博工作的开展，亲自视察了西安博物院。他高度重视革命历史的研究和宣传工作，指出"以照金为中心的陕甘边革命根据地，在中国革命历史上写下了光辉的一页，要加强对革命根据地的研究，总结历史经验，更好发扬革命精神和优良作风"。他很关心文物保护工作，指出"一个博物馆就是一所大学校。要把凝结着中华民族传统文化的文物保护好、管理好，同时加强研究利用，让历史说话，让文物说话，在传承祖先的成就和光荣、增强民族自尊和自信的同时，谨记历史的挫折和教训，以少走弯路、更好前进"。他强调要重视非物质文化保护工作，勉励非物质文化遗产传承人，"要一代一代地把这个手艺传承下去"[①]。习近平在陕西的讲话对于促进陕西发展，对于加强陕西宣传思想文化战线工作具有重要意义。

---

① 《习近平：用"五个扎实"推进陕西发展》，http://news.china.com/domesticgd/10000159/20150306/19353112_1.html，2015年9月6日。

一 陕西文化发展的整体状况与成就

2015年是陕西省实施"十二五"规划，切实加速陕西文化建设的重要一年，省委省政府采取得力措施，推动了文化工作的快速发展。这一年，陕西省人民政府通过了《关于推进文化创意和设计服务与相关产业融合发展的实施意见》《陕西省人民政府关于促进旅游业改革发展的实施意见》等文件，发布了《关于命名第七批省级文化先进县和公布第六批省级文化先进县复查结果的通报》《关于批准公布西安城墙等五处全国和省级重点文物保护单位保护规划的通知》，陕西省人民政府办公厅发布了《关于分解落实第十一届中国艺术节筹备工作任务的通知》《关于印发"一带一路"建设2015年行动计划的通知》《陕西省群众保护文物奖励办法》等，为推动全省文化发展做了大量行之有效的工作。

（一）全省宣传思想文化战线自觉践行"三严三实"，弘扬主旋律、传播正能量

习近平总书记来陕视察后，陕西省内重要媒体进行了大量报道，《陕西日报》以《我省各地各部门认真传达学习习近平总书记来陕视察重要讲话》《学习习近平总书记来陕视察重要讲话集体研究讨论我省贯彻落实具体措施》等为题报道了陕西省各地和各行各业学习践行习近平讲话的情况。《陕西日报》还以《牢记殷切期望 不负历史重托》《充分发挥陕西优势 扎实推动经济发展》《深入发掘文化资源 扎实推进文化建设》《着力做好"三农"工作 扎实推进农业现代化》《守住底线完善制度 扎实做好民生工作》《从延安精神中汲取力量 扎实落实全面从严治党》等为题发表了一系列评论员文章，论述了深入学习贯彻习近平总书记来陕视察重要讲话精神。

为开展好"三严三实"专题教育，陕西省委组织部在全省党员领导干部中开展了践行"三严三实"征文活动，对推动全省进一步学习十八大和十八届三中、四中全会精神，学习贯彻习近平总书记系列重要讲话精神，引

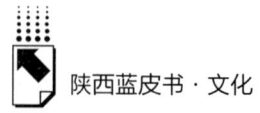

导党员领导干部按照"三严三实"、"四有"要求修身做人、为官用权、干事创业,贯彻落实"四个全面",更好地服务"三个陕西"建设具有重要作用。

陕西新闻传媒认真报道了全省开展"三严三实"专题教育情况。陕西广播电视台、《陕西日报》、西部网(陕西新闻网)等对"三严三实"专题教育情况加以报道,宣传了陕西在这一教育过程中取得的成果。为更好推动宣传思想文化战线自觉践行"三严三实",陕西省主要传媒纷纷开展"三严三实"学习活动,如西安广播电视台举办"三严三实"专题教育辅导讲座。

陕西新闻宣传领域重视在全国重要媒体上开展宣传工作,全年在中央电视台、广播电台和"三网"发稿824篇,有力地宣传了陕西新形象。陕西新闻传媒还关注陕西重要新闻的大力报道。《陕西日报》等媒体,报道了省国资委、省委宣传部、省政协机关、省文化厅、省民政厅、省农业厅、省工信厅、省人社厅、省体育局等单位学习省委十二届七次全会精神的情况。

(二)出台重要文化政策,举办特色文化盛会

陕西省出台了一系列文化政策,对推动全省文化发展发挥了重要作用。2015年1月,陕西省人民政府通过了《关于推进文化创意和设计服务与相关产业融合发展的实施意见》(以下简称《实施意见》)。该《实施意见》包括发展目标、重点任务、政策措施、推进实施四部分,确定了推动陕西文化产业实现跨越式发展,加快数字内容产业发展,挖掘旅游资源文化内涵,实施项目带动战略,注重保护历史文化名城、名镇、名村和传统村落等任务;明确了实施知识产权战略、促进创新协同、加大人才培养力度、壮大市场主体、促进资源整合、优化发展环境、推动设立相关发展投资基金等政策措施。另外,陕西省文化厅与省工信厅、省财政厅等单位制定了《陕西省关于扶持小微文化企业发展的实施意见》。

陕西省出台的其他政策中亦包含了促进文化发展的内容。2015年5月,陕西省人民政府通过的《关于促进旅游业改革发展的实施意见》(以下简称《意见》)中就明确指出要创新开发文化旅游产品,要求加快30个重大文

项目的建设，加强以延安为核心的红色旅游经典景区体系建设；鼓励有关方面开发特色专场剧目，丰富高品质旅游演艺品牌，支持群众参与性强的文化旅游活动，充分发挥会展节庆品牌效应，大力发展会展旅游。该《意见》还提出要对传统戏剧排练演出场所、传统手工艺传习场所与传统民俗活动场所加大扶持力度。陕西省人民政府办公厅印发的《"一带一路"建设2015年行动计划的通知》中，要求省文化厅、省新闻出版广电局、西安市政府负责搭建人文交流平台，组建相关的国际文化交易中心，办好第二届丝绸之路国际电影节、国际艺术节，办好中国陕西传统文化周、西部电影展映周等，建立丝绸之路媒体联盟，出版宣传丝路历史文化与经济的中外文出版物等；要求省文物局、省文化厅、省教育厅负责加强文物保护与考古研究，与相关国家、地区和省份共同开展文物保护与考古研究工作等；要求省商务厅、西安海关、省国资委等单位负责积极发展文化保税产业，主要包括推进文化保税园区建设，拓展文化进出口业务等工作；要求省国资委、省文化厅、陕文投集团负责推进丝绸之路国际文化城建设。另外，陕西省人民政府办公厅还下发了《关于分解落实第十一届中国艺术节筹备工作任务的通知》，从场馆建设和维修改造、艺术精品创作、群众文艺创作等方面落实了有关第十一届中国艺术节的筹备工作。陕西省人民政府办公厅印发的《陕西省群众保护文物奖励办法》指出，依法保护文物，应通过精神鼓励与物质奖励相结合的方式给予表彰奖励。它还列出了应给予精神鼓励的行为，当地人民政府给予相应物质奖励的行为，提出主动上交的来源合法文物中珍贵文物数量较多的，给予其陕西省上一年度城镇居民人均可支配月收入七倍至十倍的现金奖励。这是我国首部以省政府名义颁布的省级同类奖励办法。

陕西省精神文明建设取得新成就。2015年2月，陕西省西安市、宝鸡市在第四届全国文明城市（区）、文明村镇、文明单位评选活动中入选第四届全国文明城市（区），户县大王镇凿齿南村、陇县八渡镇、千阳县崔家头镇等25个村镇入选全国文明村镇，西北大学、法门寺博物馆、农业科技报社、西安市财政局、中国电科第二十研究所、西安航天动力研究所等59个单位入选第四届全国文明单位。

2015年陕西省人民政府命名了第七批省级文化先进县,被命名为此次"省级文化先进县"称号的先进县(区)有西安市的阎良区、户县,宝鸡市的凤县,咸阳市的彬县,铜川市的印台区,安康市的汉阴县、石泉县、宁陕县、紫阳县、白河县等10县(区),分别奖励各县(区)人民币20万元。第六批省级文化先进县的宝鸡市金台区、吴起县、黄陵县、柞水县等4个县(区)通过了复查。

(三)进一步推动公共文化服务体系建设,让人民群众享有更多文化发展成果

陕西省采取各种举措进一步促进公共文化服务体系建设。在2014年延安大剧院、陕西省图书新馆等省级重点公共文化项目开工,建成并投入使用一批市县文化体育场馆,电视剧《聂荣臻》等精品力作获得好评,群众文化和全民健身活动广泛开展,公共演出服务购买量达到2100余场次,大雁塔等7处遗迹入选世界文化遗产,仓颉传说等12个项目入选国家非物质文化遗产名录等成就的基础上,陕西省又进一步加大对文化事业、公共文化的投入力度,致力于建立政府购买公共文化服务的长效机制。2014年全省公共图书馆和文化馆较上年均增加2个,分别达到了114个和122个。2015年,为确保第11届中国文化艺术节的成功召开,陕西省从演出场馆的建设,"一市一精品"创作计划和演出单位任务的落实等方面着手全面加强筹备工作。这一年,陕西省图书新馆、省群众文化艺术中心等重点项目建设取得了阶段性进展;随着农村广播电视户户通全面实现,群众日益增长的精神文化需求不断得到满足。

2015年9月7~21日,第二届丝绸之路国际艺术节在西安举行,它由文化部和陕西省人民政府主办,陕西省文化厅承办。此次国际艺术节以"艺术的盛会,群众的节日"为办节宗旨,组织文化论坛、舞台艺术剧目、国际性美术展览分别有15场、50多部、5场,举办了30场文化惠民讲座,组织200多名国内外艺术家开展了40多场艺术惠民巡演。"一带一路"沿线关联国家和地区以及有关省份组织了优秀演出和展览项目,共有62个国家和地区的演出团体、艺术作品来陕西展演。艺术节展现了世界文化的多样性。

2015年，陕西的数字文化项目"'一带一路'文化共享机制和演示系统研究"（陕西图书馆和文化部全国公共文化发展中心等单位联合承担）获国家文化科技提升计划项目立项，该项目将选取"一带一路"文化样本资源，采用计算机网络、空间数据库和三维地理信息技术等先进的科学知识，为"一带一路"数字文化长廊建设做贡献。"全国文化信息资源共享工程文化微播平台"则荣获了国家文化创新工程项目，文化部专家组认为此项目填补了公共文化事业的空白。

惠民演出一直是陕西开展公共文化服务的重要载体和重要产品。在政府财政投入的支持下，陕西惠民演出向社会公众提供价廉或免费的优秀文化产品。随着陕西省级财政不断增加经费投入，近年来陕西省京剧院、陕西省民间艺术剧院等省直文艺院团惠民演出坚持观众导向，精心安排节目和演员，演出项目、场次、区域逐年增多，实现公共文化服务效能的最大化和最优化，将惠民演出打造成受观众欢迎的金字招牌。仅2015年上半年，陕西演艺集团就为三秦百姓送去惠民演出近200场。

2015年，陕西着力打造第二届丝绸之路国际艺术节，将艺术节作为国家"一带一路"文化建设的重大项目，作为具有广泛影响性和代表性的国家级艺术盛会来召开。第二届丝绸之路国际艺术节由舞台艺术、美术展览、文化论坛、惠民巡演、专题版块五大版块构成，包括陕西的《丝路长安》民族音乐会和广东的《丝路粤韵》等38个精品剧目在艺术节上演出70场左右。艺术节还专门组织30多场公益演出送到社区、厂矿、校园。为促进中外文化艺术交流与发展，艺术节举办8场文化艺术"丝路论坛"活动，探讨丝路文明的历史、现实和发展前景。

为了让偏远地区的群众享受到广电服务，陕西建成的直播卫星和有线电视户户通工程已经达到了51万套，乡镇广播电视户户通服务站1000个。为扩大中央和陕西省广播电视节目覆盖范围，投资5000多万元更新改造了广播电视高山无线发射台基础设施。

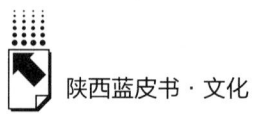

（四）文化产业投资力度十足，产业发展将进一步提速

陕西省协调各方力量，加大了文化产业的发展力度。2014年，陕西省通过大力促进文化产业、现代服务业等相关产业的融合，促进了文化产业的发展，文化产业增加值占GDP比重超过4%。陕西文化旅游名镇发展迅猛，31个文化旅游名镇旅游收入达33.2亿元。2015年，陕西省快速推进文化产业发展，致力于尽快把文化产业打造成新支柱的目标，通过促进文化、物流、会展、金融等产业融合发展，努力实现文化产业增长25%以上的目标。这一年，陕西省还全面推动文化企业加快建立现代企业制度的工作。

陕西省文化产业后劲十足，努力加速赶超。[1] 通过第三次全国经济普查，2013年陕西省文化产业法人单位数和文化产业增加值分别为1.71万家和472.5亿元，在全国分列第18位和第17位。文化服务业是陕西省文化产业的主体，其单位数和增加值分别占到文化产业的77.9%和72.2%；文化制造业和文化批发零售业的增加值仅分别占20.3%和7.5%。陕西文化产业地区分布高度集中，呈现以西安为中心的态势，西安地区的文化产业增加值占到全省的近七成。陕西文化产业的企业中，小微企业数量最多，规模以下文化产业法人单位和增加值占比分别为97.85%和80.9%。为推动陕西文化产业快速发展，陕西较好地落实了文化企业税收优惠政策，具有政策传播渠道广、知晓率高，文化企业税收优惠申请较为方便、兑现比例高等特点。优惠政策对企业的作用较为显著，有关企业对优惠政策落实比较满意。[2] 这为陕西文化企业发展创造了条件。

2015年上半年，陕西省文化制造业增加值高速增长，文教、工美、体育和娱乐用品制造业，化学原料和化学制品制造业，造纸和纸制品业，印刷和记录媒介复制业增加值分别增长了58.6%、28.8%、22.7%、9.3%，产

---

[1] 参见陕西省统计局《助力稳增长文化产业呈现"一高一稳一缓"》，http://www.shaanxitj.gov.cn/site/1/html/126/131/138/11344.htm，2015年8月4日。

[2] 参见陕西省统计局《文化企业税收优惠政策落实较好实施环节尚需改善》，http://www.shaanxitj.gov.cn/site/1/html/126/131/138/11533.htm，2015年8月27日。

值分别达到了38.9亿元、11.3亿元、16.6亿元和48.3亿元。文化制造业中102家规模以上文化制造业企业，实现总产值129.3亿元。2015年上半年，陕西文化批发零售业销售额稳步增长，其中陕西新华出版传媒集团所属的新华书店销售额较上年同期增长17.1%，拉动了图书报刊零售业的增长。文化服务业领域，2015年上半年广播、电视、电影和影视录音制作和公共设施管理业增长较快，分别增长37.4%和15.6%，营业额分别达到了8.5亿元和10.6亿元。其中公共设施管理业得益于部分地区休闲旅游企业、旅游景区的较高增长。①

陕西省进一步加大了对文化产业的投资力度。2015年1~6月，陕西省文化产业投资较上年同期增长14%，达到了362.96亿元。其中新闻出版发行服务业、广播电视电影服务业、文化艺术服务业、文化信息传输服务业、文化创意和设计服务业、文化休闲娱乐服务业、文化专用设备生产业投资分别较上年同期增长203.8%、16.8%、4%、24.6%、163.8%、14.7%、159.4%，分别达到了3.45亿元、6.23亿元、65.04亿元、10.43亿元、25.62亿元、200.66亿元、13.1亿元。②

陕西文化产业重点项目建设顺利。西安国家印刷包装产业基地一期、西安国家数字出版基地示范区项目大楼、西咸新区电影数码基地综合楼等重点项目，有的已经基本建成，有的封顶或即将封顶。西安国家印刷包装产业基地产业综合服务体系投入使用。

二 陕西省主要文化行业发展状况

（一）陕西出版行业发展状况

新闻出版领域一如既往地为陕西文化产业发展贡献力量。2014年陕西

---

① 参见陕西省统计局《助力稳增长文化产业呈现"一高一稳一缓"》，http：//www.shaanxitj.gov.cn/site/1/html/126/131/138/11344.htm，2015年8月4日。
② 杨小玲、高山：《文化产业：投资加快 蓬勃发展——上半年全省经济形势述评之八》，《陕西日报》2015年7月29日，第2版。

省全年分别出版各类报纸、杂志和图书87种、267种、9516种，出版数量分别是7.04亿份、5636万册和1.84亿册，印刷量分别是43.78亿印张、4.01亿印张与14.92亿印张。①

新闻出版界关注群众读书，主动推动群众性读书活动。2015年3月，陕西省新闻出版广电局与省委宣传部、省文明办联合组织开展第六届"三秦书月"全民阅读活动。2015年全民阅读活动主题是"丝路新起点阅读促腾飞"。通过推动全民阅读，促使全省民众逐步养成自觉、乐于、享受阅读的良好习惯。6月至10月，陕西省新闻出版广电局等部门联合发起了"百城书店大联动万本图书惠读者"公益活动，活动致力于在全省范围发放2万张以上"三秦阅读卡"。"三秦阅读卡"能够在陕西新华书店系统所有门店使用，还能在陕西嘉汇汉唐书城、陕西万邦书城、陕西新经典发行有限公司及其分店使用。持"三秦阅读卡"能享受换领图书、购书八折优惠等服务。此一创新举措会深入推动全民阅读活动。

陕西省出版单位精品力作频出，彰显了陕西出版人的实力。2015年2月，陕西人民教育出版社出版的《延安时期党的文化建设研究》和太白文艺出版社出版的《统万城》获第五届中华优秀出版物奖图书类奖，陕西人民出版社电子音像社出版的《北川记忆——震后重建全记录》获音像奖提名奖。8月，陕西省未来出版社的《美丽世界》《装进书包的秘密》入选中国文艺原创精品出版工程项目。

通过图书展览，提高了陕西图书知名度，促进了出版业发展。2015年5月，中韩图书交流展在西安举办，16家陕西图书出版单位和23家韩国出版社参加。为期两天的图书交流展举办了数字出版研讨、图书交流推介、版权洽谈等活动。

（二）陕西广播电视电影业发展状况

陕西广播电视电影业快速发展，获得社会效益和经济效益双丰收。2014

---

① 参见《2014年陕西省国民经济和社会发展统计公报》。

年，陕西省共生产电影31部，电视剧16部、562集，位居全国前列。《推拿》等影视剧摘取国际国内影视节大奖。2014年，陕西放映农村电影32.8万场次，受益观众超过4000万人次。

2015年，陕西电影票房增长显著，城市影院电影票房连创新高。2015年1~7月，城市影院放映电影63万多场次，较上年同期增长53%；观影人数达到1785万人次，较上年同期增长42%；电影票房收入为6亿元，较上年同期增长43%。仅7月，票房就达1.26亿元。

2015年以来，陕西出资拍摄的电视剧多次在中央电视台播出，这些陕西影视精品题材广泛、风格多样，有效体现了中国气派和陕西特色。2015年3月，由陕西文化产业投资控股有限公司等联合出品的《别让我看见》，在中央电视台一套晚间黄金档和陕西卫视首播。这是一部反映见义勇为志愿者与犯罪分子进行斗争的电视剧。4月，陕西文投（影视）银海投资有限公司摄制的《王大花的革命生涯》在中央电视台一套黄金时段播出。这部40集电视连续剧讲述了一位家庭主妇从事革命斗争的故事。5月，作为2013年度陕西省重大文化精品项目的电视连续剧《空巢姥爷》，在央视一套黄金时段首播。这部32集的电视剧由西安曲江丫丫影视文化股份有限公司制作。

此外一批陕西制作的电视节目在中央电视台其他频道播出。6月大型历史纪录片《东方帝王谷》在中央电视台科教频道黄金时段播出。该片由中央电视台科教频道、陕西省委宣传部、陕西省文物局、陕文投集团联合摄制。4月，《边关烽火情》在中央电视台电视剧频道播出，这部36集电视连续剧由榆林大地影视文化投资制作有限公司摄制。这是一部以20世纪30年代抗战时期的榆林为背景的革命题材电视剧。

陕西文献电视片工作可圈可点。2014年《大美陕西》获"中国梦"主题纪录片展播奖励后，2015年国家新闻出版广电总局将5集文献电视片《陕甘风云》[西安曲江影视投资（集团）有限公司制作]等多部陕西纪录片向全国各级电视台推荐播映。

2015年是抗战胜利70周年，一批关于抗战题材的陕西文献电视片和电视剧被立项或推荐展播。2015年，国家新闻出版广电总局批复立项了文献电视片《抗战丰碑》，这部文献片讲述了国民革命军第38军在中条山抗击日寇的史实，由西部电影集团有限公司拍摄。2015年，国家新闻出版广电总局将电视连续剧《历史永远铭记》等10部新创作抗战题材优秀作品推介展播，参加抗日题材电视剧展播活动。34集电视剧《历史永远铭记》由陕西广播电视台摄制。

陕西省电视剧质量不断提高，体现了陕西电视剧制作机构的实力。陕西省现持有《电视剧制作许可证（甲种）》的电视剧制作机构已经达到8家，位列全国第三。这其中包括著名的西部电影集团有限公司，陕西省、西安市电视台系统的陕西省广播电视台、西安电视台艺术中心有限公司，陕西大型文化产业单位陕文投的陕西文化产业（影视）投资有限公司、陕西文投（影视）银海投资有限公司，近年来成立的西安曲江影视投资（集团）有限公司、西安曲江丫丫影视文化股份有限公司、西安梦舟影视文化传播有限责任公司。

陕西省广电网络系统三网融合工作顺利开展。2015年工业和信息化部同意陕西广电网络传媒集团在西安市开展基于有线电视网的互联网接入业务、互联网数据传送增值业务、国内IP电话业务。陕西广电网络传媒集团认证开展了互联网业务，多年来投资建成了7万公里、5万多个光节点的光缆网，覆盖了陕西省所有市、县和乡镇；还建成OTN光传输网和IP交换网，容量大，速率高。至2014年底，陕西广电网络传媒集团高清互动用户终端总数、广电宽带在线个人用户分别突破100万和突破60万户，在网运行专网、线路、专线分别达到了1400多个、2.74万条和2000多条，数据业务已成为公司第二大主营业务。这对加快陕西"三网融合"整体步伐具有重要的推动作用。

通过举办国际电影节，陕西进一步加强了与世界的文化交流。2015年6月9日至15日，陕西省成功举办了第十二届法国电影展西安展映周。这次电影展由法国电影联盟、卢米埃影业主办，卢米埃西安凯德影城承办。电影展共放映《中国之旅》《医生准则》《贝利叶一家》等10部优秀影片，放映27场，平均上座率达到70.75%，受到了观众欢迎。

（三）陕西戏剧演艺业等领域发展状况

陕西戏剧演艺业成果丰硕，为群众提供了更好更多的精神文化食粮。

陕西省戏曲演艺事业稳步发展。2015年一批演员获得中国戏剧梅花奖。5月，陕西省戏曲研究院的卫小莉和西安秦腔剧院有限责任公司的张涛获得了由中国文联、中国戏剧家协会主办的第27届中国戏剧梅花奖"一度梅"（第一次获梅花奖）。

陕西戏曲舞台上新剧层出不穷。2015年5月，陕西省戏曲研究院李梅领衔主演的秦腔古代戏《再续红梅缘》推上了舞台，该戏取材明代传奇作品，借鉴其他剧种同类作品，保留了秦腔《游西湖》中的经典桥段和表演手法。2015年7月，陕西省戏曲研究院小梅花秦腔团推出的大型秦腔改编戏《谢瑶环》隆重在西安演出，该剧由国家级非物质文化遗产秦腔项目传承人马友仙领衔、教授，系省戏曲研究院小梅花秦腔团大型神话武戏《白猿救母》后，排演的又一部秦腔非遗传承剧目。2015年9月，陕西省戏曲研究院新编秦腔历史剧《大唐玄奘》在院剧场隆重上演；同月，陕西省戏曲研究院小梅花秦腔团演出的大型秦腔历史剧《丝路长城》在西安铁路工人文化宫上演，该剧描绘了唐太宗李世民重建丝绸之路的历史，它和《大唐玄奘》都是第二届丝绸之路国际艺术节参演剧目。

陕西演艺团体参加对外文艺交往，宣传了陕西文化，受到了海外观众欢迎。2015年2月，应新西兰惠灵顿市政府邀请，陕西省文化厅派出了"陕西传统文化小梅花分团"访问惠灵顿，这次活动是文化部2015年海外"欢乐春节"活动的重要组成部分。陕西传统文化小梅花分团参加了第14届惠灵顿中国春节庆典系列活动，在场观众称他们的演出为有史以来最棒的演出。

陕西和国内其他地区的艺术家在第二届丝绸之路国际艺术节上进行了精彩的表演，他们在易俗大剧院进行了陕北民歌专场演唱会《陕北歌行》的演出。陕西广播民族乐团还上演了民族音乐会《丝路长安》，陕西省戏曲研究院的戏曲工作者上演了秦腔《丝路长城》和《大唐玄奘》，陕西省人民艺术剧院的话剧演员表演了《灯火阑珊》。河南豫剧院、广东省民乐团、辽宁歌舞团、北京管乐交响乐团、上海歌舞团分别上演了豫剧《苏武牧羊》、民族音乐会《丝路粤韵》、舞剧《梅兰芳》、交响音乐会《梦萦丝路情》、舞剧《朱鹮》，总政歌舞团专门表演了舞剧《马可·波罗》。另外，丝路城市联盟艺术家乐团演奏了民族音乐会《丝路乐语——弦上行吟》。艺术节上还上演了儿童剧《宇宙星球历险记》，它由来自祖国宝岛台湾的艺术家演出。

陕西省惠民演出工作扎实，为保障群众享受文化权益做出了贡献。2015年上半年，陕西演艺集团京剧院走进校园，为近3万名师生奉献了20余场京剧演出；人艺话剧《来世许你个今生》《当青春不再怀念蝴蝶的伤》赴榆林、宝鸡、汉中等地演出，还上演了《假话国历险记》《约会专家》等新创剧目；陕西省歌舞剧院参加"我们的中国梦——文化进万家"文化惠民演出活动，演出近20场。

2015年6月底，为庆祝中国共产党成立94周年，陕西专门演出了文化惠民主题音乐会《七月的光辉》，由"星光燎原""东方欲晓""日出江花"等五个章组成的音乐会精选了《山丹丹开花红艳艳》《沁园春·雪》《红旗颂》《兄妹开荒》《白毛女》等经典歌曲、音乐和戏剧节目，全场还高声合唱了《没有共产党就没有新中国》。

为更好宣传陕西，展现陕西文艺工作者的风采，2015年7月在香港举办的"2015国际综艺合家欢"活动中，陕西演艺集团杂技艺术团连续演出了4场其原创的大型杂技剧《丝路彩虹》。作为丝路主题优秀剧目，曾经获得首届丝绸之路国际艺术节等多个大奖的《丝路彩虹》，包括了绸吊、水流星、摇摆高拐等20多个优秀的杂技节目。其精美的表演和传奇的故事征服了香港观众。

2015年，陕西和国际文化艺术交往更加密切。7月，在西安举办了首届"中国——中东欧国家舞蹈夏令营"开营活动。作为《中国——中东欧国家合作贝尔格莱德纲要》中的文化交流项目，"中国——中东欧国家舞蹈夏令营"由文化部外联局与陕西省文化厅共同主办。斯洛文尼亚、马其顿、波兰、捷克拉、保加利亚、脱维亚、阿尔巴尼亚等中东欧国家著名艺术家和舞蹈教师、学生等多人，专门参加这一国家级现当代舞蹈国际交流活动，它系陕西首次承办的此类活动。8月，作为"中国-中东欧国家舞蹈夏令营"活动的后续延伸，来自法国、以色列、斯洛伐克、中国等国的6家现代舞团进行了"丝绸之路国际现当代舞艺术周"专题活动，表演了6部优秀现当代舞剧。

第二届丝绸之路国际艺术节上，上演了来自18个国家和地区的22台剧目，包括合唱音乐会《天籁之音》（冰岛的合唱团演出）、爵士乐音乐会《伯克利之声》（美国、意大利、斯洛文尼亚艺术家演出）、印度歌舞音乐晚会《天竺乐舞》（印度艺术家演出）、现代打击乐音乐剧《幻多奇秀》（韩国的演出团体演出）、拉丁音乐会《萨尔萨之风》（古巴、秘鲁、哥伦比亚等国艺术家组成的拉丁乐团演出）、交响音乐会《经典的回忆》（立陶宛国家爱乐室内乐团演出）等。外国艺术家还带来了优秀的儿童剧，包括荷兰、德国、中国台湾等国家和地区的多台优秀儿童剧目。例如，德国艺术家的《雪人之舞》，荷兰艺术家的《不睡觉的小孩》《乐在不言中》《在远方》《长尾巴的蛋》，等等。荷兰艺术家还准备了音乐会《歌声与微笑》。

2015年8月，主题为"大美陕西、情系丝路、共筑中国梦"的第三届陕西省喜剧表演大赛正式启动，比赛设喜剧小品类、喜剧表演类两项目。表现形式多样，有喜剧小品、哑剧、化妆相声、独角戏、模仿秀、滑稽剧等。此次比赛设立了西安、铜川、陕北、安康、宝鸡赛场和大学生专场。为推广喜剧这种表演形式，第三届陕西省喜剧表演大赛专门设立了"喜剧大课堂"。

2015年9月，第二届丝绸之路国际艺术节在西安开幕，开幕式暨开幕展览为"丝绸之路——意会中国"国际美术展。中国和突尼斯文化部部长及陕西有关领导参加。开幕式后，中国和突尼斯文化部部长进行会谈，并签署《中突文化部关于互设文化中心的谅解备忘录》。此国际艺术节由文化部和陕西省人民政府主办，以"和平、和谐、合作"为价值理念，融聚了丝路核心、中华文化、国际元素三大主题。

这次国际美术大展，展出了来自阿联酋、阿尔及利亚、黎巴嫩、埃及等

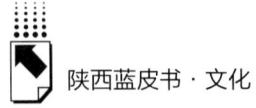

国家画家的艺术作品。反映了他们观察中国，感受中国，用画笔描绘中国的成果。第二届丝绸之路国际艺术节上举行的美术和摄影展览还有"第二届今日丝绸之路国际美术邀请展""《写意中国》中国国家画院馆藏精品展""'我的丝艺节'——第二届丝绸之路国际艺术节影像大赛优秀作品展""台湾桃园书画展"。其中"第二届今日丝绸之路国际美术邀请展"展出了中国和美国、俄罗斯等40个国家的60多位艺术家的400余件优秀美术、雕塑、摄影作品。这些展览为陕西观众提供了欣赏高水平艺术作品的条件。

陕西省美术展览水平不断提高，频频获奖。陕西省美术博物馆的《关中美景——陕西省美术博物馆馆藏清代皮影展》《高原·高原——第四届中国西部美术展油画年度展》分别获得全国美术馆优秀展览项目（两项）和优秀公共教育项目共三项大奖。

陕西省关注群众文化艺术中心的建设工作。2014年12月，陕西省群众文化艺术中心于西安曲江新区开工，该中心是陕西省规模最大的群众性公共文化活动阵地。该中心将开展非物质文化遗产展览，进行文学艺术等方面的研究、培训、交流、展演、传承工作。

（四）陕西省文博事业发展状况

陕西文博事业欣欣向荣，为弘扬中华文明做出了新贡献。

陕西省通过举办展览，宣传爱国主义精神，纪念抗战胜利70周年。2015年是中国人民抗日战争暨世界反法西斯战争胜利70周年，为纪念抗战胜利，陕西省推出了一系列不同类型抗战专题展览。2015年8月陕西历史博物馆展出《延安与中国人民抗日战争——纪念中国人民抗日战争暨世界反法西斯战争胜利70周年展览》，该展览由陕西省委宣传部主办，陕西省文物局和延安市委、市政府承办，此后该展览将在相关地区展出。

陕西省重视抗战文物的保护工作。陕西500余处抗战文物遗迹中列入全国重点文物保护单位和省级文物保护单位的分别有10处与14处。陕西还有国务院公布的第一批80处国家抗战纪念设施、遗址名录中的4处。陕西有效保护了重要抗战文物，包括共投入资金2.2亿元，全面保护维修50多处抗战文物，采取措施改善抗战文物周边环境等。这些做法促进了对抗战胜利的宣传。

陕西省博物馆系统陈列展览工作突出。2015年5月，秦始皇帝陵博物院参评的"真彩秦俑"展，一举夺得第十二届（2014年度）全国博物馆十大陈列展览精品推介第一名。同月，省文物局开始在陕西历史博物馆举办《取经归来——一代宗师唐玄奘展》。

陕西省文博系统一直致力于文物保护工作，亮点频频。陕西是文物大省，拥有数量不菲的唐代壁画，全国已发掘唐代壁画墓中的80%在陕西，这些皇室、贵戚、王公、高官墓葬中的壁画藏品蕴含着相当多的历史文化和艺术信息。2015年4月，为快速提高壁画研究、保护和利用水平，陕西省依托陕西历史博物馆壁画保护修复研究中心成立了"陕西壁画保护修复研究基地"，陕西历史博物馆、陕西省考古研究院、乾陵博物馆、昭陵博物馆等是其成员单位。该研究基地将设立科技保护室、壁画修复室、艺术研究室等，建立专家库和馆藏壁画基础资料信息数据库等，开展这方面的保护、研究和宣传等工作。

陕西省采取措施保护传统村落，有利于保存更多的乡村传统文明。2015年陕西省公布了第一批省级传统村落名录，171个传统村落进入该名录。榆林、安康、渭南、延安、商洛、咸阳、宝鸡、汉中分别有40个、40个、28个、16个、16个、11个、10个、5个，杨凌示范区有2个，西安、铜川、西咸新区各1个传统村落被列入名录，其中30个已被列入中国传统村落名录。此举对于保护传统村落，传承历史文化，充分发挥好其历史价值和文化价值具有重要意义。

陕西认真参加各种文物展出活动，有效宣传了中国历史文化知识。2015年6月，陕西省考古研究院、西安博物院和陕西历史博物馆、西安碑林、汉阳陵、咸阳博物馆、茂陵博物馆等七家文博单位的60件（组）文物参加了在香港历史博物馆举办的"汉武盛世"展。陕西文博单位展出的文物包括咸阳出土的石天禄、石辟邪，西安汉长安城遗址出土的铜羽人，等等。

陕西通过中外文物交流展，向世界宣传了博大精深的中国文化，向陕西观众介绍了丰富的世界文化知识。2015年4~9月，《秦始皇——中国陕西兵马俑》展览在丹麦展出，这次展览由陕西省文物局与丹麦摩斯盖德博物馆联合举办，丹麦女王等政要出席了展览开幕式。展览展出的104件（套）文物珍品均出土于陕西，以秦汉兵马俑为主，另有陶器、青铜器、金银器、玉器等，这些文物来自省内13家文博单位。

2015年7~10月，陕西历史博物馆展出了"高棉的微笑——柬埔寨吴哥文物与艺术"特展，向观众介绍了柬埔寨的历史文化和珍贵艺术。这次展览由陕西省文物局、柬埔寨王国政府文化艺术部主办，承办单位包括陕西历史博物馆、柬埔寨王国国家博物馆等。

2015年，陕西省人民政府批准公布了西安城墙等五处全国和省级重点文物保护单位保护规划。这次保护规划涉及的全国重点文物保护单位分别为西安城墙、阿房宫遗址、龙岗寺遗址、乾陵，省级重点文物保护单位是马援墓。这一批准通知要求有关地区尽快制订各保护规划的具体实施方案，要求各地各部门要坚持文物保护与当地经济社会发展、群众生产生活水平提高、城乡基本建设、生态环境改善相结合。

陕西非物质文化遗产工作进展顺利，一批项目进入第四批国家级非物质文化遗产代表性项目名录。2014年11月，国务院公布第四批国家级非物质文化遗产代表性项目名录。陕西省白水县、洛南县（申报地区或单位）的仓颉传说成为此批国家级非物质文化遗产代表性项目名录的民间文学项目，旬阳县的旬阳民歌成为传统音乐项目。成为第四批国家级非物质文化遗产代表性项目名录扩展项目名录的陕西非物质文化遗产，包括民间文学项目陕西省榆林市的谚语（陕北民谚），传统戏剧项目陕西杖头木偶戏、陕西省戏曲研究院的眉户，传统美术项目富平县的富平石刻、绥德县的绥德石雕，传统医药项目西安市碑林区的马明仁膏药制作技艺（中医传统制剂方法），民俗项目彬县的彬县灯山会（元宵节）、西安市的迎城隍（民间信俗）、韩城市的徐村司马迁祭祀（祭祖习俗）。

三 陕西省各地文化发展状况

（一）西安文化工作稳步发展，进一步满足群众对文化需求

在纪念抗战胜利70周年之际，西安市宣传文化领域举办一系列活动宣传爱国主义精神。西安广播电视台"纪念抗日战争胜利70周年"专栏，播发了《威武之师唱响民族担当》等数百篇新闻稿件，与其他台联合录制并播出了60集大型系列抗战纪录片《血铸河山》，56集广播特别节目《铭记》，移动电视每天4次播出音乐电视片《老兵》。从8月中旬开始，他们推出抗战史诗系列影视作品展播，组织了《狼牙山五壮士》等三十余部优秀抗战题材影片，并制作播出纪念抗战胜利的公益广告和音乐节目。2015年8月，西安市说唱艺术团创排的大型说唱音乐剧《抗日虎子》在西安铁路文化宫公演；9月，西安市豫剧团整理复排的经典折子戏专场《红色记忆》在大明宫剧院公演，这些演出取得了圆满成功。

西安公共文化基础设施进一步完善，为群众提供服务能力增强。截至2014年，西安全市博物馆、公共图书馆、群众艺术馆、文化馆、文化站分别有108个、15个、2个、14个和182个。地市广播电视台和县级广播电视台分别为2座和6座。

西安通过戏剧惠民演出活动，让群众享受到了高质量的公共文化生活。春节期间，西安市启动了2015年千场戏剧惠民演出活动，组织专业艺术院团为群众表演戏剧，到3月上旬免费为群众送戏140余场，取得了良好效果。

西安文艺创作不断进步，荣获各种奖项，受到观众欢迎。2013年被评为陕西省重大文化精品项目，由西安儿童艺术剧院创作演出的大型儿童剧《公主的头花》，入选全国儿童剧优秀剧目。2015年5月，取材于俄国作家捷列绍夫小说《白鹭》的儿童剧《公主的头花》参加了第八届全国儿童剧优秀剧目展演，获得专家一致好评。《公主的头花》自首演后到2015年初

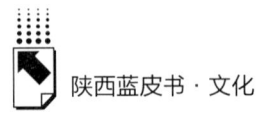

已在西安地区演出160多场,连续几年参加陕西省和西安市举办的戏剧惠民演出活动。西安推选的剧目荣获陕西省第七届艺术节大奖,其中荣获优秀剧目奖的有西安儿童艺术剧院选送的《公主的头花》,西安秦腔剧院三意社选送的《集云山》,周至县剧团选送的《七彩哈达》;荣获剧目奖的有西安话剧院选送的《我用生命守护你》;荣获演出奖的有西安秦腔剧院易俗社选送的《庶民情缘》、西安市豫剧团选送的《陈三两》,西安市说唱艺术团选送的《清风包子》。另外这些剧目还获得了优秀组织奖、优秀编剧奖、优秀导演奖、优秀表演奖、作曲奖、舞美设计奖、表演奖等。

(二)榆林文化产业快速发展,有利于国民经济增长

榆林公共文化体系进一步发展,截至2014年榆林全市的文化艺术馆、公共图书馆、文化站分别有13个、12个和226个,博物馆、纪念馆达到16处,广播、电视转播台14座。榆林市广播综合人口覆盖率、电视综合人口覆盖率分别增长到96.47%和96.41%。2014年榆林文化产业快速增长,文化产业增加值比上年增长10.0%。全市演艺和电影业稳步发展,拥有艺术表演团体和艺术学校分别为14个和1个,拥有影剧院13个。

随着石峁遗址的进一步发掘,榆林文博事业成就瞩目。2015年6月,国家文物局批复了陕西省文物局呈报的《关于石峁遗址保护规划(2014~2030)的请示》,榆林神木的石峁遗址保护规划,原则上获得国家文物局同意。石峁遗址外城东门附近发现一处大型石砌院落,包括窑洞式住房、礼仪性厅房、仓库和院落门址等,属于高等级的史前院落。2015年7月,考古人员发现了一块完整的"石雕人面像"和玉铲,有助于研究当时的原始宗教信仰和石峁遗址与其他地方的联系状况。

榆林努力开展对文物的保护工作。在定边,对明长城的保护加固有条不紊地开展着,开工于2014年9月的定边砖井城堡已完工45%,"三五九旅"窑洞遗址的95%工程已经完成。吴堡石城荣获"2014中国最具价值旅游目的地景区"荣誉称号,该称号由2014中国最具价值文化(遗产)旅游目的地推荐活动颁发,此项活动由中国文物保护基金会、中国旅游报社和新华社

手机电视台共同主办。

榆林精神文明建设成果丰硕。榆林在第四届全国文明城市、文明村镇、文明单位评选活动中，获得"全国文明单位"的有榆林供电局、榆林市国税局、延长石油榆林炼油厂和中国移动榆林分公司；获得"全国文明村镇"称号的榆林村镇有神木县马镇镇、定边县定边镇。

2014年，榆林宣传文化领域亮点纷呈。2014年，榆林市委宣传部组织实施了"2014年度榆林市文化精品扶持项目"评选工作，评选出文艺精品项目10个、文艺成果46个。2014年一批优秀文艺作品获得大奖，其中电视剧《五月花开》获得陕西省第十三届精神文明建设"五个一工程"奖，《人类童年在这里拓荒》获得第六届老舍散文奖，《素履》获得第六届冰心散文奖。歌舞剧《陕北歌谣》、晋剧《杨家城传奇》分别获得第七届陕西省艺术节优秀剧目奖，歌舞剧《我的三十里铺》获得第七届陕西省艺术节优秀演出奖。

2015年榆林影视摄制工作有了新进展，7月大型人物纪录片《杜斌丞》在米脂县斌丞图书馆举行了拍摄仪式，《杜斌丞》共拍摄四集，即《教育救国》《大浪淘沙》《救亡图存》《献身民主》，每集半小时，记录了杜斌丞先生从事民主革命工作、奔走奉献的革命生涯。

（三）延安文化工作亮点突出，重点工程顺利推进

延安文化产业从业人员稳定，有利于保障文化产业的发展。截至2014年末延安全市艺术表演团体和其从业人员分别为12个与702人，艺术表演场馆和其从业人员分别为3个与53人。2014年延安创作的戏剧作品、歌曲分别达到了17部、17首，创作的曲艺、小品为31个。

延安文化事业和新闻广电领域持续为群众提供优良服务。公共文化方面，2014年末，延安拥有文化馆（站）和公共图书馆分别为192个和14个，从业人员分别为923人和211人，公共图书馆藏书达到114.5万册，放映公益类电影4.1万场次，行政村与自然村放映覆盖率分别为100%和98%以上。新闻报刊方面，《延安日报》2014年发行348期，共计1239万份，

延安广播电视台共播出电视新闻、广播新闻分别为336期（4032条）与286期（2298条），《百姓关注》播出306期。广电覆盖率进一步增强，全市电视、广播覆盖率分别为99.89%和99.78%，数字电视用户发展到36.95万户。

延安关注民歌的传承和创新工作。2015年，陕西省委宣传部、省文化厅与延安市、榆林市政府共同组织实施了"2015中国陕北民歌传承与创新工程"。该工程从学术研究、采风，编纂出版曲谱集，创建陕北民歌基地，摄制音像制品，扶植传承人，推出原创作品，改编、编配经典作品，举办一年一届演唱、创作大赛，打造陕北民歌驻场演出剧目，制作影视作品，推出主题音乐会等方面开展传承与创新工作。

延安持续进行传统文化节庆活动。2015年3月，延安举办了第32届"延安过大年"元宵节秧歌展演，来自延安各县区和延长石油的9支秧歌队表演了陕北大秧歌、牡丹舞、铁鞭舞和安塞腰鼓、洛河战鼓、洛川蹩鼓、太平鼓等歌舞节目。

2015年延安重点文化工程稳步推进，延安大剧院2016年6月全部建成。由戏剧厅、剧场和音乐厅组成了延安大剧院，总建筑面积为33134平方米，建成后将举行第十一届中国艺术节开幕式。2015年11月，位于延川县的文安驿文化园区主体工程竣工，总规划面积约4平方公里的全省重大文化项目文安驿文化园区项目，以文安驿古驿站为核心，体现了古镇驿站、道情、窑居和知青文化等特色，对发挥文化旅游名镇优势、促进延安乡村旅游具有重要作用。

（四）铜川文化工作引人注目，群众文化活动生机勃勃

为纪念抗日战争胜利70周年，铜川市举办了合唱音乐会"抗战颂"，演唱了《松花江上》《五月的鲜花》《长城谣》《太行山上》《游击队之歌》《保卫黄河》《半个月亮爬上来》《瑶山夜歌》《国家》《红旗飘飘》和《没有共产党就没有新中国》等歌曲，表演了舞蹈《送军鞋》《为了母亲》和诗朗诵《血写的课本》《黄河》等。这场音乐会由铜川群众艺术馆、铜川电视

台、市演艺中心、合唱协会、音乐家协会承办。

铜川公共文化工作成就突出，受到各方关注。2015年8月，铜川被文化部列为第三批国家公共文化服务体系示范区创建城市。这是铜川在公共文化服务体系建设方面取得的里程碑式成就，是对铜川近年来实施"文化兴市"，努力推动公共文化服务体系工作的肯定。公共文化发展方面，铜川全面完成了国家首批示范项目的铜川市公共图书馆服务一体化建设工作，该馆成功入选国家公共文化政策研究基地，相关区县成为国家和省上的文化先进县区、全国文化艺术之乡。截至2014年底，全市拥有市级电视台、广播电台各1座，县级广播电台2个；文化馆、文化站、公共图书馆分别为5个、28个和5个，图书总藏量80.8万册。

铜川文化产业蓬勃发展，文化产业增加值比上年增长12.3%。至2014年，铜川拥有艺术表演团体2个。演艺方面，铜川市的大型秦腔古装戏《耀瓷轶事》荣获戏曲类最高奖项——优秀剧目奖，这是铜川市继《耀瓷丰韵》在第六届陕西省艺术节获奖后取得的又一个最高奖项。影视方面，铜川影视传媒公司较上年新增1家，达到2家；3D影院新增1个，达到3个。新闻广电领域工作亮点纷呈，2014年开设了《转型发展看铜川》等一批新闻栏目，着力宣传报道了铜川经济社会发展情况。市电视台和市电台采编、采制的《公路上的别样风景》《最美乡医李文强》等作品在中央电视台和中央人民广播电台播出。它们还开办了《今日关注》《便民广场》《百姓大舞台》等一批深受群众喜爱的精品栏目。

铜川重视开展群众文化工作，让群众享受到了优秀的文艺演出。2015年7月至8月，举办了第22届消夏纳凉广场文化展演活动。这一文化展演活动呈献了33场演出，展演演职人数超过3000人，群众近6万人次欣赏了表演。该活动颁奖晚会上颁发了2015年铜川市广场舞技能技巧大赛奖，颁发了"唱响铜川"新创歌曲演唱决赛奖项和第二十二届广场文化展演活动的展演奖、优秀展演奖和优秀组织奖。铜川重视群众性音乐、舞蹈活动。2015年7月，铜川成功举办"唱响铜川"新创歌曲演唱大赛和2015年铜川市广场舞技能技巧大赛；5月下旬以后，铜川电视台启动了"海林御苑杯铜川首届舞林大会""星光杯广场舞大赛"等节目,促进了铜川群众性歌舞的开展。

铜川利用读书月活动,促进全民阅读。2015年4月,铜川启动了"三秦书月·书香铜川"读书月活动,紧扣"丝路新起点,阅读助腾飞"的主题,采取各种措施促进全民阅读。铜川图书馆、铜川人民广播电台、铜川日报社、市文广局、市邮政局分别通过邀请名家大师做客"铜川文化讲堂",开办《铜川名人谈读书》专题节目,开办精品图书推介栏目,举办农家书屋培训班,组织开展精品图书展销活动等方式推动读书活动,培育读书习惯。各区县通过举办经典诵读、诗歌朗诵等,进一步促进全社会的学习氛围。

(五)宝鸡文化工作硕果累累,特色鲜明

2015年8月,宝鸡启动了宝鸡文化艺术中心项目。宝鸡文化艺术中心项目总建筑面积10.12万平方米,包括科技馆、音乐厅、群众艺术馆、美术馆、图书馆、青少年活动中心。项目建成后有助于完善城市文化功能,为市民享受文化提供更多的服务。截至2014年末,宝鸡拥有群众艺术馆、文化馆14个,乡镇文化站(或文化中心)、文化活动室分别有120个和1895个,公共图书馆13个。

2015年9月,宝鸡举办"纪念抗战胜利70周年经典电影展映周"活动,派出电影放映队在厂矿、社区等巡回放映,组织放映《杨成武强攻东团堡》《萧华挺进冀鲁边》《英雄黄骅》《刘老庄八十二壮士》《盘尼西林》《孔庆德生死护送卡尔逊》等优秀影片。

宝鸡重视对群众提供电影服务,宝鸡农村数字电影院线公司成立6年来,践行"一村一月一场"电影要求,向全市1729多个行政村放映公益电影9.6万余场,观影人数达1978多万人次,满足了群众看电影的需要。2015年6月起,宝鸡市总工会、市电影公司举办了"2015送电影下工地"活动,为工地建设者放映《我的长征》《战将周希汉》等影片,对丰富建设者们的精神文化生活产生了良好作用。宝鸡关注群众喜闻乐见的电影题材,

4月专门启动了宝鸡农村数字电影院线有限公司"千场秦腔戏曲电影公益放映活动"。截至2014年末,宝鸡有电影放映机构39个。

宝鸡通过举办美术、摄影相关活动来满足群众需要。2015年4月,市群艺馆与扶风文化馆联办书画交流展,展出人物、山水、花鸟等多种题材的书画作品63幅;5月,宝鸡在市群众艺术馆举办了"庆'六一'宝鸡少儿书画作品展",展出宝鸡少年儿童素描、水粉、国画、儿童画与各种综合材料绘画等优秀书画作品近百幅;5月,宝鸡在市群众艺术馆举办了"文化宝鸡丝路风情"摄影艺术展,共展出摄影作品100幅,反映宝鸡文化建设、文化服务和文化惠民的新成果。

宝鸡市重视群众文艺生活。2015年5月,宝鸡在炎帝园广场进行了文化惠民的重头戏,为期3天的宝鸡市第八届社区文艺会演。会演节目丰富,包括舞蹈类节目专场的26个节目,歌舞、曲艺类节目专场的20个节目,小戏、小品类节目专场的20个节目。参加会演的有社区业余文艺团队千余人。社区文艺汇演有助于丰富群众文化生活,展示社区文艺团体,提升社区的文明程度。

宝鸡的文艺成果喜获嘉奖。2014年12月,在第十二届中国民间文艺"山花奖"民间艺术表演奖评奖活动中,宝鸡凤县羌族舞蹈《羊皮鼓舞》获得银奖。羌族舞蹈《羊皮鼓舞》代表陕西参加此次评奖活动,并获得了嘉奖。

宝鸡文博工作不断取得新成就。2015年春节期间,宝鸡市青铜器博物院等举办了《陶语诉春秋——古代陶瓷与文化生活展》,首次展出了有"华夏第一瓦"之称的龙山文化文物红陶蓝纹筒瓦等400余件历代珍贵陶瓷文物,有助于人们对宝鸡千年陶瓷文化有更好的认知。

宝鸡加强对外文物展览工作,有效宣传了陕西。2015年3月,由宝鸡青铜器博物院等七家文博单位联合主办的"天下一统——大秦帝国文物特展"在杭州开展。这次展览由"不循礼制""开拓进取""尚武好兵"和"霸业初成"四部分组成,展出的文物包括秦公镈、春秋错金银壶、秦公钟、秦吕不韦八年戈、春秋玉觿、战国吴王孙鼎等文物175件(组)青铜

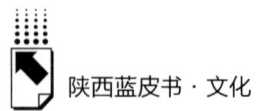

器、陶器、金银器、玉器诸文物，展期一年。展览有助于观众更好地了解、认识秦帝国的社会、军事、政治和经济历史。

文博和非物质文化遗产方面，截至2014年末，宝鸡国家重点文物保护单位、省级文物保护单位、县级文物保护单位分别有21处、97处和271处，文物保护点3436处，拥有珍贵文物10719件；一、二、三级文物分别有374件、1303件、9042件。有非物质文化遗产保护中心13个。2015年9月，由非物质文化遗产开发来的宝鸡旅游产品宝鸡社火脸谱系列，在中国"百佳十强"旅游商品遴选活动中，与敦煌藻井壁画丝巾、四川三国文化旅游系列商品等一起被评为中国"十强"旅游商品。

宝鸡文化产业有良好的发展条件。截至2014年末，宝鸡国家级文化产业示范基地、省级文化产业示范基地（单位）分别有2个和12个，专业文艺团体、业余文艺团体分别有11个和2023个。宝鸡还有艺术表演场所3座，艺术科研机构1个。

（六）咸阳文化工作争相辉映，群众文化好戏连台

2015年，咸阳在2014年文化发展成果突出的情况下，稳健推进。2014年咸阳节日文艺演出300多场次，观众100万人次，全年公益电影放映量达到33501场。咸阳文化惠民力度进一步加强，仅组织的书法美术名家送艺术下乡惠民活动就有30多次。咸阳公共文化设施对公众免费开放，到2014年咸阳公共图书馆图书总藏量1196.5千册（件），仅咸阳图书馆全年读者流量超过30万人次。全年"两馆"一站免费开放率已达100%，文化馆举办了1000多场次的各类活动，参加这些活动的观众达60万人次。2014年咸阳影视工作取得了新的成就，咸阳共有剧场、影剧院11个，广播、电视节目综合人口覆盖率分别为99.45%和99.6%，有线电视入户率超过了50%。2014年咸阳安排广播电视"户户通"38950套。2014年咸阳非物质文化遗产保护和宣传工作顺利推进，咸阳在秦峰美术馆举办了迎接全国第九个"文化遗产日"宣传展暨中国梦—咸阳美—咸阳剪纸与民间美术精品展，展出了包括国家级项目、省级项目等在内的非遗项目50个展板。

2015年5月，咸阳举办了咸阳市文化艺术节，这次艺术节以"繁荣文化艺术培育文明风尚"为主题。5月的艺术节开幕式在咸阳大秦剧院举行，表演了《红旗颂》《走向复兴》《高山流水》等15个节目。咸阳市将举办17项全市性赛事，具体包括音乐戏剧类的秦腔大赛、中国民族器乐大赛、歌咏大赛、青年歌手大赛，舞蹈类的广场舞大赛、舞蹈大赛、国标舞大赛，美术摄影类的美术大赛、摄影大赛，文学和书法类的千字散文大赛、书法大赛、青年演讲大赛、诗词楹联大赛、群文创作大赛、中小学生国学经典诵读大赛，另外还有节目主持人大赛、窗口服务行业文明礼仪大赛。咸阳文化艺术节还举行文化交流展、优秀电影展映等。作为咸阳文化艺术节活动的重要组成部分，2015年8月咸阳的艺术团、剧团、群众艺术馆等在文广广场演出了秦腔大戏，此后咸阳还组织30场文艺节目献给市民。

（七）渭南文化工作大手笔推进　公共文化发展有目共睹

渭南开展一系列纪念抗战胜利70周年的活动，受到群众欢迎。2015年9月，渭南市于市文化艺术中心举办了纪念抗战胜利70周年书画展，100余幅作品参展，参展作品体现了伟大的爱国主义精神。9月，渭南市委、市政府主办的大型晚会"黄河魂中国梦"在渭南大剧院演出，晚会上演了《东方红》《黄河大合唱》等节目，受到观众欢迎。此外，渭南还通过举办"纪念抗战胜利70周年老年书画展""纪念抗战胜利70周年少儿书法展"等活动来纪念抗战胜利70周年。

渭南影视制作有了里程碑式的进步。2015年，渭南完成了其首部得到国家"电影片公映许可证"的彩色科普电影《千家万户一卡通》，并于8月在拍摄地点大荔县安仁镇进行了首映启动仪式。《千家万户一卡通》反映了渭南在全国率先推行财政惠民补贴资金"一卡通"政策的情况，通过"一卡通"发放整合了9部门41项涉及群众生产生活的政策性补贴，方便了群众，提高了办事效率。截至2014年底，渭南拥有市级无线广播电台、电视台各1座，广播、电视节目各2套，渭南电视、广播综合覆盖率分别为

96.7%和95.0%,农村数字电影放映覆盖率达100%。

渭南文艺创作和演出进入了一个新阶段。2015年9月,韩城市重大文化精品项目,历经三年准备的大型原创历史话剧《司马迁》,在北京成功举行首场演出。该剧由陕西盛星皓月文化传播有限公司与北京人民艺术剧院联合创作。著名演员冯远征出演剧中角色司马迁。为提供更好更多文艺作品,渭南大剧院上演了芭蕾舞剧《红色娘子军》、回族舞剧《月上贺兰》、歌剧《大汉苏武》和交响音乐会"青春之梦·黄河颂"。

渭南进一步推动公共文化体制机制创新工作。2015年上半年,渭南"一元剧场"、"青春之梦"系列文化活动和"四进零距"工程分别演出375场次、61场次和486场次。渭南公共文化基础设施建设进一步完善,已建成乡镇文化站、重点镇综合文体中心、信息资源共享县级支中心、乡镇电子阅览室、社区电子阅览室分别有143个、30个、11个、143个和123个,配送文化活动器材的社区文化中心、社区活动室和行政村分别有16个、201个和1969个。达到部颁三级以上标准的文化馆和图书馆分别有5个和6个。公共文化领域,截至2014年底,渭南有文化馆12个,公共图书馆11个,藏书85.48万册(件);艺术表演团体13个,艺术表演场馆11个。

渭南文物保护和利用工作进一步发展。2015年,唐惠陵博物馆完工,准备对外开放,它是蒲城县修建的第一座唐帝陵博物馆。经国家文物局批准,2000年3月,有关部门对唐让帝——玄宗李隆基兄长李宪的桥陵陪葬墓惠陵进行了抢救性发掘,这次发掘过程中出土文物860余件(组),彩绘壁画500余平方米,有许多国内首次考古发现。2015年,国家文物局批复立项了全国重点文物保护单位仓颉庙壁画保护工程。

渭南在文化工作领域获得一系列奖励。2015年5月,渭南初级中学音乐教师石盟,以一首《斗牛士之歌》获得感动中国——全国第二届"群文杯"声乐大赛美声组金奖和特别大奖。6月,潼关县少儿电视节目《体验在一线》荣获国家新闻出版广电总局2014年度少儿节目精品及国产动画评审活动鼓励奖,潼关少儿电视节目连续八年获国家广电总局奖励。

（八）汉中文化繁荣发展，文化活动争相辉映

汉中电影电视工作新成果频出，有力地推动了文化工作。2015年9月，由著名作家和编剧莫伸执导，城固县委县政府和西部电影集团有限公司、西北工业大学联合摄制，再现抗日战争时期西北联大师生在汉中城固古路坝艰苦办学历史场景的电影《古路坝灯火》在中央电视台电影频道正式播映，该片弘扬了中华民族不屈抗争的精神，有利于对陕西，对汉中秀美山河的宣传。截至2014年底，汉中拥有广播、电视发射台11座，发射机60部，汉中的电视、广播人口覆盖率分别为99.08%和98.3%。另外汉中还拥有剧场3个。

公共文化领域，汉中公共图书馆达到12个，图书总藏量80.16万册。

汉中文化工作者在重要赛事中夺得大奖，为汉中增光添彩。2015年9月，汉中市歌舞剧团歌唱演员，在第十三届中国西部民歌（花儿）歌会比赛中，以陕南民歌《鸡公号子》获得银奖，《打仙桃》获得铜奖，《姐儿下河洗衣裳》和《帽盖子红头索》双双获得优秀奖。

汉中群众文化工作不断进步，再谱新篇章。2015年5月，陕川甘渝晋公共文化服务大联动暨汉中市公共文化服务周活动在汉中举办，参加这次公共文化服务周活动的有来自陕西、甘肃、四川、重庆、陕西5个省市的19个地市、34个公共文化单位共900多人。

汉中文化旅游活动持续开展，吸引着越来越多的旅游者。2015年3月，汉中举办了"2015中国最美油菜花海"汉中旅游文化活动，受到了各地旅游者的高度关注。从2010年起，汉中成功举办了五届油菜花海旅游文化活动，将其发展成为了陕西重要旅游品牌节会活动。

（九）安康文化地域特色浓郁文化发展前景辉煌

安康通过优秀抗战电影展映活动，纪念抗战胜利70周年。2015年8月，安康在其十县区城乡开展"纪念中国人民抗日战争及世界反法西斯战争胜利70周年"优秀抗战电影展映活动。放映了《秀水河歼灭战》和《血

战残阳》等经典抗战影片，弘扬了爱国主义精神。

持续举办文化节庆活动，丰富了群众文化生活，宣传了安康文化特色。2015年6月，安康在龙舟文化园举办了第十五届中国安康汉江龙舟节主题活动。安康汉江龙舟节上龙舟竞渡，歌舞欢娱，表演了安康民间的杂技"翻天印"，4头瑞狮从四方争抢由29张八仙桌搭建成的3层高台上的"翻印"彩头。龙舟节上还演出了歌舞《同舟共济划龙舟》《汉江妹子》等，歌曲《美丽汉江汉调悠扬》《幸福安康》等。

在纪念抗日战争胜利70周年期间，安康博物馆举办了《烈火记忆——安康抗日专题展》。安康抗日专题展展出了安康五里机场抗战实物、图片和日军侵华时期所发行的各类画报、报刊、票证等。通过展览增强了民众的民族自信心和荣誉感。

截至2014年末安康全市图书馆、群众艺术馆、文化馆、博物馆分别有11个、1个、10个和6个；广播电台、县广播电视台、电视台分别有2个、9个和10个。2015年，安康强力推进了公共文化服务体系建设，顺利推进了三馆一站免费开放和政府购买公共文化的工作；文化产业快速发展，上半年安康全市文化体育娱乐业增长28.3%，成立了安康文化投资发展公司；新闻广电发展势头强劲，外宣发稿完成年度任务的80%；重大文化项目进展顺利，安康博物馆准备正式开馆，"藏一角"博物馆准备开馆，一批县区文化中心立项实施；文艺演出情况喜人，汉调二黄现代戏《莲花碑》，舞蹈《汉江妹子》，旬阳小戏《围着女人转》，话剧《冤家路宽》等获得了越来越多的赞扬和喜爱。

（十）商洛文化工作再上新台阶，文化事业体现新面貌

商洛在广播电视和公共文化领域取得相当成就，到2014年底商洛拥有广播电视台8座，图书馆8个，文化馆8个。广播和电视人口综合覆盖率分别为95.45%和98.87%。2014年商洛全年安装直播卫星户户通设备和有线电视户户通设备分别有44979户和26787户。

2015年9月，商洛举行了纪念抗战胜利70周年群众演唱会，演唱了歌曲《松花江上》《长江之歌》《英雄之歌》《秦岭最美是商洛》《我爱你中国》《红色娘子军》《映山红》《歌唱祖国》《茉莉花》等，表演了秦腔、京剧、商洛花鼓和歌剧等戏剧，如《六斤县长》《屠夫状元》（商洛花鼓），《血泪仇》（秦腔），《江姐》（歌剧），《打不尽豺狼决不下战场》（《红灯记》选段）等。

2015年商洛涌现了许多新的文化亮点。为进一步挖掘商洛传统文化资源，2015年商洛启动了评选商於古道"十大文化符号"活动。商洛为加快打造商於古道文化品牌，4月至10月开展了商於古道摄影大赛采风活动。2015年，商洛广播电视台策划的重点项目《空中看商洛》拍摄制作将完成，并准备与观众见面，这是商洛第一部航拍的艺术片。2015年6月，《最美商洛》在中央电视台发现之旅频道《谁不说俺家乡好》栏目播出，播出后反响强烈。这部片子是商洛广播电视台制作的商洛第一部高清旅游风光片，是目前为止商洛在中央电视台播出的第一部专题片。2015年1月，商洛镇安县委宣传部和商洛市文联联合开展的"我是绿色小喇叭"系列环保生态宣传活动获得2014年度陕西省宣传思想文化工作创新奖一等奖，商洛市委宣传部、市文明办联合开展的"德载商洛山·大美商洛人"主题实践活动，商州区委宣传部开展的"感恩教育"系列活动，获得该奖二等奖。

四 陕西省文化发展的展望

新的一年陕西文艺事业将稳步推进发展，取得更为瞩目的成就。

陕西将进一步创新开发文化旅游产品。陕西将通过项目带动战略方式，加快30个重大文化项目的建设，推动全省文化旅游发展新格局的形成。陕西将以延安为核心，加强红色旅游经典景区体系的建设。陕西将大力开发特色专场剧目，通过鼓励重点旅游城市、旅游景区和文化旅游企业的方式，丰富《长恨歌》《仿唐乐舞》等高品质旅游演艺品牌。陕西将大力发展会展旅游，充分发挥好会展节庆品牌的效应。陕西省将大力支持群众参与性强的文化旅游活动，如开展登山节、龙舟节等。陕西省将加大扶持传统文化的发展

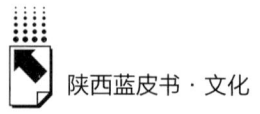

力度，支持传统戏剧排练演出、传统手工艺传习和传统民俗活动的场所建设。

陕西省将进一步推动文化产业实现跨越式发展。陕西省把文化产业确定为了其转变发展方式和调整产业结构的重要突破口。为此，陕西的文化产业将实现快速发展，文化产业年均增速保持在25%以上。陕西文化产业占其GDP的比重将逐步提升，2015年实现增加值占全省GDP比重5%以上，2017年增加值占陕西全省GDP比重6%以上。2020年陕西省的文化产业增加值要在"十二五"的基础上再翻一番。陕西文化企业要进一步做强做大，要有若干营业收入超过百亿元的大型文化企业，要使陕西省文化产业综合实力居于全国中上水平。

陕西省将进一步加快数字内容产业发展，全面推动电信网、广播电视网、互联网的三网融合工作，促进传统媒体和新兴媒体的融合发展。为此陕西致力于大力支持西安国家数字出版基地、印刷包装产业基地、陕西动漫创意产业基地的建设。陕西正努力发挥它们的示范引领作用，打造具有竞争力的品牌。陕西省致力于推动动漫游戏与虚拟仿真技术，使得它们在设计、制造、交通、教育、卫生等领域中能够更有效集成应用。陕西正大力推动传统出版单位向数字化转型升级的进程，卓有成效地引导传统的印刷、复制加工服务领域向综合创意和设计服务转变。

陕西将在城镇建设领域更加重视文化内涵。进一步重视建筑、城乡规划等方案的选择，审查其文化内涵，提升其文化品位；致力于更好地保护历史文化名城、名镇、名村和传统村落；在文化景区建设等方面，更好地有效保护相关区域文物保护单位、重要历史遗存。

陕西将进一步挖掘旅游资源文化内涵，更好创新旅游休闲产品。陕西拥有丰富的周秦汉唐等历史文化资源，有光辉灿烂的革命文化资源，有特色鲜明的民俗文化资源，有相当实力的现代文化资源，陕西省将更好地依托这些文化资源，打造特色历史文化旅游休闲精品景区（点），大力发展红色旅游，培育乡村旅游度假产品，推动文化演艺、科普教育、特色美食等文化旅游休闲项目。

陕西省将进一步加强"一带一路"建设中的文化工作。为此，陕西将搭建人文交流平台，组建起陕西省丝绸之路国际文化交易中心，促进国际的文化交易。陕西将推进丝绸之路国际文化城建设，加快这一项目的文化策划、规划建设、战略投资引入、主题园概念设计、核心区规划设计、核心区用地指标落实等工作。要通过建立丝绸之路媒体联盟，进一步发展其新闻出版事业，要通过出版一批中外文出版物，来宣传丝绸之路历史文化与经济发展。要依靠创作一批有国际影响力的文化艺术精品，来促进其文化艺术的发展。

陕西省将进一步加强"一带一路"建设中的文物保护与考古研究。陕西将通过和丝绸之路沿线国家、地区、省份的合作，共同进行文物保护和考古研究工作。为申报更多的世界文化遗产，陕西将编制《申报世界文化遗产工作规划》，在这一规划中将纳入新石器时代的神木石峁遗址，西周时期的周原及丰镐遗址，位于陕北地区的黄帝陵，位于关中地区的汉唐帝陵，位于西安地区的汉传佛教六大祖庭等具有申遗潜力的项目。

陕西省将通过发展文化保税产业，进一步推动文化产业。陕西将通过推进文化保税园区、国际文化贸易基地建设，使进出口贸易服务平台建设得以完善，开拓扩展文化进出口业务。

2016年第十一届中国艺术节将在陕西举办，陕西将采取一系列得力措施确保第十一届中国艺术节成功召开。陕西将大力推动相关的场馆建设和维修改造力度，2016年8月前全面完成建设和维修改造任务，从硬件上保障艺术节的顺利进行。为此，陕西落实了艺术节需要使用的场馆建设和维修改造责任单位、责任人。相关的51个场馆，包括文华奖使用剧院42个，其中A类16个，B类26个；群星奖使用剧院4个；美术展览馆5个。文华奖使用的剧院由省直、高等院校、企（事）业单位负责的有11座，包括3个A类剧院；由西安市负责的有4座，包括2个A类剧院；由宝鸡市负责的有3座，包括2个A类剧院；由咸阳市负责的有4座，包括2个A类剧院；由铜川市负责的有1座；由渭南市负责的有3座，包括1个A类剧院；由延安市负责的有4座，包括1个A类剧院；由榆林市负责的有6

座,包括2个A类剧院;由商洛市负责的有3座,包括2个A类剧院;由汉中市和安康市各负责1座,其中安康的为A类剧院;由韩城市负责的有1座。群星奖使用的4座剧院中,由西安市、宝鸡市各负责1座,安康市负责2座。美术展览馆5个,由省直、西安市、西咸新区、宝鸡市、咸阳市各负责1座。

为做好第十一届中国艺术节筹备工作,陕西将进一步加快艺术精品创作工作。陕西省要打造提升好40部重点剧目,使其成为优秀剧目,做到思想性、艺术性、观赏性俱佳。对这些剧目,陕西将采取文化惠民形式开展巡回展演。陕西制定了争取20部剧目入选第十五届"文华奖"评选名单,5部作品冲击"文华大奖"的目标。这40部剧目有传统戏剧的秦腔《诗圣杜甫》《大唐玄奘》《文成公主》《李十三》《秦腔》《曹植》《七彩哈达》《班超》《白居易》《照金这片天》《天国的百合花》《家园》,豫剧《河南担》,京剧《风雨老腔》,板弦腔《范紫东》,线腔《洽川人家》,蒲剧《河魂》,眉户剧《大漠红柳》,晋剧《杨家城传奇》,汉调桄桄《韩信拜将》,汉调二黄《莲花碑》,商洛花鼓《带灯》;有歌剧《大汉苏武》《白鹿原》,陕北民歌剧《延河谣》,陕北信天游歌舞剧《兰花花》;有杂技剧《丝路彩虹》;有话剧《灯火阑珊》《梁生宝买种记》《爱,不殊不望》;有儿童剧《太阳神鸟》《和你在一起》《公主的头花》;有舞剧《丝绸之路》《传丝公主》《统万风》《汉颂》;有民族管弦乐《大音长安》《丝路长安》《乡韵》。

为做好第十一届中国艺术节筹备工作,陕西将进一步加快群众文艺创作工作。在群众文艺创作方面,陕西要打造200个音乐、舞蹈、戏剧、曲艺类的优秀表演作品,力争实现获得第十七届"群星奖"评奖活动西部地区获奖数量第一的目标。这些作品中就包括音乐类的《丝路欢歌》《清风盈门》《黄河船夫曲》《请茶歌》《薅秧歌》,舞蹈类的《岁月拴马桩》《面花花》《汉江妹子》《最美·女人·家》《兄弟请坐》等。

2016年,随着第十一届中国艺术节的召开,陕西文化工作必将迎来一个新的高潮。

参考文献

《2014年陕西省国民经济和社会发展统计公报》。
《2014年西安市国民经济和社会发展统计公报》。
《2014年延安市国民经济和社会发展统计公报》。
《2014年宝鸡市国民经济和社会发展统计公报》。
《2014年汉中市国民经济和社会发展统计公报》。
《2014年咸阳市国民经济和社会发展统计公报》。
《2014年渭南市国民经济和社会发展统计公报》。
《2014年榆林市国民经济和社会发展统计公报》。
《2014年商洛市国民经济和社会发展统计公报》。
《2014年铜川市国民经济和社会发展统计公报》。
《2014年安康市国民经济和社会发展统计公报》。

宏观视野篇
Macro-perspective

B.2
陕西国民休闲体系现状及对策研究[*]

程圩 许赛燕 王晓华[**]

摘　要： 为了解陕西国民休闲体系建设状况，采用深度访谈、问卷调查等方法进行调研。研究发现陕西国民休闲体系的建设取得了一定成就：休闲产品体系日益完善，休闲的社会功能日益突出，休闲产品提档升级取得新成效，休闲市场秩序日益规范，休闲产业营销效果良好，休闲信息化程度日益提高。但仍存在一定矛盾：强烈的休闲愿望与较低的休闲满意度、公共假期的有限与带薪假期的有待落实、参与的广泛性与场所的有限性、总体上的升级与个体活动的低层次、新型休闲方

---

[*] 本文是陕西省社科基金（2015R030）、陕西省旅游局课题（2014004）的研究成果。
[**] 程圩，博士，陕西省社会科学院，副研究员，研究方向为文化遗产保护、旅游规划；许赛燕，西安外国语大学旅游学院·人文地理研究所，旅游管理在读硕士，研究方向为旅游休闲；王晓华，西安外国语大学旅游学院·人文地理研究所，博士，副教授，研究方向为旅游社会学。

式的出现与相关规范的滞后、休闲的社交需要强烈与社区参与的欠缺。最后从休闲时间制度的完善、休闲设施的建设、休闲产业管理的优化和休闲社会服务的提高等四个方面提出建设对策。

关键词： 陕西　国民休闲　休闲体系

一　陕西国民休闲体系的现状调查与分析

随着社会的发展，人们生活水平大大提高，闲暇时间逐步增加，国民越来越注重选择各种休闲活动来度过自己的闲暇时间，追求生活质量的提高和更加"有尊严地生活"，休闲方式日益多样化。但与此同时，休闲设施、管理、服务等尚显不足，制约了国民休闲质量的提高。因此，研究陕西省国民旅游休闲建设现状及对策这一课题极具现实意义。

为了解陕西国民休闲体系建设状况，本项目组通过三种方式进行了调研。第一，通过查阅陕西省旅游局相关文献资料并对各地市旅游从业人员访谈，得出陕西省国民休闲体系建设供给状况；第二，问卷调查，强调样本的代表性，主要了解全省国民休闲的现状；第三，深度访谈和参与观察法，强调样本的特殊性，主要了解一些特殊人群的休闲状况。

（一）样本基本情况

本次调查共发问卷297份，最终回收295份，有效率99.32%。回收的295份有效问卷的受调查者人口学特征情况如表1所示。

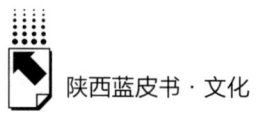

表1 样本人口统计特征

单位：%

性别	男	女	年龄	14岁以下	14~24岁	25~44岁	45~64岁	65岁及以上	
	41.3	58.7		3.1	13.1	40.1	34.4	9.3	
职业	学生	农民	事业单位或国企从业人员	私营业主	教育工作者	家庭主妇	自谋职业者	政府职员	
	19.2	15.7	13.0	7.8	7.2	7.2	6.0	5.8	
	工人	私企/外企员工	离退休人员	技术人员（医生/律师/科技人员等）	服务/推销人员	旅游从业人员	其他		
	4.1	4.1	3.8	2.4	1.7	1.7	0.3		
学历	高中以下		高中或中专	大专		本科	硕士及以上		
	24.1		24.5	10.0		39.8	1.6		
家庭月收入	无固定收入	1000元及以下	1001~3000元	3001~5000元	5001~8000元	8001~10000元	10001元及以上		
	1.3	18.7	29.7	24.9	13.1	12.2	8.0		
地域分布	西安	铜川	宝鸡	咸阳	渭南	延安	汉中	榆林	安康	商洛
	25.7	6.2	12.8	20.0	11.3	2.3	4.3	4.7	6.7	5.8
婚姻状况	未婚	已婚	其他	是否有孩子		无	有未成年孩子	有成年孩子（指孩子经济独立）	
	24.1	73.9	2.0			16.0	57.5	26.5	

资料来源：根据问卷调查统计。

本次问卷调查的受访者以西安都市圈城市人口居多。受访者居民性别较为平均。受访者年龄大多处于25~64岁，占总受访者的74.49%。本次研究的调查对象学历分布均匀，受访者职业分布多样。受访者家庭平均月收入1000~3000元比重最大，占受访者的29.69%，3000~5000元占24.92%。此外，大多数调查对象已结婚并育有子女，其中73.9%为已婚，已婚者中83.5%有孩子。

（二）陕西国民休闲体系建设成效

通过对近30名旅游从业人员进行访谈，并对当地居民的调查问卷，调研发现，陕西国民休闲体系的建设取得了一定成就，表现在六个方面：休闲产品体系日益完善，休闲的社会功能日益突出，休闲产品提档升级取得新成效，休闲市场秩序日益规范，休闲产业营销效果良好，休闲信息化程度日益提高。

1. 休闲产品体系的日益完善

在各项政策引领下，在大秦岭人文生态旅游度假圈、丝绸之路风情体验旅游走廊等重点项目的拉动下，全省各地市在乡村休闲、温泉休闲、运动休闲、都市休闲等多个方面推出踏青赏花、消夏避暑、登山采摘、温泉滑雪、骑行徒步、演艺美食、乡野农家、街区广场、健身沐浴、游乐嬉戏等休闲产品。

（1）城市内休闲建设

陕西省各地市内休闲基础设施的建设都取得了一定成就。新建住宅小区内绿地及健身器械日渐普及，开放性的城市公园日益增多，建设设施日益完善，大型购物中心、旅游特色街区、市民广场等成为休闲的重要场所。

（2）环城游憩带建设及陕西省现代农业休闲的成就

乡村旅游发展的首先表现为活动的多样性。陕西省各地市分别根据自己的情况开发了形式多样的现代农业休闲活动。现代农业休闲成就的另一个体现就是质量的提升。如2013年三原县金源山庄被农业部和国家旅游局命名为全国休闲农业与乡村旅游示范点，2014年礼泉县袁家村在由农业部、环保部等六部委联合开展的"2014寻找中国最美乡村"评选活动中获评"中国十大美丽乡村"称号。现代农业休闲的第三个特点是政府管理的规范化和服务化。全省多个地市开展了乡村旅游培训活动，推出农家乐示范村，并通过建设网站乡村旅游业发展提供信息交流平台。

（3）省内远程旅游设施

陕西省旅游正在努力实现从浅度观光游向深度休闲体验游的转变，这大大提高了全省休闲水平。各地市在改善旅游交通环境的基础上，积极拓展户外游、自驾游、写生游、避暑游、休闲游等多种旅游方式，增加休闲文化、度假文化、养生文化的丰富度和吸引力。富平陶艺村、照金绿蚂蚁山地体验中心、定军山汽车营地、周至老县城、留坝山地度假示范区、佛坪"瑞士

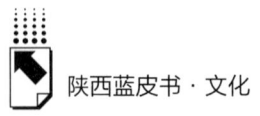

小镇"等已成为陕西省居民外出旅游的重要选择,极大地丰富了陕西省国民休闲体系的内容。

2. 休闲的社会功能日益突出

(1) 旅游扶贫日见成效

在陕西省国民休闲体系建设的实践中,观光休闲与居民就业相结合已经是城乡统筹与旅游产业融合发展的新路径。通过休闲产业扶贫并改善当地环境,使得当地居民成为休闲产业发展的参与者和受益者。

(2) 多项惠民政策的实施

为了使当地居民从休闲产业的发展中受益,多个景区推出了惠民服务。安康香溪洞景区对市民发行健身年卡,成为安康市重要的城市公园和休闲场所;大唐芙蓉园等景区推出家庭套票、年票等门票方面对当地居民实施减免;延安首批推出了8条"延安人游延安"线路,举办了"延安人游延安"活动启动仪式。《延安印象》对持延安市身份证的游客票价实行5折优惠。

3. 休闲产业提档升级取得新成效

(1) 休闲产业发展的特色化和差异化

各地市在国民休闲体系建设实践中,差异化和特色化发展已成为近年出现的一大特点,坚持"一县一品"、错位发展的原则,整合各类旅游资源,发展独具特色的旅游项目,努力形成市县旅游互补互动的格局。

(2) 服务提升明显

陕西省各地市在休闲体系建设实践中纷纷推出了以咨询中心、停车场、厕所为重点的服务提升工程,加快建设市旅游集散服务中心,深入推进县区旅游咨询服务中心和景区游客中心建设,加大停车场、厕所升级改造,重点景区停车场已基本满足需求,旅游厕所基本达标。

(3) 文艺演出市场日益繁荣

西安音乐厅、曲江国际会展中心、西安索菲特人民大厦大剧院等机构的各种演出大大提高了陕西省演出市场的国际化水平;陕西省戏曲研究院、易俗社、青曲社等在陕西省文艺市场的传统继承和创新方面做出了很大贡献;

青曲社已具有全国性的影响力；《长恨歌》《梦回大唐》《延安颂》《汉风·无双国士》等表演不仅吸引了众多旅游者，也极大地丰富了当地居民的文化生活。

4. 休闲市场秩序日益规范

各地市结合《旅游法》学习，强化《旅游法》的法律功能，规范旅游经营、旅游服务合同、旅游监督管理、旅游市场秩序，抓好旅游市场整治、旅游安全以及公共应急体系，开展旅游市场联合执法建设，妥善处理游客投诉，启动假日旅游联动机制，做好假日应对和联合执法等各项工作，确保旅游市场平稳安全有序。

5. 休闲产业营销效果良好

（1）营销内容特色化

陕西省休闲产业营销的内容日渐特色化。如2013年榆林推出的榆林自驾车旅游护照项目。品牌节会也已成为陕西省国民休闲体系建设中的一个亮点。如汉中的"中国最美油菜花海汉中旅游文化节"，延安的"延安过大年"及"望延安"大型红色文化体验活动。

（2）营销形式多样化

除了参加各种旅游交易会，车体广告等营销形式之外，近年陕西省各地市开展了丰富多彩的营销活动，深化了与中央电视台、《中国旅游报》、陕西电视台、陕西广播电台、《陕西旅游》等各级各类媒体的合作。

6. 信息化程度日益提高，智慧旅游的建设初见成效

目前陕西省休闲产业中信息化程度日益提高。各地市及景区纷纷建设网站及微博、微信平台，延安建成延安"城市百科"网站，并与陕西11个地市、50家优秀旅游城市、33家媒体网站进行链接，建立了信息共享机制。开通了视频延安，启动了"指尖上的延安"筹备工作。

二 陕西国民休闲体系问题诊断

陕西国民休闲体系建设也存在一些问题，主要表现为以下七对矛盾。

（一）总体上：强烈的休闲愿望与较低的休闲满意度

从调研情况看，全省居民休闲愿望非常强烈，大多数居民能够意识到休闲对其生活的积极意义，而居民对自身休闲质量满意度却并不高。其中近一半的受访者认为休闲质量一般，对休闲质量满意或比较满意的仅有30.5%。

（二）时间上：公共假期的有限与带薪假期的有待落实

从调研情况来看，全省居民对黄金周的态度可以用"爱恨交织"来形容。人们普遍抱怨黄金周集中休假带来的种种不便，实际上又依赖黄金周完成远程出游，而带薪假期落实状况在不同人群中差异较大，其对休闲的促进作用有待于进一步发挥。

（三）空间上：参与的广泛性与场所的有限性

休闲已成为人们生活中的必备部分，调研中也发现休闲的参与度很高，但与此同时，设施和场所的有限已经成为休闲的制约因素。调研显示休闲场所总体上数量短缺，结构上不平衡，西安和其他地市差异较大。

（四）方式上：总体上的升级与个体活动的低层次

从调研情况看全省休闲产业蓬勃发展，休闲需求旺盛，许多以前精英化的休闲方式也逐渐进入寻常百姓的生活之中，各种休闲俱乐部也发挥了重要的作用。然而很多居民的休闲活动还停留在较低层次上。

（五）发展上：新型休闲方式的出现与相关规范的滞后

近年来随着社会发展，户外徒步、自行车骑行也逐渐成为近年陕西省国民休闲的新兴方式。然而由于发展时间较短，这些方式的管理很不规范，这不仅影响人们的休闲体验，也存在较大法律和安全隐患。

（六）品质上：休闲的社交需要强烈与社区参与的欠缺

调查显示，无人陪伴是影响休闲质量的重要因素之一。社区作为社会组织结构的重要基层单元，应提供机会满足人们需要交往，渴望交流的休闲愿望。然而目前很多社区硬件设施不足，服务欠缺，影响了人们的休闲质量。

（七）范围上：休闲的福利性与特殊群体覆盖的不足

国民性和福利性是国民休闲体系的基本特征，目前我国的社会保障体系已逐渐完善，已有对老人、残疾人、低收入家庭等弱势群体的关怀和优惠，社会保险制度、福利制度不断完善，但弱势群体享受休闲的数量、质量并不尽如人意。国民休闲体系的建设不应把弱势群体排除在外，应该采取各种方式使他们也能够享受社会发展带来的福利。

三 陕西国民休闲体系建设对策

针对以上问题，本项目组从休闲时间制度的完善、休闲设施的建设、休闲产业管理的优化和休闲社会服务的提高等四个方面提出建设对策。

（一）完善休闲时间制度

研究发现，目前我国城市居民休闲时间普遍较少，城市居民普遍对目前的休闲时间不满意，且休闲时间对居民休闲满意度有重要影响，上述现象必须引起有关部门的重视，在大力发展国民休闲的时候要把休闲时间的制度安排作为重要的考虑对象，想方设法增加居民的休闲时间。目前。我国存在的节假日旅游井喷现象对交通、休闲地都造成了不同程度的冲击。为此，建议针对现有的假日政策做出调整。

1. 继续完善带薪假期制度

当前影响休闲质量的一个重要原因就是消费时间的不足。解决问题的关键是要落实职工的带薪休假制度。因此，一是强化全社会依法休假的理念，将带薪年休假制度落实情况作为劳动监察和职工权益保障的重要内容，推动机关、企事业单位加快落实职工带薪休假制度。二是鼓励职工结合个人需要和工作实际分阶段灵活地安排带薪年休假。三是在教学时间总量不变的情况

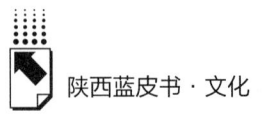

下,高等学校可结合实际调整寒暑假时间,中小学生可按有关规定安排放春假,为职工落实带薪年休假创造一个良好的条件。

2. 其他方式

除了法定假日和带薪假期的保障,也可以通过其他方式满足国民的休闲需求,如设定"市民日"推行切实有效的弹性工作制等,平缓现有集中休假带来的交通、服务、设施压力。

(二)加大休闲设施建设

1. 完善国民休闲基础设施

建设功能完善的城市基础设施能够使本地居民和外来游客获得高质量、多元化的休闲体验。

第一,提高旅游交通的可到达性。要结合城市自身发展特点,包括交通节点服务设施,游客集散中心,区域、城市与景区集散中心的公共交通的接驳体系,完善包括出租车、公交车、地铁在内的多元化的公共交通工具体系。完善自驾车旅游服务体系,继续推广和完善公共自行车服务,建设休闲绿道及自行车专用道;推广"长安通"等公交卡适用范围,提高充值等服务的便利性。

第二,建设满足乘客观光需求的旅游观光车。观光车的运营线路应精心设计,既要考虑城市交通总体网络的设计和现实公共交通流量变化,又要突出考虑城市旅游景观的布局,通过设计出不同主题的多条线路来满足不同游客的不同兴趣;运营车辆应突出乘客的观光需要,使用便于观赏街景的大窗式观光车或双层敞篷式观光车。在实际运营上,既应有全程不落地的游览车,也应有在沿线站点随时上下的游览车,应采取单一票价或者限时(24小时或48小时不限次数)使用卡,并在全程多点销售;在服务上应提供全程导游现场解说,或多种语言自动录音的导游服务。

第三,加大城市公共空间休闲环境建设力度。建设绿地、广场、城市公园、郊野公园等开放性休闲场所;鼓励城市综合体、主题公园、休闲街区、艺术园区、购物场所等项目建设;加大图书馆、文化馆、艺术馆、博物馆、展览馆、动植物馆的开放力度，提高国民休闲质量；加快建设和完善公共标识系统和解说系统；鼓励开放学校和单位体育馆、操场等设施，作为公共性休闲设施不足的必要且重要的补充；降低或免除各类公共休闲设施的使用价格，鼓励景区或其他休闲场所推出灵活的门票制度，使得当地市民能够更多地享受城市发展的成果；建设面对残疾人士的无障碍设施，在公交车、地铁及各种公共区域完善无障碍设施，在城市内有目的地开放无障碍公园等。

2. 促进社区休闲健康发展

应充分考虑本地区居民的使用特点，建设街心广场、社区广场、公园绿地以及各类室内休闲场所等，并布局于主要居民聚居区周边，方便进入，为居民日常休闲提供场所。

第一，从硬件层面来说，要从居民使用特点出发，规划好绿地、景观系统和文化体育设施，保障社区休闲的硬件条件。对于现有硬件设施较差的社区，要结合旧城改造，有针对性地进行维护更新。在户外，要建设小区（村）公共休闲活动场地及相关设施；在室内，要建设社区（村民）活动中心。

第二，促进社区休闲健康发展，更重要的是从软件层面，做好长期性的社区休闲服务，包括社团组织的建设和管理、文娱场所的利用、社区文化活动的开展等。这需要城市相关部门、社区居委会以及业主管理委员会的共同努力，提高社区居民参与的热情。

3. 培育适合城市休闲发展的空间环境

第一，各地应有主要用于城市居民的大型节庆集会、展览演出以及部分外来游客的旅游休闲的大体量空间，这些大体量的休闲空间应尽量体现当地特色，集中展示当地文化，为外来游客提供一个独具地方魅力的休闲旅游场所，为当地居民提供一个能够获得认同感的休闲娱乐空间。

第二，营造适宜的人居环境，使居民身心获益，并愿意到户外进行休闲活动和休闲消费，从而提高一个城市的休闲发展水平。为此，要积极改善城市自然环境，加强对自然环境的保护和绿化，具体包括提高城市绿地覆盖率，增加绿化面积，拓展绿化空间，治理大气污染，加强噪声监测和治理。

（三）优化休闲产业管理

必须通过优化产业管理，规范休闲产业市场秩序，引导休闲产业健康发展，营造休闲产业健康发展的大环境。

1. 继续规范休闲行业市场秩序

第一，加大执法力度，继续对现有制度的执行和实施状况进行监督、检查和处理，依法查处串通涨价、哄抬价格和价格欺诈的行为，积极营造诚实守信的消费环境。

第二，利用现代信息技术，加强舆情监控，及时了解居民在休闲过程中的动向，对投诉做出及时反馈。

第三，利用微博微信等平台，完善休闲服务质量监督机制，与去哪儿、携程等网站合作构建网络评价体系。

2. 对新兴休闲方式的管理和规范

对于近年来新兴的休闲方式，如户外徒步和骑行活动等，在政府的管理中应做好以下几个工作。

第一，立法部门应尽快建立户外旅游安全的法律法规，在发生户外安全事件时，相关方面能够做到有法可依、权责清晰、及时处理。

第二，建立市场准入制度。可以借鉴国外的做法，对自助穿越旅游活动的参与者，特别是领队，要进行进入许可，并按照旅游地的风险等级要求参与者的资质条件、设备配备条件等，同时将其与能否进行保险赔偿进行关联，从而约束穿越者的个人探险行为。

第三，应督促景区主管部门完善游客引导服务，做好旅行线路中可能存在的风险提示，适时组织常态化的安全演练，建立完善的户外旅游安全事故部门联动、营救安置及善后处理的应急管理机制。

第四，教育游客从自身做起，提高安全防范意识，做好行前规划，留意景区工作人员的提示及相关规定，不要擅闯非旅游区域；选择户外旅游线路时，时刻做好安全防护准备；尽量选择有户外旅游组团资质的机构，提前购买保险，仔细阅读相关合同内容中相关条款。

3. 小微企业的鼓励和引导

由于国民休闲习惯多样性极强，在休闲产业引导之中也必须注意行业内企业的多样性，以期为国民创造丰富的休闲选择。如住宿设施方面要有高星级酒店、中端酒店、经济型酒店、主题酒店、民宿客栈构成的多层次、多类型住宿业态。因此，必须为小型、微型企业提供足够的发展空间，优化其生存的制度环境。

4. 地方传统文化产业的扶持

调研中发现，陕西省在支持地方文化产业方面已经做出了许多努力，并且取得了明显成就，如易俗社推出的惠民活动取得了较好的社会效果，华阴老腔等传统艺术形式也获得政府专项资助。目前进一步扶持地方传统文化产业发展应主要通过以下方式。

第一，为传统艺术形式争取更多的市场机会。可通过各种推介活动扩大传统文化的影响力，或将传统艺术展演与文化遗产活化联系起来，鼓励传统文化实现市场化运作，并通过市场化的提高吸引年轻人的参与以实现文化的传承。

第二，目前创新能力不足已经成为制约陕西省地方传统文化产业的重要因素。陕西省戏曲研究院在地方传统艺术的创新上做出了很大贡献，从而获得了成功；华县皮影、华阴老腔等必须在剧目、演出形式上提高创新能力才能在传承中展现活力。

（四）提高休闲社会服务

1. 休闲技能培训

休闲发展不仅要提高居民休闲参与度，还要提升居民的休闲技能。学术界的研究发现，休闲发展到一定阶段后，要提高休闲发展质量，单靠增加休闲时间效果不大，要加强休闲技能教育，如进行公益性的体育项目培训等。

2. 提供公共休闲信息的便捷性

随着移动互联网技术的应用和国家关于促进智慧旅游发展的各项政策的

实施，公共休闲信息的便捷性已经成为衡量一个地区休闲产业发展的重要指标。

第一，要加强与携程、同程、蚂蜂窝等专业旅游服务网站的合作，主要服务于省内居民的长线旅游。

第二，与西安同城网、西安妈妈网，百度榆林贴吧等地方网站合作，及时发布地方休闲信息，提高当地居民休闲信息的易获得性。

第三，继续推进各地市旅游局和各景区微博、微信等平台的建设，完善平台内容，提高粉丝关注度和活跃度。

3. 休闲公共安全机制建设

由于休闲活动的多样性，公共安全已经成为休闲产业发展必须高度重视的问题。此方面应注意以下几点。

第一，完善各种公共安全服务设施。

第二，做好休闲安全监测工作，建立休闲安全预警机制，特别是在节假日等要协同各景区做好客流检测，及时发布各种客流信息。可探索通过手机流量建立客流实时监测的方式，提高休闲体验水平，做好休闲安全预警。

第三，在现有基础上加强紧急救援体系的建设，建立紧急救援的机制，完善救援网络。

4. 加强休闲方面的教育与科研

要提高休闲服务水平，必须加强休闲方面的教育与科研工作。国外休闲方面的教育和科研已是成熟的学科并已形成完整的学科体系，但陕西省只有高校的旅游专业下设关于休闲的课程，且休闲教育以理论为主，缺乏实操性内容，在公共休闲教育、休闲职业教育等方面均有待加强。具体做法如下。

第一，鼓励高校开设休闲专业课程，并加强产学一体化，鼓励企业与高校展开多种类型的横向合作，为陕西省休闲产业发展培养人才。

第二，鼓励高等院校、社会科研机构、民间协会等参与休闲方面的科研活动，为政府制定休闲产业的相关政策提供理论依据。

5. 福利休闲

休闲的国民性和福利性是人民生活质量提高和社会福利增加的最突出体

现。具体做法如下。

第一，制度建设方面，可成立专门的社会福利休闲管理机构，建立和完善社会福利休闲补助体系，为实施社会福利休闲的企业建立退税体系。

第二，企业支持方面，可引导旅行社针对不同目标人群的需求和经济能力进行社会福利旅游的产品开发，旅游景区对弱势群体实行门票减免，并完善和改进无障碍旅游设施。

第三，为外来务工人员、下岗职工和其他低收入者提供更多的休闲资源。在规划和建设城市公益性休闲资源时，要考虑到他们的使用需求和使用特点。同时应制定相关规定，保障现有的城市休闲场地和设施能向特殊群体开放，并切实考虑他们的消费能力，出台相应的优惠政策。

B.3
陕西出版体制改革调查报告[*]

王立平[**]

摘 要： 陕西建立了省属、非省属和大学出版社等各类出版机构，出版业规模大、出版范围涵盖广。在近年的出版体制改革中，陕西实施了全盘转制的改制策略，所有出版社均由事业单位转制为出版企业。省属出版企业组建出版集团，但改制的行政彩色深厚；非省属及大学出版社全面转制，各自独立经营，改革的空间大。本报告回顾了陕西出版企业的发展历程、转制现状及特征，并有针对性地提出出版转制的对策与建议。

关键词： 陕西 出版 出版体制改革

一 陕西出版业的发展历史与现状

陕西省出版机构数量多，隶属关系复杂，大致可分为陕西省直属出版机构和非直属出版机构两大类。

（一）陕西省直属出版机构

1950年，西北军政委员会在西安成立。同年3月，设立出版局，管理

---

[*] 本文系国家社科基金项目"西北地区的公益性出版发展模式研究"（项目批准号10XXW004）的部分成果。
[**] 王立平，西北政法大学新闻传播学院编辑出版系教授。

西北地区出版事务。1951年1月，建立西北人民出版社，隶属西北出版局领导。1954年，西北大区领导机关建制撤销，西北人民出版社改组为陕西人民出版社。西北人民出版社成立三年多，共出版各类图书472种。① 1972年，陕西人民出版社建制撤销，成立省出版局编辑组，以陕西人民出版社名义出书。1978年，陕西人民出版社建制恢复。

1979年，陕西人民美术出版社和陕西科学技术出版社分别成立。1982年，陕西少儿出版社成立。三家出版社均隶属陕西人民出版社。1984年，三家出版社从陕西人民出版社独立，分别成立陕西人民美术出版社、陕西科学技术出版社和未来出版社。1985年，在陕西人民出版社教育读物编辑部的基础上成立独立的陕西人民教育出版社。1993年，在陕西人民出版社文艺编辑部的基础上成立独立的太白文艺出版社。

1985年，三秦出版社成立，主要负责整理出版古籍、古籍资料汇编及地方志等图书。1992年，陕西摄影出版社成立，与陕西画报社一套机构、两块牌子，主要出版摄影类图书。

（二）陕西省非直属出版社

陕西的非直属出版社是指经国家出版管理机构批准成立，由陕西省的非出版行政管理机构主办的出版单位。陕西省新闻出版局对非直属出版社具有业务上的指导关系。截至1993年底，陕西全省共有非直属出版社8个。

1. 专业出版社

1984年，陕西旅游出版社成立，主办和主管单位分别为陕西省旅游局、国家旅游局，主要出版各类对外旅游图书。1985年，西安地图出版社成立，主办和主管单位分别为陕西省测绘局、国家测绘局。重点编制出版本地区各种公开或内部地图，各类地理地图和知识性读物。1992年，西安出版社成立，主办和主管单位分别为西安市新闻出版局、陕西省新闻出版局。主要负责编辑出版本地区各类政治学习读物，时事宣传读物和对外宣

---

① 陕西省志编纂委员会：《陕西省志·出版志》，三秦出版社，1998，第345页。

传图书。

2. 大学出版社

20世纪80年代以来，陕西还成立一批大学出版社。1983年，西安交通大学出版社成立，主办单位为西安交通大学，主管单位是国家教委。1983年，西北大学出版社成立，主办和主管单位分别是西北大学、陕西省教委。1985年，西北工业大学出版社成立，主办和主管单位分别是西北工业大学、航天航空工业部。1985年，陕西师范大学出版社成立，主办和主管单位分别是陕西师范大学、国家教委。1983年，西北电子科技大学出版社成立，主办和主管单位分别是西北电子科技大学、电子工业部。2001年，第四军医大学出版社成立，主办和主管单位分别为第四军医大学、总后勤部政治部。2003年，西北农林科技大学出版社成立，主办和主管单位分别为西北农林科技大学、教育部。上述大学出版社主要编辑出版各校所开设学科、专业课程所需的教材、专著和教学参考书等各类图书。

（三）陕西出版业的发展现状及特点

陕西是西北地区的中心省份。新中国成立初期，全国划分为东北、华北、华东、中南、西南、西北六大行政区，西北行政区管辖陕西、甘肃、新疆、宁夏、青海等西北五省份，首府设在西安市。陕西人民出版社的前身就是1951年成立的西北人民出版社。虽然1954年各大行政区建制撤销，但陕西省作为西北地区中心省份的地位依然清晰可见。中央许多机构在陕西设有分支机构，这在西北其他各省份并不多见。为加强战备，1964年，中央做出"三线建设"的战略决策，此后的16年中，国家在中西部13个省份建设1000多个大中型工矿企业、科研单位和大专院校，使我国生产力布局由东向西实现一次战略大转移。其中，陕西新建400多个"三线建设"项目。"三线建设"加强了陕西省的综合实力。

上述因素决定了陕西省出版业在西北地区的领先地位，在全国也占有非常重要的位置。陕西全省共有图书出版社18家，数量列全国地方出版社第4位；音像电子出版单位12家，数量列全国地方出版社第6位；期刊268

种,数量列全国各省份第8位;陕西新华发行集团及西安市新华书店所属区县新华书店共107家,图书销售网点565处,非国有出版物批发单位302家、零售单位2585家。①

陕西出版业的发展现状呈现以下特点。

第一,建立了完备的出版机构。1951年,陕西省仅有一家出版社。改革开放以来,陕西出版业发展迅猛,20世纪70年代末到80年代中期,先后建立5家专业出版社。到90年代初,共建立8家直属出版社和3家非直属专业出版社。陕西高校多、高等教育发达,80年代中期,先后成立5家大学出版社,连同后来成立的2家大学出版社,陕西共有7家大学出版社。至此,陕西共建立18家出版社。陕西拥有完备的出版机构,出版社数量多,涉及领域广,具体见表1。

表1 转制前后陕西省各出版社出版情况统计

年份	出版社名称	图书种数(种)	印数(万册)	课本种数(种)	课本租型种数(种)	课本印数(万册)
2003	陕西人民出版社	392	5025			4844
	陕西人民教育出版社	905	3107	59		1070
	陕西科学技术出版社	144	538	50		436
	未来出版社	487	2718	32		989
	太白文艺出版社	79	474			352
	陕西人民美术出版社	225	1214			1046
	陕西旅游出版社	16	33			
	三秦出版社	153	66			
	西安出版社	154	202			
	西安地图出版社	212	211	4		1
	陕西师范大学出版社	386	739	35		93
	西安电子科技大学出版社	361	260	229		167
	西安交通大学出版社	293	308	183		82
	西北大学出版社	149	231	35		166
	西北工业大学出版社	274	176	110		59
	合计	4230	15302	737	0	9305

① 《陕西省新闻出版业改革发展情况》,西部网,2011年11月4日,http://news.cnwest.com/content/2011-11/04/content_ 5476738.htm,2012-11-20。

续表

年份	出版社名称	图书种数(种)	印数(万册)	课本种数(种)	课本租型种数(种)	课本印数(万册)
2010	陕西人民出版社	410	2892	9	181	2779
	陕西人民教育出版社	1336	4671	25	124	1152
	陕西科学技术出版社	364	802	6		55
	未来出版社	392	1945	36		953
	太白文艺出版社	134	1234	1	114	1084
	陕西人民美术出版社	194	788		61	556
	陕西旅游出版社	74	126			
	三秦出版社	90	29	3		0
	西安出版社	278	421		6	63
	西安地图出版社	182	158			
	陕西师范大学出版社	693	4067	119	4	2360
	西安电子科技大学出版社	392	176	359		166
	西安交通大学出版社	726	1165	455	35	850
	西北大学出版社	342	721	185	25	593
	西北工业大学出版社	442	215	312		137
	西北农林科技大学出版社	123	52	37		7
	第四军医大学出版社	206	103	121		56
	合　计	6378	19565	1668	550	10811
2011	陕西人民出版社	600	2150	31	127	1565
	陕西人民教育出版社	1221	4554	35	150	1218
	陕西科学技术出版社	333	528		2	3
	未来出版社	580	2284	25		921
	太白文艺出版社	226	157			
	陕西人民美术出版社	163	368		37	249
	陕西旅游出版社	103	137			
	三秦出版社	134	43			
	西安出版社	293	519		6	75
	西安地图出版社	171	220			
	陕西师范大学出版社	652	2886	50	3	239
	西安电子科技大学出版社	434	198	379		166
	西安交通大学出版社	632	964	460	34	753
	西北大学出版社	336	839	12	24	549
	西北工业大学出版社	397	190	307		119
	西北农林科技大学出版社	102	63	27		6
	第四军医大学出版社	269	176	182		109
	合　计	6646	16276	1508	383	5972

资料来源：参见《中国新闻出版统计资料汇编（2005）》，中国劳动社会保障出版社，2006；《中国新闻出版统计资料汇编》（2011年、2012年），中国书籍出版社，2011、2012。根据上述图书提供的数据整理。

第二，陕西省出版业的规模大。陕西出版机构多，编辑队伍庞大，出版规模大。从转制前后三年陕西省各出版社出版情况统计看，2003年，陕西各出版社（不完全统计）共出版图书4230种，2010年6378种，2011年达到6646种。在西北五省区中，陕西出版的图书品种和印数最多。从陕西出版业在全国地方出版社的比重来看，其图书品种数、总印数和总印张数三项指标均在3%上下（见表2）。从"十五"末到2010年初，图书品种由4533种增加到5780种，2011年，图书品种达6646种。图书总印数由1.76亿册增长到1.98亿册。期刊品种由266种增加到268种。音像制品出版品种由200种增长到340种。全省新闻出版业销售收入由99亿元增长到149亿元，利润总额从5.8亿元增长到12亿元。①

表2 转制前后西北五省区图书出版数量所占比重

年度	出版社名称	品种数	总印数	总印张数
	全国地方出版社	100.00	100.00	100.00
2003	陕西	3.9	3.15	3.22
	甘肃	0.96	0.82	0.83
	青海	0.27	0.19	0.21
	宁夏	0.41	0.28	0.28
	新疆	3.24	1.34	1.40
2010	陕西	3.57	3.85	4.16
	甘肃	1.08	1.31	1.39
	青海	0.24	0.20	0.22
	宁夏	0.51	0.37	0.43
	新疆	2.78	1.01	1.07
2011	陕西	3.19	2.97	3.32
	甘肃	1.08	1.22	1.28
	青海	0.26	0.18	0.23
	宁夏	0.6	0.43	0.81
	新疆	3.15	1.58	1.74

资料来源：参见《中国新闻出版统计资料汇编（2005）》，中国劳动社会保障出版社，2006；《中国新闻出版统计资料汇编》（2011年、2012年），中国书籍出版社，2011、2012。根据上述图书提供的数据整理。

① 《陕西省新闻出版业"十二五"发展规划》，陕西省新闻出版局网站，http://www.sxxwcb.gov.cn/xxgk/fzgh/2011/1117/803.html，2012-11-25。

第三，陕西出版物涉及的范围极为广泛。陕西出版机构多，既有省直属，也有非直属的专业出版社，还有包括西安交通大学、西北工业大学和西北农林科技大学等在内的多所全国"985"或"211"大学的大学出版社。出版社种类多，出版范围广，涵盖社科、少儿、文学、科技、地图、旅游、医学、美术、教育等几乎所有出版领域。

第四，陕西省建立了与出版规模相适应的庞大编辑出版队伍。据不完全统计，全省新闻出版行业从业人员为10万人（包括报纸）。①

近年来，一批陕版图书获得包括"国家图书奖"在内的多种奖励。《京剧大师尚小云》荣获"国家图书奖"，《梦和颜色一样轻》荣获中国出版政府奖，《十五贯》等两种音像制品和《女友》杂志荣获"中国出版政府奖提名奖"，《中国鼓乐古典谱集》等10种出版物荣获"中华优秀出版物奖"；《稀有金属材料与工程》等十多种科技期刊被国际公认的六大期刊检索系统收录，62种期刊入选国内"中文核心期刊"。② 取得这些成就，与陕西长期以来培养的高素质的专业编辑出版队伍是密不可分的。

二 陕西省出版业改制现状

（一）陕西新华出版传媒集团

2007年，陕西人民出版社、陕西人民教育出版社、未来出版社、陕西科学技术出版社、陕西人民美术出版社、三秦出版社、太白文艺出版社、陕西旅游出版社等8家出版社组建陕西出版集团。2009年，出版集团成员单位由事业单位整体转制为企业单位，集团共有员工401人。

2012年，陕西出版集团公司改组为陕西出版传媒集团股份有限公司。

---

① 《陕西省新闻出版业改革发展情况》，西部网，http://news.cnwest.com/content/2011-11/04/content_5476738.htm，2011年11月4日。
② 《陕西省新闻出版业"十二五"发展规划》，陕西省新闻出版局网站，http://www.sxxwcb.gov.cn/xxgk/fzgh/2011/1117/803.html，2012年6月16日。

集团成立5年来，净资产增加80%，净利润增加1.6倍，年图书出版品种由3000种增加至6000种，成员单位从最初的8家发展到14家。①

2014年4月，省政府第六次常务工作会议做出陕西出版传媒集团、陕西新华发行集团全面融合发展的决定。当年8月，省政府出版发行企业融合发展专题会议做出陕西新华出版传媒集团与西安市新华书店融合发展的决定。陕西新华出版传媒集团的组建，是省委、省政府深入贯彻十八届三中全会精神、深化文化体制改革、加快"三个陕西"建设做出的重大决策。

融合后的陕西新华出版传媒集团有限责任公司主要从事图书、报纸、期刊、电子音像出版物、网络出版物的出版、发行，版权贸易，影视传播，媒体投放，电子产品、文化产品的设计、开发、生产、销售，出版物物流等业务。在职员工达5300余人，下辖120余家出版全产业链和传媒企业子（分）公司，总资产达45亿元，年营业收入超过33亿元，年出版图书6000余种。是陕西省文化传媒行业的龙头企业之一，主业出版能力位居西部省区前列。② 出版集团与发行集团的融合重组将进一步加速全省出版发行统一开放市场的形成和文化产业外向型发展的进程，全面提升陕西出版发行产业的规模化、集约化、专业化水平以及陕西文化软实力和综合竞争力。

陕西新华出版传媒集团将围绕"融合、改制、上市"三步走战略，加快融合工作进程，整合行业优势资源、打通上下游环节、延伸产业链，做大做强"出版、发行和物流、印刷及物资、新媒体、多种经营"等业务板块，逐步打造"体制规范、机制灵活、充满活力、持续增长"的出版传媒集团，力争在"十三五"期末实现"双百亿""前十强"的发展目标。

（二）陕西出版集团数字出版基地

2011年，陕西出版集团数字出版基地被列为国家新闻出版业发展项目，

---

① 《陕西出版传媒集团股份有限公司成立》，国家新闻出版总署网站，http：//www.gapp.gov.cn/news/1658/129793.shtml，2013年9月25日。

② http：//www.srftd.gov.cn/info/1729/12689.htm。

2012年被列入西安市重点建设项目，2013年被列入陕西省重点建设项目。目前已发展成为西北数字出版领域的领军企业。① 公司下辖陕西书海科技网络有限公司、数字新媒体艺术有限公司、数字信息技术有限公司、数字互动娱乐有限公司、奥隆数字科技有限公司、商泰数字出版产业园区建设有限公司等六家子公司。目前已实现年产值7000多万元，手机阅读位列全国出版集团系统前列；原创文学平台"书海小说网"已跻身全球文学专业一流网站；书海网海外平台已进入试运营；"书海天悦阅读器"系列产品进入运营轨道。"数字图书馆"和"农家书屋"开发完成进入运营；红色游戏《延安英雄传》获得2013年上半年陕西重大文化精品项目；国内首创、通过手工制作角色场景模型拍摄的动画纪录片《帝陵》，2013年9月获得中国西部（国际）电影节"最佳动画"奖，并与央视第10频道和中国国际电视总公司签订直播和全球总代理协议。

西安国家数字出版基地浐灞园区项目正在建设中，项目建成后，基地将会发展成一个融图书、报纸、期刊、电子音像、网络等出版功能于一体的全方位、立体化、国内一流、西部最大的数字出版产业基地。

（三）非直属出版社的改制

截至2010年，西安出版社、西安地图出版社、世界图书出版西安公司实现转企改制。②

西安出版社是西北唯一一家综合性城市出版社，成立20多年来出版各类图书和音像类产品共4000余种。2009年转制为西安出版社有限责任公司。③ 西安地图出版社主要编辑出版各类地图及与地理学、测绘相关的科技类图书。世界图书出版西安公司是世界图书出版公司的四大分支机构之一，

---

① 陕西出版集团数字出版基地网站，"基地简介" http：//www.szcbjd.com/home/page? cate = 43，2013年5月15日。
② 《陕西省新闻出版业改革发展情况》，西部网，http：//news.cnwest.com/content/2011－11/04/content_ 5476738.htm，2011年11月4日。
③ 西安出版社网站，"本社简介"，http：//www.xacbs.com/bsjj.asp，2013年9月16日。

隶属中国出版集团,主要出版各类翻译图书。1993年以来,出版图书、音像制品2000多种。①

(四)大学出版社的改制

陕西省属地管理的6家高校出版社也已完成转企改制工作。

陕西师范大学出版社、杂志社、电子音像出版社转企改制并成立陕西师范大学出版总社。西安交通大学出版社成立30年来,共出版图书5000种、音像制品950种、电子出版物260种。2010年改制为西安交通大学出版社有限责任公司。西北工业大学出版社以出版科技、教育类图书及音像制品为主,建社20多年来,出版图书近4000余种、电子图书1300余种、音像制品600余种。② 2011年改制为西北工业大学出版社有限公司。依托学校的科技和人才优势,西北农林科技大学出版社主要出版农林科技图书,2010年改制为有限责任公司。

(五)发行集团的改制

2005年陕西新华发行集团公司成立,并于2009年完成转企改制工作。2004年,西安市新华书店及下属区(县)新华书店由事业性质转为企业。③ 2014年,陕西新华发行集团、西安市新华书店与陕西出版传媒集团融合为陕西新华出版传媒集团。

三 陕西出版业的改制特征及发展对策

陕西出版业改制实行的是全盘转制的策略。经过几年的运作,陕西省

---

① 世界图书出版西安公司网站,"公司简介",http://www.wpcxa.com/oaserver/portal.nsf/company? openform,2013年11月22日。
② 西北工业大学出版社有限公司,"西北工业大学出版社简介",http://www.nwpup.com/jianj1.asp,2013年10月16日。
③ 《陕西省新闻出版业改革发展情况》,西部网,http://news.cnwest.com/content/2011-11/04/content_5476738.htm,2011年11月4日。

属、非省属及由地方代管的所有出版社（包括军队出版社在内）均完成转制改革，所有出版社均全部由先前的事业性出版单位改制为出版企业。陕西省属出版社整合属下的多家出版社组建陕西出版集团公司，陕西省属新华书店系统组建了陕西新华发行集团。陕西出版业的全盘转制至此初步完成。

陕西省属出版企业和发行企业在各自组建出版集团和发行集团的基础上，2014年陕西出版集团与陕西新华发行集团融合发展，共同组建了陕西新华出版传媒集团。陕西新华出版传媒集团将围绕"融合、改制、上市"三步走战略，加快融合工作进程，整合行业优势资源、打通上下游环节、延伸产业链，逐步打造"体制规范、机制灵活、充满活力、持续增长"的出版传媒集团。新华出版传媒集团成为陕西省文化传媒行业的龙头企业，集团经营业务涵盖各类出版物的出版、制作和发行等出版业的上下游资源，初步实现了陕西出版发行产业的规模化和集约化经营。两大集团整合重组后，有助于进一步加速陕西省出版发行统一开放市场的形成和文化产业外向型发展的进程，对提高陕西文化软实力和综合竞争力也有一定的促进作用。

陕西的出版业改制带有浓厚的行政色彩。陕西出版股份有限公司是由原陕西省属的8家出版社联合组建的，新华发行集团公司则是由原陕西省新华书店及其直属书店改组而成。由两大集团融合而成的。因此，新组建的出版传媒集团能否真正激发其机制活力，生成强大的竞争力，还有待观察。

陕西省内其他非省属出版社和多家大学出版社则是各自独立转制为出版企业，因受限于行政管辖，并未实现任何形式的跨行政管辖的兼并或重组，依然呈现分散经营的特征。因此，陕西出版业兼并重组、实现集约化经营的空间还很大。

陕西各类大学出版社的改制局限性大。7家大学出版社分别隶属于3所"985大学"和4所"211大学"，这些大学在理科、工科、农科、医科、人文社科等各个学科领域均颇有建树和优势。然而，7所大学出版社只是各自分别转制为企业，出版企业的规模小、竞争力弱的原有格局并未发生根本改变，改制的局限性很大。当然，从另一个方面来看，这些大学出版社改革的空间也很大。陕西的7家大学出版社，均有各自的学科优势。7家大学出版社应选择各自的优势力量，另行组建一家跨行政管辖的专业性、公益性学术出版社，依托各自大学的理科、工科、农科、医科和人文社科等学科优势，致力于高水平学术著作的出版，并在国内形成较强的竞争力，形成学术出版的强大合力和竞争力，这对推动我国的学术出版，特别是西北地区的学术出版，乃至高等教育和学术出版事业的发展都有积极意义。

B.4 陕西国有文化企业发展研究报告

——以陕西文化产业投资控股（集团）有限公司为例

庞博 李保林[*]

摘 要： 陕西文化产业投资控股（集团）有限公司是陕西省文化体制改革的产物，也是全国最早设立的省级文化产业投资平台之一。陕文投集团用六年时间实践出了社会效益与经济效益相统一的产业发展模式，既有成功的经验，也有面临的挑战。对于文化产业这一新兴行业而言，陕文投集团的探索无疑具有一定的示范性和前沿性。本文从陕文投集团的发展路径入手，通过剖析其发展模式，对其具有代表意义的经验和教训进行总结，分析和研究国有文化企业的现状和发展方向，以期能够为陕西文化产业发展提供一定的借鉴。

关键词： 陕西 文化产业 陕西文化

陕西是中华民族和华夏文明的重要发祥地，也是我国文化资源最为富集的地区之一。大力发展文化产业，推动文化产业成为陕西国民经济的支柱产业，是建设"三个陕西"的重要内涵和实现路径。但是陕西经济社会总体发展水平相对滞后，特别是民营经济相比东南沿海甚至是中部地区还不够活跃，导致全省文化企业数量不多，质量不高，文化市场不活跃，地区之间发

---

[*] 庞博，陕西文化产业投资控股（集团）有限公司战略发展部副部长；李保林，陕西文化产业投资控股（集团）有限公司办公室主任。

展不平衡,这都严重制约了陕西省文化产业的整体发展。这就使得陕西丰富独特的文化资源优势难以有效转化为产业强势。为了改变陕西省文化产业落后的状况,省委省政府于 2009 年成立了陕西文化产业投资控股(集团)有限公司(以下简称"陕文投集团"),希望发挥国有资本的引领作用,用市场手段激活陕西文化基因,做大做强陕西文化产业,让埋在土里、挂在墙上、藏在书中的文化活起来,实现陕西文化大繁荣大发展。六年以来,陕文投集团以文化精品生产、文化景区建设、文化资本运作"三轮驱动",有效整合社会资本,形成了初具规模的文化企业集群,推出了一批具有广泛社会影响力的文化精品,同时实现了企业规模的快速扩张,从而成为陕西省文化产业发展的典型代表。实践证明,陕西省以国有文化资本为引导,充分发挥市场在文化产业资源配置中的基础作用的文化产业发展之路已经形成了一定的规模效应和示范效应,这对于促进陕西省文化产业发展,实现文化强省战略具有十分积极的推动作用,对满足人民群众日益增长的精神文化需求,加强全民族的文化自信也具有十分重要的战略意义。

一 陕文投集团概况

作为陕西省实施"文化强省"战略的重要市场平台,陕文投集团于 2009 年 6 月 9 日正式挂牌成立。陕文投注册资本 17.4 亿元,由省财政厅、曲江文化投资集团、延安市政府、榆林市政府共同发起成立。陕文投集团从建立伊始就坚定地走市场化道路,集团总经理是通过公开招聘选拔而出,除集团班子成员外,所有人员均实行市场化选聘制度,打破国有企业队伍僵化的传统。随着集团业务的不断发展,2010 年 8 月,经陕西省政府批准,更名为陕西文化产业投资控股(集团)有限公司。2013 年 12 月,在省委、省政府的安排部署下,对陕文投集团的股权结构进行了重大调整。调整后,省财政占有陕文投集团 62.1% 的股权,曲江文投占 28.9%,延安市和榆林市各占 4.5%。目前,由省国资委下设的省行政文化资产监督管理局履行出资人义务。

六年来，陕文投集团以"让陕西文化走向全国、让中华文明走向世界"为企业使命，坚持"国际视野、国内一流"的标准，在经营发展中实施"项目建设、品牌打造、资本运作"三轮驱动，积极构建全省重大文化产业项目实施平台、全省文化资源整合平台、陕西文化品牌创建平台、文化资本增值平台，积极构建文化产业链，催生新型文化业态，推动企业集团化、规模化、集约化发展。与一些自然垄断性行业不同，文化产业是一个高度市场化的竞争性市场，陕文投集团坚持市场导向，按市场规律办事，在市场竞争中寻找发展机遇。从最初的影视投资，到文化旅游，再到文化科技、文化金融、艺术品投资、文化商业，陕文投集团在短短六年时间内形成了六大产业板块，这在全国文化企业中也是不多见的。截至2015年9月，企业总资产已经增长到131亿元，净资产52亿元，累计实现税利9亿元。产业覆盖陕西全部十个地市，拥有21家全资和控股公司。陕文投已成为产业门类丰富、初具资产规模的全国知名国有文化企业，形成良好的竞争优势和发展活力，在全国树立了良好的品牌影响，为文化产业成长为新的支柱产业做出了积极贡献。

二 发展成效

作为陕西省政府直属的大型国有文化企业，陕文投集团在经营中始终坚持社会效益与经济效益相统一，将社会效益放在企业发展的首要位置。为了充分挖掘陕西的文化资源，用现代人喜闻乐见的手段讲好陕西故事、中国故事，让更多人享受文化产业发展的成果，陕文投集团提出"传统文化的现代化、陕西文化的市场化、中国文化的国际化"的发展定位，依托省内丰富的文化资源，以推动文化体制改革、促进文化大发展大繁荣为契机，使企业进入全国文化产业第一方阵并成为全省文化产业排头兵。

第一，打造了一批文化精品，提升了品牌竞争力。陕文投集团积极践行中国梦，以文化精品传播正能量、讲好中国故事。六年来累计投拍近50部1500多集影视剧，其中13部电视剧登陆央视黄金档。2014年有11部电视剧闪耀全国荧屏，《舰在亚丁湾》《野鸭子2》《兵出潼关》《大漠苍狼》登陆央视八套黄金档。2015上半年，陕文投集团出品的《别让我看见》《王大花的革命生涯》两部电视剧连续登陆央视一套黄金档，取得收视率"破2"的好成绩，向全国人民献上了一场"陕西创造"的影视盛宴。陕文投集团参投的《平凡的世界》热播北京、东方、山东、新疆四大卫视，引起巨大的社会反响。陕文投集团投资的首部电影《推拿》获柏林银熊奖、台湾金马奖、亚洲电影最佳电影奖等10余项大奖。大型历史纪录片《东方帝王谷》作为全省重大文化项目精品工程登陆央视科教频道黄金档，是一部展示陕西特色、体现国家水准的精品力作。"陕文投院线"拥有12家开业影城，10多个储备项目加紧推进，为陕西省创建全国品牌院线奠定了基础。陕文投集团积极发挥创意策划优势，搭建了"中国·西安国际民间影像节"、"丝路·长安"国际文化创意产品大赛等国际性文化交流平台。其中，"中国·西安国际民间影像节"连续举办5届，累计征集影像作品5.5万部，其中海外作品近1万部。第五届影像节作为首届丝绸之路国际电影节的主要活动，彰显了国际化特色，成为中外文化交流的重要渠道。承办的第十届电视制片业十佳颁奖礼，成为首届丝绸之路国际电影节的亮点。举办了"秦风雅韵·李岚清篆刻书法素描艺术展"、第十二届全国美展艺术设计展、"开关"当代艺术大展、ARTY上海艺术设计双周展等文化艺术活动。大型红色经典《延安颂》走进了人民大会堂，2015年首都驻场常态演出迈出了市场化重要一步，取得了社会效益和经济效益双丰收。中华文化元典《开成石经》出版工程被确定为"全国古籍整理出版资助项目"并于2015年正式出版。"国礼"项目携手台湾品牌设计启动，文仿青铜器衍生品摘得中国旅游商品大赛金奖。

第二，建设了一批重大项目，提升社会影响力。陕文投集团分别承担陕西省"十二五"和"310"文化工程的十多个重大文化产业项目。羊年春节前夕，照金红色旅游小镇接受习总书记检阅，成为陕文投集团成立以来的最大亮点。照金在传承红色基因、改善老区民生、建设优美小镇、发展旅游产业方面的实践探索，得到了中央领导的充分肯定和全国重要媒体的集中关注。照金小镇2014年游客突破100万人次，为1900余人创造了就业岗位，当地群众人均年收入增长了4倍，2015年照金国际滑雪场建成开放，大力实施以照金为核心的全域化旅游战略，成为陕西省首家统筹城乡就业创业示范基地和新型城镇化的"照金样本"。枣园广场作为全国首个红色文化创意旅游综合体，于2015年"十一"正式对外开放，成为全国游客体验红色文化的精品工程和延安市民的文化会客厅。韩城文化景区古城东北片区建成开放，三舍公馆和民俗博物馆正式运营。安康瀛湖文化旅游景区服务设施提升及旅游环境优化持续推进，旅游人气不断提升。丝绸之路国际文化城、陕西文化艺术博物院等重大项目扎实筹备，为全面实施这些项目奠定了坚实基础。根据省政府专项会议精神，陕文投集团还承担中国革命艺术家博物院、统万城国家考古遗址公园、中国药王山文化景区项目规划和代建等工作，推动了陕北、关中等区域文化资源要素的整合，引领省内文化产业加快发展。

第三，搭建了一系列产业平台，提升文化创新力。陕文投集团坚持以职业化创新为企业核心竞争力，为陕西文化大发展大繁荣做出有益探索。一是成功创建国家级版权交易平台。西安电视剧版权交易中心被国家版权局评为"全国版权示范企业"，国家版权局授牌依托陕文投集团建设"西部国家版权交易中心"，积极拓展全版权产业平台。二是成立中国文化产业智库研究中心。围绕国家战略和产业发展目标，服务决策部门，破解文化产业发展难题，为推动"一带一路"文化交流繁荣发展，增强文化产业对国家战略的"软支撑"提供智力支持。三是创建陕西文化金融服务中心。整合陕文投集团自身构建的文化金融产业链相关业务，更加突出陕文投集团金融产业链的社会性和服务性，致力于为中小微文化企业提供一站式金融服务。小贷公司获评全国小额贷款公司100强。四是曼蒂保税展示交易中心开业运营。该中心是全国首个走出保税区围栏，处在城市核心商圈的海关特殊监管区，依托西安综合保税区强大的产业聚集平台和独特渠道优势，吸引大量消费者去亲身体验，选购正品、低价的进口商品，享受线上线下相结合的便捷服务。五是互联网平台优势显现。西北首家跨境保税O2O体验店——"环球辣妈港"引领以互联网为载体、线上线下互动的新兴消费，跨境电子商务品牌优势显现。以文交所、资产管理、信息服务、书画中心为产业链支撑，全力推出P2P艺术金融平台建设。与省网信办签署战略合作协议，构建全省互联网管理、信息化建设和促进网络经济发展支撑平台。依托版权交易中心、书画中心及文交所，构建大数据背景下的艺术品鉴定评估体系和影视版权评估体系。六是搭建文化产业研究平台。陕文投集团获批设立陕西省博士后创新基地，不仅能对陕文投集团引进和培养文化金融高层次研究人才、促进产学研相结合发挥重大作用，而且能对陕西省文化金融深度融合发展的理论研究产生积极意义。

第四，组建了一支文化队伍，培育人才新活力。陕文投集团坚持实施人才强企战略，以人为本，活化机制，通过构建人才高地培育企业创新活力。建立完善"人员能进能出、干部能上能下、待遇能高能低"的用人机制，先后有30多位员工历练成熟走上管理岗位，10多位中层管理者和下属公司高管被降职或辞退。以"承认差异就是最大的公平"为价值理念，建立充分体现个人能力与贡献的差异化薪酬体系。实行刚性约束机制，从集团高管到普通员工，薪酬收入全部与目标任务挂钩，大大地促进了干部员工的积极性、创造性和主动性。积极营造风清气正、和谐人性的企业文化，倡导简单的人际关系，努力使企业岗位成为员工实现人生梦想的舞台。远大的企业愿景、广阔的事业平台和向上和谐的工作氛围，使陕文投集团不断吸引有志青年投身文化产业。陕文投借鉴外企经验实施管培生制度，从全国"985"院校选拔优秀毕业生，使陕文投迅速树起了用人标杆。目前，企业员工队伍从成立之初的30多人增长到近600人，平均年龄30岁，其中硕士、博士占48%，32人具有高级职称，40多人具有海外留学背景，1人为全国"百人计划"人才，4人为全省宣传文化系统"四个一批"人才。

三　陕文投集团的发展模式

为适应集团战略发展目标，陕文投集团围绕外部发展环境和内部管理运营两个大局，坚持"国际视野，国内一流"的发展理念，以正确的舆论导向为指引，以市场竞争为抓手，创新改革、开放合作，保持创业者的高效与激情。陕文投集团的发展没有前例可供参考，是在实践中一步步摸索出来的，归纳起来可以总结为以下几点。

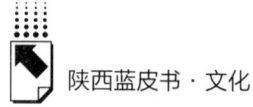

一是坚持企业的文化理念。文化产品具有社会与经济二重属性,庸俗的文化产品可能会使企业得到一定的经济回报,但是负面的社会效益也会使整个社会福利遭受损失。文化企业如果丧失了文化理想,就如同航船失去了坐标,避免不了迷失方向、触礁沉没的命运。陕文投集团始终高举文化旗帜,以挖掘传播中国文化、传播社会正能量为己任,在文化繁荣发展的大局中找准坐标、与全社会共鸣共振,在文化产业大潮中保持定力、心无旁骛,走出了既符合自身又引领全省的新路。企业扎根陕西这片文化热土,矢志弘扬中国文化、讲好中国故事,以文化自信赢得尊重,与国内外一流企业平等对话、共谋合作。企业用文化产业调结构、转方式、惠民生,充分发挥文化的先导性作用,马太效应更加明显,在这个没有天花板的产业中,求新求变、不断突破,整合的资源越来越多,吸引的人才越来越优。"让陕西文化走向全国、让中华文明走向世界"的理想让陕文投集团不断前行。

二是把资源整合作为企业发展的法宝。"整合"是陕文投集团发展模式中最为重要的经验之一,从最初的22亿元国有资本投入,撬动了数倍于自身的社会资本,形成了目前130亿元总资产、20多家二级下属公司的产业规模。通过建设各类文化要素交易平台,陕文投集团将原来束之高阁的艺术品、版权资源与老百姓的理财需求结合起来,既帮助文化企业实现了融资需求,也使原本与文化资源相距甚远的普通百姓的投资渠道得到拓宽。通过发展影视制作,陕文投集团整合了全国影视行业的优质创作团队,不仅推出了一批影视精品,更使得"影视陕军"重振雄风。

三是全面建立横向协同机制,实现内部集聚整合、外部合作共赢的多元化发展体系。内部协同方面,陕文投集团积极推动主业各板块衔接,强化资源聚集,通过大布局大带动促进企业发展集群化。针对各板块关联度高、互补性强的特点,着力构建板块紧密衔接的产业链。外部协同方面,首先,开放资本投入,努力构建开放型投资平台,使社会资本源源不断向企业聚拢,成倍放大国有资本的撬动效应。其次,开放项目合作,从项目策划、设计到执行、管理,邀请国内外一流团队分工协作。与国际著名企业合作,保障了项目的专业化水平,带动了一批中小文化企业快速发展。最后,开放引进外智，善于借用外脑，引进一批具有国内一流专业水平的高端人才及其团队推动企业发展。

四是深入搭建纵向拓展链条，实现各大板块上下游、中长期产业系统的可持续发展。影视公司、影业公司、电视剧版权交易中心搭建起了从影视剧生产、电影发行放映到版权交易服务的影视产业链，成功创建国家级版权交易平台。书画交易中心、文物复仿公司和陕西文交所，构建起了文化艺术品从实物销售、创意研发到金融投资的专业化平台，艺术金融创新业务走在全国前列。西部传媒运营机场、地铁、高铁、城市户外等优质广告资源，炎黄收藏以《收藏》杂志为品牌开展跨媒体运营。陕文投集团与陕西广播电视台共同创办的"秦腔广播·西安乱弹"稳居陕西收听率前三名。通过研发"云创科技"发展新型文化业态，构建基于互联网技术的文化创意整合平台，正积极筹备新三板上市。通过文化产业融资担保、小额贷款、投资基金、资产管理、P2P互联网金融等构建"陕西文化金融中心"的基本框架。曼蒂保税展示交易中心成为全国首个走出保税区围栏，在城市核心商圈运营的海关特殊监管区，已经正式运营。

五是保持职业化创新。文化产业既是资本密集型，更是智力密集型产业，最核心的要素是创意，没有创新就没有未来。陕文投集团围绕"传统文化的现代表达"这一命题，不断实施项目创新、合作创新、管理创新。在创新驱动引领下，目前已形成了六大板块的产业格局，总资产5年增长了7倍，产业触角从大都市延伸至小城镇，在政企合作、股权多元化、新型城镇化、丝绸之路经济带等方面亮点不断，先后创设了全国首个电视剧版权交易中心、全国首支艺术品投资基金、全国首个保税品展示交易中心、西部唯一一个国家级版权交易中心、陕西省唯一一个文化金融类博士后创新基地。

四 存在的问题和面临的挑战

相比北京、上海、广东等发达地区，陕西文化资源丰富，文化产业发展速度较快，但总量明显不足，文化产业还没有成为陕西省的支柱产业，与

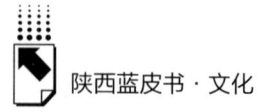

"文化强省"的发展目标还有着相当距离。不少陕西国有文化企业尽管已经完成转企改制,但思维模式并未发生根本变化,产权清晰、权责明确、政企分开、管理科学的现代企业制度尚未真正建立,"等、靠、要"的思想依然存在,经营理念、管理模式相对滞后,核心竞争力培育欠缺,市场体系建设亟待完善。陕文投集团作为陕西的文化龙头企业,虽然在过去几年发展迅速,取得了丰硕的成果,但是也面临着发展过程中的挑战。

(一)公共文化项目压力较大

陕文投集团作为省属文化企业,承担着繁荣陕西文化、挖掘文化资源的使命,然而企业终究是要依靠盈利才有发展壮大的根基。目前陕文投集团承担了"十二五"时期全省20多个重大文化项目的一半左右,"310"工程中的7个项目。在有力地支撑了全省文化公共基础设施和文化项目建设的同时,也承受了巨大的资金压力,特别是部分项目的应收账款数额较大,挤压了企业在其他文化产业方面的投资能力,制约了集团整体盈利能力的提升。

(二)监管方式在一定程度上与文化产业的特点不相适应

文化产业是新兴产业,是资本密集与智力密集型行业,与工业企业的线性增长模式不同,文化企业增长的波动性较大。陕文投集团在经过五年的高速发展后,进入了结构优化、效率提升的调整期,这为"十三五"时期继续高速增长夯实了基础。同时,文化国有企业更加注重社会效益的实现。目前,国资监管部门对陕文投集团的管理依然沿用对工业企业的监管方式,这与十八届三中全会后国有企业监管方式的改革方向以及文化产业的特点不相匹配。建议省上对陕文投集团的监管向管资本、管导向转变,主要监管国有资本的增值、保值水平以及文化宣传方向,给予企业充分的自主权,提高决策效率,抢抓市场机遇。

(三)融资结构不甚合理

文化项目,特别是文化园区项目具有建设投入大、回收周期长的特点。

2014年，陕文投集团短期债务融资占综合债务融资的比例约为61%，负担的利息总额达到3.9亿元，过高的资金成本严重侵蚀了集团的整体利润，使得企业在进一步扩大投资规模方面压力较大。虽然2015年以来，陕文投集团在银行间市场成功发行了中期票据，但是高成本、短周期的债务在整体融资结构中所占比重较大，开发性金融还没有能够有效覆盖一些重大文化园区项目，使其债务融资压力较大。

五 对策与建议

（一）创新国有文化企业监管方式，进一步激发企业自身发展活力

党的十八届三中全会通过的《中共中央关于全面深化改革若干重大问题的决定》（以下简称《决定》）明确提出，"必须适应市场化、国际化的新形势，进一步深化国有企业改革"，"完善国有资产管理体制，以管资本为主加强国有资产监管"。这是要给予国有企业充分的经营自主权，充分发挥"市场在资源配置中起决定性作用"，提高国有企业经营效率，增强国有经济的活力、控制力、影响力。十八届三中全会以后，各地都相继出台了国有企业改革办法，基本思路都是要大幅减少对国有企业经营的直接干预，在优化国有资本产业布局的基础上，提高国有经济的经营效率。文化产业虽然属于竞争性行业，但是在意识形态的把握上具有关键性和特殊性作用，因此对于国有文化企业的监管与一般行业的国企监管并不完全相同。因此，建议对包括陕文投集团在内的省属国有文化企业的监管向管资本、管导向转变，主要监管国有资本的增值、保值水平以及文化宣传方向，给予企业充分的自主权，提高决策效率，抢抓市场机遇。并以此作为对国有文化企业领导干部绩效评价体系的核心指标，形成能者上、平者让、庸者下的选人、管人、用人机制。

（二）统筹处理好政府战略意图与市场规律之间的关系

陕西文化产业当前发展水平与其所拥有的文化资源以及发展目标之间存

在着较大差距，摸清家底、因地因时制宜启动一些重大文化项目势在必行。但项目的实施最忌一哄而上、盲目建设，只有发挥政府的统筹协调职能，经过多方商议和严密论证，将风险评估、效益评估、走向预测等真正落到实处，才能避免重复建设和资源浪费。同时还应对参与实施重大文化项目的企业在用地、资金、税收、人才等方面给予最大限度的支持，鼓励企业积极参与陕西文化项目的实施工作。自成立以来，陕文投集团承担建设了十多项全省"十二五"规划项目、"310"重大文化工程项目以及全省"一带一路"建设项目，面临的资金接续压力持续加大。一方面，许多项目具有强烈的公共文化服务属性，企业的投资收益较难实现；另一方面制约了企业向其他市场项目的投资能力，导致完成省上下达的经营目标面临困难。建议对于公共文化项目，通过多样化补贴方式内化项目的外部性，实现企业自身良性循环和可持续发展。

（三）完善投融资体系，将税收优惠等财税政策真正落实到位

文化产业不仅具有轻资产、重创意的特性，还属于高风险产业。其前期风险难以预测，未来预期和风险评估难度很大，企业资产大都以知识产权及版权等无形资产为主，更为资产评估带来了相当大的难度，这些因素都导致银行对文化企业的信贷投入严重不足，融资难仍然是困扰众多文化企业的首要问题。建议以一批具有带动与引领作用的文化品牌和文化集团为支撑，完善投融资体系、拓宽投融资渠道、落实税收优惠政策等。

（四）以更大的决心和魄力推动国有文化企业股权多元化

党的十八届三中全会通过的《决定》指出，要"积极发展混合所有制经济"，"国有资本、集体资本、非公有资本等交叉持股、相互融合的混合所有制经济""有利于国有资本放大功能、保值增值、提高竞争力"。"允许更多国有经济和其他所有制经济发展成为混合所有制经济。国有资本投资项目允许非国有资本参股。允许混合所有制经济实行企业员工持股，形成资本

所有者和劳动者利益共同体。"但是相比于沿海发达地区，陕西省国有文化企业发展混合所有制的手段还相对比较单一，包括改制上市、提高国有资产证券化率、允许混合所有制企业员工持股等方面的限制还比较严格。文化产业作为典型的智力密集型产业，高端创意人才的聚集和培养更是国有大型文化企业最重要的内生发展动力和创新源泉。目前陕文投集团的二级和三级子公司正在深入研究科学合理的管理层和员工持股计划，在保证国有资产不流失的情况下，实现对人才的长期激励，真正使核心人才与企业共命运，激发出最大的活力和竞争力。建议国资监管部门对陕文投集团的员工持股计划进行深入调研、试点，帮助国有文化企业留住更多优秀的人才。

六 结语

陕文投集团的发展成就得益于中央大力发展文化产业，推动社会主义文化大繁荣大发展的"天时"，得益于陕西这片孕育了中华文明和中国革命文化热土的"地利"，得益于省委、省政府及各级相关部门和社会各界关心厚爱的"人和"。陕文投的发展既乘着我国文化体制机制改革的东风，也体现了陕西省对文化发展的信心与决心。陕文投集团成立以来，坚持两个效益相统一，坚持市场化运作，积极创新、抢抓机遇，在推出了一系列文化精品回报社会、传递社会正能量的同时，也实现了企业规模的快速发展。

陕文投集团的实践案例有力证明了国有文化企业可以在文化产业发展的大潮中承担起龙头作用，证明了陕西省利用市场化手段激活文化产业的决策是正确的，也是可行的。陕文投集团的发展不仅带动了陕西省文化产业整体发展，促进了社会资本向文化产业的集中，形成了粗具规模的文化企业集群，打造了具有全国影响力的文化品牌，也极大地丰富了陕西省文化消费市场和广大人民群众的文化生活。然而也要看到，陕文投集团和陕西省文化产业的发展还面临着很多挑战，相比于发达地区，陕西省文化企业的赢利能力、品牌效应、产业规模都还处于弱势，与陕

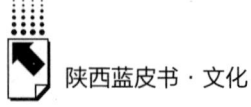

西文化资源大省的地位还不相符。因此,有必要进一步深入研究文化企业的发展规律,用更加有力的政策手段促进文化资源在陕西的高效集聚和配置,充分发挥国有文化企业的产业带动作用,形成"大文化企业顶天立地,中小微文化企业铺天盖地"的产业发展格局,为陕西"文化强省"战略打下坚实的产业基础。

公共文化篇
Public Culture

B.5 陕西太白山宗教文化资源研究

李继武*

摘　要： 太白山，位于陕西关中地区中部，横跨太白、眉县、周至等三县，是秦岭山脉的主峰所在，其最高峰是我国青藏高原以东的第一高峰。太白山不仅自然风光险峻幽美，而且自古以来就是一个宗教圣地，有非常丰厚的宗教历史文化积淀。太白山的宗教文化主要内容包括太白神信仰、道教文化、佛教文化、天主教文化等，各种宗教文化遗址有上百个，主要分布在太白山北麓一带和朝山的三条干道上。本文是对太白山北麓宗教文化资源进行资料整理、实地考察基础上形成的简要报告。

关键词： 太白山　宗教文化

---

* 李继武，陕西省社会科学院宗教研究所所长，副研究员。

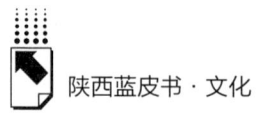
陕西蓝皮书·文化

一 前言

2014年4月到2015年5月,我们对陕西省眉县境内的太白山宗教文化资源情况进行了普查性调研,本文即是在这次调研基础上形成的调研报告。本次调研活动做了如下前期准备工作:首先,对与太白山宗教文化相关的文献资料进行搜集梳理;其次,通过与当地文史馆工作人员座谈和对当地学者的走访,对太白山宗教文化遗存情况有一个基本的了解;再次,通过与眉县宗教局的座谈和调研,对当前太白山宗教活动情况有了较为准确地掌握。经过前期准备后,从2014年7月开始,我们多次赴太白山从不同的路线和范围对太白山宗教文化进行了详细的实地调查,此后又陆续做了各种补充性调查核实工作。本次调查活动范围主要包括三个方面:第一,对眉县境内的太白庙的情况展开调研。第二,对眉县境内太白山北坡的三条主要登山线路沿途的宗教文化遗址和场所进行调研。第三,对太白山北坡附近不在主线路上的其他宗教文化场所和遗址进行补充调研。根据本次调研的具体内容,本报告从文献资料和现实情况两个方面对太白山宗教文化的情况予以简要呈现,对发现的相关问题进行分析,并提出对策建议。

二 太白神信仰与太白庙

太白山宗教文化资源非常丰富,涵盖了道教、佛教、民间信仰和天主教等宗教类别。太白山宗教文化是依山形成的区域性宗教文化圈,其最早起源于对太白山神的信仰,后来在此基础上最终形成了道教、佛教、天主教、民间信仰等多种宗教文化共融一山的独特宗教文化现象。

(一)太白山与太白神

太白山位于关中中部眉县、武功以南的地区,横跨太白、眉县、周至等三县,是秦岭山脉的主峰所在,其最高峰海拔3771.2米,是我国青藏高原以东的第一高峰。太白山险峻幽美,历代文人吟咏不绝。太白山气候复杂,从山口到山顶依次分布着暖温带、温带、寒温带、亚寒带、寒带等五个气候带,由于气象的垂直分布,因而形成了五个自然气候林带,加之山势险峻,人迹罕至,山顶气候寒冷,"冬夏积雪,望之皓然",故名太白山。因山顶积雪常年不融,民间素有"太白积雪六月天"的说法,太白积雪也被誉为关中八景之一。

山川祭祀是中国古代国家祭祀体系中的重要组成部分。太白山因其山势挺拔,素有"兴云致雨、息涝弭灾"之称,因而受到历代民众和统治者的崇奉。史料记载,早在汉成帝时期(公元前33~前7年),太白山已有神祠并有大规模的祠祀活动,北齐文宣帝时期(550~559年),太白山祠得到重建。到了唐代,太白山受到皇帝的赐封,太白山神被赐予人爵称号,至此太白山祭祀告别了民间"淫祠"地位,被纳入国家祀典体系。在此情形下,太白信仰在民间也受到很大鼓励,太白庙的建设从太白山扩展到眉县各地和关中各州县乃至省外,太白信仰突破了原有的地域限制,太白神也不再是一个地方性神祇,成为跨省区的神祇。宋元以降,太白信仰逐渐扩展至关中平原各地,至清代甚至北至陕北的榆林、南达陕南的南郑均建有太白神祠。在太白山神众多神职功能中,对关中百姓影响最大的是太白神"兴云致雨"功能,官方和民间热衷于到太白山祈雨,并因之留下了丰富的历史文化遗存。

(二)太白神信仰的历史衍变

太白神信仰是太白宗教文化形成的源头,而从现有的史料和民间传说来看,被奉为太白神的对象因历史时期不同而有所变化。较为流行的说法有太白金星、周太王三子(泰伯、仲雍、季历)、不食周粟的伯夷、叔齐,以及周贲、神应公、谷春、崔浩等。对于太白神到底是一位还是三位,也有不同的说法。

清人赵嘉肇曾对太白山神进行过考证,他说:

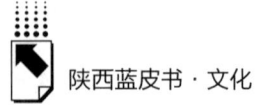

考太白者，西方神之名也，佐帝少昊，执矩而治，无所谓伯、仲、叔也。汉成帝时，有太白祠神，曰谷春，春为祠神，非太白山神。五代时，或曰崔浩，益荒诞不经。唐天宝七载封太白山神为神应公，十四载改封灵应公。宋皇佑五年封为济民侯，自是祷雨不应。嘉祐六年，苏轼代宋选上言，复封明应公。熙宁八年，进封福应王。绍圣三年，改封惠济王。至于有元，则析分为三王，曰普济，曰惠民，曰灵应（俗称曰大阿福、二阿福、三阿福），此大太白、二太白、三太白所由昉也。肖像以三池亦分隶之（俗呼曰大爷池、二爷池、三爷池），稽诸古籍无可依据（按：池有三，当曰太白大池、太白二池、太白三池为是）。乾隆五年，总督尹继善奏入陕西祀典。三十九年，巡抚毕沅奏封昭灵普润太白山之神，号曰福应王；并新保安宫、新开山各神庙，载在邑乘。①

从以上各种情况来看，太白神的信仰源远流长，但太白山神称谓在不同的时代却有很大的变化。这说明在不同的时代，太白神的形象随着社会需求的变化而变化。但在信仰者看来，太白神始终就是那个太白神，只是在不同时代就会有各个时代的太白神化身而已，因此，太白神形象的不断变化并没有给信仰者造成太大的困扰。

（三）历史上的太白庙

祠祀太白神的庙宇在关中地区曾广泛存在，太白山最早的神祠出现在西汉时期。史料记载，早在汉成帝时期，太白山已有神祠并有大规模的祠祀活动。北魏著名的地理学家郦道元在他的《水经注》中记载：

（太白）山上有谷春祠。春，栎阳人，成帝时病死而尸不寒，后忽出栎南门及光门上，而入太白山。民为立祠于山岭，春秋来祠，中止宿

---

① 樊光春编《终南仙籍·太白记游略》，三秦出版社，2014，第1135页。

焉。山下有太白祠，民所祀也。①

由此可知汉成帝时代，太白山神祠已有相当规模。后经历代修葺，不断扩大。唐德宗贞元年间，皇帝下令修建太白山祠堂，是为最早由官方修建的太白庙，柳宗元在《太白山祠堂碑并序》中对此进行了详载。

唐玄宗赐封太白山，将太白山纳入国家祀典的范围，推动了太白山神信仰的发展，太白庙也在眉县、武功境内广发兴建。宋元以降，太白庙的修建逐渐扩展至关中平原各地，人们将其视为太白山神的行祠。自明代起，太白庙在各地开始迅速扩展，各县涌现出了大量的太白庙，分布地域扩大到关中平原的全部，乃至陕北的鄜州（今富县）、榆阳（榆林市区）、佳州（佳县）和陕南的汉中地区也受到影响。很多地方还在这一信仰的驱动下形成了前往太白山朝香的习俗。每年七月初一开始太白山"香火甚盛，男女奔走偕来"，并在七月初四举行赛神会，乡民"执旗鸣钲，咸于道旁作礼"以媚神邀福。此外，有些地方则举行"太白会"，如乾州薛禄镇在每年二月初八、中部县（今黄陵县）塘和铺在三月十五日都有太白会的民俗活动。

到清代，在陕西境内各州县，曾有太白庙一百多座。根据地方志记载，关中境内29个县有太白庙83座，如果再加上地方志没有记载的和陕北山南各地的太白庙，其数量相当大，分布的密度也很高。陕西周边的甘肃省、山西省、河南省等地也有太白庙的修建，如甘肃通渭县的太白庙，在县城西二十五里，初建于元至正十五年（1355年）。甘肃徽州（即徽县）太白祠建于明洪武五年（1372年）。此外如甘肃天水、河南开封等地也有太白庙的记载，其中开封的太白庙是毕沅调任河南巡抚后于乾隆五十三年（1788年）所建。虽然太白庙曾经如此繁多，但经过近几十年的破坏，现在只有个别庙宇遗址存在。

---

① 杨守敬：《水经注疏》卷十八。

三 太白山道教文化

（一）太白山道教文化的传播与发展

道教是太白山影响最大的宗教，在当地现存的宗教建筑碑刻法器等文化遗存中，有大半以上属于道教。道教在该区域活动开始时间非常早，从早期的上清派到后来的全真道，都在太白山地区保持着频繁的活动，并形成了重要影响。太白山宗教文化虽源起于民间信仰性质的太白神的信仰，但道教文化进入太白山之后，发挥出了其善于吸纳的长处，逐渐将太白神信仰整合到道教文化系统之中，并对太白山宗教文化的发展起到了重要的推动作用。太白山的道教活动具体起源于何时现已不可考，但有资料记载，汉元帝时太白真人给道士王并仲送了一枚虹丹，一经吃下不惧寒冷，即使隆冬时节，犹着单衣。隋大业年间开始有道士在太白山起炉炼丹的记载。在唐代，由于道教受到李唐皇室的尊崇，道士被皇室引为宗亲，在朝野相当活跃，当时太白山有大量的道教活动，很多著名的道教人物如孙思邈、郭休、王休、李浑等都曾在太白山长期修道炼丹，为太白山留下了重要的道教文化影响。来自太白山的道士大力宣传太白山的神异，并使太白山和道教的玄元皇帝（太上老君）联系起来。据《新唐书·王琪传》记载，李浑曾在太白山隐居，他向皇帝上奏说自己曾在太白山间遇太白老人告以玉版秘记事，皇帝大感神异，于是下令将太白山册封为"神应公"。另一位自称太白山人的道士王玄翼则宣称："玄元皇帝降于（太白山）宝仙洞。"这使太白山的神秘色彩日益加重。太白山保存至今的道观遗址，多系唐时所建，如钟吕坪的中坪、东坪和西坪以及青牛洞等。此后，五代、北宋时期，太白山道教活动相续不衰。

宋元以后，随着王重阳创立的全真道发展壮大，太白山又成为全真道信众活动的重地。王重阳的弟子丘处机得到成吉思汗和忽必烈的重用，其所创立的全真道龙门派在关中广为流传，此后在太白山活动的道士大多属于全真道龙门派，一直延续至今，在太白山道教文化遗存中，经常能见到与全真派有关的文字记载。洞天福地理论是道教文化的重要组成部分，太白山被列为道教三十六洞天之第十一洞天。太白山多有山洞，其中和道教神异相关的就有金星洞、宝仙洞等。对道门中人而言，在作为道教第十一洞天的太白山修道具有重要宗教意义。道教中的八仙文化是中国道教发展史上的一个高峰，在太白山宗教文化中与八仙相关的内容非常丰富，这说明在历史上道教八仙的宗教文化与太白山关系非常密切，山上至今尚有大量与八仙有关的宗教文化遗存，其中钟吕坪的八仙文化最为集中。自唐以来，太白山涌现许多高道名士，他们不仅在陕西布道阐教，建立组织，修建宫观，而且诠释经典、著书立说，发展道教理论，在道教史上闪耀着熠熠光辉，其中最著名的有孙思邈、李浑、胡音、王玄翼、张元泰等人。正是在这些著名的道教名家推动下，太白山道教文化获得了朝廷和社会认可。

（二）太白山道教建筑遗存

太白山神祠建筑最早可追溯到汉代，此后北朝、隋唐五代宋元时期屡有兴废，较大规模的重修出现在明代中后期。明万历三年（1575年），太白山各神祠寺观得到大规模整修，覆以铁瓦，现存太白山道教建筑和法器、碑刻等遗存中，有相当多属于明代，现太白山绝顶拔仙台主殿烧毁后存留的大铁瓦上仍有明万历年间铸造等字样。

清代康熙到宣统年间，太白山道教宫观屡毁屡建，并因此形成了一系列道教古建筑群，远门口和营头口两条入山路线上，从山口直至山巅，每隔十里或二十里左右便有一庙宇。如八仙殿、老君洞、黑虎观、大殿、斗母宫、文公庙、三官庙、药王殿、太白庙、玉皇殿、真武殿、太阳庙、龙王庙、圣母庙、关帝庙等。宣统时太白山有主持道士诵经的宫观庙宇达130多处，道士有200余人，均受县道会司的约束。庚子事变，慈禧西逃至西安，封香山口王母宫主持道人张圆泰为钦赐玉冠紫袍至道真人。

民国时期，太白山多土匪，冯玉祥督陕期间，为清剿土匪，对当时被土匪据为巢穴的远门口十三宫及沿山一带庙宇以火焚之。民国后期，道教整体衰落，道士人数骤减，仅有的道士大部分文化水平不高，仅仅守庙看山护林而已。1949年以后，太白山残存的庙宇中，还有一部分道士从事宗教活动。"文化大革命"中，山上建筑物悉数被毁，道士也难觅踪迹。"文化大革命"结束后，宗教政策逐渐落实，道教信仰活动得到部分恢复，太白山地区庙宇宫观开始恢复，也有道士在此居住传道，但已今非昔比。据当地政府部门统计，在槐芽、汤峪、小法仪地区，1978年有乾道20人，坤道6人，拔仙台、大爷海两处道观有道士5人（含坤道1人）。1984年有乾道10人，坤道2人。1986年有乾道9人，坤道5人。1987年有乾道16人，坤道5人。1990年有乾道20人，坤道10人，全县开放道教活动点16处，有道教居士约2000人。

四　太白山的佛教文化及其他

（一）太白山佛教文化的传播和发展

佛教最早进入太白山的具体时间已不可考，但因太白山北麓的眉县和周至等地属于关中通往西域的要地，佛教在这些地区的传播不应晚于汉代，北魏时期太白山僧人的活动已经有了记载。根据南北朝时期释慧皎撰写的《高僧传》和唐代释道宣撰写的《续高僧传》中的记载，历史上发生"三武法难"时，长安的很多僧人为了躲避朝廷的迫害，常常会将太白山作为理想的避难之所，然后在这里修建寺院，修行学习，逐渐使太白山成为关中佛教的一个后方基地，也使太白山留下了很多高僧的修学遗迹和文字记载。今天在太白山深处仍有大量的佛教寺院遗迹，如下板寺、上板寺、放羊寺、明心寺等，这应该与当时佛教活动的兴盛有密切的关系。

隋唐之际，关中地区作为全国佛教文化中心，集中了来自全国各地的高僧，他们在弘法之余，也受太白山奇丽巍峨的景致所吸引，故有众多佛教高僧入太白山隐修。隋文帝时有僧人法安住在太白山九陇精舍，法安出山后至江都（今江苏扬州）谒见晋王杨广，深得杨广信任。华严宗三祖法藏在入智俨门下之前曾隐居太白山苦行数年，据法门寺《大唐圣朝无忧王大圣真身宝塔铭并序》记载，最早住扶风法门寺的僧人便来自眉县太白山。

由于太白山地处丝绸之路要道，其地理地貌险峻幽深，所以有些从西域来华传法的僧人也常入太白山隐居修行。岑参《太白胡僧歌》（全唐诗卷199）中描写了一位来自西域的胡僧的各种神异事迹。五代以后，国家政治经济中心从长安转移到开封，关中也丧失了佛教中心的地位，但长安地区的终南山和太白山在汉传佛教僧团中仍保持着重要的地位和影响。元明清时期，关中虽然不再是全国的佛教中心，但在三教合一思想潮流的推动下，太白山民间佛教活动开始积极发展，逐渐与道教、儒教、民间信仰相结合，与民众日常生活的关系也日益紧密。近代，虽然兵荒马乱等各种原因使太白山的佛道教寺院道观毁坏严重，但太白山作为佛道教隐修的理想之所，还是吸引了很多修行之人来此禅修。

太白山佛教曾经有过辉煌的历史，尤其是在南北朝到隋唐的几百年间，太白山曾是长安佛教发展的后方基地，在佛教发展遇到挫折时，太白山又是佛教的避难和存留之所。这为太白山佛教文化的发展打下了非常坚实的基础，大量的高僧曾在此修行弘法，从而使得太白山在中国佛教文化中具有非常重要的地位，正因如此，时至今日，太白山仍是众多佛教信众向往和行脚的神圣之地。

（二）太白山佛教文化遗存

据史料记载，太白山上应该曾经修建有较多的佛教活动场所，现在太白山仍然存留的大量的佛教寺院遗址也可以反映出这一情况，但古代历史文献中曾经出现的一些寺院名称，如"太白寺""九垄岩"等在现存的遗址中已经没有踪影，这说明经过长期的战乱毁坏，太白山附近有很多寺院已经湮没于历史之中，或者太白山现有的佛教寺院遗址中有些寺院遗址就是古代这些佛教寺院变化更名而来的。在太白山有些寺院传说始建于隋唐时期，而现在存有的资料碑铭等大多属于明清时期，因此，这些寺院始建于隋唐的说法并非想象或空穴来风。目前，太白山能够看到的佛教文化遗存中比较确定的有观音堂、观音洞、下板寺、上板寺、平安寺、上白云、下白云、菩萨大殿、中山寺、蒿坪寺、蛟龙寺、上洪武寺、白马寺、皇觉寺、铁佛寺、石佛寺、蟠龙寺等。但因长期的毁坏，目前太白山佛教文化遗存情况较为惨淡，主要呈现以下几种情况：第一种情况，目前仍是佛教活动场所，维持着正常的佛教活动，如进林寺、中山寺、蒿坪寺、铁佛寺、菩萨大殿和上洪武寺等；第二种情况，从名称和历史记载来看，过去属于佛教活动场所，但后来因佛教界无人经管，被道教界人士接手后作为道教活动场所来使用管理，主要有观音洞、下板寺、上板寺、平安寺、上白云、下白云、石佛寺等；第三种情况，佛教寺院的遗址目前还保留着，且没有被占用或接管，但建筑已经完全毁坏荒芜，无人管理居住，主要有放羊寺、明星寺、蛟龙寺等；第四种情况，历史上曾经很繁盛，但遗址已经被改作其他用途或遗址无存，如皇觉寺、茅云庵、蟠龙寺等。

在这些佛教文化遗存中，有些寺院中还存留部分文化价值很高的佛教造像等文物，如1960年在上白云发现的唐代凹刻浮雕汉白玉佛像上刻有"大唐天宝元年岁次壬午四月八日书立"等铭文。中山寺中留下了一尊文殊菩萨像（现存眉县文化馆），石像背后有"唐贞观四载玄奘□"等字样，由此像可以推断，中山寺的建造应和玄奘有密切关系。此外，各个寺院遗存的各种碑石，不仅记载了这些寺院的兴衰历史，也记载了当地佛教文化的发展历史，具有很高的历史文化价值。

（三）太白山其他宗教文化遗存

隐逸文化是中国传统文化中的特色，从上古尧舜禹直至今天，代有其人。历史上素有"天下修道，终南为冠"的共识，这里的终南，一般指关中南部秦岭北麓的山区，太白山也在其列。修道者入太白山隐修的历史传统非常悠久，除了前面介绍的大量的著名高僧高道外，其他文化派别中也有很多人到太白山隐居，仅仅史料中有记载的人就数十人，这些人所处的时代也跨越了从春秋战国到近代数千年。他们主要有春秋时期的鬼谷子，战国的白起，汉代的谷春、韩康、挚恂、苏则，隋唐时期的成弼、韦自东、路氏子、裴氏子、许栖岩、杜淹，明代的孙一元，清代的李柏、薛式、照邻，等等。这说明太白山的隐修者佛道儒皆有，以道教而言，既有早期的仙道、正一道，还有后起的全真道，这些隐逸者的事迹在古人笔记小说、诗词文赋以及地方志中都有收录。

太白山地区也有天主教的流传。清初天主教由高陵通远坊经扶风传到眉县，乾隆四十二年（1777年）传教士在横渠镇豹窝（今跑安村）购地建成圣若瑟堂、圣母堂、十字山小堂等建筑，这是眉县最早的天主教堂。由于豹窝地理环境和耶路撒冷之加尔瓦略山接近，豹窝十字山（又称玫瑰十字山）被中国天主教徒视作圣地，每年五月都有数以万计来自全国各地的天主教徒前来朝圣。

五 太白山宗教文化遗存的现状

（一）太白山宗教文化空间分布

太白山是一座融佛教、道教、儒教、天主教和民间信仰于一体的立体多元的综合性宗教文化场域，而且太白山宗教活动往往以朝山为指向，并因此形成了通向太白山的最高峰——拔仙台的数条朝山之道，宗教文化遗存也主要分布在这几条通往山顶的山路沿线。随着太白神信仰圈的扩大，太白庙的分布也逐渐从山中向山外扩散，甚至走向陕西全境。

太白山处于陕西眉县、周至县和太白县三县的交界处，因此从不同方向通往山顶的山道有四五条，其中从眉县境内的太白山北坡到达山顶有三条主干路线。太白庙的兴建和祭祀最早是从眉县太白山开始的，后来形成了村村都有太白庙的景象，再后来各地大多数太白庙相继毁坏无存，但目前还有一些太白庙遗址，本次调查对这些太白庙当前的情况进行了实地考察。从眉县境内太白山北坡登山有东中西三条主线路，东线是从汤峪口入山，沿途宗教文化遗址主要有青牛洞—汤峪太白庙—观音洞—下板寺—上板寺—小文公庙—大文公庙—大爷海—拔仙台等；中线是从钟吕坪入山，沿途的宗教文化遗址主要有钟吕坪—远门口十三宫—香引山,然后在下板寺与东线汇合;西线是从营头镇开始入山,沿途的宗教文化遗址主要有静林寺—黑虎观—嵩坪寺—下白云—上白云—骆驼树—菩萨大殿—斗母宫—平安寺—明星寺(明心寺)—放羊寺(芳香寺),然后在大文公庙与东线和中线汇合。

(二)眉县境内太白庙遗存情况

历史上最早的太白庙应该在眉县境内,而且眉县也是修建太白庙最多的地区,明清以后,以远门口、清湫、高庙和县城南郊等处的太白庙香火最旺,其中尤以清湫太白庙的规模最大。眉县各处太白庙在近百年来遭到不同程度的损毁,遗址保存较好的是清湫太白庙,但目前处于荒废状态,此外,齐镇东凉阁太白庙也还有一些文化遗存,汤峪口太白庙是近代新修的太白庙,其目前是道教活动场所,但也是目前规模最大、运作状态最好的一座太白庙,这些对于我们了解太白信仰和太白庙的兴衰沿革都有重要意义。

清湫太白庙位于眉县槐芽镇西二公里的清湫村中,与太白山南北相望,霸王河、渭河以及西沙河绕村而流,形成三面环水之势。现在的太白庙只有一座占地一亩多的一座小院,院内现仅存一座砖木结构的三间主殿和两间简易生活用房,建筑面积300平方米左右,朽木烂砖和一些破损的石碑碎块堆积在荒草之中。最为引人注目的是露天矗立的几通石碑,经过仔细辨认,这些石碑有宋代的"封济民侯之敕"碑,有元代的"重修太白庙记"碑,有一通清代乾隆皇帝专门为太白庙题诗的"御笔"碑,此外还有几通不太完整的清代石碑。据当地人讲,原来的庙宇占地二三十亩,后来因为历史原因,庙宇破坏严重,庙址范围只剩下现在的不到两亩。

在眉县齐镇东凉阁村还有一座太白庙。东凉阁村据说是因东汉时期董卓为避暑而修建的行宫东凉阁而得名,相传董卓在修建宫殿时,也修建了一些庙宇。东凉阁太白庙经过历代多次修葺,现保留的三通碑刻中,一通碑刻为明隆庆年间所立的《重修太白庙碑记》,碑文显示在明弘治到隆庆的八十四年中,有过两次修建。直到20世纪30年代,庙中山门、前殿、后殿均完整坚固，梁栋雕画及神像彩妆如新。民国时期办小学，将山门和献殿拆除，改建为小学教室。虽然后殿及东侧土地庙保存完好，但"文化大革命"时期全部被拆毁。目前东凉阁太白庙仍有大殿及侧殿数间，有史碑数通。该太白庙现在已无长期驻守人员，只是由当地村民推选的庙会会长定期管理，每逢庙会期间，周围附近的村民会聚集在这里过庙会。

汤峪口太白庙位于太白景区入口处，旁有神功石，群峰环绕，依山傍河。太白庙始建于20世纪80年代，岐山人张世贤在汤峪口出家，成为龙门派第三十一代弟子，草创了药王庙。1996年，张世贤在药王殿上方修建了斗姆宫。1997年张世贤辞世后，王兴理道长在香港慈善人士谭兆先生支持下把太白庙扩建成现在的规模，也是眉县道教协会所在地，现住持为倪世玄道长。汤峪口太白庙现为道教宫观，它与最早的各个太白庙不管是存在形式还是功能都有很大的差别。在太白山各庙中，儒释道三教和各种民间信仰的神祇同处一庙是常见的现象，这既反映了太白山宗教起源的民间性，同时也能看到各种宗教的融合共生特点。在原来各个太白庙因其失去"祈雨"这一主要功能而导致衰败不可避免，太白神信仰和太白庙只有经过功能转换，满足社会新的信仰需求后才有可能再次焕发生机，汤峪太白庙应该是这种转化过程的呈现。

（三）太白山北坡东线宗教文化遗存情况

东线是从太白山汤峪口开始入山的。汤峪口是由东边的"凤山"和西边的"龙山"对峙形成的一个进入秦岭、登临太白山巅的峪口。

太白山东线主要是指沿着景区修建的上山公路沿途分布的各个宗教文化遗址和宗教活动场所，在东线沿途目前存有道教活动场所青牛洞、太白庙、观音洞、下板寺、上板寺、望拜仙台、小文公庙、大文公庙、大爷海道观、拔仙台道观等遗存。从名称来看，这些宗教文化遗存中青牛洞、太白庙、望拜仙台、大爷海道观、拔仙台道观等应当属于道教文化遗存，观音洞、下板寺、上板寺等应该属于佛教文化遗存，而小文公庙、大文公庙等则属于民间信仰性质的宗教文化遗存，但目前情况是青牛洞、太白庙、观音洞、下板寺、大爷海道观等有人管理的宗教活动场所登记为道教活动场所，上板寺、望拜仙台、小文公庙、大文公庙、拔仙台道观等基本上废弃，没有明确的宗教归属。青牛洞道观现有数位道教神职人员在此经营看护。观音洞顾名思义应当曾是佛教的活动场所，但是，现在常住观音洞的是两位道士，而且登记为道教活动场所。这种情况在我国目前比较常见，是历史和现实的生硬焊接。大爷海道观有石房两间，常住道士一人。据刘道士说，大爷海在十多年前尚有各种铁神像数十尊，近年来由于无人看管，悉数被盗卖或破坏掉。太白山峰顶是拔仙台的庙宇遗址，该庙宇始建于明朝万历年间，清朝道光年间重建。到了1990年前后，拔仙台尚有房屋15间，前几年有一次雷电引起的火灾将主要建筑全部烧毁，现在只存残垣和石墙。沿着石台阶进入石墙内，各种焦黑的木头随处可见，穿行于残垣断壁中，似乎火灾刚发生不久，残留的铁钟、铁神龛、铁磬、铁瓦等破烂不堪，随处堆放。

（四）中线宗教文化遗存情况调查

太白山北麓中线是从小法仪镇的远门口开始进山，沿途经过远门钟吕坪、十三宫、香引山、接官厅、金锁关等地，在上板寺与东线汇合，这是古代人们朝山的一条老路，但因该路线沿途较为艰险，后来从此上山的人越来越少，但浅山的钟吕坪和远门十三宫等地曾是非常繁盛的道教活动场所，各种道教文化遗存非常丰厚。

钟吕坪位于眉县汤峪镇钟吕坪村（原名井沟村）域内，距汤峪口四公里，北临关中川原，顶接太白山，现属于太白山国家森林公园。钟吕坪以昔日八仙中汉钟离、吕洞宾、韩湘子在此修道成仙而得名。钟吕坪由东坪、中坪、西坪构成，东西两坪高耸，中坪较低，三坪之上均建庙宇。民间信众在每年农历正月初九、三月十二日、七月十五日、九月九日前往钟吕坪举行规模宏大的庙会。庙会期间，人山人海，锣鼓喧天，鞭炮不断，烟雾缭绕。钟吕坪以其得天独厚的天然园林环境，以道教活动和深厚的道教文化吸引着无数的游人香客登山朝拜，旅游观光，故而久为关中道教活动的主要圣地之一。

钟吕坪各种宗教场所始建于汉，而盛于唐，因唐王朝信奉道祖老子为始祖，道教得到空前发展，为钟吕坪的鼎盛和发展创造了良好的契机。在东坪、山神殿、老君洞、中坪、西坪等处建有宫观庙宇，形成了东西横贯，左右连线的庙宇群。清康熙年代，钟吕坪香火旺盛，山下村寨十里八乡筹款集粮重修庙宇。清代理学家李雪木著作《槲叶集》中收《重修钟吕坪募缘叙》一文，这篇文章对当时的情况有较详细的记载。清咸丰七年、八年，山下六村再次募集钱粮，对东坪前后大殿进行了整修。1934年，冯玉祥部队剿匪时，部分庙宇遭到焚烧。"文化大革命"期间，庙中塑像被清除。改革开放以来，庙宇得到一定程度修复，现又初具规模。现存的庙宇主要有王母宫、斗母宫、玉皇殿、山神殿、关帝庙、药王洞、吕祖洞、老君洞等，但这些建筑均已年久失修，破败严重。

远门口是历史上太白山道教文化重要的聚合点，这里道教活动频繁，香火不断，清末民初更是盛极一时。在这里兴建的道教十三宫，因为各个宫观是由不同省份的人募资修建，故又称"九省十三宫"。据传从唐代开始，这里就有道教宫庙，经宋、元、明、清不断增修，最后形成十三宫的规模。宫观庙宇由南向北分三级分布，河边有三清宫、山西宫、福应宫；中间是万圣宫、保安宫、药王宫、新圣宫、紫阳宫、九阳宫、通天宫、北圣宫；上面是斗姆宫、玉皇宫。历史上十三宫占地达200余亩，庙宇160多间，塑像数百尊，是陕西道教的一个重要基地，经过近百年的战乱等摧毁，现在的远门十三宫只能从遗址和修复的个别庙宇中领略其曾经的繁盛景况。

远门口和营头口两条入山路线上，从山口直至山巅，每隔十里或二十里左右便有一庙宇。如八仙殿、老君洞、黑虎关、大殿、斗母宫、文公庙、三官庙、药王殿、太白庙、玉皇殿、真武殿、太阳庙、龙王庙、圣母庙、关帝庙等。宣统时太白山尚有住持道士诵经的宫观庙宇有130多处，道士200余人，均受县道会司的约束。民国时期冯玉祥督陕时，为清剿土匪，对当时被土匪据为巢穴的远门口十三宫及沿山一带庙宇以火焚之，后又经过"破四旧"和"文革"的进一步毁坏，远门口附近的很多道观基本废弃。太白山北麓中线沿途主要的宗教文化遗存主要集中在钟吕坪和远门口附近，从远门口继上山,就是香山和云台山,这两处地方存留的一些宗教文化遗址,也都是以道教为主。

(五)西线宗教文化遗存情况

西线沿途径经过宗教文化遗址主要有进林寺—蒿坪寺—中山寺—下白云—上白云—骆驼树—菩萨大殿—平安寺—斗姆宫—明星寺—放羊寺等十多个宗教文化场所,行程90多公里,最后在大文公庙与东线中线汇合。

进林寺,又名靖林寺,据说为唐初靖国公尉迟敬德所修,故名靖林寺。该寺位于在眉县营头镇附近的山脚下。寺院占地约七亩左右,建筑面积约2000平方米,也是眉县佛教协会所在地,寺院现在有一位年轻的僧人常住。蒿坪寺在太白山北坡海拔1280米处,现有庙房十三间,寺院占地约一亩,有两座大殿和几间生活用房。寺庙现存道光、同治年间石碑各一通。蒿坪寺现有几位尼师常住。中山寺位于太白山北坡海拔1360米处,有庙房十五间,砖木结构,面积约500平方米。据传该寺院始建于唐贞观年,寺中曾有贞观四年的菩萨像一尊,据此推断,中山寺的建造和玄奘有密切关系。从中山寺出发,沿山道继续前行,沿途的菩萨大殿、下白云、上白云、平安寺等处尚有居士照看管理,其他如骆驼树、斗姆宫、明心寺、放羊寺等宗教文化遗存处于荒废状态。

从营头镇出发登太白山的这条路线沿途遇到的大多数宗教文化遗存是佛教的,这说明这条山峪在历史上曾经是佛教僧众比较集中的区域,这与东边的远门口和钟吕坪是道教文化集中的区域形成了鲜明的对比,这说明在古代太白山佛教和道教虽然共处一山,但还是各聚一处。

六 太白山宗教文化保护与开发中的问题与建议

从我们这调研的情况来看,太白山曾经是一座宗教文化圣地,目前仍然有大量的宗教文化遗存,从中也能看到太白山宗教文化曾经繁盛的影子,但大量文化遗存因缺乏对其应有的认识和保护,使得太白山宗教文化遗存面临进一步的遗失和破坏的情况。针对这些情况，我们认为太白山宗教文化的保护与开发主要有以下一些问题，并提出相应建议以供参考。

第一，对太白山宗教文化认识不到位。目前，有关太白山的建设和宣传将太白山主要定位为自然风景名胜，而忽视了太白山曾经是国内著名的宗教文化圣地这一特点，这种定位既减轻了太白山作为宗教文化名山的分量，同时使其自然风光中蕴含的各种人文因素不能发挥作用而魅力大减。太白山宗教文化旅游能使每次登山旅游变成朝山拜神的身心之旅，这种充满神圣感的旅游过程能使游客身心需求都获得享受和满足，其重游率必然高于纯粹的观光旅游。现在太白山上大量的宗教文化遗址没有恢复，既无法为游客提供生活服务，也无法为游客提供信仰文化服务。建议今后的建设宣传中加重太白山宗教文化元素，加大各个宗教文化遗址的恢复工作，增加和提高宗教文化服务内容，强调其"仙山""神山""圣山"的文化特质，在陕西省形成"东华山，西太白"两座宗教文化名山遥相呼应的局面。

第二，对宗教文化遗存保护不力。宗教文化遗存具有不可替代性和不可再生性，在这次调研过程中我们发现，太白山宗教文物非常丰富，但是由于保护不力，致使近年来有大量的宗教文物被盗或者遭到破坏，在我们调研过程中就见到了很多被破坏的铁像、铁碑、铁瓦、铁磬、铁钟等宗教文物。这些文物上很多有铭文，这些宗教文物都是对太白山宗教文化的记载和见证，具有很高的文物价值，但有些毁损的文物至今随处乱扔或堆放在野外无人管理。对照当地文物部门十几年前的所做的太白山宗教文物普查统计资料可知，近年来太白山宗教文物丢失和损坏程度非常严重。当前已经造成太白山宗教文化无法弥补的损失，如果放任这种情况发展下去，以后太白山宗教文化将永远成为没有依据的传说了。此外，有很多宗教文化遗址目前还有一些简陋的建筑，如明心寺、放羊寺、斗姆宫等，但因常年无人照管和维修，毁坏非常严重。建议：当地在力所能及的范围内，应该尽快采取措施，对这些遗址予以及时适当的保护，为将来太白山宗教文化的恢复和发展保留一些东西，否则再过若干年则一切都难以寻觅了。如有可能，在太白山景区门口附近设置"太白山宗教文化展览室"，一方面

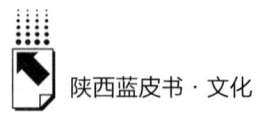

用来收集和保护山上的宗教文物,另一方面将其作为太白山宗教文化的宣传窗口。

第三,没有发挥出宗教界人士的积极作用。通过本次调研,我们认为目前太白山宗教人才极其缺乏,这与太白山在中国宗教界的地位和影响极不相称。此外,因为太白山宗教文化的体量非常大,但现有的僧人和道士又非常少,造成太白山的佛道教人才的严重不足,这也是制约太白山宗教文化发展的一个重要因素。在我们这次调研过程中可以看到,在有僧道居住的宗教活动场所,宗教文化基本上都能得到保护,如钟吕坪、玉皇宫等,在当家僧道能力较强的寺院道观还有进一步发展的明显迹象,如汤峪口太白庙、营头镇蒿坪寺等。同时也能感觉到当地有些人对宗教界人士有歧视态度,尊重程度不够。专职的宗教人士是宗教文化发展中不可替代的重要因素,一个能力较强的宗教界人士就可以带动一片地方的宗教文化的发展。我们当地相关部门应该转变观念,减少对宗教界人士的歧视,加强对宗教界人士的尊重,将高水平的僧人和道士视为特殊人才,在国家政策允许的范围内,积极主动地为他们提供良好的从业环境,保障他们的各项合法权益,吸引更多的优秀的宗教界人士参与到太白山宗教文化建设中来,调动和发挥其在太白山宗教文化建设中的积极作用。建议制定引进优秀僧道人才入住太白山的相关计划,给予必要的生活和权益保障,为其安心办道创造条件,主动联络各个宗教团体,将条件成熟的道观寺院交由宗教界人士经营管理,认真听取他们提出的各种好的建议和意见,共同为太白山宗教文化贡献力量。

第四,太白山宗教文化发展缺乏整体规划,各种制约因素太多。太白山宗教文化是一个完整的文化系统,其空间分布遍及太白山周围,因行政区划使得太白山的宗教文化遗存分属眉县、太白县和周至县三个县,但其中最重要的文化遗存主要分布在眉县境内的太白山北坡沿线和属于太白县的太白山顶。因为各县的发展规划和施政方针不同,因此对太白山宗教文化的保护开发目标不一致,这种现状非常不利于太白山宗教文化的保护与开发,难以发挥太白山宗教文化整体所具有的价值。建议宝鸡市应该从有利于太白山宗教文化保护和开发利用的角度考虑，对太白山宗教文化的发展做出整体性规划，将分属于太白县的大爷海、拔仙台和由太保局掌控的营头镇进山沿线的宗教文化发展纳入整体规划，结束目前这种各自为政和热冷不均的现状。在符合规划要求的情况下，可以引进各种社会力量，依法进行投资建设。

B.6
陕西《眉县志》所见：以太白山为中心的古代祈雨史料一瞥

王宝坤*

摘　要： 祈雨活动是遍及世界各民族的古老宗教祭祀活动，也是贯穿于中国古代农业文明发展历史始终的官方和民间宗教活动，在多种历史文献和考古资料中都有较多的记载。笔者在从事太白山宗教文化资源调研时，发现了存在于《眉县志》中的古代祈雨活动史料，详细记述了从唐代以来太白山祈雨活动的历史，有重要的研究价值。本文拟从宗教学的角度对这些资料给予简要分析，以期引起学界的关注。

关键词： 太白山调研　《眉县志》　祈雨活动

2014年7月至2015年5月，陕西省社科院宗教所一行7人应眉县方面邀请，对太白山宗教文化资源进行调研。我们前后数次登上太白山及周边区域，考察了残存于太白山各处的宗教文化遗址，查阅了当地各类文字档案，逐渐认识到在中国古代历史上，太白山是一处重要的宗教文化名山，不但有丰富的儒家、佛教、道教和天主教等宗教的遗址，而且还有大量的民间各类信仰的遗址和遗迹，在民间各类信仰活动中，祈雨活动是其中最有特色、历史最

---

* 王宝坤，陕西省社会科学院宗教研究所副研究员。

陕西《眉县志》所见：以太白山为中心的古代祈雨史料一瞥

为悠久的重要祭祀活动之一，在清朝末年修撰的《眉县志》中专设"太白山灵感录"一章①，保存了自唐代以来官方和民间祭祀太白神、祈祷龙王降雨的活动史料，而在眉县当地，还保存有数通祈雨碑。笔者认为，从太白山宗教文化资源的种种遗存来讲，祈雨活动是值得学界关注和研究的重要民间信仰活动。本文拟从宗教学的角度，对这些祈雨活动史料进行简要分析。

一

祈雨活动发生的历史很久远，有些学者考证，在中国古代甲骨文字中就有关于祈雨活动的记载②，先秦多种典籍中也有提到龙王降雨的说法，《吕氏春秋·召类》中曾言"以龙致雨"。东汉学者高诱注"龙，水物也，故致雨。"③ 这是早期我国劳动人民对降雨现象的认识。在汉以后的典籍中有关祈雨活动的记载屡见不鲜④。从世界范围来看，各地区民族都普遍存在着祈雨活动，多数学者认为，在过去生产力低下、科学技术不发达的情况下，人类靠天吃饭，所以，传统农业、畜牧业离不开祈雨活动。

《眉县志》所载祈雨活动史料较为系统。祈雨活动表面来看，只是为了祈祷天神、龙王降雨，以缓解旱情，求得丰收。但是，从深层意义来看，笔者以为还有以下几个方面的内涵：第一，祈雨活动有明确而固定的受祭主神，并在官方和民间代代相传。一个是太白神，至少是在唐代已经形成；一个是太白山龙王，这与太白山高山湖泊群的水崇拜有关。第二，对于祭祀主神还赋予了多重意义，除了具有降雨功能以外，还具有保佑一方百姓平安幸

---

① 本文所采用《眉县志》为中国方志丛书之陕西省《眉县志》，清沈锡荣纂修，宣统元年铅印本影印，台湾成文出版社有限公司出版。所引文字出自《眉县志》者，不再注明出处。其余所引材料注明出处。
② 张强：《中国古代"以龙求雨"巫术》，《华北水利水电学报》（社会科学版）2007年第4期。
③ 陈其猷：《吕氏春秋新校释》，上海古籍出版社，2002，第1360页。
④ 郜迪：《中国古代祈雨习俗及祈雨文学研究综述》，《上饶师范学院学报》2014年第2期。

福的功能、具有治愈疾病的功能、具有惩恶扬善的伦理教化功能等。第三，受祭主神具有祈祷、感应的功能，能够实现百姓的良好愿望，即能够给人民带来福祉的功能。而从宗教学的意义上来讲，祈雨活动是古代劳动人民调节人与自然、人与社会、人与人的关系的一种方式，而更为确切地说，是调整人与神的关系的一种方式。所以，从这个层面上而言，所谓天神、山神、龙王等，正是马克思所讲的人类不可理解、难以驾驭的"自然力"。马克思在《剩余价值学说史》中曾言："在农业方面，大体说，自始就有自然力在协同发生作用，在农业上面，人类劳动力自始就由自然力这一个自动体的运用和利用，而被增进。"① 从社会进步的角度而言，人类的不合自然界规律的行为比如滥砍滥伐、污染环境、大规模战争对土地等自然要素的破坏等，人类社会中的不合理行为如大的战乱、部落、部族、国家之间的威胁、争斗、社会治安较差等，小的如家庭不和、子女不孝、老无所养等，还有在古代社会条件下对各类神灵的亵渎、不恭敬等行为，都会对人类社会的和谐发展有所影响，而自然界的灾害如旱灾、水灾、虫灾、地震及异常天象等则被视为是上述不合理行为的后果，暗示着是上天对人类的警告。这其中的因果关系也为现代科学、哲学、宗教等所接受，所以，通过虔诚的、有组织的祈雨活动，并获得感应，让人们认识到自然界有神灵的存在，人类应对自己的过分行为有所收敛，恭敬地对待自然界，正确地处理好人与自然、人与社会、人与人、甚至人与神等之间的关系，从而推进社会的和谐和进步。所以，从这个意义上来讲，祈雨活动正是农业社会中劳动人民对"自然力"的自觉地利用和运用，有其深刻的时代意义和社会意义，并不能简单地确定为迷信活动或者是生产力水平低下时代的愚昧行为。

二

太白山之得名 太白山位于今陕西眉县南部，横跨太白、眉县、周至三

---

① 马克思：《剩余价值学说史》第1册，郭大力译，上海三联书店，2009，第17页。

县。被称为是秦岭山系之主峰,也是青藏高原以东的最高山峰,最高峰拔仙台海拔3771.2米。太白山高而险峻,风景优美。既是历代文人墨客的游览吟咏之胜地,也是佛道僧侣道士隐居修道的首选之地。高山之巅是亿万年冰川湖泊群,湖水甘洌,清澈无染。成为人们向往的神圣之地,有关太白神信仰、龙王信仰都由此而来。

太白山名最早得名于魏晋时期,正如县志中所追述的那样,《水经注》较早确定了太白山的名称:

> 《地理志》曰:县有太一山,《古文》以为终南,杜预以为中南也。亦曰太白山,在武功县南,去长安二百里,不知其高几何。俗云:武功太白,去天三百。山下军行,不得鼓角。鼓角则疾风雨至。杜彦达曰:太白山南连武功山,于诸山最为秀杰,冬夏积雪,望之皓然。①

此处《地理志》当指《汉书·地理志》。此段文字极为重要,至少有三层含义:第一,说明了太白山得名时间,第二,记载了太白山地理位置和不知几何的高度,第三,记载了太白山的神异传说,说明太白山很早就有神秘色彩。

太白山神之来源 关于太白山神,《眉县志》做了多方面考述,而没有给出定说,说明太白山神信仰来源复杂,《水经注》云:

> 山上有谷春祠。春,栎阳人,成帝时病死,而尸不寒。后忽出栎南门及光门,上而入太白山,民为之立祠于山岭,春秋来祠中宿焉。②

还引用《列仙传》等书,来考证谷春来历。太白神有多种来源,谷春是其中之一。

---

① (北魏)郦道元:《水经注》,陈桥驿注释,浙江古籍出版社,2013,第241页。
② (北魏)郦道元:《水经注》,陈桥驿注释,浙江古籍出版社,2013,第241页。

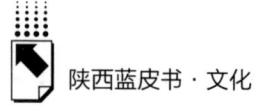

县志依据古代学者的说法，还对太白神的另一个来源进行了说明，"太白者，西方神之名也。佐帝少昊，执矩而治秋令，为金，卦为兑，金壮水生，故多冰雪澍雨。兑，说也，故多灵感。湫池之水，诚求之愈百疾。"并引《录异记》云："金星之精，坠于终南圭峰之西，因号为太白山。其精化为白石美玉，时有紫气覆之。"提供了太白山神的另一种来源。

另外，县志引《唐书·王铁传》载，天宝八载，方士李浑言见太白老人，告玉版秘记事。帝诏铁，按其地求得之。

又，天宝九载，十月太白山人王元翼言，元元皇帝降于宝仙洞。

又，《三十六洞天记》载，第十一太白山洞，周回五百里。

又，《龟山白玉上经》载，三十六洞天，太白山德元之天。

这是道教中关于太白山神的神仙系列的来源。

太白山神祭祀缘起　太白山神信仰源远流长，什么时候开始很难考索。《礼记·王制》曾论及祭祀活动，曰："天子祭天下名山大川：五岳视三公，四渎视诸侯。诸侯祭名山大川之在其地者。"① 先秦时期就有对于天地山川河流等的祭祀活动。据《水经注》载："山下有太白祠，民所祀也。"② 说明太白神的祭祀活动很早就有。县志还引述几则史料来说明太白山神信仰的根本原因：

《元史·杨暐传》载，（杨暐）母，牛氏，失明，暐登太白山取神泉洗之，复如故。

又，赵荣传，母，强氏，有疾，荣割股肉啖之者三，复负母登太白山，祷于神得圣水，饮之乃瘥。

这说明太白山神信仰与社会伦理道德的价值取向是一致的，人间重孝道，山神也可以满足这种美好愿望，灵验无比。这也许是自古以来民间祭祀

---

① （清）阮元校刻，《十三经注疏》，中华书局，1980，第1336页。
② （北魏）郦道元：《水经注》，陈桥驿注释，浙江古籍出版社，2013，第241页。

太白山神的重要原因。

县志还引用明末清初康吕赐所撰《远门太白庙记》，专门记载民间祭祀太白山神的活动：

> 太白山四时雨雪，经年不消，惟夏盛暑，人敢至巅。其巅三峰连峙。每峰巅汇一池，深不可测，六月四方会朝者大集，人各为社，络绎奉香火终月乃已。而吾武功距山百里，邑人结社颇多，因会众建庙山麓。先期诣庙祭告，然后登山庙成，将立碑为表来请记，夫太白庙为一方重镇，远近诸邑遇旱往祷，祷即雨。岁以不灾。盖大有福庇于此方。以祭义推之，是亦即法施于民者。与诸香火院之凌乱不经异。但有一言为诸与会者告，自世风凌夷，人心不古，习尚诬诞，往往匪其鬼而为匪法之祀所在醵钱，起土木祈禳设醮，奔走如狂昧。生民之正义，而信妖妄之邪说，弃现在之积庆，而希未来之冥报。意谓媚神可以邀福，而不知发念行事之可否。岂知事神之道乎。欲幽不得罪于神，必先明不取恶于人。如道在事君，则急公奉上，道在事父兄，则亲爱无违。道在事长，则忠顺不失于人。道无乖谬，不亦坦然对越神明乎。否则，对神不胜消阻矣，尚何感通之有。

从康氏记述来看，这个时期的太白山神信仰早已超越了祈雨活动的单一价值取向，而获得了与人类社会道德伦理观念高度符合的善的诉求，太白山神也被赋予了较高级的宗教意义了。

三

太白山祈雨活动历史 太白山祈雨活动始于何时，也难以确定。但在前文所引《水经注》的记载，说明太白山很早就与降雨活动有关。县志载，"唐贞元十二年孟秋，旱，分命祷祀。京兆尹韩皋下令，甸邑饰祠宇。周至令裴均统承制诏。翌日大雨。柳宗元撰碑立庙之西序右阶下。语在金石志。"这是有明确记载的祈雨活动。而柳宗元所撰之《太白山祠堂碑并序》一文，收入《全唐文》：

> 雍州西南界于梁，其山曰太白，其地恒寒，冰雪之积未尝已也。其人以为神，故岁水旱则祷之，寒暑乖候则祷之，厉疾祟降则祷之，咸若有答焉者。贞元十二年孟秋，旱甚。皇帝遇灾悼惧，分命祷祀，至于兹山。又诏京兆尹，宜饰祠庙，遂下令于邠邑。邑令裴均，临事有恪，革去狭陋，恢闳栋宇，阶室之广，三倍其初。翌日大雨，黍稷用丰。野夫欢谣，钦圣信神。愿垂颂声，刻在金石。
>
> （碑阴文）时尹韩府君讳皋，祗奉制诏，发付邑吏。令裴府君讳均，承荷君公之命，督就祠宇，莅事谨甚。克媚神意，用获显贶。邑人灵之，其事遂闻。诏书嘉异，劳主者甚厚。乃刻兹石，立于西序右阶之下，肆列裴氏之政于碑之阴。惟君教行于家，德施于人。抚字惠厚、柔仁博爱之道，洽于鳏嫠；廉毅肃给、威断猛制之令，行于强御。狱讼不私于上，罪责不及于下。农事课励，厚生克勤，征赋首入，而其人益赡；创立传馆，平易道路，改作甚力，而其人弥逸。韩府君每用嘉褒，称其理为邠服最。今兹设庙位神，神欢而宁。宜为君之诚敬，克合于上，用启之也。不可以不志。①

由以上文字可以看出，祈雨活动在唐代已经获得了多重意义。设立太白山祠堂后，获得感应，风调雨顺，五谷丰登。随之而来的是社会风气的转变，"教行于家，德施于人。抚字惠厚、柔仁博爱之道，洽于鳏嫠；廉毅肃给、威断猛制之令，行于强御。狱讼不私于上，罪责不及于下。农事课励，厚生克勤，征赋首入，而其人益赡；创立传馆，平易道路，改作甚力，而其人弥逸。"这实际上是古代"神道设教"思想的延续。

太白山祈雨活动主要是与太白山顶的高山湖泊群有关。县志载，清代康

---

① 《全唐文》卷587。

熙年间在陕西做官的贾鉝曾撰《祷雨记》，其中对太白山之太白池水有较多记载："金锁关里许至大太白池。池方圆三十余亩，清鉴毛发，无寸草点尘，无诸水族，惟龙一种。时大时小，变化出入。其中池面，常放五色光，万字光，寿字光，珠光，油光，各肖其类。人虔则应。否则无之。池旁有净池鸟，如画眉而小，毛色花纹可爱，声嘹亮，不避人，人亦莫敢捕之。池有片叶寸黄，鸟必衔去。故名净池。池为云雾笼罩，不常见。曰封池。祷而后见，曰开池。余至池，即开现万字等光焉。馀有池六类如此，盖神所凭依也。再上三里至雷神池，池在洞中，有万年不融之冰。洞上有石塔，名观星楼。又龙凤二小池，自大太白池过稻地窜，至二太白池，大数亩，五里至三太白池，亦大数亩。其神异同。而不令人久憩其旁，久则雷电疾，至名为行法。玉皇池大二十余亩，去三太白池十里，东面为龙门，有龙可见，首类牛而大唇，长尺余，两角崭然，身金黑色，其小者或长尺许、二尺许。蜿蜒池中，腥气扑人。触之头目岑岑，从人皆恐，须臾黑云如盘飞旋而至，少选乃去。"太白池水没有污染，清澈静谧，深不见底。加之高山之巅，气候变化多端，神异现象多见，所以很容易被神化。

宋代祈雨活动列出两次，县志载，"宋皇祐五年（1053），春夏不雨，工部郎中、直龙图阁、知凤翔府李昭遘祷雨踵验。上言：灵湫在上显应如此，望圣慈特加封爵。至和二年七月十三日制曰可。封太白山湫为济民侯。"当地官员李昭遘还就此事撰写一文做记述："皇祐甲午（1054）秋九月，予被诏守岐间，岁春三月，闵雨饬躬斋祷，寂然无应。询诸耆艾，或曰：太白有湫，旧矣，每衍亢祷，其应甚速。遂择老吏之可使者，面命而往，迎致湫水，厥初在道，天兴等六邑，仅将数寸之润亦既至止。其夕诸邑滂沱逾尺，变悴以滋，易忧以喜。夏五月复然。其灵应之异先后如一，遂具列其实，抗章以闻。"祈雨应验，而太白山池被封为济民侯。

第二次是著名文学家苏轼在陕任凤翔府判官时，遭遇天旱而祈雨。县志记载了嘉祐六年（1061）苏轼的祷词、送神迎神词和上疏皇帝奏章、皇帝批复等文字，录出如下：

苏轼祷于山神曰：维！西方挺持英伟之气，结而为此山。惟山之阴戚，润泽之气又聚而为湫潭，觥罂罐勺，可以雨天下，而况一方乎？乃者自冬徂春，雨雪不至，西民之所恃以为生者，麦禾而已，今旬不雨，即为凶岁。民食不继，盗贼且起。岂惟守土之臣所任以为忧，亦匪神之所当安坐而熟（原作孰）视也。圣天子在上，凡所以怀柔之礼莫不备至，至于愚夫小民奔走畏事者，亦岂有他哉？凡皆以为今日也，神其盍以鉴之，上以无负圣天子之意，下以无失愚夫小民之望。

并撰迎神送神词五章，曰：

其一
雷阗阗山昼晦，风振野神将驾，载云罕从玉桥，旱既甚蹙往救，道阻修兮。

其二
旌旗翻疑有无，日惨变神在途，飞赤篆诉阊阖，走阴传行雨檄，万灵集兮。

其三
风为幄云为盖，满堂烂神既至，纷醉饱锡以雨，百川溢施沟渠，歌且舞兮。

其四
骑裔裔车班班，鼓箫悲神欲还，轰振凯隐林谷，执妖厉归献馘，千里肃兮。

其五
神之来怅何奂，山重复路幽远，神之去飘莫追，德未报民之思，永万祀兮。

于是淫雨三日，岁大有秋。

苏轼上书言于朝曰：

陕西《眉县志》所见：以太白山为中心的古代祈雨史料一瞥

伏见当府眉县太白山，雄镇一方，载在祀典。按唐天宝八年，诏封山为神应公，迨至皇朝，始改封侯，而加以济民之号。府界自去岁九月不雨，徂冬及春，农民拱手以待饥馑，粒食将绝，盗贼且兴。臣采之道途，得之父老，咸谓此山，旧有湫水，试加请祷，必获响应。寻令择日斋戒，差官莅取。臣与百姓待于郊外。风色惨变，从东南来，隆隆猎猎，若有驱导。既至之日，阴风凛然，油云蔚兴，始如车盖，既日不散。遂弥四方，化为大雨，罔不周饫。破骄阳于鼎盛，起二麦于垂枯，鬼神虽幽。报答甚著。臣窃以为功效至大，封爵未充，使其昔公而今侯，是为自我而左降。揆以人意，殊为未安。且此山崇高，足亚五岳，若赐公爵尚虚王称。校其有功，实未为过。伏乞朝廷更下所司，详酌可否。

苏轼不但祈雨应验，而且还对朝廷诏封太白山池的爵位进行了辩解，后皇帝发诏书：

奉敕旨曰：太白之山，岐阳之望，能致云雨，泽及一方，守臣上言，位未称德。原因唐之旧，复正公爵之荣。苟利于民，则吾岂吝，宜特勒封明应公。本府差官祭告。

苏轼复告于神曰：

天作山川以镇四方，俾食于民，以雨以旸。惟公聪明，能率其职，民以旱告，应不踰夕。帝谓守臣，予嘉乃功，惟新爵号，往耀其躬。在唐天宝。亦赐今爵，时惟术士，探符采药，谓为公荣，实为公羞。中原倾覆，神不顾救。今皇神圣，惟民是忧。民既饱饫，曾无祷求。衮衣煌煌，赤舄秀裳，舍旧即新，以佑我民。

这是一次较为完整的祈雨活动记录，官方、民间两相呼应，耐人寻味。

县志载，熙宁八年（1075），肆赦太常礼院准中书批送凤翔府太白山湫事由，进封福应王。由公爵位晋升为王位。

诏曰：朕躬执圭璧，郊见上帝，觊为万民，蒙嘉气获美祥既又诏天下，凡川林山谷之神能兴云雨殖财用有功烈于民而爵号未称者，皆以名闻，将遍加礼以彰显之。如此匪特以为报也。盖圣王制祀所当然也。惟神聪明正直，庇于一方，供民之求，如应影响，守臣列上，朕甚嘉焉。论德报功锡王爵，俾民奉事不懈益恭。世又传范纯仁祭终南太白湫文，佚其岁月，盖在神宗世，纯仁知庆州之时，其辞曰：比岁不雨，被边之民，流离荐亡，所不忍视。今夏骄亢复甚焦灼，涓祷群望，曾莫我助，是用远邀灵液以祈濡泽，神既戾止，遽获嘉应，稼旱复苏，优渥沾足，皆神所赐。敢不竭诚，敢不腆礼以谢。神咒惟聪明正直，尚终沛施以庶乎。

县志载，绍圣三年（1096），改封济远公，又进惠济王。元世又析封三王，曰普济、曰惠民、曰灵应。冶铁铸神位。称曰大阿福、二阿福、三阿福。当时人刘九经曰：盖蒙古取福利生民云尔。今人称太白山三大池谓：大太白、二太白、三太白，沿于此。通过上述祈雨活动的史料，足以见出宋、元朝廷对这一活动的重视。

县志载，明代一度"祀典颓废"（指太白山祭祀活动）。清代乾隆五年（1740），总督尹继善奏请列入陕西祀典。三十九年四月三日，巡抚毕沅又疏言曰：

陕西外控新疆，毗连陇蜀，幅员辽阔，民物殷繁。赖雨旸时，若年谷顺成以厚民生而宁边境。西安郡城西南有太白山，在凤翔府属之眉县境，一名惇物山。即《禹贡》云："终南惇物，至于鸟鼠"是也。高二百九十里，耸秀西方，拔出岳镇之上，有灵湫数处。中有龙神。历代以来，久著神异。逢雨泽愆期，全秦黎庶赴山取水，有祷辄应。臣到陕西,载设坛,虔祷屡昭灵祝。今节令已过清明,麦苗需雨,臣又率文武僚属在省城太白庙步祷,遣同知汪皋赴太白山灵湫取水,三月四日水到之时,甘霖立沛,通省均沾,麦秋大稔可期。既昭灵应之符,宜沐怀柔之典。臣谨仰恳。

皇帝敕封"昭灵普润"太白山之神。后来毕沅重修清湫庙,特为陈请。皇帝又颁"金精灵泽"四字。后屡次祈雨应验,皇帝颁御制诗一章曰:

麦前旸雨各称时,麦后廿余日待滋,为祷灵山立垂佑,遂施甘霖果昭奇。

最后县志还载有本志编撰者眉县知事沈锡荣的《祷雨记》,可算作历代祈雨活动之总结:

眉之南有太白山,终南之绝顶也。其高一百九十余丈。人迹所到者二百二十里。名胜最多,若鬼谷岩、二仙山、松花坪、寒风关,以及雷神庙、朝阳水濂诸洞、黑风、石磊、冲天诸岭,冈峦起伏,谷壑幽窈。合沓奇新,不可得而名状。山之上有灵湫焉,即大太白、二太白、三太白池是也。池何以为湫,何以为灵名。按左传注,湫谓气聚有停滞不散之意,故集韵有北人呼水池为湫之解。三湫各大十数亩,澄澈渊涵,深不可测,其上有云气笼罩,时现异光。其旁不容人久憩。久则雷电立至。有鸟焉,形如山雀,花色而音私笙簧。湫有落叶纤芥,即先去啣去之。俗人呼为净池。呜呼!此湫之所以以灵名与?虽然其所谓灵者,犹不止此而已也。自唐宋以来,千有余年,四方亢旱之区来山祷雨,但取湫水一罂,甘霖无不立沛。以是历朝封赠不绝。曰神应公,唐天宝之封赠也。曰济民侯、曰明应公、曰福应王、济远王、惠远王,宋至和嘉祐熙宁绍圣之诸封赠也。析三王曰普济、曰惠民、曰灵应,元世之封赠也。迨我国朝乾隆之五年列入祀典。敕封王爵,复锡之以昭灵普润保民福应之号。

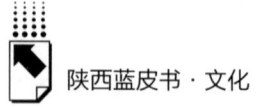

令守土者春秋致祭，享以太牢。其尊荣也至矣。非神应有赫奕以承。

圣天子怀柔之至意哉。余于今岁之仲春来宰是邑，下车月余，麦苗待秀而雨泽不足，余甚忧之。即虔祷于城东之太白庙，果获显应，麦乃丰登。迨麦后复又亢旱，不得及时播种，骄阳酷热，日甚一日。余焦灼无计，为之夜不安枕，访之父老，佥曰：惟有取灵湫奇验。余始恍然顿悟，如醉初醒，如梦初觉。即绝荤酒，禁屠沽，斋于静室，浴于汤泉。屏车骑躐芒履步，祷于新开之山，取湫于悬崖之下，削壁云横，则攀援而上，仄径苔滑，则匍伏以行，亦不自知其苦也。不意山灵有感，实获我心。甫行下山。大雨即滂沱数日。一时黄童白叟牧竖樵夫，莫不欢呼抃舞。咸曰：此我贤邑侯，惠爱斯民。其精诚有以致此也。余曰，不然，此皆太白灵湫之所赐也。民曰：不然，鬼神在心，惟诚则灵。至诚感神，书言可征。设非然也。以正直聪明之太白。岂不知此间之旱已太甚。胡为不施泽于未祷之先。以普救夫苍生。于穷辞而无以应。爰据其事而直书之时宣统元年己酉五月也。

知眉县事山阴沈锡荣于古郿阳官廨。

结　语

在以农牧业为主的传统社会中，祈雨活动是黎民百姓获得风调雨顺、五谷丰登、社会安定等良好愿望的重要的祭祀活动，与人类生存休戚相关。而延续千余年的太白山祈雨活动也与一方民众的福祉密切相关，而且还有其自身的特点：第一，是从唐代以来较完整地传承下来；第二，有较为固定的太白神信仰；第三，官方和民间共同参与；第四，太白山祈雨活动获得了与时代相应的社会伦理道德的价值指向。从《礼记·祭法》等文献中可见先秦时代的祭祀活动，早期祭祀活动体现出"神道设教"的思想。佛、道教兴起后，中国古代思想文化的多个领域都受到了影响，因果报应、善恶价值取向等观念的植入，使得祈雨活动获得了与人类社会道德伦理相符合的价值意义。

B.7
陕西历届"冰心奖"作品研究

韩红艳*

摘　要： 通过对陕西历届冰心散文奖作品回顾，可以看到陕西作家在冰心散文奖中成绩不俗。在对作品的分析中，可以看到的现状是获奖多，活动多，写作人多。作品多是回忆性或者游记类散文，表现出浓郁的地方特色，突出散文传统伦理价值观念。存在的问题是散文精品少，缺少独特的个人体验；评论乏力且评论界"断代"；缺乏现代意识和创新意识。要想出散文精品，作家首要的是提升自身修养，提升作品的原创力；需要作协等机构的外部助力；作家和评论家之间需要互动。

关键词： 冰心散文奖　陕西作家　现实主义

一　陕西冰心奖散文创作现状

冰心散文奖由中国散文学会主办，是中国散文单项评奖的最高奖，分为单篇散文奖、散文集奖、散文理论奖和优秀奖。冰心散文奖自2000年至今已评选了六届，陕西有贾平凹、吴克敬、陈长吟等40多位作家荣登冰心散文奖榜单，其中阿莹、柏峰、王飞和高宝军4人先后两次获得该奖。冰心奖每一届的榜单上陕西作家都有不俗的成绩，有力地证明了陕西散文的创作实力。

---

* 韩红艳，陕西省社会科学院文学艺术研究所助理研究员。

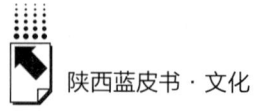

(一)陕西历届冰心散文奖作品回顾

第六届冰心散文奖陕西省11位作家榜上有名。单篇散文奖有陈若星的《苍茫时刻》,文中写自己身患癌症住院的人生感悟。父亲是植物人,母亲老年痴呆,她在绝望的困境中撑起家庭重担,又"拼命"工作使《文化艺术报》逆境崛起。王蓬的《德义里的变迁》,讲述了西安一个小巷子德义里变迁的故事。通过一条巷子、一个家庭生活故事,再现了西安城的变迁和社会的发展。曹洁的《曼德拉的孩子们》描写了作者与内蒙古阿拉善的曼德拉山初遇,感受到山脉中远古时期游牧民族精神,是对人类与自然和谐共处的思考。散文集奖有李康美的《俯仰之间》,写了作者在人生不同经历中的感悟。史小溪的《最后的民谣》以厚重宏大的气势描写了一块精神的圣地,书写了陕北的风土人情。张培合的《微思集》以生活哲学和社会现象为主题,通过短短百余字诠释了自己对社会各个领域的所思所感。王芳闻的《迷茫的爱》也获得了散文集奖。散文理论奖有柏峰的《初春的抒情歌手——论杨朔的散文》和刘宁的《从优柔月光到云气苍茫——贾平凹散文论》分别对杨朔和贾平凹散文进行了分析,阐释了其散文与众不同之处。邢小俊的《觅渡》和常晓军的《灞桥柳》获优秀作品奖。

第五届冰心散文奖陕西共有15人获奖。获单篇散文奖的有张瑜娟的《夏夜,有四个纳凉老太》讲述了周至县几个农妇聊天的内容,写的是农村乡间趣事。夏坚德的《古琴此君》讲述了朋友蔷薇买了一把"此君"的古琴,而让作者联想起关于古琴的诸多故事,古琴所代表的文人情怀。王飞的《月出龙门山》写的是龙门山石窟的壮美和被盗窃的历史,以及唐代诗人们和龙门的故事。阿莹的《饺子啊饺子》通过母亲在周末让一家人包饺子吃饺子的小事情,体现出饺子特有的追求团圆、追求合家幸福的中国传统文化。获散文集奖的有和谷的《秦岭论语》,描写陕西一些名胜古迹和自己在陕西生活工作写作的往事回忆。高宝军的《大美陕北》是陕北题材的散文,展现黄土地在不同历史阶段的生活场景。周养俊的《那些事儿》以儿时在农村的亲身经历,通过对村子小人物的不同经历和命运书写,感悟了在那个特定时期里农村底层民众的生存状态。赵丰的《声音与物象》通过对青少年时代的真情回忆，表达了对故乡的眷恋之情。获理论奖的有杨广虎的《终南漫笔》，是作者阅读了大量中外文学作品后写的百余篇评论文章。章学锋的《hello散文》文风亲切，结合现代作家作品系统地探讨当代散文写作的流变。吉建芳的《非新闻》、李娟的《小名》、杨常军的《秀色旬阳》、袁国艳的《尘埃花开》和郭志梅的《晨心飞翔》获优秀奖。

第四届冰心散文奖陕西省有11位作家获奖。获得散文单篇作品奖的有陈长吟的《莲湖巷》，记述了巷子中贾平凹、权宽浮、老诗人沙陵、女作家叶广芩和诗人子页一群文人在此创作的事情，讲述了《长安》和《美文》杂志引来的声誉。耿翔的《马坊书》在抵达故乡马坊的时候，想起自己父亲在干活时候的辛苦，为了自己家人付出的艰辛，有种散文诗的韵味。获散文集奖的张长怀的《长恨歌与仙游寺》以乡情故土为题材，把故乡的仙游寺和《长恨歌》联系起来，让读者借助文学去思古抚今。祁玉江的《我的陕北》写陕北的历史与地理，细述陕北的风俗与人情，回忆陕北的亲人与往事，反思陕北人的命运与生存状态，表达了对故土和故乡人民的挚爱之情。高宝军的《乡村漫步》共收录了作家近年来创作的散文，表达出热爱故乡，怀念童年的情怀。第广龙的《八盘磨》是关于陇东风情和乡里乡亲的回忆，以及定居西安的体验与感悟和旅途中所见所感。范超的《土天堂》是乡村散文，是对村庄的眷恋和成长的回忆与省悟。获理论奖的有穆涛的《散文观察》，用随笔的形式从不同侧面击中了散文创作中存在的问题。柏峰的《从周原走来我的文体》获得了理论奖。马平川的《拓展文化散文的精神空间》对20世纪90年代以来的文化散文进行了尖锐的批评，对其精神困境与艺术局限进行冷静客观的考察分析，并对文化散文如何走出困境提出了看法。王春的《玉米玫瑰》获得优秀奖。

第三届冰心散文奖陕西省共有5人获奖，其中白阿莹、李宗奇、吴克敬获得了散文集奖，王飞的《信步南山》和艾涓的《艺文空间》获得优秀奖。吴克敬的《碑说》中所写的碑是少为人知的散落于乡野坊间的"俗"碑，作家对其内容解读，挖掘其背后隐藏的现实意义。李宗奇的《宗奇散文》收录了自己生活中经历的故事和对生活的诸多感悟。阿莹的《俄罗斯日记》写的是游历俄罗斯时

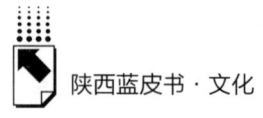

期的日记,是重温历史的旅行,也是对曾经走过的那一段中俄之间恩怨的反思。

第二届冰心散文奖陕西省有3人获奖。梁向阳的《"大散文":意象阔远的散文天地》获得散文理论奖,该文系统地分析了大散文丰富的思想内涵以及主要体现出的几种形态。陈孝英的《哀泪笑洒》获散文集奖。书中作者通过自己在"文革"前后的遭遇,以及改革开放的心路历程的描写,写出了一部知识分子的心灵史,表现了作者在逆境中的进取精神。杨莹的《穿过网络》获优秀奖,网络对大众生活的影响,使现代人的知识、交际范围得以挣脱传统文化和生活的桎梏,网络生活的虚拟与真实在此呈现,创作形式风格新颖。

第一届冰心散文奖陕西省有5人获奖。散文集奖是《平凹散文选》,收录了贾平凹众多题材散文,语言和风格独树一帜,在当时引起了很大轰动。王云奎的《一个财政局长的工作手记》中记录了王云奎担任县财政局长职务时的事情,在文学界和财政战线上都引起了巨大的反响,是一部深刻尖锐地反映了国计民生突出问题,反映基层群众疾苦和现实生活的作品。朱鸿的《西部心情》是一个西部作家对西部历史文化、风土人情的关注与书写。庞进的散文集《灵树婆娑》和谢强(陕西籍)的《大路朝天》获得优秀奖。

(二)陕西冰心散文奖创作现状的调查

从获奖作品来看,基本都是关注社会民生和历史回顾的作品,贴近百姓的日常生活,抒发自己的感悟,并且深蕴着厚重大气的历史感,在对人性的思考和伦理道德的感性呈现中,突出了散文传统伦理价值观念。语言朴实,创作风格整体上雄浑厚重。陕西散文学会会长陈长吟认为陕西是当之无愧的"散文大省"①。他总结了陕西散文现状是"作者多、活动多、获奖多"。他认为理由有三点:一是陕西散文创作队伍庞大。省作协2008年在全省开展文学普查的统计数据显示,全省有2000多位省作协会员,从事散文创作的占60%,从事小说的人占30%,从事诗歌的人大体占不足10%。二是陕西散文作家获奖的人数多。陕西有40多位作家获过冰心散文奖,有些人还获

---

① 章学锋:《陕西散文为什么这么火》,《西安晚报》2014年6月3日。

得诸如鲁迅文学奖等其他全国性的散文奖项。三是陕西的散文组织和机构举办的活动多。除了陕西作协散文专业委员外，还有诸如陕西散文学会、西北大学现代学院中国散文研究所、中国散文网等在散文的引领方面发挥了作用。陕西的《延河》《美文》杂志及一些主流报纸都设有散文副刊，聚集省内散文创作力量，力推散文精品。

二 陕西历届冰心散文奖问题所在

虽然陕西散文创作获奖颇多，但和其他省份一些国家级散文家的作品相比，陕西的散文创作还需要进一步提升。陕西每年出版的散文作品很多，但是缺少具备思想精深和艺术精湛的精品，缺少对现实生活独一无二的体验感。研究相对少也是陕西散文创作存在的问题之一。还有一点，就是普遍缺乏现代意识和创新意识，文中多体现出"陈旧回忆"的气息。在面对社会的变化中，尤其是在城乡一体化的变革时代，陕西很多作家还停留在过去，缺少书写当下社会变化的能力。

（一）散文精品少，缺少独特的个人体验

这个问题是和外省的散文创作相比较而言的。放眼陕西，散文大家除了贾平凹之外，在全国闻名的并不多，其他人很难被人记起，也缺乏好的作品支撑。余秋雨的文化散文全国皆知，而且他和媒体相互合作，可以说将文化散文热推向一个高潮。再如新疆的散文家刘亮程和李娟，是近年来具有全国影响力的散文作家。这是因为在他们的作品中，有自己独特的思考，有自己独特的个人体验。

陕西散文特点往往在于追求历史感和厚重感，风格雄厚粗犷，但是少些生命的质感和疼痛感，这需要我们不断地反思问题所在。一提起西部散文，人们脑海里就出现了西部高山峻岭、大漠落日的形象，塑造了一些高大深沉的形象，在历史长河中让那些古代的故事再次璀璨不息，我们从中会觉得有种大气磅礴的悠远扑面而来。但是这种风格缺乏一些细致独特的东西，缺乏

那种现实生命的细腻感,这当然是我们受到传统地域文化的熏陶所致。而且,对现实的重大事件少有描写,写的大都是个人的生活经历,缺少对现实社会的反思与批判能力。作品大多是历史的反思,作品中的伦理意识很浓重,显得审美性有所欠缺,缺乏独一无二的生活体验,仿佛只是看到人粗糙的皮肤,而看不到内在的血管。这使得陕西散文虽然贴近现实,却缺少现实的鲜活性。当代散文所需要的,是直面民众的生存状态的现实,既是具体生动的又是真实存在的现实。这种沉浸在过去,在历史怀古中留恋,其实是与现实生活有些隔膜的创作状况。

当下,沉下心来写作的人不多。一些作家急于求成,不去下功夫精益求精,不用心思打磨作品,导致作品思想浅薄和艺术质量平庸,这造成了一种结果:"在很大程度上消解了文学的个性、独特性、深刻性。反映在散文创作中,个性化缺失现象比较严重。追逐时尚,消解深度,使作品成为一种表象化、平面化的精神符号;强调话语表达的即时性和现场性,使作品成为快餐式的读物。"①

(二)评论乏力且评论界"断代"

在散文理论上,20世纪60年代老一辈评论家肖云儒提出的"形散神不散"的理论影响全国,90年代贾平凹的"大散文"理论也通过《美文》杂志的宣传和创作进行实践。但是,从整体而言,陕西散文研究的人不也多。在知网、万方等上搜索陕西散文的研究,文章非常很少,从整体上研究冰心散文奖作品的论文根本没有。即使有些是冰心散文和其他获奖作品的研究,大多是一些报纸发表的采访性报道,这是个很大遗憾。

在研究阵地上,陕西的小说评论有《小说评论》,而且小说评论非常活跃,经常在北京、陕西等地举办研讨会。但是相比之下,对散文的评论很少,举行一些大型的学术研讨会不多,做深入研究的人也不多,使得评论对创作实践乏力,而且文艺推介力量薄弱。可以说,虽然我们在理论方面有所

---

① 李晓虹:《平庸:当前散文创作中的问题》,《当代作家评论》2003年第6期,第62页。

成就，但是当下的散文理论建设还有待提升，散文评论和宣传的力量不够，一些散文理论研究机构以及民间性的散文研究组织发挥的力量还不够。

同时，陕西评论界老一辈的评论家已经处在交班的时候，但是青年评论家还没有成长起来，没能提出很有影响力的当代散文理论。此外，陕西的大学教授和文艺评论家中也有致力于散文创作研究的专家和学者。但是看现有的评论，他们更多侧重于纯学术的基础研究，属于"学院派"风格，有些作家不认可。这种现状使得散文创作和批评现状不相匹配，这种状况很难保证散文作品的质量。而且，现在评论家很忙，很难和作家进行很好的沟通交流。一个评论家跟踪评论一个作家的时候很少。

（三）普遍缺乏现代意识和创新意识

这个问题首先体现在陕西作家作品题材上，表现为开拓性不够。大体上表现为写当下新事物的散文非常少，回忆性的散文太多，可以说陕西作家散文绝大多数写的是回忆童年、家庭温暖、山水游记、历史古迹，地域特色浓郁。虽是现实主义之作，但是对现实生活的反思少，对当下新事物反映的很少，类似的题材写作会让读者产生"审美疲劳"。杨莹获奖的原因，是写了网络对人的沟通方式发生的变革，题材很新颖。而遍览其他散文，基本很少有描写新鲜事物的。现代生活中新事物层出不穷，生活处处有新意，这种社会变化必然要反映到文学创作上，才会让散文写作内容有所突破。陕西有些作家没有主动把握住这一新变化，就很难创作出新颖独特的散文精品。可以说，陕西散文缺乏那些能够反映时代精神和能够把握时代气息的佳作。此外，陕西散文家比较注重感性写作，生活小事随手拈来，但是从事知性和理性写作的作品不多，即使有人写，也是深度不够。

艺术创新不够，陕西作家的求异创新能力薄弱。尤其是面对城镇一体化的进程，越来越显得艺术表达方式陈旧和语言风格固化。可以说，在表达方式上一直没有让人感到眼前一亮的作品出现。在语言表达上，陕西的作品整体上让人感到"乡土气扑面而来"。比如，一些作家还秉承了乡土文学的写作方式，用方言写作，以为这种方式就能写出好的乡土文学，但恰恰是这种方法偏离了文学的本质。因为这些语言的描写只能是表面上的模仿，难以刻画农村生活的本质，需要对当下现实的深刻领悟并以相应的语言表达。即使不用"乡土的语言"，依然也能写出好的乡土文学。陕西作家这种语言的"僵化"使得对现在农村的变化很难描写到位。

对单个主题的挖掘不够深刻。这体现为写一个专题的很少，深度发掘的不够。陈长吟认为，阅读刘亮程散文的《一个人的村庄》和李娟的《九篇雪》，前者在写自己生活多年的一个村子，后者就写日常生活的感悟。可以说，他们都在一个主题下挖掘生活的意义。"相比之下，陕西很多散文家出版的散文集，基本上都是以往所发表过的散文作品的合集，很少看到用一本书的篇幅来对一个题材深入、持续地挖掘。"① 纵观陕西散文，只有周养俊的《那些事儿》用一本散文集来写一个村子的故事，这样的写法在陕西散文家中是鲜见的，其他散文家都是以往作品的合集。

三 陕西历届冰心奖作品提升的对策

好的散文一定是作者身在其中，亲自感悟出来的。从外在因素来说，要创造一个好的文学创作条件；从内在来说，主要还是提高作家自己的素质，依靠作家本人的勤奋和自我生命体验的领悟，要能写出反映时代气息的作品，即使写古也是为今。要更好地用新的艺术形式和新的语言来描写民众的生活，用符合时代的新手段来展示成果，充分利用网络媒体的宣传优势。

（一）作家要提升自身修养，提升作品的原创力

首先，要面对现实深入社会。陕西文学和其他省份文学相比，非常鲜明地表现了西北独有的地方传统。但是一部好作品，需要作家有洞察

---

① 章学锋：《陕西散文为什么这么火》，《西安晚报》2014年6月3日。

力、写作的激情和创新性。一定要深入生活,而不是停留在过去徘徊。社会生活内容的变迁,必定伴随新的表达方式而更新,即使是现实主义的表现方式也在发生着革新。因此,从事写作本身就要深入生活,就可能更加全面理解深入生活的原本意义,要在生活中培养洞察力,面对现实抒发激情,才会有创新性。尤其是青年作家更要深入生活,这不是一个口号,而是扎实的生活积累。青年作家缺乏敏锐地观察生活、理性地开掘和提炼生活的能力,而对人在当下社会转型中的可能性、生活中蕴含的激情、想象和创造力,又缺乏深入的思考。他们更多地忠诚于自己的个体经验,写"小情小调"的多,对生活理解不够深刻,因而对生活表现得不够深入骨髓。

其次,最重要的是作家必须加强自身思想与艺术方面的修养,具备"才、胆、识、力"的能力,才能书写时代的本质,写出人民群众喜闻乐见的文学作品来。古代认为文品和人品连接,讲究"知人论世",有什么样的人就有什么样的作品。虽然有些人人品不好,但是也能写出好的作品,作品可能很好看,但最本源的精神会有所欠缺。一个作品足够优秀,他的人品有很大的精神力量和人文关怀,作品就有一种丰盈的浩然之气。"当下的散文创作能够直面现实、直面大地、直面重大的社会事件和重大问题,同时去掉太多的雕琢和人工粉饰,以一种自然质朴的感情,以强悍性的姿态和诗性的品质穿透现实,抵达人的精神和灵魂。我认为,如果当代的散文能真正回到现实的坐标上,那么新世纪的散文还是值得期待的。"[①] 当今社会已经发生了深刻变化,民众对阅读和审美有了新的需求,不能一味地沉浸在旧的时光中,必须面对当下的境况,做出现实的感性回答,才能对应冰心奖"着力表现现实生活"的要求。

最后,文学创作要在继承的基础上勇于创新,要能在历史的积淀中看到当下的境遇,蕴含着时代的理想,在传统的延伸中,必须善于创新,思想活

---

① 陈剑晖:《论当代散文创作的现实性问题——兼及当下的一些散文现象》,《文艺评论》2015年第5期,第41页。

跃，能够在文学内容和风格上创新，在文学题材和形式上有所发展。在艺术性上，陕西作家欠缺的是表达的审美性，尤其需要语言方面的提升。只有这样，才能提升文学的原创力，而原创力才是文学创新的重要内容。要写出文学精品，不仅要看"写什么"，而且要看其"怎样写"。孙犁强调小说创作的艺术性，对散文写作也适用，他说："一部作品有了艺术性，才有思想性，思想溶化在艺术的感染力量之中。那种所谓紧跟政治、赶浪头的写法，是写不出好作品来的。"① 作家只有最大限度地在作品中彰显个人的文学追求和美学追求，才能最大限度地表现自我的原创性。这种能力只能是多学习知识，尤其是对西方文学的有效学习，提高审美能力。通过自己的创作实践，才能逐步掌握写作技巧。还可以通过作家之间的往来和文学研讨等方式，学习各国文学艺术中优秀的一面，在交流中迸发出创作激情，吸取有价值的创作经验和艺术表现手法，使之变成作家自身的文化积累。

（二）作协等机构的外部助力

作协的首要任务是引导作家提高艺术修养、增加知识储备，在全国范围内推介作家，特别是有影响力的青年作家。在陕西的青年作家中还没有在全国很有影响力的，没有出彩的精品来说话，引得很多人说陕西青年作家有"断代"之嫌。应该肯定的是，这些年来，作协等机构都在营造文学的氛围，成为沟通与联络作家的组织和桥梁，为他们的创作提供经济帮助，推荐作家去鲁迅文学院深造等。尤其是加强了文学人才特别是青年文学人才的培养，开展形式多样的培训，力图建设一支老中青相结合的作家队伍。而且，定期组织作家深入生活，对社会进行调查研究。同时，进一步完善对重点作品的扶持，出版更多的好作品。这些举措起到一定的作用，当然这些努力不可能是一蹴而就的，还需要时间加以验证。

其次，省作协等机构要通过多种方式加强对青年文学评论人才的培养。陕西文学评论界的青年力量很薄弱，影响力大的青年评论家基本没有。通过

---

① 封秋昌：《孙犁作品的生命力》，《文艺报》2011年4月15日。

与作家面对面地沟通方式，或者专题调研，或者是集中研讨等多种形式，积极开展文学评论。加强文学评论工作，还要发挥专家评论作用，更好地激励和引导文学创作。散文评论与散文创作具有同等重要的地位，散文创作的繁荣应该促进评论的繁荣发展，反过来评论的兴盛也应该促进创作进行良性发展。这需要采取一些有效措施，不仅激发作家潜心文学精品创作的激情，也同样促进了文学评论工作，发挥文学评论在引领创作导向和推介优秀作品等方面的重要作用。

最后，随着时代的发展，要高度重视利用影视、网络等现代传媒手段，不断增强文学作品的影响力。文学的一些机构可以在其中搭建桥梁，让作品通过新媒体等方式，让好作品更广为人知。当下网络文学日益受到关注，作协还有一个紧迫任务，"就是发现新的作家，特别是网络作家。有些网络作家之前没和作协取得联系，我们就要主动联系他们，给予他们关注。此外，今后作协还将加大投资建设陕西作家网，让传统文学更加时尚"[①]。

（三）评论界和作家之间互动

现在，文学评论者形成一个封闭的圈子，缺乏与作家、作品、读者对话的兴趣与动力。在调研中，作家都认为评论对创作是非常有用的。文学评论在引导文学的思潮和指导精品创作、推介作家等方面发挥了重要作用。但是现在的评论界和作家交往并不密切，两者没有进行有效的沟通。和陕西青年作家缺乏领军人物一样，评论界也缺少青年评论家的声音。而现在评论界很多学者，都在大学等研究机构工作，基本是囿于纯学术的评论。作家和评论家两者之间缺少沟通，每年出书很多，这让评论家很忙，使得他们难以投入精力或者不愿意投入精力和情感去发现新作家。还有，很多文学评论的水平值得商榷，或者碍于面子，或者有交易的心态，这种现状很难做出好的评论。因此，评论家应克服浮躁的心态和急功近利的想法，潜心研究，以便能全面准确地把握文学现象和作家创作，增强评论的理性分析和认识问题的能

---

① 张静、贾平凹：《贾平凹：下一个五年任重道远》，《西安晚报》2013年5月9日。

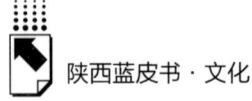

力,创作出具有学术深度和文化厚度的文学评论精品。

要开展多种形式的文学主题和作家作品研讨活动,作家和评论家才能进行有效的沟通。评论家应把引导文学创作作为自己的社会责任,要勇于担当,真正发挥文学评论的功能和作用。要坚持科学与公正的态度,敢于讲真话,该肯定的地方肯定,该批评的地方批评。既不能碍于面子只有赞美,也不能极端地否定。这样才能不断提高自身的专业素养和审美眼光,也可以承担起文学评论引领的责任,文学创作的创新离不开文学评论的探索和开拓,因而评论家要始终与当下的文学现实紧密联系在一起,用创新的思维提升文学评论的水平,用发展的视野研究当下的文学创作,在评论方式和评论风格等方面努力开拓创新,为陕西省的文学创作提供新的理论支撑。

我们不能盲目地崇拜西方的批评模式和研究方法,盲目崇拜不是好的形式。我们有自己的文学传统,提倡"知人论世"的传统。因此,要打破固化的评论模式,让作家也参与到评论中来。很多作家和评论家都不认识,现在大多数文学评论只谈作品,或者就系列作品而谈,往往忽略作家和作品之间的联系,作家的很多作品是自己的经历和见闻。现在的评论忽略了作者,对作者的考量很少。现在的评论只谈作品的结构、语言、风格、深层的意义等,也就形成了文学评论的套路,一般都是对作品肯定、不足和期望。其实好的文学评论应该像好的随笔,应该感人耐看,也是一种创作。评论家要将作家及其作品联系起来进行评论,就会体现出作家的精神及人文关怀。一个作品成功与否,体现在作品所呈现出最本真的东西,它的精神的力量、人文关怀和情感寄托,这实际上也是作家的精神世界。如果不了解作者,不明白作品中的人物,很难写出好的评论。

因此,文学评论应该也是一种有意思的"创作"。好的评论应该是将作家和作品活生生地呈现给读者。如果只就文本本身来讲,将作家和作品相互分隔,那将只是针对文本的很枯燥的评论,导致很多人都不看评论。如果将作品和作家之间相互考量,评论会变得有趣生动。这不是八卦和隐私,这是另外一种更高层次的文学评论。所以好的文学评论,不仅要融进作家的精神观,还有评论家的人生观和精神取向。好的文学评论应该有血有肉,有精神所在,而不仅仅是交流的文章。以这种方式来写评论,把文学评论也定位成一种特殊的"创作"会更好。这种方式大家读起来很有趣,活生生的,现在的评论大都看着很无趣,读者基本不再关注。

B.8 陕南地域文化与作家创作研究*

毋 燕**

摘　要： 在陕西的文学版图上，陕南以其温婉而有别于关中的质朴、陕北的豪迈，孕育了一批优秀的作家。虽同属陕南，而商洛、安康、汉中又因具体的地域文化有异，作家们的创作各存异质，各显特性。虽然不乏享誉国内文坛乃至国际文坛的名家佳作，但是不少作家还囿于比较狭隘的地域坐标，作品视野不够大，在精神气度上缺乏一种纯粹、清洁、澄明的精神向度，因而文字就显得格局不大、观照不广、魄力不足。而且，由于长期处于一种浓郁的故园情结，陕南文学缺少了一种科学理性的启蒙精神，在对现代文明生活和城镇化的建设发展的评判中产生了疏漏。三大板块虽然自然人文地理有所不同，但是面临的问题有着广泛的涵盖性，即作家要实现自我的超越，就要善于在文化中扬长避短，扎根生活，努力把握时代脉搏，才能创作出大气派作品。

关键词： 陕南　地域文化　个人化写作　走进生活　时代诉求

一　地理文化概论

在陕西三大板块的文化土壤上，关中平原酝酿的农耕历史文化，历史悠

---

* 本文系陕西省社会科学院2015年青年课题（15QN 015）。
** 毋燕，陕西省社会科学院文学艺术研究所助理研究员。

久，积淀着深厚的农耕文明，并创造出与此种文明契合无间的儒家文化，重本轻末，重农轻商和以"躬行家教为本"的文化个性，深深浸透在这片土地上人们的审美观念之中。陕北因沟壑纵横，加之气候干旱少雨，农耕条件差，反映到文化上，则为游牧文明和农耕文明并行发展，反映到人文气质上，则以悲壮粗犷、彪悍激越为重。特别集中凸显出的坚韧的生命感、深远的苦难感、传统的道德感和淳朴的诗意感，成为陕北地域上个体文化的共同张力。与关中和陕北截然有异的是陕南文化，陕南地区地处秦巴之间，气候温暖湿润，地貌复杂，属于典型的江南文化特征。由于高山险峰的阻隔，对外交流不可避免地受到阻碍，因此这里形成了闭合的文化传播模式，最为明显的是淳朴的民风，以及融进人物性格之中的浪漫主义的风韵气质。情以物迁，辞以情发，多样的生产方式、渔猎生活的无羁无绊，促使陕南人在人生经历、心理结构、思维方式、审美情感、个体气质都有着共同的一些特点，形成了喜好绮丽、委婉幻变的审美形态。尤其表现为儒家文化中与道家文化兼而有之的文化特性，对道义的推崇，对自由的追求，对自然的敬畏，对生死的超越，等等。无论是在商洛，还是在安康或者汉中，这一切，都成为陕南地域文化特色中的一大共性。

二 陕南作家独特的审美视域

不同的地域文化孕育出不同的审美境界，造就了相异的文学风格。任何一个作家群或文学流派的创作共性即使很多，但其中最基本的还是他们所依附的文化土壤和精神趣味。

地域文化是作家创作的素材源泉，也是他们的文化动力和精神价值坐标，深刻且广泛地影响着作家文学创作的审美意识和审美需要。"盖山川水土不同，斯性情才情各异，故发为声诗，亦互有别，一贵情绮，文盛乎质，一重气质，质胜乎文……亦自然环境使然也。"[①] 文学的地域内涵，决定了

---

① 萧涤非：《汉魏六朝乐府文学史》，人民文学出版社，1984，第303页。

其审美心理必然是以本土地域自然风景和人文事象为其主体指向，必然是以生息在这块土地上的人的活动以及人所创造的物质和精神文化为描写对象，从历史的纵向维度将过去、现在和未来统统纳入写作视野，进而给予全面完整的审美观照。陕西的三大区域各自特色鲜明，反映到文学作品中似乎更加直观，不同的创作主题、审美意象、表现方法、写作技巧，都毫无二致地呈现出鲜明的地域差异。自不待言，这种差异必然是自然、社会和人文多种因素共同发力的结果。而且，不同地域，这些因素各自所产生的影响是不一样的，不仅如此，即使同属于陕南这方区域，从东往西的商洛、安康、汉中也由于具体的地域文化有别而呈现出了鲜明的文学差异性。

（一）商洛，儒、道、释三位一体的并存文化

从历史地理属性来看，商洛山大沟深，地处鄂豫陕三省结合部，属于中国地理上的南北过渡带，自五代以来，随着政治经济文化中心的东移，商洛逐渐被边缘化，也因此成为世人避乱之所，人口源流多样，多族群杂居。延续到文化深层来看，商洛也是文化上的过渡地带，形成多文化背景的共存结构。既因袭了农耕文化的传统，又融合了秦楚文化的特征；北方游牧文化没有对其造成冲击，南方的游耕文化北上止于湖广，日复一日，于是在地缘上某种程度呈现为与世隔绝的完整性，故而封闭且处于夹缝中的商洛，文化包容性极强，呈现出中国文化儒、道、释三位一体的并存状态，渐进形成了商洛独有的人文心态。

首先，包含了对儒学的信仰，崇尚教化，注重个体人格的培养和陶冶修炼；同时由于浸润于游耕文明和渔猎文明，商洛文化还包括了对大自然的敬畏和膜拜，这种地域文化潜移默化地影响着作家的文学情愫和追求，譬如，对山的崇拜，对水的敬畏，对动物、植物的隐秘图腾，对土地的依恋，以及对自然神秘力量的膺服，这些都成为族群文化的寄托，表现在创作风格上，这里"士敦文学，不尚声华"。享誉全国的商洛籍代表作家有贾平凹、京夫、孙见喜、方英文、陈彦、屈超耘、鱼在洋、慧珺等，他们的文字中无不表现着独具异彩的商洛审美趣味。

1952年2月21日出生于丹凤县棣花塬的贾平凹，是我国当代文坛屈指可数的文学奇才，被誉为"鬼才"。自幼潜心读书，寡言多思，性温和敦厚。贾平凹具有极强的社会捕捉力，文学表现方法总能独辟蹊径，特别是对社会现实生活的关注和描摹上，展现出一位成熟作家所具有的独特禀赋，辅以精湛语言表现艺术，自然便形成独具特色的审美风貌和艺术魅力，故而在海外被誉为中国文坛的"独行侠"。他的作品，无论小说、散文，还是诗歌，都是他灵感与才思的迸发，也是他人生挣扎与奋斗的轨迹，富有地域风土特色，是商洛文化在一位作家身上的投影，具有丰富的当代中国社会文化心理内涵。1972年，他入西北大学中文系深造，1974年开始发表作品，1975年毕业后从事编辑工作，自此也进入了他创作和思考的旺盛状态。自中篇小说《腊月·正月》获第三届全国优秀小说奖、短篇小说《满月儿》获首届全国优秀短篇小说奖以来，先后斩获各种文学奖达30多次。长篇小说《浮躁》获"美孚飞马文学奖"，长篇小说《秦腔》荣获首届世界华人《红楼梦》文学创作奖，2008年凭借《秦腔》获得第七届茅盾文学奖，2011年凭借《古炉》获得施耐庵文学奖。2015年获得诺贝尔文学奖提名。作为商洛作家的"领头雁"，贾平凹的成功，其中有一个非常重要的原因，那就是在他的文学作品中始终充满着对社会、对人生的独特思索，而他小说创作的原型都是商州故乡的人事物象的具化，或是衍生。在乡村和城市之间往返徜徉，在传统文化与现代文明的冲撞中，贾平凹不断探索自己的文学话语系统，用自己独特的生命体验书写出一位作家的社会思索和人生叩问。如《小月前本》《鸡窝洼的人家》《腊月·正月》是对商州改革带来的文明的铺排。《浮躁》正是对改革新旧之间的具象表达，静虚村和两岔镇的乡镇生活，正是作家所熟稔的乡土经验的描写。这样对山水等自然的敬畏、对道的诠释，对历史文化与现实的观照，在《古堡》中同样给"古堡"以具象的描绘。同样的，《浮躁》中的"看山狗"，《火纸》中的"太岁"等，无不是以山水的崇拜和自然的图腾为中心的商洛文化的具化。贾平凹通过叙述人本身的故事，着力勾勒着当代中国人的精神状态，传递出本民族以及东方的味道，这味道，就是商州地域独特的多色文化，即亦佛亦道的信仰意识，嵌

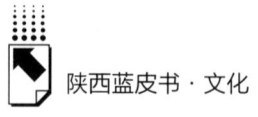

入骨髓的道教文化根基。

京夫，生于1942年，原名郭景富，商州腰市人。1960年毕业于商州师范学校。历任商州中小学教师、文艺创作室主任、陕西省作协党组成员及第三、第四届常务理事。专业作家。享受政府特殊津贴。从20世纪60年代开始写作，发表短篇小说100余篇，中篇小说20多部，长篇小说5部，计400多万字。他的作品始终关怀人与自然的关系，关注着时代的流动，表达了生命的力量，也表现出了商州文化在一位作家身上的投影。长篇小说《新女》以及描写小城文化人嬗变的《文化层》都取得了不俗的社会影响，前者获得了火炬少儿文学奖。《八里情仇》是中国西部作家精品文库之一，与《白鹿原》（陈忠实）、《废都》（贾平凹）等陕西作家的作品引发了"陕军东征"现象，当然颇为业界称赞，时至今日，仍是文坛佳话。小说以两个家庭三代人的恩怨，展现出汉江岸上八里镇这个地方的世俗风貌，亲子杀父、姨甥苦恋、夫妻离异、父女反目……肉体与灵魂上的纠结、兽性与人性的角逐、哈姆莱特式的毁灭及其对命运的抗争，反映了新中国成立以来中国的农村生活、集镇生活。中短篇小说集有《深深的脚印》《天书》《京夫小说精选》等，陕西省著名作家杜鹏程评价其"短篇有长篇的容量"。《娘》获1981年当代文学奖，《在治安办公室里》获金盾文学奖等。作为陕西文坛崛起的主力之一，京夫以其对生活敏锐的关注、解读、寻觅，对陕西新时期文学做出了重大拓展，无疑，他更是商洛文化不可逾越的一座大山。

孙见喜，1946年生于商州张村镇。孙见喜的创作情愫和审美风格，是地域文化于作家深度影响的一个突出例证，他的作品，总是铺陈在他最熟悉也最敏感的商洛家乡，文字间无不弥漫着宗教的哲思，将自己对故乡的炽烈感情表现得细腻而又大气，小说《自然铜》《望月婆罗门》一出世，其真挚的乡土情怀，精妙的构思，以具有哲学的睿智而广受读者欢迎。出版有散文集《小河涨水》《孙见喜散文精选》《偶像亵渎》《浔阳夜月》、小说集《望月婆罗门》、长篇小说《山匪》、评论集《〈浮躁〉评点本》《孙见喜评论集》。2005年长篇小说《山匪》出版后，好评如潮。小说对商洛地区的礼尚往来、婚丧娶嫁、人际交往、喝酒饮茶吃饭等社会民风民俗形态赋予了商洛地区的语言表达，文质的统一，让人体会到了丰富不尽的文化内涵。

出生于镇安县的方英文，善诗书琴棋、好摄影绘画，其小说、散文皆能自成一家，被读者誉为"才子作家"。作品生活气味浓郁，庄谐杂出，荤素并陈，极具调侃的幽默智慧。迄今为止，方英文已经发表、出版了500多万字的文学作品，可读可赏性俱佳。曾入选"中国当代实力派作家大系"的《方英文小说精选》，才气充盈，集合了作家对生活敏锐的透视和前瞻。荣获由《野草》杂志举办的全国散文征文一等奖的《毛主席来到咱农庄》，情节刻画细腻，文脉摇曳多姿。描写都市人尴尬窘迫生活的情感小说《落红》，获得首届柳青文学奖，谱写了一曲郁美的人生哀歌。读方英文的作品，自然率性，酣畅淋漓，使人在包孕丰富的审美意象中感受到作家对于人类精神家园的掘进和思索，余韵悠长。

陈彦，1963年生于陕西省商洛市镇安县人，擅长戏剧创作，多次获得全国"五个一工程奖"，为文坛注目，代表作品有《山乡知县》《沉重的生活进行曲》《九岩风》《留下真情》《迟开的玫瑰》《大树西迁》《西京故事》等，在戏剧创作之外，散文、报告文学等均出手不凡，有《陈彦剧作选》《陈彦词作选》以及散文随笔集《必须抵达》等著作，享有"陕西十大杰出青年""全国中青年德艺双馨文艺工作者"等多项美誉，在文学的各个领域，他奋力攀登，倾力将陕西文化向外推介，赢得了文坛的关注和读者的尊重。

在上述作家作品中，我们可以强烈感受到商洛地区普通人独特的生存方式和文化形态，这就是作家与地域之间充满妙趣的联系所在。贾平凹作为一位商洛籍作家，在一次演讲中曾较为全面地谈及了地域文化对商洛作家创作风貌的影响，首先是自然山水环境的氤氲，通俗地讲就是说商洛的风水滋养了作家们的创作心田；其次，属于文化环境的陶冶教化之功，作为中原文化与楚文化的交汇过渡地段，商洛自有其得天独厚的优势；如此一来，天时、地利铸就了商洛人既有北方粗犷，又有南方灵性的性格，于文学而言，兼容并蓄，是非常适宜的。加之商洛经济并不发达，很多作家走上文学道路之初都是为生活所迫的。可以说，商洛的地域文化是商洛作家创作风格形成的土壤，也是其审美的宏大视域。

（二）安康，渔猎文化中孕育出乐山乐水的审美风韵

和商洛不同，安康地处秦岭南麓，秦巴大山连绵不绝，具有陕西其他地区无以比拟的水资源优势，因而，这里生产与生活都依赖于汉江的运输，因此形成了有别于陆地生存的文化形态，即倚重自然水资源的渔猎文化。一方水土养一方人，安康人长期浸染于无羁无绊的渔猎生活之中，潜移默化中形成了追求自由自在的生活追求；明显呈现出道家思想一枝独秀的状态，表现在文学风格上，呈现出善玄想、多浪漫，颇多灵脱绮丽之气的特点，不断地追寻着内心的洒脱无疆，于是形成了乐山乐水的审美情趣，以及风气兼南北、语言杂秦蜀、多元并存、轻灵婉约的文质神韵。

安康在20世纪50年代中期就以战士作家崔八娃和战士诗人方存弟而为外界关注。80年代，特别是自80年代末到90年代初期以来，安康文学创作进入了快马加鞭的奔跑阶段。马建勋、李春平、张虹、陈长吟、冯时辉、杜光辉、王晓芸、杨世芳、杜文娟、李亚明、陈欣明、周长圆、杜文涛、魏传朝、付世存、曾德强、李焕龙、蒋典军等构成了安康文学创作的核心团体。其中，以李春平和杜光辉为代表，以王晓云、李小洛、邢世嘉、杜文娟为骨干，展现出了安康作家充沛的创作活力。

李春平，陕西紫阳人，发表了150余万字的文学作品，曾旅居上海，创作的长篇小说《上海是个滩》，反映了浦东开发的人情生活，大气磅礴，被评论界誉为我国第一部反映浦东改革开放的长篇小说，列入大上海小说丛书，小说发表后被改编成同名话剧剧本。无论是《新情感年代》，还是《领导生活》《享受权力》《你离婚了，我就长大了》，都体现出李春平一贯的真诚细腻、清新灵动的叙事风格。李春平的审美视野是外向的，充满着生活与情感的张力，潜入个体内心其中很多作品都获得了良好的市场收益和口碑。创作的《步步高》，被誉为"中国第一部关注执政智慧和领导艺术的长篇小说"，足见作家开阔的笔法视野，以及对现实真实性和深刻性的把握能力。根据其中篇小说《郎在对门唱山歌》改编拍摄的电影，在第十四届上海国际电影节上获得了多项大奖。

张虹，1978年毕业于汉中师范学院中文系，1980年开始发表作品，代表作品有诗集《红，我的颜色》、散文集《回归青草地》《白云苍狗》《唱歌的鱼》《心海拾贝》、小说集《黑匣子风景》《魂断青羊岭》《天堂鸟》《都市洪荒》等。这些作品中对于神秘楚文化的勾勒，对于汉江民俗风情的描摹，展现出作者一以贯之的亲近自然，崇尚自由和洒脱。在此基础上，作家指出文学的社会功能应该成为净化人物心灵、提升人生境界的绝佳选择，而作家应该与时代融为一体，尊重内心的轨迹，在轰轰烈烈的生活热潮中写出时代的最强音，而不是歌舞升平的轻吟浅唱。张虹这种以传统道法自然的美学思想建构的文学世界，无论是对故乡自然素材的选取，还是内心感受的抒发，抑或是表现技法的运用上，凸显出一种朴实而又灵性，温情而又尖锐的创作风格，显示出独特的文字艺术魅力。

李小洛，是一位对内心充满关注的女性诗人，20世纪70年代初生于陕西安康，有过十年的从医经验，又钟爱绘画，丰富的经历成为她创作的重要素材，而故乡安康也是她创作永远的母题。出版有诗集《偏爱》，包括《一只乌鸦在窗户上敲》《省下我》《我只是偏爱左边一点》《我不在》《我要这样慢慢地活着》《五十年后的旅行》《病历书》等在内的80余首诗作。在这些诗作中，无不呈现出诗人写作的一个强大的根性场域，这就是作家的故乡安康。无论是素材选取意象营造的审美类型，还是价值寄托精神指向的审美心胸，诗人都源于生活，从未离开自己生长的故乡安康。诗作从节奏、情绪、气质到思想，都弥漫着缕缕敏感和忧郁，悲悯的笔调缓慢的涌淌出诗人对这个快节奏时代的抗衡，用生命体验和记忆想象交织起了女性与时代的斑驳光影世界，形成了以陕南安康为背景的"安康性"写作，开辟出中国女性诗歌的一个新向度，被誉为陕南文化的生动名片。

杜文娟，出生于岚皋，后随父母生活于安康，风光旖旎的巴山汉水滋养了她特有的灵性和才思。1997年开始从事小说写作，其青藏系列作品的诞生，成为陕西一道独特风景。著有长篇小说《走向珠穆朗玛》、中篇小说《河对岸的标语》《他们的洪水》、小说集《有梦相约》、散文集《杜鹃声声》《天堂女孩》、纪实文学《杜文娟震区亲历记》。他是一位旅行作家，曾3次进藏、3次去汶川灾区一线，她的创作是她生活阅历的展现，因而这些作品充满着对生命意义的挖掘和张扬，对命运和幸福的思索和追求，饱含着对生存的深度审视，视野开阔，笔触细腻，诗情盎然，灵气、豪气兼有。

安康文学界自20世纪90年代以来，从长篇小说到中短篇小说，从诗歌到散文写作，百花齐放，特别是散文呈现出绚丽多姿的发展态势。虽然每一位作家的生活阅历和创作趣味各异，写作风格更是各有千秋，但是在他们的作品中，都有着对山水的深度观照和精神探掘。张虹在《歌唱的鱼》（自序）中，对此曾深情剖白，"我生活在地肥水美的汉江三角洲地带南沙河畔。我的灵性和慧心而得到最好的滋养"。崇尚自然，追寻生命，这是汉水文化的渊源和密码，直接晕染进作家们的创作风韵。

（三）汉中，质朴厚重的田园情结

汉中有着深厚的历史文化底蕴。汉中之人，多事田渔，故多斑彩文章。褒斜栈道、子午道、拜将台等文化遗存，诸葛亮、张良、褒姒等历史人物，为汉中积淀起深厚的历史文化底蕴。不同文化之间的相互渗透是文化发展的重要动力，汉中独特的历史地理环境，使得本土文化具有强大的生命力，成为陕南文化交流和传播一个的锋面地带，文学家云集，文学发展蓬勃兴盛，并且形成了一种优越的文化感，具有厚重与狡黠并重的审美韵味。

在陕南与贾平凹、京夫齐名的王蓬，被誉为"农民作家"。关于地理历史文化对于作家创作风格的影响之大，贾平凹曾经指出，路遥的作品可作为陕北黄土高原文化的活态印象，陈忠实则为八百里秦川的生动注解，而王蓬的写作无疑可作为陕南作家的代表。王蓬在关中度过了他的童年，之后18年在陕南农村劳作，这些经历滋养了作家自强不息的创作品格，以及醇厚、质朴而又清秀、绮丽的创作风格。他的作品多以陕南山乡生活为背景,充满浓郁的陕南生活气息,表现出作家对陕南山乡独有的美景的热爱和赞美之情。其成名作短篇小说《银秀嫂》,与莫伸、路遥、邹志安、陈忠实、李天芳、京夫、贾平凹、王晓新等8位青年作家的作品,载于1981年1月《延河》陕西青年作家小说专号,后被《小说选刊》1981年4期转载,并获《延河》首届优秀作品奖、全国优秀短篇小说奖。先后写出了长篇小说《山祭》《水葬》等十余部著作,受到了业界的高度评价,在作品中,历史的风云变幻,古栈道的民俗风貌,以及整个陕南山区的奇风异俗,得到了充盈的展现。中国出版集团原总裁,著名出版家、作家聂震宁推介这两部作品时说:"王蓬的长篇小说双璧《山祭》《水葬》可以看成是两个关联的文本。这两个关联的文本具有时代变迁中内在的因果关系,完整地写下了王蓬心中的秦巴山水,人情世故和文化演绎。仁者在山,这就是《山葬》,智者近水,那便是《水葬》。《山祭》是仁者的倾诉与反思。《水葬》是智者的体验与抒情。仁者与智者的底子却都是浓浓的有情人。充分彰显着情义与情致。两部作品堪称我们这个时代关于山地生活的情义和情致的扛鼎之作。"王蓬的散文写作,因袭着自己的陕南文化情结,作品中把陕南人骨子里的坚毅豪爽、柔美灵动、率真淡然表现得精妙地道、淋漓尽致。1992年始全程踏访蜀道、丝绸之路与唐蕃古道,写出了一系列的文化散文专著,描写蜀道的《山河岁月》、丝路散文《丝路访古》《草原之旅》,以及《中国的西北角》《从长安到罗马——汉唐丝绸之路全程探行纪实》。近年来,王蓬又涉猎影视,近期由其参与主创的七集与八集历史地理纪录片《汉水汉中》《汉中栈道》,即分别以汉水蜀道为经纬多角度、多方位阐释了汉中的前世今生、历史沿革、自然风貌和沧桑变迁,从内容到写作艺术,无疑都是迄今解读汉中的最佳范本。

  陕西勉县的李汉荣,1958年出生,是一个主张回归生命本质的作家,不断前行在用现代语言书写被都市掩盖的乡村童话的文学世界中。他的散文融入了对自然、对生灵的满腔柔情,有着鲜明而浓郁的诗化倾向,其中思想的深邃、情感的纯真、想象的奇特、语言的诗意,使得他的散文具有深刻的忧患意识和浓郁的人文情怀，散发出独特的魅力。作家常常着眼于现实生活中具体的人事物象，通过一系列绵密的思索，着意于发现自然历史、文化风俗、家园建设、心灵叩问等深层的探掘。《一个古老村庄消失的前夜》这篇散文以中国波澜壮阔的工业化、城市化改革浪潮为背景，围绕一个即将失去家园的古老村庄的乡民展开，刻画出在离乡之前人物忐忑不安、不忍别离而又无可奈何的复杂心绪，我们看到，作家怀着一种悲悯，陷入自然村屯消逝的失意之中，寄予了浓厚的故园情结。在艺术表现方面，意境高远，自由灵动，作家神思驰骋，从构思语言、营造意象、情感表达、用词推敲，都营造了"运用之妙，存乎一心"的诗意氛围。生活的积淀、情感的酝酿，多年来创作了大量的心灵佳作，其中诗歌3000多首，散文多达2000多篇，中短篇小说30余篇，著有散文集《与天地精神往来》《李汉荣散文选集》、诗集《驶向星空》《母亲》《想象李白》等，清丽飘逸、风格独立，先后获各类奖项达50余次。

汉中自古就有小江南的美誉，作为陕西省仅次于关中的粮油基地，汉中很自然的成为陕南的政治和文化中心，生长于这方土地上的汉中作家们，天时、地利，兼而有之，形成了一个强大的创作队伍，呈现出百花齐放的文学态势，各种体裁的文学作品大量涌现，仅仅以长篇小说为例，足以见其创作团体的规模之大。寇挥的《想象一个部落的湮灭》获首届柳青文学奖新人奖，《北京传说》获第三届柳青文学奖优秀长篇小说奖。陈兴云的《权力》刻画出现实机关的众生情貌，作家以冷峻之笔将当下整个官场生态做了放大镜般的展示，观察敏锐、思考深刻，加之作者准确传神的语言描写，使得这部作品尤为可读。刘建、鸣甄、闰丰、段继刚、周俊、张树岗、杨建中、周吉灵、周中柱、蔡嘉俊等作家都先后创作出一大批长篇小说，崇尚自然，回归心灵，表现出汉中作家们对田园农村细腻而深厚的故园情结。

需要提及的是，汉中的作家在充分吸收历史文化的同时，还创作出了一批有影响力的戏剧和影视文学作品，这是文化上的兼容并蓄，也是作家在时代洪流中的与时俱进。

三 新世纪以来作家创作瓶颈

　　陕南独特的地理位置，直接影响作家的创作视野和美学风格。"天下之事，非一人之所能独知也；海水之广大，非独仰一川之流也。"就目前来看，虽然不乏享誉国内文坛乃至国际文坛的佳作，但也不难发现，不少作家还囿于比较狭隘的地域坐标，作品视野不够大，在精神气度上缺乏一种纯粹、清洁、澄明的精神向度，因而文字就显得格局不大、观照不广、魄力不足。而且，陕南文学长期处于一种浓郁的故园情结，自然缺少了一种科学理性的启蒙精神，在对现代文明生活和城镇化建设发展的评判中产生了疏漏，缺少了作家应该具有的对社会现实生活把握的预见性和昭示性。

　　一是个人化写作气魄大不。大部分作品尚停留在歌咏山水、抒发情怀这种浅层的审美境界。也就是说文学作品的立意还不够高，内容还不够深刻，还没有深刻地触及社会问题的本质层面，缺少深厚的文化底蕴。毋庸置疑，大凡那些经世流传的作品，都是思想的大集结和艺术的高造诣，无论是诗歌、小说，还是散文，都必须有思想才能成立。任何一位作家，必须给时代提供思想的召唤，否则他必将为时代所遗弃。如果个人化写作的东西过多，就很容易流于日常生活的重复书写和精神心绪的无病呻吟。从目前来看，除了一些比较成熟的作家作品外，相当一批作品往往拘泥于陕南这一方土地，花费大量的笔墨描写陕南的风景人情，洋洋洒洒数万字乃至数十万字的文章，却没有厚重的东西，既没有思想的深化，也没有精神的升华，缺乏质朴中寓深湛哲理的意境，所以就形成了数量多却无精品的尴尬局面。更有甚者，有的作家其一篇文章出现在不同的文集里，令人无奈的产生审美疲劳和阅读失望。个人化写作并非意味着没有热烈的人文情怀和社会关怀，相反，正是融入了社会担当，才给予了人类文字和文化基础之上的情感共鸣。

　　二是创作模式上的类型化。相比大城市繁忙的生活节奏，生活在山清水秀的陕南文人更有条件置身于大自然的幽静神秘之中，也因此陕南地区很自然地形成不少的文学社团，常常进行文学上的品评交流。

固然，热爱家乡是陕南作家们挥之不去的一种内在情结，但是也因为属于同一地域的作家，他们的视野往往同样限于秦岭之内的景色，如此一来，个体的优点被冲淡，不足也同时被规避，文学社团实际上并没有真正起到积极的激励作用，相反还滋生出了一些作家的虚荣感。当然，事实上，还有一些作家勇于走出陕南，走向世界，用他们的文字塑造出成功的艺术形象，这理应成为陕南文学的一个走向。

四　地域文学的时代性诉求

陕南文化作为三秦文化独具特色的一大板块，在发挥地域优势、历史优势、文化优势等方面是无可比拟的。在全球化境遇中，城市文学已然成为时代的强音。面对城镇化发展的历史机遇，陕南文学乃至整个陕西如果能够以此为着眼点，扩大创作视野，更新审美理念，以更多的笔墨用于现代文明和城市建设的书写，将农村文学与城市文学并重发展，如此，地域性文学必将实现拓展和突破。无论何时，文学都是关于人的书写，是对人的生存观照和生命解读，唯有那些遵循人类社会发展规律，重视对人的价值追求、生命意识、生存形态、情感流动等多层次多角度的探索，才能实现文学世界的活色生香，自不待言，这也成为地域文学的一项长期目标。

就陕南这块土地上的作家而言，一是要以故乡作为创作活动的立足点和出发点，在普通民众的喜怒哀乐的表现中，揭示独属于陕南地域的风物人情，并以崇尚自然的"田园情结"，给繁忙的现代人以心灵的寄托和情感的慰藉，同时不断提升艺术表现手法，构筑起一股独具特色的地域乡土氛围，形成陕南作家特有的审美深度体验，诚如鲁迅所言："现在的文学也一样，有地方色彩的，倒容易成为世界的，即为别国所注意。"二是要走向社会，走进群众，不同地域之间，不同民族之间，实现视域的融合，从而从根本上实现扩大文化视域，进而使自己的文学视域拓展开来，促使文学文本获得审美增值。只有当作家把自己的生活趣味和审美经验融入世界的广大与丰富之中，在多变多样的生存时空中寻找写作的激情和自由，他才能写出既属于某一地域的"这一个",同时又属于时代的"这一类"包容性作品。

　　从整体观之,陕西独特的自然地理和气候特征为作家提供了丰厚的生存土壤和丰富的生活体验,孕育出了陕西作家特色鲜明的语言文字艺术,但是,凡事利弊相生,陕西地缘上的相对封闭性同时不可避免地拘囿了作家的生活视野和创作心胸。三大板块虽然地理历史文化各异,但是面临的问题有着广泛的涵盖性,因此,作家要实现个体的突破,就要努力在写作和生活中扬长避短,而且只有扎根生活,融入社会,紧跟时代脉搏,才能创作出大气魄的作品。正是缘于此,我们在充分肯定坚守、发扬并拓展具有鲜明地域特色的创作道路的同时,深切地提出希望,请那些原本就置身于当代生活中,原本就置于当代前沿生活中的年轻作家们,不要忘记故土风情,也不要只记得故土风情。在从个人写作到个性写作的超越中,既能立足地理历史文化,又能融入大视野大情怀,如此,才能实现思想深度与内容广度的兼而有之和推进深化。

　　我们坚信,顺应全球化时代变迁,走进生活,走出陕南,走向世界,这是陕南文学乃至整个陕西文学崛起的必然选择!在社会生活如此丰富斑斓的时代,无论对它是歌颂还是批判,真正能够以如椽之笔写出今天的生活风貌和今天这个时代的节奏旋律的人,注定将是一位深受读者欢迎的作家!

B.9
陕西历代旧志存藏研究报告

高叶青*

摘　要： 陕西省编纂志书的历史非常悠久，存藏数量也比较大。本文依据国家古籍整理出版"十一五"重点规划项目"陕西古籍总目"调查数据，对陕西境内存藏的旧方志进行了各个角度的分析，以便于在摸清家底的基础上展开保护与研究工作。

关键词： 陕西　旧志　存藏状况

古人云："治天下者以史为鉴，治郡国者以志为鉴。"从古至今，有识之士就十分重视地方志的编修工作。根据《中国地方志联合目录》和《中国地方志总目提要》的著录，现存中国历代地方志大约有8577种。[①] 陕西省编纂志书的历史也非常悠久，下面先来了解新中国成立以前陕西旧方志的编纂与存藏情况。

一　现存陕西旧方志统计

陕西历史上究竟存在过哪些志书？数量有多少？关于这个问题，代表性的说法有两种。

《中国地方志总目提要·陕西省地方志述评》中提到有652种，其中稿

---

* 高叶青，陕西省社会科学院古籍研究所副研究员，陕西师范大学历史文献学博士，研究方向为陕西地方志整理与研究。

① 该数据来自《中国地方志总目提要》，详见该书第1页《凡例》第二条。

本19种、抄本164种、刻本364种、铅印本74种、石印本27种、油印本2种、活字本2种。该书搜集考述了385种，其中省志8种，府志18种，州、县、厅志368种。

《陕西方志考》（高峰著）提到陕西方志存目500多种，该书搜集考证了406种，其中宋以前古方志9种，宋元两代9种，明代42种，清代285种，民国62种。具有通志性质的志书和通志9种，府志18种，州志30种，县志268种，厅志9种，乡土志42种，其他专志30种。

上述统计数据之所以会有比较大的差距，与各自对于方志的界定以及种类划分标准不同有直接关系。在这里要特别说明一个情况，那就是所谓以古籍的流传形式所进行的统计，一则不准确，二则没有实际的意义。笔者近年来一直参与国家古籍整理项目《陕西古籍总目》的资料搜集以及编纂工作，对这个情况比较熟悉。目前，存藏古籍的单位有各级各类图书馆、博物馆、文管所、档案馆、方志办等机构以及私人，除了部分高校有专门人才负责古籍工作之外，大部分单位，尤其是基层图书馆的管理人员都是外行，所以由他们所确定的古籍信息，其准确性堪忧。2008~2009年，笔者曾参加省规划课题"陕西基层公共图书馆古籍保护对策研究"，对基层存藏古籍单位的工作人员从多个层面进行过问卷调查，对他们的专业素质有了一个初步的了解（见表1）。

表1 保管古籍工作人员情况统计

类别	具项	数量	比例（%）
性别	男	28	20
	女	115	80
年龄	21~40岁	104	73
	41~50岁	26	18
	51~60岁	13	9
文化程度	高中、技校、职高	19	13
	中专	23	16
	大专	76	53

续表

类别	具项	数量	比例
文化程度	本科	23	16
	研究生及以上	2	1
对古籍知识了解程度	非常熟悉,经过努力能够达到更高的要求	6	4
	比较了解,清楚相关的制度和要求	63	44
	不是特别清楚,但有工作惯例或经验	30	21
	完全不了解,凭自己的感觉或按领导的要求去做	44	31
目前学习的主要方式	本单位内部组织技术培训	46	32
	单位送外培训	64	45
	入学进修	3	2
	自学	122	85
是否参加过古籍整理和保护方面的培训	参加过1~2次	64	45
	从未参加过	79	55
职工整体工作态度	积极	17	12
	一般	103	72
	应付差事	21	15
	消极	2	1
制约本单位发展的最关键因素	政府不重视	27	19
	领导能力有限	—	—
	资金严重短缺	110	77
	职工专业水平不够	3	2
	职工素质整体不高	3	2
本单位古籍保护方面的规章制度对古籍保护起到的作用	非常好	—	—
	较好	50	35
	一般	90	63
	较差	3	2
	没起作用	—	—
对馆藏古籍善本的价值认识	有充分认识	19	13
	有初步认识	114	80
	完全没有认识	10	7

从表1不难看出，各基层馆古籍管理人员业务素质偏低，有的甚至被形象地称为"无专业认识、无专业知识、无专业学历"的"三无"人员，事实上，从此次调查数据来看，基层图书馆馆员的文化水平整体不高，对古籍了解程度状况也不理想。

尽管省古籍整理办公室先后在宝鸡、榆林等地举办过几次培训，但收效甚微。另外，考虑到项目的时间性以及当地的实际困难等问题，古籍办还协调陕西师范大学、西北大学文献专业的研究生下基层协助数据录入工作，这在一定程度上保证了准确性，所以说由《陕西古籍总目》所统计的数据，其准确性超过了以往任何调查形式所得出的数据。当然，由于学生专业基础知识的局限性以及部分单位不配合古籍数据著录工作，数据必定难以达到完全准确，但这是目前状况下所能采集到的最准确的信息了。所以，本文在撰写时，将会以这个统计为依据。还有一点需要说明，私人收藏的志书很难进行统计著录，所以也会影响统计数据的准确性。

下面分别按照志书内容、纂修时代、涵盖范围、流传形式等标准进行梳理，对于陕西存藏的陕西各级行政单位的志书信息，可以保证其基本准确，但对于存藏于省外的陕西志书，由于各种实际困难，暂时无法逐一进行勘察，在行文中将使用前人统计的数据。[①] 对于历史上曾编纂过，但已经亡佚的志书，不在统计之列，只针对现存志书。增补前志且沿袭其名称、体例者，算一种，在页下注中说明。专志类例如山水志，附在其所属行政区域之后，以分号隔开。各志书前加括号标明成书时代，以该志书记事所止之年为界。

（一）具有通志性质的志书

（汉）三辅黄图、（绍兴）雍录、（嘉靖）雍大记、（万历）雍胜略、（乾隆）关中胜迹图志、（嘉靖）全陕政要略，陕西通省山水志。

---

① 为节省篇幅，此处所提到的志书名字均省去书名号。

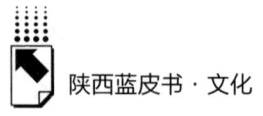

（二）陕西通志

（嘉靖）陕西通志、（万历）陕西通志、（康熙四年）陕西通志、（康熙五十年）陕西通志、（雍正）陕西通志、（乾隆）西安府志、（道光）陕西志辑要、（宣统）续修陕西通志稿。

（三）各行政区划志书[①]

1. 西安市及所辖各区（县、市）

（熙宁）长安志、（至正）长安志图、（元贞）类编长安志、（康熙）长安县志、（嘉庆）长安县志；（康熙）咸宁县志、（嘉庆）咸宁县志、（民国）咸宁长安两县续志；（万历）关中书院志。

（万历）临潼县志、（顺治）重修临潼县志、（康熙）临潼县志、（乾隆）临潼县志、（光绪）续修临潼县志、（光绪）临潼县续志、（民国）临潼县志。

（隆庆）蓝田县志、（顺治）蓝田县志、（雍正）蓝田县志、（乾隆）蓝田县志、（道光）蓝田县志、（道光）重修辋川志、（同治）蓝田县志、（光绪）蓝田县乡土志、（民国）续修蓝田县志。

（康熙）盩厔县志、（乾隆十四年）盩厔县志、（乾隆五十年）盩厔县志、（民国）盩厔县志、（民国）广两曲志、（光绪）盩厔县乡土志。

（万历）鄠县志、（康熙）鄠县志、（雍正）鄠县重续志、（乾隆）鄠县新志、（光绪）鄠县乡土志、（民国）重修鄠县志。

（嘉靖）高陵县志、（雍正）高陵县志、（光绪）高陵县续志、（民国）高陵县乡土志。

2. 宝鸡市及所辖各区（县、市）

（顺治）宝鸡县志、（康熙）宝鸡县志、（乾隆二十九年）宝鸡县志、（乾隆五十年）宝鸡县志、（民国）宝鸡县志。

（正德）凤翔府志、（万历）得修凤翔府志、（康熙）重修凤翔府志、

---

① 依据《中华人民共和国行政区划手册（2011）》排序。

（乾隆）凤翔府志略、（乾隆）重修凤翔志、（康熙）凤翔县志、（雍正）凤翔县志、（乾隆）凤翔志略、（乾隆）凤翔县志。

（万历）重修岐山县志、（顺治）重修岐山县志、（乾隆）岐山县志、（光绪）岐山县志、（光绪）岐山县乡土志、（民国）重修岐山县志。

（康熙）扶风县志、（雍正）扶风县志、（乾隆）扶风县志、（嘉庆）扶风县志、（光绪）扶风县乡土志。

（万历）郿志①、（雍正）郿县志、（乾隆）郿县志、（宣统）郿县志、（光绪）郿县乡土志。

（道光）凤县志、（光绪）凤县志。

（顺治）汧阳志、（雍正）增补汧阳县志、（道光）重修汧阳县志、（光绪）增续汧阳县志、（光绪）汧阳述古编、（民国）新汧阳县志草稿。

（康熙）陇州志、（乾隆）陇州续志、（宣统）陇州新续志、（民国）陇县新志。

（顺治）麟游县志、（康熙）麟游县志、（光绪）麟游县新草志、（民国）麟游县志。

3. 咸阳市及所辖各区（县、市）

（弘治）咸阳县志、（万历）咸阳县新志、（顺治）咸阳志②、（康熙）渭阳十胜、（乾隆）咸阳县志、（道光）续修咸阳县志、（光绪）咸阳乡土志、（民国）重修咸阳县志；（民国）周陵志。

（隆庆）兴平续志、（顺治）兴平县志、（乾隆元年）兴平县志、（乾隆四十三年）兴平县志、（光绪）兴平县乡土志、（民国）重修兴平县志、（民国）重纂兴平县志；（光绪）兴平县士女续志、（光绪）马嵬志。

（嘉靖）三原县志③、（康熙）三原县志④、（乾隆三十三年）三原县志、（乾隆四十五年）三原县志、（光绪）重修三原县新志。

---

① 有万历刻本，顺治、康熙递修本。
② 存康熙四十四年张枚增刻顺治本。
③ 在明成化朱昱所修志书基础上重修，崇祯年增补，成化本现已不存。
④ 另有康熙五十三年增补重印本。

（嘉靖）泾阳县志、（康熙）泾阳县志、（雍正）泾阳县志、（乾隆十二年）泾阳县志、（乾隆四十四年）泾阳县志、（道光）重修泾阳县志、（宣统）重修泾阳县志、（光绪）泾阳县乡土志；（道光）泾阳县鲁桥镇志、（民国）续修鲁桥镇志；陕甘味经书院志。

（嘉靖）乾州志、（崇祯）乾州志、（雍正）重修陕西乾州志、（光绪）乾州志稿、（光绪）乾州志稿补正、（民国）乾县新志。

（嘉靖）礼泉县志、（崇祯）礼泉县志、（康熙）礼泉县志、（乾隆十五年）礼泉县续志、（乾隆四十七年）礼泉县志、（嘉庆）礼泉县志、（民国）续修礼泉县志稿。

（康熙）永寿县志、（乾隆五十六年）永寿县新志、（乾隆六十年）永寿县志余①、（光绪）永寿县重修新志、（民国）永征原稿、（民国）永寿县志。

（顺治）邠州志②、（乾隆）直隶邠州志、（光绪）邠州乡土志、（民国）邠县新志稿。

（康熙）长武县志、（乾隆）长武县志、（宣统）长武县志。

（康熙）三水县③志、（乾隆）三水县志、（同治）三水县志、（光绪）三水县新志。

（隆庆）淳华志、（康熙）淳化县志、（乾隆）淳化县志。

（正德）武功县志、（康熙）武功县续志、（雍正）武功县志、（嘉庆）续武功县志、（光绪）武功县续志、（光绪）武功县乡土志、（民国）武功县志稿薄。

4. 铜川市及所辖各区（县、市）

（万历）同官县④志、（崇祯）同官县志、（乾隆）同官县志、（民国）同官县志、（民国）同官县志续志摘要。

（嘉靖）张琏耀州志、（嘉靖）乔三石耀州志、（乾隆）续耀州志、（嘉

---

① 嘉庆元年刊印。
② 另有康熙四十四年增补本。
③ 今旬邑县。
④ 今铜川市。

庆）耀州志；（民国）耀州大香山志。

（顺治）宜君县志、（雍正）宜君县志。

5.渭南市及所辖各区（县、市）

（嘉靖）渭南县志[①]、（天启）渭南县志、（顺治）渭南县志、（雍正）渭南县志、（乾隆）渭南县志、（道光）渭南县志、（光绪）新续渭南县志。

（万历）韩城县志、（康熙）韩城县续志、（乾隆）韩城县志、（嘉庆）韩城县续志、（光绪）韩城县乡土志、（宣统）韩城县续志[②]。

（万历）华阴县志、（乾隆）华阴县志、（民国）华阴县续志；（金）西岳华山志[③]、（嘉靖）华岳全集、（万历）华岳全集、（乾隆）华岳志、（道光）华岳志、（咸丰）华岳图经。

（隆庆）华州志、（康熙）续华州志、（乾隆）再续华州志、（光绪）三续华州志、（光绪）华州乡土志、（民国）重修华县县志稿。

（康熙）潼关卫志、（嘉庆）续潼关厅志、（光绪）潼关乡土志、（民国）潼关县新志。

（天启）同州[④]志、（雍正）同州府志、（乾隆）同州府志、（道光）同州志、（光绪）同州府续志；（乾隆七年）大荔县志、（乾隆五十年）大荔县志、（道光）大荔县志、（光绪）大荔县续志、（光绪）陕西同州府大荔县乡土志稿、（宣统）续修大荔县旧志存稿、（民国）大荔县新志存稿；（民国）平民县[⑤]志。

（康熙五年）蒲城志、（康熙五十三年）蒲城县续志、（乾隆）蒲城县志、（光绪）蒲城县新志。

（嘉靖）澄城县志、（顺治）澄城县志、（乾隆）澄城县志、（道光）澄

---

① 万历十八年南轩续修。
② 始修于民国十二年，民国十四年付梓。
③ 另有明代王民顺增补本。
④ 今大荔县。
⑤ 今属大荔县。

城县志[1]、（宣统）澄城县续志[2]、（民国）澄城县附志。

（万历）白水县志、（顺治）白水县志、（乾隆）白水县志、（乾隆）白水县志续稿、（民国）白水县乡土志。

（嘉靖）郃阳县志、（万历）重修郃阳县志、（顺治）重修郃阳县志、（康熙）宰萃退食录、（乾隆）郃阳县全志、（光绪）合阳县乡土志、（民国）合阳县新志材料。

（万历）富平县志、（乾隆五年）富平县志、（乾隆四十二年）富平县志、（光绪）富平县志稿、（光绪）富平乡土志。

（正德）朝邑县志、（万历）续朝邑县志、（顺治）朝邑县志、（康熙）朝邑县志、（乾隆）校正朝邑志、（乾隆）朝邑志、（咸丰）朝邑县志、（光绪）朝邑县乡土志。

6. 延安市及所辖各区（县、市）

（弘治）延安府志、（康熙）延安府志、（嘉庆）延安府志。

（康熙）延长县志、（乾隆）延长县志、（民国）延长县志、（民国）延长县乡土志。

（顺治）延川县志、（道光）延川县志、（民国）延川县新志。

（康熙）安定县[3]志、（雍正）安定县[4]志、（道光）安定县志。

（康熙）安塞县志、（乾隆）安塞县志、（民国三年）安塞县志[5]。

（顺治）保安县[6]志、（咸丰）保安县志、（光绪）保安县志、（光绪）保安乡土志。

（宣统）甘泉县乡土志。

（康熙）鄜州[7]志、（道光）鄜州志、（民国）鄜州志续补。

---

① 咸丰元年刻印本。
② 按：民国刊印本。
③ 今子长县。
④ 另有乾隆刘元谟续补本。
⑤ 另有民国十三年增补本。
⑥ 今志丹县。
⑦ 今富县。

（顺治）洛川县志、（嘉庆）洛川县志、（光绪）陕西洛川县乡土志、（民国）洛川县志。

（乾隆）宜川县志、（光绪）宜川乡土志、（民国十七年）宜川续志、（民国三十三年）宜川县志。

（康熙）中部县①志、（嘉庆）中部县志、（光绪）中部县乡土志、（民国）黄陵县志。

7. 榆林市及所辖各区（县、市）

（万历）延绥镇志、（康熙）延绥镇志；（道光）榆林府志、（咸丰）榆林府志辨讹；（宣统）榆林县志②、（民国）榆林县乡土志。

（道光）神木县志、（民国）神木县乡土志。

（康熙）府谷县志、（乾隆）府谷县志、（民国）府谷县志、（光绪）府谷县乡土志。

（乾隆）怀远县③志、（道光）增修怀远县志、（民国）横山县志。

（乾隆）靖边县志、（光绪）靖边志稿。

（嘉庆）定边县志、（光绪）定边县乡土志。

（顺治）绥德州志、（乾隆）绥德直隶州志、（光绪）绥德直隶州志、（光绪）绥德州乡土志。

（康熙）米脂县志、（光绪）米脂县志、（宣统）米脂县志④。

（嘉庆）葭州志、（光绪）葭州志、（光绪）葭州乡土志、（民国）葭县志。

（道光）吴堡县志、（光绪）吴堡县乡土志。

（顺治）清涧县志、（乾隆）清涧县续志、（道光）清涧县志。

8. 汉中市及所辖各区（县、市）

（嘉靖）汉中府志、（顺治）汉中府志、（康熙）汉南郡志、（嘉庆）汉南续修郡志、（民国）汉南续修郡志。

---

① 今黄陵县。
② 志稿成于光绪末年，民国十八年县长贾路云增补，记事止于宣统三年。
③ 今横山县。
④ 该志始修于民国二十年，记事止于宣统三年。

(乾隆)南郑县志、(光绪)续修南郑县志、(光绪)南郑乡土志、(民国)续修南郑县志。

(嘉靖)城固县志、(康熙)城固县志、(光绪)城固乡土志。

(康熙)洋县志、(光绪)洋县志、(光绪)洋县乡土志、(民国)洋县县志备考。

(康熙)西乡县志、(道光)西乡县志、(民国)新编西乡志稿、(民国)西乡县志、(光绪)西乡县乡土志。

(康熙)沔县①志、(同治)沔县乡土志、(光绪)沔县志;(道光)褒城县志、(同治)褒谷古迹辑略。

(万历)重修宁羌州②志、(道光)续修宁羌州志、(光绪)重修宁羌州志、(光绪)宁羌州乡土志。

(嘉靖)略阳县志、(道光)重修略阳县志、(光绪)新续略阳县志、(光绪)略阳县乡土志。

(光绪)定远厅③志。

(道光)留坝厅志、(光绪)留坝乡土志。

(光绪)佛坪厅志、(光绪)佛坪厅乡土志。

9.安康市及所辖各区(县、市)

(乾隆)兴安府志、(嘉庆)续兴安府志、(宣统)重续兴安府志④;(康熙)重修兴安州志;(嘉庆)安康县志、(民国)安康县乡土志。

(万历)重修汉阴县志、(康熙)汉阴县志、(乾隆)汉阴县志、(嘉庆)汉阴厅志。

(康熙)石泉县志、(道光)石泉县志。

(道光)宁陕厅⑤志。

---

① 今勉县。
② 今宁强县。
③ 今镇巴县。
④ 该志于民国三十三年完稿。
⑤ 今宁陕县。

（康熙）紫阳县新志、（道光）续修紫阳县志、（光绪）紫阳县乡土志、（民国）重修紫阳县志。

（光绪）砖坪厅志、（民国）砖坪县①志。

（乾隆十三年）平利县志书、（乾隆十七年）平利县志四志、（光绪）续修平利县志、（光绪）平利县乡土志、（民国）续修平利县志。

（宣统）镇坪县乡土志②、（民国）镇坪县志略、（民国）镇坪县志。

（雍正）洵阳县③志、（乾隆）洵阳县志、（光绪）洵阳县志、（宣统）洵阳县乡土志。

（嘉庆）白河县志、（光绪）白河县志。

10.商洛市及所辖各区（县、市）

（康熙）续修商志、（乾隆九年）直隶商州志、（乾隆二十三年）续商州志、（民国）续修商志稿、（光绪）陕西商州直隶商州乡土志。

（康熙）雒南县志、（乾隆）雒南县志、（道光）雒南县乡土志。

（乾隆）商南县志、（光绪）商南县乡土志、（民国）续修商南县志。

（康熙）山阳县初志、（乾隆）山阳县志、（民国）增修山阳县志。

（雍正）镇安县志、（乾隆）镇安县志、（光绪）镇安县乡土志、（民国）镇安县志。

（光绪）孝义厅④志。

二　现存陕西旧方志分析

以上所列，仅为现存陕西旧方志，实际上历史上曾修纂的志书远不止这

---

① 今岚皋县。
② 该志修于民国十二年，记事止于宣统三年。
③ 今旬阳县。该志为明万历九年南兆撰，康熙十二年李弘勋续修，雍正九年叶时沨补辑并抄写。
④ 今柞水县。

些，但由于兵燹、火灾等原因被毁坏或者亡佚了。例如《长安县志》，由于明末战乱，冯从吾所著之志已"毁于兵燹二十余年"；《盩厔县志》，创于明嘉靖四十二年邑人王三聘，此后清康熙三年骆锺麟，雍正二年董沽，雍正十年朱文炳均有重修，可惜均已佚，仅留序言。还有一些志书，只是涉及一些地方性的资料，并不能被称为志书，例如《西京杂记》，原为两卷，首载于《隋书·经籍志》史部旧事类，在《四库全书》中被归类于子部小说家类杂事之属。该书虽记载了西汉的一些逸事传闻，但并不具备志书的特点，因此不可以将其归为方志类书籍。

综观现存旧志，可以从表2和表3得出一些认识。

表2 陕西省各行政区现存志书总数统计

	行政区划名										合计
西安地区	市区及长安区	临潼区	蓝田县	周至县	户县	高陵县					41
	9	7	9	6	6	4					
宝鸡地区	市区及周边	凤翔县	岐山县	扶风县	眉县	凤县	千阳县	陇县	麟游县		46
	5	9	6	5	5	2	6	4	4		
咸阳地区	市区及周边	兴平市	三原县	泾阳县	乾县	礼泉县	永寿县	彬县	长武县	旬邑县	淳化县	武功县	74
	9	9	5	11	6	7	6	4	3	4	3	7	
铜川地区	市区及周边	耀州区	宜君县								12
	5	5	2								
渭南地区	市区及周边	韩城市	华阴市	华县	潼关县	大荔县	浦城县	澄城县	白水县	合阳县	富平县	80
	7	6	9	6	4	21	4	6	5	7	5	
延安地区	市区及周边	延长县	延川县	子长县	安塞县	志丹县	甘泉县	富县	洛川县	宜川县	黄陵县	36
	3	4	3	3	3	1	3	4	4	4		

续表

行政区划名											合计
榆林地区	市区及周边	神木县	府谷县	横山县	靖边县	定边县	绥德	米脂县	佳县	吴堡县	清涧县	35
	6	2	4	3	2	2	4	3	4	2	3	
汉中地区	市区及周边	南郑县	城固县	洋县	西乡县	勉县	宁强县	略阳县	镇巴县	留坝县	佛坪县	39
	5	4	3	4	5	5	4	4	1	2	2	
安康地区	市区及周边	汉阴县	石泉县	宁陕县	紫阳县	岚皋县	平利县	镇坪县	旬阳县	白河县		33
	6	4	2	1	4	2	5	3	4	2		
商洛地区	市区及周边	洛南县	商南县	山阳县	镇安县	柞水县						19
	5	3	3	3	4	1						

注：各地行政区划历代多次变更，本表统计各地志书数量时，以该志书内容涉及的主要区域为准。"市区及周边"一栏，多指该市区的总志。本表未包含具有陕西通志性质的以及陕西通志类志书。

表3 陕西境内现存旧志*概览

地区	存藏单位	存藏数量(种)	地区	存藏单位	存藏数量(种)
西安地区	陕西省社会科学院图书馆	146	宝鸡地区	宝鸡市图书馆	45
	临潼区图书馆	25		陈仓区图书馆	1
	陕西省考古研究院	105		岐山县图书馆	23
	西安市文物保护考古所	63		扶风县图书馆	43
	陕西省文史研究馆	50		凤翔县图书	8
	长安区图书馆	11		宝鸡市青铜器博物馆	12
	陕西省图书馆	379	咸阳地区	咸阳市图书馆	37
	陕西省中医药研究院	4		泾阳县博物馆	8
	西北农林科技大学图书馆	68		兴平市博物馆	44
	高陵县文化馆	5		三原县图书馆	36
	中共陕西省委党校图书馆	15		三原县南郊中学	6
	户县图书馆	28		礼泉靳宝善图书馆	5
	周至县图书馆	16		乾县图书馆	2
	西安碑林博物馆	218		彬县文化馆	1
	陕西师范大学	390	渭南地区	大荔县文体广电局	14
	西北大学	118		富平县立诚中学	16

147

续表

地区	存藏单位	存藏数量（种）	地区	存藏单位	存藏数量（种）
渭南地区	富平图书馆	46	汉中地区	略阳县江神庙民俗博物馆	4
	韩城市博物馆	12		勉县图书馆	13
	韩城市司马迁图书馆	7		西乡县文化馆	5
	华阴市图书馆	8		洋县文物博物馆	3
	渭南市图书馆	9		陕西理工学院	6
	蒲城县图书馆	10	安康地区	汉滨区少儿图书馆藏	16
	蒲城县尧山中学	8		洋县文物博物馆	3
	合阳县博物馆	137		旬阳县博物馆	2
	华县图书馆	8		旬阳史志档案馆	3
铜川地区	耀州区博物馆	1	商洛地区	商州区少儿图书馆	10
延安地区	宝塔区图书馆	1		镇安县图书馆	2
	延安大学图书馆	5		山阳县档案局	1
榆林地区	榆林市星元图书楼	7		柞水县图书馆	1
	榆阳区档案馆	7		柞水县档案局	3
	米脂县斌丞图书馆	7		柞水县文管办	1
	府谷县图书馆	1		商洛职业技术学院	1
汉中地区	汉台区图书馆	29		山阳县图书馆	4
	留坝县档案馆	3		洛南县博物馆	5

＊统计内容仅关涉陕西各行政区划的志书。

《陕西古籍总目》对陕西境内约87家存藏古籍的图书馆、博物馆、文管所、文管办、史志局、档案局等单位进行了全面普查登记，除表中所列单位之外，剩余的尚有几家单位由于经费短缺、专业人员缺乏以及思想不重视等原因，至今未将古籍著录数据交到陕西古籍整理办公室。因此，目前所统计数据的准确性就难以达到标准，这个缺憾有待来日再行补救。另据调查得知，各地均有私人收藏古籍，但由于对方不愿意将书目公布于世，故这部分数据有待合适的机会再进行著录。表3所列单位都存藏有数量不等的陕西旧志，藏量较多的几家单位有：陕西师范大学（390册）、陕西省图书馆（379册）、西安碑林博物馆（218册）、陕西省社会科学院图书馆（146册）、合阳县博物馆（137册）、西北大学（118册）、陕西省考古研究院（105册），基本涵盖了现存陕西旧志，这是陕西方志学界之大幸！在摸清家底的基础上，接下来就要有针对性地保护与开发利用旧志，使先民的智慧在我们手里传承下去，使这些珍贵的地情资料为陕西省的文化发展发挥应有的作用。

行业报告篇

Industry Report

B.10
"一带一路"战略下陕西会展业创新发展研究

——2015欧亚经济论坛丝路会展合作论坛对陕西会展业的启示

陕西省社会科学院课题组*

摘　要： 作为欧亚大陆桥沿线的重要城市，陕西省西安市是欧亚经济论坛的永久会址，自2005年起欧亚经济论坛每两年在此举办一届。面对国家"一带一路"战略，陕西会展业迎来新的机遇，加快转型升级，2015欧亚经济论坛首次将会展业合作纳入体系，特别设立"一带一路"会展合作分论坛。"一带一路"会展合作论坛成功举办，取得了开放式会展项目合作等

---

* 课题组组长：王长寿，陕西省社会科学院文化产业与现代传播研究所所长，博士，研究员；组员：赵东，陕西省社会科学院文化产业与现代传播研究所助理研究员，博士；曹云，陕西省社会科学院文化产业与现代传播研究所副研究员；颜鹏，陕西省社会科学院文化产业与现代传播研究所助理研究员；王颖，陕西省社会科学院文化产业与现代传播研究所助理研究员。

一系列重大成果，创新了陕西会展业发展模式，为陕西会展业蓬勃发展提供了深刻的启示。

关键词： 陕西会展业　开放式会展项目合作　"一带一路"会展合作论坛

陕西发展会展业有着天然的优势。作为欧亚大陆桥沿线的重要城市，陕西省西安市是欧亚经济论坛的永久会址，自2005年起欧亚经济论坛每两年在此举办一届。2013年9月，国家主席习近平在哈萨克斯坦纳扎尔巴耶夫大学演讲时，提出了"丝绸之路经济带"战略并指出陕西是"丝绸之路"的起点，此后在印度尼西亚国会演讲又提出了"21世纪海上丝绸之路"的战略构想。面对国家"一带一路"战略，2015年4月国务院发布《关于进一步促进展览业改革发展的若干意见》（国发〔2015〕15号）文件，陕西会展业迎来新的机遇，不断加快转型升级。2015欧亚经济论坛首次将会展业合作纳入体系，特别设立"一带一路"会展合作论坛。"一带一路"会展合作论坛成功举办，取得了开放式会展项目合作等一系列重大成果，创新了陕西会展业发展模式，为陕西会展业蓬勃发展提供了深刻的启示。

一　欧亚经济论坛与"一带一路"战略

陕西是中华文明的发祥地之一，2000多年前张骞即从长安出发，开创了一条"丝绸之路"，促进了整个人类文明的发展，也让陕西和欧亚地区有了深远的历史渊源。21世纪的今天，欧亚经济论坛永久会址定于西安，"一带一路"战略给陕西与欧亚地区的交流与合作发展带来了千载难逢的机遇。

（一）欧亚经济论坛

欧亚经济论坛作为国务院批准成立的，以上海合作组织成员和观察员方为主体面向广大欧亚地区的高层次、开放性国际会议,由外交部指导,商务部、文化部、海关总署、国务院发展研究中心等17个国家部委与陕西省人民政府共同主办,西安市人民政府承办。

2005年由上海合作组织、国家开发银行和联合国亚太经社理事会主办,博鳌亚洲论坛协办,西安市人民政府和北京当代世界发展研究院承办的"首届欧亚经济论坛"在中国西安举行,力求从不同层面上为促进中国和中亚地区的经济合作做出积极贡献。由此,会议永久性会址定于陕西西安。论坛自创办以来已成功举办六届,一直致力于探求和发展新型区域对话与合作模式,促进中国中西部与中亚及俄罗斯建立全方位、多层次的沟通渠道和合作平台,是一个立足高端、务实合作、品牌化运作的论坛,对于增进欧亚各国相互了解、深化各领域务实合作,加快内陆地区"向西开放"进程,提升陕西外向型经济发展水平发挥了重要的推动作用。

2015欧亚经济论坛首次被中央批准为机制性大型涉外论坛,于9月24~26日在陕西西安成功举办。此次会议在前五届成功经验的基础上,顺应"一带一路"思想战略,以"创新合作模式,共享丝路繁荣"为主题,设开幕式暨全体大会,金融、科技、文化、旅游、生态、人才等平行分会,上合组织成员方地方合作圆桌会议、西安—欧亚经济合作投资洽谈会、欧亚经济论坛智库会议系列活动,以及上合组织国家商品展、俄罗斯分论坛等重要活动,论坛框架下的丝路会展合作论坛,整合会展业相关资源,搭建陕西会展行业权威性开放平台,促成了像"丝路会展创客大赛"等项目的合作,也为论坛项目合作提供了重要的实际支撑。

(二)"一带一路"战略

2013年,国家主席习近平先后提出了共建"丝绸之路经济带"和"21世纪海上丝绸之路"的战略构想,希望以陆上和海上经济合作走廊为依托,以人文交流为纽带,建设中国与沿线各国经贸合作和文化交流的大通道。此举迅速得到沿线各国的纷纷响应,国内各省份更是积极行动。"丝绸之路经济带"和"21世纪海上丝绸之路"简称"一带一路"。这一战略为中国新一轮对外开放注入了新的内容，也为内陆和沿海经济发展和对外开放指明了方向。2015年4月，国家发改委、外交部和商务部联合发布了《推动共建丝绸之路经济带和21世纪海上丝绸之路的愿景与行动》，宣告"一带一路"进入了全面推进阶段。

"一带一路"战略始终秉承着共商、共建、共享原则，坚持和谐包容、开放合作的理念，汇聚多国经济、人力资源，商讨达成共识，完成多元化的项目合作；各国自身的发展规划与"一带一路"战略相辅相成。"一带一路"没有建立新的固定机制，没有约束性公文限制，它的目的是实现资源共享、成果共享，合作成果公平惠及沿线各国人民，"一带一路"的推进将会带来各国之间的发展、合作、共赢的新格局。共同建设"一带一路"的倡议和沿线必然成为中国与欧亚各国发展共同努力的方向。

"一带一路"战略建设不断推进，上合组织区域合作不断加深，2015年的欧亚经济论坛作为欧亚各国共谋发展的重大会议同沿线国家深度开展各领域合作交流，也主动融入了"一带一路"的大格局。

（三）"一带一路"战略推进欧亚经济论坛深入交流与合作

欧亚经济论坛已经成为欧亚各国促进共同发展、推动贸易合作、增进和谐友谊的重要平台，引领了中西部合作互动、互利共赢的目标风潮，共促欧亚区域经济繁荣。"一带一路"贯穿亚欧非大陆，旨在能够推进沿线各国项目合作，打造政治互信、经济融合、文化包容的责任共同体和利益共同体，其目标囊括了欧亚经济合作发展的内容。"一带一路"战略给欧亚经济论坛带来了更多的内涵，更加深入地推进了欧亚经济论坛的交流与合作。

"一带一路"战略提出后，中国及沿线各国政府积极响应，大力支持加快推进。2015欧亚经济论坛作为欧亚各国共谋发展的盛会，在上合组织区域合作继续加深、习近平主席到陕西考察时强调同沿线国家广泛开展多领域合作交流的背景下，主动融入了"一带一路"的大格局中。2015欧亚经济论坛设立了"一带一路"会展合作等分论坛，是具体落实"一带一路"战略的举措之一。"一带一路"战略为欧亚经济论坛注入了对外开放合作的新活力，不断推进中国西部与沿线国家超越新目标、展开新的项目合作的进程。本届欧亚经济论坛在坚持"依托上合组织、服务国家战略、促进地方发展"宗旨的前提下，立足将论坛打造成"一带一路"建设平台、上海合作组织国家经贸交流与合作平台，秉承"一带一路"共商原则，积极开创双边与多边相互结合的新型合作模式，通过促进欧亚各国政、商、学界人才广泛参与、深度交流和务实洽谈，为"一带一路"建设增进互信、凝聚共识、营造氛围、创造条件，在区域合作重大项目上取得实质性成果。

"一带一路"是个长远且永久性的战略，它的发展需要政策引导、项目合作、平台支撑等各领域的团结努力，欧亚经济论坛带着已有的辉煌投入"一带一路"的怀抱，两年一次的盛会是对"一带一路"战略发展的阶段性总结和前瞻。2015欧亚经济论坛在"一带一路"战略指引下开创了许多合作新模式，"一带一路"会展合作暨丝路创客创业分论坛即开启了开放式会展项目合作模式。

二 2015欧亚经济论坛丝路会展合作论坛及其取得的成果

"一带一路"会展合作暨丝路创客创业论坛（简称"丝路会展合作论坛"）是2015欧亚经济论坛框架下的重要论坛之一，在会展合作创新方面取得了显著成果。作为论坛取得最为显著成果的开放式会展项目合作模式的开启，对陕西会展业的发展有着里程碑式的意义。

（一）丝路会展合作论坛

为贯彻国务院《关于进一步促进展览业改革发展的若干意见》《关于大力推进大众创业万众创新若干政策措施的意见》和国家发改委、外交部、商务部联合发布的《推动共建丝绸之路经济带和21世纪海上丝绸之路的愿景与行动》，落实李克强总理提出的"大众创业、万众创新"发展战略，2015欧亚经济论坛首次将会展业合作发展和创客创业内容纳入论坛体系。

经西安市人民政府批准，由欧亚经济论坛秘书处、中国会展经济研究会、西安市会展业发展办公室等单位联合主办，陕西西部国际会展有限公司独家承办了"一带一路"会展合作暨丝路创客创业论坛。该论坛2015年9月25日在西安曲江国际会议中心成功举办，是"一带一路"沿线会展行业的一次重要盛会。

丝路会展合作论坛以"共建会展合作平台、促进丝路创客创业"为主题，由政府相关领导、会展行业领袖、专家学者、创投公司高管、创新创业企业家、创客精英等共同参与，主要探讨了"一带一路"背景下，沿线城市会展业合作发展、新型政商关系、投资热点分析、发展新格局等主题内容。论坛以区域经济一体化为依托，以资本、项目、人才资源整合的方式，联合丝路沿线会展场馆、会展协会、会展企业等相关机构，共同打造集展会策划组织、项目引进输出、展会招商宣传、信息交流与人才培训等于一体的跨行业、跨地区、跨国界的会展聚合体，并通过会展合作论坛和会展创客大赛等载体进一步拓展和完善会展产业链和配套服务功能，共同探索开拓丝绸之路会展市场，资源共享、互利共赢。

（二）丝路会展合作论坛取得的重大成效

通过本次丝路会展合作论坛，与会人士形成了一致共识，"一带一路"会展业要合作发展，并发布了"一带一路"会展合作倡议书，对丝路会展创客大赛作品进行了展示。更为重要的是，论坛期间承办方陕西西部国际会展有限公司与西安曲江天启壹方展览服务有限公司同陕西省老龄办、陕西老年报社等单位签订了开放式会展合作项目——第二届中国西部（西安）电子商务博览会、第二届中国西部国际老龄产业博览会等，开启了会展合作的新示范。五方协同会展管理系统、中国西部数博会等开放式会展合作项目的合作单位在论坛上分别签订战略合作框架协议。

在论坛上，陕西西部国际会展有限公司还与北京五洲丝路国际投资控股有限公司、陕西嘉盛投资有限公司、陕西高铭投资管理有限公司、深圳凯诺资本管理有限公司、深圳市微客思投资发展有限公司、深圳万升资产管理有限公司6家投资机构签订战略合作投资意向书，共同发起筹备设立了"丝路会展基金"，推动开放式会展合作项目发展。首支"丝路会展基金"总金额突破1亿元。"丝路会展基金"全力支持"一带一路"会展业创新合作发展平台支撑项目之一——欧亚经济论坛丝路会展创客大赛。2015首届欧亚经济论坛丝路会展创客大赛以"创意丝路项目、成就创客梦想"为主题，旨在挖掘优秀会展项目、发现专业会展人才、吸引国内外优质会展资本，整合会展优势资源，推动丝路沿线会展业与国际知名创投公司合作，培育具有国际影响力的会展品牌，更好宣传会展业在"一带一路"建设中的引领作用，共同打造一个会展业项目、人才、资本的品牌资源平台。

总体上，丝路会展合作论坛亮点纷呈，为"一带一路"沿线会展业的发展提出了新理念、新思路，特别是在论坛上开启的开放式会展合作项目形成了会展业发展的一种全新模式，对于"一带一路"战略背景下的陕西会展业规范化、专业化、国际化发展具有重要的启示作用。

（三）开放式会展合作项目开启陕西会展业新模式

我国会展经济是伴随着改革开放的不断深入和经济持续增长而蓬勃发展起来的。进入21世纪，我国各级政府与企业纷纷加大对会展经济的投入，会展经济开始驶入快车道，以每年20%的速度快速递增。陕西省是中国西北的门户，新丝路跨亚欧的国际经济大通道"新亚欧大陆桥"横贯陕西中部。关中地区先进制造业、陕北地区能源化工业、陕南绿色产业、渭北果业等区域性产业集群的发展已卓见成效。省会西安是西北地区最大的中心城市和区域性科技、教育、金融、商贸和国际旅游中心，以及经过多年的努力显著改善的城市大气环境、水环境和生态环境，这些因素都有利于加快会展经济的发展，充分利用会展经济进一步扩大对外贸易、对外交流与合作，全方位提高陕西省在国际上的知名度，打造西安城市品牌。国家提出的"一带一路"战略，为陕西会展经济提供了绝佳的发展机遇。

陕西会展经济的发展经历了从小到大、从低层次到高层次的发展历程，但无论与国际著名会展城市还是与国内其他同类城市相比，都存在着较大的差距和不少亟待解决的问题，如会展经济市场化程度不高，缺乏大型的国际、国内品牌会展项目，会展项目融资困难，高素质专业会展专业人才缺乏，会展业相关设施（硬件）不完善和相关配套服务（软件）有待提高等。这些因素都不同程度地制约着陕西会展经济的做大做强。陕西会展经济的发展应充分利用特有的优势，以市场经济、市场化运作为基础，培育品牌会展项目，通过调整产业结构转型升级，形成结构合理、竞争力强的行业组织，进行跨地区、跨部门、跨行业的战略重组。重点策划运作一批品牌化、规模化、国际化、规范化，专业性强、重复率少、有发展空间和可持续的会展项目，增强陕西省会展经济的竞争实力，使陕西省成为我国西部地区的区域会展中心，成为"会展强省"。

在2015年9月25日召开的欧亚经济论坛丝路会展合作论坛上，产生了全新的在"一带一路"新形势下会展业发展的新思路、新理念，即共建开放式会展合作项目，引起了来自全国各地与会的会展业主管部门领导、会展行业知名专家学者、各城市著名会展公司决策者和职业经理人、相关行业代表的一致认可，成为会上会下交流的焦点话题。当前，开放式会展合作项目也已进行了一些有益的探索尝试，并取得了初步成效，完成了几个会展合作项目的对接。

会展开放式项目平台完全改变了以往传统展会那种有项目没资金，有资金没项目，融资难度大，资金成本高，会展场馆时间档期安排，以及会展项目规模小、专业性不强、没有长期可持续发展等各种因素条件限制的运作模式，从而有效解决会展场馆、项目、资金、品牌宣传、规模效应、展会服务及会展专业人才的培训、储备等问题。其做法归纳起来有以下几点：一是通过如网站、博客、微信等各种领先的普及宣传手段，长期征集优质的会展合作项目；吸纳资金；储备会展专业人才；联合有实力、有影响的会展公司及与会展相关的广告宣传、会展服务、展台设计搭建、印刷和物流运输、宾馆餐饮、旅游等企业做强会展经济。二是会展合作项目经过会展专用基金组织专家评审，使项目具有规模大、国际化程度高、专业性强、重复率低、交易功能明显等特点（或具备其中某几项特点）；强化会展公司资质及软硬件条件，使其具备运作项目的能力。三是会展合作项目经过权威部门项目资金预算；项目运作资金准备充足；会展专业人才储备充分。四是通过实行股权融资的方式，精准运用投融资资本，对有条件的会展公司（或会展公司某会展项目）进行股份制改造，注入该会展公司或会展项目所需的资金。五是采取先进的现代化管理模式，成为或接近成为真正意义上的现代企业。六是将股权融资的方式扩大到展馆建设、餐饮业、宾馆业、物流运输、旅游业、展台设计搭建等会展业相关联的产业。

这种开放式会展合作项目，开启了陕西会展业发展的新模式，将是陕西会展经济划时代的革命性创新。在"一带一路"战略大背景下，开放式会展合作项目模式将使陕西会展业迎来跨越式的发展。

三 充分整合资源，推进陕西会展业跨越式发展

随着经济全球化程度的日益加深，会展业已发展成新兴的现代服务贸易型产业，成为衡量一个地区经济发展水平的重要标准之一。多年来，在各界共同努力下陕西会展经济取得了长足的发展。但是，与北上广乃至成都等城市相比，陕西会展业还有一定的差距。结合区位以及历史文化等优势来看，陕西会展业还可以取得更大的成就。为此，陕西必须紧抓"一带一路"战略机遇，高度重视2015欧亚经济论坛丝路会展合作论坛所探索的开放式会展项目合作模式，充分整合各类资源，推进陕西会展业跨越式发展，领先西部，在"一带一路"会展业中占有重要的一席之地。

（一）省市政府高度重视会展业与会展合作

当前，会展业的地位和作用日益凸显，对调整结构、开拓市场、促进消费、加强合作交流、扩大产品出口、推动经济快速持续健康发展等发挥着重要作用，在城市建设、精神文明建设、和谐社会构建中也体现其特殊的地位和作用。《关于进一步促进展览业改革发展的若干意见》（国发〔2015〕15

号）首次全面系统地提出展览业发展的战略目标和主要任务，并对今后进一步促进展览业改革发展做出了全面部署。该文件体现出新常态下的会展业得到了国家的高度重视。

陕西在地理上位于我国中部，是西北、西南、华北、华中地区之间的枢纽，与8个省份接壤，具有承东启西、连接西部的区位之便，是我国西北地区的经济、文化中心，"一带一路"沿线的重要省份，是"丝绸之路"的起点，正在建设"丝绸之路经济带新起点"。区位优势为陕西会展业发展奠定了基础。陕西历史文化辉煌灿烂，是我国历史上建都朝代最多和时代最长的省份，也是中国革命的摇篮。这里有"世界第八大奇迹"秦始皇兵马俑，有至今世界上保存最完整、规模最宏大的古城墙，有文物储藏量全国之最的陕西历史博物馆，还有乾陵、法门寺等游人如梭的景区景点以及神态各异的生态旅游资源，等等。这些为陕西会展业发展提供了强大的内在底蕴与外在吸引。

按照国发〔2015〕15号文件精神以及陕西所处的区位等天然优势，陕西会展业需要进一步大力深化改革发展，应树立"会展强省"战略目标，不断加强会展合作与创新发展。要达到"会展强省"目标，会展业应该得到陕西省以及相关市区政府更加高度的重视。必须充分认识到会展业除了凸显陕西地位以及发挥社会功能外，还要认识到其对区域经济发展有着高度的贡献性，会展产业应成为陕西经济发展的重要增长点，成为陕西产业布局的重要组成部分。必须把会展业发展提升到战略高度，要在国民经济和社会发展规划中凸显会展业，要有会展业发展专题规划。以西安为引领，全省布局，各市、县全面支撑，做大做强陕西会展产业。尽快组建陕西省会展事务管理局，全面协调各个厅局、各部门、各地市以及省外国际，大力推进会展产业合作发展，尽快出台《陕西省会展业发展促进条例》、设立"陕西省会展业发展专项资金"等。强化西安市会展业管理职能，升格西安市会展业发展办公室为会展事务管理局，深化会展业改革与创新发展。积极制定推动会展业发展的优惠政策，创造更好的会展业政策环境。积极鼓励省内会展高校开设会展专业，不断探索先进教学体系。高度重视会展项目，特别是合作创新项目，使各界合作创新成为陕西会展业发展的重大特色。

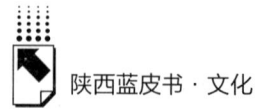

（二）积极打造会展业合作平台

欧亚经济论坛作为促进中国中西部和中亚五国及俄罗斯建立全方位、多层次的沟通渠道和务实合作平台，近年来在区域合作发展过程中起到了重大作用。2015欧亚经济论坛设置"一带一路"会展合作分论坛，体现了对自身行业合作发展的重视。正如欧亚经济论坛通过交流合作对经济发展的推动，"一带一路"会展合作论坛对于会展界以及相关方面的交流合作也起到了重要促进作用，并产生了发布"一带一路"会展合作倡议，整合会展业相关资源的一系列重大成果，其本身也成为会展项目合作的重要平台，并极大促进了"丝路会展创客大赛"等会展项目的顺利推进，使会展业进入了全新的开放式项目合作发展模式。这次论坛的成功举办是陕西会展业创新发展迈出的重要一步，这一会展项目合作平台的出现将给陕西乃至整个会展业的发展带来重大的积极影响。

"一带一路"会展合作论坛是开启中国西部会展业合作的正式平台，刚刚搭建形成，在许多方面还存在单个会展企业承办资金力量不足、号召力有限等困难。为了促进陕西会展业更快更好发展，必须下大力气对会展合作论坛这样的平台进行扶持。可以设立一定的规模政府资金，采用PPP等管理运营模式有效推动会展业的发展；有必要由省市政府以及相关部门协调各种关系，形成一定的合力，并加强宣传推介，在必要的时候以下发文件的方式促使诸如会展相关方面积极参与，全力打造好会展合作论坛这一平台，扩大影响力，形成品牌，使其产生更为积极的效果。

丝路会展合作论坛不仅是构建会展业合作平台的引擎，更为重要的是通过论坛推动形成更多的开放式会展项目合作平台。传统上，会展项目通常是某一会展企业创意策划方案形成独家产品，自筹资金进行广告宣传、租赁或搭建场馆等，独家或委托销售展（席）位、广告等形成营业额和利润，体现了一定的封闭性。开放式项目合作发展模式则截然不同，它的创意策划方案、投资、销售等均可来自不同的团体（企业、机构）或自然人，项目仅仅是个平台。除了项目在本身上是会展合作平台外，整合这些资源的企业或机构也是会展合作发展的平台。面对"一带一路"战略和会展业加快转型升级，陕西必须积极深入打造更多更好的开放式会展项目合作平台，通过各种方式扶植开放式会展合作项目与相关企业机构。

（三）整合资源，不断推进开放式会展项目合作模式

开放式会展项目合作模式在实质上是对分散在各处的会展人才、方案、资金等各方资源的整合，并进行市场化配置。开放式会展项目合作模式主要是对会展业发展最为重要的项目与资金进行有效整合，重点解决拥有优质创意方案的会展项目因缺乏资金往往搁浅而难以产生应有的社会效益与经济效益的难题，同时也为资本方进入会展业打开了一条通道，使得两者顺利对接。开放式会展项目合作模式是陕西会展业的创新，也是对党的十八届三中全会深化改革精神的深入贯彻。在会展合作论坛上，各方签订战略协议募集到1亿元的"丝路会展基金"，表明了金融投资机构等对这开放式会展项目合作模式的认可，开放式会展项目合作模式有着广阔的前景，将会推动陕西会展业实现跨越式发展。

在当前，开放式会展项目合作模式还属于新生事物，2015欧亚经济论坛"一带一路"会展合作论坛上所形成的会展项目与投资方对接也仅仅是探索的开始，真正要使其形成对陕西会展业发展的驱动力，成为陕西会展业的特色，还需要整合更多更广的资源，共同推进这一模式，做大做强陕西会展业。首先，要深入研究开放式会展项目合作模式。积极发挥高校、研究机构等科研优势大力对会展业的发展进行深入研究，行业协会、会展企业以及金融企业也有必要介入研究；必要时，省市社科规划办以及社科联等机构可以年度课题或专项课题的方式向社会招标，有力推动相关的研究。其次，省市及其相关部门应深入调研开放式会展项目合作模式，通过减免税费、专项资助等方式积极扶持相关项目。省市会展业主管部门应协调政府、高校、研究机构、行业协会、金融企业及相关展览公司等，加强对开放式会展项目合作模式的培训与学习。最后，可以由会展业主管部门牵头，委托省市内几家

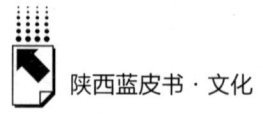

实力强大、管理运营规范的会展企业面向社会征集优质会展项目,邀请省内外投资机构参与投资,共同运营项目。

(四)支持做强陕西西部国际会展有限公司等示范企业,树立行业标杆

2015欧亚经济论坛"一带一路"会展合作论坛由欧亚经济论坛秘书处、中国会展经济研究会、西安市会展业发展办公室联合主办,陕西西部国际会展有限公司独家承办。陕西西部国际会展有限公司是一家集展会承办、会议组织、会展广告、综合展览、活动策划、品牌推广等业务于一体的综合性会展企业,位于曲江会展产业园内,自有办公场所1000余平方米。该公司立足陕西,面向西部,放眼全国,秉承"品质、创新、高效、多赢"的服务宗旨,努力形成一批"政府满意、百姓喜爱、展商欢迎、市场需要"的知名品牌展会产品,致力于打造中国顶尖的会展企业,愿景是成为引领中国西部会展业的领军企业,国际一流的会展标杆企业,为西部"品牌会展"专业化服务、标准化建设而竭尽全力,为推动"一带一路"战略建设增光添彩。

陕西西部国际会展有限公司是一家学习型、创新型、有活力的会展企业,在成功运营几大知名展会产品的基础上,创新推出了开放式项目合作的会展产品运营新模式,以充分整合相关资源,推动会展业发展。开放式会展项目合作是一种能够有效促进陕西会展业跨越式发展的新模式,这种模式及其所搭建的会展业发展合作平台应吸纳各界的广泛参与,而创新推出开放式会展项目合作模式的陕西西部国际会展有限公司等企业也应得到各界大力支持。结合陕西西部国际会展有限公司的企业愿景以及他们所创新的开放式会展项目合作模式,有必要协调相关方面全力支持该企业做大做强,成为陕西会展业的行业标杆。政府以及相关部门有必要在税费方面有所减免,曲江管委会、市会展办、发改委、省商务厅、文改办等部门应全力支持配合,对于该公司推出的丝路会展创客大赛、"一带一路"会展业创新合作发展平台建设项目及其运营的"中国西部名牌博览会""中国西部电子商务博览会"

"中国西部老龄产业博览会"等展会产品予以足够的扶持。利用"西安市会展业发展专项资金"等对陕西西部国际会展有限公司及其运营项目进行直接有效的支持,探索对陕西西部国际会展有限公司这样的会展企业发放政府贴息贷款;分步骤使陕西西部国际会展有限公司以PPP模式参与运营西洽会、农高会、文博会、欧亚经济论坛等相关会展项目。按照2015年9月23日国务院发布的《关于国有企业发展混合所有制经济的意见》精神,可以鼓励省内陕文投集团、陕旅集团、陕西省会展中心、曲江会展集团等大型国有文化企业参股陕西西部国际会展有限公司,以战略合作、资源整合的方式,率先发展会展行业的混合所有制经济。

B.11
陕西纪录片发展研究报告

杨艳伶*

摘 要： 在陕西丰厚的文化资源优势转化为产业优势的进程中，陕西影视产业功不可没，自然也少不了记录、表现或还原真实时空的纪录片。经过多年的探索与努力，陕西纪录片正在走上愈加平稳多元的发展道路，无论是人文地理类纪录片、社会现实类纪录片还是人物传记类纪录片等，都忠实地承担着建构民族意识、承载文化记忆、反映社会现实或传递人生感悟等功能。本研究报告在全面梳理陕西纪录片发展成就的同时，分析其在艺术形式、宣传发行、投融资、收益渠道、播出方式等方面的短板或难题，并相应地提出尝试制作电影纪录片、拓宽投融资和收益渠道、传统媒体与新媒体联动、进行多元化选题且寻求国际技术合作等建议及对策。

关键词： 陕西 纪录片 影视陕军

2012年5月和2014年4~6月，第一、二季《舌尖上的中国》先后在中央电视台播出，其时，街谈巷议、网络讨论、朋友聊天等大都被这部纪录片占据，其收视率更是引人瞩目。据统计，《舌尖上的中国》第二季第一集《脚步》的收视率为1.66%，收视份额为2.54%；第二集《心传》收视率

---

* 杨艳伶，文学博士，陕西省社会科学院文化产业与现代传播研究所助理研究员。

为1.477%，收视份额为4.11%，全国排名第一位；第三集《时节》收视率2.717%，收视份额是6.93%；第四集《家常》的收视率是3.885%，收视份额为14.66%，在全国排名居第一位；第六集《秘境》收视率为2.019%，收视份额是8.39%，在全国排名居第二位。① 影响力和收视率具佳的《舌尖上的中国》不仅让中国纪录片从业者看到了希望，也以一种更为生动、形象的方式增强了人们的民族认同感和文化自信。古语云"食色，性也"，中国本就是美食大国，以美食作为媒介串联起的是对家之温暖的渴望，以及对乡情、乡思、乡愁等情致的安放与宣泄。该纪录片用美食讲述中国人的百态人生，涵盖其中的还有价值观念、生活方式、人生态度等，它对中国文化软实力的提升以及中国纪录片"走出去"的战略探索都具有标志性的意义，"为中国纪录片创立了第一个品牌，并成功地把文化影响转化为市场效益，两部《舌尖》的综合收益谨慎估算已经超过5亿元，将纪录片产业链从传统的广告、音像、图书等拓展到电商销售、电影，甚至拉动了相关行业的股票价格"②。

"影视陕军""文学陕军"是陕西重要的文化"名片"，是将丰赡厚重的三秦文化加以表现与推广的重要载体，更是陕西建设"文化强省"的主要内驱力。电影《图雅的婚事》《建党伟业》《钱学森》《白鹿原》，电视剧《激情燃烧的岁月》《小麦进城》《胡杨女人》《大秦帝国》《保卫延安》《我在北京·挺好的》《空巢姥爷》等都是近些年陕西影视领域的重要收获，这些作品或以恢宏磅礴的方式讲述这片土地上曾经的历史沧桑和风云变幻，或传递坚韧、执著的当代价值观，或演绎需要引起全社会关注的空巢、养老之时代命题等。简言之，在陕西丰厚的文化资源优势转化为产业优势的进程中，陕西影视产业功不可没，自然也少不了记录、表现或还原真实时空的纪录片，这是因为"一个国家没有纪录片，就像一个家庭没有相册。纪录片在传播国家文化信仰、映射社会现实、进行自我表达和

---

① 数据来源：《舌尖上的中国第二季收视率汇总（每期更新）》，深圳本地宝网站，http：//xiuxian.sz.bendibao.com/news/2014419/611451.htm，2014年5月24日。
② 张同道：《中国纪录片发展研究报告（2015）》，中国社会科学出版社，2015，第5页。

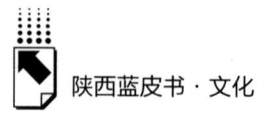

提供精神愉悦等层面具有其他任何一种影像形式所无法替代的现实意义和历史价值"[1]。

一 蓬勃发展的陕西纪录片

2010年10月，国家广电总局出台了《关于加快纪录片产业发展的若干意见》；2011年1月1日，央视纪录频道（频道呼号：CCTV-9纪录〔中文版〕、CCTV-9 Documentary〔英文版〕）开播，全天24小时不间断播放政治、人文、历史、地理、自然等纪录片；除央视纪录片频道外，国内纪录片频道还有北京纪实频道、上海纪实频道两个卫星频道，以及湖南金鹰纪实频道等地面纪录片频道；国家新闻出版广电总局在落实每年500万元纪录片扶持资金的同时，要求自2014年1月起，所有卫星综合频道平均每天须播出30分钟以上国产纪录片。相关政策的渐趋完善、播出平台的日益拓宽，都为纪录片业营造着良好的发展氛围，而拍出社会效益和经济效益俱佳的纪录片，进而推动其不断"走出去"就成为各地亟须解决的重要命题。

近年来，依托得天独厚的文化资源优势，借力渊源深长的"影视陕军"，陕西纪录片取得了令人瞩目的发展成就，无论是包含"陕西元素"还是"陕西出品"的纪录片的数量和质量都呈上升趋势。作为中共陕西省委宣传部的重大文化项目精品工程，10集电视纪录片《望长安》详尽地阐释鼎盛的周、秦、汉、唐时期所创造的丰厚文化，并生动地呈现出历史对现实的影响与启示。大型纪录片《大秦岭》由中共陕西省委宣传部、陕西省人民政府新闻办公室和陕西电视台联合出品，由《宏基伟业》《山佑汉脉》《盛世佛音》《高山仰止》《感恩秦岭》《万类霜天》《生息与共》《秦风雅颂》等8个部分组成，详尽解读秦岭的历史、文化底蕴及其对当代生活的重要价值。6集电视纪录片《陕北启示录》由中共陕西省委宣传部、陕文投

---

[1] 陈一、史鹏英、王旻诗：《电视纪录片概论》，国防工业出版社，2014，第6页。

集团、中共榆林市委宣传部、中共延安市委宣传部、陕西电视台等部门联合摄制，该纪录片从《魂兮高原》《风流人物》《风云激荡》《绿色长城》《保卫黄河》《多彩陕北》6个方面切入，从国家战略、民族命运、精神家园、自然环境等方面阐释陕北这一特殊地域的过去、现在和未来。《路遥》共有8集，即《惊蛰》《谷雨》《芒种》《夏至》《大暑》《霜降》《大寒》《立春》，作家路遥多舛的人生、执著的艺术追求都在纪录片中得到了完整呈现。高清纪录片《我们在延安》由陕文投集团、西安曲江影视集团投拍，由中央新闻纪录电影制片厂和视袭影业联合制作，分为《延安的老乡》《延安的访客》《延安的丽人》《延安的歌声》《延安的舞步》《延安的课桌》《延安的小米》《延安的纺车》《延安的窑洞》《延安的选票》《延安的老外》《延安的宝塔》12集，选取平实的日常生活视角，引领人们进入延安历史的深处，进而阐发延安岁月、延安精神的深广内蕴。2012年4月，由中共陕西省委宣传部、陕文投集团、陕西省公祭黄帝陵工作委员会等联合出品的大型史诗纪录片《黄帝》在央视纪录频道首播，通过《出世》《北融》《南合》《治世》《寻道》《永生》6集全方位、多角度描摹中华文明起源。壮丽山河险峻之美、华夏文明厚重之美、今日陕西活力之美都在大型航拍艺术片《大美陕西》中得到了完美诠释，该片由中共陕西省委宣传部、陕西省新闻出版广电局和陕西省广播电视台联合摄制，共有10个主题，即《中央山脉》《江河之水》《大地之歌》《绿色家园》《丝路起点》《历史回望》《驰骋纵横》《古镇风情》《长乐未央》《动力之源》。致力于探索人与自然关系的5集纪录片《浐灞长歌》于2014年5月登陆央视科教频道，这部由中共陕西省委宣传部、中共西安市委宣传部及西安浐灞生态区联合央视推出的电视纪录片讲述浐、灞两条河流的前世今生，再现中华文明生生不息之根，展示人与自然和谐共处的必要性与重要性。陕西省水利厅、陕西省渭河综合治理办公室和陕西广播电视台联合制作的《大美渭河》同样以河流作为讲述对象，在上下两集58分钟的时间里，该纪录片不仅展现渭河与陕西人、陕西经济之间的关系，也揭示渭河治理的重要战略意义。

西安曲江影视集团在推出《纺织姑娘》《窃听风云》《小麦进城》《天

地民心》等影视剧的同时，在纪录片领域也取得了不菲的成绩，除之前所述的《陕北启示录》《我们在延安》《黄帝》外，还有记述道北地区盛唐千年文化传承及70年沧桑巨变的《道北七十年》，将皇家宫殿作为载体观照历史的《大明宫》，讲述佛祖释迦牟尼真身舍利及盛唐帝国历史文化的《法门寺》，致力于探求中华文明思想精髓之渊源的《问道楼观》，着眼于中国城市未来发展的《西安2020》，叙写百年老社风云变迁的《百年易俗社》，反映西北革命根据地抗战史的《西风烈》，再现一代艺术大师们跌宕起伏人生历程的《百年巨匠（第一部）》，呈现百年文化老街厚重历史底蕴的《西安柏树林》，聚焦和探索古都历史文化脉搏的《西安城墙》《骊山》，还有拍摄中的探索古都西安的水文化、水文明及水历史的《水润西安》，等等。该集团制作的精品纪录片作品套装礼盒《跟着电影游曲江》在第九届中国（深圳）国际文化产业博览交易会上亮相，以其独到的创意、完美的设计和精彩的内容受到广泛关注。《跟着电影游曲江》中包括《问道楼观》《法门寺》《大明宫》《西安2020》《道北七十年》《百年易俗社》6部纪录片，巧妙地展示陕西纪录片摄制成就的同时，也能让人们全面深入地了解西安的自然风光和人文历史。

2014年7~9月，陕西广播电视台策划的全媒体文化体验活动片——《丝绸之路万里行》开启了陕西纪录片制作的全新模式，是以"边拍边播"、全景真人记录方式推出的大型纪录片。这次活动将"丝绸之路经济带"作为切入点，从丝绸之路起点西安出发，沿着古丝绸之路一路向西，穿越8个国家，历时60天，总行程15000公里，最终抵达意大利首都罗马。由陕西卫视组建起的全媒体报道团队以镜头捕捉和记录着丝路沿线国家的经济、社会和人文发展情况，通过"丝路行走""丝路对话""丝路娱乐"3个板块全景式地呈示东西方文化的发展、交流、互融历程。

《望长安》《大秦岭》《陕北启示录》《路遥》《我们在延安》《黄帝》《大明宫》《问道楼观》《百年易俗社》《百年巨匠（第一部）》等纪录片大都在央视纪录频道或央视科教频道播出，而这两个影响力广泛、特色鲜明的频道正是纪录片在国内走向大众的最佳载体。以央视科教频道为例，该频道

"年平均有 1.36 亿观众收看"①,且"始终坚持'教育品格、科学品质、文化品位'"②。借助高端的播出平台,陕西纪录片的影响力得到了一定程度的提升,各种重要奖项的获得更是对"影视陕军"的肯定与激励,如《望长安》荣膺第 22 届中国电视文艺"星光奖"电视纪录片大奖,《大秦岭》斩获 25 届金鹰奖优秀电视纪录片奖、第二届全国优秀电视文化(文艺)栏目优秀大型纪录片奖、2010 年度国产纪录片及创作人才扶持项目奖最佳中篇和最佳编剧奖等多个奖项,《陕北启示录》《路遥》分别荣获第六届"纪录·中国"一等奖和第七届中国纪录片国际选片会"年度十大纪录片"奖,《大明宫》《问道楼观》《百年易俗社》所获奖项依次为第十届四川电视节"金熊猫奖"最佳长纪录片奖、第十八届中国纪录片系列片十优作品、第十九届中国电视纪录片长片十优作品等(见表 1)。

表 1 近年来陕西部分重要纪录片及其影响力情况

片名	主要内容	出品单位	上映时间	影响力(播出平台、获奖情况、反响等)
《望长安》(10集)	《秦砖汉瓦》《盛世之光》《中国原点》《长治久安》《佛骨灵光》《雁塔题名》《古调独弹》《鼓舞风神》《圣地延安》《西望长安》	中共陕西省委宣传部、陕西省人民政府新闻办公室、陕西广播电视台	2009 年 8 月	2009 年 8 月 3~7 日,在央视经济频道《经济半小时》栏目播出;获得第 22 届中国电视文艺"星光奖"电视纪录片大奖
《大秦岭》(8集)	《宏基伟业》《山佑汉脉》《盛世佛音》《高山仰止》《感恩秦岭》《万类霜天》《生息与共》《秦风雅颂》	中共陕西省委宣传部、陕西省人民政府新闻办公室、陕西广播电视台	2010 年 1 月	2010 年 1 月 1~8 日,在央视科教频道《探索·发现》栏目首播;荣获第 25 届金鹰奖优秀电视纪录片奖、第二届全国优秀电视文化(文艺)栏目优秀大型纪录片奖、2010 年度国产纪录片及创作人才扶持项目奖最佳中篇和最佳编剧奖

---

① 张同道:《中国纪录片发展研究报告(2015)》,中国社会科学出版社,2015,第 45 页。
② 张同道:《中国纪录片发展研究报告(2015)》,中国社会科学出版社,2015,第 27 页。

续表

片名	主要内容	出品单位	上映时间	影响力(播出平台、获奖情况、反响等)
《陕北启示录》(又名《陕西启示录》)(6集)	《魂兮高原》《风流人物》《风云激荡》《绿色长城》《保卫黄河》《多彩陕北》	中共陕西省委宣传部、陕文投集团、省林业厅、省环保厅、中共延安市委宣传部、中共榆林市委宣传部以及陕西电视台	2011年7月	2011年7月7~12日,在央视《探索·发现》栏目播出;获得第六届"纪录·中国"一等奖
《路遥》(8集)	《惊蛰》《谷雨》《芒种》《夏至》《大暑》《霜降》《大寒》《立春》	路遥的弟弟王天笑筹资拍摄	2011年3月	2010年11月20日,该纪录片剪辑版在凤凰卫视《我的中国心》栏目首播;2011年3月28~30日,在央视科教频道《人物》栏目播出。荣膺第七届中国纪录片国际选片会"年度十大纪录片"奖
《我们在延安》(12集)	《延安的老乡》《延安的访客》《延安的丽人》《延安的歌声》《延安的舞步》《延安的课桌》《延安的小米》《延安的纺车》《延安的窑洞》《延安的选票》《延安的老外》《延安的宝塔》	陕文投集团、西安曲江影视集团投拍,中央新闻电影纪录制片厂、视袭影视联合制作	2012年6月	2012年6月30日,在央视纪录频道首播;荣获第十八届中国电视纪录片人文类纪录片一等奖
《黄帝》(6集)	《出世》《北融》《南合》《治世》《寻道》《永生》	中共陕西省委宣传部,中共延安市委、市政府、陕西省公祭黄帝陵工作委员会办公室、陕文投集团	2012年4月	2012年4月3日,在央视纪录频道、新华社电视网(CNC)、陕西广播电视台、新浪等多家电视台及网络播出;获得第十八届中国电视纪录片人文类纪录片好作品奖
《大明宫》(6集)	《幻影迷城》《丹凤朝阳》《日月当空》《盛世荣光》《繁华如梦》《凤凰涅槃》	西安曲江影视集团、大明宫国家遗址公园	2010年2月	著名导演金铁木执导;2010年2月12~17日,在央视科教频道首播;荣获第十届四川电视节"金熊猫奖"最佳长纪录片奖

续表

片名	主要内容	出品单位	上映时间	影响力(播出平台、获奖情况、反响等)
《问道楼观》(8集)	《经出终南》《百经之首》《无为而治》《以奇用兵》《国教为道》《大美无形》《养生之道》《道妙永恒》	西安曲江影视集团、西安曲江楼观道文化展示区管理办公室	2012年5月	著名导演金铁木执导;2012年5月14～17日,在央视科教频道《探索·发现》栏目播出第1～4集,5月19～22日播出第5～8集;获得第十八届中国纪录片系列片十优作品之殊荣
《百年易俗社》(2集)	《古调独弹》《琴音永存》	西安曲江影视集团	2012年8月	2012年8月27～28日,在央视科教频道《探索·发现》栏目首播;荣膺第十九届中国电视纪录片长片十优作品殊荣
《百年巨匠》(第一部)	《黄宾虹》《齐白石》《徐悲鸿》《张大千》	西安曲江影视集团、央视、北京银谷艺术馆	2013年3月	2013年3月18日起,在央视纪录片频道播出;在第八届中国纪录片国际选片会上斩获人文纪录片二等奖,并获"2012年国产优秀纪录片"殊荣
《西安城墙》(2集)	《西安城墙(上)》《西安城墙(下)》	曲江影视集团、西安城墙景区管理委员会联合打造	2014年11月	2014年11月20～21日,每晚十点在央视科教频道《探索·发现》栏目播出,并于次日14:23重播

二 发展进程中存在的问题与不足

陕西纪录片在挖掘与呈现独有文化资源的同时,走上了央视、凤凰卫视等高端的播出平台,也获得了各级各类重要奖项,但依然存在不少亟待解决的问题和不足。

(一)形式较为单一,大多为电视纪录片

纪录片包括电视纪录片,也包括电影纪录片,自1905年由北京丰泰照相馆拍摄的中国第一部《定军山》诞生以来,中国纪录电影已经有上百年的历史。电视纪录片的出现则与"电视"这一新兴媒介的出现息息相关,

在中国，其发端于20世纪50年代，即"1958年5月1日，北京电视台成立，当晚播出了由中央新闻纪录电影制片厂制作的纪录片《到农村去》，标志着中国电视纪录片的开端"①。近些年，陕西出品的纪录片大都是电视纪录片，鲜见电影纪录片，形式比较单一。

（二）多数纪录片沿袭固有制作模式，且融资、收益渠道都比较狭窄

与近来大热的《舌尖上的中国》《第三极》《河西走廊》等纪录片相比，陕西纪录片的制作模式、融资方式、收益渠道等都存在一定欠缺。在制作方式上，大都采取图文解释、声画对位等形式，不时出现的专家学者身影以及解说词过多导致宣讲科教意味浓厚，故事性、生动性与趣味性却相应减弱。在资金来源方面，陕西纪录片大都依赖政府投入以及企业或电视台自筹资金。同时，由于对纪录片经济价值或商品属性的考虑较少，因而收益渠道非常狭窄。

（三）宣传、发行及播出方式相对滞后，与新媒体的融合步伐缓慢

不赚钱、档案或资料性质是国内对纪录片的固有认识，纪录片制作者首先考虑的是其意识形态属性，观众的反响、市场的认可则居于次要位置。殊不知，除公益纪录片外，大多数纪录片都要经受市场的检验，其选题、策划、制作应充分考虑市场需求，更需要通过宣传、营销实现与受众的真正对接。陕西纪录片在宣传、发行等方面还有很长的路要走，与新媒体融合的步伐比较缓慢。以2014年11月20~21日在央视科教频道播出的《西安城墙》为例，该纪录片登陆央视的新闻密集地出现在了2014年11月20日和21日的央视网、网易新闻中心、西安文明网上，而此时《西安城墙》即将或已经播映，其预热或宣传效果已经大打折扣。而这部纪录片的上映新闻在曲江影视的微信公众平台被推送的时间是2014年11月18日，阅读、扩散或转

---

① 陈一、史鹏英、王旻诗：《电视纪录片概论》，国防工业出版社，2014，第6页。

发的数量及效果都不是非常理想。从播出方式来看，与《舌尖上的中国》第二季等采用的周播方式不同，陕西纪录片大都以日播方式在较短的时间段里完成播映。

（四）缺乏具有国际影响力和竞争力的品牌纪录片

品牌是注意力经济时代里获得社会关注度与美誉度的前提和保证，也是提升区域文化软实力的有力保证。在2013年4月举办的"第50届法国戛纳春季电视节"上，央视纪录频道推出了《舌尖上的中国》《丝路》《京剧》《茶》等9部纪录片，在所有注册参展的亚洲纪录片中，《茶》和《京剧》片花的在线点击率排名位居前列；而《茶》和《京剧》彰显的正是世界茶文化以及中华文化之恒久魅力，足见品牌纪录片在传承文化、扩大影响力等方面的重要价值。综观这些年的陕西纪录片，不乏佳作但品牌作品欠缺，尤其缺少能够走向国际市场、具有国际影响力与竞争力的品牌纪录片。亮相第九届中国（深圳）国际文化产业博览交易会的《跟着电影游曲江》礼盒是一次非常不错的尝试，但还需要做出更多的努力才能拉近与国际市场之间的距离。

三 加快陕西纪录片发展的对策与建议

经过多年的探索与努力，陕西纪录片正在走上愈加平稳多元的发展道路，无论是人文地理类纪录片、社会现实类纪录片还是人物传记类纪录片等，都忠实地承担着建构民族意识、承载文化记忆、反映社会现实或传递人生感悟等功能。但是，市场营销、宣传发行策略的相对滞后，投融资、收益渠道狭窄，以及具有国际影响力和竞争力的品牌纪录片缺乏等，都是不可忽视的发展短板。只有有效破解这些难题，陕西纪录片才能够更为有力地助推"影视陕军"取得新的突破。

（一）尝试制作电影纪录片，走进院线，扩大影响力

电视纪录片和电影纪录片是两种通过不同传播媒介创造性地记录或表现

生活的艺术形式，尽管纪录电影的出现时间早于电视纪录片，但两者本无优劣、高下之分。从目前的发展态势来看，如果资金、时机、策划、宣发等都足够到位，时效性要求高、运作周期短的电影纪录片更能够获取较多的关注，而陕西缺乏的正是能走进院线并扩大影响力的电影纪录片，这也是陕西纪录片今后的发展方向之一。国内外成功的纪录电影案例不胜枚举，法国生态纪录片《帝企鹅日记》于2005年1月上映并获得了第78届奥斯卡金像奖最佳纪录片奖；以迈克尔·杰克逊生前演唱会彩排片段等制作而成的影片 This is it（《就是这样》）取得了2亿美元的票房；由国内真人秀综艺节目《爸爸去哪儿》衍生而来的同名电影于2014年春节上映，票房收入是6.96亿元；台湾乐团五月天的演唱会电影《5月天诺亚方舟》的票房收入是2106万元；同样是由真人秀电视节目改编的同名电影《奔跑吧！兄弟》上映首日即获得了7000万元票房（见表2）。

表2　近年来国内部分电影纪录片放映及票房收入情况

电影纪录片	类型	上映时间	票房（万元）	发行单位
《5月天诺亚方舟》	演唱会纪录片	2013年9月	2106	中国电影集团公司
《爸爸去哪儿》	真人秀纪录片	2014年1月31日	69600	光线传媒
《奔跑吧！兄弟》	真人秀纪录片	2015年1月30日	首日票房7000万元，2015年首部单日票房过亿的国产2D影片	万达影视传媒有限公司、五洲电影发行有限公司等

数据来源：何苏六《中国纪录片发展报告（2014）》，社会科学文献出版社，2014，第105~115页；《〈奔跑吧兄弟〉成2015首部单日票房过亿国产2D片》，新华网，http://ent.news.cn/2015-02/01/c_127445121.htm，2015年2月1日。

（二）开拓思维、创新思路，不断拓展投融资以及收益渠道

"纪录片创作者需要创新作品风格，精选题材内容，调整角度，改变旧的创作模式和创作理念，避免落入俗套。"[①] 在未来的发展中，陕西纪录片

---
① 张家齐：《浅谈中国电视纪录片的发展现状及未来趋势——以〈舌尖上的中国〉为例》，《今传媒》2015年第3期。

从业者首先要创新思路、转变思维，逐渐弱化以往作品中过于浓厚的宣讲教化彩色，更加注重情节性、故事性、趣味性和生动性等。12集纪录片《河西走廊》最大的亮点就是用"讲故事"的创新思维演绎波澜壮阔的河西走廊和丝绸之路历史及文化，是用鲜活故事、生动表演再现历史场景而非简单的文字讲述或学者访谈。在投融资方面，可以广泛吸纳民营资本参与纪录片制作，条件许可的情况下，甚至可以用众筹方式募集资金，从而更为有效地聚集起社会智力资源。同时，纪录片也能够以冠名、广告投放、版权销售等方式获取收益，正如中国传媒大学中国纪录片研究中心（China Documentary Research Center）发布的数据所示，尽管差强人意，但"纪录片获得的广告收入将呈现逆势上涨趋势"①。更何况，《舌尖上的中国》第二季上亿元的广告收入、如火如荼的企业冠名权及海外版权销售等已经提供了最好的示范。

（三）传统媒体与新媒体联动，拓宽传播、营销路径

精准营销是一部纪录片能够真正实现价值的首要条件，"营销过程是连接上游节目制作和下游客户或受众的重要渠道，从市场的角度来说，它又是产业价值链条中的枢纽"②。实现传统媒体与新媒体联动，寻求与网络纪录片频道的积极合作，逐步建立起完善的营销发行网络等，都是陕西纪录片当前及今后发展中需要着力解决的问题。尤其是在新媒体发展日新月异的当下，应充分利用微博、微信等社交媒体的强大宣传功能，将"微传播""微宣传""微营销"等运用到位，达到"未演先热""正播加温"甚至播出后余温持久等效果。《第三极》尚未播出时，由许巍演唱的同名主题曲《第三极》的MV已经在微信热传并引起了极大共鸣，作为该纪录片合作者的沃尔沃汽车也将广告适时地投放在相关的媒体上。同样在微信朋友圈受到极大关注的还有《河西走廊》，在人们不断转发与分享中，纪录片的传播平台和渠道得到了有效的丰富与拓展，而这也正是陕西纪录片需要跟进及强化的部

---

① 应妮：《中国纪录片"叫好不叫座" 广告收益差强人意》，搜狐文化，http://cul.sohu.com/20150415/n411277565.shtml，2015年4月14日。

② 石琳：《营销在纪录片市场化进程中的地位和作用》，《新闻大学》2008年第3期。

分。同时，播出方式也应该更加多元化，灵活采用日播、周播、季播等多种方式，例如《舌尖上的中国》第二季创新性地采用周播方式，不仅让人们的观看期待愈加强烈，也用两个月的时间为冠名企业、广告客户提供了充裕的宣传营销空间。

（四）树立品牌意识，努力探索纪录片"走出去"策略

画面震撼、立意新颖的《第三极》让国内观众享受到了唯美的视听盛宴，也迈出了走向国际的步伐，这部纪录片已被覆盖全球200多个国家和地区的美国国家地理频道直接采购，其4K非中文版将在该频道首播。《第三极》成为我国首部被美国国家地理频道采购并推送至全球电视网络的纪录片，这是对《第三极》制作团队艰辛工作的肯定，也为国内纪录片从业者们树立起了标杆。对陕西纪录片而言，不应将进入央视播出平台作为最高或终极目标，应该牢固树立品牌意识，推出更多的能够代表陕西形象的品牌代表作；还应该放眼世界、放眼国际，进行多元化选题并积极寻求国际技术合作，积极参与各类影视艺术节、文博会、论坛等文化交流活动，不断探索"走出去"的策略与方法。

总之，陕西纪录片是"影视陕军"的重要组成部分，也是推动陕西文化产业发展及文化强省建设的主要力量。建立起由前期考察调研、选题论证，中期精良制作以及后期宣传营销和衍生业务开发等环节组成的完整产业链，不断拓展投融资、收益渠道，持续探索走近大众乃至走向世界的有效路径，都是加快陕西纪录片发展的题中应有之义。

B.12
陕西文化产业教研状况调查报告

赵 东*

摘　要： 近年来，文化产业的蓬勃发展，陕西文化产业的教学与研究也不断取得了进步，先后有17家省内高校参与了文化产业教学，设立了9家文化产业研究机构，形成了一批文化产业论著成果。但是具体也还存在着一些不足与问题，如整体实力较弱，"985""211"院校参与较少；凝聚力不足，相互交流共进不足；传统学科包容不足，学科发展有所掣肘；文化产业理论研究不足，对专业教学支撑不够；与文化企业、地方文化发展的互动不够充分。建议要高度重视陕西的文化产业教研问题，"985""211"院校积极参与陕西文化产业教研，积极引导陕西文化产业学科建设，设立文化产业教学与研究专项基金，积极搭建陕西文化产业官、产、学、研平台。

关键词： 文化产业　陕西　教学机构　科研机构

文化产业作为21世纪的"朝阳产业"与"黄金产业"，近年来在国内外取得迅猛发展。目前，关于文化产业的教研工作也不断发展，国内已有100多所高校开设了文化产业专业，专业人才不断得到培养，同时科研院所也纷纷加入文化产业研究队伍，文化产业的理论科研成果不断涌现。陕西是

---

* 赵东，陕西省社会科学院文化产业与现代传播研究所助理研究员，陕西文化产业发展研究中心主任，博士，研究方向为文化产业。

著名的科教大省，为我国各行各业培养了大批优秀人才，同时科研成果不断转化为生产力，诸多学科教研成就在国内外产生着深远的影响力。在文化产业教学与研究方面，陕西也较早加入了这一行列，并不断发展，取得了较为显著的成就。为了更好认知、推进陕西文化产业教学与研究发展并进一步推动陕西文化产业发展，本报告对陕西文化产业教学与研究的状况进行了比较深入的调查与思考，探讨了存在的一些问题，并提出了对策与建议。

一 陕西文化产业教学与研究现状

由于文化产业的新兴性，决定了在很长一段时期它都不是正式的"学科"，基本上都是处于文、史、哲、经、法、管等传统学科的延伸方向位置。尽管从2004年开始，教育部在招生目录外设置了"文化产业管理"专业招收本科生，但是开设这一专业的高校很多并不是管理院系，而是文史艺术院系。在研究生层面，依托研究方向更为灵活，从大多数学科门类都可以进行招生教学，时间更早。同国内高校相似，陕西基本上也属于这一状况。

长安大学是国内较早、陕西省最早从事文化产业教学与研究的高校之一。该校早在2002年就开始依托产业经济学专业招收文化产业方向的硕士研究生。在教学基础上，2005年刘吉发教授等著的《文化产业学》一书出版，在省内外影响巨大。目前，长安大学分别从产业经济学、公共管理与旅游开发等几大领域成功培养了文化产业硕士研究生68名。借助教研优势，该校众多本科学生选修文化产业课程。在多年教研过程中，长安大学形成了《文化产业学导论》《文化管理导论》等一系列文化产业著作，撰写发表文化产业论文79篇。2010年，该校成立长安文化产业研究中心，系"陕西（高校）哲学社会科学重点研究基地""陕西省文化产业人才培训基地"，承担各类文化产业科研课题84项，科研经费累计400余万元，是陕西省文化产业研究的重要力量。作为以培养党员领导干部和理论宣传骨干为主的中共陕西省委党校，较早接触了文化产业教学和研究。在经过几年文化产业培训、教学后，党校以文史部为主的教师们于2005年编辑出版了陕西文化产业的重要教材——《陕西历史文化与文化产业开发》，10年来相关教师还发表了一系列关于陕西文化产业的科研论文，并指导了10余名党校研究生选题陕西文化产业，取得了不错的成果。

陕西省社会科学院对于文化产业研究，在2006年即依托文化研究所整合院内外相关科研资源，成立"陕西文化产业发展研究中心"，是当时省内外为数不多的文化产业研究中心之一，至今依然发挥着重要作用。面对文化产业蓬勃发展形势，2009年省社会科学院文化研究所转型更名为文化产业与现代传播研究所，是社科院系统唯一以文化产业命名的研究所，承担年度陕西文化蓝皮书课题的调研与编撰，至今已出版8部，为省委、省政府发展文化产业提出了很多真知灼见，研制了陕西省文化产业评价指标体系，连续2年负责陕西省文化产业"双十"评选工作。文化产业与现代传播研究所现有专职文化产业科研人员16名，高级职称6名，博士6名，主持国家课题4项，承担省委、省政府课题10余项，出版专著8部，发表科研论文80余篇，承担完成地方规划10余项，先后举办不同规模的文化产业学术会议5次。总体上，该所科研实力与科研水平在国内文化产业研究方面处于领先地位。

咸阳师范学院是国内较早、陕西省内最早从事文化产业本科教学的院校。2007年，该校历史系开设"文化产业管理"本科专业面向全国招生。目前，咸阳师范学院已毕业文化产业本科生295人，在校生186人。2009年，咸阳师范学院历史系升级更名为历史文化学院，专门设置文化产业教研室，拥有专业教师7名，主持参与文化产业及相关课题10余项，发表科研论文10篇。西安外事学院是国内较早认识到文化产业教研重要性的民办高校，于2007年依托人文学院挂牌文化产业学院并成立文化产业研究所，2013年正式招收文化产业管理本科生。2007年，西北大学挂牌成立"陕西文化产业研究院"，充分凝聚校内外力量，挖掘、整合陕西文化资源，致力陕西文化产业研究，从事地方文化产业规划等。在此前后，该校也开始从电影电视、广告学、公共管理、城市规划等相关专业方向招收文化产业研究生，其中一批毕业生已成为省内外文化产业教研、企业的骨干力量。

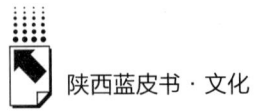

2008年，陕西省政协、中共陕西省委宣传部主办了一场陕西文化产业发展研讨会，云集了陕西省内一批专家学者进行了热烈的探讨，在很大程度上推动了陕西文化产业的探研发展。该年，西安工业大学开始与陕西省社会科学院合作共同招收陕西文化产业研究方向硕士研究生，至今成功培养了文化产业硕士10余人，并撰写了一批较高质量的文化产业科研论文。2009年，陕西教育学院（现陕西学前师范学院）开设"文化市场经营与管理"专业，招收文化产业类专科生。2010年，西安建筑科技大学、西安理工大学等在省内高校分别从管理学、艺术学等学科门类招收文化产业本科生，西安建筑科技大学同时还开始招收文化产业管理硕士研究生，并成立了陕西省文化产业管理研究中心，逐渐形成了陕西省一支重要的文化产业研究队伍。2011年，位于咸阳的西藏民族大学管理学院开始招收文化产业管理本科生，陕西师范大学、陕西科技大学等高校也开始通过区域经济、民族史、艺术学等研究方向招收文化产业硕士研究生。2012年和2013年，西安音乐学院、西安美术学院分别开设文化产业管理本科专业，培养未来的艺术经纪人。2013年，宝鸡文理学院、商洛学院同时开始招收文化产业管理本科生。2015年，西安欧亚学院也加入了招收文化产业管理本科生的队伍（见表1、表2）。

表1 陕西文化产业教学机构一览

序号	机构名称	教学层次	隶属学科	招生时间
1	长安大学	研究生	经济学、法学等	2002年
2	中共陕西省委党校	培训、研究生		2004年
3	咸阳师范学院历史文化学院	本科生	管理学	2007年
4	西北大学	研究生	文学、管理学等	2007年
5	西安工业大学经济管理学院	研究生	经济学	2008年
6	陕西学前师范学院	专科生		2009年
7	陕西师范大学	研究生	经济学、法学等	2009年
8	西安建筑科技大学管理学院	本科生、研究生	管理学	2010年
9	西安理工大学	本科生	艺术学、管理学	2010年
10	西藏民族大学管理学院（咸阳）	本科生	管理学	2011年

续表

序号	机构名称	教学层次	隶属学科	招生时间
11	陕西科技大学艺术与设计学院	研究生	艺术学	2011年
12	西安音乐学院音乐学系	本科生	艺术学	2012年
13	西安美术学院	本科生	艺术学	2013年
14	宝鸡文理学院历史文化旅游系	本科生	管理学	2013年
15	西安外事学院	本科生	管理学	2013年
16	商洛学院经济管理学院	本科生	管理学	2013年
17	西安欧亚学院文化传媒学院	本科生	管理学	2015年

表2 陕西文化产业科研机构一览

序号	机构名称	隶属单位	成立时间	备注
1	陕西文化产业发展研究中心	陕西省社会科学院	2006年	虚体
2	陕西文化产业研究院	西北大学	2007年	虚体
3	西安外事学院文化产业研究所	西安外事学院	2007年	虚体
4	陕西省社会科学院文化产业与现代传播研究所	陕西省社会科学院	2009年	实体
5	长安文化产业研究中心	长安大学	2010年	虚体
6	西安交通大学文化创意产业研究中心	西安交通大学	2008年	虚体
7	陕西省文化产业管理研究中心	西安建筑科技大学	2010年	虚体
8	陕西文化资源开发协同创新中心	陕西师范大学	2013年	虚体
9	中国西部文化创意产业协同创新中心	西安交通大学	2013年	虚体

二 陕西文化产业教学与科研中存在的问题及其分析

文化产业的蓬勃发展，陕西文化产业在教研方面也不断取得成就，但是具体来看，也存在着一些不足与问题。这些不足与问题之间，相互交织，相互影响，相互制约，在很大程度上困扰着陕西文化产业教研本身的发展，并在一定程度上影响着陕西文化产业业态的发展。通过本次

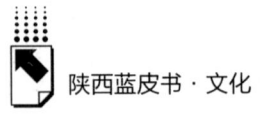

调研,将这些不足与问题予以报告并进行相应分析,以寻求解决的方式方法。

(一)教研有一定规模,但缺乏一定实力,尤其是在本科教学方面,缺乏"211""985"院校参与

目前,陕西有10家高校开设了文化产业本科专业,6家以上高校招收文化产业方向的研究生。这与全国相比,在数量上并不算少,在西北地区也处于领先地位。但是,作为教育大省的陕西有3所"985"高校和7所"211"院校,却没有一家"211"高校开设文化产业本科专业,招收文化产业研究生的院校中几乎没有"985"高校的身影。在文化产业科研方面,陕西的"985"院校也很少参与,文化产业论著成果屈指可数。与国内其他省份"985""211"院校纷纷从事文化产业教学与研究相比,陕西文化产业的教研实力明显偏弱,在省内外的影响力远远不足。

这一现象的存在与陕西的学科布局有关。陕西是中华民族的发祥地之一,历史文化底蕴极为深厚,但是在新中国成立后的高等教育发展过程中,重点发展理工科相关专业,总体上人文社会科学底蕴不足,进入新时期以来这种状况也没有多大的改观,并有进一步落后的趋势。陕西的3所"985"院校实际上均为理工科院校,"211"院校中的2所人文社会科学较强的院校在总体上和全国相比也没有足够的优势。文化产业学主要属于人文社会科学范畴,要求有足够的"文化软实力"。高等教育中人文社会科学偏弱的学科布局在很大程度上使得当代陕西"文化软实力"还不够强,在陕西具有较强实力的院校大多"不认识"文化产业,对其也没有多大兴趣,基本上不从事文化产业教学与研究。这是陕西文化产业教研实力较弱的重要因素。

(二)陕西文化产业教研凝聚力不足,相互交流少

截至2015年,从事文化产业教学的在陕高校有17家;从事文化产业研究的在陕院校、科研机构近20家,但是相互之间的联系较少,信息交流不畅,基本上是各自为战,自行摸索着前进。在近年来陕西文化产业教研发展中,一些院校、科研机构也举办了不同场次的文化产业会议,但是由于缺乏省内比较统一的组织平台,凝聚力不足,信息沟通渠道不畅,使得参会的真正从事文化产业教研的专家学者并不是很多,而那些从事文化产业教研的却因为没有得到信息导致没有参会,失去了宝贵的交流机会。这种局面往往很难达到会议交流的目的而使得陕西文化产业研讨难以表现出可持续发展,并进一步影响陕西文化产业教研的凝聚力与共同进步。

形成这种局面的重要因素是,陕西缺乏文化产业教学与研究的交流协调组织平台,不能把分散在各个院校的力量团结凝聚起来,难以使省内的文化产业教研信息充分地相互传播。很多传统学科之所以教研实力强大,与这些学科的交流组织平台建设发展密不可分。很多学科的学会、研究会等交流组织平台一应俱全,不仅有总会,还有分会、专门委员会等,以及细化的研究学会。学科学会或研究会可以通过吸收会员单位、会员的方式很好地将相关教研人员团结起来,并以召开年会以及各种研讨会的方式交流、探讨学科教研中存在的问题与不足,大家共同认知,共同解决,并传播相关信息,共享信息资源,使得整个学科形成凝聚力,能够共同进步,取得发展。当前,陕西文化产业教学与研究缺乏相应学会或研究会等学科组织平台,在很大程度上限制着教研交流、共同进步。

(三)学科归属不明,传统学科对其包容不足,学科发展有所掣肘

文化产业是朝阳产业,至今尚缺乏学科归属,一级学科建设任重道远。与全国一样,陕西文化产业的教学与研究多从传统的学科派生而来。尽管教育部在学科目录设置中将文化产业放在管理学门下,但文化产业的内涵实际上涉猎了文、史、哲、艺、经、管,乃至工科(数字文化产业)等不同门类,管理学仅仅是文化产业的一部分内容,管理学的教研方式方法也不足以应对文化产业学科的问题。在陕西17家文化产业招生院校中,尽管很多最终授予的是管理学学位,但是进行文化产业教学与研究的一些师资背景并非管理学,其依托学科仍是原来的传统学科。而在陕西传统学科中,则又大多

并不十分认可文化产业这一新兴学科,对其包容度有限,使得陕西文化产业学科发展步履蹒跚。学科归属不明,传统学科包容不足,在很大程度上限制了陕西文化产业教学与研究的发展。

陕西文化产业教研存在学科归属不明的这种问题与全国有一定的共性,但也有着自身的不足使得问题凸显。在国内,尽管文化产业学科归属不明,但往往派生文化产业的传统学科内通过对文化产业的包容能够解决一定的问题。在文化产业教学与研究发展较好的北京、上海、山东等地,多有在传统学科中具有足够影响力的"985""211"高校专家学者从事文化产业教学与研究并取得了巨大成就,在很大程度上促进了文化产业在当地乃至全国传统学科中的影响并取得发展,陕西在这方面就存在着不足。如前所述,陕西的"985"院校几乎不涉及文化产业,在国内具有足够影响力的"211"高校院系也对文化产业涉足有限,鲜见在国内某一传统学科有较大影响力的专家学者从事文化产业教学与研究。文化产业被归口于管理学门下,而在全国领先的西安交通大学管理学对于文化产业却几乎不闻不问。陕西不少传统学科主要是发展本身学科建设,缺乏对衍生出的文化产业这一新学科成长的扶植。

(四)文化产业理论研究不足,对专业教学支撑不够

文化产业具有很强的实践性,但同样需要足够的理论研究。只有足够的理论研究,文化产业学科才能够健康地成长,才能够有效地支撑文化产业教学,才能够培养出合格的文化产业人才。陕西开设文化产业专业的高校不少,但实际上真正从事文化产业研究的人员并不是很多,大多依然从事的是原有的专业方向。目前,陕西文化产业学科建设起步时间不长,专业教师和科研人员大多是由传统学科转来或兼及文化产业。这些"转型"或兼任教师一般都有自己的"老本行",很难放弃自己原有专业。另外,由于文化产业还不是一门独立学科,没有自己完整意义上的学科分支。这样,目前大部分人员实际上处于"多面手"的状态,往往会因为不够"专业"使得自身的文化产业理论实质上比较欠缺。

文化产业学科属于应用性很强的新兴专业，从事该学科教学与研究的人员申报课题往往很难成功。近年来，在国家社会科学基金和陕西省社会科学基金申报中，陕西文化产业课题立项都只能以个位数计。陕西文化产业教师和科研人员在国家和省级社会科学基金立项率极低，这大大影响了他们对文化产业进行研究的积极性，从而制约了省内文化产业理论研究的发展。相比较而言，传统学科较容易立项，这使得文化产业教师和科研人员往往在进行文化产业教学和研究过程中，却仍然在从事文、史、哲等传统学科研究，以解决年终考核和职称评定等切身的实际问题。和传统学科相比，文化产业学科很少有自己专业的权威期刊。在近年来的CSSCI来源期刊、集刊目录中，仅有《中国文化产业评论》上榜，而且属于集刊，目前一年最多出版两册，版面非常有限。文化产业教师和研究人员在权威期刊上很难发表自己的研究成果。这些因素严重影响了陕西文化产业的理论研究，文化产业理论研究的不足又在很大程度上影响着文化产业教学的水平与质量。

（五）陕西文化产业教研实践性不足，与文化企业、地方文化发展的互动不够充分

文化产业有很强的实践性，在其教学与研究过程中，必须理论与实践相结合。不与文化企业、地方文化发展相结合的文化产业教学与研究，基本上是不会成功的，会出现教学效果欠佳，培养的毕业生不被用人单位认可、难以就业，理论研究也是无本之木，缺乏真知灼见，难以有效支撑教学，更难以指导文化产业实践。调研发现，开设文化产业专业的陕西院系很多竟然没有文化（创意）产业实验室，在文化企业、文化系统的教学实践中存在流于形式的现象，不够深入；教研人员对文化企业、文化系统的调研与交流也远远不够，更少有文化产业教研人员派驻文化企业、园区；在教学与研究过程中，较少有聘请文化企业、文化系统领导进行文化产业讲座报告等应有的环节；文化产业院系较少参与文化企业、地方政府的文化产业发展规划的编制。这些不足与问题的存在在很大程度上影响了陕西文化产业教学与研究的

推进。

出现以上现象,与陕西文化产业教研发展时间不长、认识不足密切相关。陕西文化产业教研真正形成的时间还不到10年,直至目前还处于摸索阶段。当前设置文化产业专业的院系不少是传统的文史学科,这些学科本身实践性不强,与企业、地方政府接触并不密切。可以说,目前很多陕西文化产业院系还没有认识到建设文化(创意)产业实验室的重要性,没有和文化企业、政府文化系统建立比较密切的合作关系,加之缺乏有效沟通联系的组织平台,从而影响到文化产业教研的实践性,教研与文化企业、文化系统的互动性远远不够。

三 推进陕西文化产业教研发展的对策与建议

文化产业教学与研究是文化产业的重要组成部分,是文化产业发展的有力支撑。当前,陕西文化产业已进入到深化发展阶段,但是,教学与研究还在不断地摸索。为了更好地推进陕西文化产业的发展,结合其在教研方面存在的不足与问题,本报告提出以下对策与建议。

(一)高度重视陕西的文化产业教研问题

文化产业要发展,离不开理论指导,更离不开人才培养;文化产业要大发展,则需要丰富并深入的相关理论以及源源不断的优秀文化产业人才,这就要求相关方面要高度重视文化产业的教学与研究问题。当前,北京、上海、广东、山东、江苏、云南、湖南、湖北、四川等省份文化产业发展较快,走在了陕西的前面,与其相应的就是这些省份文化产业教学与研究比陕西发展得更好。陕西要建设"文化强省",文化产业要大发展大繁荣,从省委、省政府以及相关部门,各市委、市政府以及相关部门,特别是从教育厅(局)到各高校以及院系、科研院所以至文化企业,都要高度重视省内的文化产业教学与研究问题。要充分认识到教学与研究是文化产业发展的重要组成部分,要充分认识到对文化产业发展的重要推动作用,要真正把文化产当成一门学科对待。结合全省文化产业教学与研究所面临不足与问题，应采取必要的办法，对其有所扶持，有所倾斜。省市领导，至少是主管文化的副职应多到文化产业院校、科研机构进行调研，教育厅（局）以及相关院校领导也要多到文化产业教学与研究的院系、研究所调研，帮助解决问题。在省市高等教育发展规划、文化产业专项规划以及科技发展规划中，有必要突出文化产业教学与研究的位置。

（二）适当调整陕西学科布局，倡导"985""211"院校大力参与文化产业教研

大力发展文化产业、建设文化强省是陕西省的重要战略目标。陕西省迫切需要大批文化产业优秀人才，需要具有比较强大科研实力的院系（所）参与文化产业理论研究。这就要求陕西的"985""211"院校大力参与文化产业教学与研究，在陕西文化产业教学与研究过程中发挥应有的重要作用。但是，陕西"985""211"院校总体上"重理（工）轻文"，以人文社会科学为主要支撑的文化产业学的成长与发展受到了严重制约。因此，这就要求当前陕西高等教育适当调整学科布局，在3所"985"院校中的诸如西安交通大学，借鉴上海交通大学等院校逐步强化文科力量走向综合性大学的方式，大力引进、培养文科"长江学者"，加强文、史、哲等人文力量，并在人文学院中增设历史系，彰显陕西"历史"特色，做大做强陕西"985"高校人文院系。加快步伐将西安交大的"中国西部文化创意产业协同创新中心"、新闻学院等和文化产业密切相关的事项落到实处，成为陕西重要的文化产业研究力量，待时机成熟时，可以在其相关院系开设文化产业本、硕、博专业，实现陕西文化产业教学的全体系。针对"211"院校中现况，有必要大力整合各校文化产业教学与研究力量，诸如做强做精西北大学陕西文化产业研究院、陕西师范大学陕西文化资源开发协同创新中心、长安大学长安文化产业研究中心等，借助相关院系力量，尽快设置文化产业专业，招收本科生，形成在省内外影响巨大的文化产业教研团队。

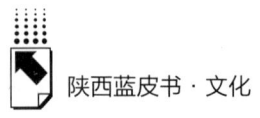

(三）增加在省社会科学规划、省教育厅课题中文化产业的选题，积极引导陕西文化产业学科建设

在我国当前社会科学研究和学科建设中，全国、各省哲学社会科学规划与教育部、各省教育厅人文社会科学专项研究等一系列课题项目对相关研究和教学起到了重要的引导作用，很多学科都因此得到扶持而取得了显著成效。文化产业学主要属于哲学社会科学范畴，作为一门新兴学科更加需要扶持培育。在前些年全国哲学社会科学规划课题指南中各个学科设计了一系列关于文化产业的题目并有相当高的立项率，对于我国文化产业学科的发展起到了巨大的促进作用。但是，在陕西省哲学社会科学规划中文化产业课题立项率并不高。为了促进陕西省文化产业教研发展，有必要大力加强陕西省社会科学规划以及省教育厅人文社会科学专项研究等科研项目中的文化产业课题设计并增加立项率。陕西省文化产业课题较少、立项率不高的重要因素是，文化产业不是一个学科，规划课题设计通常也是来自各个学科，而各个相关学科的权威专家不一定研究文化产业。这就要求不仅要在各个相关学科中增加文化产业选题，更有必要结合陕西文化产业教研发展现状，特设文化产业专项课题指南，以提高文化产业教学与研究立项率，从而有效引导陕西省文化产业学科建设，从课题研究角度达到扶持培育陕西省文化产业教学与研究的目的。

（四）设立文化产业教学与研究专项基金，扶持省内现有文化产业教学与科研单位，促进其做强做精

为了促进文化产业大力发展，国家和地方政府纷纷设立了文化产业发展专项基金，对于文化产业快速发展等方面起到了良好效果。近年来，陕西省也安排了10多亿元基金从不同方面推动文化产业发展。与全国相似，陕西的这些文化产业基金多是以投资、贴息、补助、奖励等方式支持公共文化建设、文化遗产保护、文化艺术和戏剧影视创作等，但基本上同文化产业教学与研究没有关系。尽管文化产业教研也可以申请省社会科学规划、软科学项

目、教育厅专项等基金，但是这些基金对于文化产业教学与研究除了本身立项率不高外，即使立项了也是杯水车薪。因此，有必要对作为陕西文化产业发展重要支撑的文化产业教学与研究进行专项基金扶持。省内17家文化产业教学单位与9家科研单位是陕西文化产业教研的重要依托。可以把他们纳入文化产业专项基金范畴，也采取专项投入、补助、奖励等方式支持其发展，促进他们做强做精。

（五）积极搭建陕西文化产业官、产、学、研平台

目前，文化产业还属于新兴学科，陕西文化产业教研至今也才短短的10余年时间，各种力量大多是面对文化产业发展大势自觉自发形成的。为了将这些力量有效凝聚起来，增强陕西文化产业教研的交流与共进并形成与文化企业、地方文化发展的良好互动，搭建陕西文化产业官、产、学、研互动交流极为必要。首先，应以陕西文化产业教学与研究界为主体，成立陕西省文化产业学会，将文化产业以及陕西文化产业教学与研究界团结起来，共同交流，共同进步，推动文化产业迈向独立学科。其次，是成立以陕西高校、科研机构中从事文化产业研究人员为主体的陕西省文化产业研究会，广泛吸纳陕西省包括政府相关部门、文化企业等各层级文化产业研究力量，打造陕西文化产业官、产、学、研平台，加强各界互动交流。最后，是成立以文化企业为主体、文化产业教学与研究团体与个人参与的陕西省文化产业协会，在促进陕西文化企业交流互动的基础上促进陕西文化产业教研与文化企业的互动。前几年，沿海地区的江苏、浙江、福建等省份的文化产业学会、文化产业研究会以及文化产业协会等文化产业交流互动组织平台已纷纷成立，有效地促进了当地文化产业的研究与教学，更有效地促进了当地的文化产业发展。在借鉴沿海地区文化产业发展先进经验的过程中，尽快积极搭建陕西文化产业官、产、学、研平台也已成了必不可少的重大举措之一。

B.13
陕西政府网上办事服务创新研究

邓 娟*

摘 要： 随着经济社会及相关技术的迅速发展，人们对获取政府服务的内容及方式提出新的要求，政府网上办事服务急需创新性发展。具体到陕西，政府应以用户需求为中心，积极运用大数据等信息技术，加强电子政务顶层设计，整合信息资源协同发展，吸引公众参与，实现网上办事服务实用易得、全流程无缝隙，从而提高行政效率，加快服务型政府建设。

关键词： 政府网站 在线办事 公共服务

党的十八届三中全会指出，必须切实转变政府职能，深化行政体制改革，创新行政管理方式，增强政府公信力和执行力，建设法治政府和服务型政府；十八届四中全会提出，推进政务公开信息化，加强互联网政务信息数据服务平台和便民服务平台建设。

近年来，伴随着服务型政府建设的不断推进，在互联网和新媒体技术日新月异的背景下，各级政府网站简便快捷提供有效公共服务的能力和水平受到社会越来越多的关注和要求。具体到陕西，经过多年发展，各级政府采用门户网站在线办事栏目、政务信息网、政务微博、微信等多种渠道全方位提供在线办事和便民服务，政府网上办事服务取得迅速发展。

---

* 邓娟，陕西省社会科学院文化产业与现代传播研究所助理研究员。

一 陕西政府网上办事服务发展现状

政府网上办事服务水平和能力的提升,既是新时期推进国家治理体系和治理能力现代化的必然要求,也是加快政府职能转变,建设服务型政府的题中之义。截至2015年8月30日,以省、市、县各级政府门户网站为依托,政务微博、微信、客户端等政务新媒体广泛参与,陕西政府网上办事服务全面普及。

(一)发展概况

以政府网站为例,2015年1月,《陕西省人民政府办公厅关于2014年度政府网站绩效评估情况的通报》中指出,陕西多数省直部门网站能够结合业务职能和公众需求,加大行政许可办事服务和部门服务资源整合力度,提供比较完善的网上办事指南。大多数市(区)网站能够提供企业开办设立、经营纳税、资质认定、证照办理等在线服务信息,并紧紧围绕重点民生领域,建立专题栏目,方便公众查询使用,政府网上服务能力有所提升。[①]

以广泛覆盖的门户网站为平台,陕西政府网上办事服务取得长足进步。全省县以上119家政府网站,除4家因改版或网站升级无法阅览,其余网站均以"网上办事""在线办事""公共服务"等类似名称提供办事服务,与"信息公开""互动交流"共同履行政府网站的三大功能(见表1)。

表1 陕西部分政府网站网上办事服务栏目设置

各级政府	网站	网上办事服务栏目名称
陕西省	陕西省人民政府门户网站 http://www.shaanxi.gov.cn/	办事大厅
西安市	西安市人民政府网 http://www.xa.gov.cn/ptl/index.html	公共服务
宝鸡市	宝鸡市人民政府网 http://www.baoji.gov.cn/index/index.htm	网上服务
咸阳市	中国咸阳 http://www.xianyang.gov.cn/	咸阳市政务服务中心
铜川市	铜川市人民政府 http://www.tongchuan.gov.cn/	公众服务、网上办事

---

① 《陕西省人民政府办公厅关于2014年度政府网站绩效评估情况的通报》(陕政办函〔2015〕8号),2015年1月13日。

续表

各级政府	网站	网上办事服务栏目名称
渭南市	渭南市人民政府 http://www.weinan.gov.cn/	公共服务
延安市	延安市人民政府 http://www.yanan.gov.cn/	办事大厅
榆林市	榆林市政府门户网 http://www.yl.gov.cn/	网上办事
汉中市	中国汉中 http://www.hanzhong.gov.cn/	办事服务
安康市	安康市人民政府网站 http://www.ankang.gov.cn/Index.shtml	公众服务、网上办事
商洛市	商洛市人民政府 http://www.shangluo.gov.cn/	办事服务
杨凌示范区	杨凌示范区管委会网站 http://www.ylagri.gov.cn/	网上办事

资料来源：根据陕西省人民政府门户网站及各政府部门的门户网站数据整理。

同时，在所涉内容和深度上，陕西各级政府网上办事服务也取得一定成效，涵盖企业和个人、生产和生活所涉及大部分事项，以陕西省人民政府门户网站为例，见表2。

表2　陕西省人民政府门户网站"办事大厅"目录

	二级栏目	三级栏目
办事大厅	民生领域服务	教育教学、劳动就业、社会保障、医疗健康、住房、企业服务
	面向个人	婚姻登记、生育收养、户籍管理、学校教育、医疗卫生、社会保障、资格认证、交通旅游、出入境、法律援助、宗教、死亡殡葬
	面向企业	设立变更、企业准营、理财纳税、质量监督、资格认证、安全防护、土地房产、建筑城建、劳动保障、商务投资、公安消防、司法公证、环保绿化、文物保护、交通运输、农林牧渔、医疗卫生、新闻传播、水利水务
	在线办理	部门或行业某类事项在线申报/查询/管理/服务系统等18项
	场景式服务	企业开办、纳税服务、安全生产、质量监管、国土资源、林业服务、宗教
	办事服务	49个部门行政审批事项汇总目录或非行政许可审批事项目录
	重点业务服务	户籍办理、护照办理、保障性住房申请、残疾人、机动车驾驶证办理、企业优惠扶持
	信息查询	劳动就业、医疗社保、教育培训、价格查询、交通出行、旅游休闲、房屋地产、工商管理、招商引资、财税金融、科学技术、文化体育、城市建设、环保绿化、农林牧副渔、食品药品监督、质量技术监督

（二）主要内容

综观陕西省各级政府网站办事服务，其内容基本涵盖了企业和个人全生命周期所需各类服务，主要包括以下几个方面。

1. 民生服务领域

民生问题与百姓生活密切相关，涉及吃穿住用行，养老、就业、医疗、子女教育、社会保障等人们最基本的需求和最关心的领域。保障民生和改善民生，是服务型政府建设的基本要求，也是政府网上办事服务的核心内容。

实践中，围绕教育、就业、医疗、卫生、住房、交通、社保等主要民生领域，各级政府网站办事服务纷纷开设专门栏目，提供各类政策和信息服务。如西安市雁塔区的"十二大服务领域"（见表3），周至县政府信息门户网的"九大服务能力提升"，汉中市镇巴县政府门户网站的"百件实事网上办"①。

表3 西安市雁塔区政府网站民生服务

	二级栏目	三级栏目
十二大服务领域	教育服务	学前教育、小学教育、初中教育、高中教育、职业教育、教育救助与资助
	就业服务	职业技能、就业安置、自主创业、劳动权益
	医疗卫生	看病就医、健康服务、医疗救助
	社会保障	养老保险、医疗保险、工伤保险、失业保险、生育保险
	住房服务	经济适用住房、廉租住房、限价商品房、物业服务
	公用事业	市政公用设施（供水、供电、供热、供气）、文体休闲、应急防灾、服务热线
	企业服务	表格下载、服务网点、工商注册登记、税务登记、组织机构证代码办理、刻制印章审批、投资指南、经济政策、招商项目、重大项目
	交通服务	列车出行、公交出行、长途汽车、地铁出行
	经营纳税	企业经营、纳税服务
	证件办理	户籍办理、身份证办理、护照办理、归国人员身份确认、交通类证件办理、司法类证件办理、民政类证件办理
	婚育收养	生育服务、婚姻服务、收养登记
	资质认证	教育机构、食品（餐饮）机构、医疗机构、就业服务机构

资料来源：西安市雁塔区政府网站。

---

① 2007年8月2日，国务院信息化工作办公室发出《关于开展政府网站"百件实事网上办"活动的通知》（国信办综函〔2007〕126号）提出，就社会公众关心的教育、医疗卫生、劳动保障、交通出行和公用事业五个重点领域，形成首批政府网站应该提供的100项服务事项，让社会公众体会政府网站的实际作用，让政府网站走入寻常百姓家。

2. 场景式服务

场景式服务通过简明生动、具体形象的动漫演变，完全模拟公共事项办理的具体流程和实际场景，帮助公众了解和办理政府业务流程。① 它针对公众的不同身份和需求，演示办理业务的具体流程和相关要求，同时提供表格下载、办事指南、办事地点等功能，具有清晰实用、简单明了的特征。主要涉及生育户籍、医疗保险等常办事项，以及一些复杂的需要跨部门办理的事项，如户籍办理、教育服务、医疗保险、婚姻生育、创业申报、住房服务等。通过不同场景选择、演示，可以为公众提供更有针对性、专业化、人性化的服务。

陕西省各级政府网上办事普遍提供场景式服务，多包含婚育收养、户籍办理、交通出行、出境入境、医保社保、住房交易、经营纳税、就业创业等事项。以用户细分、服务流程、具体业务、办事要求等要素重新整合信息资源，提供更细化的分类导航和模拟化引导服务，使公众仿佛置身现实办事大厅，快速找到自己所需的信息，并提供在线申报和实时咨询。

3. 主题服务

政府网上办事服务强调以用户为中心，全面整合各类信息和服务资源，使不同身份的用户可以快速便捷获取服务。按不同办事对象提供主题服务，可以突破原有政府部门办事的职能界限和分隔，以用户为中心统筹政府信息服务资源，降低公众对政府部门职能、办事程序的了解要求，提升政府办事服务的便利性。② 实践中，政府网上办事通常分个人服务和企业服务两大类，再分别按年龄阶段或发展阶段，提供全生命周期的各种办事服务。如涉及个人的有出生登记、教育、就业、婚育生养等，涉及企业的有注册登记、经营纳税、资质申报、申请破产等。

除了对个人、企业进行各阶段服务的整合，部分政府网站还依据地方特色需求，增设针对三农、投资者、旅游者等不同对象的整合服务（见表4），

---

① 王立清：《关于政府网站场景式服务的探讨》，《电子政务》2011年第6期。
② 丁艺、刘密霞、黄铭建：《关于在线政务服务规范化问题的思考》，《电子政务》2014年第8期。

同时提供针对儿童、老年人、妇女、失业者、农民、残疾人、军人、学生等群体的绿色通道或快速通道。

表4 渭南市富平县政府网公共服务

一级栏目	二级栏目	三级栏目
主题服务（按对象服务）	服务个人	生育收养、文化生活、租房住房、理财纳税、出境入境、民族宗教、死亡殡葬、户籍身份、教育培训、劳动就业、职业资格、证件办理、公用事业、消费维权、婚姻服务、医疗卫生、社会保障、交通出行、公安司法、退休养老、综合其他
	服务企业	准营准办、年检年审、专利版权、安全防护、土地房产、财务税务、综合其他、设立变更、资质认定、物流采购、环保绿化、人力资源、劳动保障、新闻传播、破产注销、司法公证、质量卫生、建设管理
	服务投资者	产业优势、工业园区、优惠政策、咨询投诉、经济纵览、招商动态、名优企业、投资环境、重点项目、投资审批、支柱产业
	服务旅游者	旅游常识、旅游景点、旅游指南、旅游法规、宾馆饭店、旅行社、地方小吃、旅游信息、旅游路线
	服务三农	农业、农村、农民服务

资料来源：渭南市富平县政府网站。

值得注意的是，30%的政府网站在按服务对象整合信息时，还设置"办事部门""部门办事""部门服务"等栏目，将原有的按部门办事信息整合起来，以便于从不同角度提供信息服务，兼顾理念和现实。

4. 便民服务与查询

便民服务与查询版块提供的多是与百姓生活工作密切相关的事项，汇集交通出行、医疗卫生、教育培训等基本民生领域查询信息，便民服务热线电话、政府部门咨询投诉电话，内容多琐碎繁杂但不可或缺。这些事项涵盖面广，涉及百姓生活的方方面面。要做好此类版块的运营和维护，须贯彻"百姓无小事"的服务原则，有效整合政府和社会各种公共资源，同时吸纳公众参与，随时更新，及时发布，维护百姓细微利益，提升便民服务水平。

以西安市人民政府网"查询服务"为例，分设医疗卫生、社会保障、教育教学、交通出行、房产土地、企业开办、劳动就业、休闲旅游、资质认

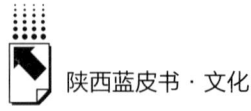

定、价格查询十大类共计 145 项查询服务。通过链接相关职能部门官方网站,对行业便民查询服务信息进行整合和梳理,在保障信息权威准确的同时,方便用户从门户网站页面直接快速链接,有效提升便民服务的实用性、可用性和易得性。

(三)现状分析

当前政府网上办事服务存在三种模式,一是基于本级政府门户网站,整合部门网上办事服务;二是依托实体行政服务中心,建设本级网上政务超市;三是统一架构省市县多级联动,搭建一站式办事大厅。[①]

具体到陕西,主要以第一种模式为主,各级政府依托本级门户网站实现在线办事功能,整合各部门信息资源、行政事项和服务,自行设计栏目和模块,实现政府网上办事服务。主要栏目包括民生领域服务,按个人、企业、三农、投资者、旅游者等不同对象提供服务;场景式服务、绿色通道、便民查询等,其中虽然各自栏目名称有所差别,但核心服务内容一致。同时,咸阳市、铜川市、铜川市王益区等少数政府门户网站引入同级政务服务中心网站链接,以实现门户网站在线服务功能,提供政府网上办事服务。

陕西政府网上办事服务依托门户网站的发展模式,有助于利用原有门户网站,统一有序展示部门服务事项,绝大多数事项可以链接至业务部门的办事系统,但同时这也就意味着门户网站无法将办事服务统一到自己的平台,网上办事服务整合的深度还不够。

二 陕西政府网上办事服务存在的问题

围绕服务型政府建设,各级政府简政放权,梳理权力清单,优化行政审批流程,体现在电子政务建设中,就是不断强化权力全流程网上运行,不断

[①] 王璟璇、杨道玲:《政府网上办事服务的模式分析及整合建议》,《电子政务》2015 年第 6 期。

提升政府网上公共服务水平，逐步形成网上服务与实体政务大厅服务、线上服务与线下服务相融合的政府办事服务模式。①

近年来陕西各级政府积极响应党中央和国务院号召，深化行政体制改革，优化政府工作流程，提高行政效率，推进国家治理体系和治理能力现代化，利用互联网及新媒体技术，加快电子政务建设，政府网上办事服务能力和体系建设取得一定的实效。但同时，陕西目前政府网上办事服务还普遍存在服务信息不实用、办事深度不够、事项分散缺乏统一等问题，距离"一站式服务"还有一定距离。

（一）缺乏统一的网上办事服务标准规范，各网站各自发展，自行其是，无法形成统一的服务平台

依托原有覆盖广泛的政府门户网站，陕西政府网上办事服务体系基本建立并取得一定的成效。但纵观全省各级政府网站在线办事版块，不难发现，其栏目设置各行其是、没有统一的规定，网上办事服务的事项和标准差异很大。

一是相同事项名称不同。如关于教育、卫生、社保、交通等重大民生领域服务，称呼有多种，如"民生服务""民生服务领域""百件实事网上办""九大服务能力提升""主题服务""重点领域服务""民生专题""惠民政策一本清""十二大服务领域"等，不一而足。

二是服务栏目数量差别较大。同样以民生服务为例，各市县所含栏目内容和数量都不一样，省政府的民生服务二级栏目有6项，西安市雁塔区的有12项，咸阳市三原县的有9项，榆林市横山县的有11项，汉中市南郑县的有13项目，内容和数量差别都很大，十分混乱。

三是同一名称指代不同事项，以"主题服务"为例，在多数网上服务中，主题服务指的是按服务对象整合信息，多分为个人服务、企业服务、三

---

① 王璟璐、杨道玲：《政府网上办事服务的模式分析及整合建议》，《电子政务》2015年第6期。

农服务、旅游者服务、投资者服务、按部门服务等,但在个别网站中,"主题服务"这一名称有时用来代指"民生服务"(如长武县、延川县、勉县等),有时又指企业开办设立、资质认定、经营纳税、招商引资、证照办理等服务(如靖边县、吴起县等)。

关于网上办事服务,各级政府没有明确、统一、权威的依据和规范,也就无法实现对接。即使同级政府门户网站和部门网站也存在一定的割裂,各网站独立运行,更新维护无法同步,体系结构、数据资源存在封闭性,资源共享性极差,不利于未来形成省市县联动的一站式办事大厅。

(二)栏目建设混乱,管理维护无力,有栏目无内容,导致网上办事服务可用性不强

陕西政府网上办事服务在省市县三级政府基本普及,民生服务、便民服务、场景服务、按对象服务等核心内容广泛呈现,但同时栏目设置和运营管理仍存在一定的问题。

如个别政府网站在一段时间内处于网站升级中,网页无法打开;多数网上办事服务栏目设置缺乏更细致的规划,有目录无内容,或者目录与内容不符的现象时有发生。如富平县"公共服务——服务三农"栏目下的"农村""农业"第三级栏目,都是只有栏目标题没有内容,显示"资料正在整理中";"公共服务——在线办理"目录下的"在线申报""结果公示"没有内容,链接显示空白。还有少数网站栏目名称和菜单栏显示不统一,前后层级无法对应。如宝鸡市渭滨区的"办事服务"在导航菜单显示为"网上办事",西安市阎良区的"公众服务"在导航菜单显示为"公共服务"。宝鸡市渭滨区"办事服务——个人办事、企业办事"目录下部分项目在网站首页打开为空白,在办事服务主页可打开,均表明网站的层级设置还需进一步规范。

在政府网上办事服务设计中,有的栏目一经设立很少更新,类似"僵尸"网站,如榆林市定边县政务大厅信息的更新还停留在2008年。体现动态变化,实时更新互动的办事服务很少,多为一般化大众化信息的单一化发布，针对特定用户的特性信息需求和行为的服务几乎没有，缺乏个性化有针对性的主动办事服务。有的网站服务只简单链接高一级政府政务中心服务页面或业务办理部门页面，提供正确而不实用的信息和服务，如富平县公共服务链接渭南市人民政府政府政务大厅，白水县政府门户网链接"渭南发布"政务微博端口。

（三）以信息聚合为主，低层次重复建设，在线申请、办理、反馈难以实现，网上办事服务实用性不强

少数政府网上办事服务提供的只是之前各类政策文件的汇总，栏目设计和信息整合仍以部门组织机构和职责划分为基础，只从政府管理行为的角度出发，没有考虑用户的切实需求，栏目内容重复交叉、信息更新迟滞、形式单调，网上办事服务局限于办事指南+表格下载，在线服务平台形同虚设。

当前，除少数以政府政务中心为依托的政府网上办事服务提供在线申报、办件查询、办件统计、监督反馈外，80%的政府网上办事服务没有实现在线咨询、申报、查看、反馈功能。社会公众除了查询相关信息，无法通过网络进行申报审批和服务事项，网上办事服务只是现实大厅办事的介绍、准备和演示，服务的实用性严重欠缺。未来应通过资源整合，力争实现办事服务的网上申报、预审，审批流程实时可视、网上公示、网上查询、现场取件的全流程无缝隙模式。

（四）提供服务的形式和渠道单一，适应新形势运用新技术的意识和手段不足，网上办事服务便捷性不足

当前，陕西各级政府纷纷丰富网站办事服务栏目，同时在首页链接网站WAP版、移动客户端APP下载、政务微博端口，政务微信扫描，旨在形成以门户网站为平台的多渠道全方位服务模式，政府网上办事服务统一平台建设粗具规模，但在平台对接、内容细分和差异化发展上还有一定的不足。

不同渠道公共服务的方式和形式略有差别，但登录账户信息、服务接口、平台应统一。用户根据自我需要，在各平台间快捷切换，寻找最适宜的

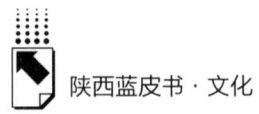

网上办事服务模式。同时，统一的账户信息和服务接口也有助于在政府网上不同服务平台间的彼此照应、互为依托，相互促进。

同时，不同渠道平台要求政府提供办事服务的内容、形式、模式有所侧重和区别。网站办事服务应以多链接多层级多媒体的载体提供全方位的服务，灵活接入各类服务信息和平台，包括同级别的政务大厅网上服务系统、专业部门的行业服务平台，社会企事业单位和机构的便民服务平台及业务系统，新闻媒体的民生栏目等；手机客户端应基于用户特征、提供有针对性的主题推送服务，信息办事服务要简明高效，页面设置和内容载体也要符合手机阅读习惯；政务微博微信则要发挥社交媒体注重分享、讨论和沟通、反馈的特点，通过对热点的关注，设置话题，组织讨论，在参与和活动中提供信息服务的重新整合，推动办事服务方式更灵活、及时和有针对性。

三 陕西政府网上办事服务创新对策

政府网上办事服务隶属电子政务系统，与地方政府行政体制改革、行政流程优化的实践密切相关，它是政府公开权力清单，推进行政审批制度改革、加强改善和保障民生，转变政府职能的直接体现，在反映和推动地方服务型政府建设实践的同时，也囿于其阶段性局限。具体而言，提升政府网上办事水平和能力，必须将其置于政府行政体制改革、服务型政府建设的整体考量中，从理念和实际出发，提出适合当下现实发展的对策建议。

（一）加强顶层设计，通过统筹规划，协同合作，引导示范，提升网上办事服务的规范化和标准化建设

陕西政府网上办事服务主要选择依托门户网站整合办事服务，但也有部分网站链接政务服务中心来代替原有网站在线办事版块。除了模式的不同，网上办事服务栏目设置中也存在大量的不规范现象，不仅影响人们办事服务需求的实现，而且不利于各网站之间的对接以形成省市县联动一站

式服务平台。因此，实践中应在省级层面加强顶层设计，以陕西省人民政府门户网站、陕西发布政务微博为引领，从理念和实践对陕西政府网上办事服务进行梳理，确定发展模式，明晰当前所处发展阶段，进而对陕西政府网上办事服务的栏目设置、名称界定、条目标准化提出一系列权威、统一、标准的规范，从制度层面推动陕西政府网上办事服务的规范化和标准化建设。

同时，受各方面因素影响，陕西政府网上办事服务整体发展水平与浙江、上海、深圳等地还存在很大的差距，特色与优势也不是很明显，有着很大的提升空间，急需吸收成功经验加以改进。在陕西省市县三级政府网上办事服务中，陕西省政府网站、西安市政府网、咸阳和蒲城县政府网在运行规范化、设置合理化、服务全面化、页面精细化都具有自己的特色和长处，实践中可以有针对性地发挥它们的示范作用，带动全省政府网上办事服务水平的提升。

（二）从细节加强和落实政府信息化建设的服务意识，有效推动陕西网上办事服务的整体建设

政府网上办事服务能力和水平建设是现阶段政府转变职能，推进行政体制改革，提升政务服务能力的主要组成部分和重要推手。实践中，应进一步摒弃公共服务平台从政府职能管理出发，宣传政府工作成绩的"官本位"模式。明确门户网站、政务"两微一端"新媒体等服务主体是公众，要以用户为中心，在栏目设计、内容发布、信息服务上要以方便满足企业和公民个人需求为核心，而不是本末倒置，以政府部门职责为界限，将其管理职能以公共服务名义挂在网上，完成政府管理和成绩宣传。

整体服务意识和能力的提升必须落实到政府网上办事服务的细节和实处，现阶段关键是要做好网上办事服务板块的规范化运作。包括各级政府网站、"两微一端"政务新媒体长期持续的可访问、可使用，各功能区模块正常可用，平台安全性有实时的监管保证；网上办事服务各渠道平台信息更新及时，可从用户需求出发对分散于政府部门、行业领域、社会机构、媒体学

校、公共服务企业的各类服务信息进行统一整合，提供一站式服务。同时，注意不同公众的多样化服务需求，特别是针对弱势群体提供基础性公共服务，尽可能提供公共服务的无障碍通道和针对特定人群的语音导航服务和少数民族语言服务等。

（三）利用大数据等互联网新技术，探讨政府网站、"两微一端"多渠道联合提供全方位公共服务新模式

互联网和移动互联网的不断发展和深入普及，不仅影响人们传递接收信息的方式和途径，而且深刻改变着人们的生产生活方式。具体到政府公共服务领域，公众基于互联网技术及新媒体的发展，要求政府网上办事服务能随时随地满足个性化需求，政府只有积极回应这一需求，才能有效推进国家治理体系和治理能力现代化建设。

2015年9月，国务院印发《促进大数据发展行动纲要》，明确在未来5~10年打造精准治理、多方协作的社会治理新模式。① 具体到政府网上办事服务领域，应注意利用大数据技术推动政府数据共享开放，提升便民惠民服务。截至2015年6月，中国手机网民规模已达5.94亿，网民中使用手机上网的人群占比提升至88.9%。② 基于移动互联网的移动政务发展为提升政府网上办事服务带来新的机遇和挑战。尤其是当"90后"成为社会生活生产新生力量时，他们对电子政务、移动政务的需求和响应更加迫切，强调用户体验至上，呼吁政府网上办事服务的一体化、整合化、社区化，这也是政府提升网上办事服务的新命题。实践中，政府网上办事服务应积极运用政务"两微一端"新媒体，主动推送政务信息；结合地图定位和导航，提供更精准的服务；加强政民互动交流，运用图片、语音、视频等各种形式，提供更直观高效的办事服务。

---

① 《国务院关于印发促进大数据发展行动纲要的通知》（国发〔2015〕50号），2015年9月。
② 中国互联网络信息中心：《第36次中国互联网络发展状况统计报告》，新华网，2015年7月23日。

（四）创新运营维护、监督管理模式，在吸引社会力量参与价值共创的基础上，引导政府办事服务在开放中不断提升

不管是基于服务型政府建设的核心诉求，还是为了适应当前互联网技术发展趋势，以用户为中心，及时、主动、准确、便捷回应和满足用户需求已成为政府网上办事服务发展的本质追求。因此，创新运行维护模式，引入公众参与便成为未来政府网上办事服务的题中之义。

价值共创最初来自商业领域，指消费者参与产品或服务的设计、生产及消费，通过与企业（生产者）互动、合作共同创造价值的过程。[①] 在当前环境下，一方面公众对政府公共服务内容和方式提出新的要求，另一方面政务新媒体"两微一端"的发展又为公众参与政府管理和服务提供了基本条件。公众在政府公共管理和服务中，不再是单纯的被管理、被服务者及被动接受者，他们有意愿更有能力参与网上办事服务的各个环节。通过公众参与价值共创，不仅可以改善政府网上办事服务能力和水平建设，降低行政成本，提高行政管理与服务的针对性、实用性和高效性，而且更便于公众在当下和未来获得个性化、有效且便捷的公共服务。

具体而言，即在实践中要倡导、鼓励和吸引公众参与政府网站建设，网站应及时更新信息，回应公众需求，利用各种平台和方式加强与公众的互动；政务微博、微信要与网站形成呼应，普及推广政府各类活动和服务，同时主动回应社会关切，开展话题讨论，吸引公众参与；客户端要提供与用户需求高度契合的信息和服务，增加用户黏性。

---

① 刘柳：《电子政务服务价值共创及战略要素分析》，《电子政务》2015年第4期。

B.14
陕西传统美术文化资源保护与开发研究报告

陕西省社会科学院文化产业与现代传播所课题组 *

摘 要： 陕西传统（民间）美术文化资源厚重丰富，保护和开发利用陕西的传统美术资源，有利于促进陕西文化发展。群众喜爱、分布广泛是陕西传统美术资源的特点。陕西剪纸等传统美术类项目，在全国乃至世界都有重要影响。陕西各地传统美术项目有明显地域性特点，对于彰显地方文化魅力，促进旅游业和具有地方特色文化产业的发展，丰富群众文化生活有重要作用。陕西省和各地采取了许多行之有效举措，发掘、保护和开发传统美术资源，效果良好。

关键词： 陕西 传统美术 保护开发

传统（民间）美术是非物质文化遗产的重要组成部分，是人民群众生产生活实践中创造出的宝贵文化资源。陕西传统美术历史悠久，贴近群众生活，具有很强影响力。包括陕西剪纸、陕西刺绣、陕西皮影、社火和社火脸谱、陕西民间绘画、陕西泥塑、陕西民间陶瓷在内的传统美术文化资源是陕西文化的重要组成部分，也是促进陕西现代文化发展的宝贵资源。做好传统美术遗产的保护、管理和合理利用工作，对于继承和弘扬中华民族优秀传统

---

* 执笔人：樊为之，陕西省社会科学院文化产业与现代传播研究所副研究员博士。

文化具有重要的意义和作用。本文以国家级和陕西省级非物质文化遗产名录中的传统美术项目为重点，对陕西传统美术文化资源的保护与开发进行研究。

一 陕西省传统（民间）美术种类繁多，分布广泛

陕西省传统美术资源种类多，分布广。陕西省非物质文化遗产名录上收录的传统美术（民间美术）类项目就达到了39项（54个）之多。陕西传统美术（民间美术）项目主要有剪纸艺术、木版年画艺术、民间绘画艺术、泥塑艺术、建筑彩绘艺术、花灯艺术、社火脸谱绘制艺术、民间绣活艺术、皮影艺术、面花艺术、石雕艺术、木雕艺术、漆器制作艺术、民间玩具制作艺术等诸多形式，反映了历史上陕西人的审美特点和他们对美的艺术探索，是陕西发展文化产业的宝贵资源。

中国的剪纸艺术源远流长，考古发现南北朝时期就已经有剪纸实物。陕西剪纸历史亦久远，唐代诗人杜甫的《彭衙行》中就有"暖汤濯我足，剪纸招我魂"的诗句，该诗是杜甫在"安史之乱"后避难北走彭衙（今陕西白水县彭衙村）时所写，诗中反映了当时剪纸艺术的流行，体现了当时科学不发达情况下人们赋予剪纸驱邪祛病的功能。陕西的民间剪纸贴近生活，用途广泛，内容丰富。作为装饰画，剪纸又有窗窑顶花、炕围花、门画、挂帘花、枕头花、桌裙花、鞋花、结婚双喜花等多种形式。陕西剪纸题材多样，有的描绘民间故事、人物形象，有的以花鸟走兽等动植物式样为主，这些剪纸在视觉上给人以透空的感觉和艺术享受，常在民间节庆时分粘贴，创造一种喜庆的氛围。由于地域不同，全省各地剪纸风格各有特色。以安塞剪纸、延川剪纸、定边剪纸艺术为代表的陕北民间剪纸承袭了古代文化与艺术，有的带有汉代画像石的风格，刀法刚劲，简洁明快，充满活力。以旬邑剪纸、永寿民间剪纸、朝邑剪纸、周至剪纸为代表的关中剪纸造型优美，细致逼真。陕南剪纸夸张中带精巧、细致中藏真情。

陕西传统民间绘画种类多，包括年画、木版年画、庙堂绘画、炕围

画、烟熏云纸等。除中国汉族民间年画的一大流派凤翔木版年画外，陕西传统绘画还有安塞民间绘画、富县熏花、吴起油漆画、汉中木版年画、延川布堆画等。这些绘画情意结合，抽象、夸张、简练、浪漫，成功反映了群众生产生活等内容，美术作品粗犷细腻、古朴沉稳、色泽鲜艳又不失清雅。

二 国家级非物质文化遗产名录中的陕西传统美术项目

一些优秀的陕西传统美术项目成功进阶加入国家级非物质文化遗产名录，有的甚至入选联合国教科文组织的非物质文化遗产名录。这些对宣传、保护和开发陕西传统美术项目大有裨益。历史悠久的中国剪纸和中国皮影是中国传统美术的重要形式，中国剪纸、中国皮影分别于2009年和2011年入选联合国教科文组织"人类非物质文化遗产代表作"名录，陕西剪纸和皮影则是中国剪纸与中国皮影的重要组成部分。作为重要的非遗项目，2006年安塞剪纸就被列入第一批国家级非物质文化遗产名录的剪纸项目，2011年延川剪纸、旬邑彩贴剪纸被列入第三批国家级非物质文化遗产扩展项目名录的剪纸项目。另外，陕西的凤翔木版年画（第一批，凤翔木版年画项目）、凤翔泥塑（第一批，泥塑项目）、黄陵面花（第二批，面花项目）、西秦刺绣、澄城刺绣（第二批，民间绣活项目）、陕北匠艺丹青（第二批，建筑彩绘项目）、富平石刻、绥德石雕（第四批扩展项目名录，石雕项目）进入了国家级非物质文化遗产名录。

（一）陕西剪纸的代表项目

国家级非物质文化遗产安塞剪纸、延川剪纸、旬邑彩贴剪纸是陕西剪纸的代表项目。安塞剪纸堪称民间艺术的瑰宝，当地妇女用它来传承历史文化，剪纸中所传递的信息，表现的内容包罗万象，在安塞"当地的剪纸中我们可以看到新石器时期的彩陶、岩画，汉代的画像石，唐宋的雕刻、绘画对其所产生的影响"[1], 有的反映了民间传统价值观念, 如剪纸"财神帘帘", 反映了对致富的希冀; 剪纸"抓髻娃娃"图案不仅有孩童, 还剪出了摇钱树、寿字、鹿, 以代表多子多福、禄、寿; 剪纸"蛇盘兔"寓意着吉祥如意、喜庆富贵、夫妻恩爱、儿孙满堂, 这类图案还有"鱼儿戏莲花""娃娃座莲花""二龙戏珠"等。有的反映了生产生活场景, 如剪纸"牛耕图""捻线线""出工""磨面""地头午饭""放牛""迎亲图""回娘家""走西口"等。有的剪纸以自然界动植物为内容, 剪出十二生肖、老虎、狮子、骆驼、鱼、鸭、牡丹、石榴等图案。有的剪纸以古代传说为内容, 如剪纸"二郎担山追太阳""牛郎织女"等, 有的图案代代相传, 传承了古老的审美艺术。有的剪纸体现了延安时期革命现实主义的创作风格, 如"纺线""学习""送子当兵"等。安塞妇女创造的安塞剪纸这种民间艺术, 具有哲学、美学、考古学、历史学、民族学、社会学和人类文化的含义, 其用途相当广泛, 有的用于春节渲染节日气氛, 用的用于婚嫁装点新房增添喜庆, 有的属于宗教礼仪活动的装饰, 有的是刺绣、布玩具的底样。[2]

国家级非物质文化遗产项目延川剪纸已有数千年传承历史。今天的延川剪纸历久弥新, 2004年的普查显示, 延川县有剪纸艺人15000多人, 其中水平较高者有4000多人。[3] 延川剪纸所用工具不多, 主要有小剪、大剪、斜刀、筒刀, 所用材料为以红、绿纸为主的各种彩纸。延川剪纸形式上有窗花、墙花、顶棚花、灯花和礼花等, 表现题材上有传统题材、革命战争题材和现代作品。传统题材与安塞剪纸相近, 也有"抓髻娃娃""鱼儿戏莲花""福禄庆寿""十二生肖"等剪纸表现美好生活、社会生生不息的内容。描述革命战争作品有剪纸"兄妹开荒"等。现代作品中有的与延川密切相关, 如剪纸"黄河魂"等, 有的则表现社会新风貌, 如剪纸"学雷锋"等。自然界动物形象和传说中的动物形象是延川剪纸中的一个重要内容, 占有很大的比例。许多剪纸中的动物造型大胆、粗犷, 具有一定的当代性, 并且给动

---

[1] 方李莉:《安塞的剪纸与农民画》,《文艺研究》2003年第3期。
[2] 董振怀:《民间艺术之瑰宝——安塞剪纸》,《沧州师范专科学校学报》2001年第2期。
[3] 杨晰、杨兵:《黄土地的艺术——延川剪纸》,《文化月刊》2014年14期。

物赋予了美好的寓意。如蛙、鱼、鸡象征着生生不息；龙、麒麟、神仙坐骑和虎、狮子等瑞兽则象征着美好的愿望；剪纸"五毒"（五种动物，一说是蛇、蜈蚣、蝎子、壁虎和蟾蜍）则希望发挥祛病去灾、辟邪的作用。这些都体现了延川剪纸所传递的群众对美好生活的企盼。

国家级非物质文化遗产项目旬邑彩贴剪纸，在剪纸艺术中拥有独特的地位，旬邑彩贴剪纸是在旬邑单色剪纸上发展的一种剪纸艺术形式，它通过剪、贴、衬三种工艺流程将多色彩纸粘拼成形，是传统剪纸的创新和发展。1996年联合国教科文组织命名为"民间工艺美术大师"的旬邑剪纸代表人库淑兰，在旬邑彩贴剪纸发展进程中发挥了至关重要的作用。其作品堪称旬邑彩贴剪纸的代表。1992年库淑兰的剪纸作品荣获中国第二届民族文化博览会民间美术大展特等奖；1994年库淑兰的彩贴剪纸作品《剪花娘子》荣获文化部中国民间美术一绝大展金奖。她的剪纸《剪花娘子》被评价为"五彩缤纷、充满欢乐气氛、千姿百态、美妙而神奇的剪纸作品"，有学者称其"旬邑彩贴剪纸的巅峰力作"。从20世纪90年代起，国际艺术界对旬邑彩贴剪纸艺术和学术价值认可度逐渐达到了前所未有的高度。① 旬邑彩贴剪纸已经发展到了新的高度，传承和发展它成为当代文化工作者的重要责任。

（二）陕西木版年画的代表项目

国家级非物质文化遗产凤翔木版年画堪称陕西木版年画的代表项目。始于唐宋之际的凤翔木版年画是陕西传统民间绘画的杰出代表。凤翔木版年画的构图呈现出自由透视布局和对称式布局，其造型兼具概括性和完美性特征；其色彩强调青、赤、黄、白、黑五色的使用，注重颜色冷暖对比和面积对比。强化了画面夸张性、形象性，也产生了热烈、喜庆的视觉效果。② 凤翔木版年画工艺流程十分复杂，全以手工印制，从画墨线稿、贴版、站版、

---

① 《繁而不乱 艳而不俗——旬邑彩贴剪纸艺术》，《文化月刊》2014年第12期。
② 卢昉：《凤翔木版年画的艺术特征研究》，《大舞台》2015年第3期。

菜油浸版、刻版、平底到设套色、印刷，至少也需要十三四道工序。它还需要局部手工染填，套金套银而成，其鼎盛时期，生产者多达100多家，画局也有10多家，年产量高达600万张。凤翔木版年画曾在德国、美国、澳大利亚、法国等国家展出，深受欢迎，被国外收藏家赞誉为"东方智慧的结晶"。[①]

尽管是作坊生产，但凤翔木版年画形成了设计、雕刻、印刷、彩绘、发售比较完整的产业链条。兴盛时期的画局有"世兴""忠兴""树德""复胜""兴盛""新盛""张记""李记"画局等。仅"世兴画局"一家印数就高达420多万张，传统的年画主要内容有大门神方弼、方相、秦琼、尉迟敬德、包拯等历史人物，有六泉神、灶王神等，有《三国演义》《水浒传》等故事内容，有反映劳动生活的《男十忙》《女十忙》等图，有介绍农业节气《二十四节气》《春节图》等。[②]但随着现代印刷技术的发展和现代理念的传播，传统木版年画的销量逐渐萎缩，对凤翔木版年画的传承和保护受到越来越多的关注。

（三）陕西泥塑的代表项目

国家级非物质文化遗产凤翔泥塑应当属于陕西泥塑的代表项目。主要分布在凤翔纸坊镇六营村的凤翔彩绘泥塑发端于明初。凤翔彩绘泥塑是纯手工制作，制作工序为取泥（以凤翔万泉沟泥为主要原材料）、和泥、擀泥饼、入模、出模、晾晒、上白粉、线描、上色、上清漆诸道工序。凤翔泥塑有泥玩具（以动物造型为主）、挂片（挂片有脸谱、虎牛狮子头、麒麟送子、八仙过海等造型）、立人三大类型，共有170多个花色品种。[③]凤翔泥塑色彩分为两种类型即"彩色"和"无彩色"，传统彩绘泥塑使用红色、绿色、桃红色（民间艺人称为色红）和黄色四种颜色的染料，彩色泥塑上色的次序

---

① 杨小玲、李向红：《中国农耕文化的古老风景线———凤翔木版年画何去何从》，《陕西日报》2004年5月14日。
② 成文正：《继往开来——陕西凤翔木版年画的考察与思索》，《西北美术》2002年第22期。
③ 杜妍：《让传统引领时尚——陕西凤翔泥塑的传承与发展》，《艺术与设计》2008年第7期。

为大红、桃红、黄。"无彩色"的泥塑用黑白两色线条勾勒出生动丰富的生命形象。[1] 凤翔泥塑还借鉴了当地传统的文化要素，一些西周青铜器上的纹饰，依旧被凤翔泥塑采用。

凤翔泥塑的形象在新时代展现出了新的风采。2002年和2003年，中国民间工艺美术大师、凤翔泥塑艺术家胡新民和老艺人、第一批国家级非物质文化遗产项目代表性传承人胡深创作的泥塑马"平安马"和泥塑羊"富贵羊"被国家邮政总局确定为生肖邮票主图案；胡新明创作的"福寿猪"，2007年被选为中国邮政有奖邮资明信片的主图，而且成为当年中国生肖邮票。其作品体现了凤翔泥塑的文化魅力，符合中国人传统的审美情趣。凤翔泥塑形象地表达民间艺术内容和美学本质，成为民间物质文化不可或缺的艺术内涵形式。[2]

（四）陕西面花的代表项目

作为陕西省第一个被纳入国家级非物质文化遗产面花项目的黄陵面花，理应成为陕西面花的代表项目。面花属于面塑艺术，俗称花馍。它不仅是北方人的主要面食，而且制作习俗有较长的历史。黄陵县地处陕北南部，与关中接壤，有很长制作面花的历史，面花工艺几乎遍布黄陵全县，妇女多会制作面花。当地制作面花的工艺讲究，面花造型多样，有动物、花卉等，其用途有三种，一是婚丧嫁娶面花，如"混沌"、老虎面花，前者有龙凤形象，周边饰以牡丹、莲花、鱼等造型，用于婚嫁期间，后者有脱生、护生，企盼孩子生长好的用意；二是生辰寿礼面花，如寿礼面花类的寿桃、松柏面花，生辰面花类的兔型花馍；三是祭司、年节面花，黄陵的此类面花以正月十五元宵节期间做的面花最具代表性，另外在端午节时黄陵人制作长七八厘米，

---

[1] 袁恩培、白瑞荣、王静超：《陕西凤翔泥塑的文化内涵及美学特征》，《民族艺术研究》2015年第2期。

[2] 袁恩培、白瑞荣、王静超：《陕西凤翔泥塑的文化内涵及美学特征》，《民族艺术研究》2015年第2期。

呈小鱼状的"面鱼",纪念伟大爱国诗人屈原。①

历年黄帝陵公祭和民祭中,黄陵面花都是一个亮点。作为祭祀轩辕黄帝和先祖的供品,黄陵面花在黄帝陵公祭仪式过程中必不可少。作为祭祀轩辕黄帝的面花,要求结构复杂,造型生动,审美和观赏价值较高,面花以花鸟鱼虫、飞禽走兽为主,面花的造型不仅要有气势,而且需雅致优美、栩栩如生,制作工具包括剪刀、镊子、梳子、汤匙、盒盖、小刀等,制作工艺有拍、拉、盘、揪、剪、切、扎等。黄帝陵公祭有助于提升黄陵面花的声誉。

(五)陕西民间绣活的代表项目

国家级非物质文化遗产,宝鸡市西秦刺绣、澄城县澄城刺绣能够代表陕西民间刺绣工艺的水准。西秦刺绣泛指宝鸡地区的民间刺绣,包括平面刺绣和刺绣手法制作的立体、镂空作品。刺绣手法有平绣、悬绣和拼贴缝制结合等多种技巧。从考古发现看,西周就有采用辫子股针法的刺绣印痕,呈红、黄、褐、棕四种色彩。到唐代这里刺绣发展了蹙金绣、平绣、贴金绣、绣加绘等多种绣法。宝鸡地区新石器时代文化底蕴深厚,影响深远,西秦刺绣至今仍保留着原始的生命生殖图腾以及生肖、双鱼、五毒等。②传统绣品中的"青蛙枕"、虎头三足鸟、马上封侯(猴)刺绣图案、八卦葫芦包等反映了历史上传统图案和文化因素对西秦刺绣的影响。西秦刺绣的应用范围广泛,有30多个系列、200多个品种,其中代表性的绣品有各种规格龙、狮、虎、凤,大小各异的"猪枕""五福祝寿""十二属相香包"和虎头鞋帽、猪头鞋、五毒马夹裹肚、百花帐、绣枕、万民伞等。③随着商品经济的发展,西秦刺绣将绽放新的光彩。

澄城县刺绣历史久远绵长。澄城刺绣分为婚俗、孩童、寿俗、宗教和生活刺绣类。刺绣纹饰主要包括莲、菊、梅、牡丹、桃花、石榴等花草和各类

---

① 杨晰:《黄陵面花——民间艺术之花》,《文化月刊》2014年第14期。
② 袁巍:《西秦刺绣艺术特色简论》,《邢台学院学报》2010年第3期。
③ 袁巍:《西秦刺绣艺术特色简论》,《邢台学院学报》2010年第3期;陈亚平、石露:《西秦刺绣——五彩斑斓的女红艺术》,《文化月刊》2014年第14期。

动物。刺绣题材内容丰富，如反映繁衍生息的"连生贵子""石榴百籽"等刺绣，反映加官晋爵的"喜报三元""五子登科""官上加官""功名富贵"等刺绣，反映爱情的"鱼戏莲""蝶恋花""龙凤呈祥""凤穿牡丹"等刺绣，进行宣传教育的"二十四孝戏文故事"刺绣。① 澄城刺绣深入生活，是民俗文化的重要体现。

（六）陕西建筑彩绘和石雕的代表项目

国家级非物质文化遗产陕北匠艺丹青反映了传统建筑彩绘的水平和特点。有学者认为陕北民间彩画的基本类型有七色遍装彩画、青绿彩画和素色刷饰彩画三种。② 陕北匠艺丹青流行于陕北的榆林和延安，包括建筑彩画、庙宇壁画和家用的炕围、灶台画、木器、玻璃镜匾装饰画等。它有着完善的图像谱系和技艺传承谱系。"生产性方式"是陕北匠艺丹青生存发展的根本性方式，它同陕北地区的自然条件、民众的生活方式、生存需要紧密结合，如绘画居民房屋中的花"壁席"、花箱柜等。③ 陕北匠艺丹青常用于陕北古代建筑彩画，如佳县白云山、榆林清云观、安塞真武洞大佛寺、榆林榆阳区老城过街鼓楼等古代建筑，此外陕北匠艺丹青也被用于现代仿古建筑上，这些都为民间画匠一展身手提供了平台，有利于传承和利用这些传统美术资源。

国家级非物质文化遗产富平石刻、绥德石雕是陕西石雕石刻的代表项目。富平石刻工艺历史悠久，最早要追溯于秦朝，兴盛于唐朝，这里因盛产墨玉而久负盛名。过去石刻所用的原材料就是墨玉，如秦代李斯《峄山刻石》、东汉的《汉郃阳令曹全碑》、唐怀仁集晋王羲之《圣教序》、唐代的昭陵六骏、书法名碑《皇甫诞碑》（欧阳询书）、《多宝塔》（颜真卿书）、《玄秘塔》（柳公权书）、《千字文》（怀素和尚书）等石料均采用富平墨玉。唐

---

① 《黄土高原上的山花花——澄城民间刺绣艺术》，《文化月刊》2014年第12期。
② 黄文华：《略论陕北民间建筑彩画的类型与特征》，《华中建筑》2014年第5期。
③ 王宁宇、高晓黎：《让传统手工技艺进入当代知识系统——从陕北匠艺丹青生产性方式保护谈起》，《美术观察》2009年第7期。

代帝王陵墓的石刻雕像石料很多是这里的墨玉，如乾陵无字碑等。富平石刻古朴简练、大气厚重、刻工细腻，以碑碣镌字享誉盛名，能够精准呈现出字体原貌和书法风韵。近年来，富平在推动石刻产业上谱写了新篇章。

绥德石雕历史久远，2004年被陕西省政府命名为"石雕艺术之乡"。绥德石雕不仅传承了中国传统雕刻技术，如熟练运用圆雕、浮雕、镂空、阴刻、阳刻、线刻并用等手法，又有所创新，为石雕赋予了时代精神，其石雕刀法上精雕细刻，风格上古朴粗犷，气势上博大磅礴，体现了很高的艺术研究和审美价值。石雕内容丰富，包括石宅居、石器具、石碑碣、石亭塔、石雕、石板画、石牌楼、石龙柱、石雕栏等，但最著名的当属石狮子。绥德的优秀石雕工艺美术家，有的还被授予"中国民间工艺美术家""陕西省民间工艺美术家"等称号。有相当高艺术欣赏价值的绥德石狮子，体现了民间传统价值取向和审美标准，反映了民间艺人的丰富想象力和艺术创造性。

三 陕西各地省级非物质文化遗产名录中的传统美术项目

陕西省级非物质文化遗产名录中的传统美术项目是陕西传统美术的精品。截至陕西省第四批非物质文化遗产名录，共有54个传统美术被收录。这些代表了陕西传统美术水平的项目多由各地文化馆、非物质文化遗产保护中心、文广局等单位申报，也有个人直接申报，如陕北民间匠作画艺由王宁宇申报，合阳雷氏木雕艺术由雷占武申报。陕西传统美术中的剪纸、刺绣等项目群众基础好，不仅相当普遍，而且各有特征。

（一）关中地区申报的传统美术项目

关中是陕西省级非物质文化遗产名录中传统美术项目多的地区，共有25个传统美术项目被收录陕西省级非物质文化遗产名录，其中尤以由宝鸡市和渭南市突出。宝鸡市和其区（县）申报的省非遗项目有7项之多，包括刺绣类西秦刺绣（第一批，宝鸡）、木版年画类的凤翔木版年画（第一批)、泥塑类的凤翔泥塑(第一批)、凤翔罩金漆器制作技艺(第三批),陈仓区社火脸谱绘制技艺(第一批),金台罗氏彩塑彩绘(第四批)、陇县染色剪纸(第四批),宝鸡各区(县)中凤翔传统美术项目最醒目;渭南市和其区(县)申报的省非遗项目有9项之多,包括刺绣类的澄城刺绣(第一批)、大荔刺绣(第三批),华县面花项目中的华州面花(第二批)、澄城面花(第二批)、合阳面花(第三批),还有澄城手绘门帘(第二批)、合阳纸塑窗花(第四批)、合阳雷氏木雕艺术、剪纸项目下的朝邑剪纸(第三批)。

咸阳地区有4项,分别为礼泉皮影(第二批),刺绣项目下的乾州布玩具(第二批),剪纸项目下的永寿民间剪纸(第二批)、旬邑彩贴剪纸(第二批)。西安地区有3项,分别为周至剪纸(第三批)、户县民间布艺老虎(第四批),秦绣——穿罗绣(第四批)。铜川地区有2项,分别是耀州面塑(第四批)、宜君剪纸(第四批)。这些项目在丰富当地群众生活方面发挥了重要作用。

(二)陕北地区申报的传统美术项目

陕北地区共有23个传统美术项目被收录进陕西省级非物质文化遗产名录,除了陕北民间匠作画艺(第一批)外,榆林地区有8个传统美术项目入选省非遗名录,包括剪纸类的定边剪纸艺术(第一批)、绥德剪纸(第三批)、靖边剪纸(第三批)、佳县剪纸(第三批),佳县庙宇木雕雕刻技艺(第二批)、绥德炕头石狮子(第二批),面花类的神木面花(第二批)、子洲面花(第四批)。

延安地区有14个传统美术项目入选省级非物质文化遗产名录,包括面花项目下的黄陵面花(第一批)、洛川面花(第三批),安塞民间绘画(第一批)、富县熏花(第二批)、吴起油漆画(第二批),刺绣项目下的延川布堆花(第二批)、洛川刺绣(第二批)、子长刺绣(第四批),剪纸项目下的安塞剪纸(第一批)、延川剪纸(第二批)、黄陵剪纸(第二批)、洛川剪纸(第二批)、延长剪纸(第三批)、黄陵木雕(第三批)。延安地区的传统美术在全省非物质文化遗产名录传统美术类项目中数量最多，占比最大。

（三）陕南地区申报的传统美术项目

陕南地区的省级非物质文化遗产传统美术项目兼有南北特点，特色鲜明。其中汉中地区有城固泥塑（第二批）、刺绣项目下的城固架花（第二批）、汉中民间木版图画（第三批，南郑）、镇巴苗乡刺绣（第四批）。商洛地区有商州东龙山狗娃咪泥哨（第三批）、商州花灯（第四批）。

四　陕西省传统美术文化资源的保护和利用

国家和陕西省很关注地方传统美术文化资源保护工作。陕西省安塞县剪纸进入了国家和陕西省的首批非物质文化遗产保护名录，安塞县被国家文化部评审命名为"剪纸艺术之乡""现代民间绘画之乡"等荣誉称号，这些都有利于宣传和保护传统美术资源。1991年，延川被国家文化部命名为"现代民间绘画画乡"，2004年又被陕西省文化厅命名为"民间剪纸之乡"。

（一）对传统美术项目传承人的保护

为有效保护陕西传统美术等非遗项目的传承人，陕西省不仅执行国家有关规定，而且于2007年还专门制定了陕西省对非物质文化遗产项目代表性传承人的相关政策，认定和保护非遗项目代表性传承人。

一些陕西民间美术项目传承人进入了第一批国家级非物质文化遗产项目代表性传承人名单，有力地促进了相关项目的保护和宣传工作。这批优秀的代表性传承人中就包括了凤翔木版年画的传承人邰瑜和邰立平，安塞剪纸的传承人李秀芳和高金爱，凤翔泥塑的传承人胡深。2009年，陕北匠艺丹青传承人李生斌等成为第三批国家级非物质文化遗产项目代表性传承人。

2008年，有20位传统美术项目的传承人进入了陕西省第一批非物质文化遗产项目代表性传承人名单，仅榆林地区陕北民间匠作画艺项目入选陕西省第一批非物质文化遗产项目代表性传承人名单的就有万忠选、任今民、田步富、刘志华、高生武、李生斌等人。陕西省首批非物质文化遗产项目代表性传承人凤翔泥塑艺术家胡新明还获得了联合国教科文组织授予的"中国民间艺术大师"称号。13位传统美术项目的传承人成为陕西省第二批非物质文化遗产项目代表性传承人。2014年又有9位传统美术项目的传承人成为陕西省第四批非物质文化遗产项目代表性传承人。

陕西省各地也通过规定当地非物质文化遗产项目代表性传承人的方式，促进对传统美术项目的保护和传承。榆林市第一批非物质文化遗产项目代表性传承人中，传统美术项目的代表性传承人就有6个项目的11位传承人，第二批中有12个项目的25位传承人，第三批中有6个项目的10位传承人。铜川市第二批非物质文化遗产传承人中，传统美术项目的代表性传承人就有8位传承人，相关项目有刺绣、剪纸等类。

（二）陕西省对传统美术项目的保护和传承

2015年，陕西省文化厅专门开展了第五批省级非物质文化遗产项目名录的申报工作，还对陕西省第五批非物质文化遗产代表性项目名录推荐项目名单进行了公示，为陕西非物质文化遗产项目的进一步扩大发挥了作用，有助于完善陕西省级非物质文化遗产名录体系建设。

2009年，陕西省启动了国家级陕北文化生态保护实验区申报建立工作，2012年"陕北文化生态保护实验区"被正式批准，它是"十二五"时期，文化部相关工作中批准设立的首个国家级文化生态保护实验区。

陕西省各地非常注重非物质文化遗产保护、研究和开发工作。2009年、2011年和2013年，榆林公布了三批《市级非物质文化遗产名录》，其中传统美术分别为3项、12项、6项。通过设立非物质文化遗产名录，有利于传统美术的保护和开发。

陕西省各县同样关注传统美术。延安延川县延川剪纸很有名，为传承和发展这种传统美术，延川成立了黄河原生态保护发展协会和以主管县长为组长的民间文化保护工作领导小组，设立延川县剪纸艺术工作督察队，保护包括延川剪纸在内的民间文化。延川还将剪纸纳入教学中，专门设立了延川剪纸艺术教学工作组和中心小学剪纸教材编写组。2004年，还专门推出了"长征计划——延川中小学剪纸艺术教育项目"。延川保护延川剪纸的具体措施有成立以宏观指导剪纸挖掘、保护、传承、发展工作为宗旨的"延川县剪纸艺术协会"；由乡（镇）文化站带头，建立剪纸艺术培训班，开展培训活动；尝试开展剪纸艺术进小学等课堂的活动，展出并奖励剪纸艺术作品。

（三）近年来陕西对传统美术项目的利用和开发

2014年，陕西省第十二届人大常委会第七次会议通过的《陕西省非物质文化遗产条例》明确指出，对于能够借助生产、流通、销售方式转化为文化产品的传统美术等非物质文化遗产代表性项目，实行生产性保护，予以重点扶持。这为利用开发传统美术资源提供了政策上的保障。

建立产业园等方式是探索开发和利用好传统美术项目的新途径。宝鸡注重利用西秦刺绣资源发展经济，解决就业，成立了14家"西秦刺绣"工艺品产业协会，从业人员达上万人。2014年，投资1.3亿元的千阳"西秦刺绣"产业园主体工程竣工，该项目占地100亩，分为"西秦刺绣"文化产业展示区，西秦刺绣体验城、培训中心三大区域，对传播西秦刺绣文化，利用和发展刺绣文化促进经济发展有着重要意义。

富平利用传统美术文化资源的优势，大力发展石刻产业。2010年，仅富平县宫里镇就拥有一定规模的建材、石刻、石材企业150多家、个体户560多户，从业人数超过了3600人，年产值超过1亿元。2008年6月富平还成功举办了首届"石刻文化艺术节"。这些对于促进石刻这种传统美术资源的保护和发展无疑具有良好作用。[①] 截至2009年底，绥德共有石雕加工企业、摊点216家，其中规模较大的企业有12家。全县石雕企业从业人员、

---

① 常振科、刘晓瑞：《"点"石成"金"——富平石刻石材产业化发展见闻与思考》，《运城日报》2010年9月1日。

年营业收入、石雕年产量分别有1760人、7600万元、1万套（件、对）。①

对传统美术资源项目的开发，已逐渐成为陕西一些地方发展文化产业的重要组成部分。如咸阳以旬邑彩贴剪纸为主要业务的旬邑县文化发展公司"拥有剪纸艺人1200余人，年创收4800万元。在旬邑民间还有千名农村妇女剪纸出售，每人年均收入近2万元，可创收2000万元以上"②，成为支撑旬邑文化产业发展的重要组成部分。传统美术文化资源的产业化开发，对发展当地经济，促进传统美术的保护、传承和发展将发挥更加重要的作用。

---

① 刘晓丽：《点石成"金"——绥德石雕业发展调查》，《榆林日报》2011年1月27日。
② 旬邑县统计局：《2014年第一季度旬邑县文化产业运行情况分析》，http：//www.snxunyi.gov.cn/TongJiJu/contents/1604/13466.html，2014年4月15日。

B.15 "十二五"时期陕西推进文化与科技融合创新发展的现状、问题及对策研究[*]

颜鹏[**]

摘　要： 文化与科技融合是文化产业发展到特定阶段的必然要求，是基于科学技术创新发展的新要求。推进文化与科技融合是国家针对当前形势提出的新问题，是进一步深化文化体制改革的新使命。"十二五"时期陕西根据国家政策和发展实际大力推进文化与科技融合，本文在总结陕西推进文化与科技融合创新工作现状的基础上，提出了当前文化科技融合工作的实际问题，为下一阶段文化科技融合工作提供参考。

关键词： 文化与科技　深度融合　陕西

"科学技术是第一生产力"。当今社会，科学技术正在以前所未有的规模席卷文化产业，成为中国经济与社会转型的重要节点，也使文化产业面临前所未有的发展机遇。文化与科技融合创新和协同发展给文化产业带来了持久深远、具有战略性的变革，使得文化与科技融合的理念深入人心，成为发展文化产业的核心理念和关键。推动文化与科技融合、优化文化科技创新模式，是新时期科技革命和产业发展的必由之路。

---

[*] 本文系陕西省社会科学基金项目"基于互联网+的陕西文化业态融合与创新发展路径研究"（2015D049）、陕西省社会科学院2015年度青年专项课题"陕西文化市场主体的重塑与机制创新研究"（15QN014）的阶段性研究成果。

[**] 颜鹏，陕西省社会科学院文化产业与现代传播研究所助理研究员。

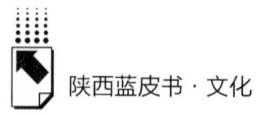

一 文化与科技融合的重要意义

以数字技术和网络信息技术为代表的现代科学技术的发展驱动着科技创新的步伐，同时也为文化创新奠定了坚实的技术基础。在文化与科技日益融合的今天，科学技术已经渗透到文化产业链的各个环节，不仅对传统文化产业带来变革性影响，也更加深刻地影响着新兴文化产业的发展方向和未来发展趋势。

文化与科技的融合会使社会文化环境与区域创新环境高度统一，能够增强国家整体竞争能力，正在成为全球各个国家竞相发展的战略重点，也更加符合新兴科技革命和产业革命的趋势和要求。随着信息产业的高度发展，一些发达国家和地区已经形成了数字内容产业集群，不断扩展和延伸着文化产业的内涵和范围，为新兴文化产业的发展注入强大的发展动力。

作为文化产业最具有活力的发展动力，文化与科技融合能够作为新型文化建设理念逐步提升国家文化软实力。在世界经济全球化和区域经济一体化的过程中，文化与科技的深度融合能够在中西方两种文化中找到很多相近、相似甚至是相同的文化理念和价值观念，使得不同文化之间获得更多的理解和包容，也日益成为全球产业发展的潮流和方向。

可以说，文化与科技的融合早已是各个国家的文化发展战略，成为推动经济增长和综合国力竞争的重要因素，文化产业作为新兴产业，其产品和服务已成为国际贸易的重要组成。要促进文化与科技相融合，不仅要从文化创新的能力和意识做起，更要从提升科技研发水平、人才培养、成果推广和转让等方面共同发力。

二 "十二五"时期我国文化科技融合发展的现状

"十二五"时期，国家接连出台了多部文化与科技融合的政策措施。"文化与科技融合"逐渐发展成为相对独立的概念体系。无论是从国家层面还是省级层面，都出台了多项文化产业的促进政策，极为突出的是文化科技方面的内容。我国的文化产业由此进入到了一个新的发展阶段，文化产业研究的全新领域也由此开启。

（一）政策保障

文化与科技密不可分、相辅相成，文化产业的发展离不开文化与科技的融合创新。2011年，党的十七届六中全明确提出："科技创新是文化发展的重要引擎。要发挥文化和科技相互促进的作用。"2012年，《国家文化科技创新工程纲要》和《文化部"十二五"文化科技发展规划》的出台，标志着"科技带动文化产业发展战略"正式成为我国大力发展文化产业的核心战略之一。[①] 党的十八大报告指出的"促进文化和科技融合，发展新型文化业态，提高文化产业规模化、集约化、专业化水平"，为加强文化与科技融合，全面提高文化技术创新能力，增强国家文化发展整体实力，提升文化产业核心竞争力指明了方向。

文化科技融合政策不仅有国家的顶层设计，政府部门也在持续推进文化科技融合。2012年9月，《文化部"十二五"文化科技发展规划》提出将自主创新能力作为文化科技发展的战略基点，以文化科技创新体系建设为核心，促进文化科技整体水平的提升。2014年3月文化部发布《文化部关于贯彻落实〈国务院关于推进文化创意和设计服务与相关产业融合发展的若干意见〉的实施意见》，从制度上支持和保证文化科技融合的持续发展，提出深入实施国家文化科技创新工程，支持利用数字技术、互联网、软件等高新技术支撑文化内容、装备、材料、工艺、系统的开发和利用，加快文化企业技术改造步伐。2015年7月，国务院出台了《关于积极推进"互联网+"行动的指导意见》，提出顺应世界"互联网+"的发展趋势，着力做大增量，培育新兴业态，打造新的增长点，构筑经济社会发展新优势和新动能。

---

① 孟欣：《2014年文化科技热点盘点：科技，引领文化新时尚》，《中国文化报》2015年1月8日。

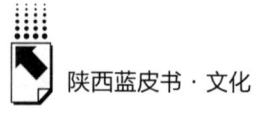

2015年7月,国务院又出台了《三网融合推广方案》,提出要大力发展数字出版、互动新媒体、移动多媒体等新兴文化产业,促进动漫游戏、数字音乐、网络艺术品等数字文化内容的消费。

自从中央提出加快推进文化与科技融合以来,全国各地也陆续出台了针对本地文化与科技融合的发展思路和相关规划,北京市、上海市、广东省最为迅速,实施的规划措施也更为详细。当前,文化科技融合创新发展面临着最好的发展机遇,顺应这种发展趋势能够有效地推动此项工作的进展,也能为文化产业的转型升级获得强劲的发展动力,使文化产业的发展取得跨越性的突破。

(二)产业发展

1. 总体发展状况

总体来说,"十二五"时期我国文化与科技融合创新发展速度较快,占GDP的比重也越来越多,文化科技产业成为很多新兴城市的支柱性产业。新兴数字技术的发展改造和提升着文化产业的科技内涵,如数字电影制作中加入了3D元素、广播电视有线网络的数字化转换、演艺舞台融入数字化采集和传播等,实现了广播、电影、演艺产业的升级换代。国家的各项政策得到了有效的落实,各类重大文化项目及文化产业发展获得了前所未有的成绩。通过政策层面促进的文化与科技的深度融合得到了全国各地的支持,文化科技融合重大项目和发展成果初步显现,科技手段在文化传媒、公共博物馆、电影电视及古籍修复等众多领域大显身手。[1]

文化科技融合示范基地成为推动文化与科技融合的重要载体。2012年5月和2014年1月,科技部、文化部等5个部门认定了两批共34家国家级文化和科技融合示范基地,包括北京中关村国家级文化和科技融合示范基地、西安国家级文化和科技融合示范基地、南京国家级文化和科

---

[1] 孟欣:《文化2014文化科技热点盘点:科技,引领文化新时尚》,《中国文化报》2015年1月8日。

技融合示范基地等,这些基地在当前经济下行的压力下依旧取得了不错的发展成绩。

"十二五"期间,通过项目带动、基地建设、示范引领等工作抓手,文化与科技融合工作会聚了文化科技的创新人才,提升了文化科技创造的发展活力,创造了前所未有的发展成果,有效地推动了社会主义文化的大繁荣大发展。

2. 区域发展状况

东部地区文化创意产业的发展具有领先优势,其数字内容产业、现代传媒业、会展业、旅游演艺行业等的发展已经领跑全国。北京、深圳、杭州和上海的文化创意产业成为当地支柱产业的典型代表,为其他城市的文化建设提供了切实可行的发展经验。除此以外,这些城市已把当代最前沿的信息化技术融入公共文化服务中,使得"文化产业"发展和"公共文化"建设双轮驱动,取得了良性互动的有利局面。

中部地区的传统文化产业和新兴创意产业齐头并进,并依托区位优势,积极打造文化科技创新的智力密集区和产业集聚区。这些城市不仅在经济上大力赶超东部,更在文化发展方面努力取得更大突破。目前,以武汉、长沙为代表的中部地区城市文化品牌特色鲜明,"武汉模式""电视湘军""出版湘军"已成为全国乃至全球响当当的文化名片,获得了持续的品牌优势。

西部地区以民族风情为特色的文化产业发展迅猛,但以科技促进文化的发展还处于起步阶段,文化产业的开发与文化资源的保护并行不悖。云南、广西利用自身的旅游资源和独具魅力的民族资源,形成了西部地区文化发展的后发优势,其采用的"文化+旅游+民族资源"的发展模式已在其他西部地区得到了复制和采纳。丝绸之路经济带建设的不断加快,西部地区的极富民族特色的文化产业必将在"文化先行、贸易先行"的战略下获得巨大发展。

现阶段,文化与科技融合的主要载体是各地区的高新区及文化产业试验园区,这些园区和基地是文化与科技融合必不可少的推动力,为各城市全面推进文化与科技融合创新提供了宝贵的借鉴。

三 "十二五"时期陕西文化与科技融合创新发展的主要做法

实现陕西文化与科技融合创新发展是"十二五"时期以来陕西社会经济发展面临的重大课题。通过整合先进科学技术，启动实施"陕西省科技与文化融合示范工程"，陕西推进并发展了数字出版、移动互联网、动漫游戏等文化新兴业态，使现有文化产业链由低向高转移。同时，陕西以建设西安高新区、曲江新区国家级文化和科技融合示范基地为契机，利用高新技术优势，形成了独具特色的文化科技融合发展范式，取得了全新的发展成果。文化与科技融合创新发展是西安建设具有历史文化特色的国际化大都市的战略选择，更是陕西促进文化大发展大繁荣的迫切需要。①

（一）制定方案措施，强化文化科技创新的政策保障

自2012年5月科技、财政、文化等12个部门在深圳召开了国家文化科技创新工程联席会议，审议通过了《文化科技创新工程纲要》，正式启动国家文化科技创新工程以来，陕西也积极响应中央精神，于2012年8月召开文化与科技融合会议，为推动文化与科技全面深度融合发展奠定了坚实的基础。

2013年4月，陕西发布了《关于加快推进文化与科技旅游金融融合发展的意见》，确定了文化与科技融合发展的总体思路和主要目标，提出了推动融合发展的重点任务和工作机制，明确了文化科技创新攻关、文化科技领军企业和产业集群培养、文化科技服务创新体系构建等方面确定了12项重点任务，提出加大对文化类科技应用项目的支持，通过科技应用丰富文化表现形式，促进文化与科技的融合。文化与科技的融合工作取得了实际的进展，文化科技融合的内涵和外延都得到了持续的深化。

与此同时，西安市也大力推进文化和科技融合工作。2011年年底，西

---

① 《"文化科技融合展区"首次亮相西部文博会》，西安科技大市场网站，2012年9月7日。

安市启动文化科技创新工程;2012年5月,西安市被授予首批"国家级文化和科技融合示范基地"。2012年,西安市发布了《西安市推进文化与科技融合的五年工作方案(2012~2016)》《关于加强文化科技创新,建设国家级文化和科技融合示范基地建设的意见》《西安市国家级文化和科技融合示范基地建设实施方案》3个文件,在制度上对文化与科技融合工作予以保障和加强。2012年"西安文化和科技融合创新工程"在"陕西省科技统筹创新工程计划"中获得专项经费940万元的立项支持。西安市科技局科技计划连续三年设立"文化和科技融合"专项,每年支持科技资金1000万元,重点支持文化企业科技创新。在各项政策和优惠措施的支持下,2013年,西安文化和科技融合示范基地已获得了较大的收获,全年专利申请47500项,著作权超过10698项。

(二)确定园区载体,发挥文化科技创新发展的示范效应

园区是文化和科技融合创新发展的重要载体。2012年5月18日,在第八届深圳文博会上,陕西省"西安国家级文化和科技融合示范基地"被授予首批国家级文化和科技融合示范基地。该基地充分利用西安高新区的科技资源优势和曲江新区的文化资源优势,以西安曲江新区和西安高新区两个区域为主要载体,是国家级园区基地授予的新方式,打破了原有园区基地单打独斗的局面,将文化产业园区基地的发展迈入新的历史时期。目前,西安国家级文化和科技融合示范基地已聚集了3000多家文化科技企业,初步形成了以数字文化内容为代表的中小企业集群,如陕西出版集团、曲江出版传媒、《华商报》为代表的图书、新闻出版发行企业集群,以雄峰印务、秦源软塑科技等为代表的印刷包装企业集群。[①] 陕西在推动文化和科技融合园区建设上措施得当,发展目标明确,载体特色鲜明,集合了省内的优质资源和典型代表,已初步形成了产业布局合理,配套措施完备的新局面。

"十二五"时期以来,西安坚持以市场为导向,不断完善文化产业扶持

---

① 《陕西省四大举措推动科技与文化融合发展》,中国经济网,2014年10月10日。

政策，针对文化科技融合专项资金近三年累计投入超过5000万元。2013～2015年，西安市已认定两批国家级文化和科技融合示范基地和示范企业，其中，示范园区7个，示范企业50家。①第一批文化和科技融合示范园区有西安国家数字出版基地示范区、西安曲江新区文化创意产业园区、西安碑林动漫产业基地、西安浐灞总部科研创意基地和西安印刷包装产业基地中小企业工业园5家；第二批文化和科技融合示范园区有碑林环大学创新产业带、西安服务外包产业园2家（见表1）。第一批文化和科技融合示范企业有陕西盛唐传媒投资有限公司、西安新昆信息科技有限公司、西安长风数字文化科技有限公司、西安曲江出版传媒投资集团有限公司、西安灵境科技有限公司、陕西出版集团数字出版基地开发建设有限公司、陕西嘉荷网络空间开发股份有限公司等18家；第二批文化和科技融合示范企业有西安曲江文化旅游股份有限公司、陕西云创意威客网络有限公司、陕西至尊网络科技有限公司、西安磐石信息科技有限公司、华商数码信息股份有限公司、西安曲江出版传媒股份有限公司、西安互动空间传媒广告有限公司、陕西旅游集团影视文化有限公司、西安华商网络传媒有限公司、西安数虎图像科技有限公司、中煤地西安地图印制有限公司、西安地图出版社、陕西公众信息产业有限公司、陕西新浪互联信息服务有限公司等32家。目前，西安国家级文化和科技融合示范园区已聚集文化科技企业7000余家，范围覆盖西安高新区、曲江新区、经济开发区、浐灞新区和碑林区等热点区域，产业业态涵盖数字内容、动漫游戏等新兴产业，形成了强大的产业规模和企业聚集效应。

表1 西安市认定的两批次国家级文化和科技融合示范基地名单

序号	基地名称	产业范围
1	西安国家数字出版基地示范区	新闻出版、动漫游戏、科技创新、文化园区
2	西安曲江新区文化创意产业园区	创意设计、广告会展、科技创新
3	西安碑林动漫产业基地	动漫游戏、文化园区

---

① 关颖：《西安将用5到10年建设打造五大文化科技中心》，新浪网，2013年5月9日。

续表

序号	基地名称	产业范围
4	西安浐灞总部科研创意基地	文化艺术、新闻出版、动漫游戏、创意设计、网络文化、文化旅游、科技创新、文化园区、文化公共服务
5	西安印刷包装产业基地中小企业工业园	创意设计、文化园区
6	碑林环大学创新产业带	文化艺术、广播影视、新闻出版、动漫游戏、创意设计、文化旅游
7	西安服务外包产业园	新闻出版、动漫游戏、创意设计、网络文化、科技创新

以西安国家数字出版基地为例,自2011年5月18日批准成立以来,基地各项工作取得显著的成绩,在全国13家国家级数字出版基地综合排名中居第五位,已经成为国内重要的数字出版产业基地,省政府将西安国家数字出版基地确定为全省30个重点文化产业项目之一,市政府连续三年将其列为西安市重点文化产业项目。西安国家数字出版基地三年来累计吸引投资28.76亿元,吸引了西安双羽九州图书文化有限公司、北京人人游戏西安无线游戏孵化基地、新浪游戏、北京乾坤翰林等项目入区;其中,新浪游戏拟投资2亿元,3年后产值达10亿元;北京乾坤翰林入区后拟将成为西北最大的数字出版企业,预计三年可实现50亿元收入;新空气软件、双人渔动漫设计等9家优秀创意企业也纷纷注册入区。

(三)实施项目带动,夯实文化科技创新发展的产业载体

"十二五"时期,按照"大集团引领、大项目带动、园区化承载、集群化发展"的原则,陕西依托现有高新技术产业开发区和文化产业示范园区等,通过高新技术改造传统文化产业,推动文化产业链从低端向高端转换,组织实施了陕西省科技与文化融合示范工程专项,孵化和培育了自主创新能力强的文化领军型企业,全省重大文化建设如期顺利进行。

曲江新区实施了"文化科技融合项目带动"战略,加快推进了一批重大文化旅游科技提升项目,包括超越时空的中华文化云推广平台、穿越时空

的曲江文化之旅、曲江博物馆群数字化旅游服务平台、数字曲江视窗项目、虚拟网上展会综合服务平台等项目在提升文化表现力方面迈入新高度。[①] 目前，曲江新区文化企业数量已达到1800家，一些科技含量高、发展潜力大的文化龙头企业（如微软西北总部、EMC西北研发中心、乐雅动漫、宏梦卡通、能通科技等）已成功落户曲江。2015年，曲江新区启动的国家级文化科技创业园区"西安文化科技创业城"项目是加速推进文化科技融合的重要承载体，重点发展文化科技创新领域，推动科技服务与新兴产业融合发展，数字出版、移动互联、虚拟会展、电子商务等文化科技企业聚集，形成良性发展的文化科技融合产业生态圈。大唐电信移动互联（西安）孵化基地已正式开园启用，标志着曲江新区以"文化+互联网+无限可能"为核心的"一城一带四集群"建设取得了进一步发展。

西安高新区自2006年起相继出台了促进文化创意产业发展的扶持政策服务体系，大力发展数字出版、游戏开发、动漫制作、移动互联网等业务，至2013年底入区创意企业达到3000余家，其中动漫、游戏、影视制作企业140家，由文化部认定的国家级动漫企业5家，重点文化产品出口企业2家。作为全国第8个数字出版基地，西安高新区将重点发展手机出版、电子书、动漫与网络游戏等项目，建设海量内容投送平台、数字出版人才培训平台、投融资服务平台等六大综合服务发展平台。[②] 2013年，数字出版基地实现产值78亿元。2015年9月，由陕西动漫产业平台管理中心有限责任公司报送的《大秦五行少年传》系列漫画书项目、西安艾派信息技术有限公司报送的动漫游戏"丝绸之路"以及西安纷腾互动数码科技有限公司报送的动漫游戏"铁血忠魂戚继光"入选"2015'原动力'中国原创动漫出版扶持计划"。《大秦五行少年传》已入选"文化部2013国家动漫品牌建设和保护计划"，为西北首家，同名漫画作品入围"第六届中国国际漫画节暨第10届中国动漫金龙奖"。

---

① 《"文化科技融合展区"首次亮相西部文博会》，西安科技大市场网站，2012年9月7日。
② 张娜、赵馨怡：《借力科技　高新区领跑文化创意产业》，《西安晚报》2013年7月24日。

西咸新区是首个以创新城市发展方式为主题的国家级新区，科技创新成为国务院赋予西咸新区的重要战略任务。2014年丝路数字文化创意（产业）基地项目正式启动，将采用全球领先的数字化科技手段，对西咸新区秦汉历史文化资源进行深度挖掘，进行开发与传播，是新丝绸之路经济带文化产业的重要支点。

（四）搭建交流平台，开放文化科技创新发展的对话窗口

"一带一路"战略给陕西带来新的历史机遇，为陕西树立文化科技创新品牌拓展了无与伦比的发展空间。加强对外文化交流是陕西融入"一带一路"战略的主要抓手，是扩大陕西良好形象的有效途径。"十二五"期间，陕西文化科技创新在国内外获得较大的关注，不断扩大着陕西对外交流的影响力。

近年来，中国西部国际文化产业博览会多次设立"文化科技融合展区"，已成为搭建陕西文化科技融合成果的主要平台，成为陕西宣传文化科技创新发展成果的对话窗口。涵盖数字出版、移动互联网、动漫游戏、印刷包装、文化旅游等领域的包括中华文化云传播平台、陕西数字博物馆、西安动漫数字博物馆项目获得良好的评价，"文化+科技"元素成为文博会最为闪耀的关注点。[①]2013年，西安市为科技项目、技术成果提供了一个免费、自由展示、交易、交流、合作的平台——西安文化科技大集市，首期西安文化科技大集市展区分为大学生创意设计竞赛优秀产品项目赶集区、科技创意消费品赶集区、曲江影视制作创新技术项目赶集区、数字旅游联盟企业产品赶集区和原创动漫企业技术项目赶集区五大板块。

为推进对外文化贸易发展，陕西已在西安高新区综合保税区打造了文化产品电子交易中心，采取"OTO"的运营模式，充分发挥陕西丰厚的文化资源优势，辐射西部地区，将努力建设成国家级的对外文化贸易基地。全国

---

① 《"文化科技融合展区"首次亮相西部文博会》，西安科技大市场网站，2012年9月7日。

最大的专注于文化创意产业细分领域的电商平台，陕西云创意威客网络有限公司（简称：V客网），通过互联网、无线互联网等交互方式，为全球文化创意企业和个人提供高效、便捷、安全的，以文化创意产品需求为基础的交易服务、支付平台、品牌营销及相关增值服务。

四 陕西文化科技融合发展的主要问题

"十二五"时期，陕西坚持用科学布局来引导资源有效配置，注重遵循经济规律，文化与科技的融合已经有了一个亮丽的开局。同时，当前的文化与科技融合工作还存在着一些需要解决的问题，主要表现在以下几个方面。

（一）文化与科技融合的契合度不高，文化与科技融合的理念还需进一步深化

文化与科技融合是当前文化产业发展的重要趋势之一。陕西既具有无与伦比的文化资源优势，又具有强大的科技资源优势，科技进步水平在全国排第7位，科技活动投入和产出、高新技术产业化、研发经费、科研机构人员数量等方面在国内具有领先优势。现阶段，陕西文化产业与科技融合的契合度依旧不够，一方面文化产业在发展的过程中需要不断注入新鲜思维、观念，文化与科技的融合并不是简单的叠加，而是文化与科技的双向互动。陕西文化产业创新发展的科技含量依旧欠缺，文化科技的应用领域还较窄，很多高新科技尚未植入文化发展中。另一方面文化信息化工作发展欠缺，运用现代科技手段提升公共文化服务的能力还不强，使得文化资源和科技资源融合发展还存在"两张皮"的现象。

（二）新型文化业态发育不成熟，科技对于文化发展还需进一步的配套

目前，陕西科技创新能力和水平虽然在不断提高，但园区仍在规划建设之中，功能有待进一步完善，现有政策对文化和科技融合产业新兴业态引导

和支持力度有待加强，西安国家级文化和科技融合示范基地的外在形象有待提高，文化和科技融合产业发展的生态环境系统还有待进一步健全。同时，陕西在运用科学技术打造公共文化设施建设布局、现代文化传播体系构建以及非物质文化遗产保护与古籍保护上力度不够，科技对于公共文化事业的实践凸显不足，科技对于文化发展还需要进一步的配套和融合。现有的文化产业税收激励政策还比较零散，扶持激励力度不大，尚未有专门的促进文化与科技融合方面的相关税收优惠政策。尤其突出的问题是当前陕西的高新技术企业认定政策对于文化企业来说门槛依旧太高，文化科技融合的政策环境尚须优化。

（三）大中型文化企业发展缓慢，企业与政府之间的关系还需进一步理顺

陕西缺乏一批具有规模创新活力、品牌实力兼备的并具有核心竞争力的文化科技融合型领军企业，且文化企业投入科技研发实力尚不能适应现代文化产业发展的要求。由于企业是核心技术关键环节创新的实施主体，政府只需要承担起在文化与科技创新平台建设上的扶持、引导作用，使研发成果尽快转化为生产力，因此企业与政府的关系还要进一步理顺。目前，财政用于文化科技研发的投入分布于文化、科技等多个部门，且所占比重过小，还不能完全满足当前文化产业的发展现状。如何在进一步促进部门与部门间的协同、构建部门联动机制的同时，发挥企业科技创新、文化创新的主动性，加快改进文化与科技生产方式，合理改善政府与企业关系，仍是需要研究的问题。

（四）文化科技资金人才匮乏，产业发展基础还需进一步夯实

目前，陕西文化和科技融合企业大多为中小型，企业产品较新，市场收益不确定，加上本身"轻资产"的特性导致企业融资受到多方面的限制，产品市场占有率不高，竞争力不强，相关企业文化和科技融合意识不强，管理措施不到位，导致企业融资渠道有限。同时，文化科技企业普遍缺乏能适

应数字技术环境中多种产业需求的文化人才、数字技术软件开发人才和媒体产业经营管理人才,具有现代企业家精神并能够带领文化企业参与国际竞争的文化企业领导人少之又少。对文化科技融合的资金、人才培养储备的严重不足影响了文化领域核心关键技术的研发,并由此制约着陕西文化和科技融合的持续发展。

五　陕西文化与科技融合创新发展的对策建议

"十二五"时期,我国已形成了文化与科技融合、文化与旅游融合、文化与资源融合、文化+互联网等多种融合已逐渐成为文化发展方式的新常态。新时期,我们要深入理解文化与科技融合的重要性和紧迫性,要深刻认识文化提出科技创新需求、科技提供文化发展支撑的辩证关系,进一步推动文化产业走特色化、品牌化、专业化的发展路径,走产业协同、产业升级、产城融合之路。为此,我们要认清文化与科技融合创新发展的实际,结合全球文化与科技融合的发展趋势,对陕西文化与科技融合创新发展提出如下建议。

(一)明确文化与科技融合发展的目标,推进新兴产业的发展

陕西省具有悠久的传统文化、丰厚的地域文化以及特色鲜明的现代文化底蕴,新时期陕西应明确文化与科技融合发展的目标,围绕重点文化产业门类,集中优势资源着重突破发展。坚持以需求为导向,以文化产品研发设计为主,加快文化数字内容产品的开发和服务的提升。搭建数字内容产业链的综合服务平台,着力解决文化产业关键技术、共性技术。持续增强企业文化与科技融合的自主创新能力,提升文化产品的科技含量。运用现代科技手段创新文化生产方式,促进文化资源优势转变为文化产业优势,逐步打造出一批具有国际影响力的文化品牌。加快公共文化设施建设布局、文化传承与现代传播体系构建,提升公共文化服务的科技创新和技术创新,提升公共文化服务的质量和水平。

（二）加快园区基地建设，找准文化与科技融合创新发展的抓手

加快陕西文化科技融合示范基地的建设，打造具有国际影响力的文化与科技融合示范基地，吸引更多重大文化科技项目集聚园区，搭建以园区建设、内容开发、产品交易为主要内容的文化科技融合平台。建设好陕西省数字出版基地、西安曲江新区文化创意产业园、西安印刷包装产业基地、西安碑林动漫产业基地等一批国家级文化与科技融合产业集聚园区，打造数字出版、动漫游戏、移动互联网、网络视听、下一代互联网等产业集群。以文化科技融合产业示范基地依托，加快提高陕西文化企业自主创新能力，巩固和发展文化科技体制机制创新，着力突破一批满足文化发展需要的核心技术和关键环节。推进文化科技协同创新，培育更具核心竞争力的文化科技融合新业态，打造文化科技融合的新局面。

（三）培育合格市场主体，搭建文化与科技融合发展的载体

加快培育具备规模优势、品牌优势的文化科技融合企业，支持骨干文化科技企业利用高科技手段提升企业创新活力，扩展文化产业的发展空间。引导企业主动参与同行业竞争与合作，打通国有文化企业与民营文化企业沟通发展的屏障，加快推进社会资本进入国有经济领域。政府部门做好文化与科技融合相关技术和产品的推介工作，共享交流互动平台，帮助企业开拓国际、国内新兴市场。鼓励企业实现跨区域合作，并为企业开展国际化进程提供各类综合服务信息和资金、技术等的扶持，使企业在国家实行"一带一路"战略中获得领先优势。针对文化科技企业在高新技术企业认定门槛高的问题，要完善认定标准，调整高新技术企业的认定范围，增加文化产业关键核心技术的认定范畴，重点培育一批文化科技融合创新发展的骨干型企业。

（四）加强部门联动，建立文化与科技融合发展的机制

正确处理政府和市场的关系，加快政府职能转变，确保政府在文化与科技创新公共服务平台建设上发挥扶持和引导的作用。进一步理顺文化部门与

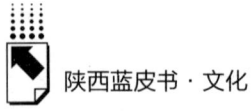

科技部门关系，运用定期会商、联合督办等方法建立协同推进机制，确保战略咨询与综合协调机构功能与作用发挥到位，不断改进文化与科技生产方式，形成文化产业的科技需求与当前科技工作的有效对接。加快国家层面和省级层面文化科技政策措施的协调对接，形成整体优势和合力，推进文化与科技深度融合。

2015年是"十二五"文化产业发展规划的收官年，也是"十三五"文化产业发展规划的筹规和制定年。文化与科技融合带来的文化科技创新体系的建立和文化科技水平的提高必将促进传统文化产业的调整和优化、培育和发展新兴文化产业，也必将推动文化产业成长为国民经济支柱产业。

B.16
陕西史前文明文化资源保护与利用研究报告

樊为之*

摘　要：陕西是中华民族的发祥地之一，仰韶文化、龙山文化等史前文化资源异常丰富，通过发现、保护和利用这里的史前文物资源，有利于深刻认识中华文明的悠久历史。陕西发现的旧石器时代文化遗存在全国乃至亚洲有一定的地位，发现的新石器时代遗存数量多，代表性强。相当多的陕西史前文明遗址成为国家和陕西省重点文物保护单位，得到了好的发掘和保护。陕西通过展现史前文明遗址，对于传播中华文明，满足群众对历史知识的需求大有裨益。

关键词：陕西　旧石器时代　新石器时代　文明遗址

陕西省历史悠久，包括史前文明在内的历史文化资源异常丰富。① 陕西的史前文明中的帝王、始祖传说与中华民族起源历史有着千丝万缕的联系。保护、研究和利用好陕西地区的史前文明文化资源在弘扬中华文化方面有着不可替代的重要作用。本文研究的对象主要为全国重点文物保护单位和陕西

---

* 樊为之，陕西省社会科学院文化产业与现代传播研究所副研究员。
① 史前文明指文字产生前的人类社会文明。考古学上的中国史前社会从发现古人类开始，下限为发现甲骨文的殷墟时期。中国史学界将夏代以前的历史，包括原始社会与尧舜禹时期统称为史前史，其主要依据为考古学发现的人类遗存实物和神话传说。

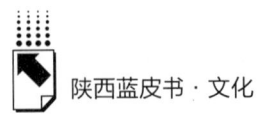

省文物保护单位中列出的旧石器、新石器时代遗址，通过研究，论述陕西史前文明文化资源在保护和利用上的特点。

一 陕西旧石器时代文化遗存状况

陕西是中国南北方旧石器文化交汇融合的重要地带，截至20世纪末，"已发现旧石器遗存近百处，其中包括旧石器时代早、中、晚期人类化石10余件，主要分布在洛河、渭河、南洛河流域与汉江流域两大区域"[①]。这些旧石器时代遗址中有目前亚洲北部发现的最早直立人化石——著名的蓝田猿人头骨化石，有距今14万～18万年的早期智人代表性化石大荔人，影响相当大。

陕西省作为全国和省级重点文物保护单位的旧石器时代遗址有一定数量，其中一部分在全国占有相当重要的地位。1982年公布的第二批全国重点文物保护单位中的陕西蓝田猿人遗址，与元谋猿人、大汶口、河姆渡遗址一起成为这批公布的史前文化遗存单位，国内外知名度都很高。2001年公布的第五批全国重点文物保护单位中位于陕西省大荔县的甜水沟遗址、洛南的花石浪遗址；2006年公布的第六批全国重点文物保护单位中位于陕西省南郑县的龙岗寺遗址；2013年公布的第七批全国重点文物保护单位中位于陕西商洛地区的洛南盆地旧石器地点群、延安宜川龙王辿遗址、黄龙杨家坟山遗址，都是重要的旧石器时代文化遗存，具有重要的保护、研究和利用价值。

陕西省省级重点文物保护单位中的旧石器时代遗址在反映陕西史前文明方面，同样具有重要意义。除已成为国家重点文物保护单位的以外，属于陕西省重点文物保护单位的有位于延安市黄龙县的半截沟洞穴遗址（2014年）、位于蓝田的锡水洞遗址（2003年）。

陕西的旧石器时代遗址年代跨度大，从较为久远的蓝田猿人遗址、龙岗

---

① 国家文物局：《中国文物地图集·陕西分册（上）》，西安地图出版社，1998，第2页。

寺遗址，一直到距今3万～5万年的杨家坟山遗址和距今1.5万～2万年前后的宜川龙王辿遗址。蓝田的陈家窝化石距今60万年左右，公王岭遗址距今大约100万年左右；南郑县的龙岗寺遗址，距今120万年以上，是陕西目前发现最早的旧石器文化遗址；发现洛南猿人牙齿化石的商洛洛南花石浪遗址，文化层堆积的时代为距今25万～50万年；甜水沟遗址发现的"大荔人"头骨化石距今20万年左右，有明显的从直立人向早期智人过渡的体质特征。洛南盆地旧石器地点群更是跨越了距今80万～5万年的时间。

陕西的旧石器时代遗址规模较大，发现的文物多。洛南盆地旧石器地点群分别分布在洛南县城关镇、卫东镇、灵口镇、古城镇、三要镇、石门镇、麻坪镇、石坡镇、庙坪乡、四皓乡、谢湾乡的40多个村中，分布面积广。自1995年以来，这里发掘的旧石器文物10万余件，发掘文物跨越的时间长，从距今5万年至距今80万年，对世界旧石器时代的研究有重要意义，国家文物局副局长宋新潮称赞说："洛南盆地旧石器遗址的发掘，其意义绝不亚于陕西兵马俑的发现。"① 洛南花石浪遗址出土的旧石器时代制造石制品约7.7万件以上。洛南盆地石器工具能划分为9种类型：砍砸器、手镐、手斧、薄刃斧、大型石刀、石球、刮削器、尖状器和雕刻器，深入分析和研究洛南盆地旧石器遗址的文化内涵，对于帮助我们认识中国这个区域性旧石器工业的演变和传承脉络具有十分重要的意义。② 大荔县的甜水沟遗址已发现的包括刮削器、尖状器、石锥与雕刻器在内的石制品800多件，仅石制工具就包括单直刃、单凸刃、单凹刃、端刃（刃缘有直、凸、凹之别）、双刃圆头等9类。③ 龙王辿遗址发现的发现旧石器时代晚期地点有21处之多，出土文物包括砍砸器、石锤、石砧、石磨盘等大型打制石器和磨制石器在内

---

① 杨永林、张哲浩：《陕西发现最密集旧石器遗址 意义不亚于兵马俑》，《光明日报》2013年1月27日。
② 陕西省考古研究院史前考古研究部：《陕西史前考古的发现和研究》，《考古与文物》2008年第6期。
③ 陕西省考古研究院史前考古研究部：《陕西史前考古的发现和研究》，《考古与文物》2008年第6期。

的石制品2万余件。①

陕西丰富的旧石器时代遗址文物，为认识人类在三秦大地上的发展提供了重要物证，利用好这些史前文明资源，对于研究先民从旧石器时代向新时期时代的转变，研究和宣传中国文明的发展历史很有意义。

二 陕西新石器时代文化遗址现状

（一）陕西新石器时代文化的特点

"陕西是中国北方新石器时代文化的重要分布区域，共发现遗址3700多处，充分显示了原始社会晚期的繁荣。"② 陕西新石器时代早期遗存主要分布在渭河、泾河流域和汉江、丹江上游地区。

陕西新石器时代遗址的发现对深入认识前仰韶文化时期社会发展状况有重要作用。陕西前仰韶文化时期遗存的典型类型当属距今7000~8000年的老官台文化，1959年对陕西华县老官台遗址的发掘首次发现了层位关系可靠的遗迹单位和一批组合关系清晰的老官台文化器物③，元君庙墓地的发掘首次发现了此类遗存早于仰韶文化的层位证据④。此时的陕西先民已经培育出了主要的农作物品种粟。尽管渔业和采集仍占相当比重，农耕文明已经显现出了强大的生命力。与西亚新石器时代发展阶段有别，陶器制作成为老官台文化的突出特征，陶器有三足罐、三足钵、圈足碗等，多为红褐色的夹细沙陶，不仅有绳纹，也出现了彩陶。

仰韶文化（距今5000~7000年）是母系氏族社会的繁荣阶段，"陕西

---

① 郭青、李卫：《宜川龙王辿遗址考古发掘取得重大收获》，《陕西日报》2006年12月21日。
② 国家文物局主编《中国文物地图集·陕西分册（上）》，西安地图出版社，1998，第3页。
③ 北京大学历史系考古教研室华县报告编写组：《华县、渭南古代遗址调查与试掘》，《考古学报》1980年第3期；陕西省考古研究院史前考古研究部：《陕西史前考古的发现和研究》，《考古与文物》2008年第6期。
④ 陕西省考古研究院史前考古研究部：《陕西史前考古的发现和研究》，《考古与文物》2008年第6期。

的仰韶文化遗存数量众多，主要分布在关中和陕北南部的渭河、泾河和洛河流域，在一些地带遗址几乎与现今的村庄一样密集"①。根据陕西省文物普查资料，全省共发现史前时期遗址4200余处，其中仰韶文化遗址多达2040处，分布在关中和陕北延安的有1774处。② 此时的农作物品种有粟和黍，饲养的家畜主要是猪和狗。当时的关中地区已经有了一定的向心式和凝聚式布局的原始村落，3.3万平方米的临潼姜寨遗址就是其典型代表。陕西仰韶文化遗址中的陶器器种更为丰富，纹饰更为多样，以绳纹、线纹、璇纹为主，彩陶较前更多。磨制石器成为主要生产工具。这个阶段的陕西史前文明呈现出较大的影响力。

陕西的新石器时代晚期（距今4000~5000年）的遗存十分丰富，分布范围也比仰韶文化更广阔，陕西的关中地区新石器时代晚期遗存与仰韶文化的分布区域大致相同，"陕北，特别是榆林地区，不仅遗址数量猛增，分布范围也大大向北扩展"③。陕西共发现龙山时代遗址2200处，其中陕北占了64%，这个阶段的陕北遗址有数量较多的石城堡、窑洞式民居和大型聚落，地域特色明显的三足陶瓮和大量精美玉器等。④

陕西新石器时代晚期遗存反映出农业发展越来越繁荣，农作物品种有粟、黍、稻、豆等。遗址类型主要有距今4400~5000年的以华阴横镇、蓝田泄湖等遗址为代表的关中东部类型，以武功赵家来和浒西庄、扶风案板等遗址为代表的关中西部类型和以绥德小官道遗址为代表的陕北类型；有距今4000~4400年的客省庄文化（包括康家类型和双庵类型）和以神木石峁遗址为代表的石峁类型。⑤

陕西新石器时代遗址在全国有重要影响力，不仅数量多，而且规模大。

---

① 国家文物局：《中国文物地图集·陕西分册（上）》，西安地图出版社，1998，第3页。
② 任继愈、张岂之、赵馥洁、瞿林东、张宏彦、王震中：《"黄帝与中华文化"学术研讨会论文选登》，《光明日报》2007年4月5日。
③ 国家文物局：《中国文物地图集·陕西分册（上）》，西安地图出版社，1998，第3页。
④ 任继愈、张岂之、赵馥洁、瞿林东、张宏彦、王震中：《"黄帝与中华文化"学术研讨会论文选登》，《光明日报》2007年4月5日。
⑤ 国家文物局：《中国文物地图集·陕西分册（上）》，西安地图出版社，1998，第4页。

仰韶文化遗址较其他地区更为突出，龙山文化遗址发现了规模远超其他地区的遗址——入选2012年度全国十大考古新发现的神木石峁遗址，是目前中国发现的史前最大的城址。半坡遗址是第一批全国重点文物保护单位三个新石器时代遗址之一（另外两个是河南的仰韶村遗址和山东的城子崖遗址）。姜寨遗址保存完好，布局清晰是前所未有的。西安杨官寨遗址居"2008年全国十大考古新发现"榜首。

（二）陕西全国重点文物保护单位中的新石器时代遗址

陕西全国重点文物保护单位中的新石器时代遗址非常丰富，其中半坡遗址早在1961年就被列入第一批全国重点文物保护单位。1996年，位于西安临潼区的姜寨遗址成为第四批全国重点文物保护单位。2001年，位于西安的康家遗址、老牛坡遗址和位于渭南华县的元君庙—泉护村遗址成为第五批全国重点文物保护单位。2006年，陕北地区榆林神木石峁遗址、佳县石摞摞山遗址，关中地区宝鸡的北首岭遗址，渭南华阴的横阵遗址，陕南地区汉中西乡的李家村遗址，商洛的东龙山遗址成为第六批全国重点文物保护单位。2013年陕西有13处新石器时代遗址成为第七批全国重点文物保护单位，其中西安地区有杨官寨遗址（高陵）、西峪遗址（周至）、鱼化寨遗址（雁塔），渭南地区有下河西遗址（白水）、南沙遗址（华县），咸阳地区有碾子坡遗址（长武）、古邰国遗址（杨凌，与宝鸡扶风共享），宝鸡地区有水沟遗址（凤翔）、益家堡遗址（扶风）、桥镇遗址（陈仓）、赵家台遗址（岐山）、茹家庄遗址（渭滨），汉中地区有何家湾遗址（西乡）、宝山遗址（城固），商洛地区有紫荆遗址（商州）。

陕西大部分地区都拥有作为全国重点文物保护单位的新石器时代遗址，这说明陕西是古代先民重点开发的地区，是中华文明的重要发源地，也体现了陕西对新石器时代遗址调查和维护工作的重视。

1. 关中地区全国重点文物保护单位中的新石器时代遗址

陕西中部的关中地区是全省新石器时代遗址最为丰富的地区，这里有著名的半坡遗址、姜寨遗址、杨官寨遗址、北首岭遗址、康家遗址、老牛坡遗址、元君庙—泉护村遗址、横阵遗址、鱼化寨遗址、西峪遗址、下河西遗址、南沙遗址、碾子坡遗址、古邰国遗址，水沟遗址、益家堡遗址、桥镇遗址、赵家台遗址、茹家庄遗址等全国重点文物保护单位中的新石器时代遗址。

陕西的史前文化遗址反映了浓郁的文化气息。1972年发现的姜寨遗址延续时间较长，约2000多年，遗址总面积约5万平方米，是仰韶文化早期基本完整的村落布局，出土重要文物上万件。这里发现了一枚半圆形铜片，还发现了一套绘画工具，包括石砚一方、石质磨棒一支、黑色颜料数块，这是我国发现最早的一方石砚，最早的一套美工用品。在部分陶器上发现刻画符号的标本129个，共38种，较同期半坡遗址出土的同类文物要多十几种，姜寨遗址是当时发掘规模最大，所发掘村落遗迹是当时已知史前村落中保存最好和最完整的一个[1]，它所显现的文化要素在中华文化史中占据重要位置。半坡遗址出土的日用陶器以红陶为主，属于彩陶文化，陶器上有抽象的刻画符号，如著名的人面鱼纹图。这里还出土了最古老的乐器埙，利用重心原理制作的汲水工具尖底瓶，这在一定程度上反映了先民对于音乐、美术和科学的掌握程度。

陕西有延续时期长，代表了仰韶文化时期不同阶段的文化类型。总面积和中心面积分别为11万平方米和6万平方米的北首岭遗址跨越千年，北首岭遗存被分为早、中、晚三期，最早的遗迹单位77T4，属老官台文化数据，为公元前5340～前5083年；而其仰韶文化早期遗存中最晚的遗迹单位77T1H2，其年代约为公元前4500年；其晚期应属庙底沟类型仰韶文化，距今有5700年。[2] 这里发现了三足器、三足杯、鼎、深腹平底钵、深腹假圈足钵、直口罐、小口罐，一般陶胎较薄，绳纹较细，灰陶较多，彩陶很少。[3] 这里发现的生产生活用具有6000余件，包括史前文化艺术精品船形

---

[1] 功启明：《姜寨遗址考古发掘的主要收获及其意义》，《人文杂志》1981年第4期。
[2] 魏继印：《北首岭遗址仰韶文化早期遗存研究》，《考古》2012年第12期。
[3] 中国社会科学院考古研究所宝鸡工作队：《一九七七年宝鸡北首岭遗址发掘简报》，《考古》1979年第2期。

网纹壶、鸟衔鱼纹壶和陶塑人面像等。

关中地区的史前文明遗址文化代表性强，有学者称这里的"西安杨官寨遗址是中华文明首源象征地"。① 杨官寨遗址距今5000～6000年，有半坡四期文化居民的聚居区和仰韶文化向龙山文化过渡期的庙底沟文化居民聚居区。有成排房址、陶窑、储藏窖穴等组成的制陶作坊区，表明当时已经出现比较明显的分工。这里是国内目前所知庙底沟文化时期唯一一个完整的环壕聚落遗址，其环壕周长达1945米，壕内面积24.5万平方米，是这一时期全国罕见的环壕聚落遗址。这里出土的文物有彩陶盆、陶尖底瓶、平底瓶、罐、钵、盆、瓮、杯、刀、灶、漏斗纺轮、陶塑、磨盘、磨石等。② 这里有镂空人面器、浅浮雕蛙纹陶釜、"蜥蜴纹"彩陶等其他遗址未发现的特殊器物。面积80余万平方米的杨官寨遗址环壕，壕宽约8～13米，深约3～4.6米。其建筑遗址有门道、排水设施、"门房"等，环壕内部中心区域发掘出了水池遗迹——附带有95米长排水设施的储水池，深3.8米，面积约为292平方米，容积量为1000立方米左右，储水池经过三次重复修建，可能是环壕聚落内部集中供水的设施，这些为中国文明起源形成的多元性和发展过程提供了全新的研究资料。③

2. 陕北地区全国重点文物保护单位中的新石器时代遗址

位于陕北地区的石峁遗址、石摞摞山遗址等全国重点文物保护单位中的新石器时代遗址很重要。陕北地区新石器时代的文化与关中地区的文化虽有联系，但更有自身特点，这与其所处的地理环境不无关系。

在全国重点文物保护单位中，石峁遗址是陕北新石器时代文化遗存的翘楚。从1987年佳县石摞摞山遗址的发现起，陕西榆林地区发现了一系列石城，在大理河流域发现了金山寨、寨山遗址等20座龙山时代的石城聚落遗址，2005年又在吴堡发现了后寨子峁遗址。这些遗址中石峁遗址最引人注

---

① 胡义成：《西安杨官寨遗址是中华文明首源象征地》，《长安大学学报》（社会科学版）2012年第4期。
② 陕西省考古研究院：《陕西高陵县杨官寨新石器时代遗址》，《考古》2009年第7期。
③ 张杰：《杨官寨遗址完美展现聚落布局》，《中国社会科学报》2015年7月31日。

目，石峁石城面积在400万平方米以上，规模大于年代相近的良渚遗址（300多万平方米）、陶寺遗址（270万平方米）等城址，是目前中国史前时期最大的城址。有史学家推断，为中华文明早期形成史提供了新图标的石峁遗址，是传说中黄帝部族的所在地。[①] 有学者推测称石峁遗址是《山海经·西次三山经》里面所说的"西北三百七十里，曰'不周之山'"的"不周山"，就是大禹治水与共工斗争时被毁的"不周山"[②]。

石峁遗址已经具备中国古代城池的特征，2012年在对石峁城址的复查过程中，再次确认了它由"皇城台"、内城、外城3部分构成。台顶面积8万余平方米的"皇城台"居于内城中心，四周砌筑层阶状护坡。现在的"皇城台"保存最好的是东北角，总长度约200米，高3～7米，其西南角和南侧亦有残存石砌墙体；内城系由围绕"皇城台"沿山势砌筑石墙所形成的一个封闭空间，城墙大部分位于山脊上，现存长度超过5700米、宽约2.5米，保存最好的部分高出现今地表1米有余，内城城内约210多万平方米；外城是利用内城东南部墙体，向东南方向扩筑的一道弧形石墙，现存长度4200米，墙宽约2.5米，外城约有190多万平方米。[③] 这里还发现有城门、墩台、角楼、"门塾"、内外"瓮城"以及疑似"马面"的附属建筑等。这里还出土了大量的壁画、石器、骨器和玉器。这些反映出石峁遗址是龙山时代的中晚期，中国北方地区一个超大型的中心聚落。

位于云林佳县的石摞摞山遗址，是一座约建于4500多年前的龙山时代古城。古城由内城、外城和宽大护城壕构成，内城保存和发掘出的西南角一段城墙长70多米，呈圆角方形，面积3000多平方米；外城平面呈不规则的圆角平行四边形，周长约1公里，面积近6万平方米。这里石砌城墙大多厚0.7～1.2米，现存高度1～2米。石摞摞山遗址中的一段石砌护坡墙，高度

---

① 杨静、李青：《石峁轰动了世界，保护也迫在眉睫》，《陕西日报》2015年8月28日。
② 胡义成、曾文芳、赵东：《陕北神木石峁遗址即"不周山"——对石峁遗址的若干考古文化学探想》，《西安财经学院学报》2015年4期。
③ 陕西省考古研究院、榆林市文物考古勘探工作队、神木县文体局：《陕西神木县石峁遗址》，《考古》2013年第7期。

达到了 6.25 米,厚度约 3 米多。① 石摞摞山遗址出土的文物超过了 200 件,灰色陶器,有磨制的骨针、骨锥、骨发笄等骨器,有磨制的铲、斧、锛、刀与玉环等,陶器中包括龙山时代早期的陶器。从发掘文物和建筑等分析推测,石摞摞山遗址的古城约建于龙山时代早期的庙底沟二期文化阶段。石摞摞山遗址和石峁遗址对探索我国北方地区龙山时代的文明进程,史前时期社会状况和中国城市建设发展历史等具有重要意义。

3. 陕南地区全国重点文物保护单位中的新石器时代遗址

陕南地区的李家村遗址、东龙山遗址、何家湾遗址、宝山遗址、紫荆遗址等全国重点文物保护单位中的新石器时代遗址具有很强的代表性。对于认识陕南地区新石器时代发展进程具有重要意义。

汉中西乡李家村遗址是 1959 年考古调查发现的,于 1960 年、1961 年和 1982 年进行发掘。李家村遗址距今 7000 年以上,属新石器时代早期文化的老官台文化阶段。老官台文化李家村经碳 14 测年,现有的李家村遗址两个数据,分别为距今 6995 ± 110 年（ZK1268）和 6895 ± 120 年（ZK1267）。② 这里发掘出了一座房址,以及灰坑与窑址、生产工具（如磨制石器的扁平舌状双弧刃石铲、扁平梯形石铲、穿孔石铲、石斧和石凿以及刮削器、尖状器和敲砸器）和陶器（如碗、三足钵、三足罐、平底钵、平底罐、圜底钵等）等文物③。李家村新石器时代遗址的发现和发掘,为探索早于仰韶文化的中国新石器时代文化提供了宝贵的资料。

1978 年发现的商州东龙山遗址是一处新石器时代至汉时期古遗址。1997~2002 年陕西考古所和商洛博物馆对其进行了考古发掘。东龙山遗址包括仰韶时代、龙山时代、夏代早期、夏代晚期、商代和周代六个不同时期。发现的仰韶时代遗存主要包括房址、灰坑,遗物包括钵、盆、罐、尖底瓶、敛口瓮等,发现的龙山时代遗存主要包括房址、灰坑、墓葬,遗物包括鬲、鼎、斝、盉、釜灶、尊形器、盆、盘、甑、杯、豆、壶、罐、瓮、器盖

---

① 张天恩:《龙山古城 再见天日》,《中国艺术报》2004 年 2 月 6 日。
② 魏京武:《李家村新石器时代遗址的发现与研究》,《考古与文物》2014 年第 6 期。
③ 吴加安:《李家村文化与渭河流域早期新石器文化的关系》,《考古》1990 年第 7 期。

等。东龙山遗址仰韶及龙山时代遗存的发现，丰富了丹江上游地区考古学研究的基础资料，为研究该地区与关中地区的史前文化关系，了解该地区龙山时代与夏代之间相互关系等提供了新线索。①

1980年发现的西乡何家湾遗址总面积4.5万平方米。何家湾遗址具有规模大、保存好、堆积层厚、出土文物丰富的特点，是陕南地区所发现的重要史前时期遗址，不仅发掘出了仰韶文化时期的残居住址20余处、灶坑，还发现了那个时期的石器、骨器、陶器等600余件。

1990年发现的汉中城固宝山遗址是一处跨越了仰韶文化时期、龙山文化时期、商代直至汉代的遗址。宝山遗址被西北大学考古小组发现，其中史前文化时期的发掘主要有遗址南部的陶窑群，这些陶窑做法与过去考古中发掘的仰韶时期通过直接烧烤制作的陶窑明显不同，宝山陶窑窑室分为内外两个，两个窑室在平面上呈现为两个互不相连的圆形。② 在这里还发掘了一种填埋垃圾和烧烤食物的"烧烤炕"，这种与其他地方有别的方式一直从仰韶文化时期延续到汉代。宝山遗址对于认识陕南西部地区史前文明的发展和延续有着重要作用。

商州的紫荆遗址发现于1953年，1977~1978年首次发掘，1982年西北大学历史系对其再度发掘，发现了房址两处、窖穴60多个和陶窑、墓葬等，发现的可辨识器形有鬲、斝、鼎、罐、盆、圈足杯、碗、杯、三足钵等，另外还发现了圆陶片、砍砸器、石网坠、石铲、石刀和骨匕、骨锥、骨针等骨器。紫荆遗址堆积厚，文化类型复杂，从发掘情况推测出它包含了新石器时代早、中、晚各个时期，其第一期文化与临潼白家遗址出土的同类器相近；第二期文化出土的彩陶纹样有鱼纹和人面鱼纹，与仰韶文化半坡类型基本相同；第三期文化遗物较多，与姜寨第四期、半坡晚期、大地湾仰韶晚期的同类器比较接近；第四期文化中有较多屈家岭文化的因素；第五期文化后段出

---

① 陕西省考古研究院、商洛市博物馆：《陕西商洛市东龙山遗址仰韶与龙山时代遗存发掘简报》，《考古》2009年第12期。
② 冯国：《宝山遗址发现仰韶时期陶窑群》，《中国矿业报》2001年3月3日。

土的器形与客省庄二期、姜寨第五期出土的同类器相近。① 紫荆遗址对研究中国史前文明时期长江流域和黄河流域之间的文化交流有一定意义。

（三）陕西省级重点文物保护单位中的新石器时代遗址

陕西新石器时代遗址中有一大批省级重点文物保护单位。这批新石器时代遗址数量多，分布面广，在全省众多地方均有分布。在公布的六批省文保单位中均有大量的新石器时期遗址。陕西省10个市级行政单位和杨凌区均有属于省级重点文物保护单位的新石器时代遗址。其中关中地区最多，而关中尤以宝鸡地区最为丰富。

1. 关中地区省文物保护单位中的新石器时代遗址

陕西省文物保护单位中的新石器时代遗址，西安市有12处，位于7个区县内，分别为临潼区的白家、英里遗址，雁塔区的鱼化寨遗址，户县的黄堆村、城关、宋村、真守村、五凤遗址，蓝田县的泄湖遗址，周至县的马营遗址，长安区的郭北遗址，高陵区的灰堆坡遗址。

宝鸡有61处，分布在11个区县中，分别为渭滨区的石嘴头一号、塔稍、高家村、旭光村二号遗址，金台区的韩家崖、王家堰、福临堡、高家坪、戴家湾、仝家崖、南坡遗址，陈仓区伐鱼村、鸭限岭、贺家湾、杨家沟、仝家沟、宁王、贾村、关桃园遗址，凤翔县的水沟、吴家头，陇县的边家庄、麦枣峪、峪头一号、塬子头、韦家庄遗址，眉县的清湫、岭堡、白家村、韩家沟、东坡、第二坡遗址，扶风县的姜嫄、上德村、秦家庄一号、王家台、益家堡、案板、白龙湾、下康、天河寺、五郡沟遗址，千阳县的西沟、邓家堡、丰头、毗田卢寺村、望鲁台遗址，麟游县的城关村、园子坪、蔡家河、兰堡子遗址，岐山县的仓颉庙、双庵、魏家河一号、永尧、岐阳一号、丁童、赵家台、王家嘴、东坡遗址，凤县的梁鹿坪遗址。作为周王朝的发祥地岐山是县一级行政单位中拥有省级文物保护单位新石器时代类较多者，共9处，其中5处由新时期时代延伸到周（或西周），其邻县扶风亦是

---

① 王世和、张宏彦：《1982年商县紫荆新石器时代遗址的发掘》，《文博》1987年第3期。

周原所在地，有10处。

咸阳有16处，位于5个县内，分别为三原县的邵家河二号、樊家河二号、洪水村遗址，武功县的郑家坡、香尧、史家、王烧台遗址，长武县的将台山、拜家嘴、董家坪、下孟村、岸底、湾李遗址，乾县的郭村、杨庄遗址，礼泉县的宁家遗址。

杨凌区有2个，分别为圪垯庙、坎家底遗址。

铜川有5处，位于3个区（县）内，分别为宜君县的五里镇遗址，耀州区的前申河遗址，王益区的王家河、高坪、炭科沟遗址。

渭南有12处，分布在9个区（县、市）内，分别为华县的南沙遗址，临渭区的北刘遗址，华阴市的西关村、东嘴遗址，富平县的盘龙湾遗址，合阳县的灵井遗址，蒲城县的睦王河遗址，白水县的雷村、西落雁、下河西遗址，大荔县的牛北遗址，潼关县的南寨遗址。

关中地区省文物保护单位中的新石器时代遗址相当丰富，共有108处，分别位于36个区（县、市）和杨凌区内，分布区域涵盖关中地区大部分的区（县、市）。其中宝鸡地区最多，占到关中省文物保护单位中的新石器时代遗址一半以上，可见陕西地区的先民在宝鸡一带活动频繁的程度。

2. 陕北地区省文物保护单位中的新石器时代遗址

陕西省文物保护单位中的新石器时代遗址，延安有10处，分布于7个区（县）内，分别为宝塔区的芦山峁遗址，子长县的寨关山、栾家坪遗址，吴起县的树圪遗址，黄龙县的贝坡、西山、木瓜寨遗址，富县的交道遗址，甘泉县的寺疙瘩遗址，延川县的神疙瘩山遗址。

榆林有4处，位于4个区（县）内，分别为榆阳区的烂庙梁遗址，神木县的寨峁遗址，横山县的张家湾遗址，米脂县的寨子圪垯遗址。

陕北地区新石器时代遗址非常丰富，分布地区也较为广泛，省文物保护单位中的新石器时代遗址分布在14个区（县），其中延安地区大部分区（县）有分布。榆林地区的新石器时代遗址的规模巨大，尤以寨峁遗址最为著名。

3. 陕南地区省文物保护单位中的新石器时代遗址

陕西省文物保护单位中的新石器时代遗址，安康有6处，分布于5个区

（县），分别为汉滨区的刘家河遗址，岚皋县的肖家坝遗址，石泉县的马岭坝遗址，平利县的女娲山、魏家坝遗址，旬阳县的武家后湾遗址。

商洛有5处，位于3个区（县），分别为商州区的紫荆、小圆坪遗址，山阳县的乔村、后村遗址，商南县的过风楼遗址。

汉中有2处，位于2县，分别为城固县的宝山遗址，西乡县的何家湾遗址。

陕南地区省文物保护单位中新石器时代遗址13处，分布在10个区（县）。

陕西省文物保护单位中新石器时代遗址分布较为广泛，分布在全省60个区（县、市）。这体现了陕西省的先民在新石器时代已经在全省大部地区居住和劳作，辛勤培育早期的农耕文明，在开启中华文明，发展中国文化方面做出了贡献。

三 陕西省史前文化资源的保护、开发与利用

陕西丰富的新石器时代遗址为这里的史前帝王、始祖神话传说提供了一定的科学支撑，而这些神话传说又对陕西史前文明文化遗址的开发创造了独特的文化氛围，利用好这一独具的资源禀赋对开发好陕西的史前历史文化资源，对人们认识中华文明的起源具有重要作用。

作为早期先民的集体记忆形式，在中华大地源远流长的"三皇五帝"传说影响深远，一批远古神话人物在群众的口耳相传和史家的笔下逐渐为世人所熟知，其中的华胥、女娲、炎帝、黄帝、鲧、大禹、仓颉、后稷、夸父等人的故事就与陕西有关。司马迁的《史记·五帝本纪》、西晋皇普谧的《帝王世纪》、唐朝司马贞的《史记·补三皇本纪》、北魏郦道元《水经注》等著述对这些传说中的人物进行了介绍。有称炎帝"长于姜水，因以氏焉"（《帝王世纪》）；有注释称如今渭河支流，位于今宝鸡境内的岐水就是姜水，称"岐水又东迳姜氏城南，为姜水"（《水经·渭水注》），从而阐释了炎帝与陕西的密切关系。关于黄帝与陕西的关系，《史记·五帝本纪》称"黄帝

崩，葬桥山"，现今陕西黄陵县桥山就坐落着黄帝陵。上古神话传说、历史文献与众多的相关文物点将这一文化现象演绎得淋漓尽致，为陕西新石器时代遗址的开发创造了一定条件。

（一）史前文化遗存的保护和发掘工作

新中国成立后，在政府的重视下，陕西投入力量对史前遗存进行发掘、研究和保护。1955~1959年，北京大学历史系考古专业华县队在渭南考古期间，对那一地区东周以前的考古学文化依次划分了年代序列，为老官台文化、仰韶文化半坡类型、庙底沟类型、泉护二期文化、龙山文化、二里岗期遗存等，"这是中国第一个较为系统的区域性考古学年代序列，同时还对各期文化与同时期其他文化为相邻地区的新石器时的异同进行了谱系甄别，树立了第一个考古学年代标尺"[①]。1954~1957年陕西的半坡遗址、沣西一带遗址被发掘。1958年陕西省第一个专门从事考古工作的科研机构陕西省社会科学院考古研究所成立，它是省考古研究院的前身。同年陕西对全省古文化遗址进行了一次全面普查。1958~1959年，发掘华县泉护村、宝鸡北首岭、华阴横阵村等遗址。20世纪50~60年代陕西省社会科学院考古研究所对彬县下孟村、西乡李家村两遗址进行发掘。1972~1979年，西安半坡博物馆对临潼姜寨遗址进行全面发掘，此后又对临潼白家、渭南白庙、渭南史家、蒲城曲里、铜川李家沟等遗址进行发掘。70年代末到80年代上半期对岐山双庵、商县紫荆、宝鸡北首岭、神木石峁、临潼康家、武功赵家来、浐西庄、临潼白家、岐山王家嘴东区南郑龙岗寺、宝鸡福临堡遗址进行发掘或再发掘。80年代下半期，西北大学考古专业、陕西社会科学院考古研究所对扶风案板遗址、长安花楼子遗址进行发掘和再发掘，中国社会科学院考古研究所对蓝田泄湖遗址进行了发掘。到80年代后期，在第二次全国文物普查中，陕西发现的新石器时代遗址猛增至3700余处。90年代，又对神木寨

---

① 陕西省考古研究院史前考古研究部：《陕西史前考古的发现和研究》，《考古与文物》2008年第6期。

峁、华县泉护村、神木新华、佳县石摞摞山、西安鱼化寨、西安米家崖、彬县水北等遗址进行了发掘和再发掘。进入21世纪，发掘力度进一步加大，新发现了一大批新石器时代遗址，并对包括吴堡后寨子峁，横山瓦窑渠寨山，榆林王则湾，子洲十里塬、三眼泉等遗址进行了发掘。①

（二）史前文明研究成果显著

通过专家和学者的研究，到20世纪80年代前确立了陕西渭水流域新石器时代的考古学文化序列，分别是仰韶时期老官台文化、仰韶文化早期半坡类型、中期庙底沟类型、晚期半坡晚期类型、泉护二期文化遗存、庙底沟二期文化和龙山时代的客省庄文化。②此后，研究人员又对前仰韶时期陕西各地遗存，丹江上游、汉水上游老官台文化遗存，仰韶、龙山时期陕西各地不同文化遗存进行了大量研究。

（三）史前文化遗存的开发和利用工作

陕西除按照国家、省等各级行政单位法规进行保护外，还采取设立史前文明遗址博物馆等各种方式，将这些宝贵的文化遗产展现给观众。半坡博物馆是陕西保护、开发和利用史前文明遗址的典范。1958年建成并对外开放的西安半坡博物馆是新中国第一座史前聚落遗址博物馆。2006年建成了钢结构、大跨度的新保护大厅。2008年被评定为国家一级博物馆。为更好地提高展出效果，西安半坡博物馆采用了电子虚拟和幻影成像等方法，增设半景画展厅，模拟了新石器时代先民生产和生活环境，有利于观众对陕西地区史前文明的深入理解。博物馆还开展学术研究，探索文创产业开发，开发了人面鱼纹盆、陶埙、单鱼纹盆、半坡图案瓦当等特色产品。

除半坡博物馆外，陕西还建立了宝鸡北首岭博物馆，2009年宝鸡北首

---

① 陕西省考古研究院史前考古研究部：《陕西史前考古的发现和研究》，《考古与文物》2008年第6期。
② 陕西省考古研究院史前考古研究部：《陕西史前考古的发现和研究》，《考古与文物》2008年第6期。

岭遗址博物馆动工建设，这是一座公园式博物馆，总投资 1.5 亿元，建成文物陈列厅 2000 平方米，房址和墓葬展厅分别是 1500 平方米和 1000 平方米，将展示以北首岭遗址为代表的新石器时期先民农桑、祭祀、田猎、制陶等状况。但作为旅游资源开发，北首岭遗址还存在一些问题，如文物稀少，知名度低，宣传不足等。[①] 陕西省今后会在研究、开发好史前文化遗产方面采取更多的好办法，让中国和世界人民更好地认识中国史前文明。

---

① 高爽：《北首岭遗址旅游资源开发与保护浅析》，《合作经济与科技》2015 年第 5 期。

B.17 手工业民俗的"活"态保护及问题研究*
——以凤翔泥塑文化遗产为例

郭艳娜**

摘　要： 凤翔泥塑是中国民俗文化四大泥塑之一，随着国际、国内社会对非物质文化遗产保护的日益深入，越来越多的学者开始关注手工业民俗领域的保护。笔者希望通过对凤翔泥塑产业的田野调查，了解凤翔泥塑的生产状况、保护和传承的途径等情况，并在此基础上，就凤翔泥塑在"活"态保护性生产开发过程中遇到的问题进行分析，为手工业民俗产业的发展模式提出一种思路。

关键词： 手工业民俗　凤翔泥塑　生产性保护

　　国际、国内社会对非物质文化遗产保护日益深入，越来越多的学者开始关注手工业民俗领域的保护。在传统社会中，为了满足人们生产生活的需要，手工业工匠渐渐从原始的经济群体之中独立出来。数千年来，各行各业的工匠代代相传，在生产技艺方面精益求精，在技术传授方面讲究师承，且有各自不同的行话和禁忌，形成了很有特色的手工业民俗。直到今天，传统手工业在一个国家、一个民族、一个区域里，在文化领域、经济领域依然占有非常重要的位置，他们展现了一种生活方式，一种价值观。

---

* 该文系陕西省社会科学院2015年青年课题（15QN012）阶段性成果。
** 郭艳娜，陕西省社会科学院文化产业与现代传播研究所助理研究员。

手工技艺作为传统文化资源，具有一些显著特点：首先它体现了人类的创造力；其次，它是经过历代手工业者传承并且不断创造手工技艺发展而成的，它凝聚了当时的技术水平和文化水平；同时，手工业带动了区域经济发展，推动了社会进步和人类文明。鉴于手工业的特性，为进一步规范、加强非物质文化遗产生产性保护，文化部印发《关于加强非物质文化遗产生产性保护的指导意见》（文非遗发〔2012〕4号）。意见中提到："非物质文化遗产生产性保护是指在具有生产性质的实践过程中，以保持非物质文化遗产的真实性、整体性和传承性为核心，以有效传承非物质文化遗产技艺为前提，借助生产、流通、销售等手段，将非物质文化遗产及其资源转化为文化产品的保护方式。目前，这一保护方式主要是在传统技艺、传统美术和传统医药药物炮制类非物质文化遗产领域实施。"为科学推进手工业民俗生产性保护工作深入开展提供了政策指导。本文之所以以凤翔泥塑为基点，研究手工技艺类生产性保护模式，一来是因为凤翔泥塑具有明显的地域特征，并且具有一定的社会影响和产业基础；二来凤翔泥塑也面临手工艺类遗产在开发过程中共同存在的问题，如过度开发、手工技艺与产业化开发的矛盾等。笔者希望通过对凤翔泥塑产业的田野调查，探索泥塑产业生产性保护开发新路径，并针对手工业民俗在生产开发过程中遇到的普遍问题进行分析，为手工业民俗保护提供一些思考和借鉴。

一 凤翔泥塑文化内涵分析

凤翔泥塑是中国民俗文化四大泥塑之一。凤翔泥塑俗称"耍货"，是老人们为赠送给满月小孩而制作的。凤翔泥塑保留着浓郁的乡土特色，以传统内容为主，艺术风格上粗犷大方，无纤弱之气，明显保留着周、秦、汉、唐的文化传统和风格。作品形态不一、手法细腻，造型简练概括、生动夸张。被联合国教科文组织誉为"给儿童最好的礼物"。

（一）悠久的历史和神秘的文化内涵

凤翔泥塑历史悠久，始于西周先秦时期，流传民间1000多年之久，是至今我国保留最古老、最原始、最具民族特色的手工制品之一。从文化根源来讲，泥塑图案可以上溯到原始艺术和远古图腾崇拜，具有类似先秦饕餮纹饰与图腾文化的神秘和古朴。比如凤翔传统的泥塑挂虎，其面部造型、构图和布局和周秦文化里面青铜器的饕餮纹非常相似。尽管有些专家们认为，凤翔泥塑的彩绘纹饰与西周时期的青铜器纹饰有所不同，以花鸟鱼虫、祥鸟瑞兽为主的意象造型是中国古代图腾崇拜、生殖崇拜、神灵崇拜的遗存，反映出图腾时代的文化特点。但仍有不少学者将它那威猛而震慑人心的面部造型同商周时期的青铜饕餮纹饰相联系。笔者认为凤翔彩绘泥塑在饕餮纹的基础上配以具有象征寓意的花瓣、绿叶，并且色彩鲜艳，显得可爱吉祥；而青铜器纹饰上饕餮纹配以云雷纹等几何形体，则显得狰狞严肃。但人们希冀借助饕餮纹所特有的神秘力量来震慑鬼怪和驱除邪恶的文化功能没变，而这一原始特征的保留也正是凤翔彩绘泥塑的神秘力量和珍贵所在。同时，泥塑上绘以莲花、石榴花、蝴蝶等图案寓意多样，如石榴，意多福多子；艾草，意去毒辟邪；海棠，意富贵；蝴蝶，意多福；牡丹，意吉祥富贵；贯钱，意万贯利钱。使凤翔彩绘泥塑串联组合成一件完整的艺术作品，整体呈现出祈子、避邪、镇宅、纳福等寓意。

凤翔泥塑除了传统的坐虎挂虎等泥塑具有这种文化功能外，还有马勺脸谱和梭子脸谱。马勺原本是先民的一种生活用具，马勺上的图案是人们为了使自己的牲畜免遭大自然病虫的侵害，以保证自己能够在马牛的帮助下平安生存，并过上美满的生活而刻画的神灵符咒；梭子造型取自民间织布用的梭子样式，以民间社火脸谱图案为彩绘图案。一般采用树材桐木为基础原料，人们将其悬挂厅堂居室用于扶正祛邪，镇妖降怪，表达祈福纳祥、招财进宝的美好愿望。

（二）独特的色彩造型和浓厚的地域特色

凤翔泥塑风格与南北两大泥塑流派迥异，既不同于无锡惠山泥人的细腻灵秀，也不同于天津"泥人张"的逼真写实和河南"泥咕咕"的粗略随意，形成独具一格的西北泥塑，体现了西北人的粗犷和质朴。造型上既有汉唐的丰满圆滑与悍猛,又有远古文化的神祕和古朴,形态粗犷夸张、简练概括、古朴可爱;手法着色上,采用写意、粗塑细描的手法和大红大绿的浓烈色彩,配以黑、白、红、黄、绿的基本色调。凤翔泥塑以其稚拙古朴、生动夸张的造型,艳丽喜庆、对比强烈的色彩,流畅奔放、饱满圆润的线条,营造出抽象、热情、大气、独树一帜的艺术形象,反映出劳动人民对生命的理解和对美好生活的向往热爱。

二 凤翔泥塑产业模式发展分析

社会发展到今天,不管你愿不愿意、想不想,实际上文化总是外显或不外显的发生变化。就如这些传统手工艺,在没有开展非遗保护工作之前,它们就以自己的方式生存并不断改变。我们需要做的只是确保它们是否幸存?在它们被识别保护的基础上,遵循"有限变异"的原则,用当代的审美和眼光对一些适合改造的旧传统进行创新,世界在变化,所以总会产生新的东西。凤翔泥塑作为手工技术,具有经济价值和文化价值,适合生产性保护方式。从凤翔泥塑产业发展方向来看,一方面产品自身的延伸,实现文化资源向文化资本的转化;另一方面产品市场化运营,追求产品利益最大化。

(一)纵向发展:资源—产品—品牌

文化资源具体呈现为三种形态:一是无形的、精神性的、非物态的文化内涵,表现为融汇了思想意识、价值观念、信仰、民风民俗等在内的生活方式,不能直接开发利用;二是准无形的、经验性的、能够生成物态的文化技能和创造能力即文化智能资源,如文学艺术创作、工艺创造和传承等,这是文化创造的核心资源;三是有形的、符号化的、物态的文化遗产(或载体),如遗址、建筑、石刻、典籍等,可通过服务配套设施建设等使之成为观赏对象。从文化发展的宏观视野来看,第一种文化资源是"根",对待这一文化资源的基本态度应该是厘清根源、传承创新。第二种文化资源是"魂",是区域文化发展能力的源泉。第三种文化资源是"本",是一个地方的历史记忆,是包孕着第一种和第二种文化资源的物态呈示。从经济学意义上来讲,拥有文化资源并不等于拥有文化资本,只有那些具有独特性的文化符号,能够产生直接或间接经济利益的文化资源才能转化为文化资本。凤翔泥塑作为准无形、经验性的、能够生成物态的手工技艺,它既是文化传统,也是文化资本,具有典型的西部地域特色并且可以带来经济的发展,成为促进地方文化产业发展的重要文化资本。

准确的产品定位对凤翔泥塑今后的发展非常重要,这也是笔者最为关注的地方。但首先我们要对产品发展方向有一个清醒的认识,遵循哥登卫舍"有限变异"原则,即"在这限度内,一个器物的主要性质是维持不变的,而它的细节则尽可变异"[1]。凤翔泥塑,是具有独特风格的手工泥制品,在保持这一特性的基础上,开发出更大的发展空间。总体来看,应在保留原有文化特色的基础上,将创意和生活两大元素融入产品概念中来,使凤翔泥塑更加鲜活生动。针对不同的消费群体和消费需求,将泥塑产品分为四类。

1. 高端收藏品

凤翔泥塑之所以受到全世界的关注,成为非物质文化遗产,就是因为它拥有神秘的宗教力量和独特的艺术造型,这也是凤翔泥塑区别于其他泥塑的特色所在。这种带有地域文化和图腾色彩的产品因为文化差异更能引起人们的喜爱和关注,这类产品主要有挂虎、马勺脸谱等,它体现了凤翔泥塑文化的精华,主要面向高端人士、收藏爱好者,作品不需要多但必须精,需要代表性的泥塑传承人亲自手工制作,精美细致的包装,突出凤翔泥塑的图腾纹饰、辟邪、祈福的文化功能和创作者精湛的手工技艺。

2. 中端艺术品

目前,六营村泥塑产品大部分属于这类观赏艺术品,这类产品主要面向游客和普通消费者陈列、观赏,虽然不同于高端产品丰富精细,但胜在泥塑造型多样,产品质量要求不是太高,普通手工艺者就能生产,可以更大限度地满足市场需求和大家求新求异、体验民俗文化的消费心理。

---

[1] 〔英〕马凌诺斯基:《文化论》,费孝通译,华夏出版社,2002,第24页。

3. 实用生活品

这部分产品是凤翔泥塑的衍生系列，也是凤翔泥塑实现产业化的关键所在。通过将传统手工艺与现代高新技术和高新材料相结合，创造出更具艺术色彩和实用功能的产品，这类产品的受众群体比较广泛，面向的是广大消费者。对于消费者来说，除了民俗产品的文化和艺术性外，人们也需要产品具有"实用功能"和"生活功能"。日本非常强调手工艺产业的"活性"特征，认为手工艺产业应建立在生产和生活所形成的相互关系中，通过生产不断为生活提供所需要的物质产品，再通过富有特性的物质产品提高生活的品质。只有使手工艺品不断被生产、被消费，才能使工艺作为一种现代生产活力和现代文化资源，真正得以持久地存在和发展。比如马来西亚自古锡矿资源丰富，锡器一直是马来西亚著名的传统手工艺品代表。在吉隆坡以白锡制成的艺术品和日用品处处都有，且价格不高。例如茶壶、茶具、茶杯、茶罐等锡器，小巧玲珑，既满足了游客的纪念意义，又满足了实用功能，很受欢迎。又如韩国的青瓷，随着社会的发展，青瓷的应用技法逐渐消失。近些年，部分设计师把它运用到现实生活的装饰中，如厨房用品或家居用品，使青瓷工艺获得了新的发展。现在，创意生活产品受到越来越多人的喜爱。可见，新产品需要通过传统的工艺加上现代的设计，以及新技术材料的辅助，并且被合理使用在当下的生活才能焕发出新的生机。因此，我们需要把手工艺引入日常生活里面来，生产既具有创新的意义在里面，能够符合现实生活的需求，同时又能够很真实的代表地域文化特色的中高端产品，比如泥塑笔筒、泥塑台灯、泥塑相框、泥塑纸巾盒、泥塑钟表等。

4. 创意泥玩具

传统的凤翔泥塑俗称"耍货"，是老人们为赠送给满月小孩而制作的。虽然已有一定的基础但主要以动物造型十二生肖为主，面对新奇多样的玩具市场还是远远不够的，应结合现代儿童的喜好，开发新的创意玩具形象。比如由西安曲江文化旅游集团选送的兵马俑系列卡通形象秦BB荣获"第二届中国十大卡通形象"。秦BB是西安唐艺坊文化传播有限公司研发的Q版玩偶，目前设计了4种形象，分别是炊事员秦BB、蒙将军、阿里巴巴和胡参谋。在获选全国十大卡通形象之前，在2015年4月的戛纳电视节上，秦BB和他的三个伙伴，以真实兵马俑为原型，以迥异的性格和外貌特征的卡通形象，引起了外国专家的浓厚兴趣。因此，应多开发一些符合现代审美和兴趣的泥玩具产品，目前出现的京剧卡通版泥塑就深受大家喜爱。这类产品主要面向儿童和年轻人，产品售价不高，消费者购买力强，具有广阔的市场空间。

凤翔泥塑发展到一定程度需要形成自己的文化品牌，这不是随便起个名称画个图案就行，它需要很好的设计，把这种文化的内涵提炼出来，并把它做到一个很高的品质，做成一品牌。1960年，美国营销学会（AMA）给出了对品牌较早的定义：品牌是一种名称、术语、标记、符号和设计，或是它们的组合运用，其目的是借以辨认某个销售者或某销售者的产品或服务，并使之同竞争对手的产品和服务区分开来。品牌是人们对一个企业及其产品、售后服务、文化价值的一种评价和认知，是一种信任。商标是品牌的一个组成部分，它只是品牌的标志和名称，便于消费者记忆识别。但品牌有着更丰厚的内涵，品牌不仅仅是一个标志和名称，更蕴含着生动的精神文化层面的内容，品牌体现着人的价值观，象征着人的身份，抒发着人的情怀。例如，可口可乐的品牌内涵远不止是"可口可乐"这几个字构成的标志和名称，它体现着美国几代人"乐观向上"的美国文化。奔驰则象征着拥有者的"成功和地位"。2004年4月由胡新明申请注册的"胡新明泥塑"商标被中国国家工商行政管理总局商标局正式批准，这标志着凤翔泥塑有了自己的商标品牌，这是中国西北民间工艺品为维护自身权益而注册的首个商标品牌，并建立了自己的网站，成立了新明民俗文化传播公司，虽然这只走出了一小步，但为今后品牌的发展奠定了基础。

（二）横向发展：创意—生产—营销

创意是产品的"灵魂"。芭比娃娃是20世纪广为人知最畅销的玩偶，由露丝·汉德勒发明，于1959年3月9日举办的美国国际玩具展览会上首次曝光。现在，芭比娃娃已经销往世界上150多个国家，总销售额超过10

亿元。该产品被拍成一系列影视作品及周边产品,还改编成一系列小游戏。为什么芭比娃娃能在全世界玩具中独领风骚?因为把握好女人和孩子的心理,便能够获取超高的附加价值。芭比从诞生之初,露丝·汉德勒就致力于将她打造成追求完美与时尚的女性形象代言人。而且它一直在被不断地改进和创新,芭比娃娃的外形历经约500次以上的修正与改良,成为今天的样子。为了让芭比有漂亮的时装,从1995年至今约有10亿件以上的衣服生产出来,每年约有100多款芭比新装推出。芭比娃娃不仅从外形上创新还不断开发新材质,除了高档软塑料外还开发出陶瓷版的芭比娃娃。50年来让芭比娃娃长盛不衰的并不因为芭比是一个漂亮的摩登玩偶,更重要的是芭比品牌始终站在潮流前端,与时俱进地担当着"品牌教主"的角色,从而获得强劲的生命力。还有日本笠间烧,笠间烧是对笠间陶瓷或陶业的一种称谓,至今已经有200多年的历史。原有产品由于材料的局限性,在"二战"结束后,大部分笠间烧窑址已经停业甚至消失。为了振兴和发展传统文化,当地设立了茨城县陶瓷产业指导所,除了职业培训和提供产业信息外,主要进行陶瓷相关的黏土、釉药等材料试验,开发新材料,并将研究成果向产地公开;进行烧制试验,探索新的工艺技术,提供陶业者进行生产和进行创作的新工艺。笠间烧通过对产地原有的材料的技术改造和工艺的开拓创新以及新产品的设计开发,积极适应发展中的市场需求,获取产业在经济上的成功。可见,凤翔泥塑产业创新不仅包含对产品形态的不间断创新,也需要对原有材料技术不断改进。

目前,凤翔泥塑的生产模式主要还是"企业+小作坊",这种方式相对分散,产品完成速度快慢不一,质量参差不齐,不适合现代产业化生产。针对这一问题,不少企业在市场中不断尝试。富德工艺品有限公司是一家广绣生产商,面对现代市场经济的巨大冲击,实行集中生产,集中生产最大的好处就是达到现代管理中所说的"过程控制",控制生产进度,同时也能对工人进行集中培训,通过提高劳动技能从而提升产品质量,而且他们还对刺绣动作进行分解和合理化研究,制定生产时间标准,并将生产经营的各个环节都运用配套电脑作为数据管理工具,实现生产过程的数据化,节约了企业预

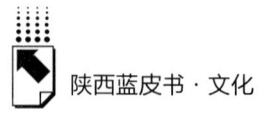

算成本时间，大大增强了市场的竞争力。作为一种可行途径，凤翔泥塑除了独立的手工艺者创作生产和分散式的家庭生产外，还可采取企业负责生产组织及管理的集约式的现代企业生产模式，多种生产方式共同发展，最终形成产业集群。

手工艺人面临着一个很大的困难，就是产品销售，因为大部分手工艺者只有手艺，不懂市场，缺乏现代营销理念。基于泥塑文化的特性，笔者建议针对不同客户群实行不同的营销方案。面对游客，体验式营销可以更加突出互动性、体验感和娱乐性；面对高端客户，可以采取一对一营销，加强灵活性和针对性；面对一般消费者，可以通过"本地销售+订单销售+连锁店"的混合行销模式；而且网络营销在今天来说更是一个便捷有效的销售途径，借助网络、微博、微信等传播平台，不断提升网络建设，拓展销售渠道，满足用户需求。同时加强媒体、名人效应、自制手册、展销会等宣传手段。当然，在推广销售的同时我们必须看到制定合理价位的重要性，传统手工民俗产品因价格昂贵，成为市场销售的瓶颈。比如一个剪纸要 300 元、中国结 1000 元，其高昂的价格又不是生活必需品，使消费者望而却步。因此，价格应与消费者的心理预期成正比，如果漫天要价，难以激发消费者的购买欲，最终难以形成购买行为。针对产品的特性功能，制定合理的价格，才能实现产品消费。

三 关于手工业民俗产业化过程中主要问题的思考

（一）关于手工业民俗产品的归属问题

凤翔泥塑最初搞产业化的时候，遭到当地部分居民的反对，他们认为：泥塑手艺是祖上留给我们的遗产，应该由大家共同分享、共同继承，不应该由一两个人独占由先辈们流传下来的技艺。确实凤翔泥塑是几千年来由当地居民共同创作形成的，具有群体性、传统性、变异性、地域性的特点，显现出消费的非排他性和取得方式的非竞争性的公共品的特性。如何使产品的创作者获得收益，防止免费使用，就需要通过申请个人产品专利权，将个人创造的新产品转化为私有。这一方面是对创作者的激励，鼓励他们创作出更多的创新产品；另一方面也是对文化遗产的保护，防止被滥用，促进泥塑产业的良性运作。

（二）如何准确定位手工艺品

联合国教科文组织在进行手工艺调查时得出一组有趣的数字：对消费者调查的结果显示，除了经济因素，购买手工艺品的决定最主要是其纯正的民族文化特色，这是100%的消费者选择的头等因素，有92%的消费者关注的是纯手工制造，接近一半的人关注手工艺是本地制造的。[①] 而对手工艺人为何从事手工活动的调查显示，排名前四位的因素，两个是经济因素，两个是文化因素，由此可以看到，手工艺第一可以帮助他们脱贫，第二可以帮他们做到传承民族文化，他们本身有很强的传承民族文化的责任感。这个调查数据上面，消费者和手工艺人显示了一个很重要的因素，文化对两方面来说都是一个决定性的因素，而且经济因素也不可忽视。因此，在手工创作时要首先要确保手工产品自身的艺术风格和文化内涵，并且制定合理的价格，才能确保手工艺者和消费者都能最大程度上获益。

（三）关于手工艺的传承问题

胡深在谈及凤翔泥塑技艺的传承时说："旧时咱这有一个讲究：能舍二亩地，不传一手艺。家有银钱万贯，不如薄艺在身。但现在我的思想也解放了，看得比过去远了。现在这门手艺除了传给自己人以外，也传别人。我已经收了一些徒弟，有百十人。传承的形式一是靠嘴说，二是靠手把手教，三是靠现场指导。虽然目前身边愿意学习凤翔泥塑的学徒很多，但真正能继承这门手艺的徒弟却只有几人，因为许多人是奔着凤翔泥塑的商业价值来的，

[①] 《"世界看见"民族手工艺保护与发展论坛现场实录》，搜狐文化，http：//cul.sohu.com/20110110/n278781539.shtml，2011年1月10日。

没有那股钻劲儿，独创性也越来越差。"① 可见，目前凤翔泥塑文化遗产传承辐射范围主要还是家庭和周边村落，因此，要想把凤翔泥塑技艺完好地传承下去，还需要多方面的努力。关于手工业传承问题，在"世界看见"民族手工艺保护与发展论坛上，来自教科文组织的 Beatrice Kaldun 讲道："我们很关注手工艺的传承，从如何学习手工技艺的问题，80%多的人，因为家庭的传统学习手工艺，38%的人可能是因为社区传统，31%的人学习手工艺是因为朋友邻居的影响，10%是通过正规培训渠道学习手工技艺的。"②

（四）解决手工生产与文化产业化发展的矛盾

泥塑作为手工艺品是以手工为主，与工业化的批量生产完全不同。如何实现既不违背手工艺品手工制作的原理，又能最大范围的满足市场的需求，这是所有手工产品面对的难题。笔者认为，除了前面说过的生产方式外，可以参用大众参与体验式生产模式，即自己动手制作，比如十字绣、不织布手工、串珠、香皂等消费者都可以亲自动手制作。生产商只需要准备原辅材料和配件并加以说明就行，由消费者自己制作。这既是购买者闲暇时一项很好的兴趣投入，也解决了产品难以批量生产的矛盾，深受各年龄阶层的喜爱。另外，也可以鼓励文化企业与有创新意识的传承人合作，结合遗产文化，依托企业的运营优势，进行创意开发，打造符合现代消费者需求的新产品。

（五）保持手工业民俗产业发展的可持续性问题

目前，很多手工技艺只是作为一种特色文化遗产保存着，很少依靠它去挣钱，凤翔泥塑要实现产业化需要原动力，而"创新"与"生活化"则是传统手工艺持续发展的两大法宝。创新为产品提供了充足的养分，符合潮流发展趋势，获得新的生命力；生活化为产品提供了生存空间，手工民俗作品

---

① 张欣：《守住"土味"的老艺人——记凤翔泥塑的国家级代表性传承人胡深》，《中国文化报》2013年2月4日。
② 《"世界看见"民族手工艺保护与发展论坛现场实录》，搜狐文化，http：//cul.sohu.com/20110110/n278781539.shtml，2011年1月10日。

不能只是放在玻璃罩里陈设售卖,在做好生产性保护之外,更应回归"生活性保护"。

四 结语

凤翔泥塑未来如何发展,首先要让手工艺人了解到这门手艺可以改善并提高他们的生活,这样才会有更多的人学习传承这项技术。依照凤翔泥塑现有的发展水平,离产业化还有很大的距离,还处于产业化的初期阶段,本文只是对泥塑产业的发展模式提出一种思路。

B.18
互联网金融视域下的
陕西小微文化企业发展*

刘立云**

摘　要： 近年来，随着移动通信技术的快速更新换代和互联网技术的进步，网络信贷在互联网金融业蓬勃发展，基于众筹的融资模式将互联网金融平台与有贷款需求的客户无缝对接。本文在对互联网金融的概念和范畴进行总结的基础上，分析了目前盛行的两种互联网金融商业模式即B2B模式和C2C模式，探讨小微文化企业的经营现状和互联网信贷模式，结合目前银行网络系统支持的贷款产品及运营模式，着重分析"逸贷"业务在网络信贷方面潜在的风险，归纳出网络信贷在政策、市场、信息科技和信用方面存在的危险，以期通过加强技术创新合作，完善监管和信用评级的路径，解决目前互联网金融领域存在的问题。

关键词： 互联网金融　生态　信贷　监管

一　引言

2014年10月13日，文化部文化体制改革工作领导小组会议强调，积

---

* 本文系陕西省社会科学基金项目（13SC006）、西安市社科规划项目（14J57）阶段性成果。
** 刘立云，博士，陕西省社会科学院文化产业与现代传播研究所助理研究员。

极主动地在文化体制改革过程中全面贯彻法治精神,加强文化立法建设,以法治思维推进各项改革工作。党的十八届四中全会通过的《中共中央关于全面推进依法治国若干重大问题的决定》倡导加强重点领域立法,坚持建立健全保障人民基本文化权益的文化法律制度,包括制定旨在促进基本公共文化服务标准化、均等化的公共文化服务保障法,经济、社会效益有机统一的文化产业促进法,以及完善网络信息服务、网络安全保护、网络社会管理等的互联网领域立法。笔者围绕"陕西文化及金融法律的创新与发展、新形势下知识产权和金融法律如何更好地结合并服务于文化产业"问题,为实现文化资源资本化、文化产权资本化、文化产品预期效益资本化,对金融资本、实物资本、人力资本和知识资本四大文化产业发展要素以有效保障,着重调研分析互联网金融时代小微文化企业融资问题,以构建银行金融生态系统。

二 互联网金融

互联网是一种信息的汇集、存储、传递、分析、应用等现代化的技术。该技术提高了银行服务效率,降低了服务的成本,跨越了服务的空间,延长了服务的时间,同时缩短了顾客等候滞留的时间,提高了服务的速度和效率。与传统金融相比,互联网金融快速发展与其独特的网络优势密切相关,网络技术优势使金融信息和业务处理方式更加快捷、方便、准确,能为客户提供更加自主、灵活、个性的金融体验与金融服务。近年来我国互联网金融快速发展,效果明显,在很多方面改变了传统银行服务的模式。

但是,我国互联网金融尚处于初级阶段,很多模式尚处于探索阶段,发展不成熟,风险监控机制不完善甚至缺乏,再加上金融创新层出不穷,金融环境复杂多变,互联网金融存在很大风险。本文着重就互联网金融的信贷方面,首先介绍互联网金融的概念和范畴,接着总结互联网信贷的现状,然后梳理互联网信贷方面存在的主要风险,最后提出相应的风险监控措施,以促进互联网金融健康稳定发展。

（一）互联网金融的概念

互联网金融是一种新的金融模式，与资本市场的模式和银行模式可以相提并论，为我们带来新的思维方式，加快了技术创新的速度；其本质是充分利用互联网传递金融信息的平台服务以实现日常业务的办理、并完成资金融通（2013，吴晓灵）。总体而言它有别于传统的金融模式，具备经营环境开放化、服务效率化和业务边界模糊化等特征。

（二）互联网金融的范畴

目前互联网金融主要涉及四大类：第一类，支付结算方面包括手机银行、网上银行、微信银行、第三方支付平台如支付宝、财富通等。其中第三方支付指的是客户将自己支付指令通过账户传递给第三方支付机构，第三方支付机构再把客户的指令传递给银行，要求银行按照客户的指令把客户自己的账户资金支付给指定的客户，就变成了一种新的业务模式。这种模式的银行支付结算需要有足够的信心对客户的身份进行识别。第二类，虚拟货币，其中包括比特币等网络虚拟货币，主要用于互联网金融投资，对金融市场有一定的冲击和影响；但对腾讯Q币、莱特币（Litecion）目前尚无大的影响。第三类，金融产品的网络渠道销售方面包括保险、理财、基金产品等。第四类，网络融资属于目前最受关注的，其中包括众筹融资、电商小贷、P2P网络。项目发起人可采用发起资金需求、向网友募集项目所需资金的众筹融资模式；亦可借助电商平台数据、帮助完成小额贷款需求的信用审核并及时发放贷款，谓之电商小贷；有投资取向且有经济实力的人通过经由中介机构的帮助使用信用贷款的方式将资金贷给其他有借款需求的人，则被称为P2P网络。

（三）互联网金融的商业模式

1. B2C模式（Bank to Company）

维基经济学一贯秉持开放、对等、共享及全球运作四个法则，在大规模协作机制引领下，全球网旨在为中小企业网络融资提供服务，借助模式、技术创新手段为银行与第三方机构提供金融服务大规模协作平台，真正助力中国中小企业。平台上各协作机构开放共享、边界清晰、协作共赢。全球网融资平台的建设思路是，贷款客户到平台上之后，就可以选择银行的各类产品。客户可以把资料放到平台上来，全球网可以辅导客户把贷款的资料准备好，通过全球网的系统模型进行一个初步的整合，比如资料审核，是否能够达到银行要求。全球网经过审核会把数据传输到建行的系统。根据风险模型进行评分，每一个评分环节都有一个结果，用户在全球网平台可以实时看到评分结果。评分之后就有一个结论，通过审核后就会分到银行客户经理，交由客户经理去做验证。

2. C2C 模式（Crowd to Company）

除了创意项目的点名时间①，三农金融的贷帮网②针对乡镇、农村的种植户、养殖户、小商户贷款，除了网上申请和审查，同时也会结合申请贷款的客户进行实地调查核实。贷帮网由深圳市贷帮金融信息服务有限公司运营，已经有五年运作历史，是国内最早的互联网金融平台之一。对于投资者，在贷帮网投资在保本情况下，持续投资可获得25%以上的年化投资收益。贷帮拥有自己的"地面部队"，每个项目均由当地分公司信贷员进行实地调查；建立了适合国情、科学严谨的贷帮小微金融风险管理体系，能有效控制项目风险；支持农村发展，服务农村城镇化进程中的草根创业者，符合国家经济发展战略；与多家知名小贷、担保、融资租赁公司及物流企业等机构合作，为投资人提供更多安全可靠的投资产品。

三 陕西文化产（企）业发展概况

1. 文化产业增加值占GDP比重进一步提高

2012年，陕西省文化产业增加值占GDP的比重为3.47%，比2011年

---

① http：//www.demohour.com/，最后访问时间：2014年11月2日。
② http：//www.daibang.com/，最后访问时间：2014年11月2日。

增加0.43个百分点。共拥有法人单位15916个，个体经营户78757户，拥有总资产654.9亿元，年末从业人员数达到43.81万人；当年实现增加值500.7亿元（按照国家文化及相关产业新分类测算）。文化产业法人单位增加值406.3亿元，其中服务业企业增加值257.6亿元，占全部法人单位的63.4%；工业企业增加值仅有66.4亿元，占16.3%；事业单位增加值61.3亿元，占15.1%。

2. 城镇居民文化消费稳步增长

随着陕西省经济的快速发展，城镇居民生活水平的不断提高，城镇居民家庭在文化娱乐方面的支出也有了不同程度的增长。2012年，全省城镇居民文化消费支出较2011年增长14.1%（1123.04元），所占人均消费支出比重比上年增长0.18%。城镇居民家庭生活水平的提高以及在文化娱乐方面支出的增加，为拓展全省文化市场提供了良好的条件。

3. 政府对文化产业的扶持力度进一步加大

2012年，陕西省文化产业投资较2011年增加30.5亿元，增长49.8%，远高于全省财政支出的增长速度。省财政用于文化体育与传媒业的支出占比由2011年的2.09%提高到2012年的2.76%，增加了0.67个百分点。

2013年，陕西省文化产业投资总计559亿元，增长50.5%。投资按数量排列依次为文化休闲娱乐服务投资（283.56亿元）、文化艺术服务投资（98.26亿元）、文化用品的生产（69.35亿元）及其辅助生产（45.98亿元）。2014年，陕西省对文化产业的投入呈现快速增长的态势。2014年1~8月，全省文化产业投资在上年的基础上持续快速增加，文化产业投资总计454.68亿元，增长48.4%。投资数量居前的依然是文化休闲娱乐服务投资（252.37亿元）、文化艺术服务投资（88.38亿元）、文化用品的生产（32.07亿元）及其辅助生产（投资21.68亿元）。

4. 新兴文化产业逐步壮大

全省共有持证经营的互联网文化单位27个，从业人员2460人，资产总计1.35亿元，主营收入1826万元，拥有自主知识产权的网游16个，利润总额452万元。截至2012年底，持证经营的网络游戏企业16家，较2011

年增长33.3%，运营网络游戏26个，其中拥有自主知识产权游戏产品16个，占上线总量的61.5%。网络游戏行业从业人员1627人，主营收入1680万元。2012年在互联网游戏中，客户端游戏占据主导地位，其市场份额达85.2%。网页游戏保持较快的发展速度，市场份额达14.8%。2012年全省移动网游戏（包括移动网在线游戏和移动网下载单机游戏）以下载单机游戏为主，占82.5%，移动网在线游戏占17.5%。

5. 文化市场主体不断壮大

近年来，陕西省组建了一批文化产业投资有限公司等具有较强实力的产业集团；拥有全国首批国家级文化和科技融合示范基地（西安高新区和曲江新区）以及西安国家印刷包装产业、西安国家数字出版基地。陕文投集团子公司数目与集团总资产均有明显增长；曲文投集团2012年5月入选全国文化企业30强。同时吸纳大量社会资本和人力资源进入文化领域，产生了一批民营文化企业，使之成为文化产业的生力军。

四 互联网金融对小微企业信贷业务的影响

（一）小微企业经营现状

1. 小微企业

小微企业大多属于民营。一般而言，我国民企享受市场待遇比同等规模的国企少，民营企业承担着一半以上的税收，吸纳着城镇75%的就业人口，创造的产值占全国GDP总量的65%以上。信贷方面的支持仅有20%，此外小额贷款的利率往往是银行基准利率的3~4倍。从2011年开始，国家地方陆续制定发布了支持小微企业的政策文件。2014年8月19日，文化部、工信部、财政部联合发布《关于大力支持小微文化企业发展的实施意见》，着力支持小微文化企业发展。为帮助小微企业发展，陕西省出台了《关于支持小型微型企业健康发展的实施意见》。2012年，陕西省在全国创新性地提出了对金融机构中小企业贷款增量进行奖励的政策，并在全省21个县

（区、市）开展了试点工作。2013年，省财政厅与人民银行西安分行又共同印发了《陕西省金融机构小微企业贷款增量奖励资金管理考评办法》，对符合政策规定的劳动密集型小企业贷款，按照最高不超过200万元，期限不超过两年，由财政部门按贷款基准利率给予贴息。截至2013年底，省财政累计拨付劳动密集型小企业担保贷款贴息资金1.99亿元，撬动全省金融机构累计发放劳动密集型小企业小额担保贷款77.83亿元，累计直接扶持就业13.47万人，带动就业42.73万人；全省小微企业贷款余额达到1877.7亿元，增长35.6%，高于各项贷款增速。到2014年6月末，全省小微企业贷款余额突破了2000亿元大关，达到2025.61亿元，同比增长23.6%，高于各项贷款增速8.5%。

但是，小微文化企业由于存在规模小、实力弱、现金流不稳定、信用体系缺乏等困境并未得到显著改善，贷款有难度。小微企业的厂房、设备等大都需要贷款来置换或租赁，而小微企业大都没有抵押物得不到商业银行的贷款，企业不得不向民间资本伸手，民间资本高额利率迫使越来越多的实业家放弃实业，转而投入借贷行业。加之目前面临宏观经济下行压力的不断增加，小微文化企业的发展前景不容乐观。

2. 小微企业P2P网络借贷

2014年以来，各家银行普遍收紧对中小企业贷款额度，小微企业由于风险规避及资质审核方面往往难以得到商业银行的支持，纷纷将求助之手转向互联网金融信贷领域，P2P网络借贷平台是借贷与网络相结合的金融服务网站。互联网金融信贷有效解决了企业融资难的问题。

3. 小微企业贷款困境需要借助于民间资本

要真正解决小微企业贷款困境只有鼓励社会民间资本进入。而各种类型的专注行业的投资公司的出现，不仅扮演着投资方的角色，还会凭其自身对行业的了解，成熟的管理运营经验为其投资的企业提供免费的顾问服务。

（二）互联网金融时代的文化金融生态系统

互联网金融时代，在完全开放和完全封闭之间依然有一个选择空间，"令人感兴趣的模式是合作建立起属于团体本身的知识贡献"。文化金融生态系统与自然生态系统一样，具有一定的自组织、自调节以及自生存能力，以适应环境的变化，保持自身的稳定。金融生态系统（包括金融主体、金融生态环境）涉及六类行为主体（金融机构、金融监管部门、金融中介机构、企业及居民、政府部门和自律机构），分别由核心层（银行、证券、保险、信托、财务公司等银行和非银行金融机构）、中介层（相关金融政策、网络基础设施及市场发育等）、外围层（征信市场、信用信息、债券法规）组成（见图1）。

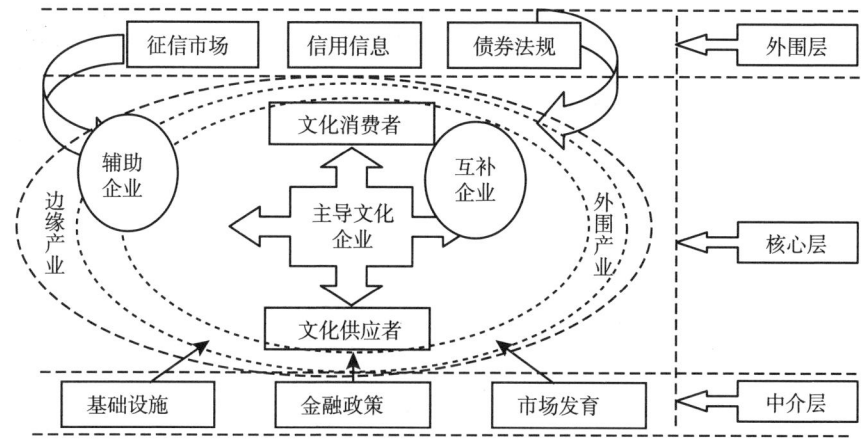

图1 金融生态系统的层级

互联网金融的发展，使文化金融生态系统变得更加多样化。传统信贷指的是资金提供方通过自己的尽职调查、风险控制等找到合适的客户，然后找到一个风险可控、还款能力有保证的客户，把资金提供给使用方。但由于存在"道德风险"，有时会出现信息不一致的情况，不符合贷款条件的部分客户会逆向选择将贷款资料不合适的方面进行包装，获取银行的贷款。在这种情况下，外围层的征信市场、信用信息、债券法规就对市场风险具有一定防范及抵御能力。同时，处于核心层的金融机构借助中介层提供的互联网金融大数据平台，为解决小微文化企业的贷款需求，及时有效地研发出符合互联网金融特点的新产品就很必要。

2013年以来，陕西省各金融机构有针对性地加强了对小微企业融资产品的金融创新，量身打造了一批契合陕西小微企业实际需求、可操作性强、易于推广的信贷产品。例如，作为小微企业贷款主办银行的长安银行推出的"长安贷"小微企业系列融资产品，即包含针对专业市场的综合服务型的小微产品"市场贷"、针对优质煤矿企业上下游小微企业的"煤保贷"，也包含了一些如多户联保、仓单质押、知识产权质押、应收账款质押、担保公司保证、第三方企业保证等新型金融产品和金融服务方式，契合了小微企业融资短、频、急的特点，更好地满足了小微企业的融资需求。

目前，中国工商银行陕西宝鸡分行共发放"逸贷"1962笔，累计金额达到4191万元，客户无须到柜面递交贷款资料，无须等待贷款审批，贷款形式自由灵活，满足"逸贷"办理条件即可网上银行、手机银行、短信银行、POS机等各种快捷渠道实时、联动办理贷款，资金瞬时到账。通过互联网质押贷款，客户只需提供合法有效的质押品为担保即可通过个人网银办理贷款，质押物品种多样，包括银行存款、国债、账户贵金属等。质押担保贷款由第三人将其名下的金融资产作质押，为借款人向银行申请贷款提供担保的业务。其他贷款包括个人网银质押贷款、第三人质押贷款以外的其他贷款项目，贷款品种多样，客户通过网上银行提交贷款意向后，到柜面签署协议后即可办理。主要包括个人房屋类贷款、消费类贷款和经营类贷款。工商银行的"逸贷"客户可以通过风险监控系统对客户的日常交易进行监测，了解借款方的经营状况、信用状况。对于频繁刷卡、单笔交易限额大的要及时核实，经常核实商户生产经营情况和商户收单的真实性，从而在一定程度上实现了线上和线下的信息对称。对于"逸贷"违约客户单独列示，发现一笔及时催收一笔，从而有效地解决了营销和管理并重的问题。

五 网络贷款模式的风险分析

（一）政策风险

目前，互联网借贷平台缺乏法律法规的监管，由于我国的互联网金融监管模式是分业经营和分业管理，各个金融领域之间的界限模糊，因此监管有相当大的难度，而行业发展依靠自律，缺乏规范性使得目前互联网金融企业的水平参差不齐，大大增加了互联网金融的操作风险，互联网借贷平台的管理人员由于风险管理方面的经验不足凸显了内部控制机制不健全和对流程措施的生疏，我国对互联网金融的制度设计还不够全面，对该行业的监管规范和监管措施存在一定的不确定性，因此带来了极大的政策方面的风险。

（二）市场风险

为了回避传统信贷模式的贷款难度大、审批时间长及贷款利率上浮，中小企业、特别是小微企业转向互联网信贷领域，商业银行的贷款规模相应的缩减，互联网信贷机构吸纳的资金加快了资本市场货币流动性，小微企业主要涉及的领域为加工业、制造业、批发与零售业，而受到小微企业利率风险的影响，这种连锁反应会波及我国的股市和楼市。

（三）信息科技风险

近年来，频有互联网金融事件发生，互联网金融受到了网络安全的侵袭，网络信贷平台的业务需要计算机软硬件和互联网的支持，为了保证数据不被盗或丢失，业务处理系统对互联网运行的内外部环境、恢复数据、备份数据的能力要求极高，这对于新步入互联网领域的互联网信贷领域而言面临着前所未有的困难，若研发资金紧缺会加大信息科技的风险。因此需要加大力度对员工进行相应的业务培训，提高科研人员的素质，防范员工的道德风险。

（四）信用风险

企业的还款能力及意愿对银行的信用风险造成一定的影响，小微企业的内部衡量机制和财务制度相比大型企业有差距，这一定程度上会形成信息不对称，互联网信道系统平台上的企业、机构的信息共享有局限性，形成互联网金融机构以各自为准的局面，从而降低了信用信息的适用效率，网络借贷平台无法查询人民银行征信系统，影响了评级结果的准确性，贷款人虽然能够通过网络借贷平台获取企业的信息、资产证明等，但无法真正掌握企业的实际经营情况、借款人的负债、企业的盈利、现金流情况，大大增加了借款人信息不真实的风险。同时借款人家庭情况和个人因素也会导致信用风险。

六 网络贷款风险的监控路径

（一）加强技术创新

充分评估互联网信贷业务中出现的技术问题，提升金融信息系统检测功能，完善信息处理的保密机制和应急机制，加强互联网软件和平台的发展与创新，培养和发展技术人才对互联网金融关键性技术进行评估和研发。与互联网金融机构加强合作，增强企业的技术创新能力。

（二）注重平台构建

互联网在进行小微企业的信贷风险管理中应加强与外部机构的合作，利用外部机构收集的信息完善内部评级体系，共享客户信息和商户资源，积极探索与互联网企业的合作机制，合力打造互联网贷款平台，挖掘数据和整合数据，建立起基于互联网的市场细分系统和客户管理系统，通过合作建立产品的多元性和创造性，提高识别客户群体的效率，通过深层挖掘数据提高风险管理优势和经营收益。

（三）完善法律监管

政府部门应尽快明确对互联网金融行业概念的界定，明确规定行业的准入和业务规范，以及监管部门的监管范围和职责，防止监管不善或监管漏洞出现后的责任划归问题。互联网金融需要监管部门采取电子监管的创新监管方式来保证互联网金融平台稳健持续发展，应该发挥互联网行业协会的沟通和交流作用，集思广益，通过行业协会使各家金融机构相互学习，共同发展。

（四）明确信用评级

互联网企业与金融机构应开发信息，数据共享。可以利用现有的数据和征信系统搭建全面的征信体系，拓宽征信系统的信息来源，构建适用于企业的内部评级体系，该系统可以反映企业的现金流、经营风险、经营特征、通过该系统可以客观评估企业的信贷风险，缓解信息不对称的问题，将扩充的征信信息纳入征信系统的合法机构，从而促进信息提取和数据挖掘的效率，可以借鉴发达国家先进的征信系统，设计探索征信系统新的发展模式和建立科学的征信系统共享机制。

B.19
陕西饮食文化资源旅游开发研究

王　颖*

摘　要： 地方美食已经成为旅游目的地吸引游客前往的重要元素，陕西拥有悠久的历史文化和丰富多彩的饮食文化资源，在建设世界级旅游目的地的大背景下，如何合理地对饮食文化资源进行旅游开发对于陕西未来旅游业的发展是非常重要的。本文对陕西饮食文化资源进行了梳理，充分借鉴国内外成功的饮食文化资源开发经验，在此基础上对陕西未来饮食文化资源的旅游开发路径进行了探讨。

关键词： 陕西　饮食文化　资源　旅游

中华民族饮食文化源远流长。饮食文化不仅是我国宝贵的文化遗产，也是我国旅游资源的重要组成部分。2012年，中央电视台制作的大型美食类纪录片《舌尖上的中国》在央视纪录频道播出，该片以叙述的方式，通过美食这个窗口，集中展现了中国人饮食文化的传承、变化，以及国人特有的气质，体现了浓厚的人文关怀。随着纪录片的热播，很多地方美食为大家所熟知，全国悄然兴起了"跟着舌尖去旅行"的现象，旅游业也趁热掀起"舌尖经济"，旅游网站、旅行社纷纷推出"舌尖之旅"旅游线路，推出以享受和体验美食为主体的休闲游活动。可见，饮食文化作为传统文化的重要组成部分，在旅游活动中越来越显示出其重要价值。

---

* 王颖，陕西省社会科学院文化产业与现代传播研究所助理研究员。

一 研究背景

饮食文化是指以饮食为基础的民俗、传统和思想,饮食文化是由人们食品生产和制作方式、过程、功能等元素组成的食事总和。将饮食文化与旅游活动进行有机结合即为饮食文化旅游,或称美食旅游。美食旅游能够将游览地的自然景观、人文景观和美食文化融为一体,使游客同时得到食物品尝、参与制作和欣赏景致的审美享受。美食旅游已成为近年来全球发展最快的旅游领域之一,它无须进行大规模的基础设施建设就能提升旅游地吸引力,并且带动多种行业发展、增加就业甚至创业机会。

旅游六要素"吃、住、行、游、购、娱",传统理论一直将"食"作为辅助性旅游要素,而很少关注"食"本身作为旅游吸引物创造旅游高峰的现象。现代旅游业与餐饮业之间有着不可忽视的促进功能,"食"不仅是刚性需求的填饱肚子,也是更高层次的文化探索和品位追求。"食"不仅成为关键元素吸引游客,也成为文化和经济发展重要手段。研究发现,美食旅游能够显著带动餐饮、食材、零售、住宿、交通等行业发展,对居民收入的乘数效应为 1.65,就业乘数达 1.29。

近年来,在旅游活动中"食"的消费比例呈上升趋势,饮食文化资源的旅游开发已越来越被旅游业重视,它对于旅游产品类型的丰富、旅游产业结构的优化和旅游市场竞争力的提升都有重要的现实意义。因此,树立大旅游意识、研究饮食文化、发展美食旅游是陕西旅游业的重要内容。

二 陕西饮食文化资源现状

(一)陕西饮食文化历史渊源

陕西位于西北内陆腹地,横跨长江黄河两大流域,土地肥沃,气候宜人,物产丰富。作为华夏文明的发祥地,政治、经济、文化的繁荣带动了陕西饮食文化的兴盛。中国历史上有13个王朝长达1000余年在陕建都的历史，使陕西最早、最先诞生了饮食文化，创造了中国饮食文化史上的多项第一，如中国最早的宴席——周八珍，中国最早涉及饮食理论的典籍——《周礼》，中国第一部烹饪理论典籍——《吕氏春秋·本味篇》，中国最奢华宴席——唐朝"烧尾宴"等。在1000余年间，为满足帝王将相、豪门贵族的需要，陕西涌现出一大批本土名师大厨，同时，全国各地大批的烹饪大家汇集于此，研制、开发难以数计的名肴、名宴，陕西成为名厨们最为向往和施展才华的地方，也成了天下名肴、名点、名宴汇集的地方。

据《周礼》《礼记》《诗经》记载，3000多年前，周王朝宫廷中就出现了"西周八珍"和游猎宴、庆功宴、朝会宴、大射礼宴、乡饮酒宴、宾之初宴、宴飨等各种名目繁多的宴席。周代时"凡国野之道，十里有庐，庐有饮食；三十里有宿，宿有路室，路室有委；五十里有市，市有侯馆，侯馆有积"。从史书记载看，当时已有科学分工的烹饪机构和完整的筵席礼仪、饮食研究制作等，表明中国饮食文化已经形成了体系。

秦汉时期的《吕氏春秋·本味篇》全面总结了先秦时期的烹饪成就，至今对中国烹饪的实践还有指导作用。两汉时，宫廷宴会"宴飨群臣之时，则庭实千品，旨酒万盅，列金垒，班玉觞，御以嘉珍，飨以太牢。管弦钟鼓，异音齐鸣，九功八佾，同时并舞"。民间饮酒"肴旅重叠，燔炙满案，臑鳖脍鲤，麂、卵，鹑鹤橙桔，鲐鳢，醯醢，众物杂味"。"灵帝好胡服胡饭，京师贵戚皆竟为之"，张骞通使西域，丝绸之路开通后，胡瓜、西瓜、黄瓜、胡萝卜等胡食的引进和试种成功，进一步丰富了食材原料。

盛唐时期，是陕西饮食文化历史发展的重要时期。饮食文化的发达主要体现在烹饪原料"水陆罗八珍"更加丰富，烹饪方法器具更趋成熟，美馔佳肴不胜枚举，宴会餐具精美雅致，餐饮市场繁荣活跃，饮食文化交流空前频繁。盛唐时期，全世界规模最大、人口最多的长安城里，"三五百人之馔"的茶楼酒肆鳞次栉比。大厨名师会聚于此，名宴"烧尾宴"正是创作于这一时期，其包含名菜、名点58款。唐代是中国封建社会文艺现象最繁盛的时代，长安是知识分子最为集中的地方，人们对饮食的要求不但要吃好、吃饱,而且还要吃得有品位,因此唐代菜肴特别强调文化性和艺术性,菜肴中拼盘作品和面点小吃的造型作品得以兴盛。"辋川小样"是拼盘作品的代表,是一位女僧依据王维所绘"辋川图"中20个山水景色,用腊肉、炖肉、肉丝、蔬菜等原料创制的一组20盘的冷拼盘,在京城轰动一时,被称为中国烹饪凉拌艺术的开山之作。唐朝时期,作为一个开放的国际化大都会,长安与众多国家和地区都有政治、文化、经济和贸易往来,开放的气象也促进了中外饮食文化交流。西安的牛羊肉泡馍就是西安的穆斯林将胡人的胡饼与当地羊肉汤巧妙结合烹制而成的。据统计,在中国历代名宴中,陕西数量最多,而陕西名宴多出自盛唐时期,在《陕西烹饪大典》中记载的古典名菜、名点有50%以上都产生在唐朝。

(二)陕食特色

陕西饮食和源远流长的三秦文化一样,也有着深厚的历史文化沉淀和丰富的内涵外延,陕西的名菜、名宴、名点众多,并且大多与历史事件、历史传说和典故有关,而这些典故多与皇宫、皇帝有关。如出自"周八士火化商纣王"故事的"细沙炒八宝",与秦始皇"焚书坑儒"有关的"全家福",与"商山四皓"有关的"商芝肉",与张良、房玄龄等有关的"枸杞炖银耳",与武则天有关的"菊花锅""炒腰花""乾州鸡面",与杨贵妃有关的"贵妃鸡翅",与高力士有关的蒲城"高力肉",等等。著名的传统菜肴"鲤鱼跳龙门",取《三秦记》"江海鱼集龙门下,登者化龙,不登者点额暴鳃"的典故,以黄河活鲤鱼为主料,其菜品形象生动,寓意丰富,催人奋发向上。

陕西菜简称陕菜或秦菜,主要由官府菜、商贾菜、市场菜、民间菜和以清真系列为主的少数民族菜品组成。官府菜又称衙门菜,用料讲究,如"糟肉""西安烤鸭""带把肘子"等;商贾菜突出贵族气息,如"海参包袱底""金钱发菜"等;市场菜以城市名店、名肴为主,如"奶汤锅子鱼""明四喜"等;民间菜以用料方便、易于操作为特征,如"薏米鸡""光头肉片""柜中缘""陕北炖羊肉"等;清真菜以回坊菜品、小吃为主,民族特色浓厚，如"粉蒸肉""腊牛肉""牛羊肉泡馍"等。

陕西菜肴、面点、小吃的原料非常广泛，各种蛋禽肉类、干果类、蔬菜水果类、菌类药材类、水产海鲜类、谷物豆制品等原料都能入菜。在食物用料的选材上要求严格，比如始于唐玄宗礼部尚书韦陟家厨的西安传统名菜"葫芦鸡"选自三爻村饲养一年、净重一公斤左右的"倭倭鸡"，"奶汤锅子鱼"用黄河活鲤，"乾州鸡面"用当年的仔鸡，"莲菜炒肉片"要选用华阴、富平、山阳等地的九眼莲藕才能做出清脆爽口的口感，再如上过国宴的"蜜汁八宝南瓜"需选用陕北旱地产的老南瓜才甘甜绵软。在烹饪手法上，陕菜精于炒、炸、烧、烤、蒸、炖、氽、炝、酿、烩、煨、卤、酱等，其中蒸菜中的糟肉和江米莲子是两个典范，"炒"在陕菜中占有重要地位，用普通食料白菜经"飞火"翻勺技术炒制的"金边白菜"是陕西传统名菜。高级厨师翟耀民在《"飞火"炒菜》中说："飞火，就是炒菜时颠翻炒瓢，菜肴在炒瓢内上下翻飞，菜随火转，火随菜行，高手可以得心应手地引来飞火，凌空而起，也可以随心所欲，一个颠翻，火光戛然而止。这是陕西名厨的绝技。"陕菜口味以鲜香、酸辣、脆嫩、酥烂为主基调，突出食料的本味，强调原汁原味。

（三）各地食风

按照地貌特征，陕西自北向南可分成陕北、关中、陕南三大板块，三大板块地方风味鲜明，各有所长。

陕北高原位于黄土高原，地处高纬度，粮食以杂粮为主，周边与内蒙古、宁夏、甘肃等地接壤，所以，陕北菜肴中带有满蒙风味。烹饪原料以禽畜为主，特别是羊肉，辅以陕北旱地出产的马铃薯，几乎家家善烹。陕北主食以粗粮为主，小米、糜子、荞麦及豆类、马铃薯等，粗粮细做是陕北饮食文化的主流之一，如"钱钱饭""洋芋权权""剁荞面""碗饦""煎饼""大烩菜""拼三鲜""黄米馍馍""炸油糕"等，还有百姓红白喜事招待乡亲的"荞面饸饹"。

关中号称"八百里秦川"，以省会西安为中心，是三秦饮食文化的典型代表。关中平原盛产小麦，还有玉米、豆类等，主食以面食为主，有各种面条、烤饼、馒头等。陕西人爱吃面，面的制作方法花样繁多，不断推陈出新，以烹饪方式划分有卤面、蒸面、油泼面、浆水面、臊子面、炒面、菠菜面、biangbiang 面、酸汤面、过水面、蘸水面、蒜蘸面、烩面等；以形状划分有拉面、挂面、龙须面、扯面、手擀面、剁面、刀削面、棍棍面、揪面片、棋花面、麻食、饸饹、铡面、珉节等；冠以地名的有户县软面、大荔炉齿面、岐山臊子面、合阳踅面、韩城大刀面、汉中梆梆面、安康窝窝面、吴起剁荞面、杨凌蘸水面、三原疙瘩面、陕北杂面抿节、渭南南七饸饹、乾县酸汤面等。烤饼类如白吉饼、锅盔、荷叶饼、石子馍、煎饼、月牙烧饼、千层饼、油酥饼、油旋、果陷、干炉、核桃饼等。陕西人称馒头为馍，有时饼也称为馍，如石子馍；有时馍也是饼，如荷叶饼，还有陕北以糜子为主料，油炸而成的小吃也称"油馍馍"，所以对"馍"的概念没有十分严格的区分，其中蒲城椽头蒸馍是白面馒头的代表性，陕北黄馍馍则是杂粮馒头的代表。西安饮食业发达，名厨名店云集，美食荟萃。老字号的名店如西安饭庄、人民大厦、坊上人、西安烤鸭店、同盛祥泡馍馆、贾三汤包、德发长大酒店、老孙家泡馍、春发生饭店等，名肴有"葫芦鸡""海参包袱底""三皮丝""商芝肉""驼蹄羹""奶汤锅子鱼""烤羊腿""酿金钱发菜"等。

陕南在秦、巴山脉怀抱之中，气候温和，山清水秀，主产水稻。陕南与四川、重庆、湖北、河南等省市接壤，饮食文化受川、鄂、豫影响，但又不同。陕南主食大米及米制品，米制品有大米面皮、米糕、米豆腐、米凉粉、米糍粑、米粽等，受川味影响，陕南饮食口味偏酸、辣、麻，陕南人擅长炮制各种蔬菜，酸豆角、浆水菜，一年四季泡菜不断，用泡菜拌饭、泡菜炒菜、泡菜炒肉。"汉南民风好饮酒食肉"，陕南肉食以猪肉为主，除鲜肉外，他们将猪肉经过烟熏火烤，制成味道醇香的腊肉，别有一番风味。陕南是我国西北地区唯一适合种茶的地区，特殊的地理位置造就了陕南悠久的茶文化，午子仙毫、宁强雀舌、紫阳毛尖、商南仙茗等已经形成品牌。

三 陕西饮食文化旅游资源开发现状

（一）形成了一批特色餐饮美食街区

经过多年的打造和发展，目前在西安市内已经形成了一批较为成熟、知名度较高的特色餐饮美食街区，以回民穆斯林清真餐饮小吃为特色的回民街、大皮院、洒金桥、西羊市等街区，以酒吧风情为特色的德福巷街区，以丝路沿线各国不同特色饮食小吃为特色的大唐西市美食街区，以陕西风味为主具有几十年经营历史的东新街夜市，号称面食天堂的大车家巷，陕西特色美食聚集的建国路，荟萃众多陕西饮食老字号的东大街，集合全国各地品牌餐饮企业的南二环沿线，关中农家饭汇集的秦岭环山路沿线，还有近年来兴起的小资情调的顺城巷美食区，和以赛格为代表的大型购物中心的美食城。

为满足当地群众和国内外游客日益增长的多样化饮食消费需求，2014年陕西省商务厅出台了《陕西省特色美食街区改造和建设暂行规范》，计划在未来5年内，陕西逐步改造和建设20～30条特色美食街区。位于西安城墙中山门内北侧顺城巷的永兴坊是陕西打造的首批特色美食街，该街区由明清风格的关中牌坊和传统建筑群组合而成，分为关中、陕南、陕北三大版块，在入驻的50余家经营户中，有省级非物质文化遗产美食、有中华老字号美食、各地经典小吃、名小吃套餐以及手工民俗技艺表演、食品加工演示等项目，永兴坊内的民俗博物馆，集中展示了秦文化，尤其是陕西饮食文化的历史。2015年春节黄金周，建成开业的西安市永兴坊、周至县沙沙河水街、咸阳市马嵬驿和渭南市的老街等"陕西首批特色美食街区"游人爆满，其中，西安永兴坊春节期间客流量超过20万人、销售额200万元以上。特色美食街区已经成为本地群众饮食消费和外来旅游者到陕"一站式咥美陕西"、体验陕西饮食文化、了解陕西民俗文化的必去之处。

（二）成立了专门机构发展饮食文化

为继承和发展陕西饮食文化，做大做强陕菜品牌，满足群众多样化消费，支持陕西旅游业又好又快发展。由省委、省政府主导，省商务厅执行的省级专门机构——陕菜品牌创新工程办公室于2007年成立，办公室下设有负责菜品理论和技术创新研究的理论研究组，有负责推广菜品和制定陕菜"品牌店""示范店"标准的认定推广组，有负责宣传陕菜品牌的展赛宣传组。通过理论研讨会、陕菜品牌创新烹饪大赛、陕菜品牌展示、陕菜"品牌店""示范店"创建以及"陕菜品牌创新工程"宣传等一系列活动的举办，陕菜优秀的餐饮文化得以弘扬。

（三）多种名吃、名点、名肴、名店荣获"中华老字号"称号

陕西人民出版社出版的《陕西烹饪大典》列举了陕西的名吃、名点、名宴，录入烹饪大典的陕西风味小吃有549种。其中，19种小吃在全国首届"中华名小吃"鉴定认定会上获得"中华名小吃"称号，60种小吃获得全国第二届"中华名小吃"认定，23种小吃获得全国第三届"中华名小吃"认定，目前全省已拥有"中华名小吃"102种，数量名列全国前茅，地软素包子、三原疙瘩面、岐山臊子面、乾州四宝、三鲜煮馍等绝大多数是陕西独有、全国知名的风味小吃。目前，在"陕西名小吃"的认定活动中，先后有142种陕西地方小吃通过认定，被命名为"陕西名小吃"。自2006年国家商务部发布《"中华老字号"认定规范（试行）》"振老字工程"方案以来，陕西先后两批有27个品牌被商务部认定为"中华老字号"，包括西安饭庄、德发长酒店、五一饭店、西安贾三清真灌汤包子馆、西安市德懋恭食品商店、咸阳张记餐饮有限公司、西安永信清真肉类食品有限公司、老孙家饭庄、西安聚丰园、西安369烤鸭以及陕西西凤等7家酒业股份有限公司。"中华老字号"称号的获得，大大提高了陕西餐饮品牌的知名度。

（四）现代媒体全方位进行美食推广宣传

电影《高兴》改编自陕西著名作家贾平凹的同名小说，电影由陕西籍导演阿甘执导，陕西演员郭涛和苗圃主演，语言采用地道的陕西方言，西安黑撒乐队为其创作电影插曲，西安城墙、钟鼓楼等建筑和回民街等街景在影片中不断出现，可以说是一部充斥着陕西元素、打着"陕西烙印"的电影。值得一提的是，片中黑撒乐队创作的电影插曲《陕西美食》，用说唱的方式将包括擀面皮、腊汁肉夹馍、葫芦头、锅贴、泡馍、钟楼小奶糕、冰峰、面食、柿子饼、夜市烧烤等50余种小吃、饮料进行了淋漓尽致的演绎，轻快的旋律、亲切的方言、熟悉的街景，让观众对陕西美食顿生向往之情。电影《白鹿原》改编自陈忠实同名小说，电影中"黑娃蹲在地上吃面，田小娥则在一旁手持烟袋"的场景正表现了陕西民俗文化中的三大怪——板凳不坐蹲起来，面条宽得像裤带，姑娘叼个大烟袋，影片中数次出现乡亲们手端如盆的大碗吃着宽如裤带的扯面的场景，酣畅淋漓地体现了陕西人豪爽的性情。

陕西电视台、电台、网络电视台等制作了众多有关陕西美食的节目，如陕西电视台的《美食娱乐天地》《天天美食》《丝绸之路上的美食》《好管家》；陕西网络广播电视台的美食纪录片《秦味儿》，探寻陕西当地美食的《陕西吃货》；陕西秦腔广播电台推出的用地方方言主持的美食娱乐节目——《吃在西安》；陕西电台交通广播的《一品长安》等。众多境内外节目中也有对陕西美食的宣传推广，如CCTV美食纪录片《舌尖上的中国》、美食节目《美食走四方》，内地著名美食旅游节目《爽食赢天下》《畅游天下》，江苏广电总台大型新闻行动《你所不知道的中国》等知名节目都制作特别节目介绍和宣传陕西美食。

（五）立足传统，创新菜品不断涌现

由于历史原因，陕西传统菜品都保有周、秦、汉、唐等王朝遗风，小吃则博各地小吃之精华，以品种繁多、特色鲜明、实惠美味著称。近年来，烹饪技术随着科技进步更加现代化，人们的饮食结构也随着养生理念发生了改变，一些陕菜名店、名师顺应时代潮流，立足陕西传统饮食文化，应用现代烹饪设备、烹饪手法，吸收各地餐饮文化精华，大胆改革，勇于创新。一方面继承和发扬传统技艺，使陕菜品种多样化，提升陕菜品牌。另一方面，长远着眼，注重产品研发，加快推陈出新，在陕菜品牌创新工程的推动下涌现出诸如葫芦鸡、鸡米海参、盆景三皮丝等传统菜和大唐水盆鱼翅、海参扒鹅掌、秦椒肉蟹、贝尖鱿鱼丝等创新菜，以及以菜、点组成的新意迭出的宴席，如反映唐代宫廷文化的唐皇宴、宫廷长寿宴，集陕西民间食文化精华的陕西风味小吃宴；以陕西自然景观为题材，将美食与美景巧妙融合的长安八景宴，使古代珍馐重放异彩的仿唐宴、饺子宴、泡馍宴、西部清真宴、榆林豆腐宴等，享誉神州，蜚声海内外。

四 国内外饮食旅游发展经验及对陕西的启示

（一）突出文化底蕴

旅游业的竞争在经历价格、质量之后进入了文化这个最高层次的竞争，游客的消费实际上购买的是体验、文化和享受文化。所以，"把文化作为旅游的核心和灵魂，厘清文化和文化旅游的关系"越来越成为旅游界的共识。文旅融合的趋势反映在饮食旅游市场就是人们不再仅仅关注吃什么，而是透过菜品吃出品位。文学巨著《红楼梦》创作前后，正值我国饮食文化发展鼎盛时期，曹雪芹用大量篇幅描述了大观园内丰富多彩的饮食文化活动，据不完全统计，《红楼梦》中描写的食品多达180余种，其中不乏菜肴的详细制作过程。旅游名城扬州在《红楼梦》描写的基础上，参考历史典籍，加上扬州厨师的精湛技艺，制作出精美的"红楼宴"，每一道菜品都具有浓厚的文化韵味，特色饮食产品的设计开发为扬州旅游市场注入了新的活力，丰富了旅游产品类型，带动了旅游经济的持续攀升。

陕西饮食文化源远流长，是华夏文化遗产的重要部分，陕西饮食文化旅游资源的开发，关键在于发掘其内在的文化内涵，核心在于其厚重的"历史文化"，重点在于突出其与众不同的"特"，让游客在吃中体味历史，在吃中体味文化。通过对陕西饮食文化资源的整合，选择对游客最具吸引力的旅游资源，进行合理开发。如对菜品、名点的文化背景、历史典故、神话传说、风土人情等资料加以整合、包装，提升陕西特色饮食的文化底蕴。开发具有陕西特色的饮食产品，应做好"名宴"和"小吃"这两篇文章，做强高端游客品"名宴"品牌，在"宴席"的创意上下功夫，在"文化典故"上着墨，精心设计菜单菜肴，培养专业的饮食导游队伍，不单能讲出菜品的营养功效、制作方法，更重要的是讲解菜品的文化渊源、历史典故，提升宴席档次，提高游客就餐的品位。做大普通游客尝"小吃"市场，推动陕菜"品牌店""示范店"创建工程，加强各种主题"特色美食街"的打造和建设，除常规性按地域分为陕北、关中、陕南三大板块外，可考虑建设红色文化主题街区、面食文化主题街区、泡馍系列主题街区、杂粮文化主题街区、农家餐饮主题街区等，建筑设计应与街区主题一致。成都将火锅与变脸这两个最具成都文化代表的元素融为一体的经验值得借鉴，陕西的面食与秦腔、黄米酒与陕北民歌、小米饭与秧歌、茶馆和陕南民歌等都值得尝试，在文化与环境高度融合的氛围中让游客品尝具有浓郁生活气息的风味饮食。

（二）完善产业链条

饮食旅游发展的日渐成熟，传统意义的饮食旅游开发局限于食物单一载体的模式已被打破，饮食旅游外延逐渐扩大，开始涵盖越来越多的层面与内容，如新鲜的食物原料、别致的烹饪工具、精美的饮食器具以及体现地方特色的饮食方式、制度、风俗等都被开发加以包装，极大地丰富了饮食旅游市场。在中国知名的长寿旅游地广西巴马县，初步形成了"农—旅—加工业"的养生产业链，开发了健康食用油火麻油、营养五谷杂粮、长寿保健酒、活性矿泉水、巴马香猪等绿色保健特色产品。随着饮食旅游功能的日趋多样化，巴马将饮食与养生保健、科普教育、健康论坛等融为一体，展现出极大的市场魅力，饮食旅游业推动了巴马经济的发展，2014年全县共接待国内外游客319万人次，同比增长21.07%，实现旅游总收入33.36亿元，同比增长34.04%。

完善饮食旅游产业链，改变经营上过于分散、规模普遍偏少、档次偏低、特色不够鲜明的现状，改变饮食旅游仅停留于品尝美食的单一模式。一是借助文化创意开发和设计美食旅游线路，将分散的自然景点、人文景观、特色农庄、休闲娱乐设施和餐饮企业连接起来，集合陕西优势旅游和饮食要素，形成饮食旅游的产业集群。二是站在弘扬陕菜文化和开发旅游的高度，充分发挥政府的主导作用，鼓励和支持已具规模的餐饮企业通过上市融资和连锁经营等方式增强企业综合实力、市场占有率和品牌影响力，同时，可通过贴息补助、财政补贴、简化环节等方式培育新兴的餐饮企业，壮大企业规模。三是发挥政府协调组织作用，为餐饮企业和科研机构之间架起桥梁，深入开发即食性产品、陕西特色美食半成品，如已经开发上市的牛羊肉泡馍、葫芦头半成品和真空包装腊牛羊肉、凉皮等产品，此类产品能够满足游客回乡馈赠亲友的愿望。四是培育特色餐饮，保护老字号。饮食旅游开发不仅局限于食物本身，特色饮食、新鲜食材、鲜活食品、独特手艺和知名厨师等一切与之相关的特色项目都可以吸引游客造访，如选择性的将特色食物原料、香料、特殊炊具、餐具、烹饪方法等进行合理开发利用，因此要注重知识产权和技术诀窍的保护，保护老字号餐饮企业，培育特色饮食企业，发展饮食产业集群，使饮食旅游产业链进一步延伸，旅游乘数效应得到更大发挥。

（三）强调互动体验

体验经济时代到来，旅游业已从静态观光旅游阶段发展到体验旅游阶段，更多游客要求参与到旅游活动中去，通过亲身实践来获得精神体验和心理感受。"葡萄酒对法国人来说是文化、是生活，遍布全法国的葡萄酒庄园正是凝聚了这种葡萄酒文化和生活的灵魂。"在法国葡萄酒庄园，游客可以参与采摘葡萄、挤压葡萄、榨汁和封存等酿酒的整个过程。葡萄酒文化是法国文化上的积淀，让游客的旅游过程中更深层地体会法国葡萄酒文化，葡萄酒庄园因此扬名海外，成为游客游览法国的必到之处。成都国际美食节期间曾推出了"美食侦查连"活动，由美食达人带领民间"吃货"穿梭于成都大街小巷，在各美食餐馆进行现场集体试吃，评选出优秀的民间美食。很多旅游目的地还推出"跟大厨学做菜""农业观光采摘"等参与性项目，极大地调动了游客的主动性。

国内外饮食旅游发展强调互动体验的经验为陕西饮食旅游产品的设计提供了方向，旅游要改变传统的观光模式，饮食也要改变传统的品尝模式。体验经济就是体现在饮食旅游中游客不仅要尝，而且要参与到菜肴的制作过程中，获得一种有别于以往生活的体验。所以，为迎合游客注重体验的消费心理，就要加大对饮食文化互动性、参与性项目的设计推广，突出动手、融入、参与，注重环境氛围的营造，让游客在原生的旅游环境中获得一种身临其境的体验。如近两年兴起的自己做蛋糕、巧克力、饼干等，同样的模式可以推广到陕西特色饮食，如组织游客观看面食制作过程，给游客介绍菜点的典故，向游客面授民间菜点的烹饪方法，让游客亲自动手参与制作等。开发乡村饮食文化旅游，让游客自己种地、锄地、种菜、采摘茶叶、采摘果实，跟着农民朋友学做农家特色菜肴，参与乡村的传统娱乐活动等。总之，旅游产品互动性越强，游客的参与度越高，就越容易获得体验的满足感，旅游品质就会提升。

（四）开展节事活动

旅游节事活动是旅游目的地常用的一种旅游推广模式，节事活动能在短期内吸引大量游客，带来更多与旅游相关的收入。高密度的节事活动还能有效进行目的地营销宣传，是塑造旅游品牌形象的重要手段。我国的美食节旅游最早出现在20世纪80年代，以制作、展示以及品尝美食为主要内容。目前国内开展的饮食旅游相关节事大致可分为以下几种类型：一是以地名命名的城市美食节，如台湾美食节、成都美食节、苏州美食节、广州美食节、南京美食节等；二是以食品种类命名的美食节，如青岛啤酒节、盱眙龙虾节、佛（禅）茶文化节等；三是以菜系命名的美食节，如中国（合肥）徽菜美食旅游节、中国（银川）清真美食旅游文化节、中国（淮安）淮扬菜美食文化节、中国（南昌）辣文化美食节等。在美食节上，除了可以品尝美食之外，还有名菜、名点、名小吃等评选活动和厨艺展示。这些旅游节事活动的开展已经成为提升旅游地形象品牌的重要营销途径与平台，取得了良好的经济效益与社会效益。"中国国际美食旅游节"是成都市政府全力打造的一个具有鲜明地方特色、国际化、全民性的盛大民俗节日，自2004年起至今，已经成功举办了11届，现在，"中国国际美食旅游节"已经成为成都市第一节会品牌和城市名片，为促进成都餐饮、旅游发展，让更多游客参与成都生活方式体验打造了一个传播平台。

"民以食为天"，打造陕西饮食文化品牌，让陕西的特色美食走出去，举办各种主题的"陕西美食节"是一个有效的路径。陕西饮食文化的对外宣传可追溯到2011年在台湾举办的"陕西特色美食节"活动，美食节活动向台湾同胞介绍和展示了20多款陕西特色菜肴和10多款经典面点，美食节成为台湾民众了解陕西的一个窗口，收到了良好的效果。借鉴其他省份美食推荐的成功经验，陕西应把举办"陕西美食节"作为长期开展的一项工作，将"陕西美食节"打造成一个品牌。首先，要做好美食节顶层规划，充分发挥政府的主导作用，调动广大餐饮企业的积极性、主动性，突出陕西饮食的特色，选择具有陕西元素的美食节主题，如历代名宴主题、名肴主题、小吃主题、面食主题、泡馍主题、清真主题等，使美食节更加丰富多彩，让游客常游常新。其次，将美食节和春节、国庆等假期结合起来，让游客在一个相对较长的时期内了解、体验、品尝陕西美食，以美食吸引游客，一方面带动陕西旅游经济的发展，扩大陕西餐饮品牌的知名度，带动旅游其他相关行业的发展；另一方面通过美食背后的典故了解陕西厚重灿烂的文化，使旅游与美食两者相互促进，从整体上发展陕西旅游。最后，树立大旅游意识，以美食节为平台，培育现代旅游与民间传统饮食文化相对接的大旅游市场，通过政府组织、协调，与参展餐饮企业、旅游业相关部门及时沟通和商讨，做好活动策划工作、媒体宣传工作、旅行社路线设计工作和景区场地准备工作，积极引导游客在美食节活动场所品尝美食风味，了解陕西文化。

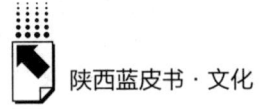

（五）重视营销宣传

旅游营销是旅游业发展中的重要环节，现在旅游业在营销模式上越来越多样，越来越新奇，微信、微博、微电影、门户网站、影视剧植入、歌曲推广等新式手段已经逐渐成为宣传营销的主流。文昌鸡作为海南四大名菜享誉世界，天赐村被认为是文昌鸡的起源地。2014年海南岛欢乐节文昌欢乐季暨天赐良"鸡"美食之旅网络营销活动在文昌市潭牛镇田野公园启动，包含有"请你来寻找最好吃的文昌鸡"、颁发天赐良"鸡"美食护照及抽奖、优惠游文昌景区等活动。"请你来寻找最好吃的文昌鸡"网络营销活动，组织游客和网友对文昌市内各家经营文昌鸡的饭店进行对比，以图片和文字的形式发表在微博和微信上，启动仪式活动当天就有近10万人转发此活动信息，这种参与强、互动性强的网络营销活动，是一次颇具互联网思维的"跨界"营销。2012年首部旅游微电影《爱在四川（美食篇）》在网络上播放，该剧以数对情侣的爱情为主线，巧妙地将四川小吃、火锅、美食、变脸艺术等成都元素贯穿其中，让观众产生强烈的旅游动机。2014年成都国际美食旅游节上，主办方采用扫描微信二维码、现场免费WiFi、美食互动、微信上传美照、得神秘礼物等方式造势营销，吸引了众多年轻游客。

加强饮食文化旅游资源的营销，就是要将陕西特色餐饮作为旅游活动中的重要组成部分来加以开发。一是充分发挥大众新闻媒体的作用，在报刊、电视台、电台等传统媒体开辟专栏、专题，进行广泛宣传。二是重视搜索引擎、微博、微信、微电影、播客等新媒体的作用，如今新媒体的营销手段更加多样性，影响力更具针对性，传播更具广泛性，互联网是青年群体的集中地，这个群体潜在的消费能力在未来将进一步释放，因此饮食旅游要充分利用网络平台，实施在线宣传推广，全面打造陕西饮食旅游的新形象。三是充分利用重大节庆活动和经贸活动，推广饮食文化，将饮食旅游与旅游线路一起开发，共同包装设计，条件成熟时，在饮食资源丰富的地区开展以饮食为主的专项旅游。

（六）注重餐饮质量

质量是发展饮食旅游的重中之重。提高饮食产品的质量，首先，要建立质量保证体系。从食品的源头抓起，建立农产品生产、储藏、加工、运输等一整套质量保证体系，对农产品生产加工企业，餐饮经营企业都要进行严格的质量把关和认证。其次，充分利用陕西高校和科研机构优势，与农业科研机构建立合作关系，进行食品营养分析，建立食品加工质量标准、申请产品原产地认证。最后，提高餐饮服务质量。对于饮食企业来说，服务质量是需要关注的重点，服务质量的高低直接关系餐饮企业的效益。通过一些经常性地检查评比活动，加强对餐饮企业服务管理水平的监督，提高餐饮企业的就餐环境、服务态度、菜品卫生质量、后堂管理等，高质量建立陕西美食声誉。

区域报告篇

Regional Report

B.20
2015年铜川市构建现代公共文化服务体系研究报告

许定国*

摘 要： 本研究报告以公共文化均等化和标准化为视角，在全面分析2015年铜川构建现代公共文化服务体系现状的基础上，着眼"十三五"规划，提出铜川要以构建国家级公共文化示范城市为动力，加快建设现代公共文化服务体系的对策与建议。

关键词： 公共文化 均等化 示范区 铜川

一 2015年铜川公共文化服务体系现状分析

公共文化是以公益性为根本属性、面向城乡基层群众提供的文化产品与

---

* 许定国，陕西省社会科学院文化产业与现代传播研究所助理研究员。

服务的文化。也就是我们俗称的文化事业。现代公共文化是以标准化和均等化为主要抓手，在政府主导下，以基层为重点，建设群众共享型文化。现代公共文化服务体系的一个突出特征是：强调政府对公共文化的投入力度和城乡群众对公共文化活动的参与度。党的十八届三中全会正式提出要在全国建立现代公共文化服务体系。2015年初，中共中央办公厅、国务院办公厅下发《关于加快构建现代公共文化服务体系的意见》（以下简称《意见》），提出要以基层为重点，构建体现时代发展趋势、适应社会主义初级阶段基本国情和市场经济要求，符合文化发展规律、具有中国特色的现代公共文化服务体系。《意见》的出台为铜川构建现代公共文化服务体系提供了契机。

2012年，铜川市政府确立了工业强市、文化兴市、生态立市的三大发展战略，提出要加快打造"经济强、文化兴、生态美"的全国知名休闲养生城市建设。以此为标志，铜川公共文化建设进入快车道。2014年5月，铜川市政府办公厅印发的《铜川市政府购买公共文化服务实施方案》提出，政府面向国有文化企业、民营文化企业或群众文化团体、文化类协会组织以及具备提供公益文化服务条件的个人购买公共文化服务，政府购买的公共文化服务主要包括演出类服务、文化展览类服务、文化培训讲座类服务，城市社区公益电影放映及其他公共文化服务等。2015年1月，铜川《市政府工作报告》提出要推进文化惠民工程，政府购买文化演出300场。坚持设施建设和运行管理并重，加快补缺性、标志性文化工程和县、乡、村公共文化设施建设。

2015年铜川市公共文化服务建设的总体状况可以用8字形容：成绩显著，短板明显。主要成绩表现在以下几个方面。

（一）公共文化领域的品牌效应已经形成

2015年，铜川基层文化活动组织得有声有色，铜川市文化广电新闻出版局，组织基层文化单位，继续开展了"唱响铜川""书香铜川""诗画铜川""舞动铜川"的大型文化活动（见表1）。公共文化领域的"四个铜川"活动自2013年实施以来，广受基层群众喜爱，现已发展成为铜川公共文化服务的品牌。

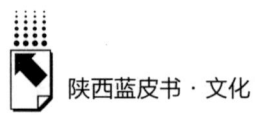

表1　2015年铜川重大群众文化活动统计表

活动名称	活动时间	组织单位
欢乐春节——铜川市民间社火表演	2015年2月	各区县文广局 市群众艺术馆
欢乐春节——优秀文艺节目群众巡演活动	全年	各区县文广局 市群众艺术馆
"唱响铜川"暨第22届群众文化展演活动	全年	各区县文广局 市群众艺术馆
抗战颂	2015年9月	铜川市文化广播局
"三秦书月"书香铜川活动	2015年4月	铜川市图书馆
政府购买公共演出	全年	铜川市文化广电局
百场公益电影进广场、进社区活动	全年	铜川市电影公司
"诗画铜川"系列文化活动	全年	铜川书画院

（二）成功创办国家级公共文化服务体系创建区示范城市

铜川市将公共文化文化体系建设列为"一把手工程"。2015年8月，在西部12个城市申报国家级公共文化示范创建区的竞争中，以总分第一的优异成绩被国家文化部命名为第三批国家级公共文化示范城市（见表2）。2014年，宜君县被命名为全国文化之乡、耀州区是全国有名的文化先进县（区）、2015年铜川市公共图书馆服务一体化建设项目作为国家文化部首批公共文化示范项目全面完成。这些都为铜川成为国家级公共文化示范城市打下了坚实的基础。

表2　国家级公共文化服务体系示范区陕西地区创建城市一览

评审时间	城市	公共文化服务体系特色
2011年5月	宝鸡	以文化志愿者队伍建设为方向，形成秦腔周周唱、话剧月月演、电影假日放的"宝鸡模式"
2013年5月	渭南	注重公共文化服务设施建设，已建成市县乡村四级公共文化设施网络
2015年8月	铜川	打造"舞动铜川""诗画铜川""唱响铜川""歌舞铜川"，注重公共服务品牌化建设

（三）基层群众性文化活动组织常态化、实现城乡全覆盖

铜川市基层文化演出活跃。2015年3月，铜川市文化广电新闻出版局印发的《"文化惠民·满意在民"活动实施方案》提出了发展公共文化的四大战略举措：即深入群众"送"文化、菜单服务"点"文化、搭建平台"演"文化、强化培训"种"文化、面向群众"评"文化。这五项措施突出了公共文化的民本宗旨，强调公共文化服务领域的一切项目和内容都要立足基层、服务群众，最大限度地满足城乡基层群众的文化需求。2015年，铜川市表彰了优秀群众文艺表演团队（见表3）和优秀文化志愿者，通过表彰优秀群众表演团体和优秀文化志愿者，极大激发了基层群众共建公共文化服务体系的热情和文化创造活力，也有助于铜川市的基层公共文化活动更加常态化。

表3 2015年铜川市优秀群众文艺表演团队名单

序号	团队名称	文化特色
1	宜君县龙山金盘广场舞团队	舞蹈健身
2	印台区飞扬舞蹈队	舞蹈健身
3	印台区宋塔书画社	诗词书画
4	王益区同在蓝天下合唱艺术团	群众合唱
5	王益区秦腔艺术团	传统戏曲
6	耀州区老年大学艺术团	老年歌舞
7	新区铁诺社区舞蹈队	舞蹈健身
8	新区华阳社区秦腔自乐班	传统戏曲
9	舞影绚烂舞蹈队	舞蹈健身
10	活力心灵艺术团	中青年歌舞

（四）铜川公共文化服务的三大短板

短板明显主要表现在铜川市的公共文化服务体系建设至今仍未摆脱缺人才、缺资金、缺资源的窘境。

1. 人才短板

现阶段铜川公共文化活动的开展,主要依靠当地群众文化艺术馆的文艺人才和各县(区)的文艺志愿者队伍。基层公共文化队伍的状况堪忧,数量不足、结构不合理、专业素质低等问题多年来未得到很好的解决。广大基层文化单位普遍存在人员年龄偏大、观念相对落后、知识结构陈旧、能力和素质偏低的状况。乡(镇)文化站无编制、无人员、无经费等现象依然严重。

2. 文化基础设施短板

当下制约铜川公共文化发展的瓶颈是基层公共数字文化建设。在铜川的印台老城区调研发现,当地社区公共电子阅览室偏少,大部分中老年人家庭都没有电脑和网络,老城区公共文化的网络真空应引起重视。加强铜川全市的公共数字文化建设、开拓数字文化惠民,仍是一项艰巨的任务。

3. 资源短板

公共文化资源内容与基层群众文化需求相脱节。随着经济社会的发展,农村公众的精神文化需求日益呈现出多样化和多层次的特征,从而对公共文化活动的服务内容提出了新的要求。但一些基层政府在设计之初,对文化资源适用性考虑的不够,导致无法吸引更多群众参与。调研发现,一些群众反映政府出钱到农村放电影,银幕前的人不如场外闲聊的多。很多电影年轻人早就通过网络下载的方式看过了。农村电影放映对他们没有丝毫兴趣。常去看电影的几乎都是小孩和老人。一些县(区)由于资金缺乏保障导致设备陈旧,长期不更新。缺乏保障的运营经费成为文化站、群众文化馆有效运营的最大瓶颈。

二 "十三五"期间加强铜川现代公共文化服务体系的对策与建议

结合以上铜川公共文化服务现状的分析,笔者认为,"十三五"时期是铜川市公共文化服务大有可为的五年。铜川市要以国家级公共文化示范城市为契机,突破短板,实现跨越,全面推动铜川公共文化服务体系建设。

(一)以完善公共文化基础设施为抓手,推动铜川博物馆、铜川大剧院、铜川各县(区)电影院线建设

"十三五"期间,铜川要以补缺型文化建设为重点。重视铜川文化基础设施建设。要加强铜川县级数字影院建设。彻底解决基层群众看电影难的问题。长期以来,很多县(区)没有数字院线,县里的群众往往要到市里的影院去看电影。这种情形既影响了群众的观影热情,更增加了群众看电影的经济成本。因此,要尽快启动铜川各县(区)数字电影院线建设工程。采取中央财政、省级财政、市级财政、县级财政和企业投资的五方建设法,加强县级数字影院建设。以创建国家级公共文化服务示范城市为契机,加强铜川公共数字文化建设,通过"三网融合",带动铜川城市社区电子阅览室建设和农村社区网络化建设。

(二)提升政府采购文艺演出的覆盖面,缩小城乡文化差距,促进公共文化群体均等化

从2015年开始,铜川市政府计划政府购买文化演出达到300场,这不啻是一个重大的文化惠民工程。建议在增加文化惠民场次的同时,开展面向辖区不同群体的专项演出。在2016年增加对农村"三留守"人员和城市离退休老人的文艺演出;推进铜川文化进校园活动,在省内各大高校开展铜川文化进校园活动。

(三)加强铜川基层文化人才队伍培训

农村文化人才队伍是保证文化惠民工程高质量实施的重要因素。培养一批高素质的稳定的农村文化骨干队伍是农村文化事业发展的关键和可靠保证,更是铜川文化强市所不能忽略的重要环节。人才强则文化强,农村基层文化队伍薄弱、素质偏低,是制约农村公共文化体系建设的一大关键因素。

因此，必须加强铜川农村公共文化服务的人才体系建设。通过培养本地文化人才，提升铜川文化惠民工程的建设水平。建议尽快建立铜川农村文化干部和文艺人才的培训长效机制、健全农村公共文化服务的人才体系，稳定、发展农村文化队伍。人才体系应包括农村文化干部和农村文艺人才两个部分。为改变目前一些地方农村文化队伍不稳定的状况，由县（区）财政部门对乡镇文化站在编人员的工资实行财政统一发放，彻底解决文化站工作人员的生活待遇问题，解除他们的后顾之忧。这样也能吸引有文化的年轻人到文化站工作，逐步解决乡（镇）文化队伍老化的难题，更新农村文化队伍的知识结构，提升服务水平。根据相关法律法规的规定，对农村文化事业单位的人员实行从业资格制度。鼓励高校毕业生到农村从事文化工作。采取多种形式，充分发挥专业艺术人员的积极性。各县（区）文化局要积极培养农民文化骨干，充分发挥民间艺人、文化能人在活跃农村文化生活、传承发展民间文化方面的作用。积极实施农村文化队伍骨干培训工程，分阶段、分层次对农村文艺人才进行全面培训。要充分利用艺术院团的人才优势，组建文化扶贫队，深入农村培养文化创新人才，积极扶持民间艺人、文化能人、文化经纪人，激发农村文化骨干的艺术才能，提高他们参与文化创造及公共文化服务的水平。

（四）针对铜川当地的弱势群体，开展专项公共文化设施建设和专项文化惠民服务

1. 建议设立农村留守儿童文化活动中心

以乡（镇）为单位，设立农村留守儿童文化活动中心。文化活动中心依托当地学校资源，主要开放时间定在周末和法定节假日，举办一些孩子喜闻乐见的青少年文娱活动。

2. 建议开办10元戏曲专场

每周能坚持为老百姓演出一场戏曲专场。这样既能激发基层群众的文化热情，又能使一些传统戏曲文化重新激发活力。上级每场予以一定比例的补贴。这是一举多得的好事。铜川可以仿效渭南"一元剧场"的经验，开展戏迷公益专场演出活动。

均等化不应忽略城市中老年人的文化权益。长期以来，我们往往在均等化的认识上有很大误区，认为均等化更多的是缩小城乡的公共文化差距，城市由于经济和文化的繁荣，城镇居民多数不存在基本文化需求的问题。这种认识表面上看，是体现了向基层倾斜的观点，并没有错，但却忽略了城市公共文化的盲区，因此要以社区为单位，开展一些戏曲、歌舞文化惠民演出活动，是很受老年人欢迎的。

3.建议通过开展农民文化乐园等形式，解决农村公共文化服务的最后一公里问题

坚持以标准化促进均等化，以标准化保障均等化，建设布局合理、功能完备、管理有序、服务优良的村级综合文化服务中心。

农村公共文化建设被忽略的群体往往是三留守人员。对留守老人要多一些文化关怀，使留守老人利用优秀文化养生，安享晚年；对留守妇女，公共文化要多些自强自尊自立的实例，使她们在劳顿困惑之时，不会心生萎靡；对于留守儿童，公共文化则要为他们创造一个第二课堂，填补课外生活的单调无趣，还要在暑假孩子们无所事事时提供丰富的少儿视频、图书、电影、网络资源，丰富孩子们的暑期生活，这样即使父母亲不能陪伴在他们左右，孩子们也不会感到孤单。在公共文化资源的开发上要教会孩子如何在自然灾害中逃生，如何防止火灾、溺水，如何确保校车安全、防止坏人侵害等内容，以增强孩子们的自我保护意识。在城市要想消除公共文化的死角，则要关注特殊群体的基本文化权益保护，这些弱势群体主要包括老人、未成年人、残疾人、妇女等。以社区为单位开展送文化上门服务活动，为未成年人、老人、低保户、搬迁群众等经济文化条件较差的弱势群体提供必需的文化服务。

（五）因地制宜提升铜川公共数字文化供给能力

长期以来，铜川公共文化更多侧重农家书屋、社区书屋和乡（镇）文化站等基础设施建设，对新式公共文化服务如数字图书馆、电子阅览室、

公共文化微博建设考虑的不够。当前,要深刻认识到数字化、网络化、信息化对公共文化的影响,在公共文化基础设施已基本完备的条件下,要利用互联网、手机等新兴媒体推动公共数字文化服务方式创新。"十三五"期间,以手机为平台的移动互联网技术在中国的普及率日益增高。中青年人习惯用手机上网,微信、微博、微电影、微讲座、微视频方兴未艾,这就要求铜川在加强公益性文化单位网络服务平台建设的同时,还要不失时机地将移动互联网等新兴媒体融入公共数字文化开发与建设中。例如,通过手机媒体大力宣传社会主义核心价值观、宣传中国梦等时代主旋律。建立城乡公共数字文化协调机制,以拓宽数字文化公益服务平台,拓宽数字文化公益服务平台,以推动公共数字文化服务方式创新。推动广播电视户户通、文化信息资源共享、公共电子阅览室建设工程实现技术上的飞跃,努力形成内容丰富、技术先进、覆盖城乡、传播快捷的公共数字文化服务网络。

要全面深入研究基层群众的网络信息资源需求,从基层实际出发,因地制宜加以满足。"十三五"期间,铜川要依托文化共享工程和铜川市图书馆的数字资源,加大整合共建力度,建设以先进性、知识性、趣味性为一体的、基层群众喜闻乐见的公共互联网数字资源库群。要坚持高质量、质量与数量并重的原则,丰富资源总量。铜川市图书馆和各县(区)群众文化馆的数字资源内容建设,要突出致富和民生信息,开发优秀健康的文化娱乐节目。要在农业技术、病虫害防治、务工培训、就业信息、创业政策、廉租房保障、医疗卫生等老百姓最为关注的民生信息下功夫搜集完善资源。要加强与政府办事部门的网络链接,方便群众通过电子阅览室快捷办事。同时要兼顾老年人和少年儿童的文化需求,加强以电子报刊、养生保健、少儿动漫、经典影视、知识讲座、益智游戏为主要内容的数字休闲娱乐资源建设和地方特色资源建设,及时采购一批群众喜闻乐见的电影、电视节目。加大整合共建力度,形成全社会共建机制。进一步加大文化系统内文化资源的征集整合力度,加强与教育、广电、信息产业、农业、科技、新闻出版等部门的合作,争取以免费或者优惠的价格得到各系统资源,丰富资源总量。创新资源建设机制,发展面向全社会机构、个人的资源共建体系,综合采取多项激励政策,促进公共互联网数字资源库群的共同建设。

(六)创新投入机制,形成铜川基本公共文化多元投入机制

1. 提倡"以奖代补"的公共文化投入机制

坚持公共文化服务投入"两条腿"走路的方针。在经济条件较好的地区,如铜川新区可以突出自主型供给,即城镇居民通过自己组织文化活动的方式自行供给。政府将过去的公共文化的补贴以奖励的形式发给群众文化活动团体,如居民自发组织的腰鼓队、舞蹈队、戏班等,这些活动既丰富了农民的文化生活,也扩大了基层文化志愿者队伍。"十三五"期间,铜川市应将先进群众文艺团体和基层先进文化志愿者的表彰奖励常态化。在坚持实施"以奖代补"的同时,还要提倡农村县、乡(镇)、村三级走政府供给型的路子,由政府加大投入,加大购买公共文化演出的力度。同时农民也要充分利用农闲、节日和集市组织文艺演出以及劳动技能比赛等机会,开展丰富多彩、形式多样的群众文化活动。从而形成政府供给和群众自主供给的"两条腿走路"的公共文化投入机制。

2. 大力培育铜川本地的民营文化企业,鼓励社会力量共建公共文化

"十三五"期间,铜川市要继续鼓励社会力量、社会资本参与公共文化服务体系建设,大力培育民营文化服务机构,如民办图书馆、民营博物馆和文化非营利性组织,通过民营文化服务机构进入公共文化服务领域,使公共文化服务体系的盘子越做越大。加速淘汰一些不合时宜的公共文化服务项目,推动新型公共文化服务项目落地生根,推动公共文化服务体系建设提高质量。同时,要动员社会力量,鼓励民间资本向公共文化领域投资,通过国家、集体、合资等多种渠道多方筹集资金,逐步建立起国家、集体、个人、社会相结合的多渠道资金投入体系。要鼓励社会各界人士捐资兴建各类非营利性公益文化项目,形成以国家投资为主,引导社会资金广泛参和捐赠的多渠道资金筹措机制。在公共文化服务领域引入竞争机制和社会力量,早日形成以政府为主导,社会力量共建的新型公共文化投入机制。

B.21
关中地区宋元墓葬考察报告

党 斌

摘　要： 以西安为中心的关中地区是陕西的心脏地带，作为中国古代多个王朝的京畿之地，关中对于陕西乃至全国都具有非常重要的意义。唐末五代以来，以关中为核心的陕西地区遭受了毁灭性的破坏。伴随着政治、经济、文化中心的转移，以及宋元时期战乱的频发，关中地区的社会状况发生了较大的变化。这种变化在宋元时期关中地区墓葬方面也表现得较为明显。本文全面考察宋元时期关中墓葬的总体情况，并以考察资料为基础，对该时期墓葬的特征进行比较研究，并提出相应的保护性对策和建议。

关键词： 陕西　关中　宋元墓葬

陕西关中平原是渭河下游的一片广阔的冲积平原，故又称"渭河平原""关中盆地"。在今天陕西的行政区划中包括西安、铜川、宝鸡、咸阳、渭南5个地级市，辖54个县（市、区）。自古以来，以西安为中心的关中平原就是陕西政治、经济、军事、文化的核心区域。

关中平原素享"金城千里""四塞之国""八百里秦川"等美誉，其间河流纵横便于灌溉，气候温和适宜耕作，在古代农业社会中拥有得天独厚的优势，是古代先民最早开发和生活的区域之一。近现代以来的考古发掘成果

---

* 本文系陕西省社会科学基金项目（2014L05）研究成果。
** 党斌，陕西省社会科学院古籍研究所助理研究员。

表明，关中地区有大量原始人类遗迹存留，其中蓝田猿人、大荔猿人、西安半坡、临潼姜寨、宝鸡斗鸡台等都是黄河流域仰韶文化和半坡文化系统在不同时期的典型代表，说明关中地区在原始社会时期已经成为重要的农耕、聚居场所。古代先民由部落联盟转入国家社会形态后，由于关中地区南倚秦岭，北抵高原，东有黄河，拥有诸多自然屏障的保护，具有十分特殊的政治和军事地位，故成为历代王朝统治者的必争之地。在战国时期，这片区域内已经先后出现了函谷关、大散关、武关、萧关四座军事要塞，人们依照地理位置取"四关之中"的寓意，将这片区域定名为"关中"，并沿用至今。

关中地区的核心城市西安号称十三朝古都，故关中素有"秦中自古帝王都"的美誉。广阔的关中平原是中国帝陵数量和密度最高的地区，历代以来先后有72座帝王的陵墓在此修建，从原始社会时期的炎帝陵（宝鸡市南郊常羊山）到西周时期的周文王、周武王、周公，从一统天下的秦始皇陵到西汉王朝的长陵、安陵、霸陵、阳陵、茂陵、平陵、杜陵、渭陵、延陵、康陵、义陵11座帝陵，再到大唐帝国的献陵、昭陵、乾陵、定陵、桥陵、泰陵、建陵、元陵、崇陵、丰陵、景陵、光陵、庄陵、章陵、端陵、贞陵、简陵、靖陵18座帝陵，其规模宏大，气势磅礴，陪陵数量更是不可计数，这些墓葬是陕西珍贵的文物资源，也是中华文明的文化遗产。

在汉唐文明光辉的照耀之下，诸多等级较高的皇室成员、名臣贵族的墓葬引起了考古学、历史学等领域内专业人士以及广大爱好者的一致关注，相关研究成果和报道数量较多，内容丰富而细致。而对关中宋元以后墓葬的关注度则很低，这与考古发掘和相关研究成果数量很少，许多墓葬的基础性保护都无法实现，致使部分文物散失，不知去向有关。这种现象的发生一方面是主观重视程度不够，另一方面也与由唐至宋在关中地区的政治影响、文化辐射的衰减有很大的关系。

一 宋元之前关中的历史沿革

元代以前，关中地区的历史沿革大体可以划分为三个阶段。

第一阶段为西周至秦统一时期，咸阳是关中地区的核心。周人的祖先在公元前12世纪时渡过漆水，翻过梁山，来到渭河北岸岐山南麓的关中地区并定居下来，其定居地后人称为"周原"（即今宝鸡扶风县与岐山县交界处）。周人在周原开垦土地，挖渠排水，发展农耕，同时营建庙堂、宫殿、房屋，修筑城墙，设置官吏，组建军队，逐渐建立了国家，并极速向东方发展，占据了整个关中地区。周人的生产、生活方式以及国家管理体制在关中地区广泛传播。至秦始皇统一中国时，关中地区土地大量开垦，牛耕普遍采用，水利灌溉发达，农业生产已经达到了较高的水平。秦始皇统一六国后，曾将全国富豪12万户迁至咸阳，当时的咸阳城人口激增，是世界上规模最大的都市。以咸阳为中心的关中地区经历数百年的发展后，成为全国农业和手工业的领先区域。

第二阶段为两汉魏晋南北朝时期，长安代替咸阳成为关中地区的核心。汉长安城在今西安市西北，文献记载和考古发掘表明，汉长安城先有宫城、后有外郭。除长乐、未央两座宫殿外，城内中、南部为官署和高官显贵居住区，东部和西部为商业区。《史记·货殖列传》称："关中之地，于天下三分之一，而人众不过什三，然量其富，什居其六"，足见以长安为中心的关中地区已经成为全国政治、经济、文化中心。与之相关，关中地区的文教事业和对外交流也日渐发展兴盛，成为沟通东西方的重要枢纽地区。东汉魏晋南北朝时期，由于国都东迁洛阳、频繁爆发的战乱以及北方游牧民族内迁等，关中地区经历了有史以来时间最长的一次动荡，经济出现衰退，社会发展缓慢。尽管如此，关中地区仍然有以长安为中心的"三辅"对周边仍有较大的影响。

第三阶段为隋唐时期，关中再度成为国家政治、经济、文化的中心所在。隋代建立之初，以汉长安城为都，其后又在龙首原南侧营建新都大兴城。唐朝建立后，沿用隋大兴城旧制，并不断扩建，形成了宫城、皇城、市民居住区组成的大规模城市。其中宫城约占全城总面积的3.7%，皇城约占6.3%，居民区约占63.8%，总体规模的扩大和居民区所占比重的大幅提升是唐长安城有别于汉长安城的显著特征之一。与之相关，关中地区进入了最繁荣的时期，在全国范围内的地位和影响也达到了空前绝后的高度。

唐末五代时期，关中地区再度遭受战火侵袭。"安史之乱"中，叛军曾在长安大肆烧杀，长安城几乎被掠夺一空，其后的黄巢起义对长安城也造成了极大的损毁。公元904年，朱温强迫唐昭宗迁都洛阳，并对长安城进行了彻底的破坏。伴随着长安盛世的日渐衰微，关中地区在全国范围的地位和影响一去不返。

二 宋元时期的关中及其墓葬概况

宋元时期，伴随国都的一再东迁和国家经济重心的南移，关中地区的行政区划与汉唐时期以长安为中心的格局有很大的区别。北宋建立后，以开封为国都，行政设置上则改唐代的"道"为"路"。宋初设关中路。之后，行政区划变化，关中的大部分归兴军路（治所在今西安市）管辖；今麟游、周至以西，南至凤县、留坝、属秦凤路（治所在今甘肃省天水市）。南宋时以临安为国都，并与金朝以淮河、大散关一线为界，今关中多数地区尽为金朝辖地。元代建国后，推行行省制度，设关中行省（治所在今西安市），其辖地包括今关中全境，还管辖甘肃兰州以东和内蒙古鄂尔多斯中部以南各地。

宋元时期，关中虽然也曾经历战乱，但从总体发展来看，关中地区农业较唐末五代有了较大的恢复和发展。北宋中期，伴随着水利灌溉工程的兴建，关中灌田面积由宋初2000顷扩大到6000顷，回升到唐中期的水平，史书有"关中累岁丰熟"的记载。由于农业生产的恢复和发展，关中地区的人口大幅度回升，市民生活丰富多彩。

对于关中地区来说，宋元时期是一个特殊的过渡和转变阶段，具有政治中心失去、社会秩序动荡、经济缓慢恢复、民族间交流和冲突的频发等多重特征。这些特征在同时期的墓葬中多有体现。与汉唐时期关中墓葬相比，王公贵族墓葬在宋元时期的关中地区是非常罕见的。这一时期大部分墓葬的主人多为中下层百姓，其墓葬等级不高、文献阙载，但却从不同的角度展示了中下层民众的日常生活、宗教信仰、丧葬习俗等状况，是研究陕西社会发展史的珍贵资料。以下结合文献资料和调研考察，对宋元时期关中地区墓葬的具体情况按照墓葬名称、位置和墓葬概况等几个方面进行分述。

（一）宋代墓葬

1. 西安市

韩应墓：位于新城区高楼村。1955年发掘，砖室墓，出土铜钱、铁环、青釉小口瓷罐，另有韩氏、郭氏墓志各1合。参见《文物参考资料》1955年第7期、《文物》1959年第8期、《考古学报》1963年第2期。

马军寨宋代墓：位于莲湖区马军寨。1956年发掘，形制不详。

郭家口宋代墓：位于莲湖区郭家口村。1953年发现，形制不详。

金华落宋代墓：位于新城区金花南路。1972年发现，出土黑釉瓷瓶、坛、铜镜、石砚、墓志等。

潘家村宋代墓：位于莲湖区潘家村。1969年发现，出土贴金石像、镀金银盒、玉杯、水晶瓶、玛瑙饰品等。

孙家围宋代墓：位于莲湖区孙家围村。1989年发掘，土洞墓，出土北宋墓志。

张守节墓：位于雁塔区东晁家庄村。出土墓志1方。参见《文博》1986年第2期。

郭遘墓：位于雁塔区曲江乡。1987年暴露，出土墓志1方。参见《文博》1989年第4期。

赵元夫妇墓：位于雁塔区曲江乡。早年暴露，出土赵元及妻孙氏墓志各1方。

淳于广夫妇墓：位于未央区三桥。1990年发掘，土洞墓，出土陶釜、瓷罐、瓷灯、玉带、水晶耳坠、墓志等。参见《考古与文物》1991年第11期，1992年第5期。

简家村宋代墓：位于未央区三桥。1990年发掘，土洞墓，形制不详。

井上宋代墓：位于未央区大明宫。20世纪90年代暴露，砖室墓，出土陶盆、陶罐、白釉黑彩瓷盏等。

十里铺宋代墓：位于灞桥区十里铺。20世纪50年代发掘，出土陶器、陶俑、瓷器等。

洪庆宋代墓：位于灞桥区洪庆村。20世纪50年代发掘，出土少量陶器。

庆华宋代墓：位于灞桥区洪庆镇。早年暴露，土洞墓，出土少量陶器。

狄寨宋代墓：位于灞桥区狄寨乡。20世纪70年代暴露，出土石砚、墓志等。

陈氏墓：位于灞桥区洪庆镇。20世纪80年代暴露，砖室墓，出土"宋故华□大夫陈氏墓志铭"盖。附近同时暴露另外3座宋代墓，形制不详。

吕大防家族墓：位于蓝田县三里镇。原有吕氏家族成员墓冢15座，墓碑、石刻多件，今存部分石刻，迁于吕氏家庙保存。

新寨宋代墓：位于蓝田县大寨乡。出土白釉瓷碗、瓷碟、影青瓷片等。

渭桥宋代墓：位于高陵县榆楚乡。砖室墓，出土酱黄釉瓷瓶、黑釉瓷罐等。

杨砺墓：位于户县庞光乡。存清代墓碑1通。

李希平墓：位于户县天桥乡。出土墓志1方。

李邦直墓：位于户县天桥乡。出土墓志1方。

马端墓：位于户县甘亭镇。墓碑佚失。1972年出土"马端墓志铭"1方。

孙子忠墓：位于户县天桥乡。出土墓志1方。

赵瞻墓：位于周至县二曲镇。原有封土、神道石雕、墓碑，今均无存。

2. 铜川市

僧辩禅师墓：位于耀州区小邱乡。存墓碑1通。

钟氏墓：位于耀州区演池乡。存墓碑1通，石羊1对。

刘胜墓：位于耀州区寺沟乡。20世纪80年代暴露，土洞墓，出土墓志1合。

五里宋代墓：位于宜君县五里镇。20世纪50年代暴露，出土少量铜币。

焦坪宋代墓：位于宜君县焦坪乡。20世纪50年代暴露，出土青釉瓷碗等。

彭村宋代墓：位于宜君县偏桥。20世纪50年代暴露，出土陶罐及崇宁通宝等。

南寨地宋代墓：位于宜君县尧生乡。20世纪80年代暴露，砖室墓，出土酱黄釉瓷碟、瓷碗、灰陶双耳罐等。

徐家河宋代墓：位于宜君县偏桥乡。20世纪50年代发现，出土铜镜及崇宁通宝等。

山岔村宋代墓：位于宜君县山岔乡。20世纪50年代暴露，洞室墓，出土陶罐及铜币等。

3. 宝鸡市

龙泉巷宋代墓：位于金台区龙泉巷。1980年发现，出土文物多散佚，征集铜镜1面。

姜城堡宋代墓：位于渭滨区川陕路。1978年发现，砖室墓，出土白黄釉刻花瓷瓶、青釉瓷香炉、铁炉等。

陈家嘴宋代墓：位于陈仓区县功镇。1977年暴露，砖室墓，出土瓷器、陶器及砖志等。参见《文物》1981年第8期。

紫原宋代墓：位于陈仓区陵原乡。20世纪70年代发现，征集铜镜1面。

南关宋代墓：位于凤翔县。20世纪70～80年代暴露，出土瓷枕、瓷碗等。参见《文博》1986年第2期、1989年第3期。

彭祖塬宋代墓：位于凤翔县柳林镇。1985年发现，出土瓷碗、罐各1件，钱币若干。参见《文博》1986年第2期。

姚家沟宋代墓：位于凤翔县姚家沟乡。1973年发现，出土瓷壶、碗、瓶等。参见《文博》1986年第2期。

原子头宋代墓：位于陇县城关乡。20世纪90年代发掘，土洞墓，出土陶俑、瓷碗等。参见《考古与文物》1993年第2期。

阳坡宋代墓：位于陇县河北乡。1987年暴露，砖室墓，出土瓷器、铜镜等。

岐家原宋代墓：位于陇县河北乡。1987年发现，征集铜镜1面。参见《考古与文物》1993年第2期。

火烧寨宋代墓：位于陇县火烧寨乡。1991年暴露，砖室墓，曾被盗掘，出土铜镜及瓷器残片。

尉迟宋代墓：位于岐山县枣林乡。1981年发现，征集铜镜2面。参见《考古与文物》1992年第1期。

下河宋代墓：位于扶风县下河村。1972年发现，征集铜镜1面。

北庄宋代墓：位于扶风县建和乡。1973年发现，征集铜镜1面。

浪店宋代墓：位于扶风县太白乡。1984年暴露，征集铜镜2面。参见《文博》1988年第4期。

白龙湾宋代墓：位于扶风县揉谷乡。1975年发现，征集铜镜1面。

张载墓：位于眉县横渠乡。存清代墓碑1通。

寺坪宋代墓：位于凤县凤州乡。20世纪80年代暴露，土坑墓，出土少量瓷器等。

4. 咸阳市

毕原路宋代墓：位于渭城区毕原西路。1982年发现，征集彩绘女侍俑4件。

西天禅师墓：位于礼泉县东庄乡。舍利塔内嵌"西天禅师"塔铭1方。

陶榖墓：位于彬县城关镇。存圆丘形封土。

杨遇墓：位于淳化县车坞乡。1985年暴露，砖室墓，出土铭文墓砖1块、花纹砖若干。参见《文博》1993年第1期。

沟圈宋代墓：位于淳化县十里原乡。1982年发现，征集铜镜1面。

高家岭宋代墓：位于淳化县城关镇。1979年发现，征集铜镜1面。

土门徐村宋代墓：位于泾阳县中张乡。1958年调查，出土石条、墓砖等。

大魏宋代墓：位于泾阳县太平乡。1958年调查，出土墓砖和石条等。

西关宋代墓：位于兴平市城关镇西关。1956年发掘，砖室墓，出土陶俑、瓷器、铜镜、金环等。参见《文物》1959年第2期。

游师雄墓：位于武功县华家堡村。存石羊1对，清代墓碑1通。

5. 渭南市

寇准墓：位于临渭区官底乡。存清代毕沅书"宋寇莱公墓碑"1通。

张昇墓：位于韩城市芝川镇。原有封土及石碑，今已无存。

新村宋代墓：位于韩城市沓村乡。20世纪80年代暴露，出土铭文墓砖2块。

延兴村宋代墓：位于蒲城县翔村乡。1983年发现，征集铜镜1面。参见《考古》1985年第3期。

田家洼宋代墓：位于白水县尧禾镇。早年暴露，出土青釉瓷碗、罐等。

雷有终墓：位于合阳县杨家庄乡。1972年清理砖室墓、土洞墓各1座，出土墓志2合。参见《文物》1974年第12期。

安俨墓：位于合阳县路井镇。存清代墓碑1通。

老君寨宋代墓：位于大荔县段家乡。1987年清理，墓内壁画保存完好，出土瓷器及铜币等。参见《文博》1992年第1期。

严路宋代墓：位于华阴市硙峪乡。存明代墓碑1通。

何巷宋代墓：位于华县少华乡。1984年暴露，砖室墓，征集铜镜1面。

古北宋代墓：位于华县城关镇。20世纪70年代暴露，砖室墓，征集画像砖1块。

蕴空和尚墓：位于华县大明乡唐。北宋治平三年兴建墓塔，共3级，底层南侧镶嵌塔铭。

张家村宋代墓：位于富平县张桥镇。1982年暴露，出土铜镜1面等。

（二）金代墓葬

1. 西安市

潘顺夫妇墓：位于未央区未央宫乡。1992年发掘，出土陶罐、铁羊、铁牛，另有明昌三年（1192）墓志1合。参见《考古与文物》1992年第5、

6期。

西韦金代墓：位于长安区韦曲镇。1988年发掘，土洞墓，出土砖墓志1合，买地券1块，瓷器、陶罐、铁牛、铜牌等。参见《中国考古学年鉴》，1989。

纸房金代墓：位于户县涝峪乡。20世纪80年代发现，出土瓷碗、瓷盖、瓷壶，铁釜、铜镜、铜币等。

2. 宝鸡市

田南金带墓：位于凤翔县田家庄乡。1982年发现，出土文物散佚，征集金带耀窑系青釉刻花瓷瓶、钵各1件。参见《文博》1986年第2期。

冉家沟金代墓：位于千阳县柿沟镇。1993年发现并清理，砖室墓，内壁镶嵌高浮雕彩绘画像砖，出土黑釉瓷罐、盏、陶质地契砖等。参见《文博》1994年第5期。

3. 咸阳市

南关金代墓：位于淳化县城关镇。1988年发现，出土金大定二十四年买地砖券1方。

苏坊村金代墓：位于武功县苏坊乡。早年暴露，土坑墓，墓内壁书有金"贞祐六年十一月初三""苏口"等字，出土少量陶器残片。

4. 渭南市

仁村金代墓：位于临渭区线王乡。1986年发现，征集陶相扑俑2件，具有中亚人物特征。

庆善寺金代僧人墓：位于韩城市安居寨村。1986年清理，出土陶棺4具、木棺1具，瓷枕1件。参见《文博》1988年第1期。

傅家庄金代墓：位于蒲城县东陈庄乡。1958年调查，墓地存石虎、狮、羊及皇统二年墓碑1通。

李建墓：位于蒲城县东陈庄乡。存金泰和五年立"大金故奉信李公碑铭"1通。

徒单镒墓：位于富平县到贤乡。墓葬封土已平，原有碑石佚失。

（三）元代墓葬

1. 西安市

潘家村元代墓：位于莲湖区玉祥门外。1954~1955年发掘，砖室墓，出土大量黑色陶俑和陶马、车、洗、瓶、仓、灶、蒸笼、锅、瓷碟、碗、枕、嵌金玉人、铜镜、银簪、铁环、大德通宝铁钱等，在陕西元代墓葬中十分罕见。

韩森寨元代墓：位于新城区韩森寨村。形制不详。

团结路北元代墓：位于莲湖区团结西路。20世纪70~80年代暴露，出土少量陶器、瓷器和钱币。

影山楼元代墓：位于莲湖区曹家堡村。1956年发掘，出土少量陶器、瓷器。

文艺路元代墓：位于碑林区文艺南路。1974年暴露，出土陶勺、陶盆、陶灶、陶马、陶猪、陶羊等。

红庙坡元代墓：位于莲湖区红庙坡村。1985年暴露，系蒙古贵族夫妇合葬墓。出土银簪、白釉瓷瓶、瓷坛、影青瓷盘、陶壶、盒、锅、碗、笼、灶、仓、车轮、男女俑、马及宋代铜钱。其中瓷盘底墨书八思巴文字。参见《文博》1986年第3期。

草场坡元代墓：位于碑林区草场坡村。1974年暴露，出土陶碗、壶、盆、尊、坛、鼎、瓶、灶、仓、俑等。

任崇简墓：位于碑林区南城门洞。1956年暴露，出土元至元八年墓志1合。参见《西安碑林书法艺术》。

李新昭墓：位于雁塔区曲江乡。1987年暴露，土洞墓，出土陶器、陶俑、铜币等，另有砖质买地券。参见《文博》1988年第2期。

青龙寺元代墓：位于雁塔区铁炉庙村。20世纪50年代发现，土洞墓，出土陶俑、黑釉瓷瓮等。

段建荣夫妇墓：位于雁塔区曲江乡。1956年清理，砖室墓，出土陶俑、陶器、铜牛、铜镜、瓷枕、铁灯、银簪等，另有元至元三年墓志1方。参见

《文物参考资料》1958年第6期。

段继荣夫妇墓：位于雁塔区曲江乡。1956年清理，出土少量陶器、铜器和瓷器。参见《文物参考资料》1958年第6期。

李居仁墓：位于雁塔区曲江乡。20世纪50年代来暴露，出土元至元年间商贾李居仁墓志1方。

王文墓志：位于雁塔区曲江乡。出土墓志1方。

郝家村元代墓：位于雁塔区西郝家村。1956年发掘，土洞墓，出土铜镜、瓷罐、陶器等。

杨子江墓：位于雁塔区东三爻村。前祠后墓，坐北向南，占地约1200平方米。墓内另存清康熙年间"重修杨武庄公墓祠碑"1通。

怀庆知府周氏夫妇墓：位于雁塔区吉祥村。早年暴露，志石佚，出土墓志盖1方。

王铸墓：位于雁塔区长延堡。早年暴露，出土墓志1方。

沙乎沱元代墓：位于雁塔区沙乎沱村。1988年发掘，土洞墓，出土陶俑、陶器、三彩瓷枕等和少量铜币。

白杨寨元代墓：位于雁塔区白杨寨村。1977年发现，出土陶俑、陶器等。

施家寨元代墓：位于未央区六村堡。早年暴露，出土陶俑5件、黑釉刻花瓷瓶2件。

北徐寨元代墓：位于未央区六村堡。1969年发现，出土陶俑、白釉黑花瓷瓶、黑釉瓷坛、盆；小铜兽、铜镜等。

樊家寨元代墓：位于未央区汉城乡。20世纪70年代清理砖室墓，出土陶俑、三彩刻花碗、黑釉瓷片等。

洪庆元代墓：位于灞桥区洪庆村。20世纪50年代发掘，出土少量陶器。

刘义世夫妇墓：位于灞桥区洪庆镇。1983年清理，土洞墓，出土黑陶俑、碗等。另有元至正四年墓志1方。参见《文博》1985年第4期。

坟台李村元代墓：位于临潼区交口乡。早年暴露，砖室墓，出土天历、至顺等年款的陶器和瓷器。

西韦元代墓：位于长安区韦曲镇。1988年发掘，出土瓷瓶、买地券、铁牛、铁猪等数百件。

萧斛墓：位于长安区留村乡。尚存封土，原墓碑已佚。

张文卿夫妇墓：位于蓝田县安村乡。原有封土6座，中部为张文卿墓，周围环绕其妻妾墓。1974年封土平毁，出土金帽花、白瓷铁绘草牒鸡腿罐、瓷鼎、瓷马、瓷瓶、陶俑等。

杨恭懿墓：位于高陵县张卜乡。存大德六年（1302）神道碑。参见《高陵县志》《西安府志》。

杨天德墓：位于高陵县张卜乡。封土已平，墓碑迁移。参见《高陵县志》《西安府志》。

杨寅墓：位于高陵县张卜乡。封土已平，形制不详。参见《高陵县志》《西安府志》。

雷贵墓：位于高陵县姬家乡。封土已平，出土墓志1合。

清涧主簿雷氏墓：位于高陵县姬家乡。封土已平，曾出土墓志1合。

贺贲墓：位于户县秦渡镇。1978年清理，砖石混合墓，出土雕花墓砖、陶俑、陶器等。

贺仁杰墓：位于户县秦渡镇。1978年清理，出土陶器、瓷器、银器等。另有元大德十一年墓志。参见《文物》1979年第4期。

贺胜墓：位于户县秦渡镇。1978年清理，出土陶器、瓷器、银器等。另有元泰定四年墓志。参见《文物》1979年第4期。

灵妙禅师墓：位于户县蒋村乡。存至正元年灵妙禅师墓碑1通。

王宝宝墓：位于周至县广济乡。20世纪60年代被毁，存清乾隆四十一年墓碑，后移存村小学内。

古城堡元代墓：位于周至县二曲镇。20世纪80年代暴露，砖室墓，出土陶罐、陶俑、酱黄釉和黑釉瓷碗、瓷碟等。

何家村元代墓：位于周至县青化乡。20世纪90年代暴露，土洞墓，出土陶罐、陶壶和钧窑系瓷器、青釉瓷片等。

2. 铜川市

下马元代墓：位于耀州区黄堡镇。1985年发现，出土赭釉高足带盖陶罐等。参见《文博》1989年第2期。

东舍元代墓：位于宜君县尧生乡。20世纪50年代发现，出土彩绘陶马、陶俑、陶罐等。

3. 宝鸡市

福临堡元代墓：位于金台区长寿乡。1980年发掘，土坑墓，出土陶仓、陶盒、陶瓶、瓷碗、瓷罐等。参见《文物》1992年第2期。

胡昱墓：位于扶风县杏林镇。存清代石碑2通。

官道元代墓：位于扶风县召公镇。1983年暴露，征集蝴蝶纹铜镜1面。参见《文博》1988年第4期。

蛮王冢元代墓：位于眉县金渠乡。封土尚存圆，清代《眉县志》载其为元代歹王冢。

石头坡元代墓：位于眉县金渠乡。封土尚存圆，《眉县志》载其为元代大将军乖驻之墓。

4. 咸阳市

史化祖墓：位于秦都区沣西乡。墓前立石羊1对，原有墓碑今佚。

马氏墓：位于淳化县固贤乡。存墓碣、石羊等。

赵氏墓：位于泾阳县扫宋乡。1958年调查，存神道碑和墓碑各1通。

朱氏家族墓：位于泾阳县姚坊乡。1958年调查，共3座，存元代墓碑2通、无年款碑1通。

郝氏墓：位于三原县张家坳乡。1958年调查，存"大元宣授王路军民万户河北路行省郝公墓"碑1通，石人、羊、马、虎等。20世纪80年代又出土小型铜牛1件。

徐宽墓：位于兴平市大阜乡。1982年暴露，出土墓志1方。参见《考古与文物》1989年第4期。

杨奂墓：位于乾县长留乡。早年被毁，存元中统五年碑1通，碑文漫漶。

5. 渭南市

寺前元代墓：位于白水县城关镇。1955年发现，征集铜印1方，篆刻"义军万户之印"。

拜住墓：位于大荔县官池镇。20世纪50年代调查，存清代所立墓碑4通。

韩莲峰家族墓：位于大荔县伯士乡。1958年调查，原有石兽、墓碑均散佚。

八鱼元代墓：位于大荔县八鱼乡。早年暴露，封土已平，石棺墓，形制不详。

泉护村元代墓：位于华县柳枝镇。1962年暴露，出土灰陶车等。

乌古论速可墓：位于富平县到贤乡。墓葬封土夷平，墓碑佚失。

张敏家族墓：位于富平县美原镇。存元、明碑刻各1通。

李兴墓：位于富平县庄里乡。存墓碑1通。

刘尚墓：位于富平县庄里乡。封土已平，碑石散佚。

赵信墓：位于富平县齐村乡小杨村。封土已平，碑石散佚。

三　关中宋元墓葬的基本特征及保护性对策

依据目前掌握的相关数据资料，关中地区共有宋代墓葬77处，金代墓葬12处，元代墓葬65处，共计154处。从墓葬的分布状况来看，以西安地区的宋元墓葬数量最多，共有70处；宝鸡、渭南、咸阳数量相当，分别有为25处、19处、28处；铜川数量较少，仅有11处，杨凌则尚未发现。在各市县（区）中，除阎良、潼关、澄城、麟游、太白、永寿、长武、旬邑、杨凌等少数地区目前尚未发现宋元时期墓葬外，其他县（区）均发现了不同数量的墓葬或墓葬遗迹。关中地区宋元墓葬的分布状况从侧面反映了当时社会经济发展以西安为中心并向东西两侧辐射拓展的总体状况，这种发展状况与目前关中乃至陕西的发展存在高度的一致性。

从墓葬的形制来看，宋元墓葬与唐代墓葬有了很大的差异。这一方面与墓葬主人的身份等级有关，更重要的则与宋代以来节葬观念的推广和传播有很大的关系。目前发现和发掘的宋元墓葬很大一部分属于简单土坑墓或土洞墓，另有少量仿木结构砖室墓。随葬品的数量一般较少，种类单一，以各类陶俑、陶器、瓷器和古币为主，陶器和瓷器则以生活用品中的碗、碟、罐较为常见，而少有工艺精致的其他装饰类器皿。另外有少量金属随葬品出土，其中的金、银等贵金属器物较为少见，铜镜和铁器较多。这反映出"节葬"观念虽然在宋元时期已经为多数人接受，但"视死如生"的传统观念仍然有很大影响，基本生活用品仍然是必不可少的随葬品。至于随葬品中大量不同时期货币的发现，则表明在宋元时期，商业和货币流通的普遍性。此外，宋元墓葬的另一个特点是出土墓志较少，因此可作为传世典籍佐证的出土文献十分有限。不过，部分宋元墓葬出土文物中有少量的买地砖券，记载墓地购买契约以及简单的墓主信息，是确定墓葬所属年代、研究墓主身份等相关问题的重要实物资料

从墓葬的保存状况来看，关中宋元墓葬的盗掘现象虽然较隋唐墓葬少，但其保存状况也不容乐观。例如，20世纪90年代以前，在宝鸡、咸阳等西周、西汉帝王陵墓和陪葬陵墓较为集中的地区，文物部门对于宋元墓葬的重视程度很低，除张载等少数宋元名人墓葬外，其他普通墓葬几乎没有任何保护措施。致使大量随葬文物出土后散佚流失。虽然后期开展了文物征集工作，但早年流散的物品多数无法追回，损失很大。这种现象也不同程度地出现在关中地区其他县（区）宋元乃至明清、民国时期的墓葬中。作为全国首屈一指的文物大省，对这部分文物资源的保护亟待提高。

综上所述，宋元时期是关中地区由国家政治、经济、文化中心向边缘化过渡的重要历史时期。其间，整个社会结构、经济模式、文化体系等都发生了巨大改变，这些改变都或多或少地在该时期的墓葬及相关资料中有所体现。由于汉唐时期关中文明的高度发展使得历史学、考古学、宗教学、民俗学、社会学、经济学、文化人类学等不同学科研究人员的研究视线聚焦于汉唐墓葬方面，对关中地区宋元时期墓葬及其相关问题的研究被忽略似乎是一种普遍的现象。目前，关中宋元墓葬多数保存状况较差，急需相关部门给予

高度重视。

对于关中宋元墓葬的保护工作应当有目的、分类别、分步骤地开展。首先，应当在省文物局的协调下，组建一个专项调查小组，将实地调研考察与翻检第三次文物普查登记资料相结合，对关中宋元墓葬的具体数量、保存状况等问题进行信息汇总，并完善和更新第三次文物普查中有关关中宋元墓葬的信息，保证数据库的准确性；其次，在掌握数据的基础上，依据墓葬目前的保存状况和重要程度，对其进行分类，并依据分类制定不同的可行性保护措施；最后，分批次地对关中宋元墓葬展开实质性保护工作，并制定有关保护工作的阶段性考核机制和长远规划目标，争取在5～10年内完成对关中宋元墓葬的全面保护工作。当然，此项工作的开展需要各级政府的大力支持以及各级文博相关单位的配合。

作为中华传统文化遗产的重要组成部分，关中地区宋元时期墓葬理应得到应有的重视和保护。

大事记

Chronicle Events

B.22
2015年陕西文化发展大事记[*]

1月

1月8日 "美丽中国——2015丝绸之路旅游年"启动仪式在西安大明宫丹凤门举行。陕西旅游将积极与丝绸之路沿线各省份深入开展旅游务实合作，加快构建以西安为起点的丝绸之路风情体验旅游走廊，打造丝绸之路旅游品牌。

1月8日 "发墨焕彩——中国古砚展"在西安唐皇城墙含光门遗址博物馆开幕。这是近年来陕西地区首次集中、系统展示中国古砚发展史及古砚文化。

1月9日 由陕西省信息中心建设运维的"丝绸之路经济带"网站正式开通。

---

[*] 陕西省社会科学院文化产业与现代传播研究所邓娟整理。

1月15~16日 由陕西省文化厅主办、陕西著名秦腔流派传承发展中心承办陕西秦腔流派大型惠民演出在易俗大剧院举行。

1月18日 陕西省孔子学会在陕西师范大学长安校区宣告成立，标志着陕西省儒家思想的研究、传承、传播等步入了学术化、组织化、制度化、规范化的轨道。

1月30日 由陕西省报业协会主办的"陕西报业2015纸媒与新媒体融合发展研讨会"在西安召开。

2月

2月7日 "唐都上元不夜城·2015城墙新春灯会"在西安城墙举行。

2月8日 由西安广播电视台、西安市文联共同组织的"美丽西安 唱响中国"全国主题征歌活动颁奖典礼，在西安广播电视台演播大厅举行。

2月10日 陕西当代中国画精品展在位于西安文昌门内的长安忠义美术馆开展。

2月11日 由周至县委、县政府主办的2015年首届关中新年文化艺术节在中国第一水街景区盛大开幕。

2月11日 陕西省暨渭南市2015年文化、科技、卫生"三下乡"主题示范活动启动仪式在渭南市华县瓜坡镇举行。

2月12日 "亲青贴心——我们一起过YOUNG年"陕西暨西安外来务工青年2015年春节大联欢活动在西安市青少年宫举行。

2月14日 陕西首届写实油画展在西安美术馆开幕，此次展览是近年来陕西写实油画作品第一次大规模集中展示。

2月28日 由陕西省文化厅主办、省艺术研究所和省喜剧美学研究会承办的"第二届陕西喜剧精品鉴赏晚会"在西安人民剧院举行。

2月底 由陕西测绘地理信息局组织编纂的全国首部丝绸之路专题地图集——《丝绸之路经济带核心区域地图集》正式出版发行。

3月

3月1日 陕西残疾人作家研讨会召开，与会评论家与残疾人作家一对一"结对研讨"。

3月8日 "第六届戏剧奥林匹克陕西分会场暨首届陕西大学生校园话剧艺术节"闭幕式颁奖晚会在陕西人艺小剧场隆重举行。

3月18日 由西安市临潼区人民政府与澳门会议展览协会共同主办，主题为"多彩澳门·秦唐文脉绎古今""澳门·西安（临潼）经贸文化交流周"活动启动，为期7天。

3月20日 由陕西省文联实施的大型文艺创作工程"大秦岭·中国脊梁"全面启动实施。

3月20日 "2015中国陕北民歌传承与创新工程"座谈会在省文化厅举行。以此为标志，陕北民歌传承与创新工程正式启动。

3月21日 以提高全民科学素质助推"三个陕西"建设为活动主题的陕西省第二十二届"科技之春"宣传月活动启动，为期20天。

3月28日 由陕西省社会科学院和西安电子科技大学、中信银行西安分行联合主办、丝绸之路经济带发展研究院承办的"第二届丝绸之路经济带发展论坛"在西安成功举行。

4月

4月3~4日 由陕西省政府主办、西北大学承办的"文以载道 文以化人"清明黄帝文化学术交流会在西安举行。

4月4日 由中共陕西省委宣传部、中国国际广播电台、陕西省委外宣办、中华网、陕西广播电视台联合主办的"发现亚洲之美"之"丝路寻梦 人文陕西"中外媒体采访活动在西安大唐西市启动。

4月5日 乙未年清明公祭轩辕黄帝典礼在陕西省黄陵县桥山祭祀广场

隆重举行。

4月17日 第八届"石榴花之春"中韩文化交流活动在韩国晋州庆南文化艺术馆拉开帷幕，主题是"丝路乐章、声动晋州"。

4月21日 高铁"美丽大荔号"从西安北客站驶出，这是西安铁路局开通的陕西省首条旅游高铁线路。

4月23日 主题为"丝路新起点，阅读促腾飞"的2015年陕西省全民阅读活动在西安拉开帷幕。

4月25日 陕西金融作家协会成立暨第一届第一次会员代表大会在西安召开，成为"文学陕军"的又一支队伍。

4月28日 中土文化民间交流双巡展《丝路织梦·我们眼中的西安》，在土耳其共和国首都安卡拉美术馆开展。

4月29~30日 由陕西人艺排演的大型方言话剧《天心顺》在国家话剧院上演。

4月30日 陕西壁画保护修复研究基地在陕西历史博物馆揭牌。以基础研究和应用基础研究为主，以理事会形式运行和管理，基地学术委员成员从专家库人员中产生。

4月30日 陕西省人民政府决定授予西安市阎良区、户县、凤县、彬县、铜川市印台区、汉阴县、石泉县、宁陕县、紫阳县、白河县等10县（区）第七批"省级文化先进县"称号，并分别奖励各县（区）人民币20万元。

4月30日 由陕西新华出版传媒集团、西安市新华书店、陕西嘉汇汉唐书城联合主办的首届陕西丝路图书交易博览会在西安革命公园举办。

5月

5月5日 以"挖掘建设亮点，传播丝路精神"为宗旨，由陕西广播电视台发起，甘肃、青海、宁夏、四川、云南等丝绸之路沿线省份广播电视台联合倡议的"丝绸之路电视联盟"在陕西西安成立。

5月9~14日 为推动海峡两岸文化艺术交流，弘扬中华民族优秀传统文化，共襄中华文明之盛世，第三届西安—台北书画名家交流展在台湾师范大学德群画廊开幕。

5月13日 由陕西省作协文学院、福建文学院共同主办的"文学艺术为人民——陕闽作家'5·23'延安行联动笔会"在西安启动，来自陕西、福建的20多位知名作家参加了本次活动，共同组成了采风团。

5月16日 "第五届全国文学批评期刊建设暨陕西文学批评论坛"在西安举行，来自全国的与会批评家认为，评论界应激浊扬清，秉笔直书，重建批评的"良心"。

5月20日 "立足陕西、面向丝路"的西部首家文化金融服务机构——陕西文化金融服务中心在西安正式揭牌成立。

5月21日 为纪念毛泽东同志在延安文艺座谈会上的讲话发表73周年，认真践行习近平总书记文艺工作座谈会讲话精神，由陕西省文化厅主办的"陕西省现代艺术月"在西安举行。为期一个月，主要展现现代戏剧展演、当代美术展和动漫游戏文化节三项文化活动。

5月22日 第十九届中国东西部合作与投资贸易洽谈会暨丝绸之路国际博览会在西安开幕。本届展会以"共建丝路合作平台，推进区域开放发展"为主题，着力推进"一带一路"建设，不断扩大与沿线国家投资贸易合作，促进区域经济融合和共同繁荣。

5月22日 "丝路寻梦——中外当代著名美术家作品展"将在大唐西市博物馆举办，共展出俄罗斯、吉尔吉斯斯坦、哈萨克斯坦等丝路沿线国家著名画家、功勋画家的近百幅油画作品。

5月22~24日 联合国教科文组织首届丝绸之路国际关系网络大会在西安举行，发布了《2015西安宣言》。

5月25~30日 "真美汉中群文出彩"陕川甘渝晋公共文化服务大联动暨汉中市公共文化服务周活动举行。

5月30日 由陕西省陕甘宁革命根据地史研究会组织的"纪念抗战胜利70周年学术座谈会"在西安召开。与会专家学者围绕"中国共产党是抗

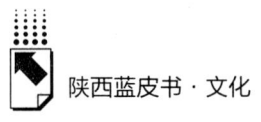

日战争的中流砥柱""中共中央是抗战政治指导中心"等论题，高度评价了陕甘宁革命根据地在抗战中的地位和作用。

5月31日 由中国美术家协会少儿艺委会、陕西省委宣传部、陕西省教育厅等六家单位主办，陕西省美术家协会承办的国家级公益性活动第二届"中国·西安国际少儿美术节"在西安举办。

6月

6月2日 "一带一路"文化传播与经济发展系列活动在西安举行：由中国文化报社主办的"梦想丝路"国际行（陕西段）媒体采访活动正式启动；国内首个以"崛起新丝路"为主题的大型讲座、对话活动"丝路讲坛"举行了首场讲座；"一带一路"文化传播与经济发展圆桌对话在西安举行。

6月2日 由陕西省文化厅和共青团陕西省委、陕西省青少年发展基金会联合举办的"优秀儿童剧走进山区小学"活动在商洛市洛南县永丰镇丹尼尔希望小学拉开帷幕。

6月3日 中共陕西省委宣传部与凤凰卫视在西安签署对外传播战略合作协议。

6月11日 西北地区首部由大学生创作的丝路主题舞剧"圆梦丝路"在西安外国语大学首演。

6月13日 由陕西省文化厅主办、陕西省振兴秦腔办公室承办的"薪火相传——非遗项目秦腔传承惠民演出"在易俗大剧院开演。

6月18日 "弘扬延安精神，践行'三严三实'"理论研讨会在陕西省社会科学院举行。与会专家学者围绕延安精神与"三严三实"的关系、延安精神在党风廉政建设中的时代价值、延安精神对执政党建设的启示及如何在新时期弘扬延安精神践行"三严三实"等展开研讨。

6月18日 美丽中国·丝绸之路旅游推介会在西安举行。中国国家旅游局局长李金早，陕西省省长娄勤俭出席推介会并致辞。

6月18~20日 第七届联合国世界旅游组织丝绸之路旅游国际大会在

西安举行,主题是"丝绸之路旅游开创美好未来"。19日丝绸之路旅游部长会议举行,以"推动丝绸之路旅游市场一体化"为主题,讨论通过《丝绸之路旅游部长会议西安倡议》。

6月22日 西安市"2015夏日广场群众文化活动"在大明宫国家遗址公园启动。

6月26日 西安市大唐青铜镜博物馆正式开馆。是陕西省乃至西北地区第一家青铜镜专题博物馆。

6月28日 由西安市旅游局策划主办的"2015西安丝绸之路国际美食旅游月"活动在曲江秦汉唐广场举行,近百种传统美食争奇斗艳,展示陕西独特饮食文化的魅力。

6月30日 陕西省庆祝中国共产党成立94周年"七月的光辉"文化惠民主题音乐会在西安隆重举行。

6月30日 由陕西省文物局和西安市文物局主办、西安博物院承办的"陕西省'十二五'文物保护成果展"在巡回展览的第四站——汉阳陵博物馆进行展出。

7月

7月7日 由中共陕西省委宣传部、西安市委宣传部主办的"纪念中国人民抗日战争暨世界反法西斯战争胜利70周年系列主题展览"在西安开展。展览以"铭记历史、缅怀先烈、珍爱和平、开创未来"为主题,

7月11日 由《陕西日报》主办的"共建丝路新起点再筑陕商新辉煌——首届丝路经济与陕商故里文化发展高峰论坛"在西咸新区泾河新城卢卡小镇项目接待中心隆重举行。与嘉宾以"共建丝路新起点再筑陕商新辉煌"为主题进行深度对话。

7月11日 由中国少先队事业发展中心主办的"红领巾万里行"——2015青少年(西安)文化寻根活动在西安举行。

7月16日 "泱泱大国——齐国历史文化展"在秦始皇帝陵博物院开

展,是全国首次以"齐国历史文化"为主题的大型展览。

7月19日 第二届丝路形象大使开始选拔。同日,丝路票友会启动,将采用众筹的模式,从国内外引进高端舞台剧目,让西安市民能够以实惠的价格欣赏到经典艺术作品。

7月27日 由文化部和陕西省人民政府联合主办,国务院港澳事务办公室特别支持,陕西省文化厅承办的"艺海流金——丝路寻根之旅"内地与港澳文化交流活动在陕西西安开幕。

7月27日 由中共陕西省委宣传部组织的三秦企业文化标兵单位和领军人物评选活动在全省启动。

7月28日 "纪念中国人民抗日战争暨世界反法西斯战争胜利70周年西安秦腔剧院易俗社优秀剧目展演"在易俗社小剧场举办。

8月

8月1日 由陕西省文化厅主办、陕西著名秦腔流派传承发展中心承办的秦腔流派传承班开班仪式在陕西秦腔博物馆举行。该流派传承班旨在弘扬中华优秀传统文化、抢救秦腔传统剧目、培养秦腔流派继承人。

8月14日 由西安市档案馆举办的"西安抗战纪实"图片展在西安市委主楼大厅举行首展。

8月15日 由中共陕西省委农村工作领导小组办公室、省政府研究室、省社会科学院联合主办的全省新型农村示范社区建设研讨会在澄城召开。

8月15日 由西北五省区党委宣传部、文联、音协主办,由陕西省音协、佛坪县承办的2015·中国西北音乐节第二届"熊猫音乐奖"佛坪民歌邀请赛奖项揭晓。

8月20日 陕西"美丽乡村·文明家园"建设现场会在平利县召开。

8月27日 由陕西省地方志办公室编写、陕西出版集团三秦出版社出版,纪念抗战胜利70周年丛书《铭记》出版发行。

8月30日 《国际友人与中国抗战》座谈会暨"国际人士看中国"系列图书首发式在西安举行。

9月

9月1日 为纪念中国人民抗日战争暨世界反法西斯战争胜利70周年,由中共陕西省委宣传部、西安市委宣传部和市文物局联合主办的"理想之路——铭记抗战中从七贤庄走出去的热血青年"专题展在八路军西安办事处纪念馆隆重开幕,展期两个月。

9月2日 陕西省在延安隆重举行纪念中国人民抗日战争暨世界反法西斯战争胜利70周年活动。

9月7~21日 由文化部和陕西省政府共同主办的第二届丝绸之路国际艺术节在西安开幕。本届艺术节立足国家"一带一路"战略构想,将充分展现世界文化多样性,展示中华文化的永恒魅力。

9月7~21日 第二届丝绸之路国际艺术节"丝路文化·长安论坛"在西安举行,并发布《文化陕西宣言》。

9月10日 为纪念中国人民抗日战争胜利70周年,《陕西抗战史料选编》出版座谈会在西安举行,该书由陕西省政协文史和学习委员会历时一年编辑整理。

9月10日 第二届丝绸之路国际艺术节的重点剧目——《陕北歌行》陕北民歌大型情境演唱会在易俗大剧院隆重上演。这是陕西省文化厅推动"陕北民歌工程"倾力打造的一出精品力作。

9月11~12日 由中共陕西省委党史研究室、中共铜川市委、铜川市人民政府主办的纪念抗战胜利70周年"陕甘边与抗战"专题研讨会暨"照金苏区"主题座谈会在照金举行。

9月11~13日 2015中国西安丝绸之路国际旅游博览会在西安成功举办。

9月12日 由人文杂志社与西北大学经济管理学院共同主办的"丝绸

之路经济带的合作机制与内陆型改革开放"研讨会在西北大学举行。

9月14日 由中央统战部组织的统一战线服务"一带一路"网络媒体丝路行在西安启动。

9月15日 由陕西团省委、省青联主办,延安精神宣讲志愿服务队、西安青曲社等承办的"青春学堂·红色文化暨传统曲艺进校园系列活动之西京行"活动,在西京学院举行。

9月22~26日 第二届丝绸之路国际电影节开幕。主会场设在福建福州,分会场设在陕西西安。陕西分会场主要有影片展映、高峰论坛暨签约仪式、西部电影展等九项活动。

9月24日 2015年欧亚经济论坛在西安曲江国际会议中心隆重开幕。国务委员王勇出席开幕式并发表主旨演讲。本届论坛以"创新合作模式,共享丝路繁荣"为主题。

9月25日 2015年欧亚经济论坛智库研讨会在西安召开。由欧亚经济论坛秘书处和西安交通大学共同发起成立。

皮书起源

"皮书"起源于十七、十八世纪的英国,主要指官方或社会组织正式发表的重要文件或报告,多以"白皮书"命名。在中国,"皮书"这一概念被社会广泛接受,并被成功运作、发展成为一种全新的出版形态,则源于中国社会科学院社会科学文献出版社。

皮书定义

皮书是对中国与世界发展状况和热点问题进行年度监测,以专业的角度、专家的视野和实证研究方法,针对某一领域或区域现状与发展态势展开分析和预测,具备原创性、实证性、专业性、连续性、前沿性、时效性等特点的公开出版物,由一系列权威研究报告组成。

皮书作者

皮书系列的作者以中国社会科学院、著名高校、地方社会科学院的研究人员为主,多为国内一流研究机构的权威专家学者,他们的看法和观点代表了学界对中国与世界的现实和未来最高水平的解读与分析。

皮书荣誉

皮书系列已成为社会科学文献出版社的著名图书品牌和中国社会科学院的知名学术品牌。2011年,皮书系列正式列入"十二五"国家重点出版规划项目;2012~2015年,重点皮书列入中国社会科学院承担的国家哲学社会科学创新工程项目;2016年,46种院外皮书使用"中国社会科学院创新工程学术出版项目"标识。

法律声明

"皮书系列"（含蓝皮书、绿皮书、黄皮书）之品牌由社会科学文献出版社最早使用并持续至今，现已被中国图书市场所熟知。"皮书系列"的LOGO（ ）与"经济蓝皮书""社会蓝皮书"均已在中华人民共和国国家工商行政管理总局商标局登记注册。"皮书系列"图书的注册商标专用权及封面设计、版式设计的著作权均为社会科学文献出版社所有。未经社会科学文献出版社书面授权许可，任何使用与"皮书系列"图书注册商标、封面设计、版式设计相同或者近似的文字、图形或其组合的行为均系侵权行为。

经作者授权，本书的专有出版权及信息网络传播权为社会科学文献出版社享有。未经社会科学文献出版社书面授权许可，任何就本书内容的复制、发行或以数字形式进行网络传播的行为均系侵权行为。

社会科学文献出版社将通过法律途径追究上述侵权行为的法律责任，维护自身合法权益。

欢迎社会各界人士对侵犯社会科学文献出版社上述权利的侵权行为进行举报。电话：010-59367121，电子邮箱：fawubu@ssap.cn。

社会科学文献出版社

皮书俱乐部会员服务指南

1. 谁能成为皮书俱乐部成员？
- 皮书作者自动成为俱乐部会员
- 购买了皮书产品（纸质书/电子书）的个人用户

2. 会员可以享受的增值服务
- 免费获赠皮书数据库100元充值卡
- 加入皮书俱乐部，免费获赠该纸质图书的电子书
- 免费定期获赠皮书电子期刊
- 优先参与各类皮书学术活动
- 优先享受皮书产品的最新优惠

3. 如何享受增值服务？
（1）免费获赠100元皮书数据库体验卡
第1步 刮开附赠充值的涂层（右下）；
第2步 登录皮书数据库网站（www.pishu.com.cn），注册账号；
第3步 登录并进入"会员中心"—"在线充值"—"充值卡充值"，充值成功后即可使用。

（2）加入皮书俱乐部，凭数据库体验卡获赠该书的电子书
第1步 登录社会科学文献出版社官网（www.ssap.com.cn），注册账号；
第2步 登录并进入"会员中心"—"皮书俱乐部"，提交加入皮书俱乐部申请；
第3步 审核通过后，再次进入皮书俱乐部，填写页面所需图书、体验卡信息即可自动兑换相应电子书。

4. 声明
解释权归社会科学文献出版社所有

权威报告·热点资讯·特色资源

皮书数据库
ANNUAL REPORT(YEARBOOK) DATABASE

当代中国与世界发展高端智库平台

WWW.PISHU.COM.CN

皮书俱乐部会员可享受社会科学文献出版社其他相关免费增值服务，有任何疑问，均可与我们联系。

图书销售热线：010-59367070/7028
图书服务QQ：800045692
图书服务邮箱：duzhe@ssap.cn

数据库服务热线：400-008-6695
数据库服务邮箱：database@ssap.cn
兑换电子书服务热线：010-59367204

欢迎登录社会科学文献出版社官网
（www.ssap.com.cn）
和中国皮书网（www.pishu.cn）
了解更多信息

社会科学文献出版社 皮书系列
SOCIAL SCIENCES ACADEMIC PRESS (CHINA)

卡号：558557595148
密码：

子库介绍
Sub-Database Introduction

中国经济发展数据库

涵盖宏观经济、农业经济、工业经济、产业经济、财政金融、交通旅游、商业贸易、劳动经济、企业经济、房地产经济、城市经济、区域经济等领域，为用户实时了解经济运行态势、把握经济发展规律、洞察经济形势、做出经济决策提供参考和依据。

中国社会发展数据库

全面整合国内外有关中国社会发展的统计数据、深度分析报告、专家解读和热点资讯构建而成的专业学术数据库。涉及宗教、社会、人口、政治、外交、法律、文化、教育、体育、文学艺术、医药卫生、资源环境等多个领域。

中国行业发展数据库

以中国国民经济行业分类为依据，跟踪分析国民经济各行业市场运行状况和政策导向，提供行业发展最前沿的资讯，为用户投资、从业及各种经济决策提供理论基础和实践指导。内容涵盖农业，能源与矿产业，交通运输业，制造业，金融业，房地产业，租赁和商务服务业，科学研究环境和公共设施管理，居民服务业，教育，卫生和社会保障，文化、体育和娱乐业等 100 余个行业。

中国区域发展数据库

以特定区域内的经济、社会、文化、法治、资源环境等领域的现状与发展情况进行分析和预测。涵盖中部、西部、东北、西北等地区，长三角、珠三角、黄三角、京津冀、环渤海、合肥经济圈、长株潭城市群、关中—天水经济区、海峡经济区等区域经济体和城市圈，北京、上海、浙江、河南、陕西等 34 个省份。

中国文化传媒数据库

包括文化事业、文化产业、宗教、群众文化、图书馆事业、博物馆事业、档案事业、语言文字、文学、历史地理、新闻传播、广播电视、出版事业、艺术、电影、娱乐等多个子库。

世界经济与国际政治数据库

以皮书系列中涉及世界经济与国际政治的研究成果为基础，全面整合国内外有关世界经济与国际政治的统计数据、深度分析报告、专家解读和热点资讯构建而成的专业学术数据库。包括世界经济、世界政治、世界文化、国际社会、国际关系、国际组织、区域发展、国别发展等多个子库。